동서양 교육의 역사

정규영 저

학지사

서문

버즈아이와 리좀

들뢰즈(Deleuze)와 가타리(Guattari) 덕분에 우리는 '리좀(rhizome, 뿌리줄기)'이라는 개념에 친숙해졌다. 지하의 줄기로서 리좀은 뿌리가 아니다. 물론 나무와도 전혀 다르다. 나무는 세계의 이미지다. 우리는 세계를 나무 모양[樹木狀]으로 이해한다.

수목적인 질서로서의 세계는 유기적이고 주체적이며 위계적이고 건축적이다. 우리는 어느새 이런 수목적 세계 관념에 푹 빠져 있다. 본래 자연이란 그러한 틀에 가둬질 수 없음에도 불구하고, 우리는 매사를 그렇게 바라본다. 인간과 그의 행위뿐만 아니라 모든 생물과 무생물까지도 그렇게 이해한다. 그러나 리좀은 나무와는 다르게 존재한다. 그것은 비유기적이고 비주체적이며 비위계적이고 비질서적이다. 그것은 건축물[固體]이 아니라 흐름[流體]이며 그것도 수시로 모습을 바꾸는 다양체로서의 흐름, 생 에너지의 흐름이다.

교육에 관해서도 우리는 나무의 이미지로 그것을 바라보는 데 익숙하다. 초등–중등–고등 교육이라는 교육제도의 관념은 전형적으로 위계적이며 건축적인 교육관이 아닌가? 학교에서 배우고 또 가르쳐야 할 그 무엇이 미리 존재한다는 관념, 쉬운 것에서 어려운 것으로, 비근한 것에서 먼 것으로, 단순한 것에서 복잡한 것으로 학습이나 교수가 진행되어야 한다는 교수학적 관념과 초등교육은 기초, 즉 '뿌리'의 교육이라는 생각, 초등에서부터 시작된 교육이 고등교육에서 완성된다는 생각 등은 전형적인 '나무–교육'의 관념이다.

교육사를 보는 관점이나 사고도 마찬가지다. 고대–중세–근대라는 시계열의 일방적이고 단선적인 역사관이나 한 나라의 교육을 주체적이고 내재적으로 보고, 그 자체를 하나의 단일한 유기체로 파악하는 역사적 사고법은 나무의 사고라 할 수 있다.

이제는 그러한 나무로서의 교육, 나무로서의 교육사라는 것에서 벗어나 다르게 볼 필요가 있다. 줄기이면서 뿌리이기도 하고 잎이기도 한 리좀. 숲 속에는 나무만 있는 것이 아니라 나무 외의 것이 더 많은데도 왜 우리는 유독 나무에만 집착하는 것일까? 교육을 나무가 아닌 리좀으로 바라볼 수는 없는 것일까?

교육을 비수목적으로 보는 것은 n–1의 사고다. 교육에서 중심과 축과 빼대를 빼 버리는 것이 비수목적인 리좀의 사고다. 예를 들면, 교육에서 학교를 빼 버리면 어떻게 될까? 교과서를 제거해 버리면? '국가'를 지워 버리면? '우리나라'를 지워 버리면? '문자'를 지워 버리면? 이렇게 지금 우리가 교육에서 아주 중요하다고 생각하는 것들을 하나씩 지워 나가면 무엇이 남을까? 그렇게 하나씩 지워 버리면 더 이상 교육이 아니게 되는 것일까?

사실 교육에서 국가, 우리나라, 학교, 교사, 문자 등을 지우고 나면 무엇이 남을지, 그리고 그것을 교육이라고 불러야 할지 어떨지는 잘 모르겠다. 그것을 감행하는 것은 많은 위험과 불확실성이 따르는 너무나 모험적인 일이다. 그래서 그 정도는 아닐지라도 잠정적으로 그러한 '중심'들을 상대화하는 일은 시도해 볼 만하다.

교육과 관련하여 이 '중심'들을 상대화시켜 보는 일, 그것이 이 책에서 내가 시도하고자 하는 일이다. 지금은 교육이 지나치게 중심화 · 주체화 · 유기체화되어 있다. 교육의 탈중심화와 탈주체화, 탈유기체화가 위험하고 곤란하다면 적어도 교육의 수목성을 의심해 볼 필요는 있을 것이다.

시점(perspective)의 유동화. 점의 속박에서 벗어나 자유로운 선의 흐름을 좇는 일. 중력을 거스르며 드넓은 대기를 비행하는 송골매가 되어 지표적(地表的) 광경과는 다른 버즈아이(bird's eye)의 풍경을 따라가는 일. 가능한 한 이와 같은 시공의 범위를 확장시켜 보는 일이 필요하다. 정신의 구획선, 내면의 국경선을 응시하고 그를 넘나들 용기를 가져야 한다. 교육사는 '버즈아이의 교육학'을 지향해야 할 것이다. 수천 년 혹은 수만 년이라는 긴 시간대 속에서 인간의 교육활동을 파악하고, 수만 리 상공에서 지상의 교육 행위를 조망하는 것이 필요하다.

이 책에서는 문명의 교육만이 아니라 원시의 교육에도 정당한 자리가 주어진다. '원시'를 야만과 암흑으로 동일시하는 것은 '문명'의 오만이며 압제에 다름 아니다. 여태껏 우리는 문명의 시선으로 원시를 바라봐 왔는데, 이제는 그를 역전시켜서 원시의 시점에서 문명을 역조명해야 한다. 그리고 이 책에서는 지금까지는 당연시되어 온 '국가라는 것'에 대해서도 마찬가지로 '비국가적인 것'을 대치시키고 그를 상대화하고자 한다. '문자'의 교육적 중요성에도 물음표를 던지고자 한다. 고정된 주거에 들러붙어 사는 정주민(定住民)만이 아니라 사막과 초원과 빙원을 방랑하는 유목민(遊牧民)의 존재에도 관심을 돌리고자 한다. 교육의 수목성을 상대화하고 유동화하여 새로운 교육의 지평을 더듬고자 한다.

이 책은 저자가 속한 청주교육대학교의 교육사 과목의 강의노트를 기반으로 하고 있다. 이 자리를 빌려 그동안 나의 강의를 경청해 준 청주교육대학교 학생들에게 진심으로 감사의 뜻을 전한다. '버즈아이와 리좀의 교육사'라는 다소 생소한 개념을 잘 이해해 주고 뿌리줄기 식으로 '분방자재'하게 뻗어나가는 매주의 강의에 몰입해 준 학생들이 없었다면, 이 책의 출판은 아마 불가능했을 것이다. 내 강의에 흥미를 보여 준 학생들이 내게 용기를 불어넣어 주었다.

강의에서는 구두 전달(oral communication)의 침투력을 높이기 위하여 반복, 비유, 강조, 예증 등의 테크닉을 다용하게 된다. 이 책의 서술에서도 그러한 구두 전달의 속성이 적지 않게 반영되었다고 본다. 이 점 독자의 양해를 구하고 싶다.

마지막으로 이 책의 내용 중 제1장은 「원시사회의 교육」(『청주교육대학교 교육대학원 교수논문집』 제12집, 2007년 8월), 제4장의 5절 및 6절은 「제정기 로마교육에 관한 일고찰」(『청주교육대학교 교육대학원 교수논문집』 제14집, 2009년 8월), 그리고 제10장은 「한국 근대교육과 식민지지배-통감부 시대를 중심으로-」(『청주교육대학교 논문집』 제45집, 2009년 2월)를 일부 수정·보완한 것임을 밝혀 둔다.

차 • 례

제1장

원시사회의 교육

1. '원시적인 것'의 배제와 복권
2. 원시사회의 특성
3. 인류교육의 기원
4. 원시시대의 교육

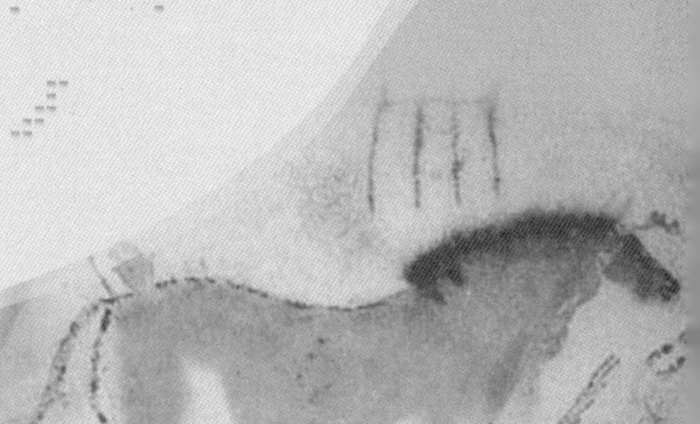

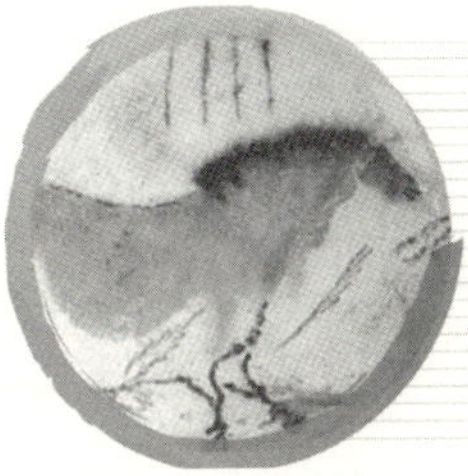

제1장

원시사회의 교육

그의 얼굴은 과거로 향해 있다. 우리가 여러 사건들의 연쇄로 인지하는 곳에서 그는 끝없이 그 잔해들이 쌓여만 가고 또 그의 발 앞에 내던져지는 그러한 단 하나의 대참사(catastrophe)만을 볼 뿐이다. 천사는 멈추고 싶고, 죽은 자를 일으켜 세우고 싶고, 산산이 부서진 모든 것들을 온전하게 되돌리고 싶다. 그러나 폭풍우가 천국으로부터 불어 온다. 날개가 폭풍우에 부닥쳐서 천사는 그것들로 더 이상 다가갈 수 없다. 이 폭풍우는 불가항력의 힘으로 천사를 그가 등지고 있는 미래로 밀쳐낸다. 그러는 동안에 잔해 더미는 그의 앞에 산처럼 쌓여만 간다. 이 폭풍우를 우리는 진보라고 부른다.

–발터 벤야민(Walter Benjamin),

『역사철학의 테제(*Theses on the Philosophy of History*)』

1. '원시적인 것'의 배제와 복권

다수의 교육사 통사가 원시사회의 교육으로부터 서술을 시작하고 있으나, 그 대부분은 고대 이후의 교육사 서술을 위한 도입이며, 원시교육의 독자적 의의를 인정하고 그에 관해 본격적으로 논한 것은 매우 드물다.

교육사 서술의 범위는 대개 문명 발생 이후의 약 5,000년으로 한정되며 그 이전의 수만 년 동안의 인류의 교육적 진화과정은 교육사의 탐구 대상 밖으로 밀려나 있다. 그렇다면 왜 이와 같이 원시교육은 교육사학 연구에서 진지한 탐구의 대상이 되지 못하는 것인가?

그 이유는 원시사회와 그 교육을 해명하기 위한 방법론이 아직 개발되지 못한 것과 무관하지 않겠지만 그보다는 원시사회에 대한 일종의 편견에 기인하는 바가 더 크지 않을까 한다. 원시사회는 우리들 문명인의 세계와는 너무나 이질적인, 미개하고 야만적인 상태라는 고정관념이 사고의 장벽으로 작용하고 있는 것이다.

원시사회는 문명사회가 당연시하는 기본적인 것들이 없다. 예컨대, 문자가 없고 국가가 없다. 산업적 생산기술도 시장경제도 갖지 못한다. 자연과학과 같은 합리적인 과학이 없으며 기독교와 같은 일신교가 없다. 이러한 주요한 문명적 요소들의 부재로 말미암아 원시사회는 문명사회와는 전혀 별개의 세계인 것으로 인식된다. 그리고 근대적 인류의 천성이라고도 할 진화론적 사고에 따라 원시사회는 문명 이전의 단계에 머물러 있는 저발전의 미개사회로 여겨지게 되는 것이다.

원시사회가 '결핍의 사회'로 비치는 것은 특히 근대 서구문명의 시점에 설 때다. 그러한 근대 서구문명 중심주의에서 벗어나 그와는 다른 시점을 취하면 양상은 달라진다. 예를 들어, 원시사회의 시점에서 근대 서구문명을 바라볼 수 있을 것이다. 이 경우 오히려 근대 서구문명이야말로 여러 가지 '과잉'의 집적체로 인식될 것이다. '문자의 부재'가 언어생활상의 '불구'가 아니라, 반대로 문자 그 자체가 '과잉'이며 '종양'으로 간주될 수 있다. 국가권력이나 자본주의 시장경제 역시 인류사의 필연적인 진화의 산물이라기보다는 '돌연변이' 혹은 '이상발달'일 수도 있다.

문명의 자기중심성은 오랜 역사를 가진다. 고대 이래 성립한 주요한 문명은 중국문명의 화이(華夷)사상이나 그리스인들의 헬라스(Hellas) 관념에서 보듯이 대부분 강한 자기중심적 자의식을 소유하고 있었다. 중국의 화이사상의 경우는 문명의 중심으로부터의 문화적 거리에 비례하여 야만성의 정도와 등급이 결정되었다. 그러나 원시적인 것이 문명과 단적으로 대비되면서 이른바 문명과 야만의 이분법이 확연하게 성립하게 된 것은 15세기 말 이후의 일이다.

15세기 말 이래 서양인들은 아메리카와 아프리카 등지의 '신대륙'을 왕성하게 탐험하기 시작했고, 그 과정에서 유럽문명과는 이질적인 세계를 발견하게 되었다. 아메리카 인디언들의 세계는 서양인들에게는 충격적이었다. 그것은 이들 아메리카 원주민의 세계가 인간이란 모름지기 어떠해야 하며 또 그런 인간들의 세계가 어떠해야 하는가에 관한 서양인들의 관념과 너무나 동떨어진 것이었기 때문이다. '신앙을 가지지 않고 법도 없으며 국왕도 가지지 않은 사람들'은 자연 상태에 머물러 있는 사람들이며 올바른 의미에서의 사회 상태에 도달해 있지 않은 사람들로 여겨졌다.

유럽인들에게 신대륙은 더없이 풍요롭고 무한한 자연 자원의 보고(寶庫)임과 동시에 혐오스럽고 불가사의한 원주민의 거처였다. 반대로 원주민들에게 유럽인들은 가공할 무기를 소유하고 공포의 악질(惡疾)을 동반하는 잔혹한 공격자들이었다. "에스파뇰라(현재의 아이티와 산토 도밍고)에는 1492년에 약 10만 명은 있었다고 추정되는 원주민이 한 세기 후에는 겨우 200명밖에 남지 않았는데, 그들은 천연두나 백인의 공격에 의해서라기보다는 오히려 유럽문명에 대한 공포와 혐오 때문에 죽어 갔다. 그리고 그 사이에 줄곧 식민자들은 원주민의 정체를 알아내기 위해 반복하여 사찰단을 보냈다." (Lévi-Strauss, 2001a: 114)

신대륙 원주민의 '정체'를 알아내기 위해 1517년 스페인에서 파견된 산 헤로니모(San Jeronimo) 수도승단의 조사에 따르면, 현지의 유럽인 식민자들은 원주민들이 '악덕'에 깊이 빠져 있기 때문에 자립할 능력을 갖지 못하고 있으며, 야생동물처럼 방치되는 것보다는 인간의 노예로 되는 것이 바람직하다는 생각을 가지고 있었다. 유럽인 식민자들이 제시한 원주민의 '악덕'의 증거는 "스페인 사람을 피하고, 보수 없이 일하는 것을 거부한다. 그러면서 자신의 소유물은 거저 남에게 주어 버릴 정도로 썩었다. 스페인 사람에게 귀를 잘린 그들의 동료를 멀리하라고 말해도 말을 듣지 않는다."라는 것이었다(Lévi-Strauss, 2001a: 115). 벌거벗은 채 활보하고 곤충을 산 채로 잡아먹으며 때로는 인육까지도 먹는 원주민들은 혐오스럽고 사악한, 마치 악마와도 같은 존재로 간주되었다. 그러한 신대륙의 원주민들에게 문화와 영혼이 있을 까닭이 없으며 그들의 새로운 운명은 '노예', 즉 문명의 인간인 백인을 위해 봉사하는 '노예'였다.

15세기 중엽부터 16세기에 걸쳐 세계는 자본주의적 생산양식을 중핵으로 하는 '유럽적 세계경제' 시스템으로 급속히 재편되어 간다(Wallerstein, 1981). 16세기를 전후하여 유럽에서는 봉건적 생산양식이 점차 쇠퇴하고 새로운 시장경제의 자본주의적 생산양식이 대두하게 된다. 그 과정에서 신대륙의 식민지 지배는 원초적 자본 축적과정에서 불가결한 역할을 하였다. 원초적 자본 축적과정은 잔혹한 폭력에 의거하여 진행되었다. 유럽인 식민자들은 경제적인 부를 획득하기 위하여 배신, 사기, 매수, 모살, 납치 등 수단과 방법을 가리지 않고 원주민들을 수탈하였다. 그들은 연금술사보다도 더 교묘하게, 무로부터 황금을 만들어 내는 것과 같은 조건으로 계약을 맺었다. 그리하여 "단 하루 만에 커다랗게 자라는 버섯처럼 거대한 부가 눈 깜짝할 새에 생겨났다. 원초적 축적은 단 1실링도 투자하는 일이 없이 이루어졌다. …… 식민지에서의 약탈, 노예제, 그리고 강도 · 살인으로 획득된 부는 본국으로 환류되어 거기서 자본으로 변신하였다."(Marx, 2005: 559-560)

이와 같이 서양 자본주의체제의 성립은 신대륙의 식민지적 지배 없이는 생각할 수 없다. 신대륙에서의 금은 등 광물 자원의 수탈, 원주민의 섬멸과 노예화 및 광산에서의 강제노동, 아프리카에서의 '노예사냥'과 '노예무역' 등등. 신대륙을 아무런 양심의 가책 없이 마음껏 수탈하고 원주민을 노예로 부리며 또 살해하기 위해서는 원주민의 인간성은 부정되어야 마땅했다.[1] 원주민은 인간이 아니라 동물에 가까운, 그러나 사악한 악마적인 존재가 될 필요가 있었다.

이렇게 하여 '신앙도 없고 법도 없으며 국왕도 없는' 신대륙의 원시적인 원주민 사회는 혐오스러운 미개사회이며 야만사회로 인식되었다. 그리고 유럽은 그 정반대에 위치한 문명의 챔피언이 되었다. 이와 같이 신대륙의 '발견'과 함께 확립된 야만과 문명의 이분법은 근대 서구인들의 지배적인 관념으로 자리 잡았다. 그리고 그것은 신대륙의 식민지 지배와 수탈을 정당화하는 이데올로기가 되었다. 키플링(J. R. Kipling)의 '백인의 책무(white man's burden)'가 단적으로 나타내듯이, 미개는 문명화되어야 하며 그 사명은 가장 높은 문명의 소유자인 백인이 맡아야 한다는 것이다.

이와 같이 15세기 이래 서구문명은 신대륙의 '발견'과 그 원주민들의 '야만화'의 기초 위에서 구축되었다고 해도 과언이 아니다. 19세기에 절정을 맞이하는 유럽에 의한 신대륙의 식민지 지배는 제1차 세계대전, 즉

---

1) 18세기 뉴잉글랜드의 청교도들은 고액의 상금을 미끼로 반항적인 인디언을 죽이거나 산 채로 잡아오도록 권장했다. "1703년 그들의 집회의 결의로서 인디언 두피 한 장 혹은 생포한 인디언 한 명에 대하여 40파운드, 1720년에는 두피 한 장에 100파운드의 현상금을 내걸었다. 1744년, 매사추세츠에서는 특정 인디언 종족이 반역 종족으로 인정되면 12세 이상의 남성 두피에는 신통화로 100파운드, 남자 인디언을 생포하면 105파운드, 여성 및 아이의 경우는 55파운드, 여성 및 아이의 두피에는 50파운드의 현상금이 내걸렸다."(Marx, 2005b: 560)

구 열강들 상호 간의 대량 살육 전쟁이라는 역설적인 귀결을 낳았다. 곧 이어 발발한 제2차 세계대전도 결국은 서구문명이 초래한 인류적 차원의 대재앙이었다. 특히 그 와중에서 전개된 나치스에 의한 유태인 학살 만행은 인간의 상상을 초월하는 엄청난 범죄 행위였다. 유럽의 문물이 곧 인류의 가장 인간적이고 진보적인 문명을 대표한다는 신념은 여지없이 깨지게 되었다.

20세기에 들어와 유럽문명이 자멸적인 우행(愚行)을 거듭하기 훨씬 전에 이미 유럽인들의 '오만'과 '자기중심주의'를 날카롭게 지적하고 문명과 야만의 안이한 이분법을 부정한 사상가들이 있었다. 몽테뉴(Montaigne, 1533~1592)는 그의 『에세이(*Les Essais*)』에서 신대륙의 원주민들이 당시 대부분의 프랑스인들이 생각하듯 무지몽매하고 혐오스러운 야만인이 아니라, 인위적인 문명에 의해 왜곡되고 타락되기 이전의 순수하고 소박한 상태에 있는 고귀한 인간이라는 점을 역설했다(제1권 31장 '식인종에 대하여'). 그들이야말로 '신의 손으로 막 만들어진 순간의 인간들'이며 그들의 생활이야말로 '신이 맨 처음에 준 생활방식'이다. 몽테뉴는 원주민들의 생활에 야만스러운 것은 아무것도 없다고 잘라 말한다(Montaigne, 1991: 398-400). 설령 보편적인 이성의 법칙을 기준으로 할 때 신대륙 원주민들을 야만이라고 부를 수 있을지는 모르나, 몽테뉴는 당시의 프랑스인과 비교했을 때 그들을 야만이라고 부를 수는 없다고 말한다.

> 우리야말로 야만성에 있어 그들을 훨씬 넘어서고 있다. 그들의 전쟁은 어디까지나 기품 있고 고결하며, 이 인간적 질병이 가질 수 있는 한의 미점과 정당성을 가지고 있다. 그들 사이에 전쟁은 무용에의 열의라는 점 외에 어떠한 동기도 없다. 그들은 새로운 영토를 정복하려고 싸우는 것이 아니다. 왜냐하면 힘들게 노동을 하지 않더라도 필요한 것은 무엇이라도 자연으로부터 풍부하게 얻을 수 있으며, 경계를 넓힐 필요가 없기

> 때문이다. 그들은 아직 자연의 요구가 명하는 것 외에는 욕구하지 않는다는 행복한 상태에 있다. 그 외의 모든 것은 그들에게는 여분이며 과잉이다(Montaigne, 1991: 405-406).

16세기 중반에 이미 야만과 문명의 이분법을 완전하게 부정하고 있음을 알 수 있다. 몽테뉴는 여기서 한걸음 더 나아가 신대륙과 유럽의 문명적 서열을 역전시켜 놓고 있는 것이다. 루소(Rousseau, 1712~1778)도 몽테뉴와 마찬가지로 신대륙 원주민에 관한 통념을 뒤집어 놓았다. 『학문예술론(*Discourse on the Arts and Sciences*)』(1750)과 『인간불평등기원론(*Discourse on the Origin and Basis of Inequality*)』(1755)에서 반문명론을 전개했으며 문명 이전의 순수한 자연 상태에 머물러 있는 '고귀한 야만인(noble savage)'에 대해 말했다.

몽테뉴나 루소와 같은 사상가들의 주장에도 불구하고, 신대륙과 원시적인 것의 야만화는 유럽인들의 의식을 지배하였다. 신대륙의 식민지 지배가 주는 경제적 이점이 너무나 컸던 까닭에 원주민의 노예화와 수탈을 정당화하는 야만과 문명의 이분법을 거부할 수 없었을지 모른다. 물질적 생산양식의 이해관계가 의식 일반을 결정한다는 것은 마르크스(Marx)의 이론이다.

서양인들에 의해 '소멸'되어야 할 것으로 간주되어 오던 신대륙의 '원시적인 것'이 그 본래의 권리를 일부나마 회복하게 된 것은 20세기 인류학자들의 덕분이다. 그들은 야만과 문명의 이분법에 도전하고 원시적인 삶의 독자성을 회복시키는 데 큰 공을 세웠다. 그들의 학문적 노력을 통해서 지구 곳곳에 산재해 있는 원시부족의 사회가 문명의 아래에 있는 열등하고 미개한 사회가 아니라 문명사회와는 이질적인 또 하나의 인류적 생활방식이라는 사실이 드러났다.

이들 인류학자의 노고에 힘입어 신대륙 원주민들의 생활 구조와 의미가 깊이 있게 해명되었고, 그를 통해서 우리는 원시사회에 대해 보다 심층적인 이해에 도달할 수 있었다. 원시사회의 교육에 대해서도 간접적인 방법으로나마 탐구하는 길이 열린 것이다.

선사시대에 살았던 원시인과 현존하는 신대륙의 원주민을 동일시하는 것은 옳지 않다. 분명히 양자는 구분된다. 현존하는 원주민 부족의 생활이 수만 년 전과 동일할 리는 없다. 분명히 어떤 변화가 있었을 것이다. 그렇다면 이들 현존하는 원주민들의 생활상을 기초로 하여 원시인의 생활을 추론하는 것은 난센스인가? 그렇지는 않다. 오늘날의 원주민 부족과 원시인류의 부족 간에 어떤 차이가 있을 것이라는 점은 인정한다고 하더라도, 그러한 차이에도 불구하고 양자 간에 구조적인 유사성이 존재한다면 전자에 기초하여 후자에 관해 추론하는 일은 부당한 일이 아니다.

원시시대 인류의 생활은 일반적으로 다음과 같은 특징을 지닌다. 수렵채취 경제, 사유재산의 미형성, 국가권력의 부재, 계급의 부재, 문자의 부재(즉, 구화-스피치 중심의 언어생활), 공동체의 소규모성, 밴드 중심의 이동생활, 일신교의 부재 등 대체로 '부재'로 특징지어진다. 즉, 문명세계가 갖추고 있는 기본적 요소들인 사유재산, 국가권력, 문자, 정주용 가옥, 일신교 등이 원시시대 인류의 생활에는 없는 것이다. 20~30명 정도의 사람들이 무리지어 살면서 수렵과 채취를 통해 의식을 해결하고 주기적으로 이동생활을 하는 것이 원시시대 인류의 일반적인 생활방식이다. 오늘날 아프리카나 아메리카 대륙에 생존하는 원주민 부족들의 생활의 특징 역시 그와 같다.

원주민 부족들의 삶의 주요한 특징은 문명세계 삶의 그것과는 너무나 이질적인 것에 비해 원시인류의 그것과는 매우 동질적이다. 그래서 부분적인 변화와 차이의 가능성을 인정하면서도 현존하는 원주민 부족들의 생활에 기초하여 수만 년 전 원시인류의 생활을 논할 수 있는 것이다. 즉, 이 경우 기본적으로 현존하는 원주민과 그 사회를 원시인류 그리고 원시사회라고 가정하는 것이다. 원시인류의 생활을 직접적으로 알 수 있는 방법이 없다는 점도 있지만, 현존하는 원주민 부족의 생활의 기본적인 특성으로 볼 때 그들과 원시인류를 동일시하는 것은 크게 무리한 일이 아니라고 생각하는 것이다.

2. 원시사회의 특성

원시적인 것이 미개한 것이 아니라 문명적인 것과 질적으로 구별된다면 그것은 어떤 점에서 그러한가? 정치, 경제, 사회조직, 그리고 문화를 중심으로 원시사회의 특성을 찾아보자.

먼저 원시인들의 정치생활에 대하여 보기로 하자.[2] 원시사회의 가장 중요한 정치적 특성은 국가권력이 없는 것이다. 대부분의 문화인류학자들의 민족지가 공통적으로 지적하는 점이 바로 이 국가적인 권력, 즉 집권적인 형태의 정치권력의 부재다. 사회조직인 이상 리더는 엄연히 존재한다. 집단의 리더인 수장(首長)은 정치적인 권위를 소유하지만 문명사회의 정치권력자와는 질적으로 다른 존재다. 그는 제도화된 형태의 권력기반을 소유하지 못하며 자신의 의사를 관철시킬 무력을 가지지 못한다. 수장의 선임은 기본적으로 부족원들의 자발적인 동의에 기초하여 이루어지며 부족의 중대한 의사결정은 부족원들의 평등한 의결에 따라 이루어진다. 그리하여 원시사회의 정치원리는 흔히 원시민주주의로 불리기도 한다.

레비스트로스(Lévi-Strauss)는 원시사회의 정치적 권위에 대하여 매우 흥미 있는 사실을 전해 준다. 그에 따르면 원시부족의 수장은 집단의 민주적

---

2) 사실 정치, 경제, 사회, 문화 등으로 분절화하는 것도 문명적인 사고다. 원시적인 것의 기본적인 특징은 미분화에 있기 때문에 그들의 생활이 정치, 경제, 사회 등으로 분화되었던 것은 아니다. 그러한 미분화적 원시사회 생활 중에서 문명적 관점에서 볼 때 정치적인 것에 해당하는 것을 구분하자는 것이다.

선정 절차에 의해 선임되는데, 그의 권위가 너무나 미약한 반면 임무가 중대하고 여러 가지 책무의 부담 때문에 수장으로 지명된 자가 단호하게 수장 되기를 거절하는 일이 종종 있다. 그 경우는 수장 선임 절차가 되풀이되는데, 그만큼 권력은 열렬한 경쟁의 대상이 되는 일이 없다(Lévi-Strauss, 2001b: 213 이하). 이 집단에서 수장의 본질은 각종 활동의 선도자이며 집단의 통일자('전투에서 선두에 서서 나아가는 자' '하나로 묶어 주는 자')다.

수십 명으로 이루어진 원시인 밴드는 몇 개월 단위로 주거를 옮겨 가며 부단히 이동생활을 하는데 그 집단생활의 구심점이자 조직자가 바로 수장이다. 흥미로운 사실은 집단이 먼저 성립하고 그다음에 집단의 필요에 따라 수장을 선출하는 것이 아니라 오히려 그 반대라는 것이다. 즉, 수장이 유능하면 그의 주위에 무리가 형성되며, 만약 그가 무능하다고 여겨지면 언제라도 사람들은 개인 혹은 가족 단위로 그 집단에서 이탈하여 다른 집단, 즉 보다 유능한 수장이 있는 곳으로 옮겨 간다.

수장은 유랑생활 동안 그의 무리의 이익과 안전을 전부 책임진다. "유랑생활을 시작하기 위해 편성을 바꾸고 길을 선택하며 숙영지와 체류기간을 정하는 것은 그다. 그는 사냥과 어로와 채집을 위한 원정을 결정하고, 이웃 집단과의 사이에 정치적인 조약을 맺는다."(Lévi-Strauss, 2001b: 223) 그러나 수장의 다종다양한 직무를 뒷받침할 제도나 강제력은 없으며 모든 것이 집단 성원의 동의에 기초한다.

집단의 조직자이며 선도자로서의 수장에게는 다음과 같은 특별한 자질이 요구된다. 가장 중요한 자격은 인심이 후해야 한다는 것, 즉 물질적인 관대함(generosity)이다. 수장이 가진 여분의 식량, 도구, 무기, 장신구 등을 원하는 사람이 있으면 언제든지 아까워하지 않고 증여해야 하는 것이 수장의 기본 자격이다. 그 결과, 수장은 집단에서 가장 빈곤한 자(가장 개인 소유물이 적은 자)에 속한다. 그리고 수장은 각종 집단의 크고 작은 일들을 솔선해서 해결해야 하는 만능 해결사다. 또한 수장은 무리들에게 여흥을 제공하고 일상생활의 단조로움을 깨뜨릴 엔터테이너적인 자질을 가져야 한다. 즉, 솜씨 있게 노래를 부르고 춤을 출 수 있는 쾌활 · 발랄한 남자이지 않으면 안 된다(투피-카와이브족의 수장 타페라이의 '오페레타' 공연의 사례를 보라. Lévi-Strauss, 2001b: 324-326 이하). 대체로 무리의 사람들이 수동적인 데 반해 수장은 집단에서 가장 활발한 움직임을 보인다. 집단에서 제일 바쁘고 쉴 새 없이 궂은 일, 좋은 일을 도맡아 해야 하는 자가 바로 수장이다.

이 정도면 수장이 되기를 싫어하는 것도 무리가 아니다. 무거운 책무와 여러 어려운 자격들에 대한 보상으로서 무리가 수장에게 부여하는 특권은 그에게만 허용되는 일부다처다. 정처 외에 집단 중에서 가장 아름답고 건강한 젊은 여자 2, 3명을 처로 삼을 수 있는 특권이다.

원시집단의 수장은 일반적 의미에서의 권력자와 다르다. 그는 제도화된 명령권을 갖지 않는다. 원시사회에서는 명령과 복종의 관계가 항구적인 상태로 확립되지 못하며, 그와 유사한 것이 있다고 하더라도 그것은 매우 불안정하고 언제라도 깨지기 쉬운 상태에 있다. 소수의 명령자와 다수의 복종자로 사회가 분화될 때 정치권력이 성립하는데, 원시사회는 그와 다른 조건에 있는 것이다. 원시사회의 이러한 정치권력의 부재는 종래 야만성의 징표로 간주되었다. 토머스 홉스(Thomas Hobbes)의 '만인에 대한 만인의 전쟁'이 그것이다. 그에 대하여 국가의 성립은 그러한 원시적인 전쟁 상태를 종식시키고 사회에 질서와 평화를 확보하는 진보로 간주되었다.

이상의 원시사회의 리더에 관한 관찰은 다른 여러 인류학자들에 의해서도 공통적으로 보고되었다. 아메리카 원주민의 정치조직을 연구한 로위(R. Rowie)는 인디언 리더의 기본 성격을 세 가지로 요약했다. (1) 수장은 평화를 가져다주는 자다. 그는 집단의 긴장을 완화시키는 자이며, 이것은 종종 평화 시의 권력과 군사의 권력의 분화로 나타나기도 한다. (2) 수장은 자신의 재물에 대해 인색한 태도를 취해서는 안 된다. '피통치자'들의 끊임

없는 요구를 거절하는 것은 불가능하다. 이것은 스스로를 부정하는 것과 같다. (3) 변설에 뛰어난 자만이 수장의 지위에 오를 수 있다. 로위에 따르면 이 세 조건은 남북 아메리카 전역의 인디언 사회에 공통적으로 나타나며, 이들 지역에서의 권력의 필수조건이다(Clastres, 1987: 38).

수장에게 강제 수단이 부재한 이상 개인적인 위신, 공정함, 그리고 언어적 설득을 통해 집단의 분쟁을 해결하고 송사를 조정하지 않으면 안 된다. 수장이 자신의 재물에 대하여 무한정으로 '관대'해야 한다는 조건은 수장을 일종의 예속 상태에 놓는다. "아까워하지 않고 남이 원하는 것을 전부 주어 버리는 것이 수장의 역할이다. 부족에 따라서는 수장은 금방 표가 난다. 그 누구보다도 소유물이 적고 별로 눈에 띄지 않는 장신구밖에 소유하고 있지 않기 때문이다. 그 밖의 것은 전부 선물로서 사람들에게 줘 버린 것이다." 때에 따라서 거듭되는 요구에 지친 나머지 수장은 이렇게 외친다. "다 가져가 버렸다! 남에게 물건을 주는 것도 이제 끝장이다. 누군가 내 대신에 아낌없이 베풀어 주었으면 좋겠다!"

수장의 소유물 외에 그의 변설도 인디언들이 즐기는 대상이다. 대부분의 부족에서 수장은 매일 아침 해가 뜰 때나 저녁 해질 무렵, 유용한 이야기로서 그를 따르는 집단을 즐겁게 해 주지 않으며 안 된다. 수장의 긴 연설은 보통 평화, 조화, 성실, 전통의 존중이라는, 부족의 전원에게 장려되는 미덕을 주제로 한다. 수장은 때로 '사막에서 설교하는 자'이기도 하다. 즉, 부족원들이 리더의 말에 조금도 귀 기울이지 않더라도 리더는 무관심 속에서 말을 계속해야만 하는 것이다(Clastres, 1987: 41). 한편 레비스트로스가 소개한 일부다처의 조건은 남아메리카 인디언 사회에 국한되는 현상이라고 한다.

자신의 재물은 아낌없이 나눠 줘야 하는 대신 재담이나 연설로 부족원을 즐겁게 하기도 하고 또 설교하기도 하는 수장, 명령하는 자가 아니라 어디까지나 말로써 부족의 평화와 질서를 유지해야 하는 수장, 실질적으로 무력한 수장. 이러한 수장은 문명사회의 정치 권력자와는 분명히 다른 존재다. 클라스트르(Clastres)에 따르면 이러한 아메리카 인디언들의 정치문화는 국가 발생 이전의 저급한 미개 정치문화가 아니라 반대로 소수의 명령하는 자와 다수의 복종하는 자로의 사회적 분화(즉, 국가 정치권력의 발생)를 미연에 저지하는, 원시사회의 선택이며 원시 민주주의의 정치철학이다. 그것은 장차 도래할 국가권력 사회의 전단계가 아니라 그 위험한 도래를 예감한 원시인들이 적극적으로 고안하여 실천하는 반국가, 반정치권력의 장치인 것이다. 아파치족의 제로니모[3)]의 예처럼, 부족의 군사 지도자가 항구적인 정치권력으로 화하려는 순간, 집단의 세론은 가차없이 그를 집단에서 배제하고 만다. 그리하여 미개사회는 단지 국가 이전의 사회인 것이 아니라 적극적으로 '국가에 대항하는 사회'인 것이다.

원시부족의 사회에 국가적인 정치조직이 없다는 사실과 함께, 일찍이 서양인 관찰자들이 주목한 점은 항구적인 전쟁 상태였다. 즉, 미개인들은 언제나 열광적으로 전쟁에 몰두하는 자들이었다. 이러한 원시인들의 전쟁과 폭력에 대하여 그 원인으로 질서와 평화를 유지하는 국가조직의 결여, 극도의 빈곤으로 인한 생존경제에 따른 전쟁의 약탈 경제적 역할 등이 지적되었다. 그러나 클라스트르에 따르면 원시사회의 전쟁은 다름 아닌 국가권력의 출현을 방지하는 적극적 장치의 역할을 한다. 하나하나의 원시집단이 자유와 독립을 유지하기 위한 정치적 제도가 바로 전쟁이다. 토머스 홉스가 말한 것처럼, 원시사회에는 국가가 없기 때문에 전쟁 상태가 만연한 것이 아니며, 그 반대로 사회를 권력자와 복종하는 자로 양분하는 정치권력

3) Geronimo(1829. 6. 16~1909. 2. 17). 아파치족 치리카후아 부족의 일원. 1851년 멕시코 400명의 습격을 받아 가족(부인 치하시키시, 두 아이 참포, 돈세이) 등 부족이 몰살당함. 아파치족 연합군에 가담하여 멕시코 군대와 항전. 제로니모라는 이름은 비처럼 쏟아지는 총탄 속을 뚫고 칼 하나로 공격하는 그를 멕시코 군대가 경외한 나머지 성 제롬에 비유하여 부른 데서 연유함. http://en.wikipedia.org/wiki/Geronimo 참조.

의 성립을 저지하기 위하여 원시사회의 구성원은 언제라도 무기를 들고 타 집단과 싸울 태세를 갖추고 있다는 것이다(Clastres, 2003). 언제라도 타 부족과 전투할 태세를 갖추고 있기 때문에 부족은 대외적인 자주독립을 유지할 수 있으며 강한 부족이 주위의 약한 부족을 무력으로 흡수하여 통일적인 국가조직으로 나아가는 것을 막을 수 있는 것이다.

원시부족은 그 자체로서 하나의 '전쟁기계'다. 부족의 구성원들(남자에 한정되지만)은 누구나 전사이며 직업적인 전사계층은 그 존재가 부인된다. 집단 내에 분화된 전문적인 전사계층은 없으며 누구나가 대등한 자격으로 전투에 참가한다. 이러한 상태가 대내적으로는 구성원 간의 평등을 보장하고 계층분화를 저지한다. 또 대외적으로는 원시부족들이 소규모 집단으로 끊임없이 분화하는 것을 조장한다. 원시부족의 상호 간의 항구적인 전쟁상태는 보다 큰 집단으로의 통합을 저지하면서 이들 부족이 늘 소규모의 집단으로 머물러 있도록 한다. "미개사회의 전쟁은 정치적인 목적을 위한 수단인 것이다."(Clastres, 2003: 58) 즉, 원시사회가 전체로서 원심적인 분산 상태, 분열 상태에 있도록 함으로써 모든 것을 하나로 통합하는 거대 정치권력의 출현을 필사적으로 막는 것이다. 그러한 거대 권력이 출현하면 그것은 곧 인간의 자유와 진정한 행복의 파멸을 의미한다고 믿는 것이다.

정치적인 면에서 국가권력의 발생을 의도적으로 저지하는 장치가 마련되어 있는 것은 경제적인 면에서 잉여의 발생을 차단하는 장치가 존재하는 것과 연관되어 있다. 국가 없는 사회는 동시에 잉여 없는 사회다. 그리고 잉여 없는 사회는 곧 노동 없는 사회다. 클라스트르가 지적하는 것처럼, 국가가 없는 사회와 노동이 없는 사회는 모두 서구문명의 기본 공리에 위배된다(Clastres, 1987: 241). 플라톤과 아리스토텔레스 이래 서양인들에게는 국가(폴리스)가 인간에게 당연한 것이었다. 국가 없는 인간 따위는 상상할 수 없다. 또 인간은 누구나 노동을 해야 한다. 일하지 않는 자는 먹지 말라! 그런데 아메리카 인디언들은 지독히 게을렀다. 노동의 관념이 그들에게는 아예 없었다. 이 점이 또 인디언들이 '미개인'인 까닭이었다. 그들의 경제가 동물 상태를 거의 벗어나지 못한 자연 상태의 생존경제인 까닭은 그들에게 노동 관념이 없다는 사실에 기인한다고 서양인들은 믿었다.

노동의 관념은 자본의 관념을 전제로 한다. 자본은 곧 축적된 잉여생산물에 다름 아니다. 잉여노동이 산출한 잉여생산물이 곧 자본이다. 그것은 지대, 이윤, 세금 등의 형식으로 존재한다. 생존에 필요한 시간이 2시간이라면 4시간 일하면 2시간은 잉여노동이고 그에 따른 산출물은 잉여생산이다. 이 잉여생산물이 창고에 쌓이게 되면 스톡(stock)이 된다. 사회적인 잉여생산물, 즉 스톡이 생기면 생존을 위한 노동에서 해방되는 사람들이 출현한다. 이들 생산활동에서 해방된 사람들은 군인, 경찰, 관료, 지식인들로서 이른바 국가기구의 인간(men of state-apparatus)들이다. 국가권력의 발생은 바로 이러한 잉여생산물의 스톡을 전제조건으로 한다.

인디언들이 태만하다는 것은 기본적인 생존을 위한 최소한의 노동 외에는 무관심하다는 것을 뜻한다. 잉여노동을 거부하는 것이 곧 인디언들의 '태만'인 것이다. 잉여노동을 부정하는 이상, 그들의 노동은 엄밀한 의미에서 노동이 아니다. 인디언들의 일반적인 '나태'와 함께 '낭비' 습성은 일찍이 서양인 관찰자들의 주의를 끌었다.

포틀래치(potlatch) 혹은 쿨라 링(kula ring)의 습속은 서양인들의 눈에는 매우 독특하다. 이러한 원시인들의 무한 반복하는 무상증여 관행은 서양인들의 자본주의적 · 합리주의적 관념에서 보면 부조리하고 불합리하다. 그러나 그것은 사회 내의 잉여생산물이 스톡으로 전환되는 것을 차단하는 역할을 한다. 이러한 관행은 잉여생산의 스톡으로부터 경제적 불평등과 빈부차라는 사회악이 발생하는 것을 배제하는 메커니즘인 것이다.

1966년 인류학자 샐린즈(M. Sahlins)는 최초의 풍요로운 사회는 수렵 · 채집자(hunter-gatherers)의 사회였다는 이론(the original affluent society)을 발표해서 일약 주목을 끌었다. 그에 따르면 원시시대의 수렵 · 채집자들은 기본적 생존에 필요한 것 외의 물질을 바라지 않음으로써 최소한의 노동으로 의식주를 해결할 수 있었고, 잉여의 스톡을 만들려고 하지 않음으로써 문명인들보다 더 많은 여가를 누렸다. 그는 원시의 수렵·채집자들은 기아에서 벗어나기 위해서 끊임없이 힘겨운 노동을 해야 했다는 종래의 빈곤과 기아선상의 생존경제(subsistence economy)설을 부정했다.

아프리카 부시맨의 민족지 연구에 따르면 부시맨 한 사람의 경제활동(사냥과 채집)으로 4, 5명은 놀고 먹을 수 있으며 하루 노동시간은 평균 2시간 9분이라고 한다(Sahlins, 2005). 그 결과 하루 이틀 일하고 그다음의 하루 이틀 노는 노동의 '구석기적 리듬(palaeolithic rhythm)'이 실현 가능하다. '대다수의 사람들은 일주일 중 4~5일을 생산활동 외의 다른 활동, 즉 숙영지에서 휴식을 취하거나 다른 캠프를 방문하는 일 등으로 시간을 보낸다.' 원시사회는 여가사회인 것이다.

적게 일하면서 풍족하고 여유 있는 생활을 할 수 있는 것은 원시인들의 물질적 욕구가 매우 제한되어 있다는 사실과 연관된다. 그들에게는 소유관념이 매우 약하며 장래를 대비하여 잉여생산물을 비축한다는 관념이 없다. 인디언들은 개인 소유물에 대하여 극히 무관심하다. 한 유럽인 관찰자에 따르면, "이들 인디언이 자신들의 도구를 무가치하게 다루고 그것을 제작하는 데 들인 노력을 완전히 망각하였다는 인상을 받았다. 모두가 자신의 얼마 안 되는 소지품과 가재도구들에 무신경하였으며, 실제로 그것들은 쉽게 분실되었고 또 쉽사리 다른 것으로 대체되었다. …… 이들 인디언이 신품의 제품들, 값비싼 의류, 새로 구입한 가구와 비싼 물건들을 진흙 속에 아무렇게 내던지거나, 아이들과 개가 그것들을 이내 못 쓰게 만들도록 방치하는 그들의 무한정한 무관심에 서양인들은 고개를 절레절레 흔들기 일쑤였다." 값비싼 물건들을 선물받으면 인디언들은 호기심으로 몇 시간은 그것들을 소중히 여기지만, 그다음에는 아무렇지도 않게 그런 것들이 진흙과 습기 속에서 썩도록 내버려 둔다. "적게 소유하면 할수록 그들은 더 쾌적하게 여행할 수 있으며, 손실된 것은 수시로 대체될 수 있다. 그리하여 그들은 어떠한 물질적 소유물에 대해서라도 완전히 무관심할 수 있다." 아프리카 부시맨의 경우, "그들은 사실상 무소유다. 허리끈 하나, 동물의 외피로 만든 담요 한 장, 그리고 작은 가죽 가방 하나가 전부다. 그들은 단 일 분 내로 자신들의 모든 소지품을 몽땅 담요에 싸 어깨에 매고 천 마일의 여행을 떠난다. 그들에게는 소유의 관념이 없다." (Sahlins, 2005)

"계층질서가 없는 세계, 누구에게도 복종하지 않는 사람들, 부의 소유에 관심을 보이지 않는 사회, 명령하지 않는 수장들, 도덕이 없는 사회(왜냐하면 이 문화는 죄라는 것을 모르기 때문이다), 계급이 없는 사회, 국가가 없는 사회 등등. …… 미개사회는 그 본질적인 존재방식에 있어서 분화하지 않았다. 이 사회는 부자와 빈자의 차이, 착취자와 피착취자의 대립, 그리고 수장에 의한 사회의 지배라는 것을 모른다. …… 미개사회에는 성별에 관한 것 외에 어떠한 분업도 존재하지 않는다. 각각의 개인은 이른바 다양한 능력을 가지는 겸무가이며, 남자들은 모두 남자로서 할 수 있어야만 하는 일이라면 그 어떤 일도 할 수 있다. 모든 여성은 여자로서 하지 않으면 안 되는 일은 전부 할 수 있다. 지식과 기능이라는 면에서 열등한 개인이란 한 사람도 없다." (Clastres, 1987: 63-65)

원시사회는 분명히 문화를 소유한 사회였다. 그리고 그 문화는 위에서 본 것처럼 결코 문명의 그것보다 열등한 것은 아니었다. 그러한 독자적인 원시적 문화를 가능하게 한 것은 원시인류의 높은 지적 능력, 정신적 능력이었다. 그것을 레비스트로스는 '야생의 사고(La Pensée sauvage)'로 명명했다. 분석적 사고와 과학적 사고가 문명사회의 전유물이 아니며, 원시부족의 인간들도 그러한 사고를 한다는 사실을 밝혔으며, 그들의 과학을 '구체의 과학'이라고 불렀다. 원시사회의 인류가 얼마나 고도의 과학적 사고를 하는지 그 사례를 보면 실로 경이롭다.

필리핀 원주민 하누노족은 자신들의 땅에 서식하는 조류를 75종류로 분류하고 뱀 12종류 전후, 물고기 60종류, 담수와 해수의 갑각류 12종류 이상, 같은 수의 거미 · 다족류를 구분한다. 수천의 곤충은 108종류로서 각각에 이름이 붙어 있다. 그중 13종류가 개미 및 흰개미다. 또 바다에 사는 연체동물 60종류 이상, 육산 또는 담수산의 연체동물 25종류 이상, 흡혈 거머리 4종류를 식별한다. 필리핀의 피그미족에 관해서 어느 생물학자는 다음과 같이 전한다. "평지에 사는 기독교화된 인접 부족들과는 달리, 이 네그리토의 특징은 동식물에 관한 무한정한 박식이다. 놀랄 정도로 다수의 식물, 조류, 포유류, 곤충의 종류를 식별할 수 있을 뿐만 아니라 이들 동식물 하나하나의 습성에 관한 지식이 깊다." "네그리토는 자신이 살고 있는 환경에 완전히 녹아 들어가 있다. 그리고 더 중요한 것은 네그리토가 자신을 둘러싼 모든 것을 끊임없이 연구하고 있다는 점이다. 나는 다음과 같은 예를 여러 번 목격했다. 무슨 식물인지 분명하게 알지 못하면 그 열매의 맛을 조사하고, 잎의 냄새를 맡고, 줄기를 꺾어서 관찰하고, 자라는 장소를 검토한다. 네그리토는 이러한 자료를 모두 고려한 다음 비로소 문제의 식물을 알고 있다거나 모른다고 말하는 것이다." (Lévi-Strauss, 1976: 5)

기본적으로 현대의 동식물학자가 하는 것과 동일하지 않은가? 동식물의 다양성과 유용성에 관한 지식에 있어서는 그들이 현대의 과학자를 능가할지도 모른다. 아메리카의 호피 인디언은 350종류의 식물을, 나바호 인디언은 500종류의 식물을 알고 있다는 조사 결과가 있다. 앞서 소개한 하누노족의 식물 어휘는 2,000단어에 가깝다고 한다. 원시사회 인류의 지식 범위는 상상을 초월한다. 그리고 그것은 생태적 지식(ecological knowledge, 원시인들의 지식은 우선적으로 환경과 관련된 것이므로)이라는 점이 특징이다. "생물환경과의 극도의 친밀성, 그에 대한 정열적 흥미, 그에 관한 정밀한 지식, 이러한 태도와 관심" (Lévi-Strauss, 1976: 7)이야말로 원시부족의 인간을 서구문명의 인간과 구별 짓는 두드러진 특징이다. 이러한 "구체의 과학은 근대과학과 마찬가지로 학문적이다. 그 결과의 진실성에 있어서 차이는 없다. (근대의) 정밀과학, 자연과학보다 1만 년도 전에 확립된 그 성과는 여전히 우리의 문명의 기층을 이루고 있다." (Lévi-Strauss, 1976: 22)

환경에 관한 원시인류의 정밀하고 방대한 지식은 토템과 같은 신화체계를 통해 그 의미가 보강된다. 그런 의미에서 원시적 사고는 신화적 사고다. 하와이 원주민은 자신들의 지식체계를 다음과 같이 설명한다. "우리는 동물이 무엇을 하고 있는지, 그리고 비버, 곰, 연어, 그 밖의 동물이 무엇을 원하고 있는지를 알고 있다. 그것은 옛날 인간의 남자는 동물과 결혼하여, 처로 삼은 동물로부터 그 지식을 얻었기 때문이다. …… 우리는 수천 년 전부터 이곳에 살고 있으며 훨씬 전부터 동물로부터 배우고 있다. 백인은 무엇이든 죄다 책에 기록하여 잊어먹지 않으려 한다. 그런데 우리의 선조는 동물을 처로 삼아서 그들의 습성을 빠짐없이 배우고 그 지식을 대대로 전해 온 것이다." (Lévi-Strauss, 1976: 45)

실용적인 '구체의 과학'과 그에 관한 종합적 의미망에 해당하는 '신화'의 양자는 원시인류의 지적 능력을 증명하고 있다. 이것들은 분명히 문화, 그것도 좁은 의미에서의 문화에 해당하며, 사회가 상징 작용에 의한 세대 간 전달로서 사회를 영속시키고자 하는 내용물(콘텐츠)에 다름 아니다. 세대 간 전달할 문화적 내용물은 분명히 존재했다. 문제는 그 방법이 아닐까? 원시사회의 교육의 내용과 방법에 관해 살펴볼 차례다.

3. 인류교육의 기원

나는 문명 발생 이전의 원시시대에도 교육은 존재했을 것이라는 가정에서 출발하였다. 그리고 앞에서 원시사회의 일반적인 특징에 대해 검토하였다. 원시사회가 문명사회에 비해 열등한 미개사회, 야만사회로 간단히 폄하될 수 없다는 사실을 확인했다. 이제 그 원시사회의 교육에 관해 살펴볼 차례다.

원시사회의 교육은 어떠한 모습을 하고 있었으며 그것은 문명사회의 교육과 어떻게 다른가? 이 질문의 추구는 먼저 인류교육의 기원을 찾는 일로부터 시작되어야 한다. 인류교육의 계보를 더듬어 올라갈 때는 더 이상 앞으로 나갈 수 없는 지점에 도달하게 될 것인데, 그 시점이 도대체 언제인가? 흔히 인류의 교육은 인류의 출현과 함께 시작되었다는 실로 소박한 대답을 듣게 된다. 그런데 이 답은 '인류'와 '교육'의 의미를 진지하게 검토하게 되면 부정확한 것이라는 것을 알게 된다.

현재의 인류는 생물학적으로는 호모사피엔스(homo sapiens)라는 이름으로 불린다. homo란 라틴어로 '인간'을, sapiens는 '지혜 있는'을 의미한다. 따라서 호모사피엔스란 인간 중에서도 지적 능력이 있는 인간을 뜻한다. 이 말은 인류 중에는 지적 능력이 없는, 혹은 있다고 하더라도 현저히 열등한 인류가 있다는 것을 함의한다. 선사시대의 인류에는 몇 가지 종류가 존재한다.

지구상에 인류가 최초로 출현한 시기는 수백 년 전으로 거슬러 올라간다. 문명 발생 이전의 선사시대는 구석기시대와 신석기시대로 이루어지는데, 구석기시대는 다시 전기, 중기, 후기로 구분된다. 가장 오래된 전기 구석기시대는 대략 2~300만 년 전부터 10만 년 전까지며, 그다음의 중기 구석기시대는 10만 년 전부터 3만 5,000년 전까지에 해당한다. 그리고 후기 구석기시대는 3만 5,000년 전부터 1만년 전까지다. 그 뒤를 잇는 신석기시대는 1만 년 전부터 5,000년 전까지의 기간이다. 즉, 300만 년 전부터 5,000년 전까지가 일반적으로 선사시대로 불리는 인류사의 초기 단계에 해당한다.

이와 같은 선사시대에 살았던 인류는 전기 구석기시대의 원인(猿人, 오스트랄로피테쿠스)과 원인(原人, 피테칸트로푸스 · 에렉투스), 중기 구석기시대의 구인(舊人, 네안데르탈인), 그리고 후기 구석기시대의 신인(新人, 크로마

놓인)의 순서로 진화하였다. 이 중에서 마지막의 신인은 현생인류로 불리며 현존하는 인류와 연속하는 그룹으로서, 그 이전의 화석인류와는 다른 유형의 인류다. 호모사피엔스란 네안데르탈인 이후의 인류를 가리키며 특히 크로마뇽인 이후의 인류는 호모사피엔스 사피엔스로 불린다.

이와 같이 지구상에 인류가 처음 출현한 것은 2~300만 년 전의 일이다. 그러나 후기 구석기시대에 이르기까지 인류는 현재의 인류가 구비하고 있는 정신적 능력을 갖추지 못한 존재였다. 인간의 지적 능력과 불가분의 관계에 있는 언어도 발생하기 전이다. 이러한 상태의 구석기시대 인류들에게 교육이 존재하였다고 보기는 어렵다.

교육은 단순화하면 무엇을 가르치고 또 배우는 일을 의미한다. 당연히 그러한 행위는 의도적인 것이어야 한다. 가르치고 배운다는 일은 이미 그 속에 의도성이 내포되어 있다. 타인을 가르치는 의도가 없는 일은 '가르치는 일'이 될 수 없다. 배우는 일도 마찬가지다. 즉, '우연적인 교수나 학습'은 설령 그와 유사한 일이 발생한다고 하더라도 교육은 될 수 없다. 예를 들어, 현생인류에 비해 정신적 사고력이 현저히 열등한 어느 직립원인이 뚜렷한 의도성이 없는 가운데 거의 기계적으로 타인의 행위를 흉내 내는 일이 생길 수 있는데, 이러한 것을 과연 교육적 행위 혹은 교육적 현상으로 보아야 할 것인가? 저것은 나에게 필요하면 가치 있는 것이기 때문에 내 것으로 만들어야 하겠다는 뚜렷한 학습의 의도성이 없는 가운데 발생하는 '모방'은, 설령 그러한 것이 가능하다고 하더라도 '학습'이라고 불러서는 안 된다. '교수'의 경우는 더더욱 그러하다. 도대체 '의도'가 없는 상태에서 타인에게 무엇을 가르치는 일이 있을 수 있을까? '의도'란 인간의 의식 중에서도 보다 고차의 의식이며 적극적이고 명료한 성격의 의식이다. 따라서 언어가 없고 그 의식이 몽롱한 안개와도 같은 호모사피엔스 이전의 인류에게 '의도성(intentionality)'에 기초한 가르치고 배우는 행위가 존재한다고 말할 수는 없다.

명확한 의도에 기초한 가르치고 배우는 일, 따라서 교육은 곧 현생인류의 출현과 더불어 시작되었다고 보아야 한다. 후기 구석기시대, 즉 지금으로부터 3만 5,000년 전 지구상에 출현한 새로운 타입의 인류는 사고력을 갖추었다는 점에서 이전의 인류와 구분되었다. 인간이 동물 수준의 의식과는 분명하게 구별되는 고차적인 사고력을 구비하게 되고 그에 따라 육체적인 존재임과 동시에 정신적인 존재로 탈바꿈하게 됨에 따라 인류는 이제 호모사피엔스 사피엔스가 되었다. 이제 인류는 말을 하게 되고 생각을 하게 되고 예술과 종교 활동을 하게 되었다. 이들은 모두 비가시적이라는 점에서 공통적이다. 즉, 눈에 보이는 자연적 세계와는 별도로 눈에 보이지 않는 정신의 세계가 인류에게 열린 것이다. 수백만 년 동안 무의식 내지는 반의식 상태에 있던 인류가 사라진 대신, 돌연히 말을 하고 추상적인 사고의 힘을 가진 새로운 인류가 지구상에 나타난 것이다.

프랑스 남부의 라스코(Lascaux) 동굴에는 예술성이 뛰어나고 영감에 충만한 회화들이 다수 그려져 있는데, 처음 그러한 유적에 접한 고고학자들은 그것들이 선사시대 인류에 의해 그려졌을 것이라고 생각하지 못했다. 나중에 그러한 벽화의 제작 시기가 1만 8,000년 전인 것이 판명되었다. 라스코 동굴에 그려진 것과 유사한 선사시대의 동굴벽화들은 세계 도처에 존재한다.

현존하는 세계의 원시부족 사회에는 문명사회의 예술작품과는 성격이 다르지만 그러한 예술성에서는 결코 뒤지지 않는 수많은 종류의 회화, 조각, 수공예품 등이 존재한다. 이른바 원시미술로 불리는 이들 작품은 문명세계의 예술가들에게는 심오한 영감의 원천이 되어 왔으며, 그 예술적 가치에 관해서 미술사가들은 하등 의문을 품지 않는다(Gombrich, 1997, 제1장 참조).

회화나 조각과 같은 미술작품은 인간의 추상적 사고에 의존한다. 어둡고 좁은 동굴의 천장에 그려진 들소나 말의 그림은 숲이나 초원에서 직접 관찰된 동물이 일단 관념적인 상(이미지)의 형태로 인간의 사고에 표상화되고 또 저장(이미지의 기억)된 다음 동굴의 천장이나 벽에 재현된 것이기 때문이다. 외계에 존재하는 사물을 관념적인 이미지로 변환하고 또 그를 일정 시간 정신 속에 기억하는 일이 가능하지 않으면 그림을 그리는 일은 불가능하다. 선사시대 동굴벽화의 존재는 당시 인류에게는 고도의 추상적 사고력이 갖추어져 있었다는 것을 나타낸다.

이 무렵에는 인간의 언어 능력도 고도로 진화했을 것이다. 그런 감동적이고 예술적인 회화를 그린 사람들이 그것을 그리는 동안 (여러 사람들의 협동적이고 일종의 분업에 기초한 그리고 장시간의 노동이었을 것인데) 묵묵히 침묵 속에서 일을 했다고 믿기는 어렵다. 틀림없이 의사소통을 위하여 언어를 사용했을 것이다. 또 동물들의 그림이 나타내듯이 당시에는 들짐승을 잡는 수렵활동이 집단적으로 행해졌을 것인데, 한 무리의 인간들이 초원이나 숲이라는 넓은 공간 내에서 기민하고 조직적인 공동활동을 하기 위해서는 언어적인 의사소통은 불가결한 요소다.

인지고고학자들의 설명에 따르면 현생인류에 이르러 언어와 예술과 같은 상징 행위가 가능해진 것은 두뇌의 구조 변화에 따른 것이다. 현생인류(신인)와 그 이전의 인류(원인~구인) 간 차이들 중에는 두뇌 크기의 차이도 있는데, 흥미로운 것은 크로마뇽인과 같은 현생인류의 두뇌가 네안데르탈인의 그것보다 더 작아졌다는 사실이다. 보다 근본적인 차이는 두뇌의 내부에 일어난 변화였다고 한다. 인지고고학(cognitive archeology)의 가설에 의하면, "두뇌 내부의 뉴런의 결합방식이 고도로 복잡해져서, 네안데르탈인의 뇌에서는 볼 수 없었던 '횡단적 결합조직'이 현생인류의 뇌에 만들어졌다. 용량이 큰 네안데르탈인의 뇌에서는 기술적인 지식, 사회적인 지식, 박물학적 지식 등을 다루는 영역이 각각 분리되어 있다. 비유하자면, 큰 방에 덩치가 큰 컴퓨터가 병렬로 배치되어 각자 전문 고유 영역을 취급하는 컴퓨터가 독립적으로 작업을 수행하는 상태였다. 현생인류의 새로운 타입의 뇌에서는 이질적인 영역의 지식을 횡적으로 연결하는 새로운 통로가 만들어져 지금까지 볼 수 없었던 '유동적 지성'이 고속도로 유출된 것이다." (中澤, 2003: 57)

왜 이런 변화가 생겼는지 잘 모른다고 한다. 어느 날 인류의 대뇌 중 전두엽이 발달하면서 일종의 '종합기획실' 역할을 하는 부분이 출현한 것인데, 추측컨대 오랜 간빙기 시대 추위를 피하기 위해 동굴 안에서 불을 피워 놓고 오랜 시간 지내게 되면서 인류의 두뇌에 이상발달이 초래된 것 아닌가 싶다. 이러한 새로운 '유동적 지성'으로 인해 가능해진 것이 바로 추상적 사고(abstract thinking)다. 즉, 크로마뇽인의 좀 더 스마트해진 두뇌와 함께 인류에게는 그야말로 '정신세계'가 처음으로 열린 것이다. 정신세계는 말 그대로 현실세계와는 구별되는, 정신이 만들어 낸 '또 다른 세계'다. 라스코 동굴의 벽에 그려진 동물들의 그림은 단순한 현실세계의 복제가 아니라 인간 정신이 창조한 신비한 초현실적 세계다. 추상적 사고 능력을 갖추게 된 인간은 그림뿐만 아니라 말로서도 '정신세계'를 창조했다. 신화가 바로 그것이다. 신화는 말을 재료로 하는 '원시미술'이다.

4. 원시시대의 교육

1) 말의 교육력

앞에서 나는 교육을 "어떤 의도에 바탕을 두는 가르치고 배우는 일"로 간략하게 정의하고, 이러한 교육은 후기 구석기시대 현생인류의 출현과 함께 시작되었을 것이라고 했다. 이때부터 신석기시대가 끝날 때까지의 약 3만 년간의 교육이 원시시대의 교육이다. 이제 이러한 원시시대 교육의 구체적인 모습을 알아보아야 할 순서다.

원시시대는 문자 이전의 시대이므로 그 교육에 관해 구체적인 사실을 알 길이 없다. 단지 간접적인 방법으로 그에 관해 추론할 수 있을 뿐이다. 다행히 문화인류학자들의 노력에 의해 해명된 원시부족의 생활상으로부터 귀중한 실마리를 얻을 수도 있다.

원시교육의 성격과 관련하여 가장 중요한 사실의 하나는 문자의 결여다. 문명교육이 문자에 크게 의존하는 교육이라면, 원시교육은 기본적으로 문자 없는 시대의 교육이다. 그러나 이 경우 '문자 없음'은 결함이 아니라 단지 차이를 의미할 뿐이다. 문자는 인간의 언어활동에서 일부에 지나지 않는다. 문자가 없었던 원시시대의 수만 년은 물론 문자가 발명된 이후에도 인간의 언어활동에서는 구어, 즉 '말'이 주된 수단이었다.

원시시대에는 문자가 없었기 때문에 그만큼 더 말이 교육에서 수행하는 역할이 중요했다고 할 수 있다. 오늘날이라면 문자기록에 의존했을 많은 정보와 지식의 보존과 전달이 원시시대에는 인간의 정신 속에 기억의 형태로 저장되고 또 말로써 전달되었다. 필경 원시인의 기억력은 지금의 우리보다 더 강력했을 것이며 복잡한 정보의 효율적 기억을 위한 방법도 개발되어 있었을 것이다. 또 무엇보다도 기억할 가치가 있는 정보와 지식이 처음부터 선별되고 또 체계화되었을 것이다. 정신에 기억된 정보를 타인과 공유하거나 전달하는 수단으로서의 말(스피치)도 현재에 비해 훨씬 전달력이 강했을 것이다. 원시인들의 말은 억양과 고저가 보다 분명했을 것이며 발음도 훨씬 명료했을 것이다. 또 추상적인 언어를 효과적으로 전달하기 위해서는 자연히 신체적 동작의 사용이 훨씬 빈번하게 그리고 조직적으로 동원되었을 것임에 틀림없다. 구어적 언어 행위와 노래, 춤과 같은 관련 활동들이 불가분으로 결합되어 있었을 것이다. 레비스트로스가 전하는 투피-카와이브족의 수장 타페라이의 '오페레타'(Lévi-Strauss, 2001b: 324-326)는 원시적 구어 전달의 전형적인 사례일 것이다.

2) 신화를 통한 교육

원시시대에는 교육 곧 가르치고 배우는 일에 있어서 지금에 비해 말이 훨씬 더 큰 역할을 했을 것이라는 점은 분명하다. 그렇다면 그 말을 통해서 사람들이 서로 공유하고 또 전달하고자 했던 것은 무엇인가? 그것은 어떠한 모습을 하고 있었나? 오늘날의 교육에서는 여러 교과들이 그에 해당할 것이다. 교육에서 공유되고 세대 간에 전달될 필요가 있고 또 가치를 지니는 정보와 지식들이 다양한 교과의 형식으로 구체화되어 있는 것이다. 원시시대의 교육에서 그에 해당하는 것이 있다면 신화(神話)가 아닐까?

신화는 후기 구석기시대의 후반부에 해당하는 중석기시대(기원전 1만 8,000년경)에 발생했다고 추정된다(中澤, 2002: 13). 그리고 신화는 3만 5,000년 전에 출현한 인류의 추상적 사고력이 개발하여 축적해 온 지혜와 지성을 보존하는 용기였다.

추상적 사고, 즉 '유동적 지성'을 구비하게 된 인간은 현실에 존재하는 여러 사물들을 관념적으로 새롭게 조합 · 배치할 수 있게 되었다. 현실에서는 동떨어진 곳에 있는 사물을 서로 연결 · 결합시키거나 사물들을 본래의 크기보다 확대 혹은 축소하는 등의 이른바 세계의 관념적 조작이 가능해졌다. 신화는 그러한 관념적인 결합, 분리, 혹은 재배치의 산물이다.

추상적 사고와 유동적 지성을 소유하게 된 인간에게 자연은 경이와 찬미의 대상으로 나타났다. 동시에 그것은 공포와 전율의 대상이기도 했다. 그러한 자연과 세계를 어떻게든 합리적인 것으로 이해하고자 하는 강렬한 욕망이 인간 내부에 생겨났다. 왜 인간은 죽는 것일까? 사후의 세계는 존재하는가? 죽은 자는 어디로 가는가? 애시당초 인간은 어디서 온 것인가? 어떻게 해서 자연은 그토록 풍요한 것일까? 아무리 잡아도 줄지 않는 저 순록떼는 도대체 누구의 선물인가? 무시무시한 비바람을 몰아치게 하는 것은 누구인가? 예측할 수 없는 천재지변은 누가 일으키는 것일까? 신화는 이러한 물음들에 대한 해답이었다. 그것은 세계관이며 성스러운 규범이며 삶의 숭고한 지혜의 결정이었다. 그런 의미에서 신화는, 레비스트로스의 표현을 빌리면 '인류 최고(最古)의 철학'이었다.

교육의 과정, 즉 가르치고 배우는 과정에서 공유되고 전달되고 습득되는 지식의 성격과 형태는 다양하다. 그러한 교육의 지식 중에서 신화는 필경 중심에 있는 것이었다고 할 수 있다. 신화에는 세계의 본질에 관한 것, 공동체의 기원에 관한 것, 그리고 훌륭한 인간과 그 행동에 관한 지식과 지혜가 담겨 있기 때문이다.

보통 원시시대의 교육에 관련해서는 성년식(initiation)이 언급된다. 신체 능력 도야와 육체적 고행으로 이루어지는 성년식도 교육적 행위임에는 분명하다. 그러나 신화의 구술 전승은 젊은이의 정신에 직접 영향을 미친다는 점에서 성년식에 비해 교육적 의도가 더 강하다고 볼 수 있지 않을까? 성년식이 대개 청소년기에서 성년기로의 이행과정의 한 시점에서 일어나는 일회성의 이벤트임에 비해 부족 신화의 구술 전승은 비교적 반복적으로 수행될 수 있는 활동이라는 차이점도 간과할 수 없다. 성년식을 일종의 수료식(졸업식)이라고 본다면 성년식 자체보다는 오히려 성년식에 이르는 과정, 즉 부족 성인들의 여러 활동에 동참하면서 사냥을 배우거나 창이나 검 등 도구의 사용법을 익히는 보다 일상적인 신체적 훈련이 교육적 행위로서의 의미가 더 컸을 것이다.

원시인들의 특수한 생활 조건을 생각하면 기성세대의 입장에서 볼 때 부족의 젊은이들이 갖추어야 할 자질로는 사냥과 같은 일상적인 생존기능과 관련되는 강한 신체적 능력이 있으며, 부족의 세계관과 기본 규범 그리고 조상의 내력을 담은 부족 신화의 지식이 있다. 전자가 신체적 훈련의 교육이라면 후자는 인격 형성의 정신적 교육에 해당한다. 체(體)와 지(智) · 덕(德)의 교육은 문명 발생 이후에도 유지된 인류교육의 두 기둥이다.

신화를 통한 지 · 덕의 교육과 사냥 및 전투 연습을 통한 체의 교육. 이렇게 보면 문명 발생 이전 3만 년에 걸친 장구한 기간 동안의 인류교육도 결국 문명사회의 교육과 구조적인 차원에서는 크게 다르지 않다고 할 수 있지 않을까. 또 문명시대 이후에도 원시시대 이래의 구술 신화를 통한 교육이 오랫동안 존속하였던 사실을 상기할 필요가 있다. 신화, 전설, 민담, 동화 등의 여러 형태로 원시시대 이래 인류가 축적한 다양한 지식과 지혜는 가르치고 배우는 인간들의 교육활동 속에서 공유되고 향수되고 또 세대를 통해 전달되었던 것이다.

3) 공동활동을 통한 교육

문자가 발생하고 또 문자기술의 습득과 훈련을 위한 장소로서 학교가 제도화됨에 따라 교육은 일상적인 활동들과 점차 분리되어 갔다. 문명의 발달과 더불어 젊은 세대가 습득해야 할 교육적 지식의 양이 기하급수적으로 증대함에 따라 학교교육의 시간도 확대되었다. 그리하여 학교는 점차 일상세계와는 분리된 특별한 세계로 자립해 갔다. 오늘날 아동과 청소년의 일상생활 안에서 학교가 차지하는 부분은 실로 중대하다.

이 점이 원시교육에서는 매우 다르다. 무엇보다도 교육만을 위한 전용공간이 없다. 또 일상의 활동들과 구별되는 교육만을 목적으로 하는 특별한 활동들이 없다. 가르치고 배우는 일이 일상의 여러 활동들과 불가분으로 결부되어 있는 것이다. 앞서 말한 신화를 중심으로 하는 지적이고 규범적인 교육 역시 부족의 종교적 의식이나 축제 등의 기회를 통해 이루어지는 것이며, 그러한 일상적 활동들의 외부에서 벌어지는 일이 아니다.

생존에 필요한 보다 구체적이고 실제적인 여러 지식들과 기능들 역시 관련되는 성인들의 실제 활동들에 같이 참여함으로써 가르쳐지고 또 배우게 된다. 미성년자들은 성인들이 실제 사냥에 착수하기 전에 행하는 준비과정, 활과 창을 손보고 연습을 하며, 또 사냥의 경로를 같이 의논하는 일 등에 직간접적으로 참여하면서 사냥 행위를 배운다. 또 사냥에서 연령에 적합한 역할을 부여받아 실제 활동에 참여하면서 실전의 경험을 쌓는다. 사냥이라는 구체적이고 중요한 생산활동의 교육은 이렇게 실제의 공동활동에 적절한 형태로 참여하는 과정을 통해 이루어진다. 그 밖의 여러 실제적 활동들 역시 동일하다. 원시인들의 아동은 오늘날의 아동들에 비하면 훨씬 어린 나이부터 성인들의 활동에 같이 참여하면서 많은 실제적 지식과 기능을 습득해 갔다.

아이들이 습득하는 지식과 기능은 실제의 성인들과의 공동활동과 불가분이며, 그 과정 안에서 형성되고 또 활용되는 것이다. 그것은 학교나 책을 통해 얻어지는 지식과는 질적으로 다르다. 그것은 실제 활동 안에서 얻어진 것이고 또 실제 활동 안에서 가치가 즉시 판명되는 것들이다. 책과 교실에서 얻어진 지식, 학교의 시험을 통해 진위가 결정되는 지식과는 질적으로 다르다. 원시인들의 지식은 살아 있는 지식이며 활동을 위한 지식이며 무엇보다도 인간의 일상적 생존을 돕는 지식이다. 지식의 성격이 다르다.[4)]

4) 원시교육의 인간상: 자족적 인간, 다재다능한 인간

원시교육은 직업교육이 아니다. 그것은 온전한 인간을 목표로 한다는 점에서 인간교육이다. 원시인들이 가르치고 배우는 활동을 통하여 궁극적으로 얻고자 하는 인간상은 다재다능한 인간, 어떠한 환경에서도 생존할 수 있는 생명력이 강한 인간이었다.

현대의 교육은 특정한 직업을 목표로 하는 교육이다. 초 · 중등교육을 거

4) 지식이 실제 사회적 공동활동의 내부에서 생성되며 또 그 진리성(혹은 가치, 효용)이 당면의 사회적 공동활동의 성패와 더불어 결정된다는 점에서 원시사회의 지식은 프래그머티즘의 지식과 통한다. 프래그머티즘에서는 지식이 늘 구체적 활동과 관련되어 존재하며, 그를 초월하는 보편적인 지식이나 경험적 세계를 초월하는 진리는 부정된다.

쳐 들어가게 되는 고등교육은 오늘날 특정한 전문적 직업과 연계되어 있다. 점점 그러한 '연계'를 강조하고 실제로 강화되어 가고 있는 추세다. 그에 비해 원시시대의 교육은 생명력이 강한 인간 자체가 추구된다고 할 수 있다. 생명력이 강한 인간이란 사냥과 전투에서 뛰어난 인간만을 뜻하지 않는다. 공동체의 질서 유지와 정신적 문화의 공유와 같은 평화적인 일에서도 훌륭하게 기여할 수 있는 사람이 요구된다. 그런 의미에서 원시부족의 수장은 하나의 교육적 인간상이라고도 할 수 있다.

원시부족의 수장은 전투에서 가장 앞에 서는 인간인 동시에, 부족 전체의 이동에 있어서도 그를 준비하고 또 인도하는 선도자다. 또 부족원들 간의 사적인 분쟁이나 이해관계의 조정에서 리더십을 발휘해야 한다. 게다가 사람들을 즐겁게 하는 여흥을 제공하기도 해야 하고, 필요하면 교훈적인 설교도 행해야 한다. 이 모든 일들이 뛰어난 판단력과 풍부한 경험, 그리고 무엇보다도 탁월한 변설의 능력에 뒷받침되어야 한다.

그러한 인간은 인간으로서 할 수 있고 또 해야 하는 모든 일들에 숙달하고 있는 인간이다. 즉, 다재다능하고 자족적인 인간이다. 그는 공동체에서는 남과 협조하면서 어떠한 공동활동에도 참여할 수 있으며 또 리더가 될 수 있는 사람이다. 또 혼자일 경우에는 어떠한 환경에 내던져져도 생존할 수 있는 인간이다. 루소가 『에밀(*Émile*)』에서 제시한 '자연인으로서의 에밀'이 바로 그러한 인간상에 해당할 것이다. 또는 고대 스파르타인의 고도로 단련적이고 훈육적인 교육이 지향하는 인간상과도 일맥상통한다.

5) '남자의 집': 원시시대의 학교

원시시대의 교육이 구체적으로 어떠한 모습으로 이루어졌는지에 관해서는 원시인류 생활의 여러 특징들로부터 간접적으로 추론하는 방법이 유일하다. 우선 문화의 세대 간 전달이라는 의미에서의 교육이 원시사회에도 분명히 존재했을 것이라는 점은 앞에서도 언급하였다. 신구의 세대를 통하여 전달되고 계승 · 보존되어야 할 지식과 규범의 체계가 엄연히 존재했던 것이다. 그것은 '구체의 과학'과 '신화'라는 의식적인 형식으로 존재했다. 양자는 모두 언어라는 상징을 매체로 하여 성립했고 또 전달되었다. 비록 문자는 없지만 문화의 생성과 전달은 구두 발화와 구술 전승으로써 성공적으로 수행되었다. 이러한 점에서 원시교육과 문명교육을 질적으로 구별하기는 어렵다. 문명교육 역시 실용적인 생활 지식과 공동체 차원의 규범적 지식을 주된 내용으로 한다는 점에서 원시교육의 그것과 대동소이하다.

한편 교육의 방법에 관해서는 양자 간의 차이가 보다 질적이다. 즉, 원시사회에는 교육만을 위한 특별한 환경으로서의 학교가 없었다. 그 전에 교육이 여타의 인간적 활동들과 구별되는 독자적인 것으로 분화되어 있지 않았다는 점이 중요하다. 정치적 활동, 경제적 활동, 종교적 활동, 여타의 사회적 활동들이 서로 통합되어 있었고, 교육활동 역시 그러한 원시부족의 공동적 활동의 통합적 일부로서 수행되었던 것이다. 아이들의 신체적이고 정신적인 성장 · 발달을 위해서는 이러이러한 활동을 조직적으로 해야겠다는 관념(이것이 바로 교육적 관념, 교육적 사고인데)이 부재한 것이다. 남녀 아이들은 가족과 부족의 성인들의 일상적인 활동을 관찰하거나 그에 공동행위자로 참여함으로써 지식과 기능을 배운다. 또 부족의 중요한 의식이나 종교적인 행사에 참가함으로써 그를 통해서 보다 집중적인 지식의 습득과 부족 규범(신화)을 습득하였다. 여러 활동들 중에서 비교적 교육적 성격이 강한 것으로는 부족의 장로에 의한 신화의 구술이나 성년식을 전후한 활동들이 있다.

그런데 그러한 '교육 미분화'의 상태에 있는 원시사회의 생활 중에서 문명세계의 학교와 동형적인 특별한 구조물이 존재하였던 사실이 주목된다. 그것은 '남자의 집(men's house)'이라고 불리는 큰 집으로 많은 원시부족 사회에서 발견되었다.

남아메리카의 내륙에 사는 보로로족의 마을은 [그림 1−1]과 같은 독특한 형태를 하고 있다(Lévi-Strauss, 2001b: 47 이하). 전부 26호로 이루어진 이 마을은 삼면이 숲으로 둘러싸였고 한 면은 강에 접한다. 삼면의 숲 안에는 여러 개의 채소밭이 숨어 있다. 26호의 작은 집들은 중앙의 공지를 중심으로 원을 그리며 그 주위에 배치되었다. 중앙의 공지에는 길이 약 21m, 폭 9m의, 다른 집들보다 훨씬 큰 집이 자리한다. 이것이 곧 '남자의 집'이다. 독신 남자들은 여기서 잠을 자고, 남자들이 어로나 수렵에 나가지 않을 때나 춤의 광장에서 뭔가 공적인 의식이라도 거행하고 있지 않을 때는 여기에 와서 하루를 보낸다.

춤의 광장이란 남자의 집의 서쪽에 있으며 말뚝으로 경계를 표시한 타원형의 장소다. 여자들은 남자의 집으로의 출입을 엄격히 금지당한다. 여자들은 주변부에 집을 가지며, 그녀들의 남편은 하루 몇 번 공지의 수풀을 통해서 난 좁은 길을 걸어 남자의 집과 부부의 주거 사이를 왕복한다. 나무나 집 지붕 위에서 보면 보로로족의 마을은 짐수레의 차륜을 닮았다(Lévi-Strauss,

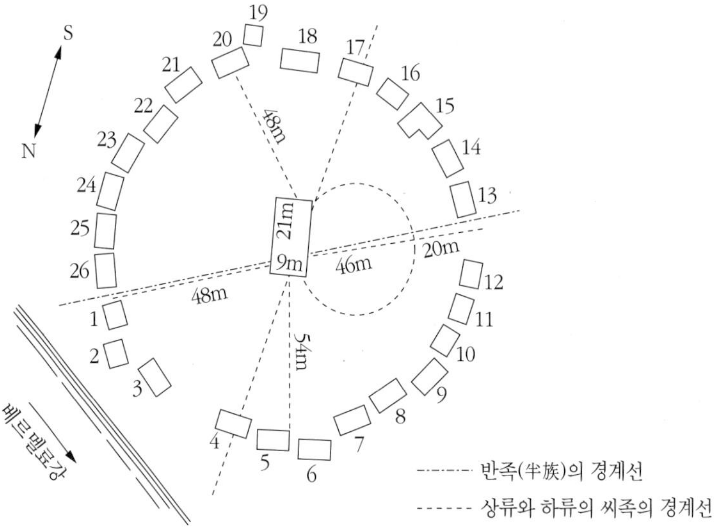

[그림 1-1] 라자라 마을의 평면도(Lévi-Strauss, 2001b: 48)

2001b: 47-48).

이와 같이 남자의 집의 주위에 가옥을 환상(環狀)으로 배치하는 방식은 상당히 많은 남미 인디오 사회에서 공통적으로 발견되었다. 그러한 마을의 공간적 구조는 부족의 사회생활과 의례의 관행을 위해 매우 중요한 의미를 가지는 것이었는데, 이들 지역에서 활동하던 서양인 선교사들은 이들 보로로족을 개종시키기 위해서는 그들의 원형 촌락 구조를 해체하여 가옥들을 나란히 평형하게 재배치하는 것이 급선무라는 사실을 곧장 알아차렸을 정도다(Lévi-Strauss, 2001b: 49).

마을의 독신 남자란 곧 미혼의 청소년들이다. 그들이 밤낮으로 지내는 장소가 남자의 집이며, 이 집은 마을의 여러 활동의 센터로서 수렵과 전투를 위한 준비 작업, 종교적 의식의 준비와 예행연습, 그리고 노래와 춤을 연습하며 또 마을 장로로부터 신화를 듣는 장소다. 분명히 교육적 활동이 이루어진 장소인 것이다. 마을의 사회적이고 문화적인 활동의 센터이며 허브인 '남자의 집', 이곳이야말로 원시적인 교육활동의 중심이며 또 인류의 '원초적 교육 공간'이 아니었을까?

오랜 원시시대에 이어 약 5,000년 전부터 고대가 전개된다. 신석기혁명의 결과로서 농경 정착생활이 본 궤도에 오르고 그에 따라 도시국가가 출현함에 따라 인류 역사는 새로운 단계로 접어든다. 그러나 원시적인 것이 고대의 시작과 함께 전부 소멸한 것은 아니다. 원시적인 생활양식은 문명이 발생한 후에도 오랫동안 존속하였으며, 고대문명과 나란히 병존했다고 보아야 한다. 따라서 원시교육 또한 고대교육의 성립 이후에도 여전히 인류의 중요한 교육양식으로 존속되었다고 보는 것이 타당하다. 또 지역에 따라 고대문명의 발생과 성장의 시기에 차이가 있다. 즉, 문명의 시차가 존재하는 것이다.

고대문명이 일찍이 일어선 지역일수록 원시적인 것은 그만큼 더 빨리 소멸되어 갔겠지만, 상대적으로 문명화가 늦은 지역에서는 상당히 늦은 시기까지 원시적인 것이 생존했을 가능성이 크다. 또 지역에 따라 문명화의 양상도 같지 않다. 예컨대, 동양의 문명화와 지중해의 문명화는 그 양상이 상당히 다르다. 그에 따라 문명화 이후 시기에서의 원시적인 것의 양태도 다를 것이다.

앞에서 말(구어), 신화, 공동활동, 다재다능의 자족적 인간, 그리고 남자의 집을 중심으로 원시교육의 특징을 찾아보았다. 이러한 원시적 교육의 주요 특징들은 고대문명의 성립과 함께 출현한 고대교육에서는 전혀 찾아볼 수 없는 것들이 아니라, 상당한 정도로 고대교육 안에서도 여전히 존속하는 것들이었다. 지역 혹은 문화권에 따라서 그 정도와 양상은 다르지만, 원시교육과 고대교육은 병존하였다고 생각한다.

제2장

문명의 발생과 교육

1. 신석기혁명: 야생에서 문명으로의 이행
2. 최초의 국가
3. 문자, 학교 및 국가
4. 가장 오래된 학교

제2장
문명의 발생과 교육

내가 말하고자 하는 바는 부분적인 무용화(無用化)도, 위축이나 퇴화도, 의미나 합목적성의 소실(消失)도, 요컨대 사(死)도 현실의 진보의 조건에 속한다는 사실, 즉 현실의 진보는 늘 보다 큰 권력에의 의지와 진행이라는 형태로 나타나며 늘 엄청난 수의 약소 권력을 희생하는 것을 통해서 수행된다는 것이다.

–니체, 『도덕의 계보(*On the Genealogy of Morals*)』

원시교육에 이어 고대교육을 살펴보고자 한다. 이제부터 살펴볼 교육은 문명시대의 교육사의 첫 부분에 해당한다. 인류교육의 역사를 대별하면 원시교육과 문명교육으로 나뉘고, 후자는 다시 시대별로 고대, 중세, 근세, 근대의 교육으로 구분된다. 그런데 나는 후자를 의미상으로는 동양교육, 서양교육, 그리고 근대교육의 셋으로 구분하고자 한다. 즉, 고대에서 근세에 이르는 시기의 세계교육을 공시적인 차원에서 동양의 교육과 서양의 교육으로 다시 나누고자 하는 것이다. 그 이유는 고대, 중세, 근세라는 통상적인 역사적 시대 구분과 함께 동양과 서양이라는 문화적 · 지리적 구분을 설정하는 것이 세계교육의 일반적인 이해를 위해서 도움이 된다고 믿기 때문이다. 이것은 고대~근세 기간 동안 동양과 서양의 교육이 의미 있는 질적 차이를 가지기 때문이다. 그에 대하여 상대적으로 근대교육에서는 동양과 서양의 차이가 그렇게 중요하지 않으며 상당한 정도로 공통적인 성격을 가지게 된다.

이상의 관점에서 나는 인류교육의 역사를 이해하는 데 있어서 원시교육, 동양교육, 서양교육, 근대교육이라는 네 유형을 설정하는 것이 유용하다고 생각한다. 동양, 서양이 공시적인 개념인 데 비해 원시, 근대는 통시성을 함의한다. 그럼에도 불구하고 이러한 네 유형의 설정이 인류 교육사를 전체적으로 조망하는 것을 도와주는 개념적 도구라고 믿는다.

우리가 살고 있는 문명의 시대는 먼저 신석기혁명에 의해 그 막이 올랐다. 신석기혁명은 수렵채집의 이동생활에서 농경 · 목축의 정주생활로의 이행이라는 경제생활상의 변화를 중핵으로 하며, 문명의 발생은 그 연장선상에서 이루어졌다.

1. 신석기혁명: 야생에서 문명으로의 이행

지금으로부터 8,000년~1만 년 전 무렵, 수만 년(혹은 수십만 년) 동안 수렵 · 채집의 이동생활을 하던 인류는 농경과 가축사육의 정착생활을 하기 시작했다. 신석기시대의 개막인 것이다.

신석기시대에 이르러 농경 정착생활이 시작되고, 그 결과 문명이 발생하면서 인류의 생활은 커다란 전환점을 맞이하게 된다. 학자 중에는 '신석기혁명(neolithic revolution)' 이야말로 인류가 지금까지 경험한 최대의 변화라고 보는 사람도 있다. 현재 인류의 생활은 신석기혁명의 연장선상에 있다고 할 수 있다. 동물의 가축화(domestication), 농경(farming), 기계와 토기의 제작, 그리고 인간의 정주화(定住化, settlement)가 이루어진 '신석기혁명'은 19세기의 산업혁명과 함께 세계사의 운동 리듬을 결정적으로 가속화한 인류사적 대전환점에 해당한다.

비록 신석기혁명으로부터 문명의 발생까지는 5,000년이 필요했지만, 이 기간은 그 이전의 구석기적 인류생활의 지속에 비하면 상대적으로 짧은 것이다. 그리고 기원전 3,000년경에 등장하는 문명이 원시사회에 비해 너무나 이질적인 것이었기 때문에 그러한 문명의 발생을 가능하게 한 신석기혁명의 중요성이 크게 부각되는 것이다.

물론 신석기혁명과 함께 원시적인 생활방식이 일거에 소멸한 것은 아니다. 문명의 '외부'에는 여전히 구석기적인 생활방식을 지속하는 인류집단이 존재하였고, 또 문명의 '내부'에도 구석기적인 것은 기층(基層) 혹은 주변(周邊)으로 존재하게 된다. 또한 세계의 중심적인 지역에서 문명화가 진행되고 집권적인 고대국가가 발달하고 있는 동안, 구석기적 혹은 신석기적인 것은 주변적인 지역에서 여전히 오랫동안 온존할 수 있다. 문명의 중심부에서는 강력한 고대제국이 형성되는 동안에 그 주변부에서는 전문명적인 부족사회가 다수 존재한다는 사실을 잊어서는 안 된다(고대의 '제3세계'들). 국가 간의 '불균등 발전'은 이미 선사시대부터 있어 온 것이다.

5,000년의 신석기시대 초기에는 농경 · 정착의 새 방식과 구석기적인 수렵채집의 전통적 방식이 공존했다. 구석기적인 이동생활과 신석기적인 정착생활은 일견 공존 불가능한 것처럼 보인다. 그러나 그것은 현실적으로 어느 정도 공존 가능하다. 먼저 사회적인 분업, 즉 남성과 여성의 분업이 그것을 가능하게 한다. 초기의 농경 정착생활에서는 주로 여성들이 가축사육과 채소나 화본과 식물 등의 재배를 담당하고, 남성들은 여전히 수렵

에 종사하는 형태로 노동 분업이 이루어졌다. 이러한 성별 분업은 후기 구석기시대에 이미 있었던 것이다. 한편 계절적인 형태의 분업도 있다. 즉, 여름의 농경과 겨울의 수렵채집이라는 방식이다. 이러한 계절적인 노동 교체는 상당히 오랜 기간 존속하는 생활방식이었다.

신석기시대는 그런 의미에서 구석기적 생활방식과 문명적 생활방식의 중간에 위치하는 과도기라고도 할 수 있다. 문명에 점차 근접하면서 그 양상이 달라지게 되지만, 신석기시대는 적어도 전반기 동안은 황금시대였다.

정주화(定住化, domestication)라는 말은 인간과 동물에게 모두 해당한다. 식물도 포함해야 할 것이다. 본래 인간이든 동물이든 식물이든 야생적인(wild) 것이었다. 문명인의 눈으로 보면 정처(定處) 없이 숲 속에서 유랑하는 존재들이 이상한 것들이지만, 기나긴 인류사에서 보면 정처 있는 인간들이 오히려 기이한 존재가 아닌가? 지구에 사는 온갖 생명체들은 본디 이곳저곳 부지런히 쏘다니는 것들이었다. 광활한 초원과 숲을 내 집 정원처럼 휘젓고 다니는 사반나의 동물이나 수천 킬로 하늘을 이동하며 사는 조류들과 마찬가지로, '단 일 분 내로 자신의 모든 소유물을 등에 지고 천 마일의 여행에 떠날 수 있는 부시맨'이야말로 인류 본래의 모습이 아닌가? 따라서 정주화, 즉 인간이나 동식물이 한 장소에 머물러 산다는 것은 그 원인이야 어떻든 실로 큰 변화다.

동물에게 정주화는 사육(飼育)을 의미한다. 식물에게는 재배(栽培)를 뜻한다. 그리고 인간에게는 정착(settlement)을 가리킨다. 그런데 이들 세 개념인 사육-재배-정착은 서로 의미상 통한다. 라틴어 domus는 집 home을 뜻한다. 따라서 domestication은 인간이든 동물이든 식물이든 집 안에 가둔다는 뜻을 지닌다. 요컨대, 신석기혁명은 집(home)의 혁명이며, 신석기혁명 덕분에 인류는 비로소 집다운 집을 가지게 된 것이다.

원시사회의 성별 분업을 고려하면, 신석기혁명 초기의 정주화는 특히 여성에게 더 큰 의미를 가진다고 할 수 있다. 즉, 초기 신석기혁명에서 중요한 역할을 한 것은 여성이었다고 할 수 있다. 화덕에 불이 늘 살아있도록 하고 비바람을 피할 수 있는 거처를 관리하고, 닭과 돼지의 모이를 주며 각종 식용 식물로 가득한 채원(菜園)을 손보는 것은 모두 여성의 역할이다. 루이스 멈포드(Lewis Mumford)는 신석기 문화를 전기와 후기로 나누고 양자의 차이를 원예와 농업, 즉 화초 · 과수 · 채소를 재배하는 일과 곡물을 재배하는 일로 설명한다. 전자가 화덕, 제단, 묘당, 바구니, 그리고 단지와 같은 '작은 용기(small container)'의 시기라면, 후자는 수로, 운하, 전답, 목장, 사원, 그리고 도시와 같은 '큰 용기(big container)'의 시기다(Mumford, 1966: 143).

멈포드가 신석기 초기 문화를 정원(garden)의 그것으로 설명한 것은 절묘하다. 요즘도 시골에 가면 집의 앞뒤로 작은 채원이 있다. 나는 어린 시절 다섯 살 먹을 때까지 전기도 없고 차도 안 다니는 산골 마을에서 자랐는데 당시 집 마당에 있던 여러 식물과 동물을 또렷이 기억하고 있다. 앞마당에는 여름철이면 무성하게 자라서 주렁주렁 열리는 오이가 참으로 경이로웠다. 고추와 상추 등 각종 채소가 빼곡히 자라는 채소밭이 그렇게 앞마당에 있었고, 그 옆에는 유자나무, 감나무, 밤나무가 여러 그루 있었다. 집 뒤편에는 울창한 대나무밭이 있어서 봄이면 맛있는 죽순을 실컷 먹을 수 있었다. 대나무밭은 아이들 놀이터이기도 했다. 오른편에는 닭장이 있었고 왼편에는 외양간에 송아지와 어미 소가 여물을 뜯고 있었다. 또 집 돌담 너머에는 뽕나무밭, 삼나무밭이 바로 붙어 있었다. 이 산골 마을에 살던 유년기는 나에게 늘 풍요롭고도 흥미진진한 시절이었다. 신석기시대 초기의 집과 정원도 필경 그러한 장소였을 것이다. 풍요롭고도 다채로운 숲 속의 여러 동식물을 집의 안과 바깥에 옮겨다 놓은 장소. 일상 식량을 안정적으로 확보할 수 있게 해 주는 경제적 복합체(complex)인 동시에 화원, 식물원, 그리고 미니 동물원을 겸하는 집. 그런 의미에서 신석기시대의 집이야말로 인류역사상 최대의 혁신적 테크놀로지가 아닐까?

"정주화의 초기 단계는 비록 지난 3세기 동안의 기계화의 속도에 비하면 느리기는 하지만 모험적인 적응과 유용한 경이들로 가득 차 있었다. 새로운 먹을거리의 도입, 하나하나의 과일의 질과 크기가 점차 개선되어 가는 것, 새로운 유용한 섬유 작물의 추가, 고통을 줄이고 상처를 치유하거나 기력을 강화해 주는 약용 식물들, 이러한 모든 것들은 최근의 자동차나 로켓보다 훨씬 더 큰 정도로 진정한 의미에서의 환희와 경이의 대상이었을 것이다." (Mumford, 1966: 154)

신석기 초기 그와 같은 집들이 여러 채 모여서 취락을 이루어 공동생활을 하던 때 그 문화는 어떠한 모습이었을까? 경제적인 면에서 이전의 수렵채집과 새로운 원예적 농경의 복합경제(mixed economy)는 물질적인 안정과 풍요를 제공했을 것이다. 사회생활 면에서는 아직 사회적 분화가 진행되기 전으로, 원시적 평등과 민주제를 유지하면서 새로운 정주 집거가 가져다주는 안전(security)은 평화로운 생활환경을 보장했을 것이다.

이러한 변화는 정신문화의 새로운 발전을 가능하게 한다. 즉, 교육활동이 보다 의식적으로 추구될 수 있게 된 것이다.

> 촌락생활이 보장하는 보호와 연속성에 힘입어 아이를 돌보고 가르칠 수 있는 시간이 더 많아지게 되었다. 그리고 아이들은 더 좋아진 먹을거리 덕분에 유아기의 질병을 극복하고 더 많이 생존할 수 있게 되었다. …… 공동체의 모든 성원은 (공동체의) 문화적 유산 전체에 대한 이용권을 가지며, 일상적으로 그 모든 부분에 정통할 수 있다. 나이에 따르는 자연적 질서 외의 권위적 질서나 우월성의 위계는 존재하지 않는다. 왜냐하면 그러한 공동체에서는 가장 오래 산 사람이 가장 많이 알기 때문이다. 전문화가 최소한에 머물러 있기 때문에 여러 기술과 직업은 서로 교체가 용이하며, 그것이 초기의 정주화가 정착하고 난 후에 일어난 보수주의를 상쇄시키면서 촌락문화에 유연성과 폭을 주었다. 공동체의 필요한 한 부

> 분이 된 전문가들, 예컨대 도공이나 대장쟁이, 방앗간 주인이나 빵 굽는 사람이나 직공(織工)도 농사철이면 같이 일을 했다.
>
> 일상생활의 여러 장면에서 부락의 사람들은 들판, 정원, 목초지, 그리고 습지에서 벌어지는 모든 일들에 의식적으로 관여했다. 그들은 식물의 재배, 동물의 사육과 교미에 대한 증인이자 자발적인 참가자였다. 그리고 그 자신의 후손의 출산과 양육에 있어서도 역시 그러했다. 생의 모든 생성적인 힘, 유기체에 개방된 가장 강렬하고도 매혹적인 즐거움인 섹스는 그의 일상적인 의식들 안에서 하나의 약속 내지는 실현성으로서 충만하였다. 노동과 놀이, 종교와 교육은 통합되었다. 원초적 문화의 그러한 측면은 원초적인 방식을 유지하고 있는 촌락 안에서 여전히 발견된다. 동부 아프리카에서 활동하는 어느 미국인 의사는 나에게 그의 원주민 여성 환자들이 그들 생활의 그 많은 역경과 어려움에도 불구하고 여전히 얼굴에 저 '충족된 욕망의 외형적 표현'들이 잘 나타나 있다고 전한다.
>
> 먹는 일과 성적 교섭, 노래와 춤, 대화와 이야기 등은 노동생활의 통합적인 부분들이었다. 그리하여 아무리 반복적인 일일지라도 정주민들은 톨스토이가 『안나 카레니나』에서 묘사한 농부들처럼 그들 자신 그리고 세계와 하나가 되는 기쁨을 향유했다(Mumford, 1966: 157-160).

이러한 초기 신석기시대의 인류생활은 인류 역사 전체를 놓고 볼 때 유례를 찾아보기 힘들 정도로 인간과 자연 그리고 세계가 하나로 통합된 행복한 생이 아니었을까? 그것은 얼마나 지속되었을까? 천 년? 2천 년? 3천 년? 인간들의 정착생활이 지속되고 그에 따라 인구가 증가하게 되면서 농경이 발달한 지역을 중심으로 대규모 취락인 도시가 출현하게 된다. 그리고 사람들 사이에는 전에 볼 수 없었던 정도로 사회적 분화가 진행된다. 사회 형태는 수평적인 차원의 공동체에서 수직적인 위계질서를 한 사회적 피라미드로 달라져 갔다.

신석기시대 초기의 생활 속에는 이미 사회적 피라미드로의 이행의 계기가 내재되어 있었다. 당시는 구석기적인 것과 신석기적인 것이 공존하며 균형을 이루던 시기였다. 그런데 본래 구석기적인 생활은 이동과 분산 그리고 미분화(대칭성)를 특징으로 함에 비해 신석기적인 것은 정주와 집중 그리고 분화(비대칭성)를 특징으로 하기 때문에, 양자는 근본적으로 안티노미[二律背反]의 관계에 있다. 그리고 시간이 경과함에 따라 자연히 후자가 전자를 압도하면서 지배적인 것으로 되어간다.

가축의 사육과 화본과 식물을 중심으로 하는 작물재배는 잉여생산물(경제적 잉여)을 발생시킨다. 이것이 급속한 인구증가를 초래하며 결과적으로 취락의 대규모화, 즉 인구밀집의 도시가 생겨난다. 또 그것은 직접 생산활동에서 해방된 잉여인구(사회적 잉여, social surplus)를 만들어 낸다. 그리하여 계급이 발생하며 공동체로부터 벗어난 초월적 권력이 성립하게 된다. 도시를 중심으로 밀집하여 생활하는 사회로서 평등한 대칭성의 사회가 아니라 계급으로 분단된 비대칭성의 사회가 출현하게 된다. 소수의 명령하는 인간들과 다수의 복종하는 민중들로의 분화, 비대칭화, 이것이 바로 원시사회가 그토록 경계했던 초월적 권력의 본질이다.

이곳저곳을 유랑하는 인간들을 가지고서는 국가를 만들 수 없다. 한 곳에 오래 머물러 사는 정주의 인간들이 없이는 국가권력은 불가능하다. 그래서 국가권력은 인간들을 정해진 공간('영토') 안에 붙들어 매놓기를 원한다. 개개인이 사는 장소를 정확하게 지정해 놓는 것이 국가다(주민등록제도, 호적제도, 호패제도, 부동산등기제도 등등. 국가는 무엇보다도 '등록' 기계다.). 신석기혁명과 함께 일어난 변화 중에서도 "유동생활에서 정착생활로의 이행은 안정적인 인구 집중화에 의한 도시의 형성, 나아가 국가장치의 형성을 가능하게 했다는 점에서 가장 중요한 것"(Clastres, 1987: 250)이라고 할 수 있다.

2. 최초의 국가

1) 국가 발생의 이론

지금까지 확인된 인류 최초의 국가는 기원전 3,000년경 메소포타미아와 이집트에서 성립하였다(중국에서는 기원전 1600년경 최초의 왕조국가가 성립한 것으로 알려지고 있다.). 국가 발생에 관한 일반적인 설명은 다음과 같다. 신석기혁명으로 인한 정주생활이 잉여생산물을 가능하게 했고, 이것이 인구집중을 초래하여 도시의 형성을 촉진했다. 신석기혁명의 결과로서 친족 중심의 소규모 농경적 촌락에서 계층 분화의 사회적 피라미드상을 한 대규모 도시로의 이행, 즉 '도시혁명(urban revolution)'이 발생했다. 신석기혁명에 이은 도시혁명인 것이다.

농경과 목축을 중심으로 하는 정착생활은 대량의 식량잉여를 산출했고, 이 식량잉여가 한 곳에 집중되고 조직적으로 관리됨에 따라(혹은 식량잉여를 조직적으로 관리할 필요에서) 사회잉여(social surplus, 비생산활동 인구계층)가 출현했다. 비친족적인 사회적 콤플렉스로서의 도시는 바로 이 사회잉여에 의해 건설되었으며 문명의 발생 역시 사회잉여에 의해 가능한 일이었다. 기껏해야 20, 30세대의 집합에 불과했던 촌락에 대신하여 수천, 수만 명이 하나의 성곽을 중심으로 집단 거주하게 되는 대규모 도시는 대하(大河) 주변의 광대한 충적평야(沖積平野)를 지리적 배경으로 하여 성립했다. 티그리스-유프라테스강, 나일강, 인더스강, 황하강과 같은 대하 주변의 충적평야를 중심으로 인류 최초의 도시문명이 성립하였다.

최초의 국가는 도시국가였다. 그리고 이 최초의 국가는 종전에는 없었던 새로운 성격의 사회집단('국가적 집단')이 만든 것이다. 왕, 신관, 관료, 군대, 전문 장인들로 이루어진 국가적 집단은 식량잉여와 사회잉여의 결합에 의해 생겨나게 된다. 이 집단은 개별 세대들이 산출한 식량 및 사회적 잉여 덕분에 생산활동에서 해방될 수 있으며, 또 구성원을 충원할 수 있다. 그런 의미에서 이 집단은 '초세대적 세대'라고 할 수 있다. 그들은 도시국가의 지배층이며 특권층이다. 그 결과 동일 평면에서의 원초적 분화 외에는 모든 것이 횡적으로 연결되어 있던 사회 결합이 이제는 두 개의 서로 다른 층, 즉 지배층과 피지배층으로 종적으로 분화되는 입체적 사회 결합으로 바뀌었다(今西 외, 1989: 418-420). 수평적인 단층사회에서 입체적인 중층사회로의 이행이 곧 도시국가 형성이 의미하는 바다.

[그림 2-1]은 대하 주변의 충적평야에서 성립한 고대국가의 원형을 나타낸다. 이 그림에서 보듯이, 국가권력은 수탈을 본질로 한다. 식량잉여를 수탈하고 사회잉여를 수탈한다. 민중으로부터 식량, 물자, 그리고 인간을 수탈한다. 그 대신 국가권력은 그들에게 안전(security)을 제공한다. 수탈과 안전의 교환관계가 국가의 본성이다. 그리고 이러한 교환관계는 군사력에 의해 지지된다. 민중으로부터의 물적 · 인적 수탈도 종국에는 군사력에

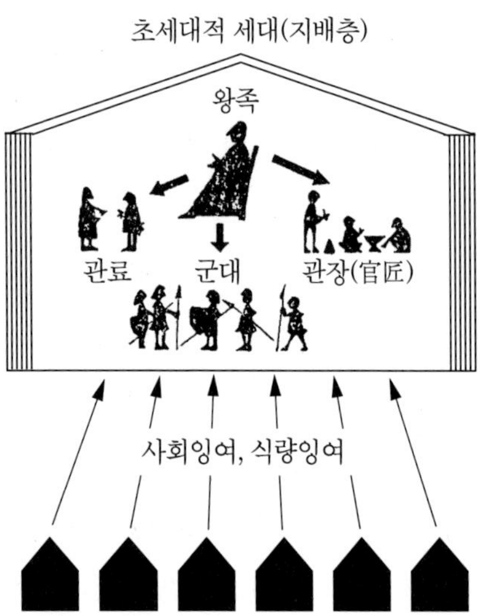

[그림 2-1] 중층사회도(今西 외, 1989: 420)

의해 수행되며, 외부 침입으로부터의 민중의 보호도 군사력에 의존한다. 따라서 국가권력의 핵심은 군사력이다(국가의 본질로서의 '폭력의 합법적 독점', Max Weber).

비유하자면, 유목민 사회에서 양치기가 자신이 기르는 양떼들을 늑대나 야수들로부터 보호하는 대신 양들로부터 젖, 털, 그리고 고기를 얻는 것과 같은 이치다. 조선시대에 민중을 지배하는 일('치민', 治民)이 '목민(牧民)'으로 불렸다는 사실을 상기하자.

수탈(exploitation)하기 위해서는 포획(capture)이 필요하다. 야생의 임야에 자라던 양들을 잡아서(포획) 가축화하여 기르면서 그를 이용하는 것처럼, 야생의 인간들을 일정한 공간 내에 잡아 가두어 놓고 수탈하는 것이다. 국가는 기본적으로 수탈장치이며 포획장치(apparatus of capture)다(Deleuze & Guattari, 1994). 그러한 물적 · 인적 포획을 통해 축적된 부의 스톡을 독점적으로 소유하는 거대 자본이다. 끊임없이 타국과의 전쟁을 계획하거나 그에 대비하는 거대 군사조직인 동시에 군산복합체(military-industry complex)다. 대규모 관개와 치수 사업, 국가적 도로망의 정비 등 대토목공사를 기획하고 실행하는 대기업이다. 왕의 통치를 도울 관료집단을 양성하기 위하여 전국적인 학교체제를 운영하고 또 민중을 직접 교화하는 최고 교육행정가 겸 교육자다. 국가는 실로 천 개의 눈과 천 개의 손발을 가진 리바이어던이며 '거대기계(megamachine)'다.

2) 원국가

이러한 설명에 대하여 들뢰즈와 가타리는 다른 설명을 제시한다. 그들은 '도시나 국가라는 혁명'은 차일드(Gordon V. Childe)가 말하는 것처럼 신석기시대의 것이 아닌 구석기시대의 것일 수 있다고 한다(Deleuze & Guattari, 1994: 485). 그들에 따르면 원시사회가 존재한 구석기시대는 원시사회만이 존재한 무국가의 시대가 아니라 비국가의 원시사회('국가에 대항하는 사회')와 국가가 공존하던 시대였다.

기억의 끝자락의 원국가(原國家)는 신석기시대 이래, 아니 아마도 그 이전부터 존재했다. 마르크스에 따르면 국가가 수립되는 것은 혈연에 의한 토지지배라는 코드를 이미 가진 원시 농업공동체의 위에서의 일이나, 국가가 행하는 것은 원시 농업공동체의 코드에 대하여 상위 코드를 설치하는 것(초코드화하는 것)이다. 즉, 원시 농업공동체는 전제적인 황제의 권력에 복종하는 것이다. 이 전제적 황제란 모든 것의 위에 서는 유일한 공적 소유자, 잉여 혹은 스톡의 지배자, 대토목공사(잉여노동)의 조직자, 공공기능과 관료기구의 원천이 되는 자다. 이것은 연결하고 묶는 패러다임에 속한다. 이것이 국가의 기호체계다. 초코드화 또는 시니피앙은 기계형 예속의 시스템이다. 바로 멈포드가 말하는 최초의 메가머신이다. 단일격(一擊)에 의한 대성공. 이 모델에 비하면 다른 국가 형태 따위는 미숙아에 지나지 않을 것이다. 황제-전제자는 왕이나 폭군이 아니다. 왕이나 폭군은 사유제 아래서만 존재한다. 그런데 제국이라는 체제 아래서는 모든 것이 공공의 것이다. 토지소유는 공동체의 것으로서만 행해지고, 각자는 공동체의 일원으로서만 토지를 소유한다.

더이상 스톡이 잠재적인 잉여를 전제로 하는 것이 아니라 스톡에 의해 잉여가 생기는 것이다. 더 이상 국가는 발전한 농업공동체나 발달한 생산력을 전제로 하지 않는다. 반대로 국가는 전제가 되는 농업도 야금업도 가지지 않은 수렵채집민의 한가운데에 어떤 개재도 없이 직접적으로 수립된다. 농업, 목축, 야금업을 창시하는 것이 국가이며, 최초는 자신의 영토 위에, 다음에는 주위의 세계에, 농업, 목축, 야금업을 강제해 가는 것이 국가이다. 농촌이 서서히 도시를 만드는 것이 아니라 도시가 농촌을 만드는 것이다. 국가가 일정한 생산양식을 전제로 하는 것이 아니라 역으

> 로 국가가 생산을 하나의 양식으로 만드는 것이다. …… 시초는 보자기 안에 담긴 씨앗들과 같았다. 모든 것은 우연히 뒤섞인 것으로부터 시작한 것이다. '도시나 국가라는 혁명'은 차일드가 믿었던 것처럼 신석기시대의 것이 아닌 구석기시대의 것일 수 있다.
>
> 국가 안이나 바깥에서 국가로부터 멀어지려고 하거나, 국가로부터 스스로를 지키려고 하거나, 국가를 진전시키려고 하거나 혹은 폐절시켜 버리려고 하는 경향이 있는 것과 마찬가지로, 원시사회에도 국가를 추구하는 경향이나 국가의 방향으로 향하는 벡터가 존재한다. 모든 것이 끝이 없는 상호작용 속에 공존하는 것이다.
>
> 국가를 전제로 하는 것은 에크리튀르만이 아니며, 말도 언어도 언어활동도 전부 국가를 전제로 하고 있다. 원시공동체의 자급자족, 자율성, 독립, 선재성은 인류학자의 꿈에 지나지 않는다. 원시공동체가 필연적으로 국가에 의존한다는 말이 아니라, 그것은 복잡한 네트워크 속에서 국가와 공존하고 있는 것이다(Deleuze & Guattari, 1994: 484-486).

요컨대 들뢰즈와 가타리는 국가의 기원에 관한 진화론적 설명을 거부한다. 구석기시대의 원시사회, 그리고 신석기시대의 끝자락 무렵에 등장하는 국가, 이러한 상식화된 국가 기원의 진화론적 설명을 부정한다. 인류가 무리 생활을 시작하는 순간부터 원시사회와 함께 국가사회가 이미 존재했다는 것이다. 이것이 '원국가(Urstaat)'의 발상이다. 문명 발생과 함께 성립하는 고대국가에 훨씬 앞서는 원국가다. 그리고 모든 것은 원시사회까지 포함하여 이 원국가를 전제로 한다. '태초에 이미 국가가 있었다.' 그리고 '모든 것은 국가와 관련되어 있다.' 들뢰즈와 가타리는 '국가 없는 원시시대' 대 '국가 있는 문명시대'의 이항성을 부정한다. 반국가적인 원시사회가 문명시대에도 존재하는 것처럼, 구석기시대에도 국가는 존재했다(더 정확하게는 존재했을 것이다)는 것이 그들의 입장이다.

들뢰즈-가타리 이론은 국가의 기원에 관한 고고학의 설명과는 동떨어진 것이기는 하나 전혀 불합리한 것도 아니다. 사실 고고학적 지식은 확실한 물증이 존재하지 않는 한 용의자를 무죄로 추정한다는 근대 사법의 원칙과도 비슷하다. 확실한 물증이 존재하지 않음에도 불구하고 그는 범죄자일 수 있는 것처럼, 기원전 3,000년보다 훨씬 전에 이미 국가가 존재했을지도 모른다. 들뢰즈-가타리 이론은 그렇게 이해될 수 있지 않을까? 그들에 따르면 원시사회와 국가사회는 구석기시대 이래 지금까지 '공존'해 오고 있는 것이다. 서로 끌어당기고 밀치고 흡수하고 해체하고 하면서. 들뢰즈와 가타리가 언급한 '원국가'는 원래 니체가 제안한 이론이다.

니체의 '원국가'는 그의 저서 『도덕의 계보(*On the Genealogy of Morals*)』에서 제시되었다. 그에 따르면 국가권력은 생(生)의 필연적 조건인 '권력의지'로부터 나온다. 그런데 개인이나 종족에 따라 권력의지에는 강약이 있으며, 선천적으로 권력의지가 강한 자가 그렇지 못한 자를 정복하고 지배하게 됨으로써 국가권력이 출현하게 된다. 즉, 그것은 유기적 성장의 결과라기보다는 '하나의 결렬(決裂), 하나의 비약(飛躍), 하나의 강제(强制), 하나의 불가피한 숙명(宿命)'으로 나타나는 것이다.

> 그때까지 속박되지 않고 형태도 갖추지 않고 있던 주민을 하나의 정형 속에 밀어넣는 작업이 폭력 행위에 의해 시작된 것처럼, 마찬가지로 오직 순전한 폭력 행위에 의해서만 끝이 날 수 있었다. 그 때문에 가장 오래된 '국가'는 하나의 공포스러운 폭정, 인정사정 없이 눌러 으깨 버리는 하나의 기계장치로서 모습을 드러내어 조업(操業)을 계속한 결과, 마침내 민중이나 반수(半獸)라는 원료는 철저하게 반죽되어서 말랑말랑해졌을 뿐 아니라 형체를 갖추도록 도야되기도 하였던 것이다. 나는 '국가'라는 말을 사용했다. 그것이 무엇을 의미하는 것인가는 긴 말이 필요없이 분명하다. 그것은 어느 금발 야수의 한 무리, 어느 정복자=지배자 종족을 말하

는 것이다. 그들은 전투 본위로 편성되어 조직력을 갖추고 있어서, 수적으로는 아마도 압도적으로 우세하면서도 아직 형태를 갖추지 못하고 아직 유랑하는 주민들을 그 무시무시한 발톱과 송곳니로 가차없이 급습한 것이다. 바로 이렇게 하여 지상에 '국가'가 시작되었다. …… 명령할 수 있는 자, 태어나면서부터 '지배자'인 자, 행위에 있어서나 몸짓에 있어서나 거칠고 사나운 자, …… 그들은 운명처럼 다가온다. 거기에는 이유도 없고 조리도 이치도 구실도 없다. 그들이 임하는 것은 번개와도 같고, 너무나도 무섭고 너무나도 재빠르며, 너무나도 압제적이고 너무나도 '이상'하기 때문에 증오조차 할 수 없을 정도다. 그들이 행하는 것은 본능적으로 형식을 창조하는 것, 형식을 새겨 넣는 것이다. 그들은 존재하는 한에 있어서 가장 천의무봉(天衣無縫)한 무의식적인 예술가다(Nietzsche, 1993: 465-466).

3. 문자, 학교 및 국가

문명(civilization)은 의미상 도시의 문물을 뜻한다. 즉, 문명이라는 말은 도시화('도시혁명')의 결과로 성립되었다는 사실을 함의하고 있다. 역사상 최초의 도시는 국가권력이기도 했다. 도시는 그 생성의 시점에서 국가권력을 전제로 하는 것이며 그 반대가 아니다. 도시가 형성되고 나서 국가가 그 기반 위에 성립한 것이 아니라, 국가권력이 자신의 필요에서 성벽을 둘러치고 자신이 그 안에서 가장 높은 크고 멋진 집을 차지하면서 부하(관료, 병사, 장인)들을 주위에 배치시킨 곳이 바로 최초의 도시인 것이다. 그래서 최초의 도시는 곧 도시국가다.

이 말은 결국 문명도 국가권력을 전제로 함을 의미한다. 천 개의 눈과 천 개의 손발을 가진 리바이어던은 문명을 만들고 또 그를 활용하였다. 문자,

과학, 종교, 예술, 경제의 모든 것이 국가의 필요에 의해 만들어졌거나 혹은 국가에 의존하여 발전하였다.

문명 중에서도 문자가 차지하는 위치는 특별하다. 문자가 없어도 문화는 성립 가능하다. 그러나 문자가 없이는 국가장치는 지속적 작동이 불가능하다. 왕을 정점으로 하는 국가권력('초세대적 세대')은 문자를 매체로 하여 국가를 운영해 나간다. 문자는 무엇보다도 국가행정의 도구다. 왕의 명령은 한 자도 틀림없이 정확하게 관료체계를 통해서 여러 국가기구(그리고 그 인간들)와 일반 민중에게 전달되어야 한다. 반대로 지방관은 매일 자신이 왕을 대신하여 수행한 지방민 통치의 시말을 상세히 왕에게 문서로 보고해야 한다. 국가는 민중의 물적 · 인적 수탈을 위해서 민중 개개인의 물적 · 인적 조건을 상세하게 등록(성명, 주소, 가족 구성, 재산 정도 등)해야 한다. 이런 일들은 전부 문서로 행해진다. 따라서 문자가 없으면 만들어서라도 문자를 가져야 하는 것이 국가다. 문자가 먼저 생기고 국가가 나중에 생겼다기보다 그 반대가 더 정확할지 모른다. 왜냐하면 문자 없이는 국가도 없기 때문이다. 스스로 만들 능력이 없으면 다른 나라에서 빌려와야 하는 것이 문자인 것이다.

[그림 2-2] 1,000년 이전의 주요한 문자 중심지(Fischer, 2005: 86)

국가권력은 문자 발명의 어머니며, 문자의 발명은 국가를 한층 더 강대한 것으로 만들었다. 문자 없는 사회를 내부에서 관찰한 레비스트로스는 문자 발명의 역사적 의미를 다음과 같이 설명한다.

> 문자가 기원전 4,000년과 3,000년 사이에 출현했다는 것은 그것이 신석기혁명의 아득한 그리고 간접적인 하나의 결실이라고 보아야 하며, 문자가 신석기혁명의 조건이었던 것은 아니다. 문자라는 것은 어떠한 대혁신과 연결되어 있는 것일까? …… 문자의 발명에서 근대과학의 탄생까지 서양세계의 지식은 증대했다기보다 오히려 파동하고 있었다. …… 신석기시대에 인류는 문자의 도움 없이 거대한 진보를 이루었다. 문자를 가지게 되면서 서양의 역사시대의 여러 문명은 오랜 기간 정체하였다. 분명히 19세기와 20세기의 과학의 개화는 문자 없이는 이해하기 어려울 것이다. 그러나 그것은 필요조건이기는 하나 이 과학의 개화를 설명하기에는 결코 충분하지 않다. 만약 문자의 출현을 문명을 특징짓는 어떤 징표와 결합시키려 한다면 다른 방면을 찾아보지 않으면 안 된다.
>
> 문자의 출현에 충실하게 부수하고 있다고 생각되는 유일한 현상은 도시와 제국의 형성, 즉 수많은 개인들이 하나의 정치조직으로 통합되는 것, 이들 개인이 카스트나 계급으로 서열화되는 것이다. 이집트에서부터 중국에 이르기까지 문자가 등장한 시대에 발견되는 전형적인 진화는 적어도 그와 같은 것이었다. 문자는 인간에게 광명을 가져다주기 전에 인간의 착취에 편의를 제공한 것으로 보인다. 수천의 노동자를 고된 작업에 종사하도록 소집하는 것도 가능하게 했던 이 착취는 앞서 언급한 바의 건조물과 문자를 직접 관계짓는 방식보다 건조물의 탄생을 더 잘 설명한다. 만약 나의 가설이 타당하다면 문자로 된 통달(通達)의 일차적 기능은 인간의 예종을 용이하게 하는 것에 있다고 말할 수 있다(Lévi-Strauss, 2001b: 203-204).

오늘날 문자는 자유와 해방의 이미지를 가진다. 문자해독 능력(literacy)은 인간의 기본적 권리로 간주되며, 그것의 국민적인 수준은 한 나라 문화 발전의 척도로 통한다. 그러나 오랫동안 문자는 만인의 해방을 위한 도구라기보다는 국가의 민중 포획을 위한 도구로 활용되었다. 원초적 생성단계에서 문자는 '왕의 도구'였다.

문자 학습소로서의 학교. 국가권력의 발전과정에서는 문자를 전문적으로 다루는 사람인 서기(書記, scribe)가 중요한 역할을 하게 된다. 서기는 국왕의 관료조직에서 늘 중요한 위치에 있었다. 처음에 서기는 대개 성직자 노릇도 겸했다. 고대 이집트의 상형문자가 히에로글리프(hieroglyph), 즉 성스러운 문자〔聖刻文字〕라고 불린 이유는 그것이 성직자들에 기록되고 해독되었기 때문이다. 또 그것은 신과 왕의 대화록이기도 했다. 처음 문자는 신의 메시지, 신이 왕에게 전달하는 메시지의 미디어였다.

왕의 문관이자 성직자인 서기는 인류 최초의 지식인이었다. 초기의 국가에서는 신관(神官)이 곧 최고지도자(왕)이기도 했으며 양자를 겸하는 경우가 많았다(고대 오리엔트). 그들은 사원(temple)을 자신들의 장소로 하여 왕을 위하여 문서를 생산하고 왕을 위해 달력을 만들고 왕을 위해 의식을 집전했다.

4. 가장 오래된 학교

교육은 형태상 비형식적(informal) 교육과 형식적(formal) 교육으로 구분된다. 인류는 오랫동안 아이들의 교육을 위한 전용 시설이나 특별한 프로그램을 마련하지 않은 상태에서 교육을 해 왔다. 원시사회처럼 문자도 없고 사회 내적 분화가 없는 사회에서는 형식적 교육이 아예 불가능하다. 그런 상태에서는 교육은 일상적인 공동활동을 통하여 이루어지거나 특별한 종교적인 의식이나 행사를 통하여 이루어지는 것이 보통이다. 또 비형식적 교육과 형식적 교육은 시간적으로 선후관계에 있다기보다는 공존관계에 있다. 즉, 형식적 교육이 성립한 후에도 비형식적 교육은 훌륭하게 교육적 기능을 발휘하는 것이다.

따라서 비형식적 교육은 저급한 것이고 형식적 교육이 고등의 것이라는 이분법은 성립할 수 없다. 이 둘은 교육의 이질적인 두 차원으로 존재하며, 상호 보완하기도 하고 서로 침식하기도 하는 그런 관계에 있는 것으로 파악할 필요가 있다. 그런데 문명시대 이후의 교육사에서는 오랫동안 지배적인 형태였던 비형식적 교육이 그 위치를 점차 형식적 교육에게 넘겨 주는 역사과정이 전개되는 것이 커다란 흐름이다. 그리하여 문명시대의 끝자락에 해당하는 오늘날 형식적 교육이 교육에서 차지하는 비중은 압도적인 것으로 되어 있다(사회 전체의 학교화).

그러한 형식적 교육, 즉 '학교'교육은 언제부터 어떤 모습으로 시작되었을까? 지금까지 발견된 가장 오래된 학교 유물은 기원전 2,100년경 수메르 민족이 지배하던 메소포타미아 지역에서 발굴된 것이다. 수메르 민족은 인류 최초의 도시문명의 건설자이기도 하다. 우르 제3왕조기(13C 2112~2004년) 시대에 통일제국이 건설되었는데, 1930년대 후반에 시리아 동부에 있는 도시 유적(마리)이 발굴되면서 당시의 사회상을 전해 주는 수많은 유물이 모습을 드러냈다.

마리에서 발굴된 학교는 서기 양성을 목적으로 하였다. 발굴된 문서에 의하면 당초 서기직으로의 진출은 특별한 장벽이 없었으나 우르 제3왕조기(BC 2100년 무렵)에 이르러서는 보다 유력한 사회계층 출신에 한정되었다. 모든 서기는 국가 관료체제 중의 어느 한 분야, 즉 사원, 법률, 의료, 상업, 군대, 교직 중의 어느 한 분야를 전공해야 했으며, 그를 위해 자연히 두 단계의 교육을 거쳐야 했다. 첫 단계는 문자 습득의 기초교육으로 집단 교수법이 적용되었고, 두 번째 단계의 교육은 정부의 특정 부서에 배치된 후

도제훈련과 개인교수 방식으로 고등의 보다 전문화된 교육이었다(이하 Bowen, 1972: 12-16 참조).

많은 교실 학습용 서판(書板, tablets, 문자학습용 점토판)과 함께 교실 유적도 발견되었다. 이를 종합한 결과 다음과 같은 학교교육 제도가 해명되었다. 기초교육은 에둡바(edubba, Tablet House)라는 장소에서 이루어졌다. 이전에 사원 내에서 이루어지던 문자교육을 위한 전용 시설인 것이다. 약 기원전 2,000년경의 것으로 추정되는 이 교실들은 사원 근처가 아니라 왕궁 내에 있는 여러 시설물 중의 하나였다.

학교(로 추정되는) 건물은 구조상 출입용의 현관과 두 개의 교실을 보유하였는데, 이 중 큰 교실에는 45명이 앉을 수 있는 네 줄의 돌 벤치들이 배치되어 있고 작은 교실에는 23명의 학생이 앉을 수 있는 세 줄의 벤치들이 배치되어 있다. 기초교육의 내용도 해명되었는데 이는 다음과 같다.

에둡바(edubba)의 총 감독은 움미아(ummia)가 맡았다. 그는 앗다 에둡바(adda edubba, 타블렛 하우스의 아버지)의 도움을 받았다. 수업은 여러 교사들이 맡았는데, 글쓰기와 셈하기를 가르치는 여러 명의 둡사르(dubsar, tablet writer)들이 있었다. 조수로서 둡사르를 따르며 그에게서 전문적인 교수법을 배우는 세쉬갈(seshgal, big-brother)도 있었다. 둡사르는 다시 전문 분야에 따라 나뉘었는데, 둡사르 니쉬드(dubsar nishid, scribe of counting), 둡사르 자가(dubsar zaga, scribe of mensuration), 둡사르 아샤가(dubsar ashaga, scribe of measuring), 둡사르 켄기라(dubsar kengira, scribe of Sumerian) 등으로 구별되었다. 그 밖에도 제도(선화, drawing), 경리, 언어, 독해, 번역, 계산의 수업이 이루어졌던 것으로 추정된다.

전문 직업교육 외에도 도덕적 교육이 훈계나 설교와 같은 방법을 통해 시행되었고, 특히 체벌이 상당히 보편적으로 사용되었다("나는 늦으면 안 돼. 선생님이 나를 몽둥이로 때릴 거야." "'왜 내가 없는 동안 말을 했어?' 나를 매질했다." –작문용 서판의 문장들). 이와 같이 강압적 수단이 학생들의 면학을 확보하는 주요한 수단이었다.

에둡바를 졸업하면 학생은 서기후보생(dumu edubba 혹은 dubsar tur)의 지위를 획득하고 상급과정으로 진학할 수 있다. 지혜의 집(House of Wisdom)이라고 불리는 이 학교에서는 문자 기록과 계산법에 관한 고등의 교육이 이루어졌다.

지금으로부터 무려 4,000년 전의 학교교육이 상당히 구체적인 부분까지 해명된 것이 놀랍다. 이 인류 최고(最古)의 학교가 다름 아닌 서기 양성 학교였다는 사실을 상기할 필요가 있다. 서기는 곧 왕의 신하인 문관이다. 이러한 문관을 양성하기 위하여 왕이 왕궁 안에 설치한 것이 4,000년 전의 '마리 학교'인 것이다.

이 장 서두에서 말한 것처럼, 고대 이후의 세계교육은 동양교육과 서양교육으로 대별되며, 이 양자가 근대 이후 하나로 융합되는 양상을 보이면서 근대교육이 성립한다. 즉, 근대 이전까지 세계교육을 양분하다시피 한 것이 동양교육과 서양교육인데, 위에서 본 인류 최고의 학교교육은 동양교육에 속한다.

기원전 2,000년경 비옥한 초승달 지대에 수메르족들이 세운 학교의 교육은 고대 중국의 그것과 많이 닮았다. 왕을 위해 일할 문관을 양성하기 위하여 왕이 설립한 학교는 중국을 비롯한 동양권 나라의 교육의 기본 양상이었다. 즉, 동양에서 학교는 국가학교였고 교육은 국가교육이었다.

그에 비해 서양교육은 적어도 근대 이전까지는 국가교육이라고 할 수 없다. 그것은 기본적으로 사교육의 성격이 강했다. 동양에서 그랬던 것처럼, 국가가 학교교육을 위해서 특별히 어떤 시설을 마련하고 그에 깊은 관심을 기울인 사례가 별로 없다. 물론 일부 예외가 없는 것은 아니지만 대체로 그러했다. 서양에서 국가가 일반 민중의 교육에 적극적으로 개입하기 시작한 것은 16세기 초의 종교개혁 이후의 일이다. 또 학교교육의 목표도 동양과 같은 문관이 아닌 다른 형태의 인간형이었다. 이렇게 동양교육과 서양교육은 다르다.

> 문인(서기)은 사회적으로는 관리였다. 그들은 필기의 지식을 행정을 위해 활용했다. 예컨대, 이집트에서는 오로지 국왕의 행정에, 그리고 메소포타미아에서는 처음에는 아마도 종교적인 제사에, 이윽고 마찬가지로 국왕의 행정에 활용했다. 동방의 문인의 역할은 무엇보다도 …… 그러한 행정 면에 있었다. 즉, 로맨틱한 역사가 취향의 가설에는 반하지만, 필기(writing)가 발명되어 처음으로 사용된 것은 결코 신학이나 형이상학의 도그마를 기록하기 위한 것이 아니라 회계나 행정이라는 현실적 필요를 위한 것이었다고 생각한다. 필기가 그러한 실제적인 목적에서 해방되어 역사나 추상적 사상 등 보다 고상한 용도에 쓰이게 된 것은 훨씬 나중의 일에 불과하다. 아니, 그때가 되어서도 동방의 문인들은 주로 회계를 담당하고 기록을 정리하며 명령을 처리하는 인간이며, 또 그것을 문서로 받는 것이 가능하기 때문에 자연히 그 시행의 임무도 맡아 본 사람이었다 (Marrou, 1985: 5-6).

절대적이고 강력한 중앙집권적 국가가 동양사회에 성립한 고대국가의 특징이었다. 메소포타미아든 이집트든 중국이든, 동양 고대제국의 황제는 신과도 같은 절대 권력자였다. 동양의 황제가 자신의 광대한 제국을 한 손아귀에 넣고 천하를 다스릴 수 있는 것은 거대하고 정교한 관료 시스템이라는 도구가 있었기 때문이었다. 고대 동양의 학교는 바로 이 관료 시스템을 위한 것이었다. "동방의 고대사회가 교육을 중시한 것은 그 때문이었다. 교육은 출세의 수단, 아이들에게는 특권계급에 들어가는 수단이었다." (Marrou, 1985: 6) 그리고 왕에게는 유능하고 충성스러운 문관을 안정적으로 충원하는 수단이었다.

제3장

고대 국가와 교육: 동아시아를 중심으로

1. 세계사의 동과 서
2. 동양적 전제국가의 기초: 아시아적 사회 구성
3. 중화 수력문명과 고대 동아시아
4. 고대 중국의 교육
5. 고대 한국의 교육
6. 고대 일본의 교육

제 3 장

고대 국가와 교육: 동아시아를 중심으로

1. 세계사의 동과 서

문명은 처음 동양에서 성립했다. 아시리아 및 바빌로니아, 이집트, 인도, 그리고 중국에서 문명이 시작되었다. '세계사의 철학'을 논한 헤겔(G. W. Friedrich Hegel, 1770~1831)에 따르면, 세계사는 아시아에서 시작하여 그리스-로마의 지중해 세계를 거쳐서 마침내 알프스 이북의 유럽에서 완성에 도달하게 된다. "아시아는 해가 뜨는 지역이다. …… 유럽이 절대의 서(西)이므로 아시아는 절대의 동(東)이다. 아시아에서 정신의 빛이 일어서고 그와 함께 세계사가 나타났다."(Hegel, 2003a: 170) 오리엔트(아시아)에서 시작된 문명은 그리스와 이탈리아의 지중해문명을 거쳐서 알프스 이북의 유럽, 구체적으로는 프랑스 · 독일 · 영국을 중심으로 하는 서유럽 지역에서 최종적인 종착지에 안착하게 된다는 것이다.

해가 뜨는 오리엔트(Orient)와 해가 지는 옥시덴트(Occident). '일출(日出)'의 아시아와 '일몰(日沒)'의 서유럽. 여기서 일출이나 일몰은 양의적이다. 하루의 시작이라는 점에서 일출은 영광스러운 출발이지만, 동시에 그것은 성장과정에서 보면 유년기에 속한다. 반대로 일출은 하루의 마감이라는 점에서 하강을 의미하면서 동시에 노년기(즉, '완전한 성숙의 시기')를 의미하기도 한다. 헤겔이 염두에 둔 것은 바로 그러한 측면이었다.

> 세계사는 동에서 서로 향한다. 유럽은 말할 것도 없이 세계사의 끝이며 아시아는 시작이기 때문이다. …… 지구는 둥글지만 역사는 그 주위를 원을 그리며 도는 것이 아니라 오히려 특정한 동을 출발점으로 하는데 그것이 아시아다. 외계의 물체인 태양은 아시아에서 떠올라 서쪽으로 진다. 그와 함께 자기의식이라는 내면의 태양도 아시아에서 떠올라 고도의 광채를 널리 흩뿌린다. 세계사는 야생적인 자연 그대로의 의사를 훈련하여 보편적이고 주체적인 자유에 이르게 하는 과정이다. 동양은 과거로부터 현재에 이르기까지 한 사람이 자유롭다는 것을 인식하는 것에 불과하며, 그리스와 로마의 세계에서는 특정한 사람들이 자유롭다는 것을 인식하며, 게르만 세계는 만인이 자유롭다는 것을 인식한다(Hegel, 2003a: 176).

오직 한 사람만이 자유로운 동양과 만인이 자유로운 유럽, 전제군주의 동양과 자유시민의 유럽, 어린애와 같이 유치한 아시아와 어른처럼 성숙한 유럽.

헤겔이 정식화한 동서양의 이분법은 구세계에 적용한 야만과 문명의 이분법에 다름 아니다. 그의 주장을 오리엔탈리즘으로 단정해 버리는 것은 간단하다. 왜냐하면 고대로부터 현대에 이르기까지 동양은 서양에 대하여 지혜의 고향이기도 했으며, 많은 서양인들이 동양적인 것을 동경하고 또 지향해마지 않았기 때문이다(Clarke, 1997). 따라서 '유치한 아시아' 대 '성숙한 유럽'이라는 구분은 그다지 설득력이 없다. 그럼에도 불구하고 헤겔이 아시아와 특히 중국에 대하여 한 발언들이 뇌리에서 사라지지 않고 마치 망령처럼 떠도는 것은 왜일까?

헤겔은 '공동체의 자유'와 '주관의 자유'를 구분하면서, 동양세계는 공동체의 자유는 있지만 주관의 자유가 존재하지 않는 사회라고 설명한다. (여기서 '공동체'란 곧 국가를 의미하고, '주체'는 '반성력을 갖춘 자립적 인격체'를 뜻한다.)

> 공동체의 자유밖에 없는 곳에서는 명령이나 법률이 확고부동한 것이며, 개개인은 그것에 전적으로 복종하고 있다. 법률은 개개인의 의사에 합치되는 것일 필요가 없으며, 여기서는 개개인이 자신의 의사나 인식을 지니지 않은 채로 부모의 말에 순종하는 어린애와 같다. 그런데 주관의 자유가 나타나 인간이 외계의 현실로부터 자신의 정신으로 돌아가면, 외계와 반성력이 대립하고 현실이 부정될 가능성이 생긴다. 개인이 현재로부터 몸을 뺀다는 것은 그 자체가 대립을 낳는 것이며, 대립의 한쪽 끝에는 신 혹은 신성한 것이, 다른 편의 극에는 특정한 개인이 선다. 동양세계의 소박한 의식 속에서는 이 둘이 분리되어 있지 않다. 공동체와 개인은 따로따로 존재하고 있지만, 그 대립이 정신의 대립으로 되어 있지 않다(Hegel, 2003a: 177-178).

동양세계에서는 개체가 공동체에 매몰되어 있으며 정신적인 자립에 도달해 있지 않다. 객관적으로는 개체와 공동체가 별개로 존재하고 있지만, 정신적인 차원에서는 개체가 공동체 자체와 정신적인 차원에서 대결하고 대립할 수 있는 내면적인 독립성과 정신적 성숙에 도달하지 못하고 있다는 것이다. 공동체의 형태로서는 호화 현란한 왕국을 이루고 있으나, 개개인은 단순한 부속품으로 머물러 있다. 이것은 '역사의 유년기'에 해당하는 상태다. 동양에서는 "모든 것이 공동체에 속하며, 어떤 개인도 공동체에서 벗어나 자신의 주관적인 자유로 돌아가는 것이 불가능하다. …… 모든 것이 공동체의 것이며, 주관의 자유도 공동체 속에 매몰될 수밖에 없고, 개인의 영예도 개인 속에 있는 것이 아니고, 이 절대적 존재 속에 있다."(Hegel, 2003a: 178)

어떠한 개인의 독립도 허용하지 않는 유일 절대의 권력, 이것이 바로 동양적 전제권력(oriental despotism)의 본질이다. 이와 같이 공동체의 내부에 대립 발생과 그 극복의 계기가 존재하지 않기 때문에, 즉 모든 것을 공동체가 흡수하고 어떠한 개체적 요소의 자율적 운동을 전적으로 봉쇄하고 배제해 버리기 때문에, 그것은 영구히 지속하는 '공간의 왕국'이며 '비역사적 역사'를 현출한다("중국의 예를 들면, 가족관계에 기초를 둔 국가와 가장 지배가 그에 해당하며, 가장의 배려와 권고와 징벌과 훈육에 의해 전체의 질서가 서는 이 산문적 국가에서는 무한하고 관념적인 형식의 대립이 아직 출현하지 않고 있다." Hegel, 2003a: 179). 또한 그것은 외부를 향한 대립과 투쟁의 끝없는 반복, 그로 인한 급속한 몰락을 특징으로 한다. 내부에 변화의 원리를 갖지 못한 국가는 다른 국가에 대해서는 무한정한 변화를 보이는 부단한 항쟁을 반복한다. 대외투쟁의 역사는 아직 비역사적인 측면이 강하다. 그것은 비슷비슷한 제왕의 몰락이 반복되기 때문이다. 이전의 굉장한 제왕을 용기와 힘으로 쓰러뜨린 새 제왕도 동일한 쇠퇴와 몰락의 과정을 밟으며 사라져 간다.

중국의 국가적 특성은 이집트나 메소포타미아의 그것과 마찬가지로 공동체 원리가 최상의 원리로서 영원히 군림하며, 객관적인 존재와 주관적인 운동 사이의 대립이 결여되어 있기 때문에 진정한 의미에서의 변화가 없다. 그 결과, "영원히 같은 것이 재현된다."(Hegel, 2003a: 195) 공동체와 주관의 자유가 서로 구별도 대립도 없이 한 덩어리로 통합되어 있기 때문에,

공동체의 정신과 개인이 직접적으로 일체화하고 있기 때문에, 공동체가 스스로의 존재방식에 시선을 돌리거나 혹은 주관에 의해 그것이 파악되거나 하는 일이 없다.

> 중국에는 주체성이라는 요소가 아직 존재하지 않고, 개인의 의사를 먹어 삼켜 버리는 공동체권력에 대항하여 개인이 자신의 의사를 자각하는 일도 없을 뿐 아니라 자신의 자유의사에 기초하여 공동체권력의 정당성을 인정하는 일도 없다. 개인은 공동의 의사가 명령하는 대로 소박하게 행동하고, 공동체권력이 자기 자신에 대립하는 것으로서 존재한다는 것을 알지 못한다. …… 중국에서는 공동의 의사가 개인이 해야 할 일을 직접 지시하고, 개인은 무반성 · 무자각으로 그에 추종한다(Hegel, 2003a: 201-202).

모든 것을 내부에 포함하며, 일체의 대립과 변화를 부인하는 중국의 공동체는 현실적으로 가족이며 또 그 관념적 연장으로서의 국가다. "중국의 국가는 가족관계를 유일한 버팀목으로 하고 있으며, 가족에서의 신뢰관계가 객관적인 모습을 취한 것이 국가다. 중국인은 자신이 가족의 일원이라는 것을 잊는 일이 없다. 동시에 국가의 자식〔國子〕이라는 사실도 자각하고 있다." (Hegel, 2003a: 203)

'초세대적 세대'로서의 국가권력은 중국에서 그 완성을 보는 것인가? 일체의 것으로부터 벗어나 있으면서 마술사처럼 모든 것을 마음먹은 대로 주물러 대는 동양적 전제군주의 마술사적 초월 권력. 절대권력(total power). 개체의 권리는 없고 공동체의 그것만이 존재하는 곳이다.

2. 동양적 전제국가의 기초: 아시아적 사회 구성

왜 이렇게 동양의 국가권력은 강대한가? 일체의 것을 완전 포획해 버리는 동양적 국가권력은 무엇에 기초하고 있는가? 이에 대한 이론적인 답을 먼저 제시한 사람은 마르크스다. 1850년대 말 마르크스는 『경제학비판요강(*Grundrisse der Kritik der politischen Ökonomie*)』에서 '오리엔트적 공동체'의 토지 소유방식을 정식화했다. 원시공동체의 수준을 막 벗어난 동양적 공동체사회에서는 토지가 개인의 사유지로서 성립하지 않으며, 단지 공동체 그 자체만이 진정한 소유자가 된다.

> 자연발생적으로 생겨난 부족공동체, 혹은 그렇게 부르고 싶다면 군거집단(예컨대, 혈통, 언어, 습관 등에 있어서 공동체적인 존재방식)이야말로 그들 생활의 객관적 조건을 자신들의 손에 넣기 위한 최초의 전제다. 그리고 그들의 생활에 있어서 자기를 재생산하고 대상화하는 활동(방목의 민, 수렵의 민, 농경의 민 등으로서의 활동)을 위한 최초의 전제다. 대지(大地)는 공동체조직의 기지가 되는 거주지를 제공하는 것과 마찬가지로 노동 재료도 노동 수단도 공급하는 거대한 작업장이며 병기고가 된다. 그들이 소박하게 관계하는 이 대지는 공동체조직의 소유물이며, 살아 있는 노동에 의해 자기를 생산하고 재생산하는 공동체조직의 소유물이다 (Marx, 2005a: 189-190).

동양적 전제국가는 이들 소규모의 원시적 부족공동체들의 위에 서서 그들을 포괄하는 통일체로 성립한다. 이 '포괄적인 통일체'는 수많은 현실의 특정한 공동체조직들을 넘어서는 특별한 것으로 나타난다. 이것이 대지에 대한 보다 상위의 소유자로서 혹은 유일한 소유자로서 등장하며, 그에 대하여 개개인은 사실상 무소유로 된다. 즉, “많은 공동체조직의 아버지인 전제군주 내에 구현되는 전체의 통일자”(Marx, 2005a: 190)가 특정한 공동체의 매개를 통해서 개개인에게 토지를 양도한다고 하는 방식으로 토지 소유의 형식이 성립한다. 그에 따라서 토지로부터의 잉여생산물은 자연히 이 최상위의 통일체에 귀속된다. 모든 대지의 소유자로서의 전제군주와 무소유 상태인 개개인. “천하의 토지는 왕의 토지가 아닌 것이 없고, 천하의 신하는 왕의 신하가 아닌 것이 없다.”(詩經)라는 이른바 왕토사상(王土思想).

마르크스의 아시아적 공동체론은 『경제학비판(*Kritik der politischen Ökonomie*)』(1859)에서 ‘아시아적 생산양식’으로 정리된다. 즉, 경제적인 영역에서의 물질적 생산양식은 아시아적, 고전고대적, 봉건적, 그리고 근대 시민사회적 생산양식으로 대별된다(p. 259). 그리고 저 유명한 “물질적 생활의 생산양식이 사회적, 정치적 및 정신적인 생활의 프로세스 일반을 제약한다. …… 경제적 토대의 변화에 따라서 거대한 상부 구조의 전체가 서서히, 그렇지 않으면 급격히 전환한다.”(p. 258) 사회는 특정한 물질적 생산양식을 토대로 하여 그 위에 법적, 정치적, 종교적, 예술적, 학문적인 여러 형태, 그리고 이데올로기적 여러 형태가 상부 구조로서 위치하는 하나의 사회적 구성(Gesellschaftsformation, social formation)으로 존립하게 된다. 즉, 아시아적 사회 구성, 고전고대적 사회 구성, 봉건적 사회 구성, 그리고 근대시민적 사회 구성으로 존립한다.

이집트, 인도, 중국 등 오리엔트 지역의 경제적 생산양식에서 결정적인 역할을 하는 것은 물이다. 대하 주변의 충적평야는 농업생산을 위한 비옥한 대지를 제공한다. 그러나 주기적으로 범람하는 강물과 또 수시로 닥치는 한발은 농경에 있어서 치명적이다. 원활한 농업생산을 위해서는 치수(治水)와 관개(灌漑)가 필수적이다. 그리고 대규모의 치수와 관개 사업은 강력한 정치적 조직력을 필요로 한다. 동양적 전제주의의 토대는 이러한 수력(水力)농업이다. 비트포겔(K. A. Wittfogel)은 그러한 사회를 ‘수력사회(水力社會,

hydraulic society)'로, 동양적 전제국가는 '수력 관료국가(hydraulic-bureaucratic official-state)'로 표현했다.

수력농업과 동양적 전제주의를 특징짓는 조직과 사회 관리의 패턴이 나타나는 것은,

> 농민 혹은 원농민(原農民)의 공동체가 건조하지만 잠재적으로 비옥한 지역에서 대량의 수자원을 발견할 수 있을 때다. 관개농경이 물의 대량공급을 효과적으로 통제하는 것에 의존한다고 하면, 물의 독특한 성질—그 대량으로 집적하는 경향—은 제도적으로 결정적인 것이 된다. 대량의 물은 대량의 노동에 의해서만 한계 내로 통로가 주어져 보존되는 것이 가능한데, 이 대량의 노동은 조정되고 규율되고 지도되지 않으면 안 된다. 그리하여 건조한 저지나 평원을 정복하려고 열망하는 다수의 농민들은 기계 이전의 기술적 기초 아래서 성공의 기회를 제공하는 하나의 조직적인 장치를 찾지 않을 수 없다. 그들은 많은 동료 인간들과 함께 일하지 않으면 안 된다. 지휘하는 권력에 복종하지 않으면 안 된다(Wittfogel, 1995: 40).

관개(灌漑, irrigation)란 논밭에 물을 대는 일을 뜻한다. 밭의 경우는 조금 적은 양의 물로 충분하고 논[水田]에는 상당한 양의 물이 필요하다. 어느 쪽이든 본격적인 농경을 하기 위해서는 물의 공급이 절대적인 조건이다. 필요한 때 필요한 만큼 논밭에 물을 공급하기 위해서는 수원지와 논밭을 연결하는 파이프나 수로를 설치해야 한다. 이러한 관개농경의 필요에서 대량의 물을 저장하는 댐(저수지), 하천의 범람을 막기 위한 제방, 관개용수 공급을 위한 정교한 수로망을 건설해야 한다. 대하 주변의 충적평야는 거대한 풍작의 중심인 동시에 거대한 파괴의 중심이기도 하다. 관개용수의 체계적인 공급과 함께 하천 범람과 홍수의 통제는 농경사회에 있어 사활적인 문제다. 이러한 치수사업은 대량의 노동력과 함께 강력하고 효율적인 조직

력을 필요로 한다. 개인이나 부족사회의 차원을 넘어서는 보다 강력하고 포괄적인 조직자가 맡아야 하는 일인 것이다.

치수사업은 천문학과 수학의 발달을 촉진했다. 달력은 농업생산 활동과 홍수 통제를 위하여, 기하학과 산술은 하천 범람지의 새로운 측정을 위하여 각각 필요한 정보를 제공한다.

대규모의 치수사업에 따른 수자원 관리의 노하우는 음료용 수도망과 수운용 운하의 건설과 같은 비농업적 수력사업에 적용된다. 또한 그것은 성벽, 성문, 탑, 망루, 호 등과 같은 거대한 방위용 건조물의 구축과도 연관된다. BC 3세기에 구축된 만리장성(전장 2,400km)은 주도면밀한 정부지도와 장기간의 대중노동의 결합으로 실현된 것이다. 제국의 영토를 종횡으로 연결하는 국가도로망(왕도)의 건설 역시 그러하다. 이러한 각종의 수력적 혹은 비수력적 거대 사업 일체를 수행하는 정부기구는 궁전, 능묘, 종묘, 사원, 그리고 왕성과 같은 최고지배자의 위용 과시와 안락을 위한 대건축 사업에 수십, 수백만의 노동력을 장기간에 걸쳐 동원한다(Wittfogel, 1995: 58-64).

대하 주변의 대평원을 중심으로 BC 3,000년경에 성립한 고대제국들은 대량의 노동력을 구사하여 거대한 규모의 인공건조물들을 만들어 내는 거대기계(megamachine)였다. 우리는 기계를 보통 가시적인 인공적 장치물로 생각하기 때문에 고대제국이 기계라는 점을 간과하기 쉽다. 그것은 우선 비가시적이기 때문이다. 제국기계는 고정된 어떤 장치물이 아니라 움직이고 조직하고, 통제하는 것이다. 그러나 특정한 목적을 위해서 다양한 요소와 부분들을 체계적이고 유기적으로 결합시켜 전체적인 시스템으로 작동시키는 장치라는 점에서 제국은 분명히 기계다. 추구하는 목적에 따라 제국기계는 다양한 기계로 변신한다. 노동기계, 군사기계, 행정(관료)기계, 경제기계, 교육기계 등등. 그래서 제국은 멈포드가 명명한 것처럼 거대기계이다(Mumford, 1966: 189).

이것은 수많은 인간들로 구성된 기계다. "그것은 각기 여러 기능, 역할,

그리고 임무가 할당된, 살아 숨쉬는 인간들을 부품으로 하여 거대 집합 조직체의 숭고한 설계도에 맞추어 엄청난 성과물을 산출해 내는 비가시적인 구조물이다."(Mumford, 1966: 189) 고대의 제국들은 이와 같은 '인간을 부품으로 하는 기계'의 발명과 함께 출현한 것이다. 이러한 거대기계를 작동시키는 것은 제왕이며, 그가 바로 만물에 대하여 최초의 운동을 부여하는 부동의 동자(不動의 動者, prime mover)다. "이 전제적 황제란 모든 것의 위에 서는 유일한 공적 소유자, 잉여 혹은 스톡의 지배자, 대토목공사(잉여노동)의 조직자, 공공기능과 관료기구의 원천이 되는 자다. 이것은 연결하고 묶는 패러다임에 속한다. …… 이것이 기계형 예속의 시스템이다."(Deleuze & Guattari, 1994: 484)

3. 중화 수력문명과 고대 동아시아

고대 동아시아의 역사는, 비트포겔의 용어를 빌리면 중국이라는 수력문명을 중심으로 하여 전개되었다. 중국, 한국, 일본은 각각 중화 수력문명의 중심(中心), 주변(周邊), 그리고 아주변(亞周邊)에 해당한다. 교육에서도 이러한 동아시아 삼국의 관계는 중국을 핵으로 하는 동심원상의 발전 양상을 나타낸다. 전근대기는 물론 근대로의 이행과정에서도 그러했다. 중국과 한국은 고대 이래 근대사회로 접어드는 순간까지 매우 유사한, 동형적인 국가였다. 전근대 한국의 교육은 중국의 그것을 도외시하고서는 올바르게 이해할 수 없다. 또 중국과 한국이 근대화에 실패하였음에 반해 일본만이 자주적 근대화에 성공할 수 있었던 까닭도 여기서 찾을 수 있을지 모른다.

교육사는 일국사 중심주의에서 벗어나야 한다. 한국교육사는 한국교육사만을 봐서는 불충분하며, 최소한 동아시아적 관점이 필요하다. 더 나아가 세계사적 시점이 채용되어야 비로소 그 온전한 의미가 얻어질 수 있다.

기억도 할 수 없는 아득한 옛날로부터 19세기 말에 이르기까지 한국사회에 가장 큰 영향을 끼쳐온 것은 중국이다. 이것은 강력한 세계문명과 직접 연결되어 있는 민족 혹은 나라로서는 불가피한 것이다. 따라서 중국의 일반 역사와 교육은 우리나라의 그것을 이해하는 데 관건이 된다.

중국의 고대는 은, 주로부터 시작하여 춘추전국시대를 거쳐 진, 한에 이르러 완성단계에 도달한다. 그리고 후한 멸망 후 위진남북조시대 이후부터 중세가 시작된다.[1] 가장 오래된 왕조인 은(殷)도 100년 전까지는 전설적인 왕조로 간주되었고 역사적인 국가로 인정받지 못했다. 원시사회로부터 은제국이 형성되기까지의 기간은 신화와 전설의 무대다. 본래 하, 은, 주의 삼대가 최초의 왕조국가로 전해 내려왔는데, 이 중 주를 제외한 두 나라는 전설의 왕조로 남아 있었다. 그런데 1899년 우연히 갑골문자가 발견되고 은허의 발굴이 이루어지면서 왕궁, 종묘, 왕릉 등 은제국의 유적이 지하로부터 모습을 드러냄에 따라 은제국이 실재했던 국가로 인정받게 되었다.

고고학적 발굴의 결과 은제국은 여러 성곽도시국가 연합의 최강자였다는 것이 알려졌다. 왕궁이 위치한 도시의 규모, 왕릉과 종묘의 유물들은 당시 은이 이미 강력한 왕권을 확립한 전제국가였음을 확인시켜 준다. 은의 수도로 추정되는 당시의 성곽도시는 성벽이 한 변 1.7~2km의 정방형을 하고 있으며, 주위 둘레는 약 7.2km, 성벽의 하단 폭은 36m, 높이는 10m, 상단 폭은 5m였다. 이 성곽의 건설은 매일 1만 명의 노동자가 18년간 일해야 완성되는 대토목공사였다(水野, 2001: 186).

왕릉과 종묘의 발굴 유물은 당시 왕권의 성격을 알려 주는 자료인데, 종

1) 고대, 중세, 근대라는 역사적 시대 구분법은 서양 역사학의 소산이다. 그리스와 로마의 고전고대, 서로마제국 멸망 이후의 중세, 16세기 르네상스 이래의 근대로 구분되는 것이 그것이다. 그런데 중국의 경우 어디에서 어디까지가 고대에 해당하는가, 또 근세는 언제부터 언제인가라는 시대 구분 문제가 어려운 과제로 남아 있다. 이에 관해서는 일본 중국사 연구자들의 이론이 참고할 만하다. 그들에 따르면 은(殷)에서 진(秦)·한(漢)까지가 고대, 위진남북조에서 당까지가 중세, 그리고 송 건국 이후가 근세에 해당한다(宮崎, 1999).

묘로 추정되는 유적에서는 대량의 동물과 인간의 희생이 있었음을 알려 주는 유물이 출토되었다. 건물의 낙성식을 위해 바친 것으로 보이는 제물, 즉 희생(犧牲, sacrifices)은 850명의 인간, 15필의 말, 14필의 소, 18마리의 양, 24마리의 개, 그리고 5대의 전차로 이루어졌다. 인간 희생 중에는 5대의 수레로 구성된 1개 전차대와 370여 명으로 구성된 1개 보병대대가 포함되어 있었다. 그 외에 왕릉으로 추정되는 여러 갱에서도 수십 혹은 수백 명의 인간과 동물의 순장 희생물이 발견되었다. 왕의 무덤에 묻힌 인간들은 왕의 경호원, 시종, 처첩, 고위 관리, 그리고 다수의 노예들이었는데, 순장된 위치와 자세, 시체의 모습이 제각기 달랐다(水野, 2001: 191-203). 실로 기괴하고 소름끼치는 이 순장(殉葬) 희생이야말로 고대 전제군주 권력의 절대성을 단적으로 반증하는 것이다.

4. 고대 중국의 교육

1) 은의 교육

은(殷, BC 1600?~1028)에서부터 한(漢, BC 202~AD 220)에 이르기까지 고대 중국의 교육은 어떠했는가? 메소포타미아와 이집트에서 고대왕국의 성립과 거의 때를 같이하여 서기의 교육이 제도화되었다는 것은 이미 살펴보았다. 그런데 은시대의 경우 학교교육에 관한 기록이 부족하여 실상을 잘 알 수 없다. 갑골문자가 그 형태와 기능이 히에로글리프와 매우 유사하기 때문에, 이집트의 경우와 마찬가지로 문자기록을 담당하는 관리(서기)의 양성은 은에서도 매우 중요한 일이었을 것이다. 또 갑골문자가 국왕과 신들을 매개하는 종교적 매체로서의 성격이 강했다는 점을 고려하면, 필경 오리엔트 지역과 마찬가지로 은에서도 국왕이 서기 양성교육을 관리했을 것이라고 추정된다. 갑골문자 중에는 책이나 필기구에 해당하는 문자[冊, 聿]가 있었으니 어떤 형태로든 문자학습이 이루어졌을 것이다. 그렇지만 현재로서는 실증적인 증거가 없기 때문에 확정적인 것은 모른다.[2)]

한편 갑골문자에는 학(學)의 원형에 해당하는 상형문자('學'에서 아래 부분의 '子'가 빠진 형태)가 등장한다. 이 '학'은 은의 수도에 있었던 시설로서 그 용자례를 분석하면, "왕족을 중심으로 하는 군사적 · 정치적 지도계층의 자제를 받아들여 그들을 수도방위의 군사적 중심으로 삼음과 동시에 장래의 지도자층의 요원을 훈련하는 곳"(多賀, 1977: 18)이라고 추정된다. 그렇다면 '학'은 원시부족사회의 남자청년집회소(men's house)의 유제에 해당한다.

은은 고대의 여러 도시국가들 중에서 가장 우세한 나라〔城邑國家〕이며, 그 성읍은 은 씨족이 집단 거주하는 곳이다. 그 수도에 위치하는 '학'은 은 씨족의 청년조직을 핵으로 하고 그 밖의 속국의 귀족 자제를 포함한 단체로 보인다.

은의 '학'을 고대 중국의 학교로 본다면, 그 교육내용은 군사훈련과 음악교육이 주를 이루었던 같다. 앞서 지적한 것처럼 이미 갑골문자가 사용되고 있는 이상 그를 위한 교육이 있었을 것으로 생각되지만, 이 '학'에서 그러한 식자교육을 시행했다는 증거가 없다. 그보다는 은왕조의 군사력의 주력을 이루는 귀족 청년의 군사훈련이 교육의 중심이었다. 갑골문 중에는 은나라에 복속하는 인근 국가의 청년들에게 '교계(敎戒)'했다는 글이 있는데, 이는 전투기술을 가르치는 것을 뜻한다. 그리고 학에는 교육을 담당하

2) 문자는 BC 3,000년경 중국에서 사용되기 시작했다(곽제가, 2004: 16). 오제(五帝)시대에도 성균(成均) 혹은 상(庠)이라는 이름의 교육시설이 존재했다고 전한다. 문헌상으로 전해지는 중국 최초의 왕조는 하(夏)인데, BC 21세기 초에서 16세기 초까지 존속했다. 이 하에는 상(庠), 교(校), 서(序)라는 교육시설이 있었는데, 이 중 '서'는 활쏘기 연습을 위한 사격장으로서 교실을 갖추고 있지 않았으며 전사 양성을 주목적으로 하는 훈련장이었던 것 같다. '교'는 말을 기르기 위해 나무 울타리를 친 사육장을 의미했다는 점으로 미루어 보아 이 역시 군사훈련과 관련되었을 것이다.

는 인물로 '사(師)'가 있었는데, 이는 청년들과 학궁에서 합숙하면서 활쏘기 등의 전기를 훈련하고 동시에 국왕의 친위군으로서 전시에는 국가의 주력군단으로 출정하는 인물이었다(多賀, 1977: 19). 즉, 사는 군사지휘관이었다(본래 사는 군인집단[師團]을 뜻하는 말이었으며, 이로부터 군대나 많은 무리의 사람을 지휘하는 사람, 지휘관, 교육자라는 의미가 파생하였다.).

또 '학'에는 음악교육을 맡는 관리[工]가 있어 종교적 행사의 음악과 춤을 관장했다는 기록이 있다. 이로써 이 학교에서는 군사훈련과 함께 음악(춤과 노래)교육도 시행되었던 것을 알 수 있다. 이것은 이 고대학교가 제사적 기능을 담당했던 사실과도 부합한다. 학은 "평시에는 젊은이들에게 군사훈련을 행하는 장소였지만, 전시에는 군사작전을 짜고 승리를 기원하며, 개선하여 보고하는 곳이기도 했다."(多賀, 1977: 21) 이를 위하여 학에는 제전을 집행하는 장소인 '학궁(學宮)'이 있었다. 출정 및 개선의 의식을 거행하는 장소는 말할 것도 없이 국가적 성소(聖所)다. 즉, 학은 국가적 중심이었던 것이다(한대에 유교가 국교화되면서 이후 관학에는 공자와 유교 성인을 기리는 문묘가 설치되었는데, 고대의 '학궁'은 그러한 문묘의 원형이라고 할 수 있다.).

학은 도성 바깥에 있었다고 한다. 『예기』 왕제편에서는 "小學在公宮南之左, 大學在郊"라고 하였다(多賀, 1977: 25). 즉, 소학은 어린 아이들을 교육하는 곳이므로 궁궐 바로 옆에 두고, 대학은 성 밖에 설치하여 청소년을 교육함과 동시에 도성 방위의 요충으로 삼은 것이다. 또 '교(郊)'는 왕이 제사를 모시는 장소를 의미하기도 한다. 왕이 집행하는 제사는 중요한 국가행사이므로 도성 외부의 특별한 장소가 필요한 것이다. 그 장소가 바로 학이었다. 그리고 그 주위는 반달형의 호(濠, 그 물을 泮水라고 함)를 둘러 함부로 외부인이 접근할 수 없게 하였던 것 같다. 이러한 점들로 미루어 보아, 학은 왕성 방위의 군사적 임무를 담당한 군사적 거점이기도 했다고 생각된다.

2) 주의 교육

주(西周, BC 1100?~770)에 들어오면 학교제도에 관하여 보다 상세한 내용이 전해진다.

은대의 갑골문에 나타나는 '學'에는 '子'가 빠져 있었으나 주대의 금석문에는 '學'이라는 글자가 나타난다. 또 '校'라는 글자의 용례도 등장한다. '校'는 본래 나무〔木〕를 X형으로 교차시킨 것을 나타내는 글자로서 군영에 설치한 목책(木柵)을 뜻하는 말이었고, 그로부터 장교(將校)의 관명으로 사용되기도 했다. 또 죄수의 손발을 묶는 형구의 하나를 뜻하기도 하였다. '학'과 마찬가지로 '교'도 군사적인 것과 관계가 깊었다는 것을 알 수 있다.

주대의 학은 소학(小學)과 대학(大學)으로 구분되었다. 이 둘은 수도에 설치되어 있었으며, 지방에는 숙(塾), 상(庠), 서(序), 교(校)가 있었다고 한다. 대학은 다시 두 종류가 있는데, 천자가 설치한 벽옹(辟雍) 등 다섯 캠퍼스로 이루어진 것과 각 제후국의 제후가 설립한 반궁(泮宮)이 있었다. 『시경』에 실린 시의 내용에 따르면 벽옹은 주변 국가들에 대하여 주의 무위(武威)를 나타내는 곳이었고, 반궁에서는 석전이 거행되고 전시에는 출정 · 개선의 기원과 보고, 평시에는 양로(養老)와 시학(視學)이 행해졌다(多賀, 1977: 34-35).

또 『예기』 「문왕세자」편에는 주의 교육기관에 관한 기록이 다수 들어 있는데, 그에 따르면 중앙에는 동서, 상상, 고종 등이 있고, 교직원으로는 대사(大師), 약사(籥師), 약사승(籥師丞), 대악정(大樂正), 소악정(小樂正), 대서(大胥), 서(胥), 집례자(集禮者), 전서자(典書者) 등이 있었다. 교과목으로는 간과(干戈), 우약(羽籥), 송(誦), 현(弦), 예(禮), 독서, 수(數) 등이 가르쳐졌다. 그 밖에 제사, 석전, 양로, 걸언(乞言, 훈화), 합어(合語, 토론), 합락(合樂) 등의 행사가 행해졌다고 한다(多賀, 1977: 35).

한편 국학(소학과 대학)은 왕족과 귀족 자제들을 대상으로 귀족교육을 하는 학교였으며 교사는 관리가 맡았다. 대학의 교육내용, 즉 오늘날의 커리큘럼에 해당하는 것이 바로 육예(六藝)[3)]였다. 대학은 동학, 서학, 남학, 북학, 그리고 중앙의 태학의 5개 캠퍼스를 가진 일종의 종합대학과도 같았다. 동학에서는 춤과 활쏘기, 서학에서는 제사와 예의, 남학에서는 음악, 북학에서는 독서의 훈련과 교육이 각각 행해졌다. 중앙의 태학은 벽옹(辟雍)이었다.

그런데 대학의 넓은 경내에서 귀족 자제들은 물고기와 새를 잡고 사냥을 했으며, 승마와 활쏘기와 같은 무술 연마, 춤과 악기 연주, 회식과 같은 사교활동 등 폭넓은 활동을 행해졌다는 것(곽제가, 2004: 31)으로 보아, 이들 국학은 청년 귀족들의 공공집회 장소로서의 역할을 하였던 것으로 생각된다. 대학은 사방이 호(濠)로 둘러 있고 평지보다 높은 지면에 있었다.

은과 비교하면 분명히 학제가 분화되고 비교적 정비된 것을 알 수 있다. 그러나 주에 이르러서도 여전히 학교가 국가의 군사적이고 제사적인 활동의 중심이었다는 것을 확인할 수 있다.

문자교육이 이전에 비해 강화된 것은 분명하지만, 그렇다고 하여 식자교육이 학교의 중심적 기능이 되었다고 단정하기는 어렵다. 대체로 이전의 군사적 훈련과 제사적 · 음악적 교육에 새로운 식자교육의 요소가 가미되

3) 국학 교육과정에 해당하는 육예는 예(禮), 악(樂), 사(射), 이(御), 서(書), 수(數)를 말한다. 이 중 대학에서는 예, 악, 사, 어를, 소학에서는 서와 수를 중점적으로 가르쳤다. 예는 오례(五禮)로서 길례(吉禮), 흉례(凶禮), 빈례(賓禮), 군례(軍禮), 가례(嘉禮)를 말한다. 길례는 제사 지내는 일로 국가의 신들을 공경하는 것이다. 흉례는 장례와 구휼을 말하는 것으로 불우한 자에게 재물을 나누어 주고 망자를 애도하는 것이다. 빈례는 조정에서 사람을 만나는 일로 외교에 해당한다. 군례는 많은 사람을 동원하여 불복하는 자를 징벌하는 일이다. 가례는 혼인관례의 연회를 베푸는 경축활동을 말한다. 오례는 모두 36개의 항목으로 되어 있는데, 이는 국가의 중요 의례로서 귀족 자제가 정치를 하려면 반드시 배워야 했다. 각각의 전례에는 그에 합당한 복식의 규정이 따랐다. 악은 종합예술 과목이다. 음악, 시가, 춤을 기본으로 하며 이들이 삼위일체를 이룬다. 또한 회화, 조각, 건축 등 조형미술도 포함되며, 그 외 의장(儀仗)과 사냥, 음식도 포함된다. 사와 어는 군사훈련 과목이다(곽제가, 2004: 38-51 참조).

어 일종의 문무 겸비의 조화를 이루고 있었다고 생각되나, 제도상으로 보면 소학이 문자교육(서 · 수) 중심인 데 비해, 대학은 무와 예 등 실제적 교육(예 · 악 · 사 · 어) 중심으로 일종의 교육단계별 분화가 존재했던 것으로 보인다. 그러나 시간의 경과에 따라 전체적으로 점차 문자교육의 측면이 상대적으로 우세해져 갔던 것이 아닌가 생각된다[주 말에 이르러 국학의 제사적 기능이 약화되었다는 것을 알려 주는 기록이 있다. 주대 말기의 어느 금문(金文)에서는 계자백이라는 사람이 북방 유목부족의 침입을 격퇴하여 수급 500과 포로 50인을 왕에게 바치자 왕이 종묘에서 개선을 축하하는 의식을 행했다; 多賀, 1977: 37. 이전에는 이러한 개선 의식이 벽옹에서 거행되었던 것이다.].

주 교육제도의 중요한 특징으로서 '국가교육'을 지적할 수 있다. 국학을 중심으로 하는 교육이 국왕의 통치 행위와 불가분으로 결합되어 있는 것이다. 국학이라는 교육시설 자체가 통치기구의 일부이며, 국가에 의해 설립되고 운영되었다. 주의 교육 시스템에서는 벽옹이 중핵이었다. 그런데 벽옹의 '벽'과 '옹'의 의미를 찾아보면, 벽(辟)은 '사람들을 납작 엎드리게 만들어 장악하는 인간, 군주, 신체를 옆으로 당겨 찢는 형벌' 등을 의미하고, 옹(雍)은 '둘레에 호를 두른 건물, 학교'라는 뜻이다. 그러므로 벽옹은 '가공(可恐)할 전제군주의 학교'인 셈이다. 앞에서 본 것처럼, 실제로 벽옹은 전쟁에서 획득한 적군의 수급(首級)과 포로들을 주 왕실의 선조들에게 제물로 바치는, 유혈(流血)의 제전(祭典)을 집행하는 곳이었다. 인류의 역사는 실로 기묘하기 그지없다. 이렇게 벽옹은 실로 가공스러운 의미를 지닌 말이다.

앞서 언급한 것처럼, 국학의 교사는 모두 전현직의 관리 신분이다. 이른바 '관사합일(官師合一)'이요 '정교합일(政敎合一)'(곽제가, 2004: 36)이다. 주에서 학교교육이 국가기구(관, 官)에 절대적으로 의존할 수밖에 없었던 것은 "고대의 문물, 예를 들면 전(典), 모(謨), 훈(訓), 고(誥), 예제(禮制), 전장(典章) 등이 모두 비부(秘府)에 보관되어 있었고, 전문인원이 관리했으며, 관리들만 책이 있었기 때문이다. 예(禮), 악(樂), 사(射), 무(舞)에 필요한 기구는 모두 종묘에 보관되어 전악관이 관리하고 관리들만 악기가 있었기 때문이다. 또 학교 교사는 모두 관리들이 겸임하고 있었다. 따라서 배우고자 하는 자는 관을 통해서만 배울 수 있었다."(구자억, 1999: 31) 교육 자원도 전부 정부가 독점한 것이다.

지금까지 살펴본 중국 고대의 은과 주의 학교는 비교적 동질성을 지니고 있다. 그것은 국가의 중심적인 기관의 하나로서 귀족 청년을 위한 군사훈련 및 음악교육을 베푸는 곳, 국가의 중요한 행사나 제사를 모시는 종교적인 의식의 집행지라는 성격이다. 주대에 이르러 학교교육에 문자교육의 요소가 추가된 점이 있으나, 아직 그것이 지배적인 수준에까지는 도달하지 못하고 여전히 군사적 · 제사적 성격이 강했다. 이러한 은과 주의 학교교육의 성격은 이집트나 바빌로니아 등의 오리엔트 제국에서 일찍이 서기 양성교육이 학교교육의 주요한 역할이었던 것과 상이하다.

중국에서 학교교육이 오리엔트와 같이 문인 양성교육 중심으로 변하게 되는 것은 귀족제도가 붕괴하고 관료제도가 정착하게 된 이후의 일이다(대략 진 · 한 이후의 일이라고 할까? 수 · 당에 이르러 과거제도가 등장한 것이 그 중요한 계기에 해당한다.). 환언하면, 중국의 고대교육은 초기에는 군사적 · 제사적 성격의 귀족교육이 주류를 이루다가 제국의 통일이 달성되고 난 후 중앙집권적인 관료제도가 정비됨에 따라 학교교육이 문인관료 양성 중심으로 바뀌게 된 것이다.

고대 중국과 오리엔트의 교육에는 그러한 상이점도 있지만 보다 본질적인 측면에서는 공통점도 있다. 그것은 학교가 국가권력의 통치기구의 일부였다는 사실이다. 어느 곳에서나 최고 권력자가 학교를 설립하여 국가권력을 위한 인재를 양성하고 또 국가적인 통합과 정통성을 확립하는 장치로 활용하였다. 그것은 '제왕의 학교(king's school)'이며 '국가기구(an apparatus of state)' 였다.

3) 춘추전국시대의 교육

춘추전국시대(BC 770~221)는 주를 중심으로 하는 통일적인 정치질서(봉건제)가 붕괴하고, 여러 나라가 치열하게 자국의 권익을 추구하고 실력을 겨루는 시대였다. 교육 면에서는 주대의 관학이 쇠퇴하고 대신 백가쟁명(百家爭鳴)의 사학들이 흥기하였다. 그리고 세습적인 관직을 상실하고 지식을 팔아 생계를 유지하는 사(士)의 계층이 출현하였다. 그들은 육예의 지식을 문화자본으로 삼아 제자들을 데리고 다니며 지식과 기예를 전수하며 점차 사학의 교사가 되어갔다. 여러 제후국의 왕실에서도 경쟁적으로 실력 있고 저명한 사를 모집하거나 양성했다.

당시 제자백가 중에는 공자(孔子, BC 551~479)의 유가, 묵자(墨子, BC 480~390)의 묵가, 노자(老子, 생몰연대 미상)의 도가, 그리고 신불해(申不害, ?~BC 337경) · 상앙(商鞅, ?~BC 338경) 등의 법가가 유명하다. 이 중에서 공자의 유가는 가장 세력이 컸으며 『사기』(사마천)에 따르면 그의 제자가 3,000명을 헤아렸다고 한다. 곽제가에 따르면 공자는 약 30세에 곡부시 북쪽에 학사(學舍)를 설립하여 강의를 시작했다. 지역, 연령, 신분을 구분하지 않고 학생을 받아들였으며 덕과 재능을 겸비하여 관리가 될 것을 교육의 목적으로 삼았다(곽제가, 2004: 59). 공자 문하에서 여러 나라 군주의 교사, 고위관리, 정치고문이 다수 배출되었다. 한대에 이르러 유학이 정통 학문으로 인정받고 국가적인 장려를 받게 된 것도 우연은 아니다.

공자는 주의 육예를 중심으로 하는 교육전통을 계승하면서 새로 육경(六經)이라는 기본 텍스트를 편찬했다. 육경은 시경, 서경, 예경, 악경, 역경, 그리고 춘추인데, 춘추시대 이전의 고대 중국문명의 정신문화의 핵심을 포괄한다. 공자에 의해 사실상 고대중국의 사상이 집대성되었다고 할 수 있다(이후 육경 중에서 악경이 망실되어 오경으로 정착되었다.).

공자는 누구나 육예와 육경을 배워 덕과 재능을 갖추면 군자가 될 수 있다고 역설했다. 또 사람이라면 모름지기 군자 되기를 추구해야 한다고 강조했다. 군자의 기본 덕목은 인(仁)인데, 효제충신(孝悌忠信)이라는 윤리의식을 근본으로 하며 온량(溫良)과 경신(敬愼)을 바탕으로 한다.

유학이 국가학문으로 정착된 이래, 중국의 국가 엘리트(관리)는 이러한 유교적 교양을 갖춘 '군자'를 이상으로 하게 된다. 군주 역시 법률과 형벌의 힘을 빌린 공포정치(패도)가 아니라 인과 덕에 기초하는 도덕정치(덕치)를 추구해야 한다고 하였다.

'전국 7웅(戰國七雄)'이 200년 이상에 걸쳐 실력 본위로 치열하게 서로 경쟁하며 부국강병을 추구하던 전국시대(戰國時代)는 사상 면에서는 중국 역사상 가장 자유롭고 창조적인 시대, 이른바 제자백가 · 백가쟁명의 시대다. 다수파인 유가 외에, 묵가, 도가, 법가, 농가, 음양가, 명가, 종횡가, 잡가 등 이른바 구류백가(九流百家)가 그것이다. 그리고 이들 백가쟁명의 사상가 · 학자들을 위한 구심점이 제(齊)나라 왕이 세운 왕립학교 직하학궁(稷下學宮)이었다. 그는 전국으로부터 학자를 초빙하여 그들을 위해 특별히 조성한 문화구역에 주거를 마련하고 의식주의 걱정 없이 학문과 사상을 발전시키도록 지원하였다(貝塚, 2000: 34).

직하학궁은 전국시대 중 · 후기에 걸쳐 약 150년간 존속했는데, 전성기인 선왕(宣王)대에는 교사와 학생 1천여 명을 수용하였다고 한다. 각 학파의 사상가와 학자에게 문호를 개방하고 학문에 전념할 수 있도록 후한 대우를 베풀었다(곽제가, 2004: 83). 중국 교육사에서 유례를 찾아보기 힘든 자유로운 분위기의 고등교육기관이었던 것 같다.

이와 같이 강력한 제국적 질서가 무너지고 다수의 서로 대립하고 경쟁하는 국가들이 분립하고 있던 춘추전국시대에 창조적이고 자유로운 사고활동이 결실을 맺었다는 사실은 매우 시사적이다.

4) 진의 교육

진(秦)의 시황제(始皇帝)는 BC 221년에 전국시대 육국을 정복하여 천하 통일을 달성하고 중국 최초의 중앙집권적인 통일국가를 수립하였다.

진은 은이나 주와는 달리 도시국가 연합체가 아닌 단일의 영토국가였다. 또 봉건제가 아니라 군 · 현제에 기초한 중앙집권적 국가였다. 명실상부한 제국이 중국에 출현한 것이다. 지리상 현재의 중국의 그것과 거의 동일한 지역이 진에 의해 영토로 확정되었다. 정치적인 중앙집권체제의 구축과 함께, 만리장성의 구축, 대운하의 건설, 전국적 도로망의 정비와 같은 대건축 사업, 그리고 공통 법률의 전국적 시행, 도량형의 통일, 문자의 통일과 같은 문화적 거대 프로젝트가 성취되었다.

문무의 관료조직을 정비하여 황제의 명령이 최말단까지 어김없이 도달하도록 하였고, 모든 정무를 황제가 직접 결재하는 철두철미 집권적인 통치방식이 취해졌다. 그리고 교육문화상으로는 통일제국의 수립과 유지를 위해 다음과 같은 시책을 폈다(이하 곽제가, 2004: 91-97 참조).

문자의 정리와 통일 지역마다 서로 다른 방언이 존재하고 또 서법 또한 다양하여 국가의 정령(政令)을 전하는 데 불편이 심했다. 표준 서체와 문법을 정하여 학교교육을 통해 이를 보급함으로써 고대 중국의 문자의 표준화가 이루어졌고, 황제와 말단 관리를 연결하는 국가행정 문서의 소통이 보다 원활해졌다. 그 과정에서 소전(小篆)과 예서(隸書)가 표준서체로 확립되었다.

관학의 보급 각 군 · 현마다 학실(學室)이라는 관학을 설치하고 관리 양성을 위한 교육을 시행했다. 학실의 교육내용은 문자교육과 법령학습이었다. 학실의 학생(제자)으로 관에 등록된 자는 병역과 노역이 면제되는 대신 관리의 엄격한 통제와 감독 아래에 놓였다. 수시로 관리를 위한 잡무에 동원되었으며 관리로부터 매질을 당하기도 했다. 학실을 수료한 후 일정한 견습기간을 거친 후 관리로 임명되었다.

박사관의 설치 박사제도는 전국시대의 제와 노나라에 기원하는데, 진시황은 그를 계승하여 중앙 조정에 6개국의 박사 70여 명을 소집하여 정사의 자문과 고전의 연구를 맡도록 했다. 그러나 '법으로 교육하고 관리를 선생으로 삼는' 이사제도(吏師制度)를 채용한 뒤부터는 박사관을 억압했다.

사학금지령의 반포 진시황은 국가 학문으로서 법가(法家)를 채용하고 제자백가와 같은 사적 학문은 일체 금지함으로써 국가적인 사상통일을 추구하였다. 전국시대의 백가쟁명과 같은 자유로운 사상과 사적인 학문을 허용하는 것은 사상적인 혼란과 무질서를 초래하여 국가의 안위를 위태롭게 한다는 생각에서였다. 따라서 사적인 학문과 다양한 사상을 금지하고 그에 철저한 국가 통제를 가해야 한다는 발상이다. 진시황은 승상 이사(李斯)의 건의를 받아들여 다음과 같은 칙령(분서령, 焚書令)을 내렸다.

> 역사서는 진의 역사서인 『진기(秦記)』 외는 전부 불태운다. 박사관이 직무상 소지하는 것 외에 개인이 소유하는 시경, 서경, 혹은 제자백가의 서책은 전부 군의 관청에 지참하여 같이 불태운다. 단, 의서(醫書), 복서(卜書), 농서(農書)는 제외한다. 이 명령이 발포된 이후 30일 이내에 불태우지 않는 자는 자청(刺靑)을 하여 만리장성 지대로 보내 고역에 종사시킨다. 인민이 모여서 시경이나 서경에 관해 논하면 사형에 처하고 효수(梟首)하고, 옛일을 예로 들어 지금의 것을 비난하는 자는 일족을 멸한다. 만일 관리가 그것을 알고도 고발하지 않으면 동죄로 처벌한다. 학문을 하고 싶으면, 법률 외에는 없으므로 관리를 교사로 삼아 배워야 한다(日比野, 2000: 79).

이 분서령으로 인해서 학문의 진보가 중단되고 수많은 중국의 고서와 고기록이 사라지고 말았다. 망설을 유포한다는 죄목으로 다수의 유가를 포함한 지식인 · 학자 460여 명을 생매장한 갱유(坑儒) 사건은 바로 그다음 해(BC 212)의 일이었다.

인민의 신체와 정신을 포획하고 길들이는 제국인 진의 수립과 함께 사상과 학문의 자유는 사라지고 전제적인 사상 탄압이 행해진 것이다.

5) 한의 교육

진에 이은 두 번째 통일제국 한[전한 및 후한], (BC 202~AD 220)은 무제(武帝, 재위 BC 141~87)대에 이르러 진과 마찬가지로 강력한 중앙집권적 국가의 건설을 지향했다. 무제는 또 유교를 국가공인의 학문으로 삼고 정치의 기본 이념으로 채용했다. 이러한 무제의 유교입국(儒教立國) 정책에는 유학자 동중서의 헌책이 중요한 역할을 했다. 그는 한 제국의 성립을 이념적으로 정당화하는 방향으로 유교를 재해석하고, 특히 천자의 행위는 전부 자연현상과 일치한다는 신비적 입장을 취하면서 천자 지위의 절대적 존엄성을 강조하였다.

유교의 국가학문화(國家學問化)에 따라 정치와 학문의 일치가 추구되었고 그에 따라 유교에 통달하는 것이 곧 관리가 되는 정당한 길이라는 것이 확립되었다. 무제는 그를 위해 BC 136년 오경박사를 두고 각각 하나의 경전을 전공하면서 태학에서 제자를 가르치도록 했다. 즉, 오경박사는 천자의 위탁을 받아 유교로 국가 인재를 양성하는 임무를 맡게 된 것이다(日比野, 2000: 175). 태학의 학생으로는 박사제자 50명을 두었다. 박사제자는 연 1회 학력고사를 거쳐 그 성적이 우수한 자가 관료후보생〔郎官〕이 되었다. 그리고 고급관리가 대부분 낭관 중에서 나왔기 때문에 "유교의 권위는 절대적인 것이 되었고, 그 학습이야말로 인생 최대의 목표로 여겨지게 되었다. 그리하여 정치는 유교적 교양을 몸에 지닌 문화인에 의해 행해진다는 유교국가의 기초가 성립하여 이후 2,000여 년에 걸쳐 지속되었던 것이다."(日比野, 2000: 176)

처음 50명으로 출발한 태학의 학생 정원은 점점 증가하여 설립 100년 후에는 3,000명에 달했으며, AD 4년에는 1만 명을 수용할 수 있는 기숙사를 건립하기도 했을 정도로 그 규모가 커졌다. 후기의 순제(재위 AD 126~144) 때는 태학생 수가 무려 3만 명이었다고 한다. 131년 당시 태학에는 모두 240개의 건물에 1,850개의 방이 있었다(곽제가, 2004: 103). 또 한대에는 견직기술의 진보와 종이의 발명으로 인해 교육방법에 진보가 있었다. 서책의 보급이 확대되어 종전의 구전에 의한 문답식 교육방법 대신 서책을 이용한 집단식 교수법이 유행하게 되었고, 이에 태학의 대강당에서는 늘 수백 명의 학생이 강의를 들었다(곽제가, 2004: 105).

학교제도로는 중앙과 지방의 관학 그리고 사학으로 구분된다. 중앙관학으로는 태학 외에 홍도문학(학예 전문학교)과 관저학(귀족학교)이 있었다. 지방에는 행정단위별로 각급 학교가 설치되었는데, 군국(郡國)에는 학, 현도읍(縣道邑)에는 교, 향(鄕)에는 상, 취(聚)에는 서가 각각 설치되었다(곽제가, 2004: 101).

사학으로는 서관(書館)과 경관(經館)이 있었는데, 전자는 아동교육기관으로 식자교육과 서법교육을 주로 하였다. 정사(精舍) 혹은 정로(精廬)로도 불린 후자는 태학에 상당하는 수준의 교육을 하는, 후일의 서원과 유사한 사설의 고등교육시설이었다. 이러한 사학은 춘추전국시대 사학의 전통을 계승하는 것이라고 할 수 있다.

한대에 이르러 중국의 고대교육은 초기의 군사적·제사적 성격의 귀족교육의 전통에서 탈피하여 집권적인 중화제국의 일원적인 통치를 위한 유교적 문관후보생을 길러내는 문관 양성교육으로 변모하였다. 즉, 오리엔트적 서기 양성교육으로 정착한 것이다. 이후 그것은 중국교육의 전통으로 지속되어 간다. 학교가 '제왕의 학교'이며 '국가기구'라는 점은 한대에도 변함이 없었다.

6) 수 · 당의 교육

진 · 한으로부터 수(隋) · 당(唐)에 이르는 시기는 한반도에서 고대국가가 형성되는 시기에 해당한다. 한반도의 여러 고대적 국가들은 중국 여러 나라와 활발한 교섭을 거치면서 점차 고구려, 백제, 신라의 삼국으로 통합되어 갔다. 이 한반도 삼국의 국가 형성에 있어서는 특히 육조와 수 · 당이 큰 영향을 미쳤다. 그런데 중국사에서 위진남북조시대(220~589)로부터 수 · 당(589~907)에 이르는 시기는 중세에 해당하지만, 한국사에서는 고대에 속하는 시기다. 이것은 일본사의 경우도 마찬가지다. 그래서 중국사에 충실하자면 위진남북조로부터 수 · 당에 이르는 시대의 교육은 중세 동양교육에서 다루어야 마땅하지만, 한국과 일본의 고대교육을 검토하기 위해서는 부득이 여기서 다루지 않으면 안 된다.

위진남북조는 삼국(위, 촉, 오), 진(서진, 동진), 5호16국, 남북조를 포괄한다. 이 시기는 약 300년간의 분열 시기로서, 교육에 있어서는 관학의 쇠퇴와 사학의 흥기 그리고 불교의 유행이 주요한 특징이다. 관학은 전반적으로 쇠퇴하는 경향을 보이는 가운데 법률학, 서법, 의학 등 실용적 전문교육이 발전한 것이 주목된다. 관학의 부진에 비해 상대적으로 사학이 다양하게 발전하였다. 한나라가 유학을 국가학문으로 공인하고 독점적인 지위를 인정함으로써 다양한 학문의 발전을 막은 데 비해, 위진남북조 시대에는 그러한 독점적 관학이 부재한 가운데 비교적 활발한 학문의 발달이 있었다. 비록 그 정도는 약하다고 해야 하겠지만, 춘추전국시대와 마찬가지로 집권적인 통일제국이 없는 상태에서 학문의 자유로운 발달이 이루어진 것이다(곽제가, 2004).

학교교육과 직결되지는 않으나 후세의 과거제도와 연관성을 가지는 제도로서 구품중정(九品中正)제도 혹은 구품관인법(九品官人法)이 시행된 사실이 있다. 위(魏)의 조조에 의해 처음 시행된 구품관인법은 수대까지 이어졌으며, "관품을 아홉으로 나눈 것은 삼국시대의 한국과 일본 고대 율령국가의 관료체제 성립에 큰 영향을 미쳤다."(森, 2000: 68)

불교가 크게 성행한 것도 중요한 변화다. 동양사상에서 유교와 함께 큰 비중을 차지하는 것이 불교이며, 고대 이래 한국인들의 정신세계와 문화에 있어서도 불교의 영향력은 매우 컸다. 특히 통일신라와 고려 시대에는 불교의 위치가 매우 높았으며 당시 한국의 교육문화의 형성에서는 불교가 가장 중요한 요인의 하나였다. 바로 그 불교는 중국을 경유하여, 즉 중국화한 불교의 형태로 삼국시대에 한반도로 들어왔다〔혹은 중국을 우회하여 직접 인도로부터 전래되었을 가능성도 없지 않다. 한편 불교의 중국 전래에 관해서는 문헌상 전한 말의 기원 원년경 "낙양의 궁정에서 대월씨(大月氏)국의 사신이 불전을 구두로 전한 것이 최초"(森, 2000: 170)라고 한다. 그러나 불교의 민간 전래는 이보다 이전에 이루어졌을 가능성이 있다.〕.

중국을 경유하여 한반도에 들어온 불교는 다시 일본열도로 전해지게 된다. 그리하여 이후 동아시아 삼국의 사람들의 정신세계는 불교와 불가분의 관계를 맺게 된다.

사상으로서 불교는 유교와 함께 전근대의 동아시아 사회에서 가장 영향력이 컸다. 불교는 유교와는 일정한 거리를 유지하면서 일상생활의 면에서나 문화 및 정신생활의 면에서나 지배적인 사상체계로 내려왔다. 이 둘을 제외하고서는 동아시아의 문화를 생각할 수 없을 정도로 그 비중이 크다. 통일신라와 고려의 경우 불교국가라고 해도 과언이 아닐 정도로 불교는 지배적인 사상이었다. 그 불교의 교육적인 의미에 관해서는 후에 다시 보기로 한다.

수(隋, 581~619)는 당과 함께 한반도의 삼국과 직접 대결하면서 서로 영향을 주고받았다. 수는 고구려에 대한 수차례의 정복전쟁에 실패하고 그로 말미암아 국력이 쇠퇴해져 당에 천자의 자리를 내주고 만다. 또 고구려와 백제는 신라와 연합한 당에 의해 멸망하고, 삼국의 대결에서 최종 승자가 된 신라는 다시 당의 침략을 물리치면서 한반도 최초의 통일국가로 등장하게 된다.

수는 38년간 존속한 단명의 왕조였다. 그러나 역시 단명 왕조인 진과 마찬가지로 후세의 중국의 국가적인 기초를 마련한 제국이었다.

수의 교육에 관해서는 이전에 비해 관학이 정비되고 또 시험을 통해 관료를 선발하는 제도, 즉 과거의 원형에 해당하는 제도가 처음으로 시행된 것이 중요한 점이다. 전국적으로 관학의 체제를 정비하는 것이 통일제국의 질서 수립을 위하여 필요한 일이다(춘추전국시대를 통일한 진도 강력한 관학 정책을 추진하였다.).

수 문제는 중앙과 지방에 관학을 열었는데, 중앙에는 국자사(國子寺, 후에 국자감으로 개칭)를 설치하고 그 책임자로 좨주(祭酒)를 두어 전국의 교육행정을 맡도록 했다. 국자사 아래에 국자학 · 태학 · 사문학 · 서학 · 산학의 오학을 설치했다. 국자학에서 사문학까지는 각각 박사 5명과 조교 5명을, 서학과 산학에는 각각 박사 2명과 조교 2명을 두었다. 오학의 학생 정원은 980명이었다(곽제가, 2004: 123).

위의 조조가 처음 시행한 구품중정제는 시험이 아닌 추천을 통해서 관료후보자를 정하는 시스템이었다. 위진남북조시대가 귀족 중심의 시대였기 때문에 결국 그것은 문벌귀족 계층이 국가 고위관직을 실질적으로 독점하는 결과를 낳았다.

수 문제는 이러한 구품중정제가 권력의 집중화를 달성하기 위해서는 부적절하다고 판단하여, 지방 호족세력의 지배하에 놓이는 추천제가 아닌 중앙정부가 직접 통제하는 시험제도를 통해 관료를 선발하는 방식을 채용했다. 수 문제 3년(587년), 종래의 중정제도를 없애고 대신 지방장관의 추천을 받은 자를 대상으로 학력시험을 치르는 방식을 도입했다(宮崎, 1993: 22-23). 본래 구품중정제는 "개인의 재덕을 평가하여 적당한 직위에 적당한 인재를 배치하는 것을 목적으로 하였으나, 점차 그 운영이 귀족화하여 귀족의 기득권익을 옹호하는 제도로 변질되어 버렸다."(宮崎, 1988: 319) 관료 선발의 기준이 지방 호족의 추천에서 조정 시행의 시험 성적으로 바뀐 것이다. 과거라는 명칭은 당나라 때 생겼지만, 학력시험을 통해 관료를 선발하는 과거의 기본 방식은 수나라 때부터 실행된 것이다.

당(唐, 618~907)은 당시 세계 최고의 문명국이었다. 정치, 경제, 문화의 여러 방면에 걸쳐 높은 수준에 도달한 제국이었다. 일본의 어느 중국 학자는 당을 중세 유럽 카롤링거 왕조의 프랑크왕국(751~911)에 비교한다. 프랑크왕국이 고대 서로마제국 멸망 후 분열과 야만 상태에 전락해 있던 유럽에 처음으로 등장한 강력한 통일왕국인 것처럼, 당은 한제국 몰락 후 오랜 분열과 혼란을 수습한 강력한 통일제국이라는 것이다. 양자 모두 "고대제국 멸망 후 출현한 최대의 중세적 통일국가"(宮崎, 1988: 330)라는 것이다. 이 설명은 중국사에서 보면 일리 있는 주장일 수도 있다. 그러나 유럽과는 달리, 7세기 초에서 9세기 초의 동아시아를 중세로 포괄하기에는 무리가 있다.

당은 진, 한, 수, 당으로 이어지는 중국 고대~중세의 대제국의 계보에서 이전 제국의 주요한 성격을 계승하면서 일층 원숙한 단계에 도달하였다. 즉, 동양적 전제국가로서의 완성도가 고도화된 것이다. 국가기구의 주요한 부분을 검토하면서 당이라는 '거대기계(megamachine)'의 실체를 더듬어 보기로 하자.

당의 국가기구 전체는 율령(律令)을 통해 조직되고 통제되었다. 수와 당은 보통 율령제국가로 불리는데, 이것은 "이론상 국가 안의 모든 지역에 동일한 법률이 적용되고 동일한 기준에 따라 행정이 집행되는, 중앙집권적인 통일정치가 행해지는"(外山, 2000: 147) 국가체제를 의미한다. 그것은 율·령·격·식의 형식으로 공포되는 법제를 중심으로, 관료제도, 토지제도〔均田法〕, 조세체계〔租庸調〕, 군사조직〔府兵制〕, 그 밖의 여러 행정제도가 정비되었다.

율·령·격·식은 형법에 해당하는 율(律), 행정법의 령(令), 율령의 개정규정인 격(格), 그리고 율령 시행을 위한 세칙에 해당하는 식(式)의 넷을 말한다. "율령은 영향력의 면에서는 서방의 로마법에 비교되는데, 로마법이 사법 면에서 뛰어난 데 반하여, 율령은 집권국가의 발달과 관련되는 공법 면에서 뛰어나다."(外山, 2000: 149)

중앙정부의 관제는 3성 6부로 구성된다. 중서(中書)·문하(門下)·상서(尙書)의 3성에서 중서성은 황제의 명령(조칙)을 작성하는 등 황제 직속의 비서실에 해당한다. 문하성은 중서성의 조칙 초안을 심사하고 그를 상서성에 회부하여 집행토록 하는데, 독자적으로 중서성의 조칙 초안에 의견을 달 수 있다. 문하성을 통과한 황제의 조칙을 집행하는 임무를 맡은 상서성의 아래에는 이(吏)·호(戶)·예(禮)·병(兵)·형(刑)·공(工)의 6부가 있다. 그 외에 1대(臺), 5감(監), 9사(寺) 등이 설치되었다. 관리의 감찰을 담당하는 어사대(御史臺), 예악과 제사를 담당하는 태상사(太常寺), …… 교육을 맡는 국자감(國子監) 등등. 참고로 문교·제사를 담당하는 예부 소관의 부서로는 태상사(太常寺), 광록사(光祿寺), 홍려사(鴻臚寺), 국자감(國子監)이 있었다(外山, 2000: 112-113).

지방제도로는 주(州)-현(縣)-향(鄉)-리(里)가 기본 조직이며, 전국에 350의 주와 1550의 현이 설치되었다. 수도 등 중요한 주를 특히 부(府)라고 하였고, 또 주와는 별도로 전국을 10개의 도(道)로 나누어 광역의 감찰구역으로 삼았다. 말단의 리(里)는 100호로 구성되며, 5리(里)는 1향(鄉)이 되었다(尾形, 岸本, 1998: 147).

군사조직으로는 중앙에 12개의 특별부대(衛府)로 구성되는 황제의 친위

군대(禁軍)가 있고, 지방에는 600여 개의 지방군대(折衝府)가 배치되었다(1개 절충부의 병사 수가 800~1,000명으로 전체 병력은 50~60만 명에 달함). 그 외에 국경지대의 군사 요충지에 특별 군사구역(鎭, 戍 등)이 다수 설치되었다.

당의 토지제도는 균전법(均田法)이다. 균전제는 국가가 인민에게 일정 면적의 토지를 고루 지급한다는 것을 뜻하며, 이 균전제에 기초하여 조세체계(조용조)와 병역제도(부병제)가 수립된다. 국가가 인민에게 지급하는 토지의 면적은 시대와 연령과 신분에 따라 다른데, 가장 기본적인 형태로는 18~59세의 남성 농민(중남 · 정남) 한 명당 100무(口分田 80무, 永業田 20무)의 토지가 지급되었다.

국가로부터 농사 지을 땅을 하사받았으니 당연히 그 은혜에 보답해야 한다. 즉, 납세와 병역의 의무를 다해야 하는 것이다.

당나라에서 평민(일반 양민)은 어떠한 세금을 부담했을까? 균전법이 원칙적으로 성인 남성 한 명을 기준으로 하므로 조세 역시 개인별로 부과되었다. 조세법(賦役令)에 따르면 정남(丁男, 21~59세) 한 사람은 해마다 조(租)로서 좁쌀 2석, 조(調)로서 비단, 면, 마포 등 옷감 일정 양을 바쳐야 했다. 또 정역(正役)으로서 원칙적으로 연간 20일 동원되어 노역에 종사해야 했다. 조(租) · 조(調)와 정역은 서로 교환 가능했다. 즉, 정역에 종사하는 대신 식량이나 옷감으로 그에 해당하는 만큼 더 낼 수 있었고, 반대로 국가의 필요에 따라 노역 일수가 늘어나게 되면 그에 해당하는 만큼 현물 세금이 감면되었다(이를 용[庸]이라 함). 예컨대, 일 년에 50일 노역에 종사하면 현물 세금은 면제되는 식이다. 정역 외에 지방관청은 잡요(雜徭)라고 하여 토목공사 등 잡다한 경노동에 징발할 수 있었는데, 그 일수는 정남의 경우 연간 40일 이내로 정했다. 조용조와 잡요가 바로 정남이 부담하는 4대 조세였다(尾形, 岸本, 1998: 151-153).

징병제도는 부병제(府兵制)라고 하여, 절충부가 설치된 주에 거주하는 정남(丁男) 중 3명당 1명의 비율로 징발되었다. 부병(府兵)이 된 자는 평시에는 집에서 농경에 종사하고 겨울 농한기에 소속 절충부에 소집되어 군사 훈련을 받거나 1~2개월간 수도의 금군에 편입되었다. 또 변경수비의 임무가 있었는데, 부병 재역 중 반드시 한 번은 전방 현역병(防人)으로 3년간 복무해야 하였다. 또 내란이나 외정 등으로 병사가 부족하면 즉시 긴급 소집되는 것은 말할 것도 없다. 부병으로 현역 복무 중에는 조용조와 잡요가 면제되었으나, 복무 중의 무기와 의식은 자비 부담이었다. 이것이 병농일치(兵農一致)의 부병제다(尾形, 岸本, 1998: 155-156).

호적(戶籍)제도는 인민에게 세역(稅役)과 병역(兵役)을 부과하기 위한 기본 정보를 기록한 국가행정 문서체제다. 이것이 없이는 국가의 조세체계도 군사 시스템도 작동 불가능하다. 징세와 징병의 기초 자료로 삼기 위하여 정기적으로 개별 호구의 가족 구성과 재산을 조사하여 문서화한 기본대장으로 계장(計帳)과 호적(戶籍)의 두 가지가 있었다.

계장의 작성방법은 다음과 같다. 매년 이정(里正)이 각 호주에게 명령하여 가족의 이름, 나이, 부동산에 관한 신고서(手實)를 제출토록 한다. 이를 기초로 현령(縣令)은 개별 심사를 거쳐 계장을 작성하고, 중앙정부의 호부(戶部)로 보낸다. 호부는 다시 그 자료에 의거하여 매년 호부계장을 작성하여 전국적인 호구 및 세수의 집계를 행한다. 또 호적은 수실과 계장을 기초로 하여 3년마다 주현(州縣)이 작성하되 모두 3통을 만들어 현과 주와 중앙 호부가 각각 1통씩 갖는다. 돈황(敦煌)에서 발굴된 당대 호적에는 "호주 및 가족의 관계, 성명, 신분, 성, 연령은 물론 연령의 구분으로서 노(老)·정(丁)·중(中)·소(小)·황(黃)이 기록되고, 신체장애자의 경우는 독질(篤疾), 폐질(廢疾), 잔질(殘疾)로 나뉘어 기록되어 있었다."(尾形, 岸本, 1998: 159) 호적이나 계장의 작성이 기본적으로 각 호구 대표자인 호주의 신고를 기초로 하므로 호주에게는 '성실 신고'가 의무화되었고, 신고 거부나 불성실 신고에는 처벌이 따랐다.

이러한 호적제도, 그리고 관청의 감독과 법적 처벌장치만으로는 불충분하다. 탈세와 병역 기피는 어제 오늘의 일이 아니다. 그 결과 창안된 것이 바로 네댓 집을 한 그룹으로 묶어서 일상적으로 상호 감시하게 하고 한 집의 탈법 · 위법 행위에 대해서는 연대책임을 지게 하는 인보(隣保)라는 최말단 감시 시스템이다.

지방관제의 공식적인 말단은 이정(里正)으로, 100호당 한 명의 이정이 배치된다. 이와는 별도로 자연취락인 촌에 촌정(村正)을 1명씩 임명하여, 이정을 도우면서 주로 경찰적인 업무를 담당토록 한다(도시에는 방〔坊〕의 방정〔坊正〕이 이에 해당함). 이들 이정과 촌정(방정)은 인민과 일상적으로 직접 접촉하면서 국가의 의사를 전달하고 또 국가를 대신하여 인적 · 물적 자원을 '징발'하는 책임을 맡는다.

그러나 그들의 힘에도 한계가 있다. 이정과 촌정 두 명이서 40, 50집에서 많게는 100집을 맡아야 하므로 결코 쉬운 일이 아니다. 그래서 다시 최종적으로 4, 5집을 한 단위로 하는 인보조직을 결성하는 것이다. 서로 붙어 있는 집들을 4, 5집씩 한 조로 묶고, 조세 징수나 병역 징발을 인보별로 연대 책임지도록 한 것이다.

이 얼마나 주도면밀한 인간 포획장치인가? 수천만의 사람들을 핀포인트(pinpoint)로 개별적으로 포착하여 일정한 공간에 배치하여 감시하고, 수시로 강제 동원하면서 죽을 때까지 수탈하는 거대 시스템. 동양적 전제국가라는 거대기계.

한편 국가기구의 인간인 관료는 이와 같은 조세와 병역의 의무에서 면제되었다. 특히 5품 이상의 관리의 경우는 본인은 물론 자식과 손자들도 조세(조용조)를 면제받았다. 6품 이하의 관리의 자식들은, 역(용)만을 면제받고 현물 세금(租와 調)만을 내면 되었다(尾形, 岸本, 1998: 166). 이렇게 당나라에서 관리가 된다는 것은 곧 특권계급이 된다는 것을 의미했다.

나는 교육사의 탈영토화(de-territorialization)와 함께 탈코드화(de-codification)가 필요하다고 생각한다. 기존의 교육사 그리고 교육학에는 교육 현상에 관한 정치경제학적 분석이 불충분하다. 마치 인간의 교육 행위가 정치나 경제와는 무관하게 이루어지기라도 하는 것처럼, 교육현상의 배경이 되는 정치와 경제의 기본적 사항에 관한 고찰이 도외시되는 것이 보통이다. 이것을 나는 교육사 혹은 교육학의 '탈정치경제학적 코드화'의 결과라고 부르고 싶다. 교육현상에 관한 역사적이고 학문적인 설명이 정치와 경제와 같은 사회의 가장 근본적인 차원에 대한 충분한 주의와 고려가 없이 이루어지고 있는 현재의 학문적 경향은, 교육을 그러한 '외부적 요인들'과 결부시키지 말고 가급적 '교육적으로' 연구하고 고찰해 달라는 그 어떤 '요구'(즉, 코드)를 존중한 결과가 아닌가 생각한다. 그러한 코드화로부터 벗어나는 것이 곧 '교육의 정치경제학'을 과감히 시도하는 일이다. '교육의 원시인류학', '교육의 지질학'과 함께 '교육의 정치경제학'이 필요하다.

국가 시스템이 대당제국에 걸맞게 충실히 완비된 것에 맞추어, 교육제도도 체계적으로 정비되었으며 또 충실하였다.

당은 한나라 이래의 전통인 유학 중시의 문교정책을 펼쳤다. 공자를 비롯한 유명한 유학자들의 사당을 짓고 유교경전의 집대성을 국가사업으로 추진했다. 619년에는 국자감에 공자묘를 설립하고 수시로 제사를 지내도록 하였고, 태종 정관(626년?) 이후에는 전국의 모든 학교에 공자의 위패가 모셔졌으며, 그와 함께 관학에서는 공자의 석전을 행하는 것이 거의 정례화되었다. 국자학의 석전에는 황제가 재상 등 고관을 대동하고 참석하였고 국자학 박사들의 강론을 들었다.

또 당태종은 국자학 좨주(祭酒, 장관)에 명하여 유가경전의 정본을 확정하고 그에 공인 주석을 가한 『오경정의(五經正義)』(638년, 전부 180권)를 편찬하게 하였다. 이후 『오경정의』는 관학의 교육과 과거를 위한 정통 텍스트로 자리 잡게 되었다. 당조정은 837년에 효경, 논어 등 유학경전 9권을 돌에 새겨서 '석경(石經)'을 만들었는데, 모두 159책 65만 자에 달했으며(구자억, 1999: 85), 이때 완성된 "오경을 비롯하여 도합 12경의 표준 텍스트를 새긴 개성석경(開成石經)"이 서안의 비림박물관(碑林博物館)에 지금도 보관되어 있다(尾形, 岸本, 1998: 174).

『오경정의』는 유학을 중심으로 국가적인 사상통일을 기하고자 하는 당 제국의 소망을 표현한 것으로, 경전의 자유로운 해석을 배제하는 결과를 낳았고 사상과 학문의 발전을 저해하는 결과를 낳았다.

유학 외에는 불교와 도교가 당 조정에 의해 장려되었다. 특히 도교에 관해서는 별도의 학교(숭현학, 崇玄學)를 설립하고 또 도사의 선발시험(道擧試驗)을 시행하는 등 각별한 지원책을 폈다.

교육제도로는 중앙과 지방에 각기 여러 관학이 설립되었다.

먼저 중앙에 설치된 관학에 대하여 보자. 상서성 예부에 국자감(國子監)이 있었다는 것은 앞서 보았다. 이 국자감에 국자학(國子學), 태학(太學), 사문학(四門學), 율학(律學), 서학(書學), 산학(算學)의 6학이 설치되었다. 다음으로 문하성 직할의 홍문관과 동궁 직할의 숭문관의 2관(館)이 별도로 있었다. 이 6학과 2관이 당시 중앙의 중심적인 학교였던 것 같다. 이들 중앙 관학은 출범 당시 학생 수가 2,200명이었으나 이후 계속 증가하여 태종(626~649) 재위 당시 3,200명에 달했으며, 그 수가 8,000명에 달하기도 했다. 국력이 가장 강했던 '정관에서 개원 년간'에 학교도 가장 발달했다(곽제가, 2004: 87). '정관에서 개원 년간'이란 서기로 환산하면 630년에서 730년대 말까지에 해당한다.

그 밖에 관학으로 정부 여러 부서 직속의 전문적 교육기관이 있었다. 사부의 현학, 중서성의 집현전서원, 사천대의 천문학, 태의서의 의학, 태복사의 수의학 등이 그것이다. 이 중에서 특히 의학은 의학, 침구학, 안마, 약학의 세부 전공으로 구분되었고, 의학은 다시 내과, 외과, 소아과, 이비인후과, 각법과의 5과로 세분되는 등 내적으로 분화된 체계를 갖추었다. 의학은 다른 여러 전문학교와는 달리 지방(주와 부)에도 학교를 갖추었다.

국자감 6학의 경우, 최고 행정관으로 좨주(정5품)가 있었으며, 사업(司業) 2명, 승(丞) 1명, 주부(主簿) 1명이 좨주를 도와 국자감 6학을 관리했다. 6학의 교관으로는 박사, 조교, 직강이 있었는데 모두 관리 신분이었다. 6학의 입학자격은 신분에 따라 제한이 있었다. 국자학은 문무 3품 이상의 자손(300명), 태학은 문무 5품 이상의 자손(500명), 그리고 사문학은 문무 6품 이하의 자손(500명)과 서민의 자제(800명)로 하였다. 한편 지방 관학생 중 성적 우수자나 과거 예비시험 합격자(擧人)는 사문학에 입학할 자격이 주어졌다. 율, 서, 산학의 경우 8품 이하의 자손 및 일반 서민 자제가 입학할 수 있었다(宮崎, 1993: 26).

관학에 입학하면 학생에게는 음식과 의복 등이 무상 제공되었으며, 학생들은 교관에 대하여 '속수(束脩)'라는 초대면의 예물을 바치는 것이 관례였다.

교육내용은 9종의 유교경전(九經)을 대경, 중경, 소경으로 구분하여 배웠으며 그와는 별도로 논어, 효경을 공통 필수과목으로 배웠다. 교재는 조정에서 정했으며, 『오경정의』가 중심적인 텍스트였다(곽제가, 2004: 128). 또 여러 단계의 시험(旬考, 歲考, 畢業考)과 휴가(旬暇, 田暇, 授衣暇) 제도가 있었다.

지방의 관학으로는 행정단위별로 부학, 주학, 현학 등이 있었고 이들 학교는 해당 지역관청의 관리하에 놓였다. 유학을 교수하는 학교 외에 의학교와 현학교가 지방에 설치된 것이 특징이다.

당대는 관학 외에도 사학이 융성한 것이 특징이다. 그런데 당대의 사학은 유학자가 중심이 된 것으로, 유학 외의 다른 사상과 학문을 가르치는 사학은 거의 없었다(도교의 경우는 예외적으로 일부 사학이 있었다.). 이것은 나중에 논할 과거와 관련되는 것으로, 과거의 시험이 주로 유학경전을 중심으로 출제되는 것과 무관하지 않다.

한편 당의 국학에는 주변 여러 민족들로부터 많은 유학생이 학문을 배운 것이 주목된다. 당의 국력이 강대해지고 또 그 문화가 흥성함에 따라 당과의 외교적 필요와 선진문물 습득의 필요성이 있어, 당의 수도 장안에는 한반도의 삼국을 비롯하여 일본, 베트남 등 주변 국가로부터의 유학생들로 넘쳤다고 한다. "신라도 끊임없이 유학생을 파견한 국가다. 예를 들면, 당나라 개성 5년(840년) 중국에서 귀국한 유학생은 105명이다. 9세기부터 10세기 중엽까지의 약 150년 동안 유학생 중 과거에 급제한 사람은 90명이었다. 그중에 최치원이라는 학생이 있었는데 12세에 당에 와서 공부하여 18세에 진사가 되었다. …… 유학생들은 경사서적을 가지고 돌아가 신라어로 번역하여 널리 전했다. 신라는 …… 당을 모방한 교육제도와 과거제도를 제정하고 유가경전을 시험내용으로 삼았다."(곽제가, 2004: 37-138)

과거(科擧)는 당대에 제도로서 확립된 이래 중국의 거대한 관료 시스템과 교육을 결합시키는 메커니즘으로서 근대 이전 중국 교육문화의 최대의 특징이었다. 본래 과거의 뿌리는 신임관료를 충원하기 위한 관리선발제도에 있었다. 과거가 제도적으로 성립하기 전에는, 세습, 관학 수료, 지방관의 추천 등의 방법으로 관직 배분이 이루어졌다. 그러다가 수나라 때 처음으로 중앙정부 주관의 학력시험을 통해 관리를 선발하는 방식이 도입되었다. 이것이 과거의 원형에 해당한다. 즉, 과거의 뿌리는 본래 교육과는 직접적으로 관계가 없는 신임관료 충원을 위한 관리인사제도에 있는 것이다. 그것이 당나라 때 과거가 정착됨으로써 비로소 교육과 불가분의 관계를 맺게 된다. 그 결절점이 바로 국가학력시험이었다.

당은 앞서 본 것처럼 황제가 인민을 직접적으로 지배하는 강력한 집권적 제국이었다. 그를 가능하게 한 것이 바로 관료 시스템이다. 유능하고 황제에 충성하는 관료의 지속적인 확보야말로 제국의 거대 관료 시스템이 정상적으로 작동하기 위한 전제조건이다. 그러한 목적에 합치되는 것이 바로 황제의 완전한 통제하에 놓이는, 학력시험에 의한 관리선발제도인 과거였다. 물론 당대에 과거가 완전한 형태로 시행된 것은 아니다. 과거 외에도 세습에 의한 관직 진출, 하급관리로부터의 승진 등이 가능했다. 또 과거제도 내에도 귀족계층의 기득권을 반영하는 길이 들어 있기도 했다. 과거가 그 완전한 형태에 도달하는 것은 송을 거쳐 명대에 이르러서다. 따라서 과거제도가 중국 전통교육, 나아가 동아시아 전통교육에 대하여 가지는 교육사적 의의에 대해서는 명대의 교육을 검토할 때 본격적으로 고찰하는 것이 합당하다. 여기서는 당대 과거의 개요만을 보기로 한다.

과거의 종류로는 당초 수재(秀才), 명경(明經), 진사(進士), 명법(明法), 명자(明字), 명산(明算)의 6과가 있었다. 그 밖에 특별시험으로 여러 과가 있었다. 정규 시험과목 중에서도 명법, 명자, 명산은 실제로 자주 시행되지 않았고, 또 수재과는 너무 수준이 높아 극소수의 합격자만을 배출하다 곧 폐지되고 말았다. 따라서 명경과 진사의 양과가 과거의 중심 과목이었다.

과거 응시자격은 (1) 관학 생도 중 성적 우수자, (2) 주현(州縣)의 예비시험에 합격한 자(鄕貢)였다. 신분으로는 원칙적으로 양민 이상이면 과거 응시가 가능했다. 당시 과거는 지방(수도도 포함)에서 시행하는 1차 시험(鄕試)과 그 합격자를 대상으로 예부(禮部)가 시행하는 2차 시험(省試)의 두 단계로 이루어졌다. 과거의 합격자는 다시 이부(吏部)가 주관하는 임용시험(身言書判)을 통과하여 비로소 관직을 수여받았다. 즉, 향시로부터 성시까지의 시험이 관직자격시험이라면, 이부의 시험은 임용시험인 셈이다(宮崎, 1993: 26-28).

과거의 시험방법은 크게 구두시험(大義 · 貼經)과 필답시험(策 · 文 · 墨義)으로 구분된다. 내용상으로는 유교경전의 지식과 시사적 판단력을 묻는 것이었으며, 후에는 시부(詩賦), 즉 문학적 능력도 포함되게 되었다.

당의 관료 시스템에서 고위 문관은 과거 급제자 중에서 임명되는 것이 원칙이었으며, 과거급제 자체가 관리 신분의 획득을 의미하였기 때문에 과거는 당시 중국인들에게 필생의 목표가 되었다. 앞서 살펴본 것처럼, 율령체제하 당제국에서 관리가 되는 것은 징세와 징병의 무거운 부담에서 벗어나는 길로서 특권계급의 일원이 되는 것을 뜻했다. 그래서 과거는 잡어가 '용이 되는 것'(登龍門)에 비유되었다.

과거는 결국 귀족 · 호족 세력을 누르고 황제의 독재권력을 확립하기 위한 수단으로 고안된 것이다. 또 그것은 유학을 시험내용으로 선정함으로써 유학 중심의 국가 사상통일에도 크게 공헌하였다. 동시에 과거는 원칙적으로 양민 이상이면 누구나 응시할 수 있었기 때문에 일종의 개방적 능력주의의 제도라는 점에서 황제의 전제권력 지배를 이념적으로 정당화하는 이데올로기적 성격도 지닌다. 이와 같은 다면적인 기능을 지니는 과거가 7세기경에 확립되어 이후 약 1,300년간 지속하면서 중화적 전제주의, 제국의 거대 관료 시스템을 뒷받침했다는 사실은 세계사적으로 주목할 만한 일이다. 이와 같이 고도로 효율적인 국가기구를 일찍이 개발하여 발전시킨 당제국에 비하면, 다른 국가들은 '미숙아'(Deleuze & Guattari, 1994: 484)에 불과하다.

5. 고대 한국의 교육

이제부터 고대 한국의 교육을 고찰하자. 그런데 고대 한국이란 도대체 무엇을 뜻하는가? 고대 한국이란 '고대의 한국'이라는 말인데, 고대에는 '한국'이 없었다. 한국이란 한자말 '韓國'의 음을 한글로 표기한 것이다. 그런데 '한국(韓國)'은 대한민국의 줄임말이다. 이 한국은 1948년에 건국된 것이므로 고대에 그런 '한국'이 있을 리 만무하다. 실은 고대에 '韓國'이 있었다. 나라 명칭으로 '韓'을 쓰는 나라가 존재한 것이다. 하나는 춘추전국시대 중국의 한복판에 있었다. 소위 전국칠웅(戰國七雄)의 하나로 한(韓)이 있었다. 그리고 한반도 남부지역에 6세기경까지 '韓'이 있었다. 흔히 '삼한(三韓)'이라고 하는 마한, 진한, 변한이 그것이다. 이들 고대의 '한'국이 지금의 한국(韓國)과 같지 않음은 말할 필요도 없다.

물론 일반적으로 '고대 한국'이라 함은 현재 한국을 구성하는 민족집단이 고대에 형성한 정치적 사회 일반을 지칭한다는 것을 잘 알고 있다. 내가 여기서 문제 삼고자 하는 것은 그러한 고유 민족명으로서의 '한'이 실은 중국어인 한자로 표기되어 왔다는 사실이다. 그것도 아득한 고대로부터 지금까지 수천 년 동안이나 말이다. 중국인들이 처음 한반도 남부에 사는 민족집단을 지칭하여 '韓'이라고 표기했을 때는 필경 음을 따서 그렇게 했을 것이다. 즉, 그 지역에 사는 사람들이 자신들의 나라를 '한' 혹은 그 비슷한 말로 불렀을 것인데, 그것을 들은 중국인 서기들이 그 음과 비슷한 글자인 '韓'을 사용했을 것이다(문자 표기, 시니피앙). 그것 외는 없으므로 이제 한민족(韓民族)은 본래 자신들의 민족집단의 고유 명칭을 알 길이 없다. 자기네 나라의 본래 이름을 그들은 기억하지 못한다.

요컨대, 한민족의 고유 명칭은, 또 그것이 가리킨 그것(시니피에)은 한자의 '韓'이라는 표기법과 함께 망각되고 묻혀 버린 것이다. 이러한 맥락에서 민족집단의 고유 명칭뿐만 아니라 그 밖의 여러 가지 고유한 것들이 함께 망각되고 묻혀 버렸다고 말할 수 있지 않을까? 마치 '원시적인 것'이 '문명'에 의해 배제되고 주변화되고 망각되어 왔듯이, 고대 이래 '한민족 고유의 것'은 '중화문명'에 의해 끊임없이 망각되고 주변화되어 왔다.

중화 수력문명의 '주변'에 위치한 결과, 한민족은 그 고유한 언어체계, 고유한 문화, 고유한 생활방식 등을 일찍이 주변화당하고 배제당할 수밖에 없었다. 이 사실이 우리가 고대 한국의 교육을 고찰할 때 때때로 상기해야 할 점이다. 고대 한국사는 미스터리로 충만한데, 그런 미스터리에 접근할 때 약간의 도움을 줄 수 있기 때문이다(현존 한국 最古의 사서가 1145년에 편찬된 김부식의 『삼국사기』라는 사실을 상기하라.).

1) 고대국가의 성립: 고대국가에 관한 두 '전설'

한반도 지역에 최초의 국가는 '고조선'으로 알려지고 있다. 고조선에는 세 나라가 있었다. 단군조선, 기자조선, 위만조선이 그것이다.

단군조선에 관해서는 1280년대에 고려의 승려 일연이 저술한 『삼국유사』가 최초의 문헌기록이다. 그리고 같은 시기 이승휴의 『제왕운기』에도 유사한 내용이 실려 있다. 『삼국유사』에 따르면 천제 환인의 아들 환웅이 인간세계를 다스리기 위해 태백산 꼭대기에 내려왔다. 그때 같은 굴 안에 살고 있던 호랑이와 곰이 환웅에게 기원하여 인간이 되기 위해 수행을 했다. 호랑이는 도중에 포기하였지만 곰은 수행을 마치고 인간의 여자가 되었다. 이윽고 환웅과 결혼하여 단군왕검을 낳았다. 단군은 중국의 요임금 즉위 50년에 평양에 도읍을 열고 처음으로 조선이라 칭했다. 나라를 다스린 지 1,500년 되던 해, 주나라의 무왕이 기자를 조선왕에 봉하므로 아사달로 가서 산신이 되었다. 단군은 1,908세까지 살았다.[4)]

이러한 단군신화는 명백하게 신화적인 구조를 갖고 있으므로 실증적인 역사로 취급하는 것은 부적절하다. 신화와 역사적 사실은 구별하는 것이 신화 자체의 가치를 위해서도 필요하다. 신화가 역사적 사실로 바뀔 수도 있다. 그 경우에는 객관적으로 수긍할 수 있는 '사물'들의 증거가 일정량 필요하다.[5)]

---

4) 1993년 북한 당국은 단군의 유골을 발견했다고 발표했다. 즉, 평양 동쪽 30km에 위치한 강동군에서 5,011년±267년 전의 인골을 발굴했는데, 이것이 바로 단군의 유골이며 이로써 단군이 실재 인물임이 증명되었다는 것이다. 현재 이곳에는 거대한 석조의 단군릉이 건립되어 있는데, 한 변 50m, 높이 22m의 정방형의 9단 석총 형태를 하고 있다(武田, 2000: 28).

5) 단군신화는 내용상 매우 흥미로운 구조를 갖고 있다. 나의 생각에 단군신화는 순수한 형태의 신화에 불순물이 가미된 것, 즉 정치적 계산이 작용하여 본래의 신화를 왜곡하고 있다는 느낌을 지울 수 없다. 환웅의 수직강하로부터 곰과 결혼하여 아들을 낳는 부분까지는 순정의 신화다. 그러나 중국의 요임금이 등장하고 주나라 무왕, 거기에 기자 운운하는 부분은 신화가 아니라 후세의 정치적 고려에 의한 '날조'로 여겨진다. 이와 같은 단군신화의 '이중 구조'는 신화의 일반적인 성

문헌기록상에 나타나는 조선에 관한 사실로 가장 오래된 것은 중국의 고서들인데, BC 7세기에 편찬된 『관자(管子)』에 제나라가 조선과 교역을 했다는 사실이 기록되어 있고(井上秀雄에 의하면 이 부분은 BC 300년경에 가필된 것이라고 한다; 井上, 2004: 22), BC 3세기 한나라 이후의 사서들에는 보다 구체적인 기록들이 실려 있다.

『사기(史記)』, 『한서(漢書)』, 『함허자(涵虛子)』 등의 중국 사서에 따르면, 은이 주에 의해 망하자 은나라 귀족이던 기자(箕子)가 5,000명의 학자와 기술자를 데리고 조선으로 와서 왕이 된 다음 시서예악(詩書禮樂)을 발전시키고 정전제(丁田制)와 8교조를 시행했다고 한다. 『사기』(세가 제8권)에 따르면 BC 1122년에 은 왕족인 현인 기자를 주 무왕이 조선왕에 봉했다고 한다.

이것은 이른바 '기자동래설(箕子東來說)'이다. 이것도 현재로서는 문헌기록 외에는 입증할 증거가 없기 때문에 전설로 볼 수밖에 없다. 이와 관련하여 한국사 연구자들은 상반되는 입장에 있다. 기자조선은 전설로서 역사적 가치가 없다고 보는 입장(이기백)과 그에 어느 정도 역사적 가치를 부여하는 입장(한영우)이 있다. 일본의 조선사학자들은 대체로 기자조선을 전설로 본다. "기자조선 전승은 중국 유학자의 한 학설로 시작되었는데, 이 설을 받아들인 낙랑군의 관료들이 본국에 대하여 조선이 동이 중에서 가장 개명한 지역이라는 주장을 근거로 이 설을 강조한 것으로부터 중국인들 사이에 정착했다. 또 중국의 조선 지배를 추진한 위나라 때 기자조선 전설이 한층 더 확대되어 기자조선의 왕통이나 중국과의 관계사까지 날조되었다."(井上, 2004: 28)

중국대륙의 여러 나라와 한반도 지역은 지리적인 근접성으로 인해 태고

격을 생각할 때 극히 예외적인 것으로 부자연스럽고 불순(不純)하다. 기자의 이야기도 고대 중국인들의 전설이다. 기자 전설은 대략 기원전 4~3세기경에 유포되어 기원전 1세기에 역사서에 기록되었다. 따라서 단군신화는 태고 적부터 북방계통의 한민족들 사이에 전승되어 오던 원 신화에 후세의 기자 전설이 추가되어서 성립한 것이 아닐까?

이래 접촉이 무척 많았다. 오랜 시간에 걸쳐 양 지역 사이에는 활발한 인적 교류가 이루어져 왔다. 그 대표적인 나라가 연(燕)이다. 연은 BC 11세기 주의 제후국으로 출발하여 BC 222년 진에 멸망할 때까지 북경을 도읍으로 하여 중국 동북지방 남부를 지배한 나라다. 이 연과 그 동쪽(지금의 요동반도 지역)에 자리한 정치적 · 민족적 집단들 사이에는 전쟁을 포함하여 많은 교류가 이루어졌다. 동에서 서로, 서에서 동으로 수많은 인간들, 물자들, 그리고 문화가 왕래한 것이다. 그 과정에서 중국인들은 연의 동쪽에 있는 나라를 조선이라고 부르게 된 것이다.

BC 4세기 이후 연의 동북 쪽으로의 세력 확대, 특히 진에 의해 연이 공격을 받고 이윽고 멸망당하는 과정에서는 수많은 연나라의 사람들이 동쪽으로 이주하게 된다. 한나라 때도 사정은 마찬가지였다. 그렇게 동쪽으로 흘러드는 사람들 중에 위만(衛滿)이라는 유력자가 있었다. 그는 무리 천여 명을 거느리고 고조선에 들어와 준왕으로부터 왕위를 빼앗아 스스로 왕이 된다(이기백, 1999: 33-34). 이것이 BC 194년의 일로서, 한무제의 침공을 받아 멸망한 BC 108년까지 존속하였다(위만조선).

이상이 세 '고조선', 즉 단군조선, 기자조선, 위만조선의 역사다. 그런데 앞의 두 고조선은 전설에 속하며, 위만조선은 역사적인 사실로 인정되고 있다. 물론 앞의 두 고조선도 역사로 판명될 가능성이 전무한 것은 아니다.

그런데 흥미로운 사실은 기자 전설, 즉 기자동래설이 조선시대까지 역사적 사실로 간주되어 왔다는 점이다. 그뿐만 아니라 오랫동안 조선에서 기자는 국가적인 숭배의 대상이었다.

한영우(2004: 79)에 의하면 고구려 때에 평양에서 기자신에 대한 제사가 행해졌다고 한다. 또 고려왕조 때도 기자 전설이 유행하여, 평양에 기자 사당이 세워지고 기자묘도 만들어졌다. 조선시대에도 역시 기자숭배가 변함없었는데 기자동래설이 역사적인 사실로서 정책적으로 유포되었다. 기자의 여러 유적이 발굴되었으며, 숭인전(崇仁殿)이라는 기자 사당을 세워 국가에서 제사를 지냈다(한영우, 2004: 79; 村上, 1978: 535; 井上, 2004: 29).

"고려의 숙종 때(1107년) 평양에 기자 무덤이 발견되었다고 하여 묘(廟)도 세워지고 그 제사가 이어졌다. 또 이조시대에 들어와서는 기자가 정전법을 시행했다고 하여 평양의 서쪽 밖에 기자 정전의 터가 (발굴되었다고) 선전되었다. …… 기자의 후손이라고 칭하는 계보가 만들어지기도 하고, 기자에 관한 여러 가지 문헌이 저술되기도 했다." (村上, 1978: 535)

조선시대 유학자들은 스스로 조선을 소중화(小中華)로 자처할 정도로 모화사상(慕華思想)이 강했는데, 그들에게는 고대 중국의 현인(賢人)인 기자가 조선에 와서 높은 문물을 전해 주었다는 것은 영광스러운 일이 아닐 수 없다. "조선 유자들에게는 이미 공자 이전에 주 왕조를 창건한 무왕에게 홍범구조를 가르쳤다는 기자가 조선에 봉해졌다는 '기자조선'이 '소중화'를 자부하기 위해서는 실로 안성맞춤의 시나리오다. 본래 이성계가 고려를 무너뜨리고 나서, '조선'을 국호로 한 것이 이 '기자조선'에 유래한다." (姜, 2001: 31-32)

이 기자동래설은 근대 이후 한국사에서 배제되었다. 한영우에 따르면, "일제시대에 이르러 일본인들은 기자조선을 마치 중국의 식민지국가인 것처럼 해석하고, 이에 대한 반발로 민족주의 역사가들은 기자동래설을 아예 부인해 버렸다. 그래서 해방 후 한국의 역사책에서는 기자조선을 삭제해 왔다." (한영우, 2004: 79) 일본인 한국사 연구자의 설명은 약간 다르다. 무라카미[村上]에 의하면 기자동래설의 '배제'는 청일전쟁 후부터 시작되었다. 특히 대한제국의 성립(1897)과 함께 기자조선설이 급속히 쇠퇴하고, 그에 반해 단군을 시조로 숭배하는 풍조가 급격히 일어났다. 1909년에는 조선 왕족 등이 주축이 되어 신궁봉경회(神宮奉敬會)를 결성하여 조선왕조와 단군을 계보상 연결시키려는 시도를 했다. 같은 시기에 단군을 유일신으로 숭배하는 대종교와 단군교가 출현했다. 대종교 2대 교주 김교헌은 『신단실기(神壇實記)』(1914)에서 일본을 제외한 극동 고금의 민족들이 모두 단군의 후예이며, 이것이 곧 배달종족이라는 주장을 폈다(村上, 1978: 541-542).

1882년 르낭(Ernst Renan, 1823~1892)은 『국민이란 무엇인가(*Qu'est-ce qu'une nation?*)』라는 책에서 다음 같이 말했다. "한 국민의 핵심은 전 소속원들이 많은 것을 공유해야 한다는 사실이며, 동시에 전 소속원들이 많은 것을 망각해 주어야 한다는 사실이다. …… 프랑스인들은 모두 생 바르텔레미의 학살, 13세기 미디의 학살을 망각했어야 했다."(Anderson, 2002: 253). 국민은 '망각'을 통해 만들어진다. '국민의 역사'는 그러한 '망각' 위에 선다.

2) 중화 수력문명의 전파

BC 108년 한무제는 위만조선을 정복하고 그 자리에 낙랑군을 위시한 여러 군(郡)을 설치했다. 이른바 한사군(漢四郡)이다. 낙랑은 평양 지역, 진번군은 황해도 지역, 현도군은 압록강 중류지역, 임둔군은 함경남도 지역에 해당하는 것으로 추정된다. 이 중 낙랑군은 한의 한반도 지배의 기지에 해당하는 전략적인 도시국가였다. 낙랑군이 고구려 등 토착세력의 공격을 받아 소멸한 것이 AD 313년이므로 낙랑군은 420년간 존속한 것이다.

당시 중국의 통일왕조인 한(漢)의 국력과 문화는 앞서 본 것처럼 고도의 수준에 달해 있었다. 또 한 왕조는 군국제라는 집권적인 형태의 제국행정 시스템을 채용하였다. 교육제도도 정비되어 지방의 군·현에도 각급의 관학이 설치되었다. 이러한 한제국의 군(郡)으로서 낙랑군 등은 당시 한반도에 대한 한문화 전파의 중심지였을 것이다. 중화 수력문명의 '주변'으로의 전파과정에서 매개자 역할을 한 것이 한사군이었을 것이다.

한사군은 대체로 중국 출신의 지배집단이 집거하는 성곽도시였던 것 같다. 한의 조정으로부터 파견된 태수 등 한인(漢人)의 관료집단, 군인, 수공업자, 상인 등으로 구성되는 도시국가의 지배층을 상정할 수 있다. 그들이 성곽 안에 거주하고, 그 주변에 토착민들이 여기저기 자연취락 혹은 성곽

도시의 형태로 일정한 거리를 두고 떨어져 있는 상태가 아니었던가 싶다(이기백, 1999: 37 참조).

한사군과 그 주변의 토착민 사회 사이에는 비교적 활발한 교섭이 있었을 것이다. 때로는 무력항쟁도 하고, 때로는 경제적인 교환과 거래도 하고, 때로는 평화적인 외교활동도 하면서. 이러한 과정을 통해서 선진의 한문화가 자연스럽게 한반도 전역으로 전파되었다고 보는 것이 합리적이 아닌가? 정치적인 사회조직의 원리, 경제생활의 방식, 유학 등 사상, 예술, 한자 등이 한반도로 전파되었을 것이다. 즉, 중국대륙의 선진 한문화 → 낙랑군 등 한사군 → 한반도 토착사회다. 중국대륙의 한문화와 한반도 토착사회를 연결하는 중개자로서의 낙랑군(한사군)이 400년간 평양을 중심으로 하는 한반도 서북부에 존재했다는 사실은 가볍게 볼 것이 아니다. 한반도에서 이 지역은 역사적으로 늘 문화적인 중심지였기 때문이다.

3) 삼국의 성립

낙랑군 지역을 제외한 한반도 북부와 남부에는 한 등 중국 세력의 직접 지배를 받지 않는 토착민들이 BC 4세기경부터 고대적인 국가 형성의 과정에 있었다. 북부에는 예맥족(濊貊族)의 부여와 고구려, 남부에는 한족(韓族)의 여러 나라들이 있었다. 이들 원시적 단계의 부족국가들이 주변의 여러 민족집단이나 국가들과 부단한 상호작용을 거치면서 고대국가로 성장해 갔다. 나중에 이들 세력들로부터 고구려, 백제, 신라의 고대 삼국이 주요한 국가로 성장하였다. 이렇게 보면 한민족은 대략 북부의 예맥족과 남부의 한족의 두 계통의 결합으로 형성된 것으로 보인다. 북부 계통이 주로 수렵과 목축을 주로 하는 유목민족이었다면, 남부 계통은 상대적으로 농경과 정착생활을 주로 하는 농경민족이었다고 할 수 있다.

고구려는 부여 계통의 사람들에 의해 BC 37년에 건국되었다. 백제는

BC 18년에 고구려의 건국 시조 주몽의 아들들에 의해 세워진 나라다. 신라는 BC 57년에 서라벌 혹은 사로국으로 출발하였다. 그러나 이러한 사실은 문헌사료의 기록일 뿐 실제로 그러했는지는 알 수 없다. 실제로는 고구려가 가장 일찍이 일어서고 그에 대하여 남부에는 진 혹은 한이라고 불린 나라들이 있었던 것 같다. 중국기록에 따르면 특히 남부의 삼한(마한, 진한, 변한)이라고 불린 지역에는 78개의 나라들이 있었는데(이기백, 1999: 45), 이것은 한반도 남부가 북부에 비해 상대적으로 고대국가로의 발전이 늦었다는 사실을 나타낸다.

삼국 중 백제는 고구려적 요소와 삼한적 요소의 결합에 의해, 그리고 신라는 삼한 지역 내에서 자생적으로 각각 발전해 나온 나라였다. 그리고 이들 한반도의 토착적 정치세력은 낙랑군을 위시한 중국의 정치세력과 항쟁하면서 국가적인 성장을 이루었고, 마침내 4세기 초 한반도에서 중국 세력을 일소하게 된다. 그 선봉에 선 것이 고구려였다.

4) 고구려의 교육

고대 한국교육사의 공식적인 시작은 고구려, 백제, 신라의 삼국이 정립하는 시대부터다. 고구려는 소수림왕 2년(372)에 태학을 설립하고 불교를 수용하였으며 다음 해에는 율령을 반포했다. 일반적인 의미에서 태학은 관료 양성기관이자 학문의 중심에 해당하고, 불교는 종교적 · 정신적 문화, 그리고 율령은 국가의 중앙집권적 행정 시스템과 각각 관련된다. 그리고 이 셋은 고대 중국문명의 중핵이기도 하다. 그러므로 372~373년은 고구려가 고대 중국문명을 수입하여 고대국가로의 도약을 시도한 시점이다.

372년에 설립된 고구려의 태학(太學)은 한국교육의 역사에서 처음으로 등장하는 학교다. 그런데 유감스럽게도 이 학교에서 어떠한 교육이 이루어졌는지에 관해서는 아무것도 알려진 것이 없다. 『삼국사기』는 단지 나라에서 태학을 세워 자제를 교육했다는 '입태학교육자제(立太學敎育子弟)'의 일곱 자 외에는 아무런 설명이 없다. 태학의 구조나 교육의 내용에 관해서 일언반구 언급이 없다. 우리나라 최초의 학교에 관한 역사적 기록으로서는 불충분하기 짝이 없다. 김부식은 마치 고구려에서의 태학의 설립이 그리 대단치 않은 사건인 것처럼 짤막하게 언급하고 말았다. 태학이라는 제도의 성격 혹은 목적, 내부적인 구성, 교육 내용과 방법, 교사와 학생 등 당연히 포함되어야 할 내용이 생략되어 있다. 이것을 어떻게 이해해야 할까?

고구려의 학교교육에 관한 기록으로는 『삼국사기』가 전하는 태학 외에 경당(扃堂)에 관한 기록이 있다. 중국의 사서인 『구당서(舊唐書)』(945년)와 『신당서(新唐書)』(1060년)에 각각 다음과 같이 기록되어 있다(한국교육사연구회, 1972: 28-29).

> 사람들이 독서를 즐겨하여 서민들이 사는 곳에 이르기까지 번화가에는 큰 집을 짓고 이를 경당이라 부른다. 마을의 결혼하기 전 청소년들이 밤낮으로 이곳에 모여 책을 읽고 활쏘기를 배운다. 책으로는 오경과 사기, 한서, 범엽 후한서, 삼국지, 손성 진춘추, 옥편, 자통, 자림, 그리고 문선이 있다. 문선을 특히 중시한다(俗愛讀書 至於衡門廝羊之家 各於街衢造大屋 謂之扃堂 子弟未婚之前 晝夜於此讀書習射 其書有五經及史記 漢書 范曄後漢書 三國志 孫盛晋春秋 玉篇 字統 字林 又有文選 太愛重之).
>
> —『구당서(舊唐書), 동이전(東夷傳), 고려조(高麗條)』

> 사람들이 배우기를 좋아한다. 가난한 마을에 사는 천인들조차도 서로 권면하며 네거리에는 빠짐없이 엄옥을 지어놓고 경당이라고 부르는데 마을의 미혼 자제들이 만나는 곳이다. 경을 읽고 활쏘기를 배운다(人喜學 至窮里廝家 亦相矜勉 衢側悉構嚴屋 號扃堂 子弟未婚者曹處 誦經習射).
>
> —『신당서(新唐書), 동이전(東夷傳), 고려조(高麗條)』

이 기록에 의하면 경당은 문(독서=송경)과 무(습사)를 같이 교육하는 청소년 교육장이었다. 형문시양지가나 궁리시가와 같은 표현에서 알 수 있듯이 행정구역에 따라 의식적으로 배치되었으며 일반 주거용 건축물과는 구별되는 특별한 시설(대옥, 엄옥)이었다. 이곳에 동네의 젊은 남자들이 모여 밤낮으로 무술을 연마하고 글을 읽었다.

교과서는 사서오경과 한문 학습서였는데, 그중에서도 한문학의 학습이 중시되었던 것 같다. 또 '독서'의 서책의 하나로 명시되어 있는 『문선(文選)』이라는 양의 소명태자(昭明太子, 501~531)가 편찬한 중국문학 선집이 수·당시대에 널리 읽혀졌다는 점을 감안하면 경당의 존립 연대를 어느 정도 추정할 수 있다. 즉, 위의 사서에 기록된 경당은 6~7세기에 있었던 것이다. 물론 이 사실이 곧 경당이라는 교육시설이 이 시기 이전에 존재하지 않았다는 것을 의미하지는 않는다. 고구려에는 경당과 유사한 기능을 하는 청소년 교육시설이 훨씬 전부터 있었을 것이다.

고구려의 교육과 관련해서는 태학과 경당이 중요하다. 태학이 중국적 교육문화의 수입품이라면, 경당은 자생적인 교육문화의 산물이라고 할 수 있다. 경당도 위의 기록에서 보는 것처럼 유학경전과 한문학을 중심으로 하는 중국 교육문화의 영향을 받고 있지만 그 위치와 형태 등으로 보아 원시사회의 유제로서의 성격이 강하게 나타나고 있다. 부락의 중심부에 위치하면서 다른 일반 가옥보다 격이 높은 시설이며 부락의 미혼 남자를 위한 시설이라는 점에서, 남미 아메리카 인디언 사회에서 발견되는 '남자의 집'과의 유사성을 찾을 수 있다.

『삼국사기』에 따르면 기원 600년(영양왕 11년)에 왕이 태학박사 이문진에게 명하여 옛 기록을 요약하여 『신집(新集)』 5권을 편찬하도록 했다. 그런데 그 옛 기록이란 국초에 어떤 사람이 백 권의 기록을 지어 그를 『유기(留記)』라고 한 것을 가리킨다. 고구려 개국이 BC 37년이므로 이 무렵부터 이미 고구려에는 한문으로 방대한 역사서를 편찬할 정도의 학문을 갖춘 지식인들이 있었다는 것이다. 태학이 만들어진 것은 372년이지만 훨씬 전에 이미 높은 수준의 한문 문장력을 가진 자가 고구려에 있었다는 것을 의미한다.

태학 이전 고구려에 관학이 없었다고 가정한다면, 개국 이래 4세기 후반에 이르기까지의 4세기 동안 고구려는 문서담당 관리를 주로 외부로부터 충원했을 가능성이 크다. 만약 외부로부터 외교와 국가기록 등을 맡을 문관을 충원할 수 있는 길이 있으면 굳이 독자적인 관학을 세우지 않아도 무방할 것이다. "낙랑군이나 그 후에 설치된 대방군이 서력 313년에 멸망하자, 조선반도에서는 고구려 · 백제 · 신라 · 가야의 여러 나라의 활동이 활발해진다. 이들 여러 나라는 서로 경쟁하면서 고대국가를 형성하지만, 그 과정에서 낙랑군 · 대방군에 체류하고 있던 중국계의 사람들이나 당시 혼란기를 맞이하였던 중국으로부터 피난해 온 사람들이 조선반도의 문자문화의 담당자로서 활약했다고 보인다. 특히 중국 왕조와의 외교에는 이들 도래인들이 필요했다고 추측된다."(李, 2005: 35-35)

5) 백제의 교육

백제의 경우는 고구려 이상으로 학교교육에 관한 기록이 부실하다. 다만 오경박사제도가 있었다는 것, 높은 수준의 학문과 기술이 존재했다는 것 등을 통해 중국문화의 영향을 받은 교육문화가 비교적 이른 시기부터 백제에 있었다는 것을 추측할 수 있다. 그리고 백제에 관해서는 고대 일본의 역사서에 상당한 양의 기록이 있는데, 그를 통해서도 백제에 상당한 수준의 학술과 교육 문화가 있었다는 것을 추정할 수 있다.

백제에는 663년 나라가 망할 때까지 학교를 세웠다는 기록이 없다. 그러나 백제의 학술 및 교육 문화가 상당한 수준에 도달했다는 것을 알려 주는 기록은 다수 있다. 『삼국사기』에 따르면 375년(근초고왕대)에 박사 고흥이 역사서 『서기(書記)』를 편찬하였다. 또 일본 측 역사서(코지키[古事記], 니혼쇼키[日本書紀])에 의하면, 백제인 왕인이 일본에 논어와 천자문을 405년에 전했으며, 6세기 초에는 백제의 여러 오경박사들이 초빙되어 일본에 건너갔다(513년 오경박사 단양이, 516년 한고안무, 백제 26대 성왕 때 오경박사, 의박사, 역박사). 그 외 농업, 직조, 의약, 천문, 지리, 음악, 미술, 공예의 기술자가 백제에서 일본으로 건너가서 일본의 고대국가 건설 및 문화 발전에 크게 기여하였다. 이러한 사실들로 미루어 볼 때, 백제의 학술 및 교육 문화가 고대 동아시아에서 높은 수준에 도달해 있었다는 것은 분명한 사실이다. 그럼에도 불구하고 왜 학교교육에 관한 기록이 전해지지 않는지에 대한 의문은 여전히 남는다.

6) 신라의 교육

신라의 경우도 백제와 크게 다르지 않다. 신라에 관학이 설립된 것은 682년(신문왕 2년)의 일이며, 그 이전에는 학교에 관한 기록이 전무하다. 그러나 중국식의 학교교육과는 구별되는 토착적 교육문화가 구체적으로 전해지는 것은 삼국 중에서 신라가 유일하다. 그것은 화랑도인데, 진흥왕대에 처음으로 조직화되었다. 진흥왕(540~576)은 고구려의 광개토대왕에 비견되는 신라의 정복 군주로서 야심적인 영토 확장을 통해 삼국경쟁에서 신라가 주도권을 장악할 수 있게 하였다. 화랑도는 그러한 국력 확장기에 필요한 지도적인 국가 인재의 양성을 목적으로 하였으며, 중국식의 학교교육이 도입되기 전의 제도이므로 토착적인 형태의 청소년 교육제도라고 할 수 있다.

진흥왕 때 정비된 화랑도는 국선화랑–화랑(선랑)–낭도(문도)로 이루어지는데, 이 중 국선화랑은 화랑도 조직의 총 지휘자에 해당하며 성인이 맡았다. 그 밑에 여러 명의 화랑을 두는데, 이는 십대의 덕망 있는 귀족 출신의 미소년이었다. 각 화랑의 휘하에는 수백 내지는 수천 명의 소년 단원이 결집하였다. 『삼국사기』에서 화랑도에 관한 기록은 다음과 같다.

> 37년 봄 처음으로 원화를 받들었다. 당초 군신이 인재를 알 길이 없음을 근심하여 무리를 모아 함께 지내게 하여 그 행의를 보고 나서 뛰어난 자를 발탁하여 쓰고자 했다. 그리하여 미녀 두 명을 선발하였는데 남모와 준정이라 하였다. 무리가 삼백여 명 모였는데 두 여성이 서로 미모를 다투다가 준정이 남모를 사저로 유인하여 억지로 술에 취하게 하여 물에 밀어넣어 죽게 하였다. 준정은 죽음을 당했고 무리는 흩어지고 말았다. 그 후 다시 미모 남자를 선발하여 곱게 꾸미고 화랑이라 부르면서 그를 떠받들었다. 무리가 구름처럼 모여 혹은 서로 도의를 연마하고 혹은 가악으로 즐기면서 산수에 노닐며 가지 않는 곳이 없었다. 이로써 그 사람됨의 사특함과 올바름을 알 수 있어 선한 자를 뽑아 조정에 추천하였다.
>
> 그리하여 김대문의 화랑세기에 이르기를 현좌충신이 여기서 나오고 양장용졸이 여기서 생겨났다. 최치원의 난랑비서에 이르기를 나라에 현묘한 도가 있는데 풍류라 한다. 그 교의 기원은 선사에 자세한데 실로 세 가르침('삼교')을 포함하여 군생에 접화한다. 즉, 들어서는 집안에서 효를 행하고 나가서는 나라에 충을 다하는 것은 노나라 사구의 가르침이라. 무위지사에 처하고 불언지교를 행함은 주나라 주사의 가르침이라. 악을 행치 않고 선을 봉행함은 축건태자의 가르침이라. 당 영호징의 '신라국기'에 이르기를 귀인자제의 아름다운 자를 선발하여 그를 분으로 장식하고 화랑이라 부르는데 나라 사람들이 모두 그를 스승으로 높인다.
>
> —『三國史記』卷第四 新羅本紀 第四

이 기록에 의하면 화랑은 국가적인 인재선발을 위한 제도였다. 동시에 화랑은 청년 전사단의 역할도 했다고 할 수 있다. 용모와 리더십이 뛰어난 귀족층 자제를 지도자로 선정하고 그 휘하에 일반 청년들을 조직화하여 평화 시는 물론 전시에 전투력으로 동원할 수 있도록 한 것이다.

앞서 언급한 것처럼, 화랑도는 중국식의 관학이 도입되기 전의 청소년 조직으로서, 우리 민족 고유의 교육문화와 관련성이 깊은 사례로서 의의가 크다. 종래의 화랑도 연구에서도 주로 이 측면이 강조되어 왔으며, 교육사에서는 화랑도가 "우리 민족 고유의 교육방식"(한국교육사연구회, 1972: 39)을 보여 주며, "한국 고대사회의 교육에 관한 원초적 사유를 간직하고 있는 훌륭한 교육유산"(박연호, 2006: 103-135)인 것으로 평가되었다.

화랑도가 중국문명과는 구별되는 고유의 청소년제도라는 점은 분명하다. 그러나 화랑에 관한 현존하는 기록(『삼국사기』와 『삼국유사』)으로 볼 때, 화랑이 중국문화와 무관한 순수한 한민족의 교육적 제도라고 단정하기는 어렵다. 화랑에 관한 기록은 대부분 진흥왕 37년 이후(576)다. 당시는 신라가 중국제도를 수용하여 중앙집권적인 율령국가로 발돋움할 때였다. 왕호, 국명, 율령 등 모두 중국의 제도를 모델로 하는 중국화 정책이 지증왕(500~554)과 법흥왕(514~540) 양대에 걸쳐 진행되었다. 진흥왕 때의 신라 국세 확장은 그러한 중앙집권적 국가체제 정비의 기초 위에서 성취된 것이다(이기백, 1999: 60 참조). 진흥왕은 한강유역을 백제로부터 탈취하고 남부의 가야 지역을 완전 병합하였으며 북으로 함경도 지역까지 판도에 넣은 대정복왕이었다. 화랑도의 제도화는 그러한 신라의 중앙집권적 국가 정비 그리고 대대적인 정복사업의 맥락 안에서 이루어진 것이었다.

위의 사료에서도 보듯이, 화랑도는 본래 신라 조정이 인재(賢佐忠臣)를 선발하기 위한 필요에서 조직된 것으로, 청년 수양단체인 동시에 청년 전사단이기도 했다. 실제로 화랑은 개인 혹은 단체로 전투에 참가한 사례가 있다. 또 유불선 삼교로 화랑의 정신을 설명하는 것이나 세속오계의 예에서 보듯이, 화랑제도에는 이미 중국문화(유교, 불교, 도교 등)의 영향이 침투해 있었다. 적어도 6세기 후반 진흥왕에 의해 제도화된 단계에서의 화랑제는 한민족 고유의 순수한 청소년 조직이라기보다는 상당한 정도로 중국적인 요소가 가미된, 그리고 국가권력의 필요에 의해 변형된 제도였다.

단정하기는 어려우나, 필경 진흥왕 37년(576) 이전에도 신라에는 자생적인 청소년 단체의 전통이 있었을 것이다. 신라가 위치한 삼한 지역은 비교적 늦게까지 토착적인 문화(비중국적 문화)가 살아 있었다. 원시적인 부족사회에서 부족국가 단계로 이행하는 과정에서 원시적인 부족 청년 전사단('남성의 집'과 관련되는)이 계승되어 내려오다가 진흥왕대에 이르러 국가적인 제도로 탈바꿈하여 나타난 것이 아닌가 생각된다. 그런 의미에서는 고구려의 경당과도 일맥상통하는 것이 없지 않을 것이다.

신라는 지리적인 조건으로 인해 한반도에서 비교적 오랫동안 토착적인(비중국적인) 문화를 유지한 나라다. 신라가 중국의 문물을 모델로 하여 국력강화에 주력하기 시작한 것은 6세기 초 이래의 일이다.

『삼국사기』에 따르면 지증마립간(재위 500~514) 때 신하의 청을 받아서 국명을 신라(新羅)로 정하고, 그동안 거서간, 차차웅, 이사금, 마립간 등으로 불러오던 군주명도 신라국왕(新羅國王)으로 바꾸었다. 주와 군의 수령에게 권농을 명하고 처음으로 소를 밭갈이에 사용토록 했다. 그리고 지방제도로 주 · 군 · 현을 설치하였다. 이와 같이 지증왕 때 신라는 고대국가로의 첫걸음을 떼기 시작한 것이다. 법흥왕(재위 514~540) 때도 병부를 설치하고(517), 율령을 반포하여 모든 관리들의 공복과 복색을 정하는 등(520) 집권적 고대국가로서의 면모를 갖추어 갔다. 불교가 공인된 것도 이때였다(528). 이러한 흐름 위에서 진흥왕(540~576) 때의 국세 팽창이 이루어진 것이다. 진흥왕 때는 이사부의 주청을 받아들여 거칠부로 하여금 "널리 문사(文士)를 모아 그들에게 국사를 편찬하게 한"(삼국사기) 일이 특기할 만하다(543).

그로부터 약 100년 후에 신라는 당의 세력을 빌려 백제와 고구려를 견제하는 근공원교의 외교정책을 펴면서 국력을 키웠다. 자연히 당과의 교류가 활발해지고 당 문물의 도입이 증가했다. 교육과 관련해서는 633년에 김춘추(후일의 태종 무열왕)가 당의 국자감을 참관하고 귀국 후 석전의 예를 시행케 한 일(서울대학교교육연구소, 1997: 54), 640년 선덕왕이 자제를 당에 파견하여 국자감에 입학시킨 일, 그리고 진덕왕 2년(648)에 김춘추가 왕의 명령으로 당에 입조하였을 때 국학(국자감)을 견학하고 석전과 강론에 참관하기를 청하여 당태종이 이를 허락한 일이 있다(『삼국사기』, 신라본기 제4, 5).

삼국통일 후의 682년(신문왕 2년) 6월에 국학이 세워졌다. 717년(성덕왕 16년) 9월에는 당에서 공자와 10철, 72제자의 화상을 수입하여 국학에 안치하고 석전의 예를 행하여 교학의 중심으로 삼았다. 국학의 입학자격은 대사(大舍, 17등급 중 12급에 해당)로부터 무위자까지이고, 입학연령은 15~30세, 수업 연한은 9년이었다. 졸업자에게는 대나마(10급)와 나마(11급)의 관위를 수여하였다. 교육내용은 한문과 유교경전이 중심이었는데 다음의 세 코스가 있었다. (1) 논어 · 효경 · 예기 · 주역, (2) 논어 · 효경 · 좌전 · 모시 · 춘추, (3) 논어 · 효경 · 상서 · 문선이다. 논어와 효경이 각 코스 공통의 필수교과였다.

788년(원성왕 4년)에는 인재 등용법으로 독서삼품제가 도입되었다. 통일 이전 화랑도와 궁전법(弓箭法)으로 인재등용을 했으나, 독서삼품제의 시행과 함께 한문학의 학력을 기준으로 인재를 발탁하는 제도가 운용되기 시작한 것이다. 춘추좌씨전, 예기, 문선 중 하나에 능통하고 논어와 효경에 밝은 자는 상품, 곡례 · 논어 · 효경을 읽은 자는 중품, 곡례 · 효경을 읽은 자는 하품, 그리고 오경 · 삼사 · 제자백가서에 능통한 자는 초탁(超擢)으로 등용하였다. 독서삼품제는 학력시험을 거쳐 관리로 등용한다는 점에서 과거제도와도 유사하지만, 그렇다고 하여 이것을 고려 때 시행되는 과거제도의 전신으로 단정하기는 어렵다. 왜냐하면 국학 재학과 독서삼품제와의 관계가 불분명하기 때문이다. 독서삼품제가 국학의 졸업시험에 해당한다고 보는 견해(서울대학교교육연구소, 1997: 58-59)가 있지만, 『삼국사기』의 기사에는 그러한 내용이 명확하지 않기 때문이다. 독서삼품제의 도입과 함께 종래 인물과 신체적 능력(활쏘기) 중심의 인재 등용법이 학력 중심의 인재 등용법으로 바뀌게 된 점은 분명하다.

이와 같이 통일 후에 당의 교육문화를 적극적으로 수용하여 유학을 진흥시킨 결과, 8세기경 신라의 유학은 높은 수준에 달했던 것 같다. 다음 인용문은 737년에 당 현종이 형도라는 자를 신라 사신으로 파견하면서 송별사로 한 말이다.

> 신라는 스스로 군자국이라고 칭하고 있다. 문장에 매우 숙달하고 있다. 거의 중국과 같은 정도다. 너는 학식도 높고 언변도 훌륭하다. 그러므로 신라 사신으로 선택되었다. 그곳에 가거든 유교경전을 잘 알아듣도록 해설하고 보급하기 바란다. 중국에 얼마나 유교가 성행한지를 알려라. 또 신라인 중에는 바둑 잘 두는 자가 많다. 그래서 바둑 고수인 솔부 병조의 양계응을 부사신으로 임명한다(姜, 2003: 66).

6. 고대 일본의 교육

일본의 상고시대는 시기별로 조몬시대(縄文時代), 야요이 시대(弥生時代), 고분시대(古墳時代)로 구분된다. 조몬시대는 수렵·채취와 어로의 생활을 주로 하면서 조몬 토기(縄文土器)를 사용하던 인류가 일본 열도에 살았던 시기로, 대략 1만 년 전부터 기원전 4세기까지로 추정된다. 그 뒤를 잇는 야요이 시대는 쌀농사를 비롯한 농경과 집주 정착생활, 금속기 사용 등이 이루어진 시대로서 기원전 4세기에서 기원후 3세기까지의 약 600년간에 해당한다.

다음으로 고분시대는 3세기 후반에서 7세기까지의 대형 고분이 많이 축조된 시대로서, 철기의 보급과 농경의 발달로 인해 사회적 층화가 진행되면서 종래의 부족국가 단계를 넘어서 보다 강력한 국가권력이 형성되기 시작하였다. 이 시대의 끝 무렵에 야마토 왕권이 출현하였다. 고분시대에 이어서 7세기 말경에는 율령체제에 기반한 고대국가 일본이 성립하였다. 일본의 고대 율령국가 체제는 12세기 무렵에 이르러 와해되고 이후 카마쿠라 바쿠후의 수립과 더불어 중세로 접어들게 된다.

이상과 같이 일본의 고대는 넓게 보자면 야요이 시대로부터 시작되고 좁게 한정하자면 야요이 시대가 끝날 무렵의 기원 3세기부터 시작된다고 할 수 있다. 일본사에서 '고대'는 기원후 12세기까지 지속된다. 따라서 좁게 보더라도 일본의 고대는 약 1,000년 동안 지속된다. 일반적으로 세계적인 문명들은 문명의 성립과 역사 시기로서의 '고대'가 대략 일치하지만, 세계 문명의 주변부에 위치한 지역의 경우는 '문명'과 '고대' 간에 간극이 있을 수 있다. 근접한 선진 문명권으로부터 고도의 문명문물이 대거 수입은 되나 그것이 자체적으로 소화되어 사회발전에 반영되기까지는 일정한 '시차'가 생길 수 있기 때문이다. 객관적인 사실로서의 문명의 존재와 유기적이고 내적인 발전의 결과로서의 고대사회의 성립 간의 간극인 것이다. 예컨대, 한국사의 경우 '고대'가 언제부터인가라는 문제 역시 그러하다.

일본열도에 처음으로 문명이 성립한 것, 보다 정확히 말해 문명이 '출현'한 것은 야요이 시대부터다. 이때 나타난 문명은 바깥으로부터 밀물처럼 밀려 들어온 것이었다. 그 문명의 출발은 말할 것도 없이 중국대륙이었지만 직접적인 전달자는 고대 한국인들, 특히 한반도 남부에 살고 있던 사람들이었다. 일본열도의 지리적 특성상 중국에서 먼저 성립한 중화문명이 한반도를 경유하여 일본열도에 전해진 것인데, 이는 하등 이상한 것이 아니다.

1) 일본 고대문명과 대륙문화: 한국 계통 이주자의 역할

일본열도는 논벼 경작 등 농경이 본격화된 야요이 문화와 더불어 문명단계로 접어들었다. 이것은 종래의 수렵 · 어로의 채취경제에서 논벼농경의 생산경제로의 이행을 의미하는 것으로 인류 역사에서는 혁명적인 변화에 해당한다. 그런데 야요이 문화는 처음 북큐슈를 중심으로 하는 서부 일본에서 먼저 성립하여 비교적 짧은 시간에 일본열도 전역으로 확산되었다. 이들 북큐슈 지역에 야요이식의 새로운 문화를 형성한 사람들은 대륙, 즉 한반도 남부로부터 건너온 이주자들이었다. 그들은 조몬 문화를 남긴 선주민들을 대신하여 일본문화의 새로운 주역이 되었다. 일본열도에 오랫동안 거주하던 석기시대인(조몬인)과 기원전 4세기 이후 논벼 경작 등 선진적인 기술을 가지고 대한해협을 건너온 한반도계 이주민들의 혼혈에 의해 현대 일본인이 형성되었다는 것이 일본 학자들의 생각이다(井上, 2005: 173).

이 시대에 관해서는 일본인의 기록은 전무하고 단지 중국 사서에 관련 기록이 있다. 후한의 반고(32~92)가 저술한 『한서(漢書)』의 지리지에는 "낙랑 바다 가운데에 왜인(倭人)이 있으며 나뉘어 백여 국이 있다."고 기술되어 있다. 또 범엽(398~445)이 지은 『후한서(後漢書)』에는 "건무 중원 2년(서력 57년)에 왜노국(倭奴國)이 조공하다."라는 기록이 있다. 이와 같이 중국의 사서에 등장하는 백여 개에 달하는 왜인의 나라나 왜노국이 어디에 위치하고 있었는가에 관해서는 1784년에 북큐슈 하카타만에 위치한 작은 섬에서 '한왜노국왕(漢倭奴國王)'이라는 금 도장[金印]이 발견되어 문제의 '왜노국'이 북큐슈 지역에 있던 소국이라고 밝혀졌다. 또 다른 중국 사서 『위지 왜인전(魏志 倭人傳)』에 의하면 3세기 중엽에도 이 지역에 여러 작은 나라가 분립하여 반독립 상태로 있었다는 것이 알려졌다.

이상으로 볼 때, 기원후 1세기부터 3세기에 걸쳐 북큐슈 지역에는 한반도 남부로부터 건너간 이주민들이 선진문화와 무기 등의 군사력을 바탕으로 토착민을 정복하고 소규모의 부족국가들의 집단을 형성한 것이라는 설명이 가능하다. 또 이들 소국을 무력 제압한 패자가 나타나 큐슈 전역을 평정하고 그 위세를 몰아 동진하면서 마침내 나라(奈良)에 야마토(大和) 왕권을 수립하게 된 것이라는 가설도 가능하다. 이렇게 되면 일본 천황가의 기원이 바로 북큐슈의 어느 소국이 될 것이며, 이는 곧 일본 고대국가의 핵심 권력집단이 고대 한국인 이주자들이라는 역사적 설명도 가능하다.[6)]

이와 같이 고대에 한반도 남부의 사람들이 대마도를 거쳐 큐슈 지방으로 진출하여 철제 무기 등 선진문화를 바탕으로 선주민들을 정복하여 부족국가를 세우고 일본열도에 문명의 씨앗을 뿌렸다는 것이 거의 역사적인 사실로 일본 학계에서는 인정되고 있다. 그렇다면 이 시기에 한반도 남부와 일본의 큐슈 지방에는 혈연적으로 상통하는 인간집단들에 의해 어떤 공통의 정치 권력적인 네트워크가 형성되어 있었다고 볼 수 있을 것이다. 일본 사학계에서는 '임나일본부설', 즉 고대에 한반도 남부에 일본의 속국 또는 '식민지'가 있었다는 것이 거의 정설로 받아들여지고 있다. 또 백제가 나당연합군에 패망할 때 일본은 군사력을 총동원하여 백제 구원에 나섰으며 또 그전에도 고구려와 신라의 위협으로부터 백제를 구하기 위해 대군을 한반도에 파견한 일도 여러 번 있다. 수백 년 동안 백제가 일본의 '혈맹'이었다는 사실도 의미심장하지만 일본인들이 '임나일본부'의 존재를 역사적 사실로 믿고 있는 것 역시 단순하게 '역사적 날조'라고 무시할 수 없는 점이

6) 일본 황실과 고대 북큐슈의 소국들의 관계를 나타내는 단적인 사례가 바로 '세 가지 신기(三種の神器)'이다. '세 가지 신기'란 청동제의 검과 거울 그리고 옥을 말하는데, 일본 신화의 최고신인 아마테라스(天照大神)가 그 자손인 니니기가 지상에 강림할 때 부여한 것으로, 실제로 황위 계승 시 새 천황에게 전달되는 천황위의 징표이자 황가의 상징이다. 그런데 북큐슈에서 발굴된 수많은 야요이 중기의 족장들의 옹관묘에서는 동검과 동경 그리고 옥류가 한 세트로서 공통적으로 출토되었다. 일본의 고대사학자 이노우에(井上光貞)는 일본의 역대 천황 중에서 분명히 실재한 것으로 확인되는 최초의 인물이 오우진(応神) 천황인데, 그는 3세기경 대한해협을 건너 북큐슈에 침입한 고대 한국인 정복자였을 것이라고 단언한다(井上, 2005: 409).

있다.

세계사에서는 유사한 사례가 없지 않다. 예컨대, 중세 프랑스와 영국의 경우를 보면 지금 프랑스 영토인 노르망디 지역은 1259년 이전에는 잉글랜드 왕의 영토였고 또 1066년까지는 북유럽에서 침입해 온 노르만의 나라였다. 가정하여 이러한 일들이 1,000년 전에 벌어졌고 또 그러한 사실이 어느 한 나라의 사서에만 기록되어 있다면, '임나일본부설'을 둘러싼 한일 간의 '역사 논쟁'과 유사한 일이 프랑스-영국-노르웨이 간에 벌어졌을지도 모른다.

이처럼 근대 국민국가적인 '시선'으로 보면 허무맹랑한 것처럼 보이는 것이 역사적으로는 엄연한 사실일 수도 있다. 실제로 고대의 어느 시기에 한반도 남동부로부터 북큐슈 지역 일대에 걸쳐 고대 한국인들이 세운 작은 나라들이 오랫동안 존재했을 가능성은 배제할 수 없다. 그런데 애국심이 강한 현대 일본인들은 그것을 아마테라스 오오미카미(天照大神)의 후손이 강림하여 세운 나라들이며 '임나일본부'도 당연히 일본의 '식민지'라고 주장한다. 이에 대하여 현대 한국인들은 그런 일본인들의 주장을 제국주의적인 '식민사관'으로 도외시한다. 하지만 근대 국민국가적 시선으로 보는 것을 멈추면 사태는 다르게 보일 수 있다.

2) 문자문화의 전래와 교육

일본에 고구려의 태학과 같은 형식적인 학교교육기관이 출현하는 것은 율령국가의 체제가 정비되는 7세기의 일이다. 그 이전 시기에 일본인들의 고유한 교육사상이나 관습에 관해서는 알려진 것이 거의 없다. 오랜 채취경제 시대의 교육은 대부분의 무문자의 원시사회나 마찬가지의 양상을 하고 있었을 것이다. 성인활동에의 조기 참여, 친족과의 친밀한 의사소통, 신화 등 구술 전승의 문화, 신체적 고행을 수반하는 성인식 등이 주요한 교육의 양상이었을 것이다. 그러다가 대륙으로부터 고도의 문명이 전해지게 되는데, 유감스럽게도 그로 인해 어떠한 사회적 변화가 생겼으며 또 그 안에서 교육이 어떠한 양상을 하고 있었는지 구체적으로 알려 주는 사료가 없다.

고분시대의 교육사적 사건으로는 대륙으로부터의 문자 전래가 중요하다. 일본에서 한자가 처음 전해진 것은 기원 1세기경이지만 본격적으로 사용되기 시작한 것은 고분시대 중기인 5세기 무렵이다. 『코지키[古事記]』와 『니혼쇼키[日本書紀]』에 따르면 404년(오우진 텐노 15년)에 백제에서 파견된 아직기(阿直岐)가 경전에 해박하여 태자의 스승이 되어 가르쳤으며, 그 다음 해에는 백제로부터 초빙된 박사 왕인(王仁)이 『논어』 10권과 『천자문』 1권을 헌상하고 역시 태자를 가르쳤다고 한다. 이와 같은 사서기록에 관해서는 그 해석과 연대에 관해 일본 학자들 사이에서 의견이 일치하지는 않지만, 적어도 한자나 한문서적을 일본에 들여온 사람과 그 사용방법을 관장한 사람들이 고대 한국으로부터의 이주자와 그 후손들이라는 사실에 관해서는 의견이 일치하고 있다. 그들은 후일 일본 조정의 씨족제도에 편입되어 아지키노후히토(阿直史), 후미노후히토(文首史)라는 성을 부여받아 문서기록을 세습적으로 담당하였다(講座日本教育史編輯委員會, 1984: 6). 초기에 이들 도래인(渡來人)들은 외교문서의 독해와 작성, 그리고 왕족이나 귀족 자제의 교육을 주로 담당했으며 점차 토착인들도 문자를 익혀 각종 문서기록 업무에 종사하게 되었다.

이와 같이 초창기에 문자기록을 외래 지식인들에게 의존하는 것은 거대 문명의 주변부에 위치한 사회로서는 매우 자연스러운 일이며, 고대 한국의 경우도 사정은 크게 다르지 않았을 것이다. 일본의 경우 초창기 대륙문화의 수입에서는 백제의 역할이 두드러진다. 앞의 아직기와 왕인의 사례 외에 6세기에 들어와서는 오경박사 등 백제인 학자와 기술자의 일본 파견이 이어졌다. 513년 백제로부터 오경박사 단양이(段楊爾)가 일본에 건너갔고, 516년에는 단양이를 대신하여 한고안무(漢高安茂)가 파견되었다. 또 백제는 554년에 이미 파견되었던 오경박사 고덕마정안(固德馬丁安)의 후임으로 왕류귀(王柳貴)를, 또 역(易)박사 시덕왕도량(施德王道良), 역(曆)박사 고덕 왕보손(固德王保孫) 등을 보냈다. 이들 학자가 일본에 건너갈 때 여러 한문 서적과 기자재를 함께 가져간 것은 말할 것도 없다.

불교의 전래도 백제인들에 의해 이루어졌다. 불교는 중국을 거쳐 4세기 경에 한반도에 전래되는데, 한반도 남부에서 많은 사람들이 일본열도로 건너감에 따라 자연히 불교도 같이 전파되었을 것으로 추정된다. 문헌기록상으로는 6세기 전반기에 처음으로 불교가 백제로부터 전래된 것으로 되어 있다. 그 후 6세기 말에 이르기까지 여러 차례 백제로부터의 불교문화 전수가 있었다. 백제로부터의 불교문화 전래는 일본 조정의 요청에 의해 매우 조직적이고 계획적으로 행해진 듯하다. 예를 들면, 577년에는 백제에서 경론(經論), 율사(律師), 선사(禪師), 비구니(比丘尼), 주금사(呪師), 불공(佛工), 사공(寺工)이 전해졌는데 이는 불교문화가 한 세트로서 수입된 것을 뜻한다. 588년에도 유사한 교류가 있었다(鈴木, 2002: 10). 백제 정도는 아지니만 고구려와 신라로부터도 불교문화가 일본에 전해졌다. 7세기에 접어들면서 일본인들은 직접 중국 불교와 접촉하면서 독자적인 불교문화를 형성해 나가게 된다.

불교는 고대 및 중세 시대 일본인들의 지적 생활에서 매우 중요한 교육적 역할을 하였다. 특히 중세 후기에는 전란으로 인해 세속적인 학문과 교육 시설이 제 기능을 못하게 됨에 따라 불교 사원이 일반인들을 위한 교육 시설로 기능하게 된다.

주로 가업 계승이나 개인교수의 형태로 이루어지던 학문전수와 교육은 고대 국가권력이 천황 중심으로 집중되고 또 율령체제의 정비에 따라 관인 양성의 필요성이 커지면서 조직적이고 계획적인 형태로 진화하였다. 그리고 그와 함께 한국계 '도래인(渡來人)'에의 의존도도 낮아지게 된다.

3) 고대 전제국가체제의 성립과 교육

멸망 위기에 처한 백제를 돕기 위해 당시 일본 군사력을 총동원하다시피 하여 편성 · 파견된 일본군이 백촌강(白村江) 전투에서 나당연합군에 참패당하고 철수함과 동시에 일본의 대륙문물 수입 경로는 단절되었다. 이후 일본은 본격적인 율령국가 건설단계에 들어가게 되는데 그와 함께 국내에서의 인재 양성도 추진되었다. 그와 같은 흐름에서도 처음에는 역시 망명 백제인 학자들의 역할이 컸다. 한 예로, 671년에 학직두(學職頭, 후일의 율령제의 대학료 장관에 해당함)에 임명된 귀실집사(鬼室集斯), 677년에 대박사(大博士)가 된 허솔모(許率母)는 모두 망명 백제인이었다(辻本, 沖田, 2002: 19). 고대 일본의 대학제도의 창설에는 이들 백제 망명자들의 활약이 컸다.

7세기 중엽부터 시작된 일본의 율령국가체제 수립의 과정은 701년 대보율령(大寶律令) 시행과 더불어 완성단계에 도달했다. 중국의 당에서 전형적으로 발달한 율령제도는 성문법전에 의한 죄형법정주의, 거대한 관료기구에 의한 토지와 인민의 직접 지배, 그 통치 수단으로서의 문서주의 등을 특징으로 한다. 따라서 율령국가체제의 수립은 전문적인 문인관료 집단의 조직적이고 계획적인 양성을 필요로 했다.

일본의 율령정부는 중앙의 관리 양성을 목적으로 대학료(大學寮)를, 그리고 지방의 관리 양성을 위해 국학(國學)과 부학(府學)을 두었다. 또 여러 관청도 기술 계통 관인의 육성을 목적으로 전약료(典藥寮, 관의의 육성, 학생 수 82명), 음양료(陰陽寮, 음양 · 천문 · 역법 전문가의 육성, 학생 수 30명), 아악료(雅樂寮, 아악 연주자의 육성, 학생 수 296명) 등을 설치했다(이하 壽福, 1987; 石川 外, 1987을 참조).

대학료(大學寮)는 7세기 후반부터 약 500년간 고대 일본의 율령국가체제를 뒷받침한 중앙관학이었다. 그 기원은 670년대에 백제의 망명 귀족 귀실집사를 책임자로 하여 설립된 학직(學職)이며, 이는 다시 7세기 말에 대학료로 개칭된 것으로 추정되고 있다.

대학료는 식부성(式部省, 8성의 하나로 당과 신라의 예부에 해당함. 문관 인사, 학교 등 관장) 관할하의 관청이었으며, 관리직으로 대학두(大學頭)를 필두로 하는 6명의 사무관 외에 22명의 잡임(하급 관인)이 배치되었다. 학과로는 유학과(나중의 명경도, 학생 정원 400명)와 수학과(나중의 산도[算道], 학생 정원 30명)를 두었고, 교관으로는 유학과에 박사 1명, 조박사(나중의 조교) 2명, 음박사 및 서박사 각 2명을, 그리고 수학과에는 산박사 2명을 두었다. 입학자격은 관위 5위 이상의 귀족 자세, 동서 사부(史部, 후비토베, 문서기록을 세습직으로 해 온 도래인 씨족)의 아들, 8위 이상의 하급관인의 아들, 그리고 국학 졸업생이었다. 입학 연령은 13세 이상 16세 이하라는 제한이 있었다.

대학료의 개설 학과로는 8세기 전반에 법률 전공(나중의 명법도)과 한문학 · 중국사 전공(나중의 기전도[紀傳道])의 두 과정이 증설되어 각각 명법박사(2명)와 문장박사(1명)가 배정되었다. 그 후에도 몇 차례 개혁이 있었고, 9세기 후반에는 한문학 융성의 영향으로 기전도가 확충되어 4도(기전, 명경, 명법, 산)의 학과에 교관 15명, 학생 총 정원 480명이라는 대학료 조직이 확정되었다.

교과서로는 유학과의 경우 효경과 논어가 필수였고, 그 외 주역, 예기, 모시, 춘추좌씨전 등이 선택 필수였다. 그 후에 삼사(사기, 한서, 후한서), 춘추공양전, 춘추곡량전 등이 추가되었다. 수학과의 교과서로는 구장(九章), 육장(六章), 철술(綴術) 등이 있었고 후에 역도서(曆道書)도 추가되었다. 학생은 먼저 교과서를 중국 음으로 읽는 법을 음박사에게 배우고, 그 후에 박사의 강의를 들었다. 순시(旬試)라고 불리는 구두시험이 열흘마다 행해지고, 매년 7월에는 1년간의 학습내용에 관해 대학두가 주관하는 구두시험인 세시(歲時)가 시행되었다.

대학료 수료자는 임관시험에 응시하고 합격자는 그 성적에 따라 관직을 얻을 수 있는 위계가 수여되었다. 대학 입학 후 9년을 경과하고도 임관시험에 합격하지 못하면 퇴학 처분을 받았다. 경학을 배운 학생은 식부성이 시행하는 수재, 명경, 진사, 명법의 시험 중 어느 하나에 응시할 수 있었다.

대학료는 신분 특권에 의해 관직 진출이 보장된 상류 귀족들에게는 그다지 환영받지 못했고, 학생의 대부분은 중하류 귀족 자제들이었다. 대학료에는 그 전성기에 유력 씨족이 일문 자제의 대학료 수학을 위해 건설한 대학료별조라는 학생기숙사가 부속되어 있었다.

12세기 이후 대학료는 가학(家學)의 발생에 따라 교관직의 세습화가 진행되었고 또 음위제에 의해 5위 이상 귀족 자제에게는 자동적으로 위계와 관직이 부여된 것, 그리고 무엇보다도 고대 말기 장원제의 발달 등으로 인해 율령체제가 붕괴되어 감에 따라 점차 쇠퇴하기 시작하여 13세기에는 거의 유명무실해졌다.

지방 관학으로는 국학과 부학이 있었다. 국학(國學, 코쿠가쿠)은 쿠니(國)[7] 마다 두어졌고 군지(郡司)의 자제를 선발하여 유학과 의학의 교육을 행했다. 교관으로는 쿠니하카세(國博士) 1명과 쿠니이시(國醫師) 1명이 임명되었고 행정관리는 지방행정관인 코쿠시(國司)가 담당했다. 박사(博士)와 의사(醫師) 밑에 학생(學生)과 의생(醫生)이 있었다. 국학 학생으로서 시험을 거쳐 대학료의 학생이 되는 길이 있었다.

국학의 수는 초기에는 3~4쿠니에 1교 정도였으나 8세기 말 이후는 하나의 쿠니에 하나의 국학이 설치되었다. 부학(府學)은 특별행정구인 다자이후(大宰府, 후쿠오카 소재)에 설치된 지방 관학이었다.

대학료와 국학 등의 관학 외에 나라시대에서 헤이안시대에 걸쳐 사설 교육기관이 존재했다. 대표적인 것으로 유교 · 불교 · 도교의 삼교 일치의 교

7) 일본 전근대의 지방행정체제(國-郡-里)의 최상급 지방행정구획. 9세기 초 이래 일본 전국이 66국(國) 2도(島)로 편제됨.

육이념 아래 민중계층의 자제에까지 교육기회를 제공한 슈게이슈치인[綜芸種智院]과 유교와 불교의 전적을 수집한 사립도서관인 운테이[芸亭]가 있으며 학자의 사숙(私塾)도 다수 존재했다.

위에서 언급한 것처럼 중앙에는 대학료 외에 전약료, 음양료, 아악료가 설치되어 해당 분야의 기술자 양성교육이 행해졌다. 이들 분야의 지식과 기술은 실용적인 면에서 고대 율령국가체제의 유지와 기능에 긴요하였기 때문에 그 기술자 양성은 국가에 의해 독점될 필요가 있었다.

한편 종래 민중들 사이에서 자연발생적이고 세습적인 형태로 기능 전수가 이루어지던 여러 수공업 기술과 기예들도 율령체제하에서는 일정 부분이 관영공방(官營工房)의 형태로 관의 지배하에 들어가게 되었다. 대학료나 전약료 등 주로 문자에 의존하는 학교교육은 사회 전체로 보면 극히 일부의 사람들에 국한되는 것이었다. 그에 비해 민중생활에 밀착한 여러 수공업적 생산기술의 교육은 훨씬 광범위한 인구를 포괄하였다. 그러한 사적인 수공업 생산기술의 교육도 율령국가체제의 수립과 함께 점차 공권력의 관리 아래 들어가게 된 것이다.

4) 일본 고대교육과 동아시아

높은 곳에서 낮은 곳으로 물이 흘러가듯이 고대 동아시아 문명이 중국대륙에서 한반도로, 그리고 한반도에서 일본열도로 전파되었다. 일본의 초기 문명화와 고대국가 형성과정에 고대 한국으로부터의 이주자들이 어떤 역할을 하였는지가 일본의 역사서에 상당히 명확하게 기록되어 있다는 사실이 흥미롭다. 지금까지 알려진 바에 의하면 기원전 4세기부터 기원후 7세기경까지 한반도와 일본열도 사이에는 활발한 인적 교류가 있었다. 인적 교류라면 쌍방적인 것을 연상하게 되지만 이 시기의 한반도와 일본열도 간의 인적 교류는 전자에서 후자로의 비교적 일방적인 교류였다고 할 수 있다. 즉, 한반도에서 일본 열도로 향하는 '인간류(人間流)' 즉 '사람의 흐름'이 천 년 이상 면면히 이어졌던 것이다. 기원전 7세기 무렵에 일본에 율령제도를 기반으로 하는 고대국가 '일본'이 성립하는 것과 거의 때를 같이하여 한반도–일본열도의 '인간류'는 단절되었다. 그리고 시간이 경과함에 따라 천 년간의 '인간류'의 기억도 퇴색해 갔다. 더욱이 고대 초기 천 년 중에서 한일 간의 인적 교류의 사실이 문자 기록화된 것은 5세기 이후의 불과 200년 정도에 불과하며 그 이전의 800년 동안의 '인간류'의 역사는 선사(先史)의 짙은 안개 속에 잠들어 있다.

고대 동아시아의 교육사를 조망하면, 중세 이후의 그것에 비해 한 · 중 · 일 삼국 간의 동질성을 확인할 수 있다. 한국은 중화문명과 바로 맞닿아 있던 까닭에 문명화가 일본에 비하면 한 걸음 앞섰다. 교육제도의 성립도 고구려의 예에서 보듯이 일본보다 200년 정도 앞섰다. 유학이나 한학 등의 학문이나 불교의 전래도 일본보다 여러 세기 빨랐다고 말할 수 있다. 그러한 한반도에 수입되어 토착화(한국화)한 동아시아 대륙의 학문, 불교, 그리고 교육제도가 일본열도에 전해졌다. 따라서 자연히 고대 한국과 일본의 학문과 교육문화는 동질적일 수밖에 없다.

고대 동아시아 삼국의 교육의 동질성은 중세 이후 더 이상 유지되지 못했다. 한국과 중국 사이에는 변함없이 동질성이 지속하였지만, 일본은 양국과는 다른 역사발전의 길을 걷게 되었다. 그리고 그와 같은 일본의 동아시아의 역사적 경로에서의 '이탈'은 근대에 이르기까지 계속되었다.

제4장

고대 지중해 국가의 교육

1. 동양과 서양: 정치경제적 차이
2. 그리스문명의 성립
3. 그리스의 교육
4. 헬레니즘의 교육
5. 로마공화국의 교육
6. 제정 로마의 교육

제 4 장

고대 지중해 국가의 교육

1. 동양과 서양: 정치경제적 차이

인류의 문명은 처음 동양에서 일어났다. 그와 함께 국가도 동양에서 먼저 성립하였다. 그리고 그 국가 형태는 전제군주국가였다. 이 국가 형태에서는 한 사람의 강력한 군주가 전제적인 권력을 장악하고 그 밖의 사람들은 군주의 신하(臣下)인 복종당하는 자들이었다. 오직 한 사람만이 자유로운 동양사회(Hegel).

서양문명은 처음 지중해의 그리스에서 발생하게 된다. 그리고 그리스문명은 오리엔트문명과의 접촉을 통해서 성장하게 된다. 그것은 동양의 그것과는 이질적인 새로운 문명이었다. 동양문명의 연속이 아닌 단절을 통한 새로운 문명의 탄생을 의미했다. 서양 고대문명은 그리스에서 일어나 헬레니즘에서 정점에 도달했고, 마지막으로 로마제국에서 종점에 이르게 된다.

이 새로운 문명의 본질은 동양에서처럼 국가권력이 한 사람의 수중에 집중되는 것이 아니라 일군의 인간들의 집합체에 소속한다는 것이다. 즉, 도시의 거주자인 자유시민단이 국가(도시)권력의 공동 주인이었다.

공동체의 구성원들은 정치적인 지배자인 동시에 피지배자였다. 이른바 자치(self rule)다. 그리고 그들은 공동체의 대지를 분할 점유하였으며, 그 대지는 시민 각자의 사적인 토지였다. 동양에서처럼 공동체의 포괄적 통일자인 전제군주가 유일한 소유자이며 인민은 무소유인 것과는 달랐다. 아시아적 생산양식과 고전고대적 생산양식의 차이며, 그에 기초한 아시아적 공동체와 고전고대적 공동체의 차이다.

> 아시아적인(적어도 그것이 지배적인) 형태에서는 개개인의 소유(Eigentum)는 존재하지 않고 개개인의 점유(Besitz)만이 있다. 거기서는 공동체가 본래의 실제 소유자다. 따라서 소유는 토지에 대한 공동체적 소유의 형태로만 존재한다. (서양) 고대인의 경우(가장 고전적인 예인 로마인의 경우는 사태가 가장 순수하고 가장 명료한 형태를 취한다), 국가적인 토지 소유와 사적 토지 소유의 대립적인 형태가 존재하기 때문에 후자가 전자에 의해 매개된다든지, 전자 자신이 이 이중의 형태로 존재하든지 한다. 사적 토지 소유자는 그 때문에 동시에 도시의 주민이다. 경제적으로 국가시민이라는 것은 농경민이 도시의 주민이라는 단순한 형식으로 귀착한다(Marx, 2005a: 203).

서양 고대에서 사람들은 도시국가라는 공동체의 일원으로서 공동체의 대지를 분할 점거하여 사적으로 소유한다. 또 그와는 별도로 공동체 전체에 귀속하는 대지가 존재한다. 사람들이 공동체의 일원이라는 것과 그들이 사적 토지의 소유자라는 사실은 불가분이다. 즉, 공동체를 떠나서는 개인의 사적 토지 소유가 인정되지 않는다. 도시국가라는 정치공동체를 구성하는 개개인이 시민으로서 각자 일정량의 사적 토지를 보유하는 것이다. 이들 시민의 수평적 집합체를 초월하는 권력은 존재하지 않는다.

"고대세계에서는 도시가 그 농촌 공유지와 함께 경제적으로 통합된 하나의 전체가 된다." 서양에서 인간집단은 도시에 집합적으로 거주한다. 고전고대적인(즉, 로마적인) 공동체의 경우, "도시는 농촌생활의 중심, 농촌 노동자의 거주지이며 동시에 전쟁을 준비하고 지휘하는 중심"이며, 인간들의 집합체로서의 공동체 자체가 개개인의 존재와는 구별되는, 그것의 바깥에 존재하는 것이 된다. "고전고대의 역사는 도시의 역사다."(Marx, 2005a: 200)

자유시민들의 평등한 결합체로서의 도시국가가 바로 서양 고대문명의 현실적인 기초였다. 그러나 그러한 고전고대적 공동체는 최초 동양적 공동체와의 접촉을 통해서 비로소 확립된 것이다.

헤겔에 따르면 동양에서 중국과 인도는 언제까지나 지속하는 국가인 데 비해 서아시아의 페르시아는 그렇지 않고 몰락한다. 그런데 중국이나 인도와는 달리, 페르시아 제국에서 처음으로, '자연과 대립하는 자유로운 정신의 원리', 즉 '자연을 이탈해 가는 원리'가 출현했고, 그로 말미암아 이 제국은 '자연에 매몰한 세계'보다 높은 위치에 선다.

"페르시아인이 말하는 '빛'(光)과 함께 정신의 직관이 시작되어 그 속에서 정신은 자연과 작별을 고한다. …… 그리하여 여기서 처음으로 대상세계가 자유롭게 방치되어, 민족이 예속을 벗어나 부와 국가체제와 종교를 자신들의 손으로 만들어 낼 수 있는 것이다."(Hegel, 2003a: 362) 그러나 페르시아인은 그것을 완전한 단계로 끌어올리고 또 여러 요소들을 하나의 유기적인 전체로 통합하는 일에 실패했다. 그것은 그리스인들에 의해 달성된 것이다. "페르시아인의 추상적인 원리는 개개의 대립요소를 구체적으로 통일하는 것이 아니고, 미조직인 채로 끌어모은 것뿐이라는 결함을 지닌다. 페르시아인의 빛의 직관과 함께 시리아인의 욕망과 쾌락의 생활, 돈벌이에 뛰어나고 해양의 위험을 두려워하지 않는 페니키아인의 근면과 용기, 유대교의 추상적인 순수사고, 이집트인의 내면적 충동 등이 함께 발생하여, 이들을 이념으로서 통일하는 힘이 요구되었다. 하지만 그것들은 '자유로운 개인'의 등장과 함께 비로소 통일된다. 정신이 자신의 내부로 파고 들어가 그 특수성을 극복하고 자유로워짐으로써 이들 요소도 상호 침투해 들어갈 수 있게 되는데, 이를 실행한 민족이 바로 그리스인이다." (Hegel, 2003a: 363)

2. 그리스문명의 성립

기원전 2,000년경 크레타를 중심으로 미노아문명이, 그리고 그리스 본토에는 미케네문명이 시작된다. 미케네문명은 기원전 1500년경 에게해의 지배자가 되었고 기원전 1200년에서 1100년 사이에 몰락의 길을 걷기 시작하여 도리아인들에게 정복당했다. 이후 기원전 800년경까지 그리스문명의 암흑시대가 이어진다. 크레타와 미케네는 전제적 군주국가였다. 두 나라의 전제군주는 거대한 관료계급의 도움을 받아 통치했으며 당시 서기들은 학문을 독점하면서 경제생활의 모든 면을 세세하게 문서에 기록하였다. 이런 점은 오리엔트의 정치문화와 동질적이다. 한편 이 두 문명은 최초의 유럽문명으로서 후대의 그리스문명과의 상당한 유사성도 가진다. 자유분방한 예술, 다신교적 종교, 세속적이며 생에 대한 강한 열정 등이 그것이다.

동양적 전제주의의 성격이 강한 미노아와 미케네 문명, 그리고 BC 8세기 이후의 그리스문명 사이에 단절(중세)이 존재한다는 것은 의미심장하다. 즉, 동양적 전제주의의 계승으로서 그리스문명이 서는 것이 아니라 별개의 문명으로 등장하였다는 것이다. 양자 간에 지층적 단절이 있다는 의미다. 마치 대지진이나 화산폭발로 인해 앞의 문명이 완전 파괴된 다음에 그 폐허 위에 어디선가 새로운 문명이 도래하여 성립한 것이다.

"그들은 자신의 문화를 단지 자신들 고유의 재능과 통찰에 의해 만들어 낸 것이 아니다. 그들은 고대 오리엔트의 전통 위에서 문화를 만들었으며, 그들과 이집트 및 메소포타미아와의 관계에는 불연속도 물론 있지만 많은 연속성도 존재하였다. 그럼에도 불구하고 그리스인들은 그러한 전통과의 사이에 근본적인 단절을 창출했다. 특히 세계관, 즉 물질적, 사회적, 그리고 지적 차원에서의 세계 관념에 있어서 근본적인 단절이 존재한다."(Bowen, 1972: 43)

기존 질서의 폭력적 전복을 통한 새로운 질서의 수립, 이것이 그리스 신화의 기본 구조다. 우라노스(Uranos)에서 제우스(Zeus)에 이르는 과정이 바로 그러하다. 신화, 즉 신들의 이야기라는 개념에 가장 충실한 것이 바로 그리스 신화다.

우라노스에서 제우스에 이르는 과정을 잠시 보자. 우라노스가 최초로 전 세계를 지배했다. 그는 가이아를 처로 삼아 둘 사이에 '백수거인(百手巨人)'들이 태어났다. 그들은 각자 백 개의 손과 오십 개의 머리를 가졌다. 다음으로 가이아는 퀴클롭스들을 낳았다. 그들은 각자 이마에 외눈이 달렸다. 그러나 우라노스는 그들을 묶어서 타르타로스에 던져 버렸다. 다시 그는 가이아로 하여금 티탄족이라고 불리는 아이들이 태어나게 했다. 또 티타니스로 불리는 딸들도 낳았다. 가이아는 타르타로스에 던져진 자식들의 파멸이 가슴 아픈 나머지 티탄들에게 아버지를 공격하도록 설득했다. 그리고 티탄의 막내인 크로노스에게 금강 도끼를 주었다. 그들은 아버지를 습격하여 크로노스는 아버지의 생식기를 잘라 바다에 던져 버렸다. 크로노스는 아버지의 지배권을 찬탈하고 타르타로스에 갇힌 형제들을 데려와서 권력을 나누어 주었다.

그러나 그는 다시 그들을 포박하여 타르타로스에 유폐하고, 누이의 레아를 처로 삼았다. 가이아와 우라노스가 그에게 자식들에게 지배권을 빼앗길 것이라고 예언했기 때문에, 그는 아이들이 태어나는 족족 잡아먹어 버렸다. 이에 분노한 레아는 제우스를 뱄을 때는 몰래 크레타에 가서 디크테의 동굴에서 제우스를 낳았다. 레아는 돌멩이를 기저귀에 싸서 갓 태어난 아기처럼 꾸며서 크로노스에게 삼키도록 주었다.

제우스는 성인이 되자 메티스를 처로 삼았다. 메티스는 크로노스에게 약을 먹여서 그동안 집어 삼킨 아이들을 토해내게 했다. 제우스는 그들과 함께 크로노스와 티탄들과 전쟁을 했다. 10년간의 전투 끝에 가이아는 제우스에게 타르타로스에 갇힌 자들을 우군으로 하면 승리를 얻을 것이라고 예언했다. 그는 그들을 구해 주었고, 그 보답으로 퀴클롭스들은 제우스에게 번개와 벼락을, 하데스에게는 모자를, 포세이돈에게는 삼지창을 주었다. 이 무기들로 무장한 신들은 티탄족을 정복하여 타르타로스에 가두고, 백수거인들을 간수로 삼았다. 그리고 그들은 지배권의 분할을 위해 추첨을 통해서 제우스는 하늘을, 포세이돈은 바다를, 하데스는 명부(冥府)를 지배하는 권한을 각각 나누어 가졌다.

제우스는 헤라와 결혼하여 헤베, 에이레이튜이아, 아레스를 낳았는데, 그 밖에도 많은 신과 인간의 딸들과 교제했다. 우라노스의 딸 테미스에게서 계절의 여신인 에이레네, 에우노미아, 디케를 낳았고, 또 클로트, 라케시스, 아트로포스의 운명의 여신들을 얻었고, 디오네에게서는 아프로디테를, 오케아노스의 딸 에우류노메에게서는 우아여신 아그라이에, 에우프로슈네, 다레이아를, 스튜크스에게서는 페넬로페를 …… 각각 얻었다.

제우스는 그의 접근을 피하기 위해 여러 모습으로 변신하는 메티스를 끈질기게 추적하여 다시 교제했다. 그녀가 임신하자 때를 놓치지 않고 그녀를 삼켰다. …… 해산할 때가 되자 프로메테우스가, 혹은 일설에 의하면 헤파이스토스가 제우스의 이마를 도끼로 내리치자 머리 꼭대기에서 아테나가 무장한 채로 토리톤 강변으로 뛰어내렸다(이상 Appolodoros, 1953 참조).

이것이 그리스 민족이 상상한 천지창조와 세계가 만들어지는 과정이다. 아무리 신화라고는 하지만 참으로 기묘하고 망칙스러운 이야기가 아닌가. 하지만 바로 그 점이 그리스 신화를 진정한 신화로 만드는 특성이다. 그야말로 신들의 이야기이므로, 그것은 인간의 기준 따위는 완전히 안중에도 없는 순수 초월적인 것이다.

1장에서 신화는 인류 최고(最古)의 철학이라는 이야기를 소개하였다. 유동적 지성의 출현과 함께 추상적 사고가 가능해진 현생인류가 세상 삼라만상의 무궁한 변화와 심연과도 같은 미스터리를 정합적으로 해석한 철학이 곧 신화였다. 그리고 신화는 민족의 기원과 정체성을 웅변으로 표현하는 민족적 서사이자 성전(聖典)이며, 동시에 청소년 교육을 위한 구전 텍스트이기도 했다.

따라서 그리스 민족이 수천 년간 전승해 온 그리스 신화에는 그리스 민족의 세계관이 응축되어 있는 것이다. 위에 소개한 그리스 신화의 내용을 중심으로 그리스문명의 특징을 간략히 알아보자.

앞에서도 언급했지만, 최초의 우라노스에서부터 제우스에 이르는 과정이 폭력적 전복의 과정이라는 점이 주목된다. 제우스의 아버지가 크로노스이고 크로노스의 아버지가 우라노스인데, 크로노스와 우라노스는 모두 폭군이다. 먼저 우라노스는 크로노스에 의해 타도되었고, 두 번째 폭군인 크로노스는 제우스와 그의 형제 동맹자들에 의해 타도된다. 제우스에 의해 폭군지배는 종식되고 최고 권력은 추첨에 의해 형제간에 삼등분된다. 제우스는 그중에서 가장 큰 권위를 가지지만 우라노스나 크로노스와 같은 전제 폭군은 아니다.

우라노스와 크로노스가 동양형의 전제군주라면, 제우스는 그와는 다른 권력을 상징한다. 제우스는 우선 동맹자들의 협력을 얻어 전제군주를 타도하였다. 그러고 나서 얻은 권력을 주요한 동맹자들과 나누었다. 그것도 추첨을 통해서! 제우스가 하늘을 지배하면서 가장 큰 권위를 가지게 된 것도 추첨에 의해서다. 그 결과, 제우스가 표상하는 권력은 동양적 전제군주의 그것과는 이질적이다. 그것은 수직적이지 않고 수평적이며, 전제적이지 않고 계약적이다.

역사학자 뒤메질(Dumézil)에 따르면, 정치적인 지고권력(至高權力)에는 두 극(極)이 있다. "포획, 노끈, 결박, 그물을 조종하는 마술사로서의 무서운 황제라는 극과 조약, 협정, 계약이라는 절차를 이행하는 법률가, 사제로서의 왕이라는 극이다." (Deleuze & Guattari, 1994: 481) 황제가 더 폭악하고 왕이 더 평화적이라는 의미는 아니며, 폭력은 도처에 만연한다. 다만 각자가 속하는 체제나 경제가 다른 것이다.

실제로 그리스 민족의 국가는 어떤 모습을 하고 있었던가. 그것은 동양의 전제국가와 어떻게 다른가?

잘 알려진 것처럼, 그리스의 국가는 폴리스(polis)다. 기원전 10세기에서 8세기에 걸쳐 초기의 왕정이 귀족정으로 바뀌는 동안 분산 거주하던 여러 씨족들의 집주에 의해 성립하였다. 아테네, 스파르타, 테베, 코린토, 델피, 이오니아 등이 대표적인 폴리스이며 그리스 본토에만 150개를 헤아렸으며 해외 식민지까지 포함하면 그 수는 1,000개나 되었다. 인구 규모는 아테네를 제외하면 수천 내지 수만 명 정도다. 성벽을 둘러친 도시부와 주변의 전원부로 이루어지며, 방위와 신앙의 중심인 언덕(아크로폴리스)과 시민 회합의 광장(아고라)이 있었다. 폴리스들의 정치적 통합은 없는 대신 올림포스 12신, 올림피아 경기, 델포이의 신탁, 그리스어, 호메로스의 서사시 등의 공유를 통해서 그리스 민족으로서의 일체감을 가졌다.

폴리스의 정치 구조는 매우 독특하다. 그것은 일반적 의미에서의 국가라기보다는 일종의 '회원제 클럽'과도 같았다. 정치적인 공동체이기는 하나 전문적인, 즉 관료제화한 국가권력 기구를 가지지 않으며, 공적 업무들이 원칙적으로 자유시민의 직접 참여에 의해 결정되고 또 집행된다.[1)]

폴리스의 시민권자는 데모스(demos)로 불렸으며, 주권은 데모스의 공동체에 귀속되었다. 자유시민의 집회인 민회(ekklesia)가 최고 국가기관이었다. 그리고 평화 시에는 민회의 대부분의 권한이 평의회(boule)와 그 하부기관들에 이양되었다. 중요한 사안은 평의회의 심의를 거쳐 민회에서 최종 결정되었다. 그리고 아테네에서는 민회 자체가 집행기구로서 기능하는 경우도 있었다.[2)]

이와 같이 폴리스에서는 공적인 여러 일들이 자유 시민들의 직접 참여하에 논의되고 또 집행되기 때문에 정치생활 자체가 공동체 생활에서 차지하는 비중이 매우 크며 또 역동적이다. 그래서 그리스인들은 초기부터 자신들의 사회적 및 정치적 제도들의 교육적 의의를 중시하였다. "고대 오리엔트에서는 학교교육이 대부분 (일상적인) 정치생활과 무관하였음에 반해, 그리스 국가들에서는 교육이 일상적인 일들과 긴밀히 연결되어 있었으며 각 폴리스의 특정한 사회 · 정치 구조가 아이들의 교육의 성격을 좌우했다." (Bowen, 1972: 50)

고대세계에서 그리스인만큼 자유를 위해 헌신적이었던, 그리고 인간 업적의 고귀함에 대한 믿음을 그토록 굳건히 지켰던 민족은 없었다. 그리스인은 우주 만물 중에서 가장 중요한 존재로서 인간을 찬양했으며, 사제나

1) …… 폴리스는 전체적으로 볼 때 무국가적 정치공동체로 분류할 수 있다. …… 시민들이 폴리스였다. 거기에는 '우리' 즉 보통의 시민들과 '그들' 즉 정부 또는 관료조직체 사이에 어떠한 구분이나 적대도 없었다. …… 폴리스는 명확한 특권과 의무를 지니는 성인 남성 시민들의 강한 공동체였다(Rowe & Schofield, 2000: 17).

2) 아테네에서는 파르테논 신전의 건축과 같은 대규모 공공사업도 민주적 절차에 따라 집행되었다. 평의회가 기본 계획안을 민회에 제출하면, 민회는 그를 심의하여 설계자를 선임하고 설계안을 작성토록 평의회에 명령한다. 평의회의 설계안이 최종적으로 민회에서 승인되면 건축계획이 확정된다. 건축계획의 집행단계에서도 민회는 건축감독관을 선출하여 건축 집행과정을 감시 · 감독한다. 실제 공사는 건축청부업자가 맡아서 시공하게 되며, 공사 전 과정의 회계보고서가 작성되어 마지막에 민중재판소에 제출되어 엄격한 심사를 받게 된다(橋場, 1997: 59 참조). 이를 동양의 수력사회에서의 대규모 공공사업의 집행방식과 비교해 보면 그 차이가 얼마나 큰지 알 수 있을 것이다.

> 전제군주의 명령에 복종하기를 거부했고, 심지어 자신들이 믿는 신 앞에 굴복하는 것마저도 거부했다. 그들의 태도는 본질적으로 세속적이고 합리적이었다. 그들은 자유로운 탐구의 정신을 찬양했으며, 지식을 신앙보다 우월하게 여겼다. 대체로 이러한 이유들로 인해 그들의 문화는 고대세계가 도달했던 최고의 단계로까지 진보했다(Burns, Lerner, & Meacham, 1994: 129-130).

그리스 역사는 대략 다음과 같다. 미케네문명에 이은 암흑시대가 기원전 1100년부터 기원전 800년경까지 이어지고 이 무렵부터 아테네와 스파르타와 같은 도시국가가 각지에 출현하였다. 정치제도는 초기의 왕정에 이어 과두정, 참주정, 그리고 기원전 6세기와 5세기에 민주정이 수립되고 또 금권정치도 일부 행해졌다. 페르시아 전쟁(BC 499~449)에서의 아테네를 중심으로 하는 그리스의 승리 이후 아테네의 황금시대가 펼쳐지고, 페리클레스(Perikles, BC 495?~429) 시대에 민주주의의 완성기를 맞이하게 된다.

그러나 아테네 중심의 델로스동맹 체제는 그리스 도시국가들 간의 갈등을 초래하게 되고, 펠로폰네소스 전쟁(BC 431~404)에서의 스파르타에 의한 아테네의 패배 이후 그리스는 쇠퇴하기 시작하여 마케도니아의 대정복활동(BC 336~323)과 함께 몰락하게 된다. 그러나 몰락은 어디까지나 정치적인 몰락에 지나지 않으며, 문화적으로는 오히려 알렉산더의 정복활동의 결과 그리스문명이 지중해를 넘어서 더 넓은 지역으로 전파되고 확대되었다.

3. 그리스의 교육

1) 그리스의 교사 호메로스

그리스의 교육은 호메로스(Homeros)와 더불어 시작한다. 호메로스는 기원전 9세기 무렵 소아시아에서 태어난 고대 그리스 최고의 서사시인으로, 그리스 최대의 서사시인 『일리아스(*Ilias*)』와 『오디세이아(*Odysseia*)』의 작자로 알려진 인물이다. 『일리아스』는 트로이 전쟁 10년째의 어느 49일간 영웅 아킬레우스의 트로이 공략을 노래한 것이고, 『오디세이아』는 트로이 전쟁에서 개선하는 도중 오디세우스가 겪은 10년간의 표박과 모험을 노래한 것이다. 전자는 24권 1만 5,693행, 후자는 24권 1만 2,110행의 대장편 서사시다. 장님인 호메로스는 이들 대서사시를 한 행도 틀리지 않고 정확하게 리라 반주에 맞추어 노래하며, 죽음을 두려워하지 않지만 어디까지나 지상의 삶을 무한히 사랑하는 영웅들의 비범한 용맹과 높은 이상을 칭송했다.

호메로스에 의해 표상된 것은 귀족주의적 기사도의 인간상이었다. 그것은 인간 중에서 최상의 인간이 되는 일, 현재의 자기보다 더 높고 귀중한 그 무엇인가를 위해 과감하게 몸을 바치는 것을 의미했다. 자신의 모든 것을 바쳐서 추구하는 가장 이상적인 가치는 아레테(arete)라는 말로 표현되었다. 아레테는 영웅 아킬레우스를 움직이는 가장 근원적인 동기며, 또 그를 영웅으로 만드는 것이다. 늘 용맹스럽게 싸워서 다른 어떤 자보다도 월등하게 뛰어난 자가 되는 것의 유일한 목표를 위해 전신전령(全身全靈)을 다 쏟는 아킬레우스.

이것은 '인생에서의 경기의 이념'과 통한다. "자신이 속하는 세계에서 수위, 걸출, 우월이 자각되고 확인되지 않는 한 진정한 행복은 없다." "사람들의 이목을 빼는 일, 수위를 점하는 일, 승자, 우위에 서는 일, 경쟁에서 뛰어나게 잘하는 일, 심판 앞에서 라이벌을 제압하는 일, 공적을 쌓는 일, 그리고 자신을 사람들 중에서 일류의 위치에 놓는 일이야말로 사람이 살고 또 사람이 죽는 까닭인 것이다." (Marrou, 1985: 22-23)

호메로스 시대의 그리스인의 교육은 이들 대서사시를 전부 암송하면서 영웅들의 용기와 이상을 체득하는 일이었다. 호메로스의 서사시는 이후 그리스 교육의 모든 시기를 통틀어 문학적 영역에서의 기본적인 교과서이자 학습의 중심이 되었다. 또한 호메로스의 저작은 전장의 알렉산더가 그랬던 것처럼 그리스의 교양인이라면 누구나 자신의 베갯머리에 놓아두는 것이기도 했다.

2) 스파르타의 교육

스파르타는 아테네보다 앞서 기원전 8~6세기에 그리스 전토에서 가장 강력한 국가로 성장했다. 기원전 5세기에 아테네에 그 자리를 물려줄 때까지 스파르타는 그리스문명의 중심지였다.

스파르타의 특징은 군사적 정복활동을 통해 국력을 강화시켰다는 사실이다. 그 결과 인구 구성에 있어 피정복민의 비율이 다른 폴리스에 비해 압도적으로 높았다. 전 인구의 50% 이상이 피정복민 출신의 헤일로타이(heilotai), 즉 노예들이고 자유를 누리는 스파르타 시민은 상대적으로 소수에 불과했기 때문에 지배층은 늘 노예계층의 반란을 두려워하고 그에 대비하여 엄격한 전체주의적 질서를 유지했다.

스파르타의 시민계급에서 태어난 사람들은 인생의 대부분을 '고귀한 노예'로 보내야 했다. 가혹한 훈련을 감수해야 했고 개인 사생활은 희생되었다. 신생아는 신체검사 후 허약아 · 결함아는 버려졌다. "스파르타에는 그야말로 우생정책이라고 부를 만한 것이 있어서, 아이는 태어나자마자 레스케에서 장로들에 의해 신체검사를 받아야 했다. …… 허약하고 못생긴 아이는 아포테타이라는 폐기장에 갖다 버리도록 선고되었다." (Marrou, 1985: 31)

남성의 교육은 거의 전부가 엄격한 군사훈련이었다. 7세가 되면 가정에서 격리되어 같은 또래의 아이들과 함께 사실상 군대 병영이라고 해야 좋을 공동 훈련소에서 집단생활을 하면서 18세가 될 때까지 여러 단계의 교육을 받는다. 그 교육은 단계가 높아짐에 따라 점점 더 강도가 높아지는데, 수영과 사냥을 포함하여 강인한 체력을 기르고 군인으로서의 생존 능력과 전투기술을 연마하기 위한 훈련을 받는다.

18세가 되면 에페보스(ephebos)가 되어 각지에 파견되어서 비밀경찰이나 군인으로 복무하게 된다. 20세가 되면 에페보스를 끝내고 성인으로서의 자격을 얻지만, 시민으로서의 완전한 권리는 30세가 되어야 인정된다. 그러나 유능한 군인이 되기 위한 신체단련과 훈련은 60세가 될 때까지 계속된다. 결혼도 거의 강제적이었으며 30세 이후에도 식사는 병영에서 해야 했다. 성인이 된 후에도 하루의 대부분을 체조장('김나시온')이나 집회소('레스케')에서 보냈으며, 자신의 심신의 연마와 함께 후진 지도를 행했다. 기원전 7~6세기 올림픽 경기의 우승자로는 스파르타인들이 압도적으로 많았다(長尾, 1991: 9).

교육의 목적이 유능한 군인의 양성에 있었기 때문에 신체적 훈련에 비해 문자학습과 문학 및 예술이 교육에서 경시되었다. 그에 비해 노래와 춤은 중시되었고 실제적인 면에서 재치 있고 유능한 인간으로 육성되었다. 국가는 건강한 남녀가 결합하여 강건한 아이를 많이 낳기를 바랐다. 그 목적을 위해 부부간의 정절이 무시되는 일도 종종 있었다. 아이들은 모두 국가의 아이로 간주되었다.

스파르타는 여성교육에 적극적이었다. 여자 아이들은 남자 아이들과 거의 다름없이 그들의 전용 운동장에서 남자 아이들이 하는 것과 거의 똑같이 신체단련, 노래하고 춤추는 법을 배웠다. 남자 아이들이 집에서 떨어져

공동의 숙사에서 공동생활을 하는 것을 제외하면 성에 따른 교육의 차이는 사실상 없었다. 당시 그리스에서 스파르타의 남성이 군인과 경기인으로서 명성을 떨쳤던 것처럼, 스파르타의 여성은 강한 어머니로서 유명했다.

> 스파르타의 여성은 파시즘 사회의 여성과 마찬가지로 무엇보다도 원기 있는 아이를 낳는 어머니로서의 임무를 부여받았다. 여성의 교육은 그러한 우생학적 관념에 종속되었다. 사람들은 여자 아이들의 신체를 단련하여 여자들이 축제나 의식에 알몸으로 나타나도록 강제함으로써 '여성다운 섬세함이나 우아함의 그 모든 것을 없애려고' 했다. 그 목적은 단지 스파르타의 처녀들을 가장 잘 민족의 이익에 따르도록 하기 위해 복잡한 감정을 제거하여 남성에 뒤지지 않는 여장부로 만드는 것에 있었다 (Marrou, 1985: 36).

스파르타의 교육은 전형적인 국가주의 교육이다. 철저하게 국가를 위한 병사, 국가를 위한 인간의 양성을 목적으로 했으며 무엇보다도 신체적 강인함과 군사적 기술의 연마를 추구했다. 이러한 스파르타의 교육은 당시 다른 폴리스의 교육과는 구별되는 것이었지만 완전히 이질적인 것은 아니었다.

스파르타는 초기 그리스시대에 최강자였으며, 아테네가 패권을 장악한 이후에도 늘 가장 큰 라이벌로 군림했다. 그러나 스파르타는 경탄과 호기심의 대상은 될지언정 모범은 되지 못했다. 스파르타가 그리스인들에게 특이한 것으로 받아들여진 것은 "그것이 폴리스의 국제(國制)로부터 벗어났기 때문이 아니라 오히려 폴리스 사회의 원리를 극한 상황에까지 실현했기 때문이다."(太田, 1970: 81) 즉, 폴리스 공동체의 기본 원리를 그 극단까지 실현한 것이 스파르타였다.

이와 같이 스파르타가 여타의 폴리스들과 달리 고도의 전체주의적 국가

체제를 추구하게 된 데는, 앞서 언급한 것처럼 '압도적 다수의 종속민'이라는 인구 구성상의 특성이 중요한 요인으로 작용하였다. 그리스의 일반적인 "폴리스의 공동체적 성격이 중소농민을 중핵으로 하는 시민단(市民團)이었음에 비해, 스파르타는 예외적으로 일체의 생산노동에서 해방되어 정치와 군사에 전념하는 전사단(戰士團)이었다." (Marrou, 1985: 85)

3) 아테네의 교육

스파르타뿐만 아니라 대부분의 폴리스가 기원전 7세기경까지는 강한 군사적 성격을 지녔다. 스파르타에서 보는 것과 같은 공동체에 대한 개인의 완전한 헌신은 예외적인 것이 아니었다. 호메로스의 대서사시가 한결같이 칭송한 것이 바로 용맹스러운 전사였던 것이다.

그러한 폴리스 일반의 군사적 · 전사단적 성격으로부터 이탈하여 가장 먼저 시민적, 문치 사회로 변모해 간 것이 아테네였다. 아테네에서는 "종전의 전사의 교양에서 문인(서기)의 교양으로의 전반적인 변모의 과정이 진행되었다. …… 그리스 교육이 본질적으로 군사적인 것을 멈춘 것은 6세기 중엽의 어느 시기에 아테네에서였다." (Marrou, 1985: 50)

그 후에도 여전히 군사적인 요소가 교육에서 완전히 소멸한 것은 아니지만, 전체적인 경향은 문치적인 것으로 변했다. 기원전 5세기 전반기에 이르면, "시민을 직접 미래의 전투원으로서 준비시킨다는 배려가 더 이상 청소년의 교육에서 중요한 역할을 하지 않게 되었다." (Marrou, 1985: 51) 그리하여 아테네는 고전기 그리스 전체의 모델 내지 창도자의 역할을 맡게 된다.

그리스에서 처음 학교가 출현한 것도 아테네에서가 아닌가 생각된다. 서양문명의 원천인 그리스에서 처음 출현한 학교는 어떤 모습을 하고 있었던가? 우리는 이전에 메소포타미아에서 발굴된 세계 최고(最古)의 마리 궁전

학교를 보았다. 약 4,000년 전의 오리엔트의 학교의 모습을 생생히 기억한다. 그리고 중국의 은과 주에 있었던 학교(學校)의 성격도 이해하고 있다. 그러한 동양의 초창기 학교와 그리스의 학교는 어떻게 같고 또 다를까?

아테네에 처음 출현한 학교는 체육학교와 음악학교였다. 음악학교의 경우는 언제부터 나타났는지 알 길이 없지만, 마루(Marrou, 1985: 55)에 따르면 체육학교는 기원전 7세기 말경에는 이미 존재하고 있었다. 본래 아테네에서 교육은 오래전부터 가정교육 혹은 개인 간의 사적 교육의 형태로 이루어져 왔다.[3)]

구교육 시대에 아테네의 아이들은 날씨가 좋고 궂음에 관계없이 아침마다 '선생이 있는 곳'으로 통학하였다. 그 선생은 '파이도트리베스(paidotribes, 아이들의 트레이너)'로, 팔라이스트라(palaestra)에서 아이들에게 경주, 원반던지기, 창던지기, 넓이뛰기, 레슬링, 그리고 복싱을 가르쳤다. 팔라이스트라, 즉 체육장이 아테네 최초의 학교였다. 그리고 아이들은 다시 음악선생이 있는 곳에 가서 성악과 기악을 포함한 음악(무시케)을 배웠다. '키타리스테스(kitharistes)', 즉 음악선생은 리라와 키타라라는 현악기 전문가였다. 리라, 가벼운 댄스, 그리고 노래가 아이들이 음악선생에게서 배우는 것이었다.

체육교육을 통한 신체의 완성, 그리고 음악교육을 통한 정신의 도야는 초기 아테네 학교교육의 이상이었다. 그리스인들에게 신체적 도야는 처음에는 분명히 군사적 목적과 관련되어 있었겠지만, 그러한 필요성이 명백히 줄어든 다음에도 신체의 도야는 그리스 교육의 중요한 목적으로 존속했다.

---

3) 기원전 8세기 이전의 이른바 '중세'기의 전사 중심의 그리스 사회에는 전사의 우애라는 형식으로 소년애(pederasty)가 유행했다. 전사단이라는 남성 중심적 단체에서 연장자와 연소자 간에 친밀한 인간관계가 맺어지면서 그에 기초한 순수하게 개인적 차원의 사적 교육이 행해졌다. 남성 중심적 그리스 사회의 남성애에 대항하듯이, 여성의 경우도 레스보스의 사포의 예처럼 동성 간의 친밀함에 기초한 공동생활과 여성의 교육이 행해진 사례가 있다(Marrou, 1985: 39-49 참조).

자신의 몸을 하나의 예술작품처럼, 조형미술품처럼 끊임없이 단련하고 가꾸는 것이 그리스인들의 본능적인 취향이었다.

또 음악을 통한 인간 형성은 도덕적인 의미를 지녔다. 그리스에서 교양은 곧 음악적 소양이 있는 것과 동의어였다. 플라톤은 잘라 말했다. "(가수 겸 무용수로서) 코러스의 일원이 될 수 없는 자는 진정한 의미에서의 교양 있는 자가 아니다." (Marrou, 1985: 56)

체육과 음악의 교육이 전용 시설에서 이루어진 것에 비해, 지적이고 문학적인 교육은 아직 그러한 수준에 있지 않았다. 그것은 성인 남자들의 사교적 모임을 통해서 이루어졌다. 당시 문학적인 교양생활의 중심은 남성들의 집회, 즉 저녁 식사 후의 '잡담'(레스케)이나 '향연'(심포시온)과 같은 주연(酒宴)이었다. 그러한 곳에서는 참가자들이 명확한 규칙과 엄격한 에티켓에 따라 순번을 정해 노래, 악기 연주, 그리고 댄스를 피로해야 했다. "따라서 장래 향연에서 훌륭하게 그 역을 다하고 교양인으로 인정받기 원하는 한, 젊은이는 호메로스에 어느 정도 숙달함과 동시에 서사시의 한 대목(레퍼토리)을 완전히 암송하고 있지 않으면 안 된다." (Marrou, 1985: 57)

문자의 교육은, 일상적으로 정착하게 되는 것은 고전기 이후의 일이며 이 시기에는 아직 부수적인 위치에 머물러 있다. 즉, 고전기에 오면 읽기 · 쓰기 · 셈하기를 가르치는 학교가 뿌리를 내리고, 체육교사와 음악교사 외에 문자교사(grammatistes)가 출현하며, 점차 이 문자교사가 교사를 대표하는 존재가 된다.

이상과 같은 교육은 대개 14세 무렵까지 계속된다. 그 후는 성인용 체조장(김나시온)에서 2년 정도 체육교사로부터 보다 높은 정도의 체육과 신체 단련 훈련을 받는다. 그런 다음에는 공공집회의 참석과 극장 및 법정에의 출입이 자연스럽게 이루어지며, 그를 통하여 폴리스의 공공활동에 관한 자연스러운 학습이 행해진다.

18세가 되면 자유시민 계층의 청년은 시의 명부에 등재되고 에페보스가 된다. 아테네 신전에서 거행되는 입단식에서 에페보스 선서[4)]를 하고 나서 1년간은 병영에서 군사훈련과 운동경기를 연마한다. 훈련과정이 끝나면 폴리스로부터 무기를 지급받고 1년 동안 순찰대원으로 복무하게 된다. 에페보스 훈련을 마치고 20세가 되면 시민으로서의 완전한 권리를 인정받는다.

기원전 5세기 후반기에 이르러 아테네 교육은 질적 변모를 겪게 된다(이른바 '신교육'). 교육이 보다 자유로워지고 또 종래의 신체단련 훈련 외에 특별한 교육과정이 없었던 청년기의 교육상에 큰 변화가 생긴다. 이러한 교육상의 변화는 아테네의 정치적 세력 확장 그리고 경제적 번영을 배경으로 하였다.

최고 지도자 페리클레스(BC 490?~429)와 더불어 개화한 아테네 민주정에서는 정치지도자들이 민회의 감독과 통제를 받았으며 재판제도도 시민법정을 중심으로 움직였다. 매년 초에 6,000명의 시민이 추첨으로 배심원으로 선출되고 이 명단에 따라 최소 201명에서 최대 1,001명에 이르는 다양한 규모의 배심원단이 구성되어 재판을 맡았다. 배심원이 곧 재판관이었으며 상소는 인정되지 않았다(Burns et al., 1994: 143).

아테네의 민주정치 참여는 시민계급의 남성에게 제한되었으며 근대 민주주의에 비해 한계를 가진다. 그러나 그 한계 안에서는 근대 민주주의보다 더 철저했다. 10인의 군사위원을 제외한 거의 모든 행정관을 추첨으로 선발하고 모든 공직의 임기를 1년으로 제한했다는 것은 시민의 정치 역량에 대한 아테네인들의 확고한 믿음을 반영한다. 아테네인들은 소수 명망가

4) "나는 나의 신성한 무기를 더럽히지 않으며 대열에 있는 내 동료를 저버리지 않는다. 나는 단독으로든 동료들과 함께든 신전과 공공재산을 지키기 위하여 싸운다. 나는 나의 조국이 내가 처음 알았을 때보다 더 작은 나라가 아닌, 더 크고 훌륭한 나라가 되는 것을 보고 죽는다. 나는 나의 상관에게 복종하며 현재 있는 것이든 장차 제정될 것이든 간에 모든 법령을 준수한다. 누구든지 법령을 뒤엎거나 어기려고 하는 자가 있으면 나는 단독으로든 동료들과 함께든 그 법령을 수호하기 위하여 끝까지 항쟁한다. 나는 신전과 우리 조상의 종교를 명예롭게 한다. 아글라우로스, 에니알리오스, 아레스, 제우스, 탈로스, 아욱소스, 헤게모네, 여러 신들이여 나를 도와주소서!" (Boyd, 1994: 31)

에 의한 지배에는 관심이 없었고, 모든 공공문제에 대한 전체 시민의 발언권을 보장하는 것이었다(Burns et al., 1994: 144).

자유시민의 총회인 민회는 아테네의 최고 권력기구였는데 매달 4회(연간 40회) 개최될 정도로 빈번하게 소집되어 폴리스의 정치적 문제들이 토론에 부쳐지고 또 의결되었다. 또한 민회는 추첨 또는 선출에 의해 공직을 담당하게 된 자들을 엄격하게 감독하고 또 철저하게 추궁했다. 공직자의 선출 과정에서부터 공직 수행기간 중의 엄격한 감시와 감독, 그리고 임기 만료 후의 철저한 집무심사(에우테유나)는 현대의 가장 선진적인 민주국가로서도 실행하기 어려울 정도의 수준이었다(橋場, 1997).

시민법정제도도 아테네 민주정치의 기둥이었다. 아테네에서는 시민이라면 누구나 아테네 시민단의 이해관계를 해치는 범죄 행위를 고발하고 또 법정에서 소추할 권리를 가졌다. 이른바 시민소추주의다. 예컨대, 일반 시민은 정부 고관의 부정 행위를 몇 번이라도 법정에 고발하고 탄핵할 수 있는 기회가 보장되어 있었다. "법정에서는 고발을 행한 시민이 스스로 법정에 서서 검사의 역할을 수행했다. 검찰관에 해당하는 사법 관료가 원칙적으로 존재하지 않는다. 마찬가지로 피고의 변호인은 원칙적으로 친구나 친척에 한정되었다. 금전을 목적으로 하는 오늘날의 변호사와 같은 일을 하는 것은 일종의 수뢰 행위로 간주되었다. …… 단, 당사자가 법정 변론의 대필을 그 전문가에 의뢰하는 것은 보통으로 행해졌다." (橋場, 1997: 108)

이와 같이 페르시아 전쟁에서 승리한 후 아테네에서 직접민주정치가 개화하고, 대부분의 공적인 일들이 공공집회나 법정에서 말(변설, speech)을 통해서 토론되고 또 결정되는 정치문화가 지배적이 되었다. 동료 시민들 앞에서 남보다 말을 뛰어나게 잘하고 유창한 언변을 펼치는 것은 정치적인 출세의 중요한 도구인 동시에 법정에서는 자신의 귀중한 재산과 생명을 지키는 수단이기도 했다. '말의 시대'가 활짝 열린 것이다.

또한 페르시아 전쟁(BC 499~449)을 성공적으로 지도한 아테네는 델로스 동맹의 패자로서 지중해 전역을 지배하는 해상제국으로 성장하면서 경제적으로도 절정기를 맞이했다.

기원전 5세기 후반 아테네 교육의 변화는 그러한 사회적 변화를 배경으로 한다. 종전의 음악교육에서는 통합되어 있던 문자교육이 이제 독립되어 음악교사(키타리스테스) 외에 문자교사(그라마티스테스)가 나타났다. 또 음악과 가사가 분리되었는데, 이는 수금 외에 플루트와 같은 악기가 기악에 도입된 것과도 연관된다. 이와 같은 기초교육 단계의 변화 외에, 십대 후반의 청년을 위한 상급의 교육과정이 분화되고 체계화된 것이 중요한 변화였다.

먼저 아테네의 민주적 공공생활에 성공적으로 참여할 수 있도록 하는 교육으로서, 유능한 대중연설의 능력의 함양을 목적으로 하는 수사학과 변론술의 교육과정이 체계화되었다. 한편 실용적인 동기와는 무관하게 학문을 그 자체로서 추구하는 학교도 생겨났는데, 여기서는 수학과 철학이 중심교과였다.

이러한 새로운 유형의 교육과 불가분의 관련성을 가지는 직업적 교사집단이 소피스트(sophistes, 知者)라고 불린 혁신적인 그룹이었다. 이 새로운 집단은 '정치적 인간'의 육성이라는 아테네의 새로운 교육적 요구에 부응하여 출현하였다. "그리스 도시의 대부분, 특히 민주정의 아테네에서는 활발한 정치생활이 전개되면서 권력의 행사나 사건의 처리가 본질적인 일, 그리스인에게는 가장 높이 평가되는 활동, 그리고 그들 야심의 최고의 대상이 되었다. 그리스인들에게는 언제나 이기는 것, 우월하고 유능한 것이 중요하였는데, 그 가치인 '탁월성(arete)'이 발휘되는 것은 더 이상 스포츠의 세계도 우아한 생활도 아니고, 이제 정치적 행위 속에서 구현되기에 이르렀다."(Marrou, 1985: 63) 이러한 정치적 탁월성이라는 새로운 교육이념에 충실하고 또 아테네 시민을 정치가로서, 미래의 아테네의 지도자로서의 인격을 기르고자 한 것이 소피스트들의 교육 프로그램이었다.

소피스트의 출현은 역사상 최초의 직업적 교사집단의 등장이라는 점에서 획기적이다. 그들은 교육을 직업으로 영위하였고, 또 그에 대한 명확한 자각을 가지고 있었다. 그런 의미에서 소피스트들은 교육사에 가장 어울리는 인간들이다. 그들의 공통점은 특정한 사상에 있는 것이 아니라 교수라는 직업 자체에 있었다. 소크라테스와 그 제자들이 교육을 직업으로 삼은 소피스트들을 맹비난한 탓에 소피스트라면 대체로 부정적인 이미지가 강하지만, 교수 행위를 하나의 전문직으로 확립하였고 또 상업적 성공을 통해서 자신들의 교육활동의 사회적 효용을 당당하게 증명하려고 노력했다는 점에서 긍정적인 평가를 받을 수 있다.[5)]

그들은 자신의 지식에 대하여 고액을 지불할 '고객'을 찾아서 거리에서 거리로 돌아다녔고 적극적으로 선전활동을 펼쳤다. 이러한 지식의 상품화, 교육의 상업화를 최초로 펼친 인물이 프로타고라스(Protagoras, BC 485?~410)다.

거리에서 거리로 배회하면서 새로운 '고객'을 찾는 소피스트들 뒤에는 이미 입문한 자들이 졸졸 따라다녔다. 자신의 실력을 증명하기 위해 그들은 적극적으로 즉석 프레젠테이션인 '거리 공연'을 했다. 공연 장소는 늘 다니는 거리이기도 했고, 올림피아와 같은 범그리스적 축전이 열리는 장소이기도 했다. '공연'은 사전 준비된 강연일 수도 있고 즉석에서 제안된 주제에 관한 즉흥연설일 수도 있다. 혹은 청중의 흥미에 맞는 어떠한 주제에 관해서도 연설을 하였다. 그리하여 소피스트는 "고대 이래 놀랄 만한 장래를 약속받게 되는 강연(컨퍼런스)이라는 문학 장르를 창시하게 되었다." (Marrou, 1985: 66)

---

5) 대부분의 소피스트는 별도의 학교를 설립하지 않은 채 '집단적 가정교사' 방식으로 가르쳤으며 3~4년 걸리는 교육과정의 학비는 일괄 선불제였다. 예컨대, 프로타고라스는 1만 드라크마(당시 숙련공의 일당은 1드라크마)를 요구했으며, 이것이 오랫동안 하나의 표준액이 되었다. 4세기에 접어들면서부터 학비는 싸져서 이소크라테스가 요구한 사례금은 1,000드라크마였다(Marrou, 1985: 66).

소피스트의 교육은 이론적인 것이 아니라 어디까지나 실용적인 것이었다. 그것은 앞서 언급한 것처럼 '정치의 기술'을 목적으로 하였다. 이오니아의 자연철학자들과 같이 세계의 본성이나 신의 본성을 추구하는 일에는 무관심하였다. 프로타고라스에 따르면, "그런 것이 있는지 없는지 난 모른다. 문제는 애매하고 인생은 너무 짧다." 중요한 것은 사는 것이고 인생, 특히 정치의 세계에서는 진리를 소유하는 것보다는 '지금-여기' 있는 대중들로부터 인정받는 일이 더 중요한 것이다. "인간은 만물의 척도다."

소피스트들의 교육의 핵심 내용(교과)은 변증법과 수사학이었다. 전자는 어떠한 상대라도 말로서 제압할 수 있는 논쟁술이다. 상대의 주장을 논박하고 대신 자신의 주장을 관철시키는 언어의 기술이다. 후자는 설득술과 화술의 함양을 목표로 하였다. 어느 소피스트는 "달변의 변론가는 마치 왕과도 같이 자신의 마음에 들지 않는 자에게 사형을 선고할 수도 있고 그의 재산을 몰수할 수도 있으며 추방할 수도 있다."라고 말했다(Marrou, 1985: 69).

어떠한 주제에 관해서도 유창하게 일장 연설을 할 수 있고 또 누구와 맞붙어도 지지 않기 위해서는 박학다식이 필요하다. 일류의 소피스트가 되기 위해서는 인문, 사회, 그리고 자연과학에 정통하지 않으면 안 된다. 유명한 소피스트인 힙피아스(Hippias)는 네 학문, 즉 중세의 4과(quadrivium)에 해당하는 산수, 기하, 천문, 음악을 확실히 배울 것을 자신의 학생들에게 요구했다(Marrou, 1985: 73). 그 결과 지리학, 고고학, 역사학, 그리고 문학 분야의 여러 지식이 개발되었다. 문학교육의 한 축에 해당하는 문법학은 소피스트에 의해 그 기초가 마련되었다.

소피스트 교육의 실용주의는 과도한 전문성에 대한 경계와 의구심을 뜻한다는 점에서 그리스 정신과 일맥상통하였다. 즉, 아이든 어른이든 '테크니션이 되기 위해서가 아니라 스스로를 교육하기 위해서' 배운다는 그리스 정신은 곧 휴머니즘의 정신이기도 하다. "철학하는 것은 좋은 일이다. 그러나 그것은 어느 범위 내의 일, 그것이 정신의 형성, 좋은 교육에 보탬이 되

는 한도 안에서만 그러하다." (Gorgias)

소피스트에 대한 평가는 당시나 후세나 극단적으로 갈렸지만, 소피스트들의 활약과 함께 그리스 교육이 크게 전환했다는 사실, 즉 그 '기사도적 전통'으로부터 이탈했다는 것을 의미했다. 이후로 그리스 교육에서는 종전 스포츠가 차지했던 위치를 지적 교육이 차지하게 되었다. 또 그것은 규율을 중시하는 집단주의적 교육에서 자유분방한 개인주의적 교육으로의 이행이기도 했다. "(소피스트와 더불어) 현존 질서에 맞추어 행동하는 대신 자신의 내면에 확신을 가지게 되며, 그리하여 주관적으로 자립한 자유가 시작된다. 개인은 현존 체제에 거역하여 일체를 양심에 따라서 결정하는 것이 가능해진다. 각자가 자신의 원리를 가지고, 자신이 원리로서 택한 것이야말로 최선의 원리며 실행에 옮기지 않으면 안 된다고 확신하는 것이다." (Hegel, 2003b: 54-55)

소피스트의 실용주의와 인간중심주의(휴머니즘)에 대하여, 아테네 출신의 애지자(愛知者) 소크라테스(Socrates, BC 470~399)는 명확하게 반대했다. 소크라테스는 실용적 지식이 아닌 절대적 진리, 현실의 인간이 아닌 본연의 인간이 교육이 추구하는 진정한 목표라고 믿었다. 참된 지(知, sophia)는 일체의 실제적 효용과는 무관한, 그 자체로서 선하고 아름다운 것이라고 보았다. 시시각각으로 변화하는 현상의 세계가 아니라 그 너머에 있는 본질의 세계를 중시하였다는 점에서, 소크라테스는 이오니아의 철학자의 계보에 속한다. 단, 소크라테스는 철학의 대상을 자연에서 인간으로 옮겨 놓았다는 점에서 그들과 구분된다.

소크라테스는 자연이 아닌 인간을 성찰의 대상으로 삼았다는 점에서는 소피스트들과, 그리고 일상과 현상의 세계가 아닌 본질과 초월의 세계를 인식하려고 했다는 점에서는 기원전 6세기의 자연철학자들과 각각 닮았다. 그러나 그는 스스로를 지자(소피스트)가 아닌 애지자(필로소퍼)라고 생각했다.

이전에 많은 철학자들이 이미 있었지만, 소크라테스는 아주 다른 타입의 철학자였다. 달라도 보통 다른 것이 아니라 무척 달랐던 것 같다. 말하자면 그는 하나의 '현상(phenomenon)'이었다. 그의 갖가지 행적이나 발언을 종합해 보면, 소크라테스는 인간이라고 보기는 어려운 실로 비범하고 초월적인 존재다.

소크라테스야말로 '야생적 인간'의 부류에 속하는 인간이라고 생각한다. 그는 원초적 인간, 원시적 인간, 야생의 인간이다. 이름이야 어떻게 불리든, 그는 분명히 문명적 인간과는 질적으로 다르다. 인간의 본연적 성향을, 그것도 가장 강렬한 형태로 보존하고 관철한 인간이다. 마치 아프리카 부시맨 부족이나 북미 인디언 부족의 인간들 중에서 특별히 말재간 있고 재치 있는 자를 그리스문명 안에다 가져다 놓은 것 같은 느낌이다.

철학이 그리스 민족의 발명품이라고 하므로 그 시조에 해당하는 탈레스(Thales, BC 624?~546)부터가 사실은 비범한 존재였다. 아니, 탈레스부터 에피쿠로스(Epicuros, BC 341?~270)까지(에피쿠로스 이후에도 수많은 철학자가 있지만 디오게네스 라에르티오스의 『그리스 철학자 열전』에 실린 철학자만을 놓고 보자면), 모든 철학자들이 정도의 차이는 있지만 대부분 그러했다. 그들의 공통점은 세계의 본질을 추구하는 일을 무엇보다도 사랑했다는 점 외에도, 물질적 소유와 세속적 성공에는 무관심하였고 정신적 쾌락과 평화, 그리고 무엇보다도 철학적 생활을 위한 자유시간(閑暇, 레저)을 소중하게 여겼다는 점이다.

나는 이들 그리스 철학자들이야말로 '야생의 사유'의 계보에 속하는 인간들이라고 생각한다. 물론 원시적인 야생의 사유와 완전히 같지는 않다. 결정적으로는 신화에서 탈피하여 계몽으로 옮아갔다는 점이 양자를 가르는 분기점일 것이다. 신화에서 계몽으로의 이행이라는 점은 있으나, 그 밖에는 결정적으로 다른 것이 있는지 모르겠다.

그런 그리스 철학자들 중에서 소크라테스는 독보적이다. 이전의 철학자들이 현자(賢者)라면, 그는 '야생의 현자'다. 공자보다는 석가모니에 가까운 현자. 소크라테스는 상대가 누구든 가리지 않고 그를 상대로 철학적 문제를 한없이 파고들었기 때문에 적을 많이 만들었다. "그는 사람들로부터 주먹으로 얻어맞기도 하고 머리카락을 잡아 뜯기는 일도 종종 있었다. 또 바보 취급을 받으며 조소를 당하기도 했다. 하지만 그는 이런 모든 일에 대해서 꾹 참고 견뎠다. 발로 차여도 참고만 있어서 사람들이 고개를 절레절레 흔들고 있으면 이렇게 말하곤 했다. '노새가 나를 찼다고 해서 내가 노새를 상대로 소송을 걸어야 한단 말이요?'"(Diogenes Laertius, 1984: 135)

그는 늘 신체단련에 힘썼기 때문에 몸 상태가 좋았다. 여러 전투에서는 남다른 용맹을 발휘한 사례가 많았다. 깊이 생각에 잠기면 비바람이 몰아쳐도 꼼짝 않고 부동자세로 밤을 새는 일도 종종 있었다. 또 대단히 지조가 강해서 옳다고 믿는 일이면 아무리 많은 사람들이 반대해도 단독으로 그를 실행에 옮겼다.

그는 또 자족의 인간이며 위엄에 찬 인간이었다. "그는 상점에서 파는 많은 상품들을 보면서 종종 이렇게 말했다. '나에게는 얼마나 많은 것들이 무용한가.'" 그는 자신을 우롱하는 사람들에 전혀 개의치 않고 오히려 그들을 불쌍히 여겼다. 또 그는 "과욕(寡慾)을 자랑으로 여기며 누구로부터도 결코 보수를 청구하는 일이 없었다. 또 그는 가장 맛있게 먹기 위해서는 식욕을 최소화해야 하며, 가장 맛있게 마시기 위해서는 수중에 없는 음료에 대한 기대를 최소화해야 한다고 말했다. 또 필요한 것이 최소인 사람이야말로 신들에 가장 가깝다고도 했다."(Diogenes Laertius, 1984: 139)

그는 한가(閑暇)를 인간의 소유물 중에서 가장 아름다운 것이라고 찬양했다. 또 그는 지(知)만이 유일한 선이며 무지(無知)만이 단 하나의 악이라고 말했다. 그리고 부나 가문은 사람에게 아무런 무게도 부여하지 못하며 정반대로 재앙을 가져다주는 것이라고도 했다. 자신은 아무것도 모른다는 바로 그것만을 제외하고는 그 이외의 것은 아무것도 모른다고 말했다. 그는 또 다른 사람들은 먹기 위해 살지만, 자신은 살기 위해 먹노라고 말했다.

이상과 같은 것들로 해서, 델포이의 아폴론 신탁은 "모든 사람들 중에서 소크라테스야말로 가장 현명한 사람이다."라고 했다.

그런 소크라테스가 스스로를 가장 똑똑하다고 믿는 자부심 강한 사람들을 철저하게 논박하여 그들이 실은 어리석은 인간에 지나지 않는다는 것을 폭로하고 다녔기 때문에 미움을 사서 고발당하게 되었다. 그리고 그는 유죄 판결 후에 자신에게 합당한 '형벌'로서 프뤼타네이온('영빈관')에서의 무료 식사를 요구했다.

호메로스가 서사시로서 그리스 민족을 가르친 교육자였다면, 소크라테스는 대화로서 그렇게 한 그리스인의 교육자였다. 소크라테스의 교육방법은 산파술 혹은 문답법이라고 한다. 결국 말(言, speech)이야말로 소크라테스 교육방법의 유일무이한 매체다. 말이 얼마나 위대한가를 몸소 보여 준 것이 소크라테스다.

남루한 행색으로 아고라를 헤집고 다니면서 지혜의 말을 들려주는 소크라테스는 아테네 젊은이들의 우상이었다. 소크라테스에게는 학교도 강의실도 없었으며, 아테네의 아고라와 신전 등 공공건축물이 곧 그의 학교이자 강의실이었다. 소크라테스의 사후에 그 제자들 중에 일부는 스승의 라이프스타일을 그대로 본받았기 때문에 사람들은 그들을 견유학파(犬儒學派)라고 불렀다. 그 대표자격인 디오게네스(Diogenes, BC 400?~325)[6]는 '통 속의 철학자'로 불렸다. 이와 같이 소크라테스의 '혁명적인' 라이프스타일과 사고방식은 그의 여러 제자들에 의해 계승되었다. 길게 보면 에피큐리언, 스토아 학파, 회의주의 학파 등 주요한 그리스 철학 학파는 모두

6) 퀴니코스 학파의 대표적 철학자. 안티스테네스(Antisthenes)의 제자. 무욕 · 자족 · 무치(無恥)를 신조로 인습에서 해방된 자유생활을 실천했다. 통 안에서 사는 극단적으로 검소한 생활은 알렉산드로스 대왕으로부터 부러움을 샀다고 한다. 누더기 한 벌과 두타보자기 하나만을 소유하였다.

소크라테스적이다. 무욕과 자족과 관조를 신조로 하는 철학. 그중에서 플라톤의 존재는 특별하다. 또 그리스 교육의 발전에 미친 플라톤의 영향도 각별하다.

소피스트와 소크라테스가 그 막을 열어젖힌 그리스 교육의 새로운 시대는 그다음 세대에 의해 명확한 형태를 갖추게 되었다. 신교육으로의 결정적인 전환은 기원전 390년 무렵에 이루어졌다. 즉, 393년에 이소크라테스(BC 436~338)가 리케이온에 세운 학교, 그리고 387년에 플라톤(BC 427~347)이 아카데메이아에 세운 학교의 출현 이후 그리스 교육은 이들 두 학교를 중심으로 전개되었다. 전자는 변론술의 교육을, 후자는 철학의 교육을 각각 주된 내용으로 하면서 서양 고전문명의 두 축이 되었다.

플라톤은 사상의 내용을 별개로 하면 중국의 공자와 유사한 인생을 보냈다. 공자와 마찬가지로 플라톤은 정치 지향이 강했다. 아테네에 실망한 그는 외국에서 정치적 이상의 실현을 꿈꾸었지만 좌절을 맛보고 귀국하여 학교를 세워서 저술과 교육에 힘썼다. 그의 정치사상과 교육사상은 잘 알려진 것처럼 이상적인 국가를 건설하는 방법을 중심으로 전개되었다. 그의 아카데메이아는 각국 군주나 정부에서 정치고문이나 입법자로 활약하게 되는 인물을 다수 배출했다. 플라톤의 교육사상이 이상적 군주(철인왕)나 정치적 지도자의 양성을 주안으로 한 점은 공자의 교육사상이 군자를 이상적 인간상으로 한 것과 유사하다. 공자의 제자 중에서도 춘추전국시대 각국의 정치고문이 다수 배출되었다.

학교로서 아카데메이아는 그리스 교육, 더 나아가 서양교육사에서 특별한 위치를 점한다. 아카데메이아는 고등 학술기관인 동시에 교육시설이었다. 그 조직은 "성원 모두가 긴밀한 우애의 정으로 연결된 결사(結社, 사제의 결합은 정열적이 아닌 경우에도 마음이 통하는 것이었다)의 형태를 취하고 있었다. 법제적으로는 이미 피타고라스의 결사가 그러했듯이 하나의 종교적인 교단인 티아소스(thiasos)였으며 뮤즈 신들의 제사에, 또 스승의 사후

반쯤 신격화된 플라톤의 제사에 봉사하는 신도들의 집단이었다."(Marrou, 1985: 86)

플라톤은 최초로 체계적이고 전체적인 교육이론을 구상한 인물 중의 한 사람이다. 『국가(*Politeia*)』에서 펼친 그의 교육론은 교육에 관한 역사상 최초의 본격적인 이론이라고 할 수 있다. 플라톤의 활동기는 아테네의 몰락기였다. 스승 소크라테스가 아테네 시민법정에서 사형판결을 받고 죽은 것은 플라톤이 스물아홉 살 되던 해였다. 그의 문제의식은 왜 한때 지중해 세계의 패자로서 찬란한 문화를 자랑하던 조국 아테네가 비참하게 몰락하게 되었는가, 도대체 정의로운 이상국가는 어떻게 해서 가능한가라는 것이었다.

플라톤은 아테네가 몰락하게 된 것은 지배계층의 이기심과 무지에 기인한다고 믿었다. 정의로운 국가는 이 두 가지 면에서 혁신되어야 한다고 생각하였다. 즉, 그에 따르면 이기심을 근절하는 방법으로서 국가의 통치 엘리트에게는 일체의 사유재산을 인정하지 않고 가족 단위의 생활방식도 허용되어서는 안 된다. 그리고 무지를 극복하는 방안으로서 국가 통치자의 임무에 적합한 장기간의 훈련과정을 통하여 그에 필요한 지식과 사고력을 갖춘 것으로 입증된 사람들에게 국가의 통치를 맡겨야 한다(Boyd, 1994: 51).

플라톤에 따르면 이상적인 국가는 사람들이 각자의 자연적인 자질에 따라서 서로 조화를 이루며 활동하는 국가다. 개개인에게는 각자의 자질과 사회적 기능에 적합한 훈련과 직업이 주어져야 한다. 식욕(물욕)이 왕성한 자는 생산자가 되어야 한다. 기력이 왕성한 자는 전사나 관리자, 즉 '보조자'가 되어야 한다. 합리적인 자는 오랜 준비기간을 거쳐 철인 통치자(philosopher-rulers), 즉 수호자가 되어야 한다. 그는 이 세 등급을 금, 은, 동에 비유했다.

플라톤의 『국가』에는 국가 지도계층을 위한 교육의 구체적 방안이 그려져 있다. 세 계층 중에서 생산자를 위한 교육에 관해서는 특별한 언급이 없다. 통치자와 보조자의 양자를 수호자로 불렀는데, 보조자 계층도 20세가 될 때까지는 통치자 계층과 동일한 교육을 받는다. 수호자 계층으로의 진입은 누구에게나 개방되어 있다. 교육의 각 단계에서 주의 깊은 관찰에 의해 적절한 선별이 이루어지는 개방적 선별방식이 취해진다. 그럼에도 불구하고 플라톤은 '황금의 아이'가 보통 비슷한 부모에게서 나온다고 믿었다.

리더십은 이해력에서 나오며, 이해력은 선(善)과의 지속적인 접촉에 의해 길러진다. 인생의 이른 시기부터 국가의 수호자 계층으로 지목된 자는 사회의 가장 선량하고 우수한 요소들과만 접촉해야 한다. 그리스의 전통적인 초등 교과인 시와 음악도 이런 기준에 따라 검열되어야 한다. 그에 따르면 물욕, 기개, 그리고 이성은 이 순서대로 발현하므로 아동의 교육도 이 순서에 따라야 한다. 따라서 초기의 교육은 신체의 발달과 전통적 덕의 함양에 주력한다. 그리고 수학, 기하학, 변증법의 기초도 아동기에 가르쳐져야 한다.

17, 18세가 되면 2년간의 집중적인 신체적 · 군사적 훈련—에페보스 훈련과 유사한—이 행해진다. 자기 규율의 도야와 엄격한 생활방식을 통해 조화와 절제의 심성을 기른다. 20세부터는 변증법의 자질이 있는 자를 대상으로 수학교육이 시행된다. 선발된 자들은 수학학교에 등록하여 10년간 피타고라스 학파의 5교과인 산술, 입체 및 평면 기하학, 천문학, 화성학을 배운다. 이 과정에서 자질이 인정된 자들은 다시 5년간의 변증법 교육과정으로 진학한다. 35세가 되어 비로소 준비기간이 종료한다. 15년간의 수학 및 변증법 교육에 플라톤 교육이론의 정수가 들어 있다. 이성은 성숙기에 이르기까지 나타나지 않기 때문에 이성적 학문의 도입은 그때까지 기다리지 않으면 안 된다(Bowen, 1972: 106-107).

이상이 플라톤이 준비한 장기간의 학습과정이다. 그러나 아직 철인왕의 교육이 끝나지 않았다. 그에 따르면, "15년간 도시의 실생활에 참가하면서 경험을 쌓고, 유혹과의 싸움을 통해 도덕적 인격함양의 끝마무리를 한다.

그리하여 살아남은, 모든 시련을 극복한 사람이 최후에 선(善) 자체의 관조라는 목표에 도달하는 것이며, 그것은 실로 50세가 되어서야 실현되는 것이다. …… 실로 인간을 만드는 데 50년이 걸린다." (Marrou, 1985: 97)

플라톤의 교육사상의 주안은 수학과 철학(변증법)을 중심으로 하는 국가 엘리트의 양성에 놓여 있다. 이와 같은 플라톤의 교육사상은 여러 가지 점에서 그리스적 교육의 전통과 이질적이다. 예컨대, 그는 호메로스를 격렬하게 비판했는데 호메로스가 '허무맹랑한' 신화를 만들어 냈다는 이유에서다. 플라톤은 신화와 그에 대해 노래하는 시인을 교육에서 추방해야 한다고 믿었다. "플라톤이 시인들을 비난하는 것은 그들이 신화를 날조하여 신과 영웅들의 완전성에 부합하지 않는 허위 이미지를 유포하기 때문이다. 시인들의 환상의 소산인 예술은 모든 교육에 따라야 할 진리에 반하는 것이기에, 또 정신을 합리적 지식의 획득이라는 본래의 목적으로부터 벗어나게 하는 것이기에 유해하다." (Marrou, 1985: 91)

플라톤의 철인군주를 위한 교육이론은 그리스의 실제 교육과는 거리가 멀었다. 즉, 현실의 교육에 대하여 미친 영향이 곧이어 보게 될 이소크라테스의 그것에 비하면 미미한 것이었다. 그리스 교육의 주도권을 두고 벌인 이소크라테스와의 경쟁에서 철학자 플라톤은 패배자였다. "본질적으로 자신의 내적인 완전성의 이념에 이끌린 철학자는 처음부터 패배자라는 것을 그는 안다. 철학자는 언제나 사람들 사이에서는 실패자다. 정치의 세계, 세속의 생활과는 인연이 없는 인간이며, 숭고한 목적에 정신이 팔려서 마냥 무력한 우자(愚者)처럼 보일 것이다. 마치 별을 바라보며 걷다가 우물에 빠진 탈레스처럼. 그러나 …… 자유로운 것은 바로 그다." (Marrou, 1985: 99)

교육자로서 이소크라테스(Isocrates, BC 436~338)와 플라톤은 서로 라이벌이었지만, 그 밖의 여러 가지 면에서는 후자가 단연 우월한 존재였다. 사상의 깊이, 인격적인 광채, 성격의 강인함, 인간적인 매력 등에서 이소크라테스는 플라톤의 적수가 되지 못했다. 그러나 교육에 있어서는 기원전

4세기 이래 그리스, 헬레니즘, 그리고 로마 시대를 통해 이소크라테스의 전통이 지배적이었다.

수학과 철학의 플라톤 대 수사학과 웅변술의 이소크라테스. 전자가 '생각을 잘하는 것'을 목적으로 함에 비해, 후자는 '말을 잘하는 것'을 목적으로 하였다. 지성과 사고력의 함양 대 변설과 웅변 능력의 육성. 이 둘은 실은 서로 연관되어 있으며 양립 불가능한 것이 아님에도 불구하고 이후 서양교육사에서는 대립적인 관계에 놓이게 된다.

그리스의 교육 전통과 현실적 조건은 명백하게 이소크라테스의 편이었다. 호메로스의 서사시적 전통, 정치와 법률의 세계에서 압도적으로 중요한 역할을 한 웅변술, 이러한 문학과 웅변술은 이소크라테스의 학교교육의 중심 부분이었다. 이소크라테스 이래 고대 서양의 문화와 교육은 모두 '웅변가(orator)'라는 이념, '말을 잘하는 인간'이 곧 '훌륭한 인간'이라는 이념의 지배하에 놓이게 되었다(Marrou, 1985: 103).

이소크라테스는 마음으로부터 소크라테스를 존경하였지만, 직접적인 교육은 고르기아스와 같은 소피스트들로부터 받았다.[7] 그 자신이 소피스트의 후계자로서 직업적인 교사였다. 그의 학교는 후에 아리스토텔레스도 학교를 열게 되는 리케이온의 체육장(김나시온) 바로 옆에 있었는데, 플라

7) 이소크라테스는 플라톤보다 9세 정도 연상이었다. 아버지는 아테네의 부유한 악기제조상으로, 자식들에게 충분한 교육을 받도록 해 주었다. 집이 부유한데다 아버지가 교육에 열성적이었던 탓에, 이소크라테스는 아테네 시민의 전통적인 초등교육 외에 당시의 신학문인 소피스트의 수사학과 변론술을 중심으로 하는 고등교육을 받았다. 그에게 가장 영향을 많이 미친 소피스트는 고르기아스(Gorgias, BC 483?~375)였다. 고르기아스는 레온티노이 시의 외교사절 단장으로 아테네를 방문하여, 유창한 웅변으로 아테네 시민의 마음을 사로잡은 인물이다. 이소크라테스는 25, 6세부터 몇 년 동안 당시 텟사리아에 거주하던 고르기아스의 강의를 들었다고 한다. 그러나 시어와 희어(稀語), 은유를 즐겨 쓴 고르기아스와는 달리, 이소크라테스는 일상 언어를 적절하게 결합하여 특색 있고 품위 있는 언어세계를 창조하여 새로운 산문체를 창조했다고 한다. 즉, 정서와 감성에 호소하기보다는 냉정한 논의에 의한 지적 설득을 지향했다는 평가를 받는다(廣川, 1990: 137-138 참조).

톤의 학교처럼 입학이 까다로운 곳이 아니라 학비만 지불하면 누구나 들어갈 수 있었다. 다른 소피스트와 마찬가지로, 3~4년의 수학 코스를 선불로 계약했는데 요금은 1,000드라크마였다. 그의 학교에는 아테네는 물론 그리스 세계의 전역에서 온 유학생들이 있었다. 그의 학생은 도합 약 100명을 헤아릴 정도였지만, 실제로 학교에 매일 출석하는 학생은 5, 6명 정도였다(Marrou, 1985: 108).

이소크라테스의 학교는 일정한 이념 아래 특정한 장소에서 고등교육을 행했다는 점에서 그 2, 3년 후에 개교한 아카데메이아와 함께 그리스 세계 최초의 고등교육기관이었다.

그의 학교가 지향한 교육은 법정변론 대서인이나 유능한 정치가로서의 명성을 얻기 위한 변론 · 수사의 기술이 아니며, 오히려 한 사람의 뛰어난 '교양인'이 되기 위한 교육, 교양(파이데이아)으로서의 변론 · 수사교육이었다(廣川, 1990: 142). 이와 같이 그가 제1세대 소피스트들과는 달리 단지 수사와 변론의 기술적인 면에만 그치지 않고 그 윤리적인 측면에 관심을 기울인 것은 소크라테스의 영향이라고 할 수 있다. 전하는 바에 따르면, 소크라테스가 죽은 다음 날 당시 37세의 이소크라테스는 검은 옷을 입고 나타났다. 플라톤이나 안티스테네스와 같은 직접 제자는 아니었겠으나, 이소크라테스는 소년 시절부터 소크라테스가 아테네 시내에서 교육하는 모습을 일상적으로 보고 자랐을 것임에 틀림없다. 소크라테스적 정신을 동경하고 그를 존경했을 가능성은 충분하다.

"이소크라테스가 변론 · 수사술을 중심으로 하는 그의 교양이념을 단지 '훌륭하게 말하는 것'에서 구하지 않고 '훌륭하게 사려(思慮)하는 것'과의 연계에서 파악하였던 것, 그리고 '훌륭하게 말하는 것'을 '훌륭하게 사려하는 것'의 최대의 증거로 보지 않으면 안 된다고 하며 탁월한 언론은 탁월한 혼(정신)의 반영이라고 주장하였던 사실, 전체적으로 말해 언론술에 있어서 '사려(思慮)'를 중시한 것은 이소크라테스 교육의 독자적인 점이다.

이런 점에서 소크라테스의 영향을 확인하게 된다."(廣川, 1990: 140)

그리하여 변론술은 이소크라테스의 손에 의해 윤리학으로 변모한다. 즉, 그는 "뭔가 적절한 큰 주제에 관해 사고하는 것은 인간의 성격, 도덕적 감각, 정신적 품격을 함양하는 유력한 방법"이라고 믿었다(Marrou, 1985: 111).

이소크라테스의 입장에서 보면 플라톤의 교육 프로그램은 그 교육을 받는 자의 대부분이 중도 탈락하지 않을 수 없는 복잡하고 거대한 교육과정이다. '진정한 교양인'이란 플라톤이 주장하는 예지(叡智, episteme, 이성적이고 명확한 인식)가 뜻하는 바의 엄밀한 학식의 소유자이기보다, 실제로 얻을 수 있고 또 현실적 문제의 해결에 도움이 되는 좋은 해결책을 고안해 내는 기량의 소유자이며 올바른 견해(doxa)의 소유자를 의미한다.

결국 양자의 차이는 파스칼이 말하는 세련된 정신(the spirit of finesse)과 기하학적 정신(the geometric spirit)의 차이다. "이소크라테스가 그의 제자의 마음에 함양하려고 하는 것은 결정하는 정신, 복잡한 직관력, 사람의 '억견'을 인도하여 올바르게 하는 어떤 것에의 지각이었다. 이러한 판단감각의 연마에 도움이 되는 것은 문학의 교양, 말의 교양(학문이 아닌)이었다." "적절한 말은 올바른 사고의 가장 확실한 증거다." 플라톤으로 대표되는 철학의 교육과 이소크라테스가 대표하는 변론술의 교육은 단지 서로 대립하는 라이벌로만 그치는 것이 아니며, 동시에 양자는 두 자매와도 같은 것이다. "그들은 어떤 공통의 기원뿐만 아니라 때로 서로 섞이는 병행적인 야심도 지니고 있었다. 그것은 말하자면 같은 종의 두 변종이었으며 (둘의) 싸움은 그러한 일치성을 해치는 일이 없이 고전적 전통을 풍요롭게 하였다."(Marrou, 1985: 112-114)

4. 헬레니즘의 교육

마루에 따르면, 서양 고대의 교육이 그 본래의 모습을 가지게 되고 고전적인, 즉 결정적인 형태를 취하게 되는 것은 아리스토텔레스나 알렉산더 대왕의 다음 세대의 일이었다. 그 후로 이 교육은 더 이상 변하지 않았다. "헬레니즘기의 교육이야말로 참으로 고전고대의 교육으로 불릴 만한 것이다. 이 교육은 알렉산더의 대원정과 그의 죽음에 뒤이은 왕위계승 전쟁이라는 격동의 시대를 거치면서 확립되자 그리스 세계 전체가 행하는 교육이 되었다. 그리고 지중해 세계 전역에서, 그곳이 고대세계라고 불리는 동안 답습되었다. 사실 이 교육은 좁은 의미의 헬레니즘기를 넘어서 로마기까지 확장되었다."(Marrou, 1985: 117)

알렉산더 대왕의 동방원정(BC 334)으로부터 로마의 이집트 병합(BC 30)까지의 약 300년간은 헬레니즘 시대다. 지리적으로는 그리스와 마케도니아를 비롯한 지중해 세계와 알렉산더가 정복한 오리엔트 지역을 포괄하는 넓은 지역이 해당된다. 문화적으로는 그리스어가 공통어(코이네)가 되고 그리스 문화가 각지의 오리엔트 문화와 접촉 · 융합하여 보다 보편적이고 국제적인 문화로 발전하였다.[8)]

이러한 헬레니즘 문명의 핵심을 이룬 것은 교육, 즉 그리스 교육이었다.

---

8) 문화와 학술 및 교육의 면에서 보면 헬레니즘과 그리스문명 사이의 연속성이 두드러지지만, 정치, 사회, 그리고 경제의 영역에서는 양자 간에 분명한 단절이 존재한다. 예컨대, 정치에서는 그리스적 민주주의에 대신하여 전제주의가 지배적인 것으로 되었다. 알렉산더 사후에 그의 제국은 대략 메소포타미아, 이집트, 마케도니아의 세 지역으로 분할되었다. 마케도니아의 세력권 내에 있던 그리스의 여러 도시국가들은 연합하여 방어동맹을 결성하였다. 헬레니즘의 세 하위 제국 중 마케도니아만이 '시민의 자유를 얼마간 존중해 줌으로써 완화된 형태의 전제정을 시행했음'에 비해, 다른 두 하위 제국은 동방적인 전제정치를 구현했다(Burns et al., 1994: 178). 이 점에서 마루는 입장을 달리한다. 즉, 그는 마케도니아만이 아니라 다른 국가에서도 그것은 후일의 제정말기의 로마와 같은 전제국가는 아니며 '느슨한 국가'였다고 본다.

“폴리스(고대도시)의 문명과 테오폴리스(신의 나라) 사이에서, 헬레니즘기의 문명은 이른바 파이데이아(교양)의 문명이었다.” (Marrou, 1985: 122)

헬레니즘기는 전성기의 그리스 폴리스들이 가졌던 강력한 정치적 · 문화적 통합력을 대신할 정치질서가 부재한 시기였다. 왕국은 여러 고대의 도시들 위에 그냥 얹혀진 조직에 지나지 않았다. 그것은 통치자로서의 자신도 없고 사람들에게 근본적인 규율과 삶의 질서를 부여하기 위해 필요한 영향력을 지니지 못했다. 당시의 현자들은 스스로를 왕의 신하가 아닌 세계시민(코스모폴리테스)으로 간주했다. 이러한 정치적 분열과 문화적 무정부 상태에서 문명의 공통기반을 제공한 것이 그리스 교육이었다.

“그리스인들이 나타나 정주하는 곳에는 도처에 그리스식의 교육시설—초등학교와 김나시온—이 곧장 설립되었다. 이 사람들에게는 교육이 가장 중요했다. 그래서 이역에 고립적으로 거주할 때도 환경에 좌우됨 없이 맨 먼저 아이들을 위해서 자신들이 소중하게 지켜온 그리스 민족의 특성을 남기려고 했다. 그리하여 고전고대의 교육은 무엇보다도 그리스풍의 생활에의 안내자로서, 아이들과 청년을 모국의 풍습에 따라 육성하고 인간을 동물로부터, 헬라스의 민을 이국의 민으로부터 구별하는 독특한 생활방식에 순응시켰다.” (Marrou, 1985: 121)

이 시기의 교육에서는 7세부터 19, 20세까지를 포괄하는 교육단계가 마련되어 있었다. 종래의 학령기(7~14세)와 장정단 시기(에페보스, 18~20세) 사이의 교육이 공백으로 남아 있었던 것은 헬레니즘기에 접어들어 중등교육으로 제도화되었다. 즉, 초등교육-중등교육-고등교육으로 연결되는 교육제도가 형태를 갖춘 것이다. 물론 근대교육의 그것과는 비교할 수 없을 정도로 느슨하고 상호 간의 경계도 애매한 것이기는 했지만.

초등교육은 보다 많은 사람들에게 개방되었다. 자유민의 자제만이 아니라 소년노예도 학교를 다닐 수 있었고, 소녀도 이 시기에 오면 소년과 같이 초등이나 중등의 학교 또는 씨름장(팔라이스트라)이나 체육장(김나시온)에 다닐 수 있게 되었다. 새로 확립된 중등교육은 체계적인 교육과정을 갖추게 되었다. 의학교와 같은 전문교육기관의 보급도 활발하게 이루어졌으며, 알렉산드리아의 무세이온과 같은 고등의 학술연구기관도 여럿 출현하였다. 고등교육에서는 신교육기 아테네에 확립된 수사학교와 철학학교의 두 전통을 계승하는 교육기관들이 활발하게 활동을 지속하였다.

서양교육의 전통에서 '공교육'이 비로소 그 모습을 드러내는 것이 이 시기다. 이 점은 주의 깊게 볼 필요가 있다. 동양에서는 교육이 처음부터 국가권력의 수중에 있었으며, 따라서 '공적인 교육'의 시작도 무척 빠르다.

그리스 시대 대부분의 폴리스는 아테네와 같이 사적 교육이 지배적이었다. 예외적으로 스파르타와 크레타의 두 나라는 민주정이 아닌 귀족정을 채용하였는데, 국가가 책임을 지는 공교육을 가지고 있었다. 그런데 "헬레니즘기의 사람들에게는 반대로 학교의 법제화가 당연한 것이 되었으며, 문명국에는 불가결한 특징의 하나가 되었다." (Marrou, 1985: 127)

그러나 이 말은 액면 그대로 받아들이기에는 문제가 없지 않다. 엄밀한 의미에서 헬레니즘 사회에는 그 어디에도 초등교육에서부터 고등교육에 이르는 모든 단계의 학교교육의 제도화, 그 재정적인 지원, 그리고 행정적 감독의 시스템이 존재하지 않았기 때문이다. 마루 자신이 쓰고 있는 것처럼, "도시에는 직접 공교육을 책임질 만한 재원도 없을 뿐더러 필요한 관리기구도 없었다. 단지 장정단(ephebia)과 그에 부속된 체육장(gymnasion)만이 공적 단체에 의해 창설되고 또 유지되는 것이 보통이었다. 그보다 아래 단계의 학교는 원래 사적인 것이며, 대부분의 경우 사적인 형태를 유지하고 있었다." (Marrou, 1985: 137)

장정단(에페보스단)은 본래 폴리스의 자유시민 계층 자제에게는 의무적인 2년제의 군사훈련제도였으나, 헬레니즘 시대에는 복무기간도 1년으로 단축되고 유상의 지원제로 바뀌었다. 즉, 군사적 제도에서 부유층 자제를 위한 교육적 제도로 변모한 것이다.

"헬레니즘기에 왕이 학교의 유지와 운영에 관여한 예는 몇몇 보이지만, 그 경우 그것은 늘 개인 입장에서, 즉 '독지가'로서 그렇게 한 것이다. 왕이 입법자의 입장에서 이 영역에 간섭한 예는 로마 제정기 이후에야 발견된다. 나중에 밝혀지겠지만, 그런데 그 경우에도 그 의도는 무엇보다 도시들에 대하여 자신들의 의무를 환기시키는 것이며 황제 자신이 그를 대신하는 것은 아니었다."(Marrou, 1985: 127)

고대 서양의 경우 국가권력이 교육에 실질적으로 거의 관여하지 않았다는 점은 동양교육과의 중요한 차이점이다. 고대 동양교육에서 살펴보았듯이, 고대 동양에서는 오리엔트든 중국이든 학교교육이 시초부터 국가권력, 즉 전제군주를 위한 제도였다. 동서양의 교육에 관해서 이보다 더 극명한 대조가 또 있을까? 서양의 경우 학교교육이 실질적으로 국가의 관리하에 들어오고 그 목적도 국민 양성을 위한 것으로 바뀐 것은 19세기 후반의 일이었다. 그런 점에서 보면 공교육 혹은 국가교육의 역사에서는 동양이 서양을 훨씬 앞지른다.

요컨대, 동양에서는 고대 이래로 공적 교육(혹은 국가적 교육)이 주를 이루고 그에 대하여 사적 교육이 종속적인 위치에 있었고, 서양에서는 그 반대로 사적 교육이 지배적이고 공적 교육은 학교교육 전체에서 차지하는 비중이 작았다.

그리스 교육에서는 체육과 음악이 늘 중요한 교육내용이었다. 그리스 교육에서 체육은 신체단련보다는 운동경기인 스포츠를 뜻했다. 헬레니즘 세계의 비그리스인들에게 '경기장에서 나체로 운동하는 것'은 곧 '그리스류' 문화의 주요 특징으로 인식되었다.

스포츠는 그리스인들에게는 기분전환과 건강을 위한 활동에 그치지 않고, 취미와 도덕과도 연관되는 인생의 가장 중요한 활동을 의미했다. 그들에게 체육은 문명생활의 본질적인 부분으로서, 체육과 체육장이 없는 생활은 곧 야만적 생활이었다.

그리스 세계에서 체육은 읽기, 쓰기의 교육과 함께 7, 8세부터 실행되었다. 9세 무렵부터는 여러 종목의 스포츠 경기도 행해졌는데, 이는 비단 스파르타에 한정된 것이 아니었다. 헬레니즘기에 접어들면서 체육은 여성에게도 개방되었다. 예컨대, 올림피아의 헤라제(祭)에서는 여성들의 경기도 개최되었다(Marrou, 1985: 144).

체육의 종목은, 달리기, 높이뛰기, 원반던지기, 창던지기, 레슬링, 복싱, 그리고 프리스타일 레슬링(pancratium)이었다. 이들 종목을 아이들과 청소년들은 기초적인 단계로부터 점차 수준을 높여가면서 파이도트리베스라는 체육 전문교사에게 배웠다.

이 교사는 "체육의 코치를 훨씬 넘어서는 분명한 교육자로서 경기의 지식에 더해서 건강법에 관한 깊은 학식을 지니며, 또 그리스 의학이 신체의 발달, 각종 훈련의 효과, 다양한 체질에 적합한 식이요법에 관한 관찰과 처방을 수집하여 완성시킨 모든 성과에 관해서도 깊은 지식을 지니지 않으면 안 되었다."(Marrou, 1985: 150) 체육의 수업은 모범연기와 실기연습으로 이루어졌으며, 아울러 교사에 의한 체육의 이론 강의도 행해졌다. 그리스인들의 문학교육과 마찬가지로, 체육과 스포츠에 관해서도 이론화는 높은 수준에 도달했다.

그리스적인 체육과 스포츠라는 문화적 가치는 비단 아동과 청소년의 교육이라는 차원을 넘어서, 헬레니즘문명의 핵심적 가치의 하나였다. 헬레니즘 세계의 창조자인 마케도니아 왕실이 올림픽 경기에 마친 열정은 대단한 것이었다. 알렉산더 대왕은 10년간에 걸친 원정으로 정복한 3개 대륙에 걸친 광대한 영토에 그리스의 스포츠와 경기대회를 보급시켰다. 그의 군대는 원정 중에도 열심히 체육훈련을 했다고 한다. "길이 1스타디온(약 192m)이나 되는 폭이 좁은 가죽 막을 여러 장 휴대하여 숙영지에서 그 막을 치고서 즉석 경기장을 만들어 훈련에 열중했으며, 레슬링장에 사용할 모래를 운반하기 위해서 여러 마리의 가축을 데리고 다녔다."(櫻井, 橋場, 2004: 173)

헬레니즘 시대의 교육에서 체육과 스포츠는 불가결의 요소로서 남았지만, 그것이 가장 중요하고 활기에 찬 부문을 대표하는 것은 아니었다. 이 시기의 체육은 고정화하였고, 본연의 활력을 점차 잃어가면서 후기로 갈수록 쇠퇴해 갔다. '육체와 정신의 완전한 균형'이라는 고전고대의 이념은 잊혀져 갔다. 읽기와 쓰기의 교육이 고대 말기 기독교의 승리라는 변화한 상황에서도 살아남았음에 반해 체육은 흔적도 없이 소멸되었다. 그리하여 아이들의 교육은 전부 지육이며 운동경기는 더 이상 교육에 포함되지 않게 되었다(Marrou, 1985: 159-161).

고대 로마인들의 경우는 체육 특히 운동경기(스포츠)에 대한 관점이 그리스인들의 그것과는 달랐다. 로마인들은 음악 및 무용과 함께 운동경기에 대하여 소극적이었다. 특히 나체로 하는 그리스적 스포츠에 대해서는 경멸의 태도를 보였다. 제정 말기의 기독교의 득세와 함께 스포츠 그리고 체육을 부정적으로 보는 태도가 지배적이 되었고, 중세에는 그러한 경향이 더욱 심화되었다. 신체와 체육에 대한 교육적 관심이 재차 일어나게 된 것은 르네상스 이후의 일이었다.

한편 체육과 스포츠의 교육적 의의에 관해서는 동양사회가 보다 일관된 태도를 보였다. 즉, 한나라 때 유학이 국가 학문으로 자리 잡게 되면서부터 교육은 곧 문해교육(literary education)으로 굳어지게 되었고, 이후 관학에서 신체적 활동은 실질적으로 완전히 배제되었던 것이다. 학교교육에 체육과 스포츠가 정식 교과로 도입된 것은 서양 모델의 근대교육 체제가 도입된 이후의 일이다.

그리스 교육의 전통에서는 음악을 비롯한 예술의 교육이 체육의 그것에 못지않게 중요시되었다. 음악에서는 기악(수금과 오보에)과 가창이 주요한 요소였으며 양자는 보통 결합되었다. 디오니소스제 등 각종 제전에는 합창 경연대회가 개최되었는데, 그러한 콩쿠르에서 우승하는 것은 대단한 영예로 여겨졌다. 제전 자체가 학교의 연중행사의 하나로 중시되었으며, 제전의 각종 의식은 헬레니즘기 청소년 교육에서 무시할 수 없는 역할을 하였다.

또 합창은 무용과 불가분의 관계에 있었는데, 그리스어의 '코로스'는 양자를 동시에 의미하였다. 그러나 헬레니즘기에 합창과 무용은 교육 안에서는 그렇게 중요한 지위를 점하지는 않았다. 즉, 이 시기에 오면 합창과 무용은 자유인의 교양으로부터 배제되어 갔다.

음악 외에 기원전 4세기 무렵부터 도화(圖畵, drawing)가 학교 교육과정에 새로 추가되었다. 그리고 3세기, 2세기로 내려오면서 정착되었고, BC 240년경에는 도화교사가 정규교사의 일원이 되었다. 그림은 특히 인물상을 대상으로 하였으며 인체미가 추구되었다. 그러나 이 새로운 조형예술은 늦게 출현한 탓에 당시 비약적 발전을 이루고 있던 문학적 교육과의 경합에서 살아남지 못했다. 예술 역시 체육의 경우와 마찬가지로 점차 그 우월했던 지위를 한창 발전하고 있던 문학교육에 물려주지 않을 수 없었다.

아이의 교육은 취학 전부터 이미 시작되므로 유아교육을 도외시할 수는 없다. 그러나 고대에 유아교육의 시설, 즉 유치원은 없었다. 고대에서 가장 빠른 시기의 교육의 장은 가정이었다.

7세가 되면 집단적 교육이 시작되며 아이들은 집과 학교를 왕복하였다. 이때 중요한 역할을 한 것이 파이다고고스(paidagogos, 아이를 데리고 가는 사람)이다. 그는 아이와 함께 가정과 학교를 매일 왕복하는 일을 맡은 노예다. "어린 주인의 작은 바구니나 노상에서 발밑을 비출 램프를 들고 다니며, 때로는 피로에 지친 아이를 업어 주는 것을 임무로 하였다." 헬레니즘기에 들어와 파이다고고스는 "아이의 시중을 드는 노예라는 의미를 잃고, 근대적인 교육가(pedagogue)—완전한 의미에서의 교육자—라는 의미를 가지게 되었다." 이 경우 파이다고고스는 학과별 교육의 보습교사라는 의미와 함께 아이의 덕육을 전적으로 담당하는 교육자를 뜻하였다(Marrou, 1985: 176).

그리스식의 초등학교는 널리 보급되었으며, 여성의 교육도 일층 진보하였다. 소년과 소녀가 대등하게 교육을 받는 일이 이전에 비해 더 많아졌다.

학교라고 하여 특별한 시설이나 설비가 있었던 것은 아니다. 아주 평범한 방 하나에 특별한 설비는 없으며, 책상도 없이 등받이 없는 걸상에 앉아서 딱딱한 서판을 무릎에 놓고 글쓰기를 하였다. 그 옆에는 파이다고고스가 동석하는 것이 보통이었다. 학교의 장식으로는 뮤즈 여신들의 성역에 걸맞게 이 존귀한 여신들의 상으로 치장되었으며, 연극용이나 디오니소스 제용의 가면도 벽에 걸려 있었다.

교사는 특별한 자격을 필요로 하지 않았으며, 또 보수를 받으며 가르친다는 것 등의 이유로 해서 사회적으로 존경받는 직업이 못되었다. 고대의 학교는 아직 교육 전체 가운데서 중세 이후에야 하게 되는 주도적인 역할을 하지 못했다.

당시 초등학교 내부에서 이루어진 수업의 일상적인 모습은 다음과 같다.

> 하루(수업)의 시작은 무척 빠르며, 새벽 동틀 무렵부터 시작되었다. 그래서 겨울에 아이들은 파이다고고스가 들고 비춰 주는 등불에 의지하여 등교했다. 헬레니즘 초기에는 체육이 아직 교육에서 우위를 점하고 있었기 때문에, 아이들은 곧장 팔라이스트라로 가서 오전을 거기서 보냈다. 샤워를 하고 나서 집으로 돌아가 점심을 먹는다. 그리고 오후가 되면 학교로 가서 읽기 수업을 받는다. 그러나 읽기 · 쓰기에 점점 중점이 놓이게 됨에 따라 …… 아이들은 오전의 일과를 이 수업으로부터 시작하게 되었다. …… 그리고 체육은 오전 중의 끝시간대에 수업이 행해지게 되었다 (Marrou, 1985: 181).

읽기, 암송하기, 쓰기, 셈하기를 숙달하는 것이 초등교육의 목표였다. 학습의 주체인 아동의 심리는 무시한 채, 단순한 것에서 복잡한 것으로, 그리고 요소에서 요소의 복합으로의 진행이라는 원리에 따라 교육이 이루어졌다. 게다가 그것은 아주 천천히 진행되는, 기나긴 시간을 요하는 교육이었다.

읽기교육에서는 낭송과 암송이 주된 교육방법이었으며 파피루스, 목판, 그리고 도편(陶片)이 필기와 연습의 도구였다. 셈하기 교육은 좁은 의미에서의 계산학습에 한정되었다. 당시 초등학교에서는 정수를 기수와 서수로 나누어 그 명칭과 기호를 배웠는데, 흥미로운 것은 손가락을 사용하여 수를 기호화하였던 것이다. "고대의 사람들은 엄밀한 규칙을 가진 완전한 셈법—두 손을 사용하여 1에서 100만까지의 정수를 모두 기호화하는—을 알고 있었다." (Marrou, 1985: 192) 이 방법은 중세의 학교교육에 이르기까지 서구세계에서는 대단히 인기가 많았다고 한다.

교육방법은 단락적이고 조폭(粗暴)스러웠다. 고대 동방의 학교에서처럼 교사들의 교수방법은 여전히 미숙하였다. 교사는 학생이 지식을 습득하기 쉽도록 하기 위한 어떠한 노력도 하지 않았으며, 소극적인 주입식 교육의 수준을 넘지 못했다. 보다 '적극적인' 교육 수단으로 채용된 것이 공포심(체벌)과 경쟁심(콩쿠르)을 이용하는 것이었다. 교육과 체벌은 헬레니즘기 그리스인들에게도 불가분이었다.

중등교육은 그 내용을 문법 · 문학 교육과 수학 · 과학 교육의 두 가지로 하였다. 문법 · 문학의 교육은 중등교육의 전유물이 아니며 초등, 중등, 고등 교육별로 그 정도를 달리하며 계속적으로 이루어졌다. 교사도 그라마티스테스(문자교사), 그라마티코스(grammatikos, 문법 · 문학의 교사), 레토르(retor, 변론교사)로 각각 구분되어 불렸다.

문학교육에서는 고전과 호메로스가 학습대상이었다. 전자는 각 학문 분야별로 고전적인 저술들을 가리킨다. 즉, 기원전 2세기 중엽에 이르러 아티카 10대 변론가, 10대 역사가, 10대 시인, 극작가, 철학자, 의학자 등의 규범집(카논)이 정해졌는데, 이들 대작가들의 작품 중에서 일부가 학교 교육과정으로 도입되었다.

고전작가의 필두는 호메로스였다. 알렉산더 대왕이 개인용 일리아스를 진중에도 항시 휴대하면서 경건하고 소중하게 여겼다는 사실에서 알 수 있듯이, '호메로스는 그리스 세계의 전통이 살아 있는 한 이 세계의 교양을 완전하게 지배'하였다. 초등학교에서 아이들이 읽기를 처음 배울 때도 호메로스의 영웅들의 이름을 죽 나열한 일람표를 읽는 것이 주된 학습내용이었다.

아이가 호메로스의 작품 전체를 통독할 수 있게 되는 것은 대단한 영예로 간주되었다. "어떤 어머니는 자식의 가정교사에게 아이가 어디까지 배웠는지 묻고서, '제6권을 배우는 중입니다'라는 답변을 들으면 아주 의기양양해했다."(Marrou, 1985: 199) 철학자들이 오디세이아를 선호함에 비해, 학교에서는 일리아스가 더 많이 읽혔다고 한다.

호메로스 외에는 비극작가 에우리피데스(Euripides, BC 480?~406), 희극작가 메난드로스(Menandros, BC 342?~292), 변론가 데모스테네스(Demosthenes, BC 384?~322)가 주요한 고전적 작가였다.

기원전 1세기 이후에는 문법의 교육이 종래의 시문 중심의 교육을 보완하게 되었다. 문법은 그리스 학문이 최후에 거둔 전과라고도 하는데, 로도스 학파의 디오니시오스(Dionysius Thrax)의 입문서 『문법(*Art of Grammar*)』에 의해 시민권을 얻게 된다. 디오니시오스의 이 소책자는 이후 가장 영향력 있는 입문용 문법학 교재로서 2,000년 동안이나 서양교육에서 군림하게 된다(Marrou, 1985: 208-209).

문법과 문학 외에, 수(數)와 형(形)에 관한 학문인 수학과 과학도 중요한 역할을 맡았다. 이들 교과는 그리스인의 '일반기초교육'(enkyklios paideia)이라는 교육이념 안에서 문학의 교과들과 어깨를 나란히 했다. 일반기초교육을 위한 교육과정은 7자유학예로 정리되었는데, 이는 문법, 변론술, 변증법의 문과적 학예와 기하, 산수, 천문, 음악이론의 과학적 학예로 이루어졌다. 후일 카롤링거 왕조 때 3학(trivium) 4과(qudarivium)로 불리게 되는 이들 교과체계는 기원전 1세기 중엽에 모습을 나타냈다.

헬레니즘 시대가 경과함에 따라 중등교육에서 과학학습은 문자학습에 비해 상대적으로 점차 쇠퇴해 갔으며, 대체로 헬레니즘기의 교양에서는 문학이 우위를 점했다.

고등교육에는 몇 가지 유형이 있었다. 초 · 중등교육에 비해 더 다양한 교육 형태가 존재한 것이다. 그 중심은 역시 변론술과 철학이었으며, 그 밖에 장정단(에페보스단) 교육, 무세이온 교육, 그리고 의학교육이 있었다.

장정단은 헬레니즘기에 들어 의무병역제도로서의 성격을 잃게 됨에 따라 지적 교양을 포함하는 교육적 제도로 변모하였다. 여전히 체육이 중심을 이루는 가운데 문법 · 문학 교사, 철학교사, 변론교사의 강의가 이루어졌다. 이들 수업은 김나시온 안의 집회실 혹은 강연장에서 행해졌다. 그러한 교육의 수준이 어느 정도인지는 장정단 교육이 1년에 불과했다는 것을 감안하면 짐작할 수 있을 것이다.

알렉산드리아의 무세이온(Mouseion)[9]은 기원전 3세기 초에 세워진 프톨레마이오스 왕조의 왕립연구소다. 여기서는 학자들이 아무 걱정 없이 자유롭게 자신의 연구에 전념할 수 있었기 때문에 그리스 세계 전역에서 여러 학자들, 예컨대 기하, 천문, 의학, 역사, 문학비평, 문법의 학자들이 모여들었다. 부속의 동식물원은 물론, 특히 도서관이 유명하였는데 그 장서 규모가 질과 양에 있어서 고대사상 유례가 없는 것이었다. 이 무세이온은 피타고라스 학파에 의해 시작되어 아카데메이아, 리케이온, 그리고 후대의 에피쿠로스의 정원으로 이어지는 철학자의 공동체를 한층 대규모로 공적

9) 무세이온은 아테네의 아카데메이아와 리케이온을 모델로 하여 설립되었으며, 왕궁의 일부에 산보도(페리파토스)와 아케이드(에크스데라), 회원용 대식당을 갖춘 대규모 건물이었다. '무세이온'은 학예의 여신 뮤즈의 신전이라는 의미다. 식사의 제공과 면세의 특권 그리고 고액의 급여가 제공되었으며, 회원들이 자치단체를 조직하여 학문공동체로서의 성격을 지녔다(Mostafa El-Abbadi, 1991).

인 성격을 부여하여 실현시킨 것이었다.

무세이온은 원칙적으로 학술연구센터로서 고등교육기관은 아니었다. 그러나 무세이온의 학자들은 개인적으로 제자를 거느리고 그를 양성하는 등 활발한 교수활동을 펼쳤다. 3세기 말경 알렉산드리아에는 아테네와 마찬가지로 주요한 철학 학파별 강좌가 개설되었으며, 특히 의학교육은 많은 유학생을 끌어들일 정도로 활발했다.

헬레니즘기에는 수많은 의학교가 알렉산드리아뿐만 아니라 그리스 세계 곳곳에 존재했다. 당시 그리스 의학은 헬레니즘 세계에서 매우 적극적인 역할을 수행했다. 기원전 3세기 초에 사실상 완성된 히포크라테스 전서(全書)는 이후 줄곧 고대의학의 바이블이 되었다. 그와 더불어 고대의학은 진정한 의미에서의 학술이 되었으며 임상상의 여러 규칙들이 정식화되고 체계화되었다.

히포크라테스의 소논문 『올바른 처신법에 관하여』는 환자의 방을 방문하는 방법에서부터 들어가서의 행동거지에 관한 극히 상세한 주의사항을 수록하고 있다. 이를 통하여 당시 의술이 얼마나 세련되고 교양 있는 전문지식으로 발전했는가를 추측할 수 있다. 그리스인의 경기정신은 의학 분야에도 침투하여 매년 의학 콩쿠르가 개최될 정도였다. 이틀간 열리는 이 경기대회에서는 최고 수준의 의사들이 참가하여 외과수술, 의료기구, 규칙 및 문제의 네 영역에서 기량을 겨루었다(Marrou, 1985: 234-235).

고등교육 중에서 가장 널리 보급되고 고전고대의 교양·교육의 전통을 가장 잘 나타내는 것은 변론술과 철학의 교육이었다. 이 중에서 보다 영향력이 컸던 것은 변론술 교육이었다. 압도적 다수의 학생들에게 고등교육을 받는다는 것은 변론교사의 강의를 듣고 그의 지도로 웅변술에 입문하는 것이었다. 고대 서양교육사에서 플라톤은 패배자였으며, 이소크라테스야말로 고대 서양세계 전체의 교육자였다.

헬레니즘 시대는 자유롭고 자치적인 도시들의 시대가 아니었기 때문에 변론술의 세 분야(아리스토텔레스의 분류로 토의변론, 법정변론, 강연변론) 중에서 마지막의 강연변론의 분야만이 발전하게 되었다. 강연변론은 대부분의 주요한 정신활동인 시, 역사, 그리고 철학을 포괄하는 것이 되었으며, 변론의 교양이야말로 당시 자유인 교양의 핵으로 간주되었다. 이소크라테스의 주장처럼, "훌륭하게 말하는 법을 배우는 것은 동시에 훌륭한 사고방식과 훌륭한 삶의 방식을 배우는 것이었다. 고대인의 눈에 비친 웅변은 본래적 의미의 인간적 가치—시류에 좌우되는 실용적 가치를 초월하는 가치—를 지닌 것이었다. 웅변은 인간을 참으로 인간답게 만드는 힘이며, 문명인을 야만인으로부터 구별하는 문화유산의 전부를 담는 그릇이었다." (Marrou, 1985: 239-240)

변론 전문교사인 변론교사(레토르)의 학교는 도시마다 있었다. 특히 평판이 좋은 변론교사는 대부분 외국 유학생이 다수 집결하는 대학도시(아테네, 알렉산드리아 등)에 거주하였다. 학생들은 의학도와 마찬가지로 여러 교사를 차례차례로 편력하였다. 교사와 제자 사이에는 개인적인 유대(결합)라고 하는, 고대교육에서 매우 귀중한 원칙도 적지 않게 존속하였다. "같은 교사에게 배우는 제자들의 집단은 즐겨 합창단(choros), 맹우(thiasos), 형제단(agele 혹은 fratria) 등의 시어로 자칭하였고, 이들 호칭이 제자들을 서로 묶어 주는 정신적인 일체성에 이른바 신성한 색채를 부여했다." (Marrou, 1985: 240)

철학교육은 소수자를 위한 것이었다. 그것은 철학을 배우기 위해 소요되는 노력을 감당할 수 있는 사람이 소수라는 것을 의미한다. 동시에 그것은 철학이 범상한 삶의 방식과의 결별을 요구했다는 것을 뜻한다. 철학을 배워서 철학자가 된다는 것은 '비범하고도 특별한 삶'의 방식을 선택한다는 것을 뜻했다. 고대인들에게 철학은 그렇게 심오한 의미를 지녔다.

철학이라는 교양은 "일반기초교양과의 결별을 전제로 했다. …… 철학자가 된다는 것은 도덕적으로 볼 때 한층 엄격하고 금욕적인 노력을 포함하는 새로운 삶의 방식을 택하는 것이며, 이 금욕은 행동, 음식, 의상 등에서 분명하게 드러났다. 예컨대, 사람들이 어떤 사람을 철학자로 알아차리게 되는 것은 그 짤막하고 누더기 같은 검은 망토(tribon) 때문이었다. …… 철학은 명확하게 일반기초교양과는 대립하는 인생이념을 포함하는 것이며, 심원한 소명(召命, vocation), 실로 회심(回心, conversion)을 전제로 하였다."(Marrou, 1985: 251)

마루에 따르면 헬레니즘 시대의 철학교육에는 세 유형이 있었다. 첫째는 아테네의 네 학파를 중심으로 하는 철학교육, 둘째는 아테네 외의 알렉산드리아, 로마, 콘스탄티노플 등지에서의 철학교육, 셋째는 이동철학자 그룹에 의한 비정규적인 철학교육이다. 이 셋 모두 매우 흥미로운 유형이지만 가장 영향력이 컸던 첫 번째 유형에 대해 검토하기로 한다.

그리스의 학교로 불렸던 아테네에는 헬레니즘 시대 철학교육을 대표하는 네 학파가 있었다. 아카데메이아, 리케이온, 에피쿠로스, 그리고 스토아 학파다. 플라톤, 아리스토텔레스, 에피쿠로스, 제논을 각각 그 시조로 하는 이들 네 학교는 약 2km 안에 있어서 걸어서 한 시간이면 도달할 수 있는 지근거리에 자리 잡고 있었다. 이 네 학교는 기원전 4세기에 일거에 기본구조를 갖추고서 설립되어 이후 수백 년간 그 자리에 존속하면서 기라성(綺羅星) 같은 철학자들을 배출했다. 이것은 실로 기적(miracle)이다. 그것을 기적이 아니라고 한다면 달리 무엇이 기적이란 말인가? 헬레니즘의 교육사를 도외시하고서는 고대 서양의 교육사를 제대로 알 수 없다는 마루의 말은 온당하다.

이들 철학 학파의 교육방법은 대략 다음과 같다. 먼저 자기네 학파의 고전인 시조들의 저작에 대한 주해(註解)가 행해진다. 다음으로 보다 개인적이며 생생한 형태의 교육이 이어진다. 철학교사는 대중을 상대로 하는 공개 강연을 하기도 하고, 때로는 비공개의 강의도 한다. 그 내용은 체계적인 교설의 강의라기보다는 자유롭고 친밀한 분위기에서의 대화나 일상적인 문제에 대한 강연이 주를 이룬다. 마지막으로 교사와 학생 사이의 일대일의 개인적인 회화를 통한 교육방식이 있다. 때로는 동료 학우가 한 명 동석하는 일도 있다.

당시 "사람들이 철학교사에게 요구하는 것은 단순한 교사에 그치는 것이 아니라 스승(師)이며 정신적 인도자, 진정한 의미에서의 교도자(教導者)가 되는 것이었다. 그러한 교육의 정수는 강단 위에서가 아니라, 사제가 서로 결합되어 있는 공동생활의 한가운데서 전수되었다. 그리고 스승의 언설이 모범을 보이는 것 이상으로, 스승이 그 현려(賢慮)와 덕풍(德風)으로써 (제자를) 교화하는 광경 쪽이 더 모범이 되었다. 그로부터 생기는 애착의 정은 종종 열광적인 것이 되어 스승과 제자를 서로 묶으며, 스승도 또 부드러운 정애(情愛)로써 제자에 답했다. 그리고 이 철학적인 환경 안에서 덕의 원천으로서의 교육애(教育愛, eros)라는 위대한 고대의 전통이 가장 오래 그 명맥을 유지했다." (Marrou, 1985: 254-255)

현대를 사는 우리는 교육이라고 하면 먼저 제도화된 형태의, 관료주의적이고 대량생산 체제적인 학교교육의 모습을 떠올리게 된다. 그러면서도 그러한 거대 시스템화한 학교교육과는 어울리지 않는 보다 인간적이고 일대일의 친밀한 교육적 관계에 대한 '갈증'을 지니고 있다. 아테네의 네 '학교'에서의 교육은 그러한 본연적 교육의 모습을 지니고 있었던 것 같다.

가장 가치 있고 참되다고 믿는 사상을 중심으로 가르치는 사람과 배우는 사람이 하나로 결속되어, 그 사상을 중심으로 공동체 생활을 일상적으로 영위하는 교육적 관계인 것이다. 그리고 생은 전적으로 철학사상과 그를 위한 교육적 행위들에 바치는 인간들의 관계인 것이다. 이처럼 아테네에서는 관념 속에서나 가능할 법한 일들이 실제로 수백 년 동안이나 실현되었던 것이다.

아테네는 정치적인 독립의 상실 이후에도 여전히 '영광의 아테네' '학문과 예술과 문학의 어머니'였다. 이 도시는 고대의 마지막 시기까지 활기에 찬 지적 활동의 중심지였다. 아테네는 무엇보다도 철학교육의 센터였다. BC 387년 아카데메이아 창설, BC 335년 리케이온 창설, BC 307년 에피쿠로스 학원(學苑)의 창설, BC 301년 스토아 학파의 창설.

헬레니즘 시대의 철학으로는 스토아파(Stoics), 에피쿠로스파(Epicureans), 그리고 회의파(Sceptics)가 대표적이다. 특히 스토아파와 에피쿠로스파는 헬레니즘과 로마의 양 시대를 풍미한 사상이었다. 제논(Zenon) 그리고 에피쿠로스(Epicuros).

> 에피쿠로스파는 극도로 민감한 자신의 지적 체질에 적합한 상황과 인물, 사건들만을 선별하고, 다른 대부분의 것들은 포기해 버린다. 왜냐하면 다른 모든 것들은 그에게 너무 질기고 부담되는 음식이기 때문이다. 반면에 스토아파는 돌과 벌레, 유리 조각과 전갈을 삼키고도 구역질을 하지 않는 훈련을 쌓는다. 실존의 우연성이 그에게 쏟아붓는 모든 것을 그의 위가 마침내 아무렇지도 않게 소화해 내도록 만들려는 것이다. 이 점에서 스토아파는 현재 알제리에서 볼 수 있는 아라비아의 아사신파를 연상케 한다. 이 무감각한 사람들처럼 스토아파도 관중을 초대하여 자신의 무감각을 과시한다.
>
> 에피쿠로스파는 관중을 필요로 하지 않았다. 그들은 자신들의 '정원'을 가지고 있었다. 운명의 즉흥성에 내맡겨져 있는 사람들, 폭력적인 시대에 돌발적이고 변화무쌍한 인간들에 예속되어 살아가야 하는 사람들에게 스토아주의는 매우 권할 만하다. 하지만 운명이 그에게 긴 실을 자아내도록 허용하고 있다는 것을 어느 정도 예견할 수 있는 사람은 에피쿠로스의 길을 따르는 것이 좋다. 정신적인 일을 하는 모든 사람들은 지금까지 이 길을 걸어왔다! 그들에게 가장 커다란 손실은 섬세한 민감성을 잃어버리고 대신 스토아적인 견고한 피부와 고슴도치의 바늘을 선물받는 일일 것이다(Nietzche, 2005: 282-283).

제논은 키가 크고 비쩍 말라서 '이집트산 포도나무 줄기'라는 별명이 붙었다. 아테네의 채색주랑(彩色柱廊, Stoa Poikile)을 거닐며 강론하였던 제논은 철저한 금욕과 검약의 생활을 실천하여 98세로 세상을 떠날 때까지 병에 걸린 적이 없었다. 어느 날 외출하려고 하다가 그만 넘어져서 발가락이 부러졌다. 그는 대지를 주먹으로 두드리면서 "이제 막 가려던 참이야! 왜 이렇게 날 성가시게 하나!"라는 말을 남기고, 그 자리에서 숨을 멈추어 죽었다(Diogenes Laertius, 1989: 229). 그리스 철학자들은 대개 이런 식이다. 그들은 신들과 친구지간이다.

5. 로마공화국의 교육

서양문명의 역사에서 고대 로마는 고대 그리스와 헬레니즘 문명에 이어 세 번째의 고전고대 문명을 형성한다. 로마문명은 고전고대 문명의 역사에서 시기적으로 가장 늦게 등장한 것이면서 동시에 앞의 문명들을 종합하면서 계승하는 것이었다. 고대 그리스문명이 헬레니즘에 의해 확장되면서 동시에 오리엔트적 요소들의 영향에 의해 질적 변용을 겪었듯이, 로마문명에 의해서도 유사한 변용을 경험하게 된다. 로마문명 고유의 문화와 관습들은 선진적인 헬레니즘문명을 라틴적인 것으로 바꾸어 놓기에 충분한 힘을 발휘했다.

로마문명의 교육은 라틴 문화의 고유성을 바탕으로 하여 외래의 헬레니즘 문화를 섭취하면서 발전해 갔다. 라틴 문화 고유의 여러 특성들은 로마 교육이 고전기 그리스의 교육을 세부에 이르기까지 모방하면서도 기본적으로는 그와는 상당히 이질적인 것이 되도록 만들었다.

로마 문화의 고유성은 농업, 가족, 그리고 관습 및 전통의 측면에서 찾아진다. 로마인들은 지배계층조차도 도시가 아닌 농촌에 거주하면서 직접 농사에 종사하기도 하는 농민적 귀족이었다. 이는 그리스의 지배층이 호메로스의 영웅서사시에 등장하는 전사와 같은 도시적 귀족이었던 것과 대조적이다. 농업이 사회의 물질적인 토대를 이루는 탓에 자연히 토지의 획득과 유지 및 상속이 중요한 이해 관심사가 되었고, 가족은 그와 같은 사회적 구성체에서의 기본 단위로 기능하게 되었다. 가족 내부에서는 가장(paterfamilias)인 부친에게 가족 구성원의 생사를 좌우할 정도의 절대적 권력을 행사할 수 있는 가부장권(patria potestas)이 인정되었다. 최고의 권위를 가지는 가장을 중심으로 강력하게 결합된 가족제도는 상대적으로 취약한 공권력을 대신하여 공공질서의 기초를 형성했다.

가족제도의 부계중심주의는 농업경제의 특성과 아울러 선조와 그 관습에 대한 존중과 결합되었다. 로마인들은 기본적으로 새로운 것에 대하여 경계심을 품었고 반대로 조상 대대로 전해 내려오는 전통과 관습은 매우 중시했다. 그러한 선조 대대의 전통적인 관습은 다툼의 여지가 없는 숭고한 불문 관습법(mos maiorum, 조상의 관습)이 되었다. "로마에서 전통의 지위는 강고했으며 늘 만인의 숭배의 대상이 되었다. 그들 사이에는 '새로운 것' '쇄신' '혁신'(이들은 라틴인들에게는 전적으로 같았다)이란 나쁜 뜻으로 받아들여졌다. 그래서 키케로도 '로마의 힘은 그 아이들의 힘과 조상 전래의 관습에 있다.'고 반복하여 말했다."(Marrou, 1985: 281) 또한 이와 같은 관습과 전통에 대한 존경은 로마문명 특유의 법률문화의 발전으로 이어졌다.

로마 고유의 문화는 관습과 전통을 중시하는 보수주의, 개인보다는 가족을 중시하는 집단주의, 도시적 사치와 허영보다는 농민적인 실질성과 근면성 그리고 엄격성을 중시하는 실용주의를 기조로 하였다. 이와 같이 로마의 고유 문화는 고전기 그리스의 개인주의적이고 도시적인 문화와는 매우 대조적이다. 이러한 로마의 문화적 특성은 그들의 도덕에도 반영되어 개인주의와 도회적 풍조는 죄악시되고 반대로 관습과 전통을 숭배하는 보수주의와 국가 및 가족과 같은 귀속집단에의 복종과 충성을 강조하는 집단주의 내지 전체주의가 숭상되었다. 이러한 로마인들의 고유한 문화와 도덕규범이 교육을 통하여 후손들에게 의식적으로 전달된 것은 말할 것도 없다. 공화정 후반기에 물밀 듯이 밀려오는 고도의 헬레니즘 문화의 영향을 불가피하게 받으면서도 로마 고유의 문화적 특성은 완전히 사라지는 일이 없이 결과적으로 헬레니즘과의 융합을 통해 라틴문명이 새롭게 형성될 수 있도록 하는 기반이었다.

1) 공화정의 역사

로마의 역사는 세 단계로 대별된다. 기원전 753년 이래 일곱 명의 왕이 통치하던 로마왕국, 기원전 509년 이후 원로원에 의해 다스려지던 로마공화국, 그리고 기원전 27년 이후 황제에 의해 통치되던 로마제국의 세 시기가 그것이다. 즉, 군주정 → 공화정 → 군주정이라는 역사적인 패턴이다.

로마왕국은 그 역사적 기록이 공화정 시기 이후에 작성된 것들이기 때문에 그 존재가 실증되지 않은 전설적인 시대에 속한다. 이탈리아인들의 건국 전설에 따르면, 최초 로마는 기원전 753년 4월 21일 쌍둥이 형제인 로물루스와 레무스가 티베르강 동쪽 언덕에 세운 작은 도시국가였다. 이 라틴인들이 세운 로마는 기원전 6세기경 이탈리아 반도 북부에 거주하고 있던 에트루리아인에 의해 정복당하였다.

에트루리아인은 소아시아 지방에서 이주해 온 비인도-유럽어족의 이민족으로 추정되는데, 그리스어에 유사한 알파벳과 고도의 금속 가공기술과 뛰어난 예술적 재능을 지녔으며 오리엔트와 활발한 무역활동을 했다. 그리고 아치 모양의 천장, 잔혹한 검투경기, 동물 내장이나 새가 나는 모양으로 미래를 점치는 관습, 여성에 대한 존경심 등을 로마인에게 전해 주었다. 한편 이탈리아 남부 지역에는 일찍이 그리스인들이 타란토, 나폴리, 시라쿠사와 같은 도시국가를 건설하였고 시칠리아와 갈리아 남부 해안에도 진출하였다. 피타고라스와 아르키메데스와 같은 저명한 그리스 학자들이 이곳에 거주했고 플라톤도 한때 이곳에 살았던 적이 있다.

초기 왕정시대 로마에는 일곱 명의 왕들이 군림하면서 왕은 한 집안의 가장처럼 신민들을 다스렸지만 그 권력 행사는 씨족장들로 구성되는 원로원과 남자 시민들의 집합체인 민회의 견제를 받았다. 전설에 따르면 일곱 명의 왕은 단 한 명도 무력에 의존하는 일 없이 로마인들에 의해 평화적으로 선출되어 종신토록 왕으로 로마를 통치했다고 한다. 즉, 혈통에 기초한 세습제가 아닌 개인적 자질에 기초한 선출제의 원리에 따라 군주가 옹립되었다는 것인데, 이는 세습적이고 절대적인 권력을 행사한 동양적 군주제와는 다른 모습이다. 기원전 509년 로마인들은 당시 에트루리아 계통의 왕가가 로마의 귀부인을 능욕한 것에 격분하여 무력 봉기하여 이민족 지배를 종식시켰다고 전해진다.

로마 공화정은 기원전 509년 수립되어 약 450년 동안 존속하다가 원수정의 등장에 의해 붕괴되고 이어서 제정으로 이어지게 된다. 공화정은 통치권력의 분할과 견제 및 균형의 원리를 특징으로 하였다. 종래 왕이 행사하던 권력 중 행정권은 임기 1년의 두 명의 집정관(consul)이 행사했고, 그 밖에 사법을 담당하는 법무관(praetor)과 재산조사 및 풍기단속을 맡는 호구감찰관(censor)이 있었으며, 원로원은 공공기금의 처분권과 민회 결정에 대한 거부권을 가지면서 권력의 중추를 형성하였다. 이러한 원로원을 중심으로 하는 귀족계급의 통치 구조에 대하여 평민들은 계급투쟁을 통해 호민관 관직을 창설하고 두 명의 집정관 중 한 명을 평민 출신으로 하는 등의 성과를 거두면서 기원전 3세기 말경에는 원로원 독재를 사실상 소멸시켜 민회의 권한을 상대적으로 강화하였다. 이와 같이 특권적인 귀족층과 다수의 평민층 간의 부단한 대립과 투쟁이 작은 도시국가 로마의 정치적 향배를 결정하는 주요한 요인이었다.

한편 앞서 언급한 것처럼 로마인들은 오랜 시간에 걸쳐 확립된 전통을 매우 존중하였으며 그러한 선조 대대의 전통적 관습(mos maiorum)은 로마 인들의 일상생활을 규율하는 기본적인 규범이 되었다. 로마 고유의 문화적 특성인 법률의 중시는 바로 그러한 불문율로서의 관습법에 대한 존경에서 나온 것이었다. "그들의 역사를 통틀어 로마인들은 법적 쟁점들의 결정과 법률의 발전에 대하여 지속적인 관심을 표출하였고 이것이 그들의 문화에 있어서 현저한 특징이 되었다."(이하 Bowen, 1972: 168-170) 공화정 전반기에 평민들이 자신들의 권익을 확대시켜 나가는 데 있어서도 법률적 절차의 효율적 이용이 중요한 역할을 하였다.

기원전 450년경에 제정된 12표법(Law of the Twelve Tables)은 귀족과 평민 간의 계급투쟁의 결과 성립하였다. 당초 로마의 전통적인 관습법(mos maiorum)은 문자로 기록되지 않은 채 구전으로 전해졌는데, 귀족층이 그 내용에 관한 지식을 독점하였고 그에 무지한 평민들이 법을 위반하였을 때는 과도한 처벌이 부과되는 일이 자주 있었다. 이에 대하여 평민들은 자신들도 알 수 있도록 그 내용을 명확하게 정리하여 공식적인 법전으로 공표할 것을 요구하였다. 평민들의 그러한 요구를 오랫동안 도외시하고 있던 귀족층은 마침내 기원전 450년경 특별위원회(처음에는 10인의 귀족들의 위원회였다가 나중에 평민 위원 2명을 추가하여 12인 위원회로 됨)를 구성하였다. 위원회는 당시 그리스에서 시행되고 있던 법률도 참조하면서 법안을 성안하였고, 기원전 449년에 12표법이 정식으로 선포되었다. 12표법은 12장의 상아로 만든 판(일설에 따르면 구리판)에 새겨져 모든 로마인이 읽고 이해할 수 있도록 로마 광장에 게시되었다고 한다.

12표법은 로마 최초의 공식 법전으로서 로마문명이 인류에게 전해 준 최대의 문화적 성과물이라고 일컬어지는 로마법전의 원천인 동시에 교육의 실제 현장에서도 중요한 역할을 하였다. 기원전 1세기의 인물인 키케로는 "우리는 어린 시절에 12표법을 하나의 필수과정으로 학습했다."고 말했으며, 또 "우리나라의 정신, 관습, 그리고 규율은 우리의 첫 번째 공부가 되어야 마땅하다."라고 하여 역시 12표법이 당시 교육에서 중요한 위치를 차지하고 있었음을 증언했다.

12표법은 기본적으로 형법이 아닌 시민법이었다. 즉, 그것은 국가권력과 인민과의 법률적 관계를 규정하는 것이라기보다는 일반 시민들 간의 법적 권리와 의무를 규정하는 '시민의 법률(civil code)'이었다. 따라서 "개인들이 각자 그 법전을 이해하는 것이 매우 절실한 일이 되었다. 왜냐하면 그는 법전에 의해 인정되는 자신의 권리를 확실한 것으로 만들어야 하기 때문이다."

로마 포럼에 공개적으로 게시되었던 12표법은 그 후 망실되어 현전하지 않는다. 그러나 그 내용은 관습법의 일부가 되었고 비록 완전한 형태는 아니지만 암송 구술의 전통에 의해 전승되어 온다. 그 내용의 일부는 다음과 같다(http://en.wikipedia.org 참조).

> 표1(민사 절차)　만약 누군가 법정에 소환된다면 그는 출두해야 한다. 만약 그가 가지 않으면 증인이 소환되어야 한다. 그런 다음에야 그는 체포되어야 한다. / 만약 그가 회피하거나 도피하면 체포되어야 한다. 만약 질병이나 고령이 장해가 된다면 우리를 사용할 수 있다. 만약 그가 원하지 않으면 덮개를 씌우지 않아야 한다. / 지주만이 다른 지주의 보증인이 될 수 있다. 그러나 시민이라면 누구나 최하층민(프롤레타리아)의 보증인이 될 수 있다. / 당사자들이 합의를 보게 되면 그를 공표하라. 만약 그들이 합의하지 않으면 오전에 포럼(광장)에서 자신들의 소송 사건을 진술해야 한다. 그들은 서로 상대방에 대하여 동시에 고소해야 한다. 오후에는 재판관이 판결하도록 한다. 만약 당사자 모두 출석하면 사건은 일몰에 종료하게 된다.
>
> 표3(채무)　빚이 있다는 것을 스스로 인정한 자나 혹은 지불의무가 있다고 판결을 받은 자에게는 30일간의 기간이 주어져야 한다. / 그런 다

음에 채권자는 그를 붙잡아서 법정으로 끌고 갈 수 있다. 만약 그가 판결을 이행하지 않고 아무도 그의 보증인이 되어 주지 않으면 채권자는 15파운드를 초과하지 않는 중량의 차꼬나 사슬에 묶어 피고를 데려갈 수 있다. (중략) 외국인에 대해서는 (로마 시민의) 재산권은 영구히 유효하다.

표5(상속) 만약 사람이 상속자가 없는 가운데 유언서를 남기지 않고 죽으면 가장 가까운 남성 친족이 상속한다. 만약 가까운 남성 친족이 없으면 그의 동족이 상속을 받는다. / 만약 어떤 사람이 미치면 그의 가장 가까운 남성 친족이 그의 재산에 대한 권리를 행사하게 된다.

표6(소유권) 누군가 계약을 하거나 양도를 하고서 그것을 구두로 고지하였을 때 권리가 주어진다. / 누구라도 건물이나 포도밭의 기둥을 해체해서는 안 된다.

표9(헌정의 원리) 판결 대가로 뇌물을 받았다는 혐의가 유죄로 인정된 재판관이나 재판중재인은 사형을 당한다. / 공공의 적을 고무하거나 시민을 공공의 적에게 넘겨 준 자는 사형에 처한다. / 유죄가 아닌 자를 사형하는 것은 금지한다.

공화정 시기 로마인들의 생활에 큰 영향을 미친 12표법이 시민들 상호간의 권리-의무 관계를 주된 내용으로 하고 있다는 사실은 당시 로마에 강한 공적 권력이 부재했다는 시사한다. 그에 대신하여 당시 로마의 공공질서의 토대를 이룬 것이 바로 가족이며 또 그 대표자인 가부장권(potestas)이었다. 후자에게는 정당한 절차에 따라 행사된다면 가족 구성원에 대한 사형 선고권이 인정될 정도였다. 교육 역시 기본적으로 가족의 일이며, 특히 가부장으로서의 부친의 권리에 속하는 사항이었으며 공권력과는 무관한 일이었다.

2) 로마의 전통적 교육

공화정 초기 로마인의 교육에서는 지적인 면에서는 간단한 읽기와 셈하기의 수준에 머물렀으며 중점은 전통적인 가치와 규범의 습득, 신체적인 단련, 그리고 전원에서의 가족생활에 필요한 기본적 기능의 연마에 두어졌다. 그리스 교육의 영향을 받기 전의 로마인들의 교육은 대략 다음과 같다(이하 Marrou, 1985: 278-284).

로마인들의 교육이 추구해야 할 기본 이념은 '조상의 관습(mos maiorum)'이며, 이 모든 사고와 행동의 기준으로서 아이들에게 명시하고 존중토록 하는 것이 교육자의 본질적인 임무였다. 그러한 교육의 장이며 수단이 된 것이 바로 가정이었다. 로마인의 기준에서는 아이가 성장하고 교육을 받는 본래의 장소는 가정이었다. 학교에 의한 집단교육이 관습화되는 제정기에도 여전히 가정교육의 오랜 전통은 사라지지 않았다. 노예 보모를 이용한 그리스와는 달리, 로마에서는 상류가정에서도 어머니가 집에서 직접 아이를 길렀다. 그라쿠스 형제의 어머니 코르넬리아, 카이사르의 어머니 아우렐리아, 아우구스투스의 어머니 아티아 등, 로마에서는 생모가 자식의 교육에 헌신하여 아이들을 국가의 걸출한 지도자로 키워낸 사례가 적지 않다.

7세가 되면 남자 아이는 어머니의 독점적인 지도에서 벗어나 아버지의 지도하에 들어갔다. 아버지야말로 진정한 교육자로 간주되었으며 이것이 로마교육의 특징을 가장 잘 나타내는 것이었다. 후대에 이르러 직업적인 교사가 등장하게 되지만 그들의 역할도 대체로 아버지의 그것을 대신하는 것으로 받아들여졌다. 이것은 자식에 대한 깊은 관심을 오히려 조롱거리로 삼았던 그리스와 아주 대조적이다. 여자 아이는 그 후에도 가정에서 어머니의 지도를 받으며 실잣기나 가사를 습득하였다. 남자 아이는 아버지를 따라서 도시 평의회에 가기도 하고 원로원의 비밀회의에 출석하는 일도 있었다. 귀족의 아이들은 자주색의 테두리를 한 토가를 입고 어른들의 연회에도 참가하여 노래를 부르기도 하고 급사로서 시중을 들기도 했다.

16세 무렵에 가정교육은 끝나게 되고 하나의 의식이 행해지는데, 그를 통해서 아이들은 자주색 테두리를 한 아동용 토가 대신에 성인용의 순백색 토가를 착용하게 된다. 이후 그는 시민으로 인정되나 교육이 끝난 것은 아니고 군무에 앞서 보통 1년간의 공무견습(公務見習)을 하게 된다. 그 교육을 맡는 것은 보통 가족의 오랜 친지로서 연령, 경험, 그리고 명예에서 전혀 손색이 없는 정치가였지만 부친이 뛰어난 정치가인 경우 직접 지도하는 일도 없지 않았다. 공무견습은 통상 1년이 원칙이었지만 정치의 견습은 다른 분야보다 중시되어 수년간 지속되기도 했다.

군무에서도 최초 1년간은 지휘관이 되기 전에 먼저 병졸로서 복종하는 것을 배우는 것이 요구되었다. 실제로 초년병 시절의 명예로운 부상은 미래의 정치생활을 위해 필요한 것으로 간주되었다. 군무를 시작한 귀족 자제는 조만간 무관, 즉 군단참모장교로 승진하여 저명한 장군의 지도를 받았다.

가정교육, 공무견습, 혹은 군무에서는 모두 장로격의 연장자가 교육자 역할을 하였다. 물론 이러한 교육은 누구에게나 해당되는 것이 아니라 주로 상류계층의 남자 아이에 한정되는 것이며 여성이나 노예 그리고 평민들과는 거리가 먼 것이었다. 그리고 그 교육은 보수주의적이고 귀족주의적이며 집단주의적인 것으로서, 민주적이고 개인주의적인 교육과는 동떨어진 것이었다. 로마 공화정 중기 이후의 국가적 사활을 건 대외 정복전쟁들에서 승리자가 되어 마침내 도시국가 로마를 지중해 세계의 패자, 더 나아가 서유럽까지 포함하는 초거대 제국으로 만든 주역은 그러한 교육을 통해 길러졌다.

당시의 교육 실상에 관해서는 평민 출신 대정치가 카토(Marcus Cato, BC 234~149)의 사례가 귀중한 자료다. 카토는 당시 로마의 이상적 인간의 전형이었다. 그는 로마적인 생활방식의 전통적인 가치에 대한 열성적인 신봉자로서 그러한 신념을 사회 전체에 확산시키려고 노력하였다. 아들의 도덕적인 교육을 위해 저술한 격언집에서 그는 '언변이 뛰어난, 훌륭한 남성'을 이상적 인물로 묘사했다. 또한 이 책에서 카토는 전통적인 가치관과 법에 대한 존중을 강조하였다.

플루타르코스(Plutarchos)에 의하면 카토는 자기 아내와 그녀가 낳은 자기 아들을 세상에서 가장 소중한 것으로 여겼다. 아들이 조금 자라자 카토는 집안에 학식 있는 노복이 있음에도 불구하고 직접 아들에게 읽기를 가르쳤다. 그 이유는 자식의 교육이라는 돈으로 그 값어치를 매길 수 없는 중요한 일을 노예에게 맡길 수 없다고 생각했기 때문이다. 카토는 읽기 외에도 승마, 복싱, 수영, 무장 교전과 투창과 같은 신체단련과 군무의 기술들을 아들에게 전수하였다. 또 그는 도덕적 훈화와 직접 시범을 통해 남성적인 덕성의 여러 요소들도 가르쳤다. "그와 같이 하여 로마의 아이의 정신과 성격이 이상적으로 형성되었다. 생활 전체를 에워싸는 것은 법의 존중이었다. 그것으로부터 개인의 자유와 안전이 시작하며 그 테두리 안에서 생활의 여러 활동들이 추구될 수 있었다."(Bowen, 1972: 171)

카토의 교육적 노력, 특히 로마의 전통적인 가치와 법 존중의 강조는 기원전 3세기의 로마공화국의 혁혁한 군사적 승리가 가져다준 대대적인 영토 팽창과 경제적 번영이라는 급격한 사회 변화, 그리고 그로 인한 외래문화의 침투에 대한 위기의식의 표현이기도 했다.

3) 로마교육의 그리스화

로마에서 제도적인 교육이 시작된 것은 기원전 3세기 이후의 일이었다. 기원전 272년의 남부 이탈리아와 시칠리아의 정복은 그리스 문화의 로마공화국으로의 본격적인 유입을 촉진하였다. 로마에서의 교육의 제도화는 선진적인 그리스의 문화와 교육을 모델로 하는 것이었다. 이 무렵부터 그리스의 희곡작품들이 로마에 소개되었고 또 호메로스의 영웅서사시 『오디세이아』가 라틴어로 번역되어 학교교육의 표준 텍스트가 되었다. 남부 이탈리아의 그리스인 교사들이 그리스어와 라틴어의 양 언어를 사용하여 수업을 하기 시작했고 그리스식의 문법교사를 직업적으로 수행하면서 정식으로 수업료를 요구하는 사례도 생기기 시작했다. 또한 부유한 가정에서는 학식 있는 그리스인 노예를 교사로 삼아 자식의 교육을 맡기고 그리스식의 파이다고고스를 두는 새로운 경향이 나타났다. 아이들은 왁스를 입힌 목판을 무릎 위에 놓고 쓰기연습을 하는 그리스식의 초보적 문자교육을 받았다. 호메로스는 문학의 모범이 되었고, 궁극적 규범의 체현물로서 12표법이 정기적으로 낭송되었다. 이와 같은 개인적 가정교사들에 의존하는 교육은 서민들에게는 지나치게 비싼 것이었다. 그래서 그들은 직업적인 글선생인 리테라토르(litterator)들이 경영하는 사립 초등학교에 자식을 보냈다.

상급의 교육에서는 그리스의 영향이 변론술의 영역에서 현저하게 나타났다. 로마인들의 일상생활에서 법률이 가지는 큰 영향력과 더불어 로마의 새로운 국력 팽창에 따라 행정적 수요가 증대함에 따라 변론술의 지식에 대한 수요가 커져갔다. 4세기 이전 그리스에서 변론술과 철학은 나란히 발전하고 있었는데 로마인들은 철학보다는 상대적으로 변론술에서 더 큰 가치를 발견했다.

공화정 후반기에 들어와 비교적 형식을 갖춘 학교교육이 시작된 것은 분명하지만, 고대 동양의 국가, 예를 들면 중국에서 볼 수 있는 질서정연한 공교육 체제는 로마에서는 확립되지 않았다. 존재하는 것은 개인들이 주도하는 사적인 형태의 교육인 가정교육이나 개인교사에 의한 학교교육의 자연발생적인 집합이었다. 국가가 법률이나 공권력을 이용하여 동양과 같은 공교육 체제를 확립하려는 시도는 이루어지지 않았다. 이러한 사정은 제정기에 접어들어서도 크게 달라지지 않는데, 국가적인 교육정책은 제정 말기에 들어서야 비로소 시행되기에 이른다. 즉, 기원후 3세기 말 이후 4세기 전반기에 이르러 황제 권력이 여러 도시에 대하여 제도적이고 재정적인 지원을 하면서 교육에 개입을 하였다(Marrou, 1985: 367-368). 그러나 그러한 공권력의 개입도 오랫동안 사인들의 자발적인 노력에 의해 자연발생적으로 형성된 학교교육을 전제로 하는 것이며, 그와는 질적으로 다른 국가적인 학교교육 체제를 새로 확립한 것은 아니었다.

지중해의 그리스 세력권에 대한 무력 정복의 결과, 기원전 2세기 로마는 광대한 그리스어 사용 지역을 포함하는 제국이 되었다. 그리스어는 헬레니즘 세계의 국제어인 동시에 고도의 헬레니즘 문명의 표현 수단이자 전달 수단으로서 지중해 제국 로마에 받아들여졌다. 이전의 적국이자 이제는 피정복의 복속민인 그리스인들의 언어는 로마의 귀족들에게 국제어이자 외교용어가 되었다. 교육에서도 마찬가지로 그리스어는 고도의 정신문화의 전달자이자 매개자로서 높은 지위를 인정받았다.

로마가 지배하는 세계에서 그리스어가 정치적으로나 문화적으로나 라틴어 이상의 가치를 지녔던 사실은 교육의 이중언어화 현상으로 나타났다. 라틴어의 정신문화가 그리스어의 그것에 대등한 수준에 달할 때까지 로마인들의 교육에서는 그리스어에 의한 교육과 라틴어에 의한 교육이 별개의 계통으로 진행되거나 혹은 동일한 학교 내에서 동시에 가르쳐졌다. 이것은 초등교육에서의 가정교육과 학교교육 병존과 함께 로마교육의 이중구조를 형성하였다.

기원전 2세기경에 절정을 이루는 그리스어 및 그리스 문화에의 심취는 문학과 예술의 일에 종사하는 지식인 계층뿐만 아니라 보수적인 귀족계층에서도 현저한 현상이었다. 대표적인 보수주의자로서 당시의 그리스 풍조에 대항하여 전통적인 로마의 관습과 규범을 소리 높여 강조한 대카토(Cato)조차도 만년에는 그리스어를 배워서 투키디데스와 데모스테네스의 저작을 읽으려 했다고 한다.

로마의 젊은이들은 완벽한 그리스 교육을 받기 원하여 로마에서 찾을 수 있는 혹은 로마에 초빙할 수 있는 그리스 교사에 만족하지 않고, 교육의 완성을 위하여 그리스로 건너가서 토박이 그리스인들과 함께 학문을 배웠다. 그리하여 기원전 119년 내지 118년 이후는 로마인에게도 아테네의 에페보스에의 가입이 인정되었다. 더 중요한 것은 로마의 젊은이 중에는 그리스 세계에서의 고등교육의 센터인 아테네나 로도스로 유학하여 그곳의 철학자, 변론교사에게 배우는 자들도 있었는데, 예를 들면 청년 키케로나 그와 동세대의 젊은이들이 그러했다(Marrou, 1985: 299).

4) 학교교육의 체계

(1) 초등교육

공화정 말기에 이르러 형태를 갖추게 되는 로마의 학교교육은 대체로 초보적 문자교육, 문법 및 문학 교육, 군무, 그리고 고등교육의 네 단계로 이루어졌다(Bowen, 1972: 183). 라틴어가 본국에서의 실제적 효용은 물론 점차 로마 세력권 전체로 광범위하게 보급되어 감에 따라 라틴어의 초보적인 지식에 대한 사회적 수요는 날로 증대하였다. 또 오랫동안 그리스 문화에 의존해 왔던 로마인들의 정신문화도 점차 자립도를 높여서 이 무렵에는 수준 높은 라틴어 문학이 다채롭게 발전하였다. 그리하여 공화정 말기에는 라틴어가 주된 교육 언어가 되었다.

아주 자연스러운 일이지만, 교육의 여러 단계 중에서는 초등교육이 가장 널리 보급되었다. 교육의 방법이나 학교의 형태는 수세기 전과 동일하였다. 초등학교의 취학은 그를 강제하는 법적 조치는 전혀 없었으며 순전히 개인의 선택에 맡겨졌다. 그럼에도 불구하고 초등학교 교육은 대중화될 정도로 그 수요가 컸다. 리테라토르(litterator, 문자교사)라고 불린 자유민이나 해방노예 출신의 교사들이 7세에서 11, 12세 사이의 아이들에게 읽기와 쓰기를 주로 하고 간혹 산술도 같이 가르쳤다. 루두스(ludus)로 불린 초등학교는 도시 광장의 주랑(柱廊)의 한 코너에다 왕래인들의 소음이나 시선을 차단하기 위해 사방에 커튼을 둘러 만든 지극히 간소한 시설이었다. 종래와 마찬가지로 여전히 가정 내의 사적 교육도 귀족층 사이에서는 행해졌으나 이 시기에 오면 예외적인 것이 되었다. 대부분의 가정은 남녀 아이들을 초등학교(ludus litterarius)에 보냈는데, 통학 시에는 보통 파이다고고스가 어린 주인의 보호자로서 동반하는 일이 많았다.

리테라토르는 문자 해독력 이상의 특별한 준비교육을 받지 않았고 능력껏 수업료를 받았다. 수업료는 대개 아주 낮았으며 사회적인 위신도 낮았다. 상당한 학식이 있는 리테라토르는 부유한 가정에 가정교사로 채용되어 파이다고고스의 조력을 받으면서 아이를 가르쳤다. 문자교사(litterator)라는 명칭 외에 초등교사(primus magister) 또는 학교교사(magister ludi)라는 명칭도 사용되었다.

전반적으로 루두스의 교육은 주변적인 것에 머물렀고, 교육방법은 특별한 훈련 없이도 할 수 있는 단순 암기와 반복의 방법이 주로 채용되었다. 5년간의 초등학교 교육에서는 그리스와는 달리 음악과 스포츠가 중시되지 않았다. 자연히 교육에서는 규율적 강제와 체벌이 널리 사용되었다. 체벌이 보편적으로 활용된 로마의 초등학교 교육은 정신적 도야의 방편으로서 체벌을 활용한 스파르타보다는 학급의 질서 유지와 학생 통제를 위해 체벌을 즐겨 사용한 이집트나 메소포타미아에 더 가까웠다. "손바닥을 때리는 회초리와 벌거벗은 등짝을 갈기는 채찍은 교사의 교육용구의 일부였다." (Bowen, 1972: 187)

(2) 중등교육

12세 무렵 루두스를 마친 아이들이 얼마나 중등학교에 진학했는지는 알 수 없다. 문학과 문법을 주로 가르치는 중등학교는 그라마티쿠스(grammaticus, 문법교사)가 운영했다. 그들은 대략 초등학교 교사의 4배의 보수를 받았고 격식 차린 가운을 걸치고 교실에는 베르길리우스나 호라티우스와 같은 대저술가의 흉상을 장식하였다. 그러나 교실은 리테라토르의 그것과 마찬가지로 광장의 주랑에 사방을 커튼으로 막은 간이시설이었으며 그 안에서 문법교사는 복습교사의 조력을 받으며 아이들을 가르쳤다(Marrou, 1985: 331).

수업은 주로 문학의 학습으로 이루어졌는데 기원전 1세기경에는 수많은 라틴어 작가가 등장하였다. 키케로, 바로, 루크레티우스, 카툴루스, 카이사르, 베르길리우스, 호라티우스, 리비우스, 오비디우스 등 라틴문학의 황금시대를 만든 인물들이 이 시기에 출현하였다. 이 중에서 바로(Marcus Terentius Varro, BC 116~27)는 문법, 논리학, 수사학, 음악, 천문학, 기하학, 산술의 전통적인 자유교과에 더하여 의학과 건축학을 보태 모두 9개 분야의 학문에 관한 박물학적인 지식을 집대성한 책 『자유학예론(*Disciplinarum livri*)』을 저술했는데, 이는 당시 문법학교의 교육을 위한 표준적인 출전이었다(Bowen, 1972: 188). 예컨대 『자유학예론』의 제1권 『문법론』은 최초의 라틴어 교과서였다고 한다(Marrou 1985: 304).

바로가 『자유학예론』에서 제시한 처음의 일곱 교과는 기원 4세기 이후에 '7자유학과(seven liberal arts)'로 지정되어 상급 교육과정의 표준 교과가 되었다. 따라서 그의 저작은 "로마의 교육에서 소홀히 취급한 결과로 사라지기 직전에 있었던 그리스 교과의 기억을 생생하게 살려냈다는 것, 그리고 그렇게 함으로써 그리스 교육과 후대의 교육을 연결하는 데에 실지로 공헌했다."(Boyd, 1994: 108)는 평가를 받는다.

실제 당시의 로마 학교교육에서는 문법과 문학과 같은 언어교육이 주를 이루었으며 그 나머지 교과는 경시되었다. 수업은 저명한 그리스 및 라틴 작가들의 작품에 대한 문법적 분석과 논평, 그리고 구두 주해와 해설을 중심으로 전개되었다.

(3) 고등교육

15세 혹은 성년식을 거행하는 16세부터는 레토르(rhetor, 변론교사)에 의해 지도되는 변론술의 고등교육이 보통 20세 무렵까지 이어졌다. 본래 변론술은 그리스인의 발명이었으며 기원전 1세기에 등장한 라틴어의 레토르들은 그리스 변론가들의 교수방법과 용어를 번역하였으며, 그 교수내용은 소피스트의 세대로부터 발전되어 온 전통적인 그리스 변론술의 복잡한 규칙과 방법의 체계였다. 청년 시절 그리스 유학을 통해 본고장의 변론술을 습득한 키케로는 그의 주저 『변론가론(*De Oratore*)』에서 이소크라테스의 변론술 교육의 높은 이상에 공감하면서 변론가 교육의 기초로서 풍부하고 광범위한 교양, 특히 확고한 철학적 교양의 필요성을 강조하였다. 그에 더하여 그는 법률 지식과 정치가에게 많은 교훈을 주는 역사 지식도 함께 갖출 것을 역설했다. 백 년 후의 퀸틸리아누스도 키케로와 거의 동일한 주장을 폈다. 그러나 실제의 고등교육은 좁은 의미의 변론술 교육에 한정되었다(Marrou, 1985: 343).

그리스를 모범으로 하는 변론학교의 실제 교육은 다음과 같다. 생도는 일련의 긴 예비학습을 마치고 나면 교사가 제시하는 주제에 관해 그의 지도와 조언을 받으며 가상의 변론문을 작성한다. 그리고 그것을 암기하여 청중들 앞에서 변론(declamatio, 연설)을 실행한다. 청중 중에는 교사 외에 동료 생도들과 때로는 변론하는 생도의 친척이나 친구도 포함되었다(Marrou, 1985: 344).

이 변론에는 설득변론(suasoriae)과 반박변론(controversiae)의 두 형식이 있는데, 전자는 특정한 역사적 인물의 행동에 관한 조언이며 후자는 법률적인 문제에 관한 토론이다. 예컨대, 전자에 관한 주제로는 '키케로는 저서들을 불태우면 목숨을 살려 주겠노라는 안토니우스의 제안을 따라서 자신의 저서들을 불태워야 하는지 어떤지 고민한다.' '알렉산더는 만약 그렇게 하면 위험에 빠질 것이라고 신탁이 위협하는 가운데 과연 바빌로니아를 침략해야 할지 말아야 할지 심사숙고한다.' '한니발은 칸느 전투의 다음 날 로마로 진격해야 할지 말지 자문한다.' 등과 같은 것이다. 한편 후자에 관한 주제로는 다음과 같은 것이 있다(Bowen, 1972: 189).

> 어떤 매매업자들이 브룬디시움에서 한 무리의 노예들을 하선시킬 때 세관의 관리를 기만할 작정으로 한 명의 핸섬하고 값비싼 노예에게 호신부와 술 달린 토가를 입혀서 면세로 무사 통관하였다. 그들이 로마에 도착했을 때는 이 일이 소송 사건이 되어 노예 주인이 자발적으로 그에게 자유를 주었다는 것을 근거로 그 노예가 해방되어야 함을 요구하는 주장이 제기되었다.

이러한 변론술 연습을 통해서 현실의 여러 문제에 관해 통찰력을 기르고 동시에 유창한 토론 능력을 육성하는 것이 당시 로마의 완성단계 교육의 목표였다. 이와 같이 변론술 교육은 다양한 역사적 사례와 실제적인 문제들을 주제로 하기 때문에 고전적인 경전 지식의 수동적 습득을 위주로 하는 교육 형태에 비하면 유연하고 의사소통적인 사고력의 육성 연마에 더 유리할 것으로 생각된다.

변론학교가 양성하는 변론가는 실제로는 변호사를 의미하는 것이 보통이었다. 즉, 로마의 고등교육은 변호사라는 법조 양성을 주목적으로 하였던 것이다. 그 밖의 전문 직업인이나 학자의 양성은 대부분 그리스인들에게 맡겨졌으며 그를 위한 로마의 학교는 존재하지 않았다. 즉, 철학과 의학 그리고 과학을 위한 라틴어의 학교는 없었으며 이들 분야의 전문적인 교육은 대부분 그리스인들에게 맡겨지거나 그리스어로 행해졌다.

유일한 예외로서 법학의 전문교육이 있다. 전문적인 법률가와 법학자의 양성을 목적으로 하는 법학의 전문교육은 대략 기원전 1세기 말부터 기원후 2세기인 제정시대 초기에 제도화되었다. 법학 전문교육과 그를 통한 법률가 양성은 그리스 교육에서는 찾아볼 수 없는 로마의 독창적인 교육 문화적 산물이었다. 그 상세에 관해서는 제정 로마의 교육에서 검토하기로 한다.

5) 키케로의 교육론

문화적인 면에서 기원전 1세기는 키케로(Marcus Tullius Cicero, BC 106~43)의 세기라고 해도 좋을 정도로 그의 영향력이 컸다. 그의 문학과 사유의 스타일은 서로마제국이 망할 때까지 거의 600년 동안 하나의 모범이 되었다. 그리고 키케로는 로마 세계에서 최초로 교육에 관한 체계적인 이론을 제시한 인물이기도 하다. 그의 교육사상의 기본 입장은 로마의 전통적인 가치와 외래의 선진 그리스문명을 종합하려는 것이었다(이하 Bowen, 1972: 177-182 참조).

키케로는 당대의 헬레니즘 풍조의 산물이라고 할 수 있다. 그는 로마에서 그리스의 교육과 문화가 점차 뿌리를 내릴 무렵에 태어났다. 실제로 기원전 92년에는 당시 수도에 번성하고 있던 20개 이상의 변론학교를 폐쇄하라는 원로원의 포고령이 내려지는 등 그리스 풍조를 불법화하려는 로마인들의 최후의 노력이 행해지기도 했다. 키케로는 군무를 마친 후 로마에서 활동하던 그리스인 학자로부터 법학, 철학, 변론술을 배우고 변호사로 활동을 개시하여 성공을 거두었다. 그러다가 잠시 건강상의 이유로 활동을 중단하고 그리스로 건너가 4년 동안 본고장의 고등 학문과 변론술의 학습에 전념했다. 로마로 귀환한 후 그는 정력적으로 변론가로서 활동하는 한편 정계에도 뛰어들어 집정관(consul)을 포함하여 여러 정무관직을 역임했다. 열성적으로 공무 수행과 동시에 법률, 문학, 그리고 교육에 관한 많은 글을 남겼다. 그의 100편이 넘는 법정변론 및 정치연설문 중 현재 58편이 전해지고 있다. 그 외 철학적인 여러 논설 중에는 세 편의 변론술과 교육에 관한 논문이 포함되어 있는데, 그중에서 가장 중요한 것이 『변론가론』이다.

키케로는 당시의 보수적인 로마인들이 외래의 변론술과 철학이 공허하며 무용하다고 하는 비판에 맞서서 그리스의 학문을 옹호했다. 그러나 그는 그리스 문화를 취사 선택하여 로마의 전통적인 미덕과 조화시키고자 했다. 그리고 그리스인들의 김나시온(gymnasion)[10]을 중심으로 하는 교육 관행, 예를 들면 소년들의 나체 훈련이나 남색과 동성애를 포함하는 교육 관행들에 대해서는 혐오감을 감추지 않았다. 가부장적인 권위와 조상 전래의 관습을 중시하는 로마의 보수주의적 심성에서 보면 이러한 것들은 괴이하기 짝이 없는 행태다.

키케로는 그리스의 철학과 변론술의 올바른 지식이 로마의 전통적인 미덕과 양립할 수 있다고 보았으며, 특히 공화정 후기의 욱일승천하는 로마 국력의 급팽창이라는 정세에 맞추어 로마의 시민적 질서와 덕성을 재확립하는 데 철학과 변론술이 필요하다고 보았다.

교육의 이론과 실제에 관한 로마 최초의 저작인 『변론가론』은 출판 이후 장기간에 걸쳐 로마 교육에 대하여 방향과 실제적 지침을 제시하였다. 『변론가론』은 그 내용이 3세기 전의 이소크라테스(BC 436~338)의 교육사상과 거의 동일하다. 『변론가론』의 기저에 있는 가정은 공공생활이야말로 훌륭한 생활이며, 그것은 특별한 능력과 훈련을 필요로 하는데 바로 화술(skill in speaking)을 통해서 그러한 전문능력이 가장 잘 길러질 수 있다는 것이다. 이러한 관점은 이소크라테스의 『안티도시스(*Antidosis*)』의 그것과 동일하다.

로마의 공공생활은 이전의 아테네와 마찬가지로 본질적으로 언어적이고

10) 그리스어의 gymnasion은 '벌거벗은'이라는 의미의 gymnos를 어원으로 한다. 체육과 신체단련을 위해 옷을 벗는다는 의미에서 gymnasion은 '나체가 되는 곳' 즉 '신체단련을 위한 장소'라는 의미를 가지게 되었다.

대면적이었다. 서적 중심의 교육은 사실상 부재했고 도서관은 빈약했다. 그리고 국가의 공무가 구두로 행해졌기 때문에 필요할 경우 언제라도 자신의 사고를 정렬하여 명확하고 설득력 있게 표현하는 능력은 매우 유용한 자산이 되었다. 그러한 기술이 쉽게 나쁜 의도로 악용될 수도 있다는 반론에 대해서, 키케로는 이소크라테스와 마찬가지로 변론술이 추구하는 것은 어디까지나 고결하고 명예로운 인간이라고 하며 반박하였다. 키케로는 교육의 최종 성과물인 변론가의 가장 중요한 자질을 교양이 풍부하고 윤리적인 인격으로 보았다. 이를 그는 후마니타스(humanitas)라고 불렀는데, 그리스어의 파이데이아(paideia)에 대략 상응하는 것이었다.

변론교육을 받기 전의 준비로서 자유교과를 비롯한 폭넓은 교양의 습득이 필요하다. 그런 기초 위에서 학생은 변론술의 공부를 시작할 수 있다. 키케로는 변론술(oratory)을 수사법(rhetoric)과 구별했다. 전자는 활동적인 측면이며 실행에 관한 것임에 비해, 후자는 준비하는 과정이며 발표에 앞서 발표의 소재들을 정렬하고 조직하는 것이다. 준비과정에는 폭넓은 공부와 정신적 능력뿐만 아니라 목소리와 몸짓과 같은 신체적 특성도 포함된다. 양자는 천성적인 것이며 또 모든 인간에게 똑같은 정도로 부여되는 것도 아니다. 그러나 천부적인 자질을 가지고 있다고 하더라도 누구나 훌륭한 변론가가 되는 것이 아니고, 오랜 기간의 특별한 훈련이 필요하다. 훌륭한 변론술은 변론학교에서 최적의 변론연습과 화법, 연설, 그리고 발성의 테크닉을 배우고 연마하면서 비로소 함양될 수 있는 것이다.

그와 같은 정규 수업 외에도 변론가가 되고자 하는 자는 부단히 법률, 문학, 그리고 동시대의 사회적인 관행이나 사건들 안에서 유용한 격언이나 실제 사례를 찾아서 기억해야 한다. 그러한 공부는 세 형식, 즉 독서 및 토론, 모범 연설문의 작문, 그리고 모의재판의 참여로 이루어진다. 학업이 어느 정도 진보하면 더 자세하게 법정 변론, 논의적 변론, 찬양적 변론과 같은 변론의 다양한 유형을 공부해야 하고, 또 문체의 여러 요소와 윤색에 관해서도 공부해야 한다. 그러한 공부가 마무리되었을 때 공적 생활로 진출하는 것이다.

키케로는 박식한 변론가가 체현하는 후마니타스의 이상이 그 도달이 불가능하지는 않지만 매우 어려운 것이라는 점은 인정했다. 그러나 그것에의 도달이 어렵기 때문에 그 성취가 그만큼 더 값지다고 보았다. 따라서 궁극적인 의미에서 교육, 즉 후마니타스는 소수의 엘리트만이 소유할 수 있는 것이다. 공공생활과 사회적 위신이 교육의 목적이 되었으며 수사법과 변론술은 그것들을 손에 넣을 수 있는 도구였다. 키케로는 기원전 1세기의 로마의 교육이 취해야 할 명확한 방향을 제시했으며 그의 『변론가론』은 결정적인 선언서였다. 이 책은 폭넓게 공공적으로 인정받았으며 그 세기 동안에는 어떠한 반대나 비판도 당하지 않았다.

6. 제정 로마의 교육

기원전 27년 옥타비아누스가 원로원으로부터 아우구스투스의 칭호를 받으면서 시작된 원수정(Principatus)과 함께 로마의 공화정 체제는 사실상 막을 내리고 로마 세계는 새로운 시대로 접어들었다. 이후 기원후 180년까지의 200년간, 이른바 '로마의 평화(Pax Romana)'라는 황금시대가 전개되었다. 로마제국은 3세기 후반의 군인황제시대의 혼란을 거쳐서 4세기 초 이후의 제정 말기에는 동방적인 전제군주정(Dominatus)으로 이행하였다.

도시국가를 기반으로 하는 그리스나 로마의 정치적 전통에서는 군주정보다는 공화정이나 민주정이 지배적인 시스템이었다. 로마인들은 오랫동안 공화정의 전통을 지켜왔으며, 특히 원로원을 중심으로 하는 귀족층이 공화정에 대하여 가지는 애착은 대단한 것이었다. 그러나 로마가 이탈리아 반도를 중심으로 하는 도시국가 연합체에서 동방 헬레니즘 세계와 북아프리카를 포함하는 지중해 전역을 지배하게 되고 더 나아가 에스파냐, 갈리아, 그리고 브리타니아까지 점령하여 명실상부하게 세계 제국으로 팽창하게 되자 그에 적합한 새로운 통치 시스템이 필요해졌다. 공화정에서 제정(프린키파투스와 도미나투스)으로의 이행은 불가항력적인 역사적 발전 경로였다.

1) 제정의 성립과 교육

제정의 수립과 함께 로마의 교육에는 어떠한 변화와 발전이 있었는가? 먼저 로마식의 학교교육이 로마제국 전역에 보급되었다는 사실을 들 수 있다. 로마인들이 제국의 정치적 통합 수단으로서 학교를 적극적으로 이용하고자 한 결과, 라틴어 문법과 변론술을 가르치는 학교들이 제국의 판도 내 곳곳에 세워지게 되었다.

이미 공화정 말기부터 로마가 그 속국에 대한 지배를 확립하고 유지하는 데 있어서는 학교교육이 중요한 역할을 하였다. "정복군의 발자국이 찍힌 곳에는 어디에나 제국의 수도를 본딴 도시가 생겨나서 행정과 통치의 중심지가 되었으며, 모든 큰 도시와 대다수의 작은 도시에는 그 나라 아이들을 위한 문법학교와 변론학교가 설립되었다." 갈리아 지방의 원주민 학교들은 재빨리 로마식 학교들로 대체되었고, 브리타니아의 경우 "아그리콜라가 그 지역을 평정하고 난 뒤에 가장 우선적으로 취한 조치는 그곳 원주민 우두머리의 아들들에게 변론술의 기술을 가르칠 수 있는 여건을 마련한 것"이었다. 그리하여 "제국의 모든 지역에서 '학교를 통한 로마화' 과정이 꾸준히 진행되어, 기원 2세기에는 로마의 학교가 거의 완전히 보편화되었다."(Boyd, 1994: 117)

기원 2세기 중엽 한 이오니아 사람은 그곳의 귀족들을 대표하여 안토니누스 피우스 황제(재위 138~161)에게 바친 글에서 "전 세계는 마치 공휴일과도 같다. 온 세상 사람들은 옛날의 쇠붙이로 만든 외투를 벗어 버리고 삶의 아름다움과 기쁨에 전신을 내던지고 있다. 모든 도시는 이전의 적대를 멈추고 오히려 한층 더 아름답고 매력적인 것으로 보이도록 서로 경쟁하고 있다. 곳곳에 경기장, 분수, 기념문, 신전, 작업장, 그리고 학교가 있다."라고 썼다(Marrou 1985: 352). 현세적 인간의 행복 자체라고 할 수 있는 여가와 안전과 안락이 구가되고 있는 것이다. 경기장, 분수, 기념문, …… 학교는 바로 로마문명, 그리고 그것이 중개하는 그리스문명을 상징한다. 오현제 시대 팍스 로마나의 평화롭고 유복한 생활상이 소리 높여 찬양되고 있다. 로마제국이, 그리고 그 체제에서의 평화와 행복이 어느 정도의 역사적 희생과 인류적 비극 위에 서 있는 것인지에 관해 숙고하는 것은 잠시 자제하자.

학교를 통한 로마화 정책의 한 예로서 에스파냐의 속주 총독 세르토리우스의 경우를 보면, 기원전 79년 그는 주도 오스카에 고급스러운 학교를 설립하여 현지의 상류계층의 남자 아이들을 입학시켜 이들 어린 인질들에게 로마풍의 의복을 입히고 그리스 및 라틴의 언어와 문화를 교육하였다. "이러한 정책은 제정기에 들어와 성과를 나타내서 이베리아 반도 전역에 하나의 학교망이 형성되었다. 심지어 루스타니아 남부의 작은 광산촌에까지 초등학교들이 세워졌고, 대부분의 도시에는 그리스어 및 라틴어의 문법교사와 변론교사들이 활동하고 있었다." 이베리아 반도가 로마제국의 정치와 문화에서 걸출한 업적을 남긴 인물들(세네카 부자, 루카누스, 퀸틸리아누스, 마르티알리스, 트라야누스 황제, 하드리아누스 황제 등)을 다수 배출한 것은 결코 우연이 아니었다(Marrou, 1985: 353).

그 밖에 아프리카와 갈리아 역시 로마화 정책으로 많은 로마식 학교들이 세워졌다. 로마제국의 여러 속지 중에서 라틴교육의 침투도가 가장 강했던 곳은 갈리아였다고 한다. 이미 기원전 6세기경 갈리아 남부의 지중해 연안 지역에 건설된 그리스 식민도시 마실리아(마르세이유)를 통하여 그리스 학문이 켈트족으로 전파되었다. "그러한 기초 위에서 기원전 1세기의 카이사르의 정복 후에 로마인들이 갈리아인들의 문명화를 계속했다. 행정과 교육의 센터들이 각지에 세워졌는데 그중에서도 특히 남부의 마실리아, 아를, 보르도, 리옹, 그리고 툴루즈가 두드러졌다. 그러한 곳에는 정규의 로마식 학교교육이 도입되었으며 라틴적인 학예의 영향력이 그리스의 그것을 압도하였다(Bowen, 1972: 199).

그리하여 "로마제국 전체가 상당한 밀도의 학교 시설망으로 덮였던 것이 사실이다. 초등학교 교사는 도처에서 눈에 띄었고 다소라도 중요한 중심지에는 문법교사와 변론교사에 의한 교육이 행해졌다."(Marrou, 1985: 356) 이러한 양상은 4세기 말경까지도 변함이 없었으며, "기원 1세기에서부터 4, 5세기에 이르기까지, 그리고 로마 대제국의 동쪽 끝에서부터 서쪽 끝에 이르기까지 로마교육은 하등의 실질적인 변화가 없이 그 동질성을 유지하였다."(Boyd, 1994: 118)

다음으로 내부적으로도 학교교육의 수요가 크게 증가하였다. 페르시아 전쟁의 승리 후 부강해진 아테네에서는 소피스트들의 전문적인 교육 서비스에 대한 사회적 수요가 급증했던 적이 있다. 그와 유사하게 대제국을 이룬 로마에서도 제국 자체의 행정기구와 속주들의 정부기관은 초등학교에서부터 상급의 변론학교에 이르는 제도적 형태의 학교교육을 통해 지적 능력을 갖춘 많은 인재들을 필요로 했다.

기원 1세기 무렵 제국의 수도인 로마는 거대한 도시복합체가 되었다. 대카토가 살았을 당시, 즉 기원전 2세기경에 25만 명을 넘지 않았던 로마 인구는 기원후 2세기 무렵에는 100만 명을 넘을 정도였다. 그와 같은 대도시는 당연히 그에 상응하는 문해력을 필요로 하는 법이다. 그리고 로마가 떠받치는 제국 역시 공무 종사자(public servants)의 대군(大群)을 요한다. "그러한 공무 종사자들은 통칭 아파리토레스(apparitores, 속관, 하급관리)라고 불렸으며 그들은 다시 자신의 보조원들—사무원, 기록원, 경리계 등—을 거느렸는데 이들의 업무는 최소한 초등교육을 필요로 하였다. 그 외의 직업으로 예컨대 법률가와 은행가 등도 존재했는데 이들 역시 도시의 관료제적 성격에 공헌했다."(Bowen 1972: 194) 제정 수립을 전후한 시기에 로마는 심대한 사회적·정치적 변화를 겪었으며 이러한 변화가 교육에 막대한 영향을 끼쳤다.

제국화에 따른 정부기관이나 관료기구의 확장은 특히 법조직의 발달에 유리하게 작용했던 것 같다. 제국의 수도와 속주가 필요로 하는 상급관리직은 그 대부분이 변론학교를 졸업한 프로의 오라토르들에 의해 채워졌다. 그러나 법률 지식에 대한 높은 사회적 수요는 직업적인 변론가로서의 변호사와는 다른 종류의 지적 직업을 출현시켰다. 법률가(juris prudens)는 학문과 문화의 선진국 그리스에는 존재하지 않았던 로마의 독창적인 직업이며, 학문 영역으로서의 법학 역시 그러하다. "그는 법학에 밝고 법률, 관습, 소송 절차의 규칙, 판례집에 정통하였다. 게다가 그는 법을 인용하고 또 개개의 소송에 있어서 그의 박식과 기억으로부터 얻은 폭넓은 지식과 자료를 구사할 수 있는 인물이며, 어떠한 특수한 사건에서도 그것의 복잡함과 법의 애매함을 극복하여 명쾌한 해결을 제시할 수 있는 인물이었다." 물론 로마에서의 법학의 발달이 그리스의 학문적 전통과 무관한 것은 아니었다. 분명히 그것은 그리스적 사고의 도움을 받았으며 스토아 철학의 윤리적 부와 아리스토텔레스 철학의 견고한 논리적 골조 아래서 체계화되고 발달한 것이었다(Marrou, 1985: 348).

법학의 발달은 기원전 1세기 무렵부터 시작하여 대략 기원후 2세기경에는 제도화의 단계에 도달한 듯하다. 키케로의 세대에 법학교육은 공무견습 또는 현장교육의 형태로 이루어지고 있었지만, 키케로의 저작 중에 『시민법교본』이 포함되어 있는 것에서 알 수 있듯이 당시에는 법학의 이론화가 진행되고 있었다. 아우구스투스 치하에서는 법률가 중에서 뛰어난 자에게 공적인 법률 해석의 권리가 인정되기도 했다. 2세기에는 법률상담 사무소들이 다수 있었고 이것이 법률학교—법학을 가르치는 공적 시설—를 겸했다. 이러한 학교들은 항상 신전 가까이에 위치하여 그런 곳에 설치된 특별 도서관을 이용할 수 있었다(Marrou, 1985: 349).

2세기에는 우수한 교육자와 학자들에 의한 교과서와 전문적인 법학서가 다수 출현하였다. 가이우스(Gaius, 생몰연대 불명)의 『법학제요』는 로마법의 기초를 다룬 전형적인 개설서이자 초학자용 입문서였다. 그리고 울피아누스(Ulpianus, 170?~228), 파피니아누스(Papinianus, 146?~212), 파울루스(Paulus, 생몰연대 불명) 등에 의한 여러 법률서는 후일 로마법대전의 성립에 중요한 기여를 하게 된다. 동방 지역에서는 베이루트와 콘스탄티노플에서 법학교육이 성행하였다.

2) 퀸틸리아누스의 교육사상

제정 초기 로마의 교육사상을 대표하는 자로서 퀸틸리아누스(Marcus Fabius Quintilianus, AD 35?~100)는 최상의 인물이다. 그는 키케로와 더불어 로마 세계 전체를 대표할 만한 교육자 겸 교육사상가다. 퀸틸리아누스는 키케로 그리고 그 이전의 이소크라테스의 사상을 충실히 계승하였다. 그러면서도 그는 선배들이 비교적 소홀하게 다룬 교육 자체에 관한 이론적 사유를 보다 심화시킨 점이 인정된다.

북부 스페인 출신의 퀸틸리아누스는 변론교사였던 아버지의 영향으로 변론가가 되기로 결심하고 고향에서 초보교육을 받은 후 16세에 로마로 건너가서 당시 로마의 저명한 변호사 도미티우스 아래서 공무견습을 받았다. 몇 년 후에는 도미티우스의 조수이면서 변호사로도 활동하다가 스승이 죽자 고향으로 돌아가서 변호사로 일했다. 30대 초반에 로마로 되돌아와 변론교사로서 활동을 시작하여 대성공을 거두었고, 곧 베스파시아누스 황제에 의해 최초의 라틴 수사학의 흠정강좌 교수로 임명되어 50대 중반에 은

퇴할 때까지 약 20년간 활약했다(Gutek, 1997: 48).

제국 교수직 은퇴 후에도 황족 자제의 가정교사로 활동했고 죽기 몇 해 전인 96년에는 자신의 교육 사상과 방법을 집대성한 『변론가 교육론(*Institutio oratoria*)』을 출판하였다. 이 책은 전부 12부로 구성된 대저로서 당시까지 출판된 모든 교육론서(필경 그리스어와 라틴어로 저술된) 중에서 최대 분량의 논저였다(이하 주로 Bowen, 1972: 200-202 참조).

퀸틸리아누스의 저서는 교육의 과정을 목적, 방법 및 내용의 세 측면에서 다룬 점에서는 전통을 따랐으나, 교수의 내용과 절차 그리고 교육의 원리와 철학을 상세히 분석하고 해명한 점이 특징적이었다. 즉, 그는 교육의 여러 기본 원리와 실제에 관해 보다 자각적인 태도로 접근한 것이다. 『변론가 교육론』의 이론적인 가정은 키케로가 전달한 이소크라테스의 그리스적 변론술의 전통에서 유래하였다. "이 책의 직접의 부모는 바로 『변론가론』이었다."

교육의 목적은 '능숙한 언변, 훌륭한 인간', 즉 변론가이지만, 키케로와 마찬가지로 퀸틸리아누스 역시 흠 잡을 데 없는 도덕적 성격과 철저한 학문적 도야에 의해 모든 분야에 정통한 박식〔enkyklios paideia〕을 이상적 인간의 기본 자질로 보았다. 그러한 이상적 인간을 얻기 위한 수단이 변론술의 훈련이었다. 그는 변론술이 단순한 설득과 궤변적 책략과 같은 비윤리적인 담화 형식과 어떻게 다른가라는, 이소크라테스와 키케로에 의해 수세기에 걸쳐 논의되어 온 낯익은 주제를 논했다. 그는 변론술이 도덕적으로 훌륭한 사람에 의해서 행사될 때 비로소 진정한 기술이 될 수 있다고 보았다. 변론술과 도덕성을 상호 통합적인 것으로 보았다는 점에서 퀸틸리아누스는 키케로와 차이가 없다. 그러나 변론술과 철학과의 상호관계에 관해서 키케로가 변론술에 있어 철학의 중요성을 명확히 강조한 데 비해, 퀸틸리아누스는 철학자를 변론가보다 보다 열등한 존재로 간주한 것 같다. 그는 "인간의 탁월성은 이성(ratio)에 못지않게 웅변(oratio)에도 있다고 말한다. 이 이유에서 그는 웅변가를 유일하게 완전한 인간으로 간주하며, 이에 비하여 철학자는 본질상 열등한 인간이라고 생각한다."(Boyd, 1994: 111) 이런 점에서 퀸틸리아누스는 키케로 이상으로 그리스의 소피스트적 전통에 더 접근했다고 볼 수도 있다.

교육의 내용과 커리큘럼은 키케로의 그것이나 당대의 표준적인 교육과정과 다르지 않았다. 교육은 읽기학습으로부터 시작하는데, 그것은 문자로부터 시작하여 음절, 단어, 그리고 문장으로 진행하고 그 기초 위에 문법의 교육이 뒤따른다. 그리고 문학은 역시 표준적인 방법인 낭송에 의해 가르쳐진다. 언어교육이라는 중핵에 더하여 수학과 음악이 교육과정에 추가되나, 수학(기하학)의 가치는 논리적 추론의 예증에 있고 음악은 우아한 사교에 도움이 되는 것이 그 교육적 가치다.

『변론가 교육론』의 장점은 그동안 경시되어 온 교육과정에서의 교사의 역할과 학습의 심리학을 분명하게 인식한 것에 있다. "그리스인이나 공화정기 로마인이 교육을 교양인의 형성을 주안으로 하는 여가적 활동으로 간주한 결과, 교수과정에 대해서는 그다지 관심이 두어지지 않았다. 그들의 시스템은 소수의 생존을 장려했던 것이다."(Bowen, 1972: 201) 아동의 본성을 연구해야 한다는 그의 주장은 조기교육과 학교교육의 중요성을 강조하는 결론으로 연결되었다. 교육을 위해서는 아이가 천부적으로 좋은 자질을 가지고 태어나는 것이 바람직하다. 그러나 천성이 아무리 훌륭하다고 하더라도 인간의 품성 형성은 천성 못지않게 사회적인 환경에 좌우되므로 아이의 교육은 가급적 일찍 시작하는 것이 좋다. 또 그는 가정교사에 의한 사적 교육에 반대하고 엄격한 기준에 합치하는 좋은 학교에서 아이를 교육해야 한다고 주장했다. 그리고 학교의 질은 교육을 위한 설비나 도구들 못지않게 교사의 품성과 심리학적인 안식(眼識)에 달렸다고 보았다.

퀸틸리아누스가 생각하는 좋은 교사의 조건은 그의 교육론 중에서 특히 주목할 만하다. 교사는 그 태도와 행동이 아이에게 강한 영향력을 발휘하므로 훌륭한 성품과 학식을 소유해야 한다. 또한 교사는 아이의 행동에 주의를 기울이고 아이의 반응들을 잘 관찰해야 한다. 아이의 연령에 맞는 학습 과제를 선택하고 그 양과 난이도를 아이의 주의력과 능력과 결부시킬 때 비로소 좋은 결과를 얻을 수 있다. 채찍질이나 매질과 같은 신체적 강제는 무용하다. 그것은 품위 없는 행동이며 아이에게서 긍정적인 열의를 끌어낼 수 없는 비효과적인 것이다. 그보다는 아이의 행동에 대한 긍정적인 보상으로서 적당한 칭찬이 더 교육적이다. 격려와 교사의 개인적인 시범이 바로 성공적인 학습의 수단이다.

현대의 기준에서 보면 퀸틸리아누스의 교육사상은 하등 새로울 것이 없는 아주 초보적인 교육학의 상식에 속하는 것이다. 그러나 그와 같은 사상이 기원후 1세기 말에 언어화되어 책으로 출판되기 전까지는 아무도 명료화하지 못했던 것이라는 점을 잊어서는 안 될 것이다. 또 로마에서의 변론교사로서의 20년간의 실제 교육 경험에 바탕을 둔 교육사상이라는 점도 고려할 필요가 있다.

3) 교육정책의 등장

로마에서는 제정기에 이르기까지 교육이 개인의 일로 간주되었으며, 따라서 교육정책은 존재하지 않았다. 로마가 지배를 확대해 가면서 제국이 되어감에 따라 점차 학문과 교육에 대한 공권력의 보호와 관여가 모습을 드러냈다. 로마 거주의 외국인 교사에게 시민권을 부여한 카이사르, 로마 최초의 공공도서관을 건립하고 외국인 교사에게 특혜를 준 아우구스투스, 그리고 교사 중 일부에게 국가공무원의 신분을 인정하면서 라틴어 변론술의 수석교사들에게 국고의 연봉을 지급하고 면세 등 '시민으로서의 의무'의 면제라는 특혜를 부여한 베스파시아누스 등이 초기의 사례다.

특히 오현제 시대의 하드리아누스(재위 117~138), 안토니누스 피우스

(재위 138~161), 마르쿠스 아우렐리우스(재위 161~180)의 사례는 인상적이다. 세 사람 모두 그리스의 학문과 교육의 열렬한 지지자였다. 하드리아누스는 선대 황제들이 그리스의 철학자와 교사들에게 부여한 특권을 더 확대하였을 뿐만 아니라 로마에 그리스 학문을 위한 센터인 아테나이움을 건립하였으며, 아테네에 대해서는 많은 종교적이고 교육적인 건축물을 세우고 또 교사들에 대한 지원을 아끼지 않았다. 마르쿠스 아우렐리우스도 아테네에 대한 지원을 아끼지 않았는데, 이 스토아 철학자는 아테네의 유서 깊은 네 철학학교(아카데메이다, 리케이온, 스토아, 에피쿠로스)에 대하여 각각 두 명의 수석교사와 변론술의 특별 수석교사를 두도록 하고 그들의 봉급을 황실 금고에서 지불하였다. 그리하여 2세기 말경 아테네는 로마 세계의 최고의 '대학'이 되었다(Boyd, 1994: 125-126).

안토니누스 피우스는 보다 체계적으로 제국의 교육에 개입했다. 그는 도시를 규모에 따라서 속주의 수도, 재판소 소재지, 통상의 도시의 세 종류로 구분하고, 이들 각각의 도시에 대하여 의사는 10명, 7명, 5명, 변론교사는 5명, 4명, 3명, 또 같은 수의 문법교사를 두되 모두 시 당국의 비용으로 하도록 칙령으로 정했다(Boyd, 1994: 125; Marrou, 1985: 363).

4) 제정 말기의 교육

제정 초기의 여러 사례들은 황제의 개인적인 독지가 내지는 문예의 옹호자로서 행한 것이라는 성격이 강했다. 본격적인 교육정책의 실행은 제정 말기에서야 나타났다.

종래 도시에 일임되었던 교사의 임면과정에 황제권력이 개입하기 시작하여 율리아누스제(재위 331~363) 치하에서는 일반 원칙이 되었다. 그는 도시 평의회의 결정과 그에 대한 황제에 의한 정식 비준 없이 교단에 서는 것을 금지함으로써 전 로마제국의 교육의 감독권을 장악했다. 370년에는 로마 시장에게 전체 학생에 대한 감독권을 부여함과 동시에 매년 성적이 우수한 학생의 명부를 황제에게 제출하는 의무를 지웠다. 또 376년의 그라티아누스제의 칙령에서는 모든 대도시에 대하여 우수한 변론교사와 문법교사의 선임을 명하면서 황제 스스로 교사의 봉급액을 정하고 도시 예산에서 지급하도록 했다. 425년에 테오도시우스 2세가 칙령을 통해 콘스탄티노플에 국립대학을 설치하고 수도에서의 고등교육을 독점하도록 한 것은 제정 말기의 적극적인 교육정책의 정점이었다. "이 대학의 교수들은 개인교수를 금지당했고 카피톨리누스 광장의 북쪽에 있는 응접실 풍의 방에서 강의를 했다. 교수로는 라틴어의 변론교수 3명과 문법교수 10명, 그리스어의 변론교수 5명과 문법교수 10명, 그리고 철학교수 1명과 법학교수 2명이 있었다."(Marrou, 1985: 368-372)

이와 같이 제정 말기에 황제들이 교육에 관한 많은 칙령을 공포하면서 교육에 적극적으로 개입하게 된 것은 제국의 통치를 위한 관리 양성의 필요가 그만큼 증대한 사실과 관련된다.

3세기 말 이래 로마의 황제권력은 동방의 전제군주정을 닮아갔으며, 그에 따라 문관 서기에 의존하는 관료제가 강화되었던 것이다. 로마제국은 오현제 시대가 끝난 후 극심한 내정 혼란과 외침 그리고 재정파탄과 경기침체가 이어지면서 일로 쇠망의 길을 걷게 된다. 특히 235년부터 284년까지의 50년 동안 무려 26명의 군인황제들이 교체되는 극도의 혼란은 제국을 멸망 직전의 위기에 빠트렸다.

284년에 즉위한 군인황제 디오클레티아누스(재위 284~305년)는 제국을 재정비하여 로마를 멸망의 위기에서 구했지만 디오클레티아누스의 개혁은 오리엔트적인 전제군주정의 양식을 채용하는 것을 핵심으로 하였다. 그는 스스로 아우구스투스 이래의 황제의 공식 칭호인 프린켑스 대신에 주인이라는 뜻의 도미누스(Dominus)라는 칭호를 택했다(도미나투스의 개시). 또한 민간행정이 군사행정으로부터 독립하는 등 제국 관료제도에 대한 의존도가 높아졌고 관료계층이 팽창하였다. 또 콘스탄티누스 황제(재위 312~324년)는 제위 계승을 세습화하고 제국을 마치 사유재산처럼 취급했다. 이제 로마의 황제는 이집트의 파라오나 중국의 황제와 같은 전제군주가 된 것이다. 이는 오랜 로마문명의 전통에서 보면 중대한 '이탈'이라고 하지 않을 수 없다.

그런 의미에서 기원후 284년은 로마문명의 역사적 분기점에 해당하며, 이때부터 서양 고대는 고대에서 중세로의 역사적 이행기에 접어들었다고 할 수 있다. 그런데 로마제국이 쇠퇴기에 접어드는 이 시기에 역설적으로 로마의 학교교육은 종전에 비해 더 안정되고 제도적으로 정착하게 되었다. 한편 로마문명이 패배의 길을 걷기 시작하는 4세기는 기독교가 로마제국에서 승리를 거두는 시기이기도 했다. 기독교가 서양 중세문명의 주역이라는 점을 생각하면 역시 4세기의 로마제국은 질적으로 다른 국면에 접어든 것이 분명하다.

제5장

중세 동아시아의 교육

제 5 장

중세 동아시아의 교육

1. 동아시아의 '중세'

동아시아에 '중세'는 존재하는가? '중세'라는 역사시대는 본래 서양 역사학에 속하는 개념이다. 그리스문명을 중핵으로 하는 '고전고대'와 르네상스 이후의 '근대'라는 두 역사시대의 중간에 놓인 시기가 곧 중세다.

그 주요한 특징은 고전고대의 높은 수준의 문화가 사라진 대신 야만적인 풍습이 지배하게 되고, 정치적으로도 통일적인 정치질서가 붕괴된 대신 혼란과 분열이 지배하게 된다. 또 세속적인 문명을 대신하여 기독교라는 초월적인 종교가 사람들의 일상생활과 정신세계를 장악하게 된 점도 중요한 특징이다. 대략 5세기경부터 15세기경까지가 중세에 해당하며, 11세기를 기준으로 전후로 나누어 중세 전기와 후기로 구분하기도 한다.

이와 같이 서양사의 경우 고대와 중세 그리고 근대라는 역사시대가 명확하게 분절화된다. 그러나 동양사의 경우는 사정이 다르다.

중국과 한국의 경우 중세라는 역사 시기를 명확하게 설정하는 것이 사실상 불가능하다. 그에 비해 일본은 중세가 고대와 근세와 뚜렷이 구별되는 형태로 설정될 수 있다. 같은 동아시아권이라고 하더라도 이 점에서 한·중·일 세 나라 간에 상이점이 존재한다. 중국과 한국은 여전히 집권적(集權的)인 왕조체제가 존속한다. 왕조의 교체는 있지만 왕조라는 정치 시스템 자체는 여전히 작동하고 있는 것이다. 그에 비해 일본은 고대적인 율령국가 시스템과는 다른 체제가 들어선다.

중국사와 한국사에도 중세라는 역사시대를 설정하는 예가 없는 것은 아니다. 한제국 멸망 이후 삼국(위·촉·오)으로부터 육조, 수당, 오대에 이르는 740년간(220~960)을 중세로 분류하기도 한다. 예컨대, 미야자키(宮崎市定)는 '고대적 통일 → 중세적 분열 → 근세적 재통일'이라는 서양사 중심의 역사시대 구분의 특징을 중국사에 적용하여, '진·한제국에 의한 고대적 통일 → 삼국~오대의 중세적 분열 → 송에 의한 재통일'이라는 시대구분법을 취했다(宮崎, 1999: 13-25). 미야자키는 송의 건국 이후 특히 11세기의 북송시대를 동양의 르네상스로 파악하여 서양의 그것과 비교하는 관점도 제시하였다(宮崎, 1995: 103-175).

이와 같이 동양과 서양의 역사를 보편적인 기준에 맞추어 비교하려는 시도는 매우 흥미롭고 또 기본적으로 바람직하다. 그러나 중국의 중세와 서양의 그것 사이에는 여러 가지의 유사점들에도 불구하고 근본적인 차이가 존재한다. 먼저 정치적 구조 면에서 볼 때, 서양 중세가 고대적 통일성이 해체된 이후 오랜 분열 상태(봉건적 지역분할 체제)를 특징으로 함에 비해, 중국의 경우는 수와 당이라는 강력한 통일제국이 300년간이나 존속했다. 중국의 경우 '중세적 분열'은 수·당시대를 전후하는 시기에 현출된 것이었다. 당제국은 고대의 한제국 이상으로 판도를 확장한 명실상부한 대제국이었다.

또 문화적인 면에서는 서양 중세가 세속적인 고전고대 문명(헬레니즘)과는 완전히 이질적인 초세속적 기독교문명(헤브라이즘)의 일원적 지배를 특징으로 함에 비해, 중국의 경우 불교가 중요한 역할을 하였기는 하나 기독교가 서양에서 한 역할에 비하면 그 현실적인 영향력은 한정적이었다.

경제적인 면에서는 서양 중세가 고전고대적 생산양식에서 봉건적 생산양식으로 바뀌었음에 비해, 중국에서는 이른바 아시아적 생산양식으로부터의 질적 전환이 이루어졌다고 보기 어렵다.

이상과 같은 사정으로 인해 대부분의 중국사 통사가 고대, 중세, 근세라는 서양사적 시대 구분을 채용하지 않고 왕조사를 기초로 하는 서술방식을 취하고 있는 것이다(신성곤, 윤혜영, 2004; 尾形, 岸本, 1998 등). 중국이라는 초거대(super-ultra)사회가 고대로부터 현대에 이르기까지 하나의 통일적인 정치체제로서 질서를 유지해 올 수 있었던 것은, 기본적으로 "왕조의 교대나 여러 가지 제도적 변화는 있었지만, 2,000년 이상에 걸쳐 황제를 정점으로 하는 관료정치체제가 통치의 기본 골격으로 존속"(尾形, 岸本, 1998: 18)하였기 때문이다.

이러한 사정은 한국의 경우도 대동소이하다. 즉, 서양사의 중세에 비견될 만한 시대가 한국사에는 존재하지 않는다. 중국사의 경우와 마찬가지로, 왕조를 중심으로 서술될 수밖에 없다(이기백, 1999). 일부 고대–중세–근세라는 시대 구분을 채용하는 예도 있으나, 그 경우 그러한 역사적 시대 구분의 기준이 명확히 제시되고 있지 않다. 예컨대, 한영우의 『다시 찾는 우리역사』(2004)는 고려 이전을 '고대', 고려시대를 '중세', 조선시대를 '근세', 개항 이후를 '근대', 해방 이후를 '현대'로 각각 구분하고 있으나, 그러한 역사적 시대 구분의 근거를 제시하지 않고 있다(p. 56).

반면 일본의 경우는 일반적으로 '중세'라는 역사시대가 독자적인 의미를 가지는 것으로 받아들여지고 있다. 1180년대의 카마쿠라 바쿠후(鎌倉幕府) 성립부터 전국시대(戰國時代, 1467~1570년경)를 거쳐 1580년대에 새로운 통일적 중앙정권이 수립될 때까지의 약 400년간이 일본의 중세에 해당한다. 카마쿠라(鎌倉), 무로마치(室町)의 양 바쿠후 시대는 고대적 율령국가와는 이질적인 정치적인 질서가 성립하였던 시대다. 고대의 지배계층인 왕과 그 측근 귀족 세력('公家', 쿠게)에 대신하여 무사 세력('武家', 부케)이 정권을 장악하였고, 그 무사 세력의 정권 역시 권력의 집권성을 현저하게 결여한 봉건적 시스템이었다. 특히 15세기 중엽 이후 100년 동안(전국시대)은 국가권력이 부재한 그야말로 '무정부'의 극심한 혼란과 무질서 상태가 지속되었다.

일본은 10세기경까지는 '동아시아적인 발전의 경로'를 걸어왔지만, 그 후로는 중국 및 한국과는 다른 독자적인 역사발전의 길을 걷게 된 것이다.[1] 이것이야말로 이 시대, 즉 10세기부터 14, 15세기까지의 동아시아 역사에서 가장 흥미롭고 또 중요한 사실이 아닐까 생각한다. 중국과 한국이 그 이전의 역사와 기본적으로 연속함에 비해 일본은 단절적이다. 동아시아의 교육사를 이해함에 있어서도 이 점은 간과될 수 없다. 즉, 이 시기의 중국과 한국의 교육이 기본적으로 그 이전의 시대와 연속함에 비해 일본은 그렇지 않은 것이다.

이하에서는 중국(송 · 원대)과 한국(고려시대)의 교육을 먼저 검토하고, 이어 일본 중세의 교육을 살펴보기로 한다.

1) 일본이 왜 한국과는 달리, 중국적인 역사발전의 경로에서 '이탈'하여 독자적인 길을 걸을 수 있었는지에 대한 하나의 해답은, 비트포겔의 소위 동아시아 수력문명의 중심, 주변, 아주변이라는 역사지리적 도식에서 찾아볼 수 있을 것이다. 일본은, 중화 수력문명권의 '아주변'으로서, 한국에 비해 중화 문명의 강력한 자장(磁場)으로부터 '자유'로웠던 것이다. 중국 및 한국과는 이질적인, 일본의 고대로부터 중세로의 변혁은, "고대 말기에 거의 완전하게 외국세력의 영향으로부터 독립하여, 이른바 순수배양과 같은 형태로 사회의 근본적인 변혁을 행한 것"으로서, 이는, "세계 역사상으로도 그 유례를 찾아볼 수 없는 주목할 만한 사실"이라고 할 수 있다(竹內, 2004: 15).

2. 송 · 원대의 중국교육

당왕조의 몰락 후 약 50년간의 분열 혼란기(5대10국 시대)를 거쳐 960년에 송(宋)왕조가 건국됨으로써 중국대륙에는 다시 한족의 통일 왕조국가가 성립했다. 그러나 송(북송)은 북방 유목민족 세력(거란족의 요와 여진족의 금)의 압력을 받으면서 남쪽으로 밀려났으며(남송, 1127~1279), 그마저도 몽골족의 침략을 당하여 1279년에는 사상 처음으로 중국대륙 전체가 이민족의 지배하에 들어갔다. 징기스칸과 함께 시작되는 원(元)제국은 1368년에 패퇴할 때까지 백 년 가까이 전 중국을 장악하였고, 더 나아가 유라시아대륙 대부분을 지배하는 대제국이었다. 그러므로 송과 원의 두 왕조가 존속한 시기는 960년부터 1368년까지라고 할 수 있는데, 이는 한반도의 고려왕조(918~1392)의 존속 시기와 거의 일치한다.

송왕조는 진, 한, 당과 같은 고대 통일왕조들에 비하면 제국적 성격이 상대적으로 약하였다. 약 300년간의 왕조시대가 북송과 남송이라는 사실상 두 개의 왕조로 이루어졌으며, 존속기간 내내 북방 유목민족 세력의 위협을 받다가 마침내 몽골족에 의해 완전히 패망하였다. 일견 분열과 전란의 시기로 생각될 수도 있는 송대이지만 사회와 문화 면에서는 중요한 발전이 이루어졌다.

송왕조는 강력한 군주 독재권력을 핵심으로 하는 중앙집권적인 국가체제를 기반으로 하였다. 송태조 조광윤은 당말 이래 지방 세력의 수중에 들어간 군사, 민간행정, 재정의 권력을 모두 황제의 직접적 통제 밑에 집중시켰다. 5대10국(五代十國) 50여 년간 중국 각지에서는 군벌(절도사)들이 할거하면서 서로 쟁패하고 경쟁적으로 천자를 자칭하였다. 조광윤은 송왕조 개창 직후 지방 군벌들로부터 병권을 박탈하는 대신 최고참모본부에 해당하는 추밀원(樞密院)을 황제 직속기구로 설치하여 군사력에 대한 황제의 통제권을 제도화하였다. 민간행정은 중서성(中書省)이 맡았는데, 4~6명의 재상 및 부재상이 지도하는 이 기구가 실질적인 정부로서 기능했다. 이와 같이 추밀원과 중서성이 각각 군정과 민정을 담당함으로써 송왕조 국가기구의 쌍벽을 이루었다. 그 밖에 재정 담당의 삼사(三司), 감찰기관인 어사대(御史臺)가 별도로 있었으며 추밀원, 상서성의 양부와 더불어 중앙관청의 중심을 이루었다.

중서성 등 민간행정 기구는 말할 것도 없고 군정을 통괄하는 추밀원조차도 장관 이하 모든 관직을 문관이 차지하였다. 무관은 문관과 마찬가지로 황제에 직속하는 국가기구의 한 축을 형성했지만 제도적으로 문관보다 하위에 놓였음에 비해, 문관은 민정과 군정의 양쪽을 자유롭게 담당할 수 있는 우월한 위치가 보장되었다. 송왕조의 황제 독재권력을 제도적으로 뒷받침한 것이 바로 그와 같은 문관우위 체제였다. 이들 문인관리들은 송 왕조의 지배계층에 해당하는 사대부(士大夫) 계층에 속하는 사람들로서 치열한 경쟁을 뚫고 과거를 통과함으로써 특권적인 신분과 관직을 획득하였다(참고로 송대의 문인관리의 수는 고급관료가 3,000~4,000명이고 하급관료가 1만 명에서 1만 수천 명의 규모였으며 거의 비슷한 수의 무관이 있었다). 이들 문관 1만 수천 명이 전국의 국가행정을 떠맡았다. 당시 지방행정 구분의 말단인 현이 1,200여 개 있었고 하나의 현에 수만 명의 인구가 거주하였는데 그러한 현에 배치된 관원이 4명 이하였다고 한다(尾形, 岸本, 1998: 183). 불가피하게 이들 소수의 국가관료들 외에 방대한 규모의 무급의 현지인 행정실무인력('서리'나 '직역호' 등)이 조직·동원되어 통치기구의 최말단을 구성하게 되었다.

원(1271~1368)은 중국 전토를 완전히 지배하게 된 최초의 이민족 통일왕조였다. 원왕조를 포함한 몽골제국은 동양사는 물론 세계사를 통틀어서도 유례를 찾아보기 힘든 초거대제국이었다. 동으로는 오호츠크해로부터 서로는 지중해 연안에 이르기까지 러시아 전토를 포함하는 유라시아 대륙의 광대한 영역이 몽골제국의 판도에 속했다.

원왕조는 국가통치 기구의 구성방식에 있어 몽골식과 중화왕조식의 절충 형태를 취했다. 지방행정 조직을 보면 종래의 주현(州縣)제를 기반으로 하되, 주의 위에 로(路)와 행성(行省)을 설치하였는데, 전국에 11개 설치된 행성의 경우 그 장관은 자신의 군단을 소유하는 세습 몽골귀족이었다. 그리고 행성 이하 모든 지방장관은 원칙적으로 몽골인이거나 색목인(서방 계통 민족들)이 임명되었다. 그에 대하여 각급 지방행정 기구의 중 · 하급 조직에서는 중화왕조식의 관료 구성과 직능 분담이 이루어졌다. 그에 따라 관리 선발에 있어서 과거제도가 그다지 중시되지 않았다.

원왕조는 당시의 활발한 동서교류의 역사가 말해 주듯이 동아시아 지역에서는 드문 국제적이고 개방적인 정치체제였다. 그것은 일원적인 위계질서의 구속을 받음이 없이 다양한 인종과 여러 이질적인 문화가 비교적 자유롭게 유통하고 공존하는 다원적인 세계였다. 유라시아 대륙의 패자인 몽골제국의 한 구성 부분인 원제국에서 이른바 '중화문명'이란 다양한 문화들 중의 하나에 지나지 않았으며 몽골인들은 그에 대하여 특별한 의미를 부여하지 않았다. 이러한 것은 중국대륙에 성립한 여러 왕조들의 역사에 비추어 보면 매우 이례적이다. 원의 앞뒤에 오는 송과 명은 논외로 하더라도, 만주족에 세운 청(淸)은 적극적으로 중화문명을 제국통치를 위해 활용했으며 청왕조는 자진하여 '중화'에 동화되어 갔다. 원은 유목적 정치질서와 중화왕조적 정치질서가 혼융된 국가 형태로서 매우 홍미로운 사례라고 생각된다. 종래 '중화사관'의 영향으로 인해 원의 역사와 문화가 부당한 취급을 받아온 것은 아닌지 확인해 볼 필요가 있다.

이상이 960년 송의 건국부터 1368년 명에 의해 원이 패망할 때까지의 400년 동안 중국대륙에 성립한 송과 원 두 왕조의 대략적인 양상이다. 지배민족으로부터 국가통치 기구와 문화에 이르기까지 매우 대조적인 모습을 한 두 왕조였다.

1) 교육제도

송의 교육제도는 기본적으로 당의 제도와 맥을 같이한다. 과거를 통하여 문인관료를 선발하였으며 중앙과 지방에 관학을 설치하여 인재 양성을 하였다. 이들 관학에서는 유학경전을 중심으로 하되 불교와 도교도 조정에 의해 장려되었다.

교육제도는 중앙과 지방의 관학으로 나뉘는데, 중앙 관학은 국자감의 관할하에 국자학, 태학, 사문학, 광문관, 무학, 율학, 소학이 있었다. 이 중 국자학에서 사문학까지가 유학교육의 정규 학교에 해당한다. 그 밖에 각 전문부서에 부속된 전문학교로서 의학(태상원 또는 태의국), 산학(사천감), 서학(한림서예국), 화학(畵學, 한림도화국)이 설치되었다(괄호 안은 관할 전문부서명). 또 종실의 자제를 위한 특별학교(자선당, 종학, 제왕궁학, 내소학)도 조정 직속으로 설치·운영되었다.

지방에는 지방행정 단위에 따라 그에 상응하는 학교가 세워졌다. 중국의 지방행정 조직은 당 이후 주현(州縣)제를 기본으로 하였다. 기초 지방행정 단위인 현은 그 총수가 한대 이후 거의 고정되었으며 약 1,200개에 달했다. 이들 현은 3개 정도 모여서 하나의 주(州)를 구성한다. 즉, 전국적으로 대략 400의 주가 설치되는 것이다. 주 외에도 부(府), 감(監), 군(軍)이 특별행정 조직으로 별도로 설치되었다. 따라서 지방 관학은 주에 설치된 주학과 현에 설치된 현학이 대종을 이루었다.

이들 주학과 현학은 원칙적으로 과거시험과 관련되는 교육을 위한 시설이었으므로 과거시험의 내용에 맞추어 시부(詩賦), 책론(策論), 경의(經義)가 그 주된 교육내용이었다. 지방 관학은 시설에서는 사묘(祀廟), 강당(講堂), 학사(學舍)를 기본적인 시설로서 갖춘 이른바 묘학(廟學) 일체를 기본 특징으로 하였다(김경식, 2006: 435). 송 조정은 지방 관학에 대해서도 서적과 학전의 지급을 포함하여 교관의 배치 등을 통해 장려책을 폈다. 또 현학과 주학 그리고 중앙의 태학 사이에는 시험을 통한 상하 연계가 이루어지기도 하였으며, 과거에 응시하기 위해서는 지방 관학에 일정 기간 재학하는 것이 요구되기도 하였다.

송대의 교육문화와 관련하여 중요한 것은 서원(書院)의 발전이다. 서원은 당 말과 오대의 혼란기에 국가 주도의 교육이 부진에 빠졌을 때 재야의 독서인들이 군거하여 강학하는 시설로서 설립하기 시작하였다. 그 후 송대에 이르러 크게 성행하였는데, 송의 개국 초 아직 관학이 정비되지 못하던 시기에 산림에 은거하는 재야 유생들에 의해 세워진 사적 교육시설이었다. 송대(북송과 남송) 서원의 총수는 정확히 알 수 없으나 대략 200~400여 개소로 추정된다(김경식, 2006: 444). 그중에서 백록동서원, 숭양서원, 악록서원, 응천부서원은 이른바 송대의 4대 서원으로 유명하다. 특히 백록동서원은 남송의 주희가 '백록동서원학규'를 정하고 서원교육의 체계화에 주력함으로써 세상에 널리 알려지게 되었다.

민간의 주도하에 자유롭게 학문을 연마하고 폭넓은 학술교류와 서적 수집을 행하는 등 지방의 학문과 교육의 센터로서 기능하던 서원은 남송에 들어서 크게 일어나게 되는데, 이는 당시 남송에서 정주(程朱)의 성리학이 크게 발흥한 것에 힘입은 바 크다. 이러한 송의 서원제도는 조선시대 서원의 발전에도 영향을 미쳤다.

요 · 금 · 원의 북방 유목민족의 왕조도 중국식 교육제도를 채용하면서 동시에 자민족 중심의 민족적 교육제도를 병행하여 발전시켰다. 이 중 원은 중앙에 국자학 외에 몽고국자학과 회회국자학을 설립하여 몽고족 인재 양성과 페르시아 관련 인재 양성을 도모했다. 또 지방 행정 조직의 규모에 상응하는 관학(노학, 路學)을 두었는데, 그중에서도 지방행정 조직의 기층에 해당하는 향촌에 민중교육 시설로서 사학(社學)을 설치한 것이 특히 주목되는 점이다. 이 사학이란 향촌의 50가(家)로서 1사(社)로 조직하고 각

사마다 하나의 학교를 세워 경서에 밝은 자를 교사(학사, 學師)로 삼아 자제들을 교화하도록 한 것이다. 사학의 교육내용은 소학, 대학, 논어, 맹자 등 유교경전이었다(김경식, 2006: 516)고 하는데, 이러한 교육내용이 과거 준비와 어떤 관계에 있는지, 또 노학과 같은 지방 관학과 어떤 관계였는지 불분명하다. 그렇지만 중국의 역대 왕조에서는 지방 관학을 주로 과거 준비교육을 위한 제도로서 운용하였으며 그에 대하여 일반 민중을 위한 초급교육의 제도화에는 소극적이었던 점을 생각하면 원대의 민중교육 기관인 사학의 의의는 가벼운 것이 아닐 것이다. 이 원의 사학은 이후에 명조에 의해 계승되었다.

한편 남송에서 크게 일어난 서원제도는 원대에 이르러 적극적인 조정의 장려책에 의해 확장되었다. 원의 통치자들은 지방의 관학을 정비하여 보급시키는 동시에 개인 학자들에 의한 사적 교육에 대해서도 그를 장려하고 보호하는 허용적인 자세를 취하였다. 그 정확한 이유는 잘 알 수 없으나, 추정컨대 서원의 교육이 관학의 그것에 대립하는 것이 아니라 후자를 보완하는 관계에 있다면 굳이 전자를 억압할 이유가 없을 것이며, 오히려 후원하고 권장하는 것이 마땅할 것이다. 실제로 대부분의 원대 서원은 송학, 즉 정주리학(程朱理學)을 교학의 기본 내용으로 했다(김경식, 2006: 529).

물론 개인 학자들의 서원교육에 대해 아무런 규제나 통제가 가해지지 않은 것은 아니다. 예컨대, 원은 중앙의 예부나 지방의 행성을 통해 각 서원의 산장(山長)과 교사를 임명하고 원생 모집, 시험, 원생의 동향 등 학사내용에도 관여하는 등의 규제를 가했다. 그 결과 점차 많은 서원이 지방 관학의 체계로 편입되거나 관학에 동화되어 갔으며, 마지막에는 관학과 다를 바 없이 과거시험 준비를 위한 부속기관 또는 '과거제의 부용물로 전락'해 갔다(곽제가, 2004: 164; 김경식, 2006: 529-530). 그런데 원대의 지방 관학의 실상이 어떠했는지 불분명하며 또 원대 과거제는 다음에 살펴보겠지만 송대와는 달리 매우 부진했던 사실을 고려한다면 원대 서원의 '관학화'의 실상에 대해서는 좀 더 검토할 필요가 있다.

2) 과거제도

과거는 앞서 언급한 것처럼 7세기경에 확립되었는데 송대에 이르러 한층 발전하였다. 중국에서 과거제도는 귀족 · 호족 세력을 누르고 황제의 전제권력을 확립하는 것을 목적으로 고안된 정치적 도구였다. 송대 과거가 크게 성행한 것은 송왕조가 초기부터 강력한 황제 독재권력의 체제를 구축한 것을 배경으로 한다.

송의 과거제도의 특징으로는 황제가 성시(省試) 합격자를 대상으로 친히 시험을 보이는 전시(殿試)가 새로 도입된 점을 먼저 들 수 있다. 종래에는 예부 주관의 성시에 합격한 자는 다시 이부 주관의 신언서판의 인물고사를 거쳐 비로소 임관되었다. 송대의 전시는 천자가 직접 시험관이 되어 과거 합격자들의 최종 순위를 결정하는 임관시험인 것이다. 그리하여 송대에 이르러 과거의 절차가 종래의 2단계로부터 해시(解試) 혹은 주시(州試)–성시(省試)–전시(殿試)의 3단계로 변화하였다. 전시(殿試)의 등장은 과거제도상 중대한 변혁이었다. 종래 이부가 성시 합격자를 대상으로 독자적인 기준(신언서판)에 따라 임용시험을 행했던 것을 무력화한 것이다. 이로써 특권 귀족계급의 아성이었던 이부의 과거제도상의 권한이 대폭 축소되었다. 또한 이전에는 '좌주문생(座主門生)'이라고 하여 과거의 시험관('지공거' 혹은 '좌주')과 합격자는 사적으로 사제관계를 맺어서 그 관계가 일생 이어졌는데, 황제가 친히 시험을 주재하는 전시의 도입은 그러한 과거시험관과 합격자 간의 사적 인간관계를 차단하는 역할도 하였다. 환언하면, 과거 최종시험인 전시는 천자가 직접 그 시험관 역할을 하게 됨에 따라서 이제부터는 과거 합격자가 '천자의 문하생'이 된 것이다. 즉, "천자 독재권의 확립에 따라 과거의 권한이 극도로 천자의 수중에 장악"(宮崎, 1993: 31)되었으며, "관리는 천자에 의해 관리의 자격을 부여받고 신분을 보장받는 대신 천자의 권력이 이 관료집단에 대하여 지배적이고 압제적이 되었다."(佐伯, 2000: 79)

또다른 변화로는 종래 매년 거행해 오던 과거를 3년에 한 번 시행하는 것으로 바꾼 것이 있다. 과거 절차가 3단계로 늘어남에 따라 자연히 과거 시행에 따른 지방과 중앙의 주관 관청의 행정적 업무가 증대하였으며, 과거를 통해 관직으로 진출하는 방식이 제도화되고 합격자 수가 증가됨에 따라 응시자 수도 급증하였고, 또 부정 행위도 날로 교묘해져서 그 방지를 위한 법규와 절차도 점점 복잡하고 번잡해져 갔다[그 대표적인 사례가 과거 답안평가에 사적인 정실이 개입되는 것을 방지하기 위한 대책으로 강구된 미봉(彌封)과 등록(謄錄)의 방책이었다.]. 1066년에 과거를 3년에 한 번씩 치르도록 정식으로 정해졌고 이 방식은 이후의 원·명·청대에도 지켜지게 되었다.

송 초에는 과거 종류로서 진사과(詩賦의 詞章 시험)와 명경과('學究', 경학 시험)가 주요한 시험이었으며, 이 중 진사과가 더 위세가 높았다. 그러나 과거의 정치적 중요성이 증대함에 따라 과거제의 시행과 내용에 대한 개혁의 필요성이 제창되었으며 그에 따라 상당한 변화가 이루어졌다. 과거제 개혁안으로 대표적인 것은 북송의 개혁정치가 범중엄과 왕안석의 사례다(金, 2003: 170-175). 1043년과 그다음 해에 범중엄이 중심이 된 개혁안은 과거 1차시험의 응시자격을 지방 관학에 300일 이상 재학한 자에게만 부여하는 것, 2차시험은 책, 논, 시부의 순서로 하여 시부보다 책론을 더 중시하고 또 종래 경전의 장구와 주소에 대한 암기력 평가를 주안으로 한 첩경과 묵의를 폐지하는 대신 경전 대의(大義)를 시험하도록 한 것, 수험생 답안의 미봉과 등록을 폐지하고 수험생(거자)의 학업과 품행을 지방 관학과 지방관이 보증하도록 한 것 등을 주요 내용으로 하였다. 이 개혁안은 책론을 우선시함으로써 문학보다는 경학의 연구와 지식을 더 우대하고 또 수험생의 평소 품행과 덕성을 과거 당락 결정에 반영하자는 것을 취지로 하였다.

이러한 개혁 시도는 반대론에 부닥쳐 곧 좌절되고 말았다. 그러나 책론과 경학 중시, 그리고 첩경 및 묵의의 폐지는 사회적으로 지지를 받았으며 의리지학(義理之學)의 발달을 촉진하였다.

1059년 왕안석이 발의한 과거 개혁안 역시 범중엄의 개혁안과 흐름을 같이하였다. 그 제안은 10여 년 후 실제로 실행에 옮겨졌다. 주요 내용은 (1) 과(科)로는 진사과 하나만을 개설하고 명경, 학구 등의 제과(諸科)는 폐지한다, (2) 시부, 첩경, 묵의를 폐하고 경의(經義), 논, 책으로 시험한다, (3) 전시에서는 책만을 시험한다는 것이었다. 이는 분명하게 유학경전의 내용에 대한 지식을 시험하는 것으로 과거제를 전환하는 것이다. 또 왕안석은 삼사법(三舍法)을 제안하여 관학을 과거와 조직적으로 연계시키고자 하였다. 삼사법은 국학의 학생을 외사(外舍), 내사(內舍), 상사(上舍)의 3등급으로 분급하고, 시험 성적에 따라 순서대로 승급 또는 유급시키고, 성적이 우수한 상사생(上舍生)은 과거시험을 면제받고 바로 관직을 수여받도록 하는 제도였다.

왕안석의 제도개혁 내용은 그 후 당파 대립으로 인해 부분적으로 변화를 겪었다. 그 과정에서 시부가 다시 부활하였으며 송 말에 이르기까지 진사과는 대체로 경의와 시부의 두 분야를 중심으로 하게 되었다. 과거시험의 내용을 경학으로 하느냐 문학으로 하느냐는 송대 이후 중국 과거제도의 역사에서 중요한 주제의 하나였다. 품행과 도덕성을 중시하는 측은 경학 위주를 주장했지만, 실제 과거 시행과정에서는 품행과 도덕성의 객관적 평가가 용이한 일이 아니었고 또 수험생의 우열을 가리기가 어려웠기 때문에 상대적으로 선별기능이 강한 문학시험을 주로 해야 한다는 주장도 상당한 지지를 얻었다. 그래서 과거를 통해 경학에 밝으면서 도덕적인 인재를 선발해야 한다는 주장이 문학을 중시하는 입장을 완전히 압도하지는 못했다.

과거에 급제하여 고급관료에 임명된 사대부(士大夫)들이 송대의 신흥귀족으로 부상하였다. 그들의 지위는 이전의 귀족신분이 세습이었던 것과는 달리 일대(一代)에 한정되었으나, 사대부에게는 각종 특전(세제상 및 형법상의 특권)이 주어졌을 뿐만 아니라 막대한 비공식적 수입도 보장되어서 관리 3년 하면 손자대까지 놀고 먹을 수 있을 정도의 재산을 축적할 수 있었다고 한다. 그래서 "과거에는 수험자가 쇄도하여 70, 80세를 넘은 노인이 손자의 부축을 받으며 시험장에 나오는 눈물겨운 광경도 있었다. 관리가 되는 것은 만인의 이상이었다."(金, 2003: 87)

송왕조 외에도 요 · 금 · 원의 북방 이민족 왕조도 과거제도를 관리 채용의 제도로서 활용하였다. 그러나 원은 대체로 과거 시행에 소극적이었고 고급관료의 직위는 몽골인 귀족이나 유력 가문 출신자에 주어지는 것이 보통이었다. 그리고 색목인 등 이민족이라도 개인 능력을 기준으로 관리로 임용하기도 하였다. 또한 민족과 출신 지역에 따라 네 집단, 즉 몽골인, 색목인, 한인(금대 화북 지역에 거주한 한족 외에 거란인, 여진인, 고려인이 포함됨) 그리고 남인(남송 치하의 한족)으로 분류되어 이들 집단별로 관직 임용 등에 상대적인 차등이 두어졌다. 결과적으로 대부분의 중 · 상층 관직은 대부분 몽골인과 색목인이 차지하게 되었다.

원대의 관인 등용방법은 몽골인이나 서역인과 같은 지배계층을 대상으로 하는 세습제나 문음제와 같은 문벌주의 방식과 함께 개인의 능력을 중시하는 추천제와 서리출신제가 활용되었다. 특히 서리들 중에서 관원을 선발하는 방식은 과거제도가 시행되지 않았던 원대 전기에 많이 활용되었다. 이들 서리 출신들은 원대의 관료제 안에서 중 · 하급 관직을 맡으면서 실무적 행정업무를 담당하였다. 이러한 방식은 과거시험 출신자인 관원(官員)과 관원의 하급 실무행정 보조자인 서리(吏員)를 엄격히 구별하고 양자 사이에 넘을 수 없는 벽을 만들었던 역대 한족왕조의 관료제도 전통에서 보면 큰 변화였다.

원대에 과거가 최초로 시행된 것은 1315년의 일로, 이후 원 말에 이르기까지 52년 동안 모두 16차례 시행되었으며 약 1,200명의 진사가 배출되었다. 시행방법은 송대와 대동소이하였다. 3년마다 한 번씩 거행되는 과거는 매회 세 단계(향시–회시–전시)로 치러졌다. 즉, 먼저 11개의 행성(行省)별로 1차시험인 향시를 시행하고 그 합격자(거인, 擧人)를 중앙의 예부로 보낸다. 거인의 수는 몽고 · 색목 · 한인 · 남인의 집단별로 각 75명씩 합계 300명이었고, 2차시험인 예부 주관의 회시에서는 그중 집단별로 1/3씩을 통과시키고 그 합격자(진사)가 마지막으로 전시에 응시하도록 하는 것이 정례였다(宮崎, 1993: 39).

과거가 시행되는 기간 중에도 과거제에 불만을 가진 몽골족 귀족들에 의해 일시적으로 제도가 중단된 일이 있었다. 또한 매회 과거시험은 법정 합격자 정원을 채우지 못하는 것이 보통이었고, 과거 최종 합격자(진사) 정원 자체가 송대에 비하면 매우 적은 수였다(송대는 400~500명, 원대는 100명). 결국 원대는 중국 과거제도 역사상 가장 부진했던 때였다(金, 2002: 229-236).

그런 점에서도 원은 중국의 역대 왕조 중에서 이질적인 국가였다. 이는 곧 원왕조가 중화왕조 국가체제의 오랜 전통인 문관 우위의 문치주의(civilian control)의 흐름에서 벗어나 있었다는 것을 뜻하기도 한다. 원의 국가통치 기구는 중화 왕조적인 것을 기반으로 하면서도 그 상위에 몽골적인 군사귀족제적 통치기구를 위치시킴으로써 중요 관직은 대부분 몽골인이나 몽골인에 협력한 서역인에게 돌아갔다. 그 결과, 한족은 정치권력에서 사실상 배제되었으며 송대에 확립된 사대부 계층을 중심으로 하는 문관 우위 체제는 성립할 수 없었다. 이러한 상황에서는 고급관직 배분장치인 과거제도가 사실상 무의미해진다.

3) 송학

송왕조의 교육문화와 관련하여 주목할 점은 북송시대에 송학(宋學)이라고 불리는 새로운 학풍이 일어났다는 사실이다. 송학이란 북송 때 홍기하여 남송의 주희에 의해 완성된 새로운 유학의 학풍으로, 당 이전의 훈고(訓詁)를 주로 했던 유학 학풍에 대하여 경전의 의미를 새롭게 해석하여 그로부터 우주만물의 원리를 합리적으로 설명하는 정교한 존재론과 그 연장으로서의 윤리학 그리고 개인의 일상적 수양방법론까지를 포괄하는 하나의 사변적인 철학체계를 의미한다. 멀리는 당대의 한유(768~824)를 그 원류로 하며 북송에서는 주돈이(염계, 1017~1073)로부터 시작하여, 장재(횡거, 1020~1077), 정호(명도, 1032~1085), 정이(이천, 1033~1107)에 의해 발전하였으며 약 100년 뒤에 남송의 주희(주자, 1130~1200)에 의해 집대성되었다. 송학은 신유학, 도학, 이학, 이기학, 성리학으로도 불리며 또 그 대성자인 주희의 이름을 따서 주자학이라고도 한다.

송학은 당으로부터 북송에 이르는 시기에 성행하였던 불교와 도교의 영향을 받으면서, 동시에 불교와 도교에 원리적으로 대항하여 독자적인 사상세계를 구축하려는 의식에 의해 형성되었다. 당대로부터 북송대에 이르기까지 당시 중국인들의 정신세계에는 불교와 도교가 유교 이상으로 큰 영향을 미치고 있었다. 또 불교와 도교는 당시 유교에 비하면 상대적으로 이론적인 면에서 더 진전되어 있었으며 우주만물의 원리에서부터 시작하여 개인의 일상윤리에 이르기까지 하나의 자기 완결적인 사상 · 이론 체계를 구축하고 있었다. 송학은 그러한 불교와 도교에 대항하면서 양자를 대체할 수 있는 새로운 유학의 체계를 수립하고자 한 북송 및 남송의 유교 지식인들의 정신적 고투의 결실이라고 할 수 있다.

이와 같이 송대에 이르러 혁신적인 유학이 형성될 수 있었던 것은 송왕조의 전제군주 권력에 의해 과거제도와 문신 우위의 관료제적 질서가 수립되고, 그 결과 유학경전의 교양을 갖춘 사대부층이 새로운 통치계급으로 형성되고 정착한 것을 배경으로 한다. 요컨대, 송학은 사대부층에 의한 사대부층을 위한 학술운동이자 학풍이었다. 그것은 통치계층으로서의 사대부층의 세계관이자 이데올로기였다. "천지를 위해 마음을 세우고 생민을 위해 명을 세우고 옛 성인을 위해서 끊긴 학문을 잇고 만세를 위해 태평을 여노라!(爲天地立心, 爲生民立命, 爲往聖繼絶學, 爲萬歲開太平)"(島田, 2001: 5) 이 말은 북송의 유학자 장횡거가 한 말이다. "관직에 있을 때는 민중의 일을 걱정하고, 재야에 있을 때는 군주의 일을 걱정한다. 나아가서도 근심하고 물러나서도 근심하는 것이다. 그러면 도대체 언제 즐거워한단 말인가? 천하의 사람들이 근심하는 것보다 먼저 근심하고 천하의 사람들이 즐거워한 후에 즐거워하는 것이다(先天下之憂而憂, 後天下之樂而樂)."(小島, 2004: 31) 이 말은 북송의 정치가 범중엄의 말이다. 둘 다 황제를 보필하여 치국평천하(治國平天下)하는 송대 사대부들의 고매한 이상과 강렬한 기개가 생동한다.

송대 신흥사대부들의 세계관이었던 송학에 대하여 그 주요한 내용을 살펴보기로 한다. 송학의 완성판이라고 할 수 있는 주자학은 대단히 정밀하고 심오한 사상체계이지만, 여기서는 간략하게 이기론(理氣論), 성즉리(性卽理), 거경궁리(居敬窮理)의 삼자를 중심으로 개관해 보고자 한다(이하 주로 島田, 2001: 96-127; 馮, 1999: 531-568 참조).

(1) 이기론

이기론이 우주만물의 존재원리를 설명하는 존재론이라면, 성즉리는 윤리학 또는 인간학이라고 할 수 있다. 그리고 거경궁리는 학문과 수양의 실천윤리에 해당한다.

이기론은 우주만물이 어떻게 생겨나며 또 실재하는가라는 물음을 설명하는 이론이다. 우주에 존재하는 모든 것은 기로 구성되어 있으며 기의 운동 여하에 의해 만물이 생성하고 변화하게 된다. 태초에는 오로기 기만이 존재하게 되는데, 이 기가 운동을 함으로써 만물이 생성하게 된다. 기의 운동 정도가 동적이며 클 때 '양(陽)'이라 하고 정적이며 운동 정도가 작을 때는 '음(陰)'이라 한다. 또 양과 음의 기가 응집하는 정도에 따라서 목, 화, 토, 금, 수의 '오행'이 생겨나고, 이 오행의 다양한 조합에 의해 만물이 생겨난다.

인간 역시 기의 응집에 의해 생겨나고 기의 흩어짐에 의해 죽는 것은 다른 모든 존재와 같다. 다만 인간을 구성하는 기는 다른 사물들에 비해 훨씬 맑고 균질적이며 유동적인 기인 점에서 다른 존재에 비해 상대적으로 우월하다. 인간을 구성하는 기가 본래 우월한 것이므로 인간은 만물 중에서 특별한 존재다. 죽음이라는 것 역시 기의 작용으로서 생명체를 구성하고 있던 기가 흩어져서 그 본래의 '기의 바다'를 향해 되돌아가는 것이다.

한편 이는 기의 운동에 의해 생성하는 우주만물을 그러한 각각의 존재로 있게 만드는 형이상학적인 원리를 뜻한다. 그에 비해 기는 만물을 이루는 형이하적인 에너지이자 물질에 해당한다. 형이상의 이가 곧 도(道)라면, 형이하의 기는 기(器)다. 이와 기는 서로 떨어질 수 없는 관계이지만 서로 구분되는 별개의 요소다. 또 이는 우주 전체를 관통하는 근본 원리(천리)인 동시에 개개 사물 안에 그 사물의 존재원리로서 내재하는 것이기도 하다.

천하의 만물은 이와 기 두 요소의 결합으로 생성하고 또 존재하게 된다. 이는 사물의 형이상의 도이며 원리이지만 기에 의지하는 형태로 각각의 사물에 내재하게 된다. 기가 개개 사물을 이루는 물질적이고 가시적인 것이라면 이는 그 안에 들어 있으면서 보이지는 않는 것이다. 주희는 우주만물의 기원에서 보면 형이하의 기 이전에 이미 형이상의 이가 있다고 보는 이우위의 주리론의 입장을 취했다. 그런 점에서는 플라톤의 이데아론과 상통하는 바가 없지 않다.

(2) 성즉리

성(性)이란 무엇인가라는 물음에 대한 하나의 답이다. 성의 의미에 관해서는 유교경전과 공자 · 맹자 등 고대 유학자들이 중요하게 탐구해 왔다.

또 성을 주로 인간의 본성과 관련하여 논하였으므로 인간본성론(인간학 내지는 윤리학)의 성격을 가지게 되었다. 예컨대, 인간의 본성은 본래 선한가 악한가, 세상에는 선한 사람도 있고 악한 사람도 있는데 그 이유는 무엇인가 등의 물음이다. 이에 대하여 주희는 정호, 정이 형제의 설에 의거하여 성은 곧 이라는 결론에 도달했다.

천하의 사물과 마찬가지로 인간도 역시 이와 기가 합하여 구체적인 사람이 된다. 몸을 가지고 운동을 하며 생각도 하고 여러 가지 감정을 느끼는 것이 사람인데 이러한 측면들이 기라고 한다면, 리는 그러한 형이하의 기적인 사람 속에 들어 있는 형이상적인 도이며 이것이 곧 성이다. 환언하면 성(性)이란 구체적인 개별 인간 안에 내재한 도(道)이며 이(理)다. 그런데 리는 본래 완전하고 지극히 선하다. 그러나 그 이가 물질적인 형이하의 기를 통해 실현될 때 기의 영향을 받기 때문에 그 본래의 완전성이 항상 실현되는 것은 아니다. 현실세계에 존재하는 불완전성이 그로부터 나온다. 사람에 있어서도 태어날 때 맑은 기를 얻는 사람과 탁한 기를 얻는 사람이 있다. 즉, 사람에 따라 천성적으로 혼명청탁(昏明清濁)의 다름이 있는 것이다. 가장 청명한 기를 얻은 사람은 성인(聖人)이 되고 가장 혼탁한 기를 얻은 사람은 우인(愚人)이나 악인(惡人)이 된다. 즉, 사람들 간의 차이는 기질의 차이에서 오는 것이며 그에 비해 이는 누구에게나 동일하다.

인간의 본연의 성은 이로서 본래 선하고 완전한 것이다. 또 이는 우주만물에 공통하는 보편적인 존재원리라는 점에서 천리(天理)다. 따라서 인간으로서는 형이하적인 기질에서 연유하는 혼탁을 제거하여 내 속에 내재한 천리를 회복하는 것이 곧 성인이 되는 길이며 인간이 마땅히 힘써야 하는 바다. 천성적으로 혼탁한 기질을 얻은 사람이라도 후천적인 노력을 통해 그것을 청명한 기질로 바꿀 수 있고, 그를 통해 성인(聖人)에 도달할 수 있다. 혼탁한 기질은 구체적으로 갖가지 욕망의 형태로 드러난다. 사람의 욕망, 즉 인욕(人欲)을 멸하여 본연의 성인 천리를 구현하게 되면(存天理 滅人欲)

우인이라도 성인이 될 수 있다. 그를 위한 수양방법론이 곧 거경궁리다.

인욕을 제거하여 천리를 회복하는 것은 구체적으로는 인간의 마음[心]과 관련된다. 인간의 갖가지 감정과 욕망이 일어나서 들끓는 것은 마음의 작용이며 또 마음 안에서의 일이다. 그런데 마음속의 감정과 욕망은 모두 정(情)의 작용이며, 정은 또 형이하의 동적인 기의 발현이라고 할 수 있다. 인간의 마음이 감정과 욕망의 장소이자 그 작용 자체라고 한다면 그런 의미에서 마음은 곧 정이라고도 할 수 있다. 그러나 감정과 욕망을 통제하고 제거하는 것도 마음의 작용이므로 정이 마음의 전부는 아니다. 정의 작용을 완전히 통제함으로써 형이하적이고 동적인 기의 측면이 제거되어 버린 그런 마음의 상태도 가능한 것이다. 그것이 본연의 성인 천리로서의 마음인 것이다. 감정과 인욕의 정을 완전히 제어하여 정적이고 형이상의 천리인 성을 구현하는 것(滅人欲 存天里)이 바로 성인이 되는 길인데, 이러한 변화가 일어나는 곳이 곧 마음이다. 이 삼자관계에 대해 주희는 "마음은 성과 정을 통괄한다(心統性情)."라고 표현하였다.

(3) 거경궁리

하늘의 도리를 보존하고 인간의 욕망을 버리기 위한 방법에는 두 가지가 있는데 거경과 궁리가 그것이다. 경(敬)의 사전적 의미는 정중하고 예의바르고 공손한 것을 가리킨다. 거경이란 그러한 상태를 지속함으로써 마음으로부터 감정적인 동요나 잡념이 제거되도록 하는 것을 뜻한다. 주일무적(主一無適), 즉 마음을 한 곳에 집중하여 다른 곳으로 옮겨 가지 않도록 하는 것의 상태를 지속하는 것이 곧 거경이다. 즉, 거경은 정좌법(靜坐法)이나 명상(冥想)과 다르지 않다. 이러한 심적 훈련을 지속적으로 반복하게 되면 나의 마음이 정과 욕망으로부터 해방되어 본연의 성인 천리가 온전히 구현되는 상태에 도달하게 된다. 환언하면, 성인(聖人)의 경지에 이르게 되는 것이다. 성인이란 인욕으로부터 해방되어 천리를 지키며 사는 사람에 다름 아니며, 송학에서는 인간은 누구나 수양을 통해 성인이 될 수 있다고 여겨졌다. 그리하여 주희는 이 경(敬)을 "성인의 학문을 시종일관하는 바의 것"이라고 하며 격물치지로부터 치국평천하에 이르기까지의 전 영역에 걸쳐 공통적인 기본 원리로서 경을 가장 중시했다(島田, 2001: 122).

두 번째 방법은 궁리로 격물치지와 그 의미가 같다. 즉, 개개의 사물(인간도 포함된다)에 들어 있는 이를 궁구하는 것으로 그를 통하여 천지만물에 공통하는 보편적 이에 이르고자 하는 것이다. 인간의 내부에 있는 이나 천지자연의 이는 연속하고 있다. 안으로는 인간의 이를 궁구하고 밖으로는 객관적 사물들의 이를 깊이 고찰하고 연구해 가다 보면 마침내 천지만물이 홀연히 모두 관통하는 경지(豁然貫通)에 도달하게 된다. 그런데 주희는 궁리의 가장 좋은 방법은 독서, 즉 유교경전을 읽는 일이라고 하였다. 왜냐하면 이미 성인이 사물의 이치를 완전하게 파악하여 경전에 적어 놓았기 때문이다. 외부 사물의 본성을 파악하려는 격물궁리가 자연과학적인 경험적 방법을 취하는 것이 아니라 고대 경전의 독서라는 점이 의외이지만 그런 점에서 오히려 특징적이다.

앞서 말한 것처럼 궁리, 즉 격물치지에도 거경의 원리는 여전히 적용된다. 따라서 외부 사물에 관해 궁리할 때도 먼저 거경(정좌)으로 그 내적 본성의 직관에 노력해야 한다. 그런 다음에 고대 성인의 경전을 독서하는 것이 순서다. 주희는 스스로 반일 정좌, 반일 독서를 매일 습관화하였다고 전해진다. 주자학에서는 사물에 관한 박물학적 관심과 경험적 지식의 습득을 "사물을 탐하여 뜻을 잃는다(玩物喪志)."라고 하며 경계하였다. 이렇게 주자학은 철저하게 사대부라는 독서인의 철학이었다.

주자학이 중국에서 지배적인 학문으로서의 지위를 획득한 것은 원대 이후의 일이었다. 원에 의해 남송이 망한 후 남방 지역에서 주자학이 학계의 주류가 되었다. 그리고 1310년대에 원 조정이 과거제를 부활시키면서 시험의 학과로서 오경과 함께 주자학에서 특히 중시되었던 사서(四書)를 채

택하고 그 주석서도 주희의 『사서집주(四書集注)』를 비롯하여 주희와 그 제자들의 경전 주해서들을 사용하도록 정한 것을 계기로 한다. 주자학이 과거의 내용을 장악하게 됨으로써 중국의 학문과 교육을 지배하는 위치에 서게 되는 것은 명과 청에 들어서도 마찬가지였다. 이와 같이 송학이 남송대에 주희에 의해 집대성되어 주자학이 성립한 것은 실로 "동아시아의 세계사적 사건"(島田, 2001: 94)이라고도 할 수 있다. 왜냐하면 주자학은 이후 중국뿐만 아니라 한국(고려 후기 및 조선)과 일본(토쿠가와 시대)에까지도 심대한 영향을 미쳤기 때문이다.

송 · 원대 중국의 학문과 사상으로 송학이 중요한 역할을 하였지만 그 밖에도 불교와 도교 등 여러 사상이 존재하였으며 교육적으로도 경시할 수 없는 의의를 지닌다. 그 당시 주자학이 지배적인 위치를 차지했다고 하더라도 그러한 지위는 상대적인 것이었으며 여타 사상을 압도할 정도는 아니었다. 당시 유학과 더불어 불교와 도교는 중국인의 교육문화에 큰 영향을 미쳤다.

송 조정은 초창기 이래 유교 외에도 불교와 도교를 적극적으로 장려하고 지원하였다. 불교 사원의 건축, 승려의 육성과 보호, 불경의 편찬과 보급 등의 불교진흥책이 취해졌으며, 그로 인해 불교의 폭넓은 대중화가 이루어졌다. 유학 교양을 기본으로 하는 사대부들에게도 불교는 상당한 영향력을 발휘했으며, 특히 좌선을 주로 하는 선종이 유자들 사이에 유행하였다. 앞서 본 송학의 성립은 그러한 불교의 광범한 확산을 배경으로 한 것이었다. 도교도 불교 정도는 아니었지만 역시 조정의 후원을 받으며 널리 보급되었다. 조정은 도관(道觀)의 설립과 도교경전의 수집을 지원했으며 한때는 관학에 도교의 경전을 교과에 포함시키고 또 전문 박사를 두도록 한 일도 있다(김경식, 2006: 396-397). 이와 같이 유학 외에도 불교와 도교가 국가의 후원 아래 널리 보급된 것은 고려왕조에서도 마찬가지였다.

3. 고려시대의 교육

고려는 송악(개성)의 호족 출신 왕건이 고구려의 후신을 자처한 태봉의 궁예를 물리치고 918년에 창건한 왕조다. 935년에는 신라 조정이 국력 쇠잔과 후백제의 무력 압박을 견디다 못해 자발적으로 왕건에게 귀순하였으며 다음 해 후백제도 고려의 무력에 항복함으로써 약 40년간의 후삼국시대가 끝나고 새로운 통일왕조가 수립되었다. 936년의 후삼국 통일로부터 1392년의 왕조 멸망까지 고려왕조의 존속기간은 450여 년이다. 이 450여 년간의 고려왕조 시대는 1170년의 무신란 발생을 기준으로 전반기(230여 년간)와 후반기(220여 년간)로 대별할 수 있고, 후기는 다시 오랜 대몽항쟁이 끝나고 개경으로의 환도가 이루어지면서 무신정권 시대가 끝남과 동시에 원의 간섭과 지배를 받아들이게 된 1270년을 기준으로 하여 제1기와 제2기로 구분할 수 있다. 이 각각의 시기에 성립한 고려는 정치권력의 성격이 비교적 명확히 구별되며 그에 따라 교육문화도 매우 다른 양상을 보이게 된다. 이 절에서는 고려시대의 교육문화를 전반기(936~1170), 후반 제1기(1170~1270), 후반 제2기(1270~1392)의 세 시기로 나누어 서술하겠다.

고려왕조는 문벌귀족들이 지배계층을 형성하고 있던 국가다(변태섭, 1996; 이기백, 1999). 고려의 문벌귀족은 고려왕조 성립 당시 여러 지역에는 토착화한 세력 기반을 가지고 있던 지방 호족세력과 신라 육두품 계통 유학자들이 중앙정계로 진출하면서 왕족(외척)이나 고위관료로 변신하여 지배집단이 되고 또 권력과 부를 세습하게 되면서 특권적인 신분층(문벌귀족)이 형성되었다. 이는 전제적 군주권력과 귀족제가 공존한 중국의 당과 유사한 사회 구성이다.

고려왕조가 중앙집권적인 국가의 체제와 각종 제도를 정비하게 된 것은 제4대 광종(949~975)과 제6대 성종(981~997) 때였다. 광종은 지방 호족 세력을 제도적으로 약체화하는 동시에 왕권을 위협하는 개국공신 세력을 가차없이 숙청하면서 왕권의 안정과 중앙집권화를 추진했다. 과거제의 시행을 통한 유교적 관료 시스템의 수립도 그러한 전제왕권강화책의 일환이었다. 성종 때는 중앙 및 지방의 행정제도를 전국적으로 구축하고 유교 보급과 문인관료의 양성을 위한 관학을 제도화함으로써 신흥왕조의 국가적인 기틀을 확립하였다.

성종 말기부터는 북방 거란족의 침입을 수차례 받으면서 국력이 소모되기도 했으나 결국 무력으로 거란의 침공을 물리쳤고, 결과적으로 강동6주를 확보하고 또 방위용의 천리장성을 완성하는 등의 성과를 거두었다. 12세기 초에는 거란(요)을 대신하여 북방의 강자로 떠오른 여진족(금)이 고려를 무력 압박하였다. 1115년 여진족은 금(金)을 건국하고, 10년 후에는 요를 멸망시켰고, 1127년에는 북송을 정복했다. 당시 내란의 와중에 있던 고려 조정은 1128년 금의 책봉체제로의 편입을 수용함으로써 북방의 국제정세에 현실적으로 대응했다.

그러나 12세기 전반기에 연속하여 발생한 두 차례의 내란(이자겸의 난, 1126; 묘청의 난, 1135)은 문벌귀족 체제를 약체화하였다. 1170년의 무신란 발발과 그에 자극된 기층 민중의 체제 이탈과 저항이 광범위한 지역에서 세차게 진행되었다. 그러한 전란의 풍조에 1230년대 초부터 시작된 몽골의 무력 침공도 가세하여 무신정권 100년은 실로 '대동란(大動亂)의 백 년'이었다.

1270년의 개경 환도와 함께 약 100년간에 걸친 원제국에 대한 '복속의 시대'가 시작되었다. 당시 고려는 원 중심의 책봉체제에 편입되었으나 종래의 중화적 책봉체제와는 달리 원으로부터 직접적인 지배를 받았다. 이는 고려 국왕이 원 황실과 맺은 부마(駙馬)관계에서 단적으로 나타난다. 원종(1259~1274)이 국내에서의 왕권강화를 위해 세자(후의 충렬왕)와 원 제실의 공주의 혼인을 요청하여 이를 쿠빌라이가 허락한 이래 역대 국왕은 원의 공주를 정비로 삼았고, 그 몸에서 난 아들은 원칙적으로 왕위 계승권자(세자)가 되었다. 이후 역대 국왕은 세자 시절 인질(독로화, 禿魯花)로서 북경에 체제하다가 즉위하는 것이 통례가 되었다. 국왕은 즉위 후에도 자주 북경에 체류하였으며 일상적으로도 몽고인처럼 생활하였다. 즉, 몽고식의 이름, 몽고풍의 머리 모양(변발)과 의복, 몽고어의 사용 등 독립 왕국의 주권자라기보다는 원 제실의 일원(부마)으로 변신했던 것이다(이기백, 1999: 178).

고려의 원에 대한 투항과 그 결과로서의 종속은 대제국 원의 무자비한 무력에 패배한 결과요 그 귀결이었지만, 그 후의 한 세기의 역사는 한민족이 동아시아 국제관계에서 일찍이 경험해 보지 못했던 독특한 것이었다. 한반도의 역대 왕조들은 수당 이래 무력에 굴복하거나 혹은 자국의 필요에 이끌려 중화적 책봉체제에 편입되어 왔으나 원제국의 경우처럼 장기간에 걸쳐 왕조의 정치적 주권을 완전히 부인하는 일은 없었다.

이와 같이 고려시대는 이중 삼중으로 굴절된 역사였다. 고려전기의 국가체제는 백 년간의 무인체제로 크게 한 번 굴절되었고 그다음의 한 세기도 제국주의적 지배에 의해 크게 굴절되었다. 고려시대는 비록 왕통으로는 단일 왕조였지만 정치권력의 속성으로 보면 이질적인 세 정권이 교대하였던 시대다. 그때마다 교육문화의 양상이 달라졌음은 물론이다. 그러나 근본적으로 군주권력 체제를 위한 교육이며 학술이라는 점에서는 큰 변동이 없었다.

진제국의 성립 이래 중국에서는 교학이 '관(官)의 학'으로서 존립하였다. 여기서 '관'이란 군주의 정부(조정)를 가리키며 또 군주의 일꾼(관인)을 뜻한다. 즉, 군주라는 세속계의 일자(一者)를 위요(圍繞)하며 운행(運行)하는 것이 동아시아 교학의 근본 속성이었다. 그러한 동아시아 교학의 체제에 있어서는 당대 이래 과거제와 관학이 양대 기축(機軸)이었다. 군주를 위해 일할 인재를 관학을 통해 양성하고(양사, 養士) 과거를 통해 선발하는 일

(취사, 取士)이 교학의 근본 목적이었다. 고려 시대 교육에서 먼저 확인되어야 할 기본 사항 역시 이것이다.

1) 과거제도

(1) 과거의 도입

왕조 출범 당시 고려는 신라시대의 교육적 유산들을 계승하였다. 인적인 유산으로는 육두품을 중심으로 하는 신라 하대의 지식인층을 새 왕조 쪽으로 포섭하였다. 광종의 태자 시절 개인교사였던 최언위나 성종 때 활약한 학자 관료 최승로는 신라 육두품 계통의 유학자를 대표한다. 또한 고려조에 의해 관학이 정비되기 전에 지방에는 신라 때 지방호족들이 세워 운영한 학교들이 있었다고 한다. 김광수에 의하면 통일신라 때(신문왕 5년) 전국의 지방행정 조직이 9주 5소경으로 정비되었는데, 이들 지방행정 중심지에 교육기관이 설치되어 있었다. 5소경 중에서 서원경(현재의 청주)에는 '학원(學院)'이라는 명칭의 교육시설이 실재했다는 것이 밝혀졌다(김광수, 1972; 박찬수, 2001: 25).

그리고 『고려사』(태조 13년)에 의하면 태조 왕건이 930년경 평양(서경)에 행차하여 학교를 세웠다. 서경에는 본래 학교가 없었는데 왕이 서학박사 한 명을 임명하여 '학원'을 세우고 현지 생도들을 지도하도록 한 것이다. 그 후에 의업(醫業)과 복업(卜業) 과정을 증설했고 또 곡식을 지원하여 장학재단(학보)도 설치했다. 왕건은 왕조 개창 직후부터 평양으로의 천도를 계획하고 당시 폐허화한 평양으로의 조직적인 이민도 실행에 옮기고 있었는데 서경 학원의 창설은 그러한 계획의 일환으로 해석된다(박찬수, 2001: 36; 이하 고려 관학에 관해서는 주로 이 문헌을 참조). 서경 천도계획은 실현되지 못하고 말았지만 서경 학원의 존재는 국자감 창건 이전에 고려에 이미 국학이 있었다는 사실을 알려 준다.

고려의 도성인 개경에는 성종 때 국자감이 창건될 때까지 국학은 없었던 것 같으며 다만 국왕의 문서 작업을 직접 보필하는 문한(文翰)기관(원봉성, 한림원, 광문원 등)에서 도제교육 방식으로 한문학이나 유학 교육이 이루어졌다.

결국 고려 국초에는 아직 수도에 국학이 설립되기 전에 과거제가 먼저 시행되기에 이른다. 이것은 수도에는 아직 관학이 없지만 각 지방에는 관학에 상응하는 교육기관들이 있으며 또 이전 왕조 때 국내외에서 높은 수준의 유학 지식을 습득한 지식인 집단이 존재하였기에 과거제의 시행에는 큰 문제가 없을 것이다. 그리하여 국자감 창건에 30여 년 앞서서 과거제가 시행되었다. 이때의 과거제 시행은 한국사상 최초의 일이었다. 통일신라 때 시행된 독서삼품과(讀書三品科)도 유교경전의 교양을 기준으로 관리를 선발하는 국가시험이라는 점에서는 과거제와 공통적인 면이 없지 않지만, 국학의 학생을 대상으로 하는 관리 선발시험으로서 국학의 졸업시험이라는 성격이 강했으므로 과거제와는 성격을 달리한다.

중화문명의 세계에서 과거제는 단순한 관리 선발시험의 차원을 넘어서 교육과 학문 전체에 대하여 중대한 영향을 미쳤다. 동아시아의 전제군주 체제에서는 원칙적으로 국가의 모든 정치적 및 경제적 권력이 군주 일인에게 집중된다. 최고 권력인 군주를 측근에서 보필하면서 군주의 국가통치 행위에 그 대리자로서 직접 참여하는 관료는 그 지위에 상응하는 정치 및 경제의 권력을 수여받으면서 일반 평민과는 다른 특권적 존재가 된다. 과거는 일정한 교양만 갖추면 원칙적으로 누구나 그러한 특권적 존재로 변신할 수 있도록 해 주는 실로 마법과도 같은 장치였다. 그리하여 공부와 교육의 목적이 과거급제 하나로 수렴되는 것은 극히 자연스러운 일이다.

태조 왕건의 사후 불안정했던 왕권은 광종 때 안정을 찾았다. 광종은 먼저 노비안검법을 시행(956)했는데, 이는 후삼국 통일과정에서 본래 양인이던 자들이 노비로 전락한 것을 조사하여 본래의 신분으로 되돌리는 것을 목적으로 했다. 그를 통해 사노비를 확보하여 군사적 및 경제적으로 세력을 키우고 있던 호족 및 지방 유력자들을 견제 · 약화시키고자 한 것이다. 또 광종은 백관공복을 제정(960)하여 관리들의 복색을 관등에 따라 자(紫), 단(丹), 비(緋), 녹(綠)의 4등급으로 지정함으로써 관인집단 내의 상하 질서를 확립하고자 했다. 958년(광종 9년)의 과거제 시행은 광종의 그와 같은 일련의 왕권강화 정책들의 하나로 실행된 것이었다. 일련의 왕권강화책에 대하여 호족 세력의 반발이 있자, 광종은 개국공신 계열의 호족 세력을 무자비하게 숙청하고 왕의 친위군도 강화하는 등의 조치를 취했다.

과거제도의 시행은 후주(後周)의 학자 관인 쌍기의 건의에 따라 이루어졌다. 광종대의 개혁정치에는 쌍기를 비롯한 중국 출신 귀화인들이 중요한 역할을 하였다. 쌍기는 최초의 세 번의 과거에서 지공거를 맡는 등 광종의 신임을 받은 당시 문교정책의 실권자였다.

과거의 시행으로 관직에 등용된 사람들은 처음에는 주로 신라 육두품 계열의 지식인들이었다. 건국 초 고려왕조의 권력강화에 방해가 되는 세신구족(世臣舊族)을 숙청하고 과거를 통해 새로운 관료들을 보충할 수 있었던 것은 이들 신라 육두품을 비롯한 유학 지식의 소양을 갖춘 집단이 이미 있었기에 가능한 일이었다. "광종이 이와 같이 무장 출신의 호족을 제거하고 과거제를 실시할 수 있었던 것은 통일신라 이후에 유교적 소양을 갖춘 지식인들이 많았기 때문이다. 그리하여 왕권을 위협하는 무장들을 대신하여 국왕에게 충성을 다하는 문신을 관료기구에 편입시킬 수 있었던 것이다." (이성무, 2004: 44)

(2) 과거제도의 내용

과거에는 제술업(製述業), 명경업(明經業), 잡업(雜業)의 세 종류가 있었다. 이 중 제술업과 명경업은 양대업(兩大業)이라고 하여 중시되었는데, 제술업은 시(詩), 부(賦), 송(頌), 책(策) 등 문학으로 시험하는 것이며 명경업은 주로 시경, 서경, 주역, 예기, 춘추의 오경(五經)으로 시험하였다. 고려 말기에 주자학이 전래되고 주자의 사서집주(四書集註)가 유행하게 되면서 사서(四書)가 명경업의 시험과목으로 들어오게 된다.

문학시험의 방법은 상세하게 정해진 작문의 격식에 따라 운문(시)과 산문(부)을 짓는 필기시험이었고 그에 대해 경학의 시험방법은 경전의 내용과 그 의미를 묻는 첩경(貼經)과 강독(講讀)이라는 구술시험이었다(후에 강독을 대신하여 경학의 논술시험인 경의[經義]가 도입됨). 첩경은 경전의 내용 중 어느 한 행을 그 전후 행은 가린 채 보여 주되 그 행 중에서 다시 3자만을 첩지(帖紙, 가리는 종이)로 가려 놓은 채 그것을 정확히 알아맞히게 하는 일종의 암기력 테스트였다. 강독은 경전의 한 부분을 제시하고 그것을 읽게 하여 구두점(파문, 破文)과 해석(의리, 義理)이 올바른지를 테스트하는 것이었다(이성무, 2004: 92).

과거의 시험 과목과 방법은 시기에 따라 변동이 있으며 제술업의 경우에도 기초교양으로서 경학의 시험(첩경과 경의)이 부과되기도 하였으나, 시와 부는 항상 필수과목이었다. 양대업은 문신을 선발하기 위한 것이었으나 둘 중에서 특히 제술업이 중시되었고 그 합격자를 우대하였다(제술업은 진사과라고도 하며 그 합격자를 진사라 불렀다.). 과거는 제4대 광종 9년 이후로부터 제34대 공양왕 때에 이르기까지 425년 동안에 도합 251회 시행되었고 모두 6,663명의 급제자가 배출되었다. 이 중 제술업이 6,167명, 명경업이 415명, 그리고 잡업이 81명이었다(이성무, 2004: 71). 제술업 급제자의 비율은 양대업 중에서 94%를, 그리고 전체 급제자 중에서는 93%를 차지하고 있다. 이로써 고려시대의 과거는 곧 제술업이라고 해도 과언이 아닐 정도로 제술업의 비중이 압도적으로 컸다.

이와 같이 과거에서 제술업이 대종을 이루었고 또 제술업의 주요 과목이 시와 부였기 때문에 과거 준비의 교육에서도 시부(詩賦)를 중심으로 하는 문학(사장, 詞章)의 지식과 교양이 가장 중시되었다.

〈표 5-1〉 고려시대 과거 종류와 시험과목

<table>
<tr><th colspan="2">과거 종류</th><th>시험과목</th></tr>
<tr><td colspan="2">제술업</td><td>시(詩), 부(賦), 송(頌), 책(策)(기초과목: 첩경, 강독. 후에 경의 도입)</td></tr>
<tr><td colspan="2">명경업</td><td>오경(五經)(후에 사서[四書] 추가)</td></tr>
<tr><td rowspan="10">잡업</td><td>명법업</td><td>율(律), 령(令)</td></tr>
<tr><td>명산업</td><td>구장(九章), 철술(綴術), 삼문(三聞), 사가(謝家)</td></tr>
<tr><td>명서업</td><td>설문(說文), 오경자양(五經字樣), 서품장구시(書品長句詩), 진서(眞書), 행서(行書), 전서(篆書), 인문(印文)</td></tr>
<tr><td>의업</td><td>소문경(素問經), 갑을경(甲乙經), 본초경(本草經), 명당경(明堂經), 맥경(脈經), 침경(針經), 난경(難經), 구경(灸經)</td></tr>
<tr><td>복업
(주금업)</td><td>맥경(脈經), 유연자방(劉涓子方), 창저론(瘡疽論), 명당경(明堂經), 침경(針經), 본초경(本草經)</td></tr>
<tr><td>지리업</td><td>신집지리경(新集地理經), 유씨서(劉氏書), 지리결경(地理決經), 경위령(經緯令), 지경경(地鏡經), 태장경가결(胎藏經謌決), 소씨서(蕭氏書)</td></tr>
<tr><td>삼례업</td><td>예기, 주례, 의례</td></tr>
<tr><td>삼전업</td><td>좌전(左傳), 공양전(公羊傳), 곡량전(穀梁傳)</td></tr>
<tr><td>하론업</td><td>진서주장(眞書奏狀), 끽산(喫算), 하론(何論, 何晏注 論語), 효경(孝經), 곡례(曲禮), 율전후질(律前後秩)</td></tr>
</table>

다음 잡업은 다시 명법업(明法業), 명산업(明算業), 명서업(明書業), 의업(醫業), 복업(卜業), 지리업(地理業), 삼례업(三禮業), 삼전업(三傳業), 하론업(何論業)으로 시험 종류가 세분되었다. 잡업의 시험 종류별 과목은 〈표 5-1〉(이성무, 2004: 89-93 참조)과 같다. 잡업 중 명산업, 명서업, 삼례업, 삼전업, 하론업은 조선시대의 잡과에는 없는 것이었으며, 삼례업, 삼전업, 하론업은 유교경전의 지식을 묻는 시험으로 그 정확한 성격이 불명하다.

이상이 광종 9년부터 시작된 고려시대 과거의 세 분야였다. 한편 조선시대 과거의 일부였던 무과는 고려시대에는 사실상 시행되지 않았다고 보아야 할 것이다. 일시적으로 무신을 선발하는 무과(武科)가 과거의 일부로 시행되었던 것은 예종 4년(1109)부터 인종 11년(1133)까지의 24년간이며 그 후 정식으로 무과가 시행된 것은 공양왕 2년(1390)의 일이었다. 이것은 관학(국자감)에서 일시 무학교육 과정[講藝齋]을 개설했다가 머지않아 폐지한 것과 관련이 있다. 이와 같이 고려시대에는 무과와 무학이 경시되었고 상문경무(尙文輕武)의 풍조가 제도화되어 있었다. 고려왕조 때 무신정권이 무려 백 년간이나 존속했던 사실에 비추어 보면 이는 의외다.

다음으로 과거의 시행 절차를 살펴보자. 고려시대에 과거는 기본적으로 3단계로 이루어졌다. 예비시험 → 본시험 → 전시(殿試)의 3단계로서 송대에 처음 확립되었고 조선시대에도 채용된 방식이다. 고려 때는 과거 초창기에는 먼저 지방과 개경에서 각각 과거 응시생[향공(鄕貢) 및 토공(土貢)]을 일정 수 선발하여 중앙으로 추천하면 그들을 대상으로 예부 주관으로 본시험[예부시(禮部試) 또는 동당시(東堂試)]을 치른다. 그다음 이들 합격자에 대하여 국왕이 다시 친히 시험(복시, 覆試)을 시행하여 그 성적에 따라 관직을 수여한다(조선시대에는 초시 혹은 향시, 회시 또는 복시, 전시로 각각 호칭되었으며 고려 때의 국왕 친시인 '복시'는 회시와 같은 의미였다.).

그 후 예비시험의 방식이 보다 조직화되어 현종 15년(1024)부터 계수관시(界首官試)라고 하여 전국 13개소의 교통 요지의 관청에서 인근 지역으로부터의 응시자를 대상으로 시험을 실시하고 그에 합격한 자가 개경으로 가서 예부시에 응시하는 것으로 정했다. 또 개경에서는 국자감생을 대상으로 하는 예비시험(국자감시)이 행해졌으며 그 합격자 역시 예부시에 응시할 수 있었다. 그리고 지방의 계수관시에 합격한 자는 개경의 국자감 입학자격이 주어졌으므로 지방시험 합격자는 바로 예부시에 응시하는 대신 국자감에서 수학하는 길을 선택할 수 있었다. 또 국왕 친시인 복시는 무신정권이 세워진 때로부터 폐지되었다가 공민왕 18년(1369)에 '과거삼층법(향시 → 회시 → 전시)'의 시행과 함께 부활하였다.

끝으로 과거의 수험자격을 보면, 초기에는 중앙 귀족과 지방 유력자(호장층)의 자제로 비교적 제한을 두었다가 후기로 갈수록 점차 완화되었다. 그리하여 12세기 초부터는 하층 향리나 일반 양인들도 과거 응시기회를 가질 수 있게 되었다. 소위 오역(五逆), 오천(五賤), 불충(不忠), 불효(不孝)의 자 및 천민 거주지인 부곡(部曲)과 향(鄕)의 출신자를 제외한 모든 양민(良民)에게 과거 응시기회가 개방된 것이다.

대체로 고려시대 과거를 통해 중앙관계로 진출한 주 계층은 향리층으로서 중기 이후로 갈수록 그러한 경향이 지배적이 되었다. "무신정권의 능문능리(能文能吏) 등용과 그 이후의 신흥사대부의 성장, 공민왕조의 신관료 등용정책 등으로 지방 향리의 과거를 통한 정계진출은 활발해지게 되었다."(이성무, 2004: 83) 그러나 고려 말에 이르러 관직 후보자가 포화 상태에 도달하게 되자 향리층의 과거 응시기회가 일정 정도 제한을 받게 된다.

(3) 과거와 고려사회

고려의 과거제도는 전 시기를 통해 매우 규칙적으로 시행되었다. 문인이 탄압받았다고 여겨지는 무신정권기에도 과거는 2년마다 한두 차례씩 시행되었고 또 급제자 수도 그 전후의 시기에 비해 결코 적은 수가 아니었다. 그에 비해 관학은 시기에 따라 부침이 심했고 상당 기간 사학이 그 공백을 메울 정도로 부진에 빠진 적도 있다. 그와 같은 관학에 비하면, 그리고 고려왕조 전 시기가 내우외환의 정치적 혼란과 격변의 연속이었던 점을 고려하면, 과거제의 지속성과 규칙성은 매우 주목되는 특징이라고 하지 않을 수 없다. 그런 점에서 고려의 과거제도는 고려의 교학을 5세기에 걸쳐 떠받친 교육문화의 하부 구조(infrastructure)라고 할 수 있다. 고려의 과거는 송의 경우처럼 귀족의 특권을 완전히 배제한 것은 아니었으며, 과거급제와는 무관하게 문벌귀족을 위한 특별한 관직진출의 길인 음서제도가 존재했다는 점에서 한계를 지닌다. 음서는 5품 이상 관리의 자손에게 관직진출을 인정하는 문음(門蔭)과 특별한 공훈이 있는 관리의 자손에게 관직을 허락하는 공음(功陰)을 말하는데, 이는 결국 고려의 관료제도가 문벌귀족제도에 의해 뒷받침되고 있음을 나타낸다(이기백, 1999: 140). 그러나 후기로 갈

수록 점차 고위관직은 과거 급제자가 아니면 안 된다는 것이 불문율로 되어 갔고, 또 관료세계에서도 개인적 능력과는 무관한 음서 출신의 위세는 약할 수밖에 없었다. 그리하여 과거제도의 시행과 함께 고려에는 "세습적인 귀족에 대신하여 원칙적으로 과거에 의해 (그 지위가) 일대에 한정되는 관료들의 사대부층이 생겨났다."(姜, 2001: 87) 혈통과 신분에 기초한 귀족제에 대신하여 원칙적으로 개인적 능력에 기초하는 능력주의(meritocracy)가 확산되었고 고려 말의 신흥사대부들은 유교적 능력주의의 신봉자이자 체현자들이었다.

고려 때는 과거와는 별도로 승직 선발을 위한 승과(僧科)가 있었는데, 이는 과거와는 별개의 시험이었다. 처음 승과는 광종 때 과거 시행과 동시에 생겼으며, 선종(1083~1094) 때는 진사시의 예에 따라 3년마다 시행되도록 하였는데, 그 종류는 교종선과 선종선의 둘이었다(한국교육사연구회, 1972: 81). 승과에 합격한 승려에게는 법계가 수여되었으며, 교종 및 선종 양종의 최고 법계자 중에서 왕사(王師)와 국사(國師)가 선발되어 국왕의 자문역으로 추대되었다. 태조가 '훈요10조'에서 호국불교의 지원과 장려를 언명한 이래, 고려에서는 불교가 매우 성행하였다. 수많은 사찰이 건립되었으며 개경에만 70개에 달한 사찰이 있었을 정도로 널리 보급되었고 각종 국가적 불교행사가 연중 개최되어 불교사상이 민중의 생활에도 깊이 침투하였다.

2) 국학제도

(1) 국자감의 창설

학교제도의 정비는 제6대 성종(981~997) 때 이루어졌다. 성종도 광종과 마찬가지로 중국식 정치제도와 유학을 중심으로 하여 왕권의 강화와 내실화를 추진했다. 정치제도의 정비는 성종 때 본격적으로 착수되어 제11대

문종 때 완비되었다(이기백, 1999). 성종은 즉위와 함께 유신 최승로의 제안(시무28조)에 따라 유교를 정치이념으로 삼고 당의 제도를 채용하여 중앙과 지방의 정치제도를 새롭게 구축함으로써 광종 때부터 적극적으로 추진된 중앙집권화를 일단락하였다. 먼저 성종 원년에 중앙관제를 제정하여 3성6부를 설치하였다. 3성은 중서성, 문하성, 상서성인데, 중서성, 문하성이 더 중시되어 재부(宰府)로 불렸으며 왕명출납과 군기를 맡는 중추원(후의 추밀원, 樞府)과 더불어 재추회의(도당)를 구성하여 국정 최고기관이 되었다. 상서성은 정책 시행을 담당하는 것으로 이, 호, 예, 병, 형, 공의 6부가 그 실무를 맡았다. 6부 중에서 예부(禮部)가 의례, 외교, 교육, 과거에 관한 행정실무를 관장하였다.

성종 2년에는 전국에 12목(牧)을 설치하여 중앙에서 지방관(외관)을 임명·파견하였다. 동시에 향직이 개정되어 지방호족 세력이 지방관의 보좌역인 향리로 격하되어 국가기구에 편입되었다(변태섭, 1996). 이와 같이 중앙과 지방의 관제가 정비됨에 따라 개경의 왕성(王城)뿐만 아니라 전국의 각 지방이 국왕의 행정적 통제하에 들어오게 된 것이다. 성종은 계속하여 오묘(五廟)와 태묘(太廟)를 축조하고 사직(社稷)의 제사를 행하는 등 중국적인 국가제사의 체계도 수립하였다. 관학의 정비는 이와 같은 성종대의 국가기구의 혁신 정비의 일환으로 추진되었다.

성종 11년의 국자감 창건은 관인 양성(양사, 養士)을 목적으로 하는 중앙관학의 수립을 뜻한다. 그리고 그것은 성종이 즉위와 동시에 착수한 국가기구 구축 작업의 일부이기도 했다. 성종의 '국가건설(state-building)'에서는 당제국이 모델이 되었으며 국자감 역시 당의 태학인 국자감을 전범으로 하였다. 요컨대, 국자감 창건은 고려왕조의 국가체제 구축과정에서 불가분의 한 요소였다.

국자감 창설과정에서는 각 지방에서 '학사 260명'을 선발하여 개경에서 수학하게 한 사실이 주목된다. 『고려사』에 따르면 성종은 국자감 창설 6년 전인 986년 7월에 각 지방에서 개경에 와서 수학하고 있던 지방 학사 260명에 대하여 잔류를 희망하는 53명을 제외한 207명을 고향으로 돌려보내는 조치를 취했다. 개경 잔류 학생 53명에게는 복두 106매와 쌀 265석을 하사했다. 한편 지방으로 돌아가는 학생들에게는 베를 1,400필 하사하였고 다음 해에는 귀향 학생들을 위해 중앙에서 전국 12목에 경학박사와 의학박사를 1명씩 배치하는 조치를 취했다.

이기백(1999: 137)에 의하면 당시 지방 세력 견제책으로 '그 자제들을 인질로 상경·숙위(宿衛)케 하는 기인제(其人制)'가 시행되었다고 한다. 또 『고려사』의 기록에 의하면 성종은 한때 "지방 여러 주, 군, 현이 자제를 선발하여 서울로 보내서 학업을 닦도록 하라(成宗詔 令諸州郡縣選子弟 詣京習業)."라고 명령한 적이 있다(박찬수, 2001: 57). 986년 당시 개경에 체류하던 260명의 '지방 학사'들 역시 국왕의 명에 의해 차출된 지방 인재들이며, 그것은 12목 설치와 함께 지방호족 세력을 국가기구로 포섭(포획)하는 과정의 일환으로 이루어졌을 것으로 추정된다.

당시 개경에 잔류한 지방 학사 50여 명은 국왕이 식량과 함께 관리 후보자를 상징하는 복두를 하사한 것으로 미루어 일종의 관학생 대우를 받았을 것으로 생각되며, 따라서 국자감의 정식 창설 이전에 일종의 관학이 개경에 존재했을 것이라고 생각된다. 한편 지방으로 귀환한 200여 명의 학생들을 위해서 12개 목마다 박사 2명씩을 배치한 것은 이 무렵부터 지방에서 관학교육이 행해지기 시작한 것을 의미한다고 볼 수도 있다(박찬수[2001: 61]에 의하면 잔류 학생 53명이 국자감의 모태가 되고 귀향한 207명이 향교의 구성원이 되었다.). 요컨대, 중앙관학 국자감의 설립은 '예경습업(詣京習業)', 즉 국왕의 명령에 의해 지방관이 선발한 지방 인재들이 왕도(王都)에 체류하면서 국왕을 위해 학업을 닦는 정치 행위로부터 출발한 것이다. 이상으로 우리는 고려의 관학체제가 중앙과 지방 차원에서 모두 중앙집권적 국가기구 구축과정의 일환으로 출발하고 있다는 사실을 확인하게 된다.

『고려사』에 따르면 국자감은 성종 11년 12월에 국왕의 명에 의해 설립되었다. 국자감은 그 명칭에서부터 직제와 교육내용 등 전반적으로 당의 국자감을 모델로 한 것이었다. 국자감을 창설하면서 성종은 특별히 교서(興學敎書)를 발표하여 설립 취지를 밝혔다. "왕이 교화하여 천하를 다스리기 위해서는 학교가 우선이다. 요순의 풍을 이어받고 주공과 공자의 도를 닦으며 국가의 헌장제도를 세우고 군신 상하의 의례를 변별하는 것을 현유(賢儒, 현명한 선비)에게 맡기지 않으면 어떻게 궤범이 만들어지겠는가?"(王者化成天下 學校爲先 祖述堯舜之風 聿修周孔之道 設邦國憲章之制 辨君臣上下之儀 非任賢儒 豈成軌範)(『고려사』세가3, 성종 11년 12월) 이 교서는 '교화를 통해 천하를 이룸'과 '현유의 양성'이라는 두 목표가 '학교'의 목적으로 제시되어 있는 것으로 해석된다. 그리고 '화성 천하'를 위하여 요순과 주공의 풍(風)과 도(道), 즉 유교사상이 필요하다는 것을 명확히 하고 있다. '현유'는 왕이 유교에 기초하여 '화성 천하'를 하는 것을 지식으로 보좌하는 자다. 군주의 통치 행위를 지식으로 보조하는 일이 곧 학자관료(현유)의 사명이다. 중앙관학 국자감은 이러한 현유를 양성하기 위하여 창설되었다.

(2) 국자감의 구성과 교육과정

국자감의 관직은 당제를 모델로 하여 정해졌는데, 11세기 초에는 관리직인 국자좨주(國子祭酒)와 국자사업(國子司業)을 위시하여 교관직으로 국자박사, 국자조교, 태학박사, 태학조교, 사문박사, 사문조교 등이 임명되었다. 그리고 국자감 입학자 층은 성종 초의 '예경습업(詣京習業)'의 예에서 볼 수 있듯이 향리 등 지방 중간계층이나 하급 관료층이 주를 이루었다. 중앙 귀족층은 예종의 국자감 개혁이 있기 전까지는 관학보다 사학을 선호하는 것이 보통이었다. 즉, 중앙 문벌귀족들은 신분이 상대적으로 낮은 지방 출신 학생들이 주를 이루는 국자감보다는 저명한 문신학자들의 가숙이나 사학에서 과거에서 가장 중시되는 시부의 교양을 습득하는 것을 선호하였고, 그 결과 문종대(1046~1083)에 사학12도가 출현하는 등 사학이 매우 성행하게 된다.

국자감의 학부 구성 등 제도적인 세부 내용은 인종대(1122~1146)에 식목도감(式目都監)에서 정한 학식(學式)을 통해서 알 수 있다. 학식은 국자감의 입학 조건, 유학 3학부와 율·서·산의 기술학부(경사육학), 학생 정원, 주·현 학교 학생의 자격, 교수 및 교육 방법, 교육과정과 수업 연한 등을 구체적으로 규정했다.

이 학식에 의하면 국자감은 국자학, 태학, 사문학의 유학 계통 학부(편의상 '유학부'로 표기)와 율·서·산의 기술 계통 학부('기술학부'로 표기)의 도합 6개 학부로 이루어지는 종합대학이었고, 유학부 학생 정원만 900명에 달하는 큰 규모의 최고학부였다. 그리고 부모의 관작 정도에 따라 학부별로 입학자격이 명확히 정해져 있었다. 그러나 여러 가지 자료나 정황상 국자감이 학식에서 정해진 대로 운영되었다고 보기는 어렵다. 학생 정원의 경우 인종 전후의 전성기 때의 국자감생 수가 200명 정도였으며 부모의 관직에 따른 학부별 입학자격도 엄격히 준수되지 않았던 것 같다.

교관으로는 유학부의 경우는 박사와 조교를 두고 기술학부에는 박사만을 둔다. 그리고 교육과정은 다음과 같다. 먼저 유학부의 경우는 경학이 중심이었는데 논어, 효경의 공통필수 과목과 상서, 시경, 역경, 예기, 주례, 의례, 춘추좌씨전, 춘추공양전, 춘추곡량전의 9경으로 구성되었다. 9경은 다시 분량을 기준으로 대경(예기, 춘추좌씨전)-중경(시경, 주례, 의례)-소경(역경, 상서, 춘추공양전, 춘추곡량전)으로 구분하고, 최하 2경에서 최다 5경을 선택하여 전공할 수 있게 하였다. 순서는 논어, 효경을 먼저 익히고 난 다음에 다른 경전을 공부한다. 경학의 학습 외에도 논술문 작문인 시무책을 연습하고 매일 한 장씩 습자를 하며 역사서인 국어(國語)와 한문학습서인 설문(說文), 자림(字林), 삼창(三倉), 이아(爾雅)를 교재 삼아 공부하도록 하였다(박찬수, 2001: 152-153). 기술학부의 경우는 율학은 율·령, 팔서(八

書), 산술이 각각의 교과였다.

또 국자감에 문선왕묘(문묘)를 경내에 설치하여 관리인을 두고 봄 · 가을로 석전을 거행하였다. 문묘는 대성전과 동서 양무로 이루어졌는데, 대성전에는 공자를 비롯하여 4성, 10철 및 송나라 6현의 위패를 모셨고, 양무에는 공자의 70제자를 비롯하여 유학발전에 공이 큰 한국과 중국의 학자를 모셨다. 국자감에 언제부터 문묘가 완비되어 석전이 정기적으로 거행되었는지 명확하지는 않지만 성종 2년에 송으로부터 공자묘도(孔子廟圖)와 72현찬기(賢讚記)가 수입된 사실이 있는 것으로 보아 초기부터 문묘시설이 정비된 것으로 추정된다. 11세기 말의 선종 8년에는 송의 국자감의 예에 따라서 공자 및 10철(哲)의 소상(塑像)과 함께 72현(賢)의 도상(圖像)을 벽에 걸게 됨으로써 송 국자감과 동일한 문묘체제를 갖추게 되었다(『고려사』 志권16 禮4 문선왕묘; 박찬수, 2001: 220). 그 밖에 조정에서는 국자감에 대하여 전장(田庄), 즉 학전을 지급하여 운영경비에 충당하게 하였다.

(3) 국학의 변천

국자감은 창설 후 약 10년간은 국왕의 적극적 관심하에 비교적 순탄하게 발전하였으나 11세기에 접어들어 정체하고 쇠퇴하게 된다. 그 원인으로는 거란의 침입과 같은 외침에 의한 국력 고갈 외에도 국자감을 경유하여 과거에 급제하는 지방 출신자에 대한 중앙 귀족층의 견제, 국자감 재학자에게 불리한 과거제도 변경(국자감시의 시행 등), 과거 당락에 결정적인 영향을 미치는 시부의 교육이 국자감에서는 중시되지 않은 점 등을 들 수 있다. 국자감은 11세기 말에 이르면 조정 중신들이 그 폐지를 주장할 정도로 극심한 침체에 빠졌다. 그에 반비례하여 저명한 학자관료들에 의한 사학이 발달하였다. 고려 중기의 사학을 대표하는 12도 사학은 11세기 중엽의 문종대(1046~1083)에 흥기하여 12세기 초에 이르기까지 반세기 동안 고려의 교육계를 장악하였다.

국자감의 제도가 개선되어 중앙 관학으로서의 역할을 다시 하게 된 것은 12세기 전반기의 16대 예종(1105~1122)과 그다음의 인종(1122~1146) 때였다. 먼저 예종 4년(1109)에 국자감에 칠재(七齋)가 설치되었다. 7재는 주역을 강의하는 여택재(麗澤齋), 상서를 강의하는 대빙재(待聘齋), 모시(시경)을 강의하는 경덕재(經德齋), 주례를 강의하는 구인재(求仁齋), 대례(戴禮)를 강의하는 복응재(服膺齋), 춘추를 강의하는 양정재(養正齋), 그리고 무학(武學)을 강의하는 강예재(講藝齋)를 가리킨다. 예종은 7재를 설치하고 시험을 통하여 유학생 70명과 무학생 8명을 선발하여 국자감에서 수학하도록 했다. 또한 예종은 새 학사를 건축하여 국자감의 시설을 개량하였고, 14년에는 처음으로 국학의 장학재단인 양현고(養賢庫)를 설립하여 국자감의 재정 충실화를 꾀했다. 무학 전공의 강예재는 인종 11년(1133) 무신의 진출을 불만스럽게 생각한 문신귀족들의 반발로 폐지되고 말았다. 불과 24년 동안이지만 국학 내에 군사학(무학)이 정식으로 개설·운영되었다는 사실은 한국교육사에서 특기할 만한 일이다.

7재는 후에 공민왕 16년(1367) 국학(당시는 성균관으로 개칭)에 9재, 즉 사서오경재(四書五經齋)로 대체되었다. 7재의 송의 삼사제(三舍制)를 모델로 한 것으로 이 재의 설치 이후 국자감의 학생 편성은 일반 감생과 7재생으로 이원화되었고 7재생이 상급생으로 위치 지어졌다. 7재생의 선발은 승보시(升輔試)에 의해 이루어졌다. 삼사제는 북송대의 왕안석(1021~1086)이 과거와 관학의 폐단을 근본적으로 치유할 방책의 하나로 제시한 것이었다. 고려의 경우 실제로 삼사가 있었던 증거는 없으며 7재생을 국자감의 일반 학생과 구분하여 상사생으로 높여 불렀던 것 같다. 그리고 7재생에게 과거의 특전을 부여했던 것은 아니며 다만 종전 국자감생의 경우 재학 3년이 과거 응시의 조건이었던 것을 고쳐서 재학 중에 바로 응시할 수 있도록 하였다.

국왕의 강력한 국학 진흥책에 따라서 종래 국자감을 외면하였던 문벌귀족층도 자제를 주저하지 않고 국자감에 입학시키게 되었으며 이런 경향은 무신정권 수립 시까지 계속되었다(박찬수, 2001: 145).

고려 후반기의 제1기에 해당하는 무신정권기(1170~1270)는 문신에 대한 탄압과 박해, 그리고 강화도 천도와 장기간의 항몽 등으로 국학이 극도로 피폐해진 시기였다. 거듭되는 외침과 내란으로 인해 정상적인 생활이 불가능한 때였으며 교육과 학문 역시 큰 타격을 입었다. 과거의 경우는 급제자 수가 정원대로 유지되었고 과거 시행 횟수는 오히려 전기에 비해 증가하여 전체 급제자 수가 증가하는 경향을 보였다. 그러나 과거의 인기는 저하하여 응시자 수는 이전에 비해 절반 정도로 격감하는 양상을 보였다.

고려의 국학이 무신정권기의 침체상에서 벗어나 활력을 회복하게 된 것은 먼저 충렬왕대(1274~1308)의 일이다. 국왕의 문교진흥 의지와 특히 안향(1243~1306)의 열성적인 홍학 노력으로 말미암아 국학(당시는 성균관으로 개칭)이 부흥할 수 있었다. 고려후기에 국자감의 명칭은 국학(1274), 성균감(1298), 성균관(1308), 국자감(1356), 성균관(1362)으로 수차례 바뀌었다. 안향은 47세 되던 1289년 세자를 따라 원에 가서 잠시 체류하는 동안 주자서를 처음 접하고 성리학을 발견하게 되었다. 성리학에 매료당한 안향은 귀국 시 주자서를 가져와 보급하였고 주자의 호〔晦庵〕를 본따 자호를 회헌(晦軒)이라고 할 정도로 주자에 심취하였다. 이처럼 안향은 고려에 주자학을 최초로 소개한 인물이다.

또 안향은 쇠락한 국학의 진흥을 위해 바닥난 양현고의 재원 확충을 위해 관리들로부터 일정액씩 기부하도록 하여 양현고를 채우고 그 이자로 성균관의 운영 경비(섬학전)를 확보하기도 하였다. 게다가 자신의 녹봉과 개인 재산(노비와 토지)도 성균관에 기부할 정도로 국학 진흥에 열성적으로 임했다. 그리고 부진의 늪에 빠진 성균관의 교육을 되살리기 위해 직접 성리학의 특별강의를 하기도 하고 또 지방의 학자를 초빙하기도 하면서 교수진을 강화하는 등 백방의 노력을 기울였다. 이러한 안향의 개인적인 홍학 노력에 힘입어 국학의 학풍이 일신되고 강의를 들으려는 학생들이 수백 명을 헤아릴 정도로 발전하였다. 그러나 이러한 변화는 안향 개인의 의지와 노력에 힘입은 바가 컸으며 국학의 지속적 발전으로 이어지지는 못했다. 고려 말에서 조선왕조 개창에 이르는 시기는 정치적으로 급변하는 시기였으므로 국학의 안정적인 발전을 기대하기는 어려웠다.

(4) 향교와 동서학당

국자감 외의 관학으로는 지방의 향교와 개경의 동서학당(나중의 오부학당)이 있다. 이에 관해 간략히 살펴보기로 한다. 우선 향교는 성종 때 지방 12목에 경학박사와 의학박사를 각각 1명씩 파견하여 지방 자제의 교육을 맡아 보게 한 이후 꾸준히 발전하였다(이하 박찬수, 2001 참조). 관학교육의 개혁에 적극적이었던 예종대에는 향교가 전국적으로 상당한 정도로 보편화되어 있었던 것으로 보인다. 전반기에 착실히 발전해 가던 향교는 무신란 이후 항몽기에 이르는 전란 시기에는 중앙의 국학과 마찬가지로 위축되고 침체에 빠지게 되었다. 말기에 접어들어 황폐해진 향교시설이 일부 수복되고 보수되었으나 전기의 수준을 회복하기는 어려웠다. 고려의 향교는 조선의 그것과 비교할 때 적지 않은 차이점을 보인다. 대성전과 명륜당이 별도로 독립해 있지 않고 한 건물 안에 공자의 초상을 걸어 놓은 채 강학을 하는 것이 보통이었고, 교관으로는 중앙에서 파견되는 경학박사 외에 지방 수령이 여가에 교생을 지도하기도 했으며, 후기에는 지방민이 유자가 승려를 교관으로 초빙하기도 하였다. 또 말기에는 파괴된 향교 대신에 불사(佛舍)를 강학소로 사용하는 일도 있었다. 그 밖에 향교생의 신분이나 향교교육의 내용은 조선시대와 대동소이하였다.

동서학당은 조선시대의 오부학당에 상응하는 수도의 중등관학이었다. 처음 설치된 것은 원종 2년(1261) 3월 개경에 동서 두 개의 학당을 설치하고 교관으로 별감을 두었다고 전해진다. 1261년은 고려가 강화도에서 개경으로 환도한 다음 해에 해당하는데, 원종은 태자 시절 약 1년간 원의 수도인 연경에 체류하면서 성리학 등 학술이 성행하고 있는 것을 관찰한 사실이 있다. 그러한 원제국의 문화와 학문의 견문이 원종으로 하여금 국왕 즉위와 동시에 수도에 새로 학당을 설립하게 하였을 것이다. 그 후 고려 말기(공양왕 2년)에는 개경의 동, 서, 남, 북, 중의 5곳에 하나씩 학당이 설치되었는데, 이는 이전의 동서학당의 발전 형태로 이해된다. 이 오부학당의 설치와 함께 12도가 폐지되었다(渡部, 2010: 70-72).

3) 사학

(1) 사학 12도

성종 말년의 993년부터 시작된 거란과의 세 차례 전쟁(993~1019)으로 인해 고려의 국력이 크게 소모됨에 따라 국학도 부진을 면치 못했다. 그 결과, 국자감은 문종(1046~1083) 때 이르러 국립대학으로서의 기능을 거의 상실했다. 그 공백을 메운 것이 최충(984~1068)의 구재학당을 위시한 사학 12도였다. 최충의 구재학당에 관해 『고려사』 최충조(권95 열전 제8)에는 다음과 같이 설명되어 있다.

> 현종 이래 전쟁이 겨우 그쳤으나 미처 문교에 힘을 쓸 겨를이 없었는데, 문종 연간에 재상직에서 물러난 최충이 후진을 모아 교육에 진력하자 학도가 분집하여 거리를 메울 정도로 모여들었다. 그리하여 그들을 구재(九齋)로 나누어 가르치니 낙성(樂聖)·대중(大中)·성명(誠明)·경업(敬業)·조도(造道)·솔성(率性)·진덕(進德)·대화(大和)·대빙(待聘)이 그것인데, 이를 시중 최공도라 했다. 과거에 응시할 의관자제(衣冠子弟)들은 반드시 도중(徒中)에 소속하여 배웠는데, 무더운 여름철에는 귀법사의 승방을 빌어 하과(夏課)를 열어 시 짓기를 겨루었다. 최충이 죽자

> 그 시호를 따라 문헌공도로 불리고, 이 도는 더욱 번창하여 모든 응시자 들은 다투어 구재에 이름을 걸었다(박찬수, 2001: 243-244).

이 사료는 9재가 과거 준비교육의 시설이라는 것을 말해주고 있다. 과거 응시를 위해서는 기초교양으로서의 경학과 함께 실제로 당락을 좌우하는 시부(사장)의 전문교양이 필요하다. 그를 위해 최충의 학당은 두 종류의 학습 코스를 마련했음을 알 수 있다. 즉, 9재 분반을 통해 경학을, 사찰에서 진행되는 하과(夏課, 또는 夏天都會)라는 하계 집중강좌를 통해 시부를 배우는 방식이 그것이다. 과거 준비생들에게 고위 관직을 역임하고 또 지공거도 수차 맡아 본 최충의 사학은 매우 매력적이었을 것이다. 사료 중의 '의관자제'란 '의관'과 '자제'라는 의미인데, '의관'이란 문무관의 정복을 입은 자로 현직 관리를 의미한다. 과거에 현직자가 응시하는 것은 이상한 일이 아니었다.

최충의 학당은 그가 문종 9년(1055) 72세로 관직에서 은퇴하고서 설립하였다고 하며 12도 학당 중 최초의 것에 속한다. 그에 뒤이어 다른 유신들에 의해서 11개의 학당이 성립하였다. 12도의 명칭과 설립자는 문헌공도(최충), 홍문공도(정배걸), 광헌공도(노단), 남산도(김상빈), 서원도(김무체), 문충공도(은정), 양신공도(김의진), 정경공도(황영), 충평공도(류감), 정헌공도(문정), 서시랑도(서석), 구산도(불명)다.

따라서 12도 사학은 1055년경부터 시작하여 그 후 약 50년 동안 집중적으로 나타나 활동하였던 것이다. 이 시기는 외우내환이 없는 비교적 평화로운 시기였다. 그러나 학자관료가 관직 은퇴 후나 관직에 있는 동안에 개인적으로 사숙을 열어 후진을 가르치는 관습은 오래된 것이다. 멀리는 통일신라 하기에까지 소급한다. 당시 골품제라는 신분주의적 장벽에 가로막혀 이상을 펼칠 수 있는 기회를 얻지 못한 여러 육두품 출신 유학자들이 관계에서 물러나 재야에서 개인적으로 후학을 지도하는 일이 적지 않았다.

고려 초에도 그러한 관습은 없어지지 않았으며 중앙의 고위 문인관료들은 재직 중에도 사숙(私塾)을 열어 제자를 받아 교육해 왔다. 그러한 사숙들이 11세기 후반 국학이 상대적으로 부진한 가운데 사회적으로 큰 주목을 받아 이른바 12도 학당으로 특별히 지칭된 것이라고 생각된다.

12도 사학은 예종대의 국학 진흥책의 영향으로 차츰 그 영향력이 약화되다가 무신집권 전기에 이르러 그 전통이 단절되다시피 하였다. 12도 교육의 전통이 되살아난 것은 항몽을 위해 강화도로 천도한 이후의 일이었다. 강화도 천도 7년 후인 고종 26년(1239) 12도의 교육 관행인 하과가 복구되었고 그 후 국왕이 직접 하과 실시를 지시하는 일이 있었다. 이러한 경과로 처음 사학으로 시작하였던 12도는 강화도 시절을 통해 관학화하게 되었고, 개경 환도 이후부터는 당시 설립된 동서학당과 함께 관청의 통제를 받는 관학으로 바뀌었다. 또 강화도 시절부터 12도와 최충학당을 가리키는 9재가 혼용되기 시작하여 말기에는 동의어로 사용되었다(박찬수, 2001). 공식적으로 12도는 공양왕 3년(1391)에 폐지되었다.

(2) 서당

여러 기록으로 볼 때, 고려에도 조선시대의 서당에 상응하는 초등의 서민교육 시설이 존재했던 것으로 추정된다. 인종 2년(1124)에 고려를 방문한 송의 서긍이 저술한 『고려도경(高麗圖經)』에는 다음과 같은 기술이 있다.

> 마을 거리(閭閻陋巷)에도 경관(經館)과 서사(書社) 두 개, 세 개가 서로 바라보고 있으며, 민간의 미혼 자제가 무리를 모아 선생에게서 경서를 배우며, 좀 성장하게 되면 끼리끼리 벗을 모아 사관(寺觀)으로 가서 강습하고 아래로 졸오동치(卒伍童穉)도 역시 향선생(鄕先生)에게서 배운다(한국교육사연구회, 1972: 75-76).

'졸오동치'를 맡아 가르치는 '향선생'에 관해서는 목종 6년(1003) 왕의 교서에 "태조 때부터 쑥대집의 천인 자제들이 책보를 끼고 스승을 따라 배운다."라고 한 것이나, 이제현이 충선왕(1298~1313)과의 문답에서 "광종 이후로는 더욱 문교를 닦아서 안으로는 국학을 숭상하고 지방에서는 향교, 이상(里庠)과 당서(黨序)가 벌여 있어서 거문고 타고 글을 읽는 소리를 서로 들었고, 스승과 제자들이 서로 함양하고 훈도하다."(서울대학교교육연구소, 1997: 82)라는 기록이 참고가 된다.

당시는 교육이 위계화되어 있었던 것이 아니므로 사학의 경우도 초등과 고등이 명확히 나뉘지는 않을 것이다. 그러나 위의 『고려도경』의 서술은 당시 고려의 사학을 비교적 명확하게 두 레벨로 구분하고 있는 점이 흥미롭다. 즉 '경관'이나 '서사'에서 선생에게 경서를 배우고 또 '사관'에서 특별학습을 하는 '미혼 자제'의 교육, 그리고 '향선생'에게서 글을 배우는 '졸오동치'의 교육의 둘이다. 졸오동치란 서민계층의 신분이 낮은 자(졸오)와 어린아이(동치)를 뜻한다. 따라서 졸오동치를 모아 글을 가르치는 향선생은 조선시대의 전형적인 서당 훈장의 이미지다. 이와 같이 고려시대에는 신분이 낮은 서민층 자제들을 위한 교육도 행해지고 있었다는 것을 알 수 있다.

4) 성리학의 전래

(1) 성리학의 수입

남송의 주희에 의해 집대성된 신유학의 성리학은 고려 말 안향(회헌, 1243~1306)에 의해 처음으로 고려에 도입되었고 그의 문인 백이정(이재, 1260~1340)에 의해 더 자세하게 소개되었다. 그 후 성리학은 이제현(역옹, 1278~1367), 이색(목은, 1328~1396), 정몽주(포은, 1337~1392) 등에 의해 고려의 교학체제 내에 정착하게 되었다.

성리학은 노장과 불교의 사상과 세계관을 참조하여 유학을 새롭게 체계화하여 종래의 훈고학 중심의 전통유학(한당유학)과는 달리 강한 형이상학성을 지녔다. 성리학은 이학, 도학, 정주학, 또는 주자학으로도 불리며 조선과 일본 등 동아시아 여러 나라의 사상계에 큰 영향을 미쳤다. 성리학의 최초 소개자 안향이 국자감생들에게 주자서를 열심히 공부하라고 당부하는 글('論國子監諸生文')에는 성리학이라는 새로운 학풍을 수용하는 고려 유학자의 자세가 잘 나타나 있다.

> 성인의 도는 일상적인 윤리에 지나지 않는다. 자식된 자는 효도하고 신하된 자는 충성하며 예로써 가정을 다스리고 신의로써 친구를 사귀며 자신을 수양하는 데 반드시 경건함으로 하면 그것으로 충분하다. 저 불자(佛者)는 부모를 버리고 집을 나가니 윤리와 의리를 배반함이 오랑캐의 무리와 마찬가지다. …… 내가 옛날 중국에서 주회암의 저술을 얻었는데 성인의 도를 밝히고 선불(禪佛)의 학을 배척한 공이 중니(공자)와 어깨를 나란히 할 정도다. 중니의 도를 배우려고 하면 먼저 회암을 배우는 것이 제일 좋다. 여러 생도는 새 서적을 읽고 실로 면학에 태만하지 말라(姜, 2003: 179).

이 글에는 불교에 대한 대항의식이 선명하게 드러남과 동시에 일상적 윤리(오륜)를 실천하는 것이 곧 성인 되는 길(성인의 도)이라는 성리학의 기본관념이 강조되고 있다. 개경 환도 직후의 고려는 유학의 최고학부인 국자감이 극도로 피폐했고 민간에서는 불교와 무속신앙이 만연할 때였다. 안향은 36세에 국학의 사업(司業)이 되었는데 당시 국학 문묘를 보고 "뜰 가득 잡초만 우거지고 사람 없이 적막하다(滿庭秋草 寂無人)."고 읊을 정도였다. 안향이 과거에 급제한 것은 1260년이었다. 이 해는 수십 년간의 강화도 항몽시대를 접고 개경으로 환도한 해다. 청운의 뜻을 품은 신진사대부관료 안향으로서는 당시 고려의 상황은 실로 절망적인 것이었다. 안향이 1290년 연경에 체류하는 동안 신유학의 주자학이 그에게 준 인상은 강렬하고도 참신하였을 것이다. 우주만물과 인간의 생성 및 존재를 합리적으로 설명하는 이기론과 성즉리 사상, 거경궁리의 심적 수양을 통한 성인(聖人)의 체현이라는 강렬한 종교적 사명의식 등은 고려의 사회와 사상에 절망한 안향에게 복음으로 다가왔을 것이다.

(2) 성리학 전래와 고려의 교육

성리학의 수입과 함께 고려의 교육과 과거에 상당한 변화가 생기게 되었다. 충목왕 원년(1345) 과거 초장의 시험과목으로 종래의 육경의(六經疑)에 더하여 사서의(四書疑)를 새로 추가한 것, 공민왕 16년(1367) 성균관에 사서오경재(四書五經齋)를 설치한 것, 공민왕 17년 과거 최종시험인 친시(親試)를 경의(經義)로 본 것, 공민왕 18년 과거를 향시-회시-전시의 3단계(과거삼층제)로 바꾼 것 등이 그 구체적인 예다. 과거제 변화의 주안은 종래의 시부사장 중심으로부터 경학 중심으로의 전환이다. 과거를 통해 배출되는 문인관료의 중심적인 교양을 문학이 아닌 경학, 그것도 성리학적으로 새롭게 해석된 신유학으로 바꾸고자 한 것이다. 한편 관학교육의 변화는 종전의 오경 중심의 교육에서 사서 중심으로 바꾸고자 한 것이다.

사서는 송대에 성립한 신유학으로서의 성리학의 기본 텍스트였다. 한·당 이래 중국 유학은 오경(또는 육경)을 중심으로 전개되어 왔다. 중국식 학교교육은 곧 경학의 교육이며 오경의 교육이라고 할 수 있다. 이러한 중국식 학교교육의 전통은 송학의 대두와 함께 크게 달라지게 되었다. 종전 오경이 차지하던 자리를 사서가 차지하게 된 것이다. 물론 사서의 등장과 함께 오경이 퇴장한 것은 아니며 여전히 중요한 의미를 지녔다. 그리고 사서도 대학과 중용이 예기의 한 편이었던 것처럼 내용상 오경과 연결되어 있다. 그러나 오경이라는 방대한 텍스트의 전체 가운데서 특정한 단편을 전체에서 독립시켜 특별한 의미를 부여하여 독립의 텍스트로 편성한 것은 중요한 변화다. 그리고 종전 오경 수준의 경전으로 존중하지 않았던 논어와 맹자를 그 반열로 승격시킨 것도 큰 변화인 것이다. 그렇다면 송학에서는 왜 오경을 제쳐두고 사서를 특별히 중시했던 것인가?

사서(四書)가 송학의 기본 경전으로 확립되는 과정에서 결정적인 공헌을 한 것은 북송의 정호와 정이 형제(이정, 二程)다(이하 박종배, 2006 참조). 이정 형제에 이르러 처음으로 유학교육의 기본 교재로서 사서가 성립하였다. 그들이 사서를 유학교육의 기본 텍스트로 중시한 것은 그들의 교육관과 유교관에 기인한다.

이정은 '학위성인(學爲聖人)'이라고 하여 공부의 목적을 '성인되는 것'으로 보았다. 그들의 말을 들어 보자. "사람은 누구나 성인에 이를 수 있고 군자의 학문은 반드시 성인에 이르고 나서 끝나는 것이다. 성인에 이르지 못했는데도 학문을 그만두는 자는 스스로를 포기한 것이다(人皆可以至聖人 而君子之學必至於聖人而後已 不至於聖人而後已者 皆自棄也)." 그렇다면 어떤 공부를 해야만 성인이 될 수 있는가? 성인이 되기 위한 공부는 어떤 것인가? 성인이 되기 위한 공부의 길, 즉 '성인의 도'를 처음 가르쳐 준 것이 바로 공자다. 그러한 공자의 가르침은 증자, 자사, 맹자로 계승되었다(유교의 '도통'). 공자 → 증자 → 자사 → 맹자로 전승된 성인의 도가 가장 잘 설명된 경전은 바로 논어, 대학, 중용, 맹자의 사서(四書)다. 성인이 되기 위한 공부(성인지학)은 문장과 훈고와 이단을 멀리하고 오로지 내면의 완성, 도덕적 완성을 기해야 한다.

이와 같이 이정은 내면적으로는 도덕적인 인격 완성을 추구하고 그러한 바탕 위에서 외면적으로 제가(齊家) 치국(治國)하여 평천하(平天下)를 이루는 것, 즉 '내외합일'과 '내성외왕(內聖外王)'을 참된 학문으로 보았다. 사서는 바로 그러한 '내외합일'과 '내성외왕'을 위한 공부의 기본 텍스트였다. 이정에 의해서 그 의의가 확립된 사서는 주희에 의해서 성리학 교육과정의 기본 교재로서 그 위치가 확정되었다.

주희의 30여 년간의 노력의 결실인 『사서집주』의 등장으로 사서는 남송 이후 신유학 교육의 필수 교재가 된다. 사서가 널리 전파되기 시작한 것은 주희가 1190년에 『사서집주』를 간행하면서부터다. 1227년에는 『사서집주』를 치도(治道)에 보탬이 되는 책이라고 칭송하며 관방(官方)의 학술로 공인하는 송 황제의 조서가 반포된다(박종배, 2006: 278).

사서는 이상과 같은 경위로 고려 말 성리학의 전래와 함께 새롭게 한국 유학교육의 기본 텍스트로서의 중요한 지위를 획득하게 되었다. 사서 중심의 주자학과 유학 교육 그리고 그와 연동하는 과거제가 본격적으로 실행되고 또 정착하게 되는 것은 조선왕조 시대의 일이었다.

4. 중세 일본의 교육

1) 일본의 중세: 바쿠후 체제의 성립

일본의 중세는 11세기 말부터 16세기 말까지의 500년이다. 이 시기에는 중앙집권적인 율령체제가 실질적으로 와해되고 각지에 독자적인 힘(군사력, 경제력, 행정력 등)을 가지는 지역권력이 성립하였다. 고대에 조정과 관인귀족(쿠게, 公家)이 지배층이었던 것에 대해 중세에는 무사집단(부케, 武家)이 조정과 쿠게를 제압하고 국가 지배의 실권을 장악했다. 중세에 쿠게가 완전히 몰락한 것은 아니며 여전히 지배층으로서의 지위는 유지되었다. 그러나 고대와 같은 쿠게의 독점적인 권력지배는 1180년대에 카마쿠라 바쿠후가 성립한 이래 와해되었고 이후 쿠게는 부케에 종속하게 되었다. 고대의 국가 지배층인 조정 관인귀족 집단을 힘으로 제압한 신흥 무사집단은 1180년 카마쿠라(鎌倉)에 처음 성립한 바쿠후를 중심으로 자신들의 정치권력 체제를 구축했고, 이후 바쿠후는 19세기에 이르기까지 8세기에 걸쳐 일본 정치체제의 정점으로 군림했다.[2)]

바쿠후 체제에 결집한 무인 세력은 조정 귀족 및 사원·신사의 구세력을 그 명맥은 온존시키면서도 정치, 경제, 군사력을 완전히 자신들의 수중에 넣었다. 최초의 바쿠후인 카마쿠라 바쿠후 체제는 고대 율령체제에서 코쿠시(國司)와 군지(郡司)를 중앙에서 임명하여 각 지방을 중앙집권적으로 통치한 방식에 조응하는 형태로, 쇼군(將軍)의 고케닌(御家人, 쇼오군에 대대로 충성을 맹세한 무사)을 슈고(守護)와 지토(地頭)로 임명하여 전국의 지방 지배조직의 수령으로 삼음으로써 일본 천하를 전적으로 지배하였다. 그리고 당초 바쿠후에 의해 임명되었던 슈고는 점차 경제력을 강화하여 독립적인 봉건영주(在地領主)로 성장하게 된다.

고대의 율령국가가 관료제적 원리에 기초하고 있었던 것에 대하여, 카마쿠라 이후의 바쿠후 체제는 봉건적인 주종적 원리에 바탕을 두었다는 점에서 중세적이다. 그리고 전자가 문치적인 국가체제였던 것에 비해, 후자는 현저하게 군사적인 국가체제였다. 이와 같이 일본 중세 국가는 무인과 군사 중심의 국가였으며 이러한 사회 구성의 기본 성격은 자연히 교육에도 반영되었다.

2) 중세의 교육기관

고대의 율령체제가 붕괴함에 따라 문인관료 양성을 위한 관학(대학료와 국학)체제 역시 와해되었다. 그런데 새로운 일본의 지배자로 등장한 무인들은 그에 대신하는 새로운 학교를 만들지 않았다. 이 점이 일본 중세교육

2) 15세기 말 이래 약 100년간 전국시대(戰國時代)가 전개되면서 바쿠후의 권위가 붕괴하는 시기도 있었지만 그 역시 부케 세력 간의 권력 재편성 과정이었고 그 시기를 경과하면서 바쿠후 체제는 보다 세련되고 집권적인 형태로 재등장하였던 것이다.

의 첫 번째 특징이다. 이러한 사실은 같은 바쿠후 체제라고 하더라도 근세의 에도바쿠후 시대에는 무사를 위한 학교로서 한코[藩校]가 다수 설립되었던 것과 대조적이다.

중세의 지배자인 무사(=사무라이)들이 자신들의 학교를 가지지 못했던 것은 그들이 기본적으로 재지영주로서 분산적으로 거주하여 그 자제들의 집합적 교육을 위한 현실적 조건을 결여하고 있었다는 점이 지적된다(久木, 1984: 214). 그리하여 사무라이 계층의 교육은 자연히 일상생활 속에서 무사의 관례나 창검, 궁시(弓矢), 승마 등의 무예를 가정을 중심으로 전수하는 방식으로 이루어졌고, 문자교육은 주로 불교의 사원에 의존하게 되었다.

두 번째로 문자의 학습이 고대나 근세에 비해 상대적으로 부진했던 것도 이 시대의 특징이다. 물론 일상생활을 위한 기초적인 읽기 · 쓰기의 문자학습은 무사나 백성 모두에게 필요한 사항이었을 것이다. 그러나 그 수준은 실용적인 차원을 벗어나지 못했으며 고대귀족의 현란한 문예적 교양문화의 전통은 중세 무사들에 의해 계승되지 못했다. 그런 의미에서 무사들은 교육 면에서 사원에 의존해야 했듯이 문화적으로는 쿠게[公家]에 의존하는 형태에서 벗어나지 못했다(久木, 1984: 217).

세 번째 특징으로는 불교 사원이 중세 일본의 문화와 교육에서 매우 큰 역할을 한 것을 들 수 있다. 일본에서 불교는 고대에 이어 중세에서도 지배적 세력의 한 부분이었다.

중세 이전 일본의 불교는 율령국가 체제에서 '왕권의 불교'로서 철저하게 국가의 관리와 보호하에 들어갔다. 조메이[舒明] 천황(재위 629~641)이 백제대사(百濟大寺)를 건립한 이래 국가적인 대사원들이 역대 천황들에 의해 차례차례 건립하여 왕권의 상징으로 활용되었다. 또한 율령제하의 법령인 승니령(僧尼令)에 의하면, "승려는 사원에서 국가 안태(安泰)를 위해 불교 교의를 배우고 연구하는 자이며, 민중에 불교를 포교하는 것은 규제를 당했다. 승강(僧鋼) 아래서 중앙집권적으로 통제를 당하는 승려들에게는 육종(삼론, 성실, 법상, 구사, 화엄, 율)을 연구하여 천황과 국가를 위한 법회를 행하는 것이 기대되었다." 그리하여 불교는 전적으로 "천황과 국가의 안태를 목표로 하면서 진호국가(鎭護國家)를 위한 사상적이고 종교적인 기반"이 될 것을 요구당했다(佐藤, 2006: 74-75).

이처럼 고대 일본에서는 국가의 허락 없이 승려가 되는 것이 금지되었고 불교 교리에 따라 자율적으로 민중을 대상으로 포교하는 것도 처벌 대상이 되었다. 국가의 허락에 의해 승려가 된 다음에는 국가의 보호를 받으며 국가를 위해 불법을 연구하고 또 법회를 열어 천황과 조정의 태평과 안녕을 기원하는 것이 요구되었다. 고대 일본 불교는 그야말로 '왕권의 불교'이며 '국가의 불교'였다. 이러한 불교의 국가 종속성은 11세기 말에 본격화하는 원정(院政)과 더불어 일층 강화되었다. 원정이란 천황이 존명 중에 퇴위하여 상황 또는 법황으로서 보호자 자격으로 천황을 대신하여 전제적 권력을 행사하는 체제를 말하는데, '법황'은 퇴위한 후 출가자의 신분으로 대사원을 거점으로 하여 원정을 행하였다. 그리하여 주요한 사원들은 왕족 등 유력 쿠게의 토지기부 등을 통하여 이른바 지케[寺家]로서 권문(權門) 세력화하여 쿠게, 부케와 나란히 권문체제의 일부를 이루었다.

중세에도 불교는 여전히 큰 사회적 세력이었다. 고대불교가 조정 중심의 국가불교, 귀족불교였던 것에 비해 무사의 신앙에 적합한 선종이나 하급무사나 농민의 포교에 활약한 신란(親鸞, 1173~1262)의 정토진종과 같은 민중적 불교가 성행했다. 종래의 귀족적인 불교(구불교)에 더하여 중세에는 상대적으로 민중적인 성격의 새로운 불교(신불교)가 가세하여 경쟁적으로 교의를 연구하고 포교하는 양상이 펼쳐졌고, 그에 따라 불교의 교육문화적 영향력은 고대에 비해 훨씬 커졌다. 국가의 일원적인 관리와 보호하에 놓였던 것이 고대불교였다면 여러 종파가 교의와 포교 양면에서 치열하게 경쟁하는 것이 중세불교였다.

무인들이 지배하고 또 살육과 파괴의 전란이 끊임없이 이어지는 중세는 고대와 같은 안정적인 학교제도나 세속적인 학문기관이 발달하기 어렵다. 마치 중세 유럽에서 대성당과 수도원이 학문과 교육의 장소였던 것처럼, 중세 일본에서도 불교의 사원은 학문과 교육의 센터였다.

3) 불교의 성행과 사원의 교육

중세 일본 불교계의 교육활동은 사원(寺院)학교를 중심으로 교학 전수와 승려 양성, 그리고 속인을 대상으로 하는 체계적인 교육을 펼치는 것과 승려가 민중의 생활 장소를 찾아다니며 포교하는 두 가지 형태로 전개되었다. 동시에 승려나 속인이 유명한 사원이나 사원학교를 찾아 끊임없이 각지를 전전하는 편력 수행이 일반적이었다.

(1) 권학원(勸學院)과 학승 교육

중세의 체계적인 교육활동으로서 가장 주목할 만한 것은 학승의 전문교육을 위한 사원학교인 권학원이다. 1195년 쿄토 히에이잔[比叡山]의 한 사찰에서 시작된 권학강(勸學講)이 그 시초다. 이것은 천태종의 교학에 필수적인 경론(經論)을 망라하여 기본적인 것에서부터 시작하여 차례로 부차적이고 응용적인 것에 이르기까지 배열하여 이수하도록 한 것으로, 전부 20년 이상이 걸리는 거대한 학습 프로젝트였다. 권학강은 매년 1회 10월에 7일 동안 행해졌으며 6일간의 논의(論議)에 이어 마지막 날에는 법회가 거행되었다. 매일의 논의에 참가하는 것은 30명 정도였다(尾上, 1984). 이것은 '소박한 형태이지만 일본 최초의 커리큘럼 설정의 사례'로 평가된다(久木, 1984: 220).

권학원은 보다 장기적이고 계속적으로 경론의 강의가 실시되는 시설로서 13세기 이후 여러 유력 사원에 개설되었다. 전문 학승을 양성하기 위한 시설이라는 점에서는 권학강과 다를 바 없으나 그 운영이 교사와 학생의 자치에 의해 이루어진 점이 흥미롭다. 권학원에서 강학을 담당하는 교사는 노케슈(能化衆)이며 그에 대하여 학생에 해당하는 것이 쇼케슈(所化衆)이었다. 그런데 쇼케슈는 장래 노케슈가 될 자들이었기 때문에 그러한 신분에 상응하는 권리로서 규칙제정권, 가입승인권, 제적권 등의 특권을 보유했다. 반대로 노케슈에게도 논의·담의의 개최나 중지, 출석 점검 등 교육이나 학생지도에 관한 권한이 있었으며 노케의 최고지도자인 가쿠토[學頭]의 선임권을 보유했다. 이것은 유럽 중세대학의 교사와 학생 동업조합(길드)의 자치와 유사한 행태다. 학습은 강의가 격월로 개강되었고 정해진 텍스트를 3년 걸쳐 이수하였다. 강의가 없는 달은 복습기간으로 하여 교사(讀師)의 지도를 받았다. 강의는 주입식이며 텍스트의 암송이 요구되었고 시험도 자주 행해졌다. 강의 외에 여러 논의(論議, 문답을 하면서 경론의 의미를 밝히는 것)에도 참여하도록 하였다(大戸, 2002: 68-69).

(2) 속인을 위한 사원학교

사원학교로서 장래 출가를 목표로 하지 않는 자를 위한 세속적 교육을 행한 사례에는 크게 나누어 두 형태가 있다. 하나는 아시카가 학교(足利學校)와 같은 유력 사원에 설치되어 고등교육을 담당한 형태, 그리고 유력 사원에 국한되지 않고 마을의 작은 사찰에도 개설되어 일반인의 자제까지 포함한 속인 아이들에게 기초적인 식자와 예능 교육을 베푼 형태가 있다. 전자에 관해서는 잠시 후에 보기로 하고 먼저 후자에 관해서 살펴보기로 한다.

세속적인 교육기관이 전무한 가운데 불교의 융성에 따라 크고 작은 사원이 광범위하게 분포되어 있었던 까닭에 출가자 외의 무사나 평민들도 자제의 기초교육을 사원학교에 기대하였다. 속인의 아동을 위한 사원의 교육은 카마쿠라 시대(1180년경~1333년)에 시작하여 무로마치 시대(1338년~1573년)와 전국시대(1467년~1570년경)에 들어서 한층 더 성행하였다.

일반적으로 8, 9세에 절에 들어가 14, 15세 무렵에 절에서 나왔다(절에

들어가는 것을 '테라이리[寺入り]' 혹은 '토잔[登山]'이라고 하며 절에서 나오는 것은 '게잔[下山]'이라고 불렀다). 사원학교의 교육내용을 알아보기 위해서 속인을 위한 사원학교 교육이 한층 더 촉진되었던 전국시대의 한 사례를 들어 보자.

이 사례는 어느 무사의 아들이 1564년 2월 13세 때 절에 들어가 16세에 하산할 때까지의 약 3년간의 학습과정에 관한 것이다(이하 大戶, 2002: 75). 먼저 제1년차에는 습자(테나라이, 手習)을 주안으로 하는 기초교육이 아침부터 저녁까지 이어진다. 그리고 새벽에는 불경을 읽고 밤에는 모범서한문집(오라이모노, 往來物) 등을 독서한다. 제2년차에는 독서가 주를 이루고 습자공부는 부차적이 된다. 독서에는 사서오경(四書五經), 낭영(朗詠), 육도(六韜), 삼략(三略) 등이 텍스트로 쓰였다. 습자는 초서체와 행서체까지 나간다. 마지막 제3년차에는 한자의 본체인 진서체를 익힘으로써 습자공부를 완결하고, 코킨와카슈[古今和歌集], 만요슈[万葉集], 이세모노가타리[伊勢物語], 겐지모노가타리[源氏物語] 등을 독서했다. 이 소년은 절에서의 학업을 마치고 하산한 다음에 활쏘기와 승마 등의 무예훈련과 함께 축국(蹴鞠)과 차도(茶道) 등의 예능도 배웠다. 예능에 관해서는 절에 있을 때도 와카[和歌]나 노가쿠[能樂]의 습득에 힘썼다.

아시카가 학교도 처음에는 사원학교로 출발하였다(이하 주로 大戶, 2002: 69-72 참조). 그 기원은 확실하지 않으나 14세기 말에서 15세기 초 사이에 창설된 것으로 추정되고 있다. 1439년 당시 바쿠후 최고 실권자의 한 사람이 직접 학교운영에 개입한 이래 불교와는 별개의 세속 교육기관으로 탈바꿈하였다. 교육내용과 학교운영 형태도 전기와 후기가 상이하다. 전기의 학교의 교육내용은 내전(內典, 불교서)과 외전(外典, 한학서)을 폭넓게 학습하는 것이었다. 재학생 수도 많았고 학생들의 길드는 고도의 자치권을 가졌다. 학생 길드는 부적격자의 추방권, 학교규칙 제정권, 그리고 교육내용 결정권을 보유하였다. 그에 따라 학생들이 새로운 강좌를 개설하기도 했고 때로는 강사를 초빙하는 일도 있었다. 그러나 바쿠후 실력자가 학교운영에 직접 개입하게 된 이후는 학생들의 자치권이 제한받기 시작하여 마침내 완전히 해체되었다. 교육내용도 내전은 배제되고 외전에만 국한되었다.

세속적 고등교육기관으로 환골탈태한 아시카가 학교는 전국시대에 접어들어 외형적으로 크게 발전하여, 교육내용에서도 유학 외에 의학, 병학, 천문학 등이 추가되었다. 이것은 당시 격렬한 전투가 끊이지 않는 전란의 시대에 부응하는 교육내용이며 아시카가 학교의 출신자는 그러한 시대의 사회가 요구하는 인재로서 중시되었다.

전국시대의 아시카가 학교는 각지의 여러 사원학교에서 학업을 마치고 더 높은 수준의 배움을 원하는 편력 학도들이 방문하는 최고학부였다. 아시카가 학교에서의 수학을 끝낸 자 중에는 중국으로 유학을 떠나거나 혹은 각지로 흩어져 사숙을 여는 등 학자 또는 교육자로서 자립한 사람들이 적지 않았다. 또 아시카가 학교 출신자는 전국(戰國) 무장들이 탐내는 인재로서 그들의 군사고문으로 소중하게 스카우트되는 일이 많았다. 아시카가 학교는 근세 도쿠가와씨의 보호를 받으면서 존속하다가 1872년 폐교되었다.

4) 무사의 교육

무사들은 자신들의 강력한 무력을 도구로 하여 일본 천하의 정치적이고 경제적인 실권을 장악했다. 국가 지배자로서의 무사계층은 그들의 계급적 정체성의 핵심인 무예를 부단히 연마하고 또 자손에게 전수하는 것을 중시했다.

무사는 정세변화에 따라 무력충돌이 발생하게 되면 목숨을 걸고 전투에 임하지 않으면 안 되는 숙명에 놓여 있었다. 그 결과, 무사계층의 가정에는 귀족이나 평민과는 다른 독특한 의식과 생활이 생겨나게 되었다(이하 大戶, 1987: 51-53 참조).

전투에서 승리하기 위해서 무사는 집단으로서의 강한 결속력을 만들고 지키지 않으면 안 된다. 전장의 무사는 개인이 아닌 집단의 일원으로 행동하고 사고하는 것이 요구되었다. 그 경우 그들의 결속력의 핵이 바로 '이에(家)'였으며 가문의식이었다. "무사의 집안에 태어난 아이에게는 유년 시절부터 강한 '이에'의식이 함양되었으며 평생 무사의 마음에서 사라지지 않고 무사의 모든 행동에 영향을 미쳤다고 할 수 있다." 그러한 무사의 '이에'의식을 강화하고 무사로서 지켜야 할 규범을 담은 '부케 가훈'이 중세 전기에 성립하였고 상급 무사계층에서는 점차 일반화되었다.

이러한 이에의식의 함양과 함께, 구체적인 전투 능력인 무예의 단련이 무사에게는 필수였다. 그리하여 무사는 일상생활에서 무예 연마에 여념이 없었고 어릴 적부터 활쏘기와 승마술 등 각종 무예의 습득에 전념하였다.

무사 자제를 위한 무예의 교육은 주로 부형이나 가신들에 의해 가정에서 개인적인 형태로 이루어졌으며 아직 무예도장이나 전문적인 무예 지도자가 없었다(무예교육의 제도화는 근세 에도 바쿠후 시대에 성립하게 된다.). 그러므로 무사계층의 아이들은 사원학교에서의 일반교육을 전후한 시기에 가정에서 무예교육을 받으며 자립적인 무사로서의 정신과 기량을 갖추어 갔던 것이다.

동아시아의 중세는 한국과 중국이 대략 시기가 10세기 중엽에서 14세기 말까지로 일치하며, 일본은 상대적으로 늦은 12세기 말부터 17세기 초까지가 중세로 구분된다. 이 400, 500년간 동아시아 삼국에서는 잦은 전란으로 인해 사회가 혼란스러웠으며 한국과 일본에서는 무인들이 오랫동안 집권하는 일이 있었다. 한국과 중국의 경우는 수차례의 이민족 침략으로 인해 국력이 피폐해진 탓에 학문과 교육이 지속적으로 성장하지 못하고 소장과 부침을 거듭하면서 명맥을 이어갔다. 일본은 여몽연합군의 침략을 견뎌내는 등 외부의 침략은 크게 받지 않은 대신 내적으로 오랫동안의 천하 쟁란이 이어져 그로 인해 학문과 교육이 순조롭게 발전하지 못했다.

동아시아 삼국 모두 이 시기의 교육에서는 이전 시대의 그것과의 질적인 차이 혹은 독자적인 발전상은 찾아보기 어려우며, 대체로 이전 시대의 교육문화가 계승되면서 정착되어 갔다고 할 수 있다. 고려의 경우 중국대륙과의 교류를 통해 과거와 관학의 제도가 정비되어 갔으며, 전기에 크게 일어난 사학도 관학을 대체하는 것이 아니라 그 보조자의 역할을 했다. 통일신라 시대에 도입된 중국적 교육문화는 고려시대를 거치면서 명맥이 유지되고 또 시스템으로서의 완성도를 높여갔으며, 고려 말에는 송학인 주자학이 열성적으로 수입되면서 조선시대에 완성을 보는 유교적 교육문화를 준비하였다고 할 수 있다.

중세는 동양이든 서양이든 종교가 중요한 역할을 한 시기다. 서양은 말할 것도 없이 기독교가 지배적인 사상으로서 유럽인들의 생활에 깊은 영향을 미쳤고, 교육에 있어서도 거의 절대적인 위치에 있었다. 그에 관한 상세한 내용은 나중에 보겠지만, 여기서는 동양에서 당시 종교가 한 교육적 역할이 무엇이었는가를 확인하는 일이 필요하다.

이 시기 동양의 종교라면 불교가 대표적이다. 히말라야 산록에서 발생한 석가모니의 가르침은 인도와 동남아시아를 거쳐 중국 그리고 한국과 일본으로 전파되었다. 한국과 일본에는 최초 한역 불경과 함께 불교가 전해졌기에 어느 정도 중국화된 불교였으며 대승불교가 지배적이었다. 한반도에는 고구려 소수림왕 2년에 전해졌고, 일본에는 백제를 경유하여 전파되었다.

한반도에서의 불교는 삼국시대에 널리 보급되면서 백제와 신라에서 보듯이 고도의 불교문화를 이룩했다. 각지에는 불교 사원이 건립되고 저명한 승려가 다수 배출되었으며 또 승려들을 통해 국제교류가 활발히 이루어졌다. 승려들은 국가지도층에 대해서나 일반 민중에 대해서 정신적 권위를 지니면서 문화적인 리더십을 행사했다.

앞에서 보았지만 삼국시대 우리나라의 학교교육과 관련되는 기록이 이상스러울 만치 부족한데, 그럼에도 불구하고 삼국 어느 나라나 높은 문화 수준을 달성한 것을 보면 학교라는 형식화된 교육시설은 없었을지 몰라도 그에 대신하는 알찬 교육시설이 존재했을 것이라고 추정된다. 그것이 바로 사원이 아닐까? 불교에서는 불 · 법 · 승을 삼보라 하여 대단히 중요하게 여겼으며 절은 이 세 '보물'을 지키는 곳이었다. 따라서 수많은 불경과 함께 그를 배우는 학승들이 어느 절에나 반드시 존재한다. 어려운 한문으로 적힌 불경을 배우기 위해서는 문자학습이 선결 과제이며, 한문으로 된 불경을 읽고 강론하는 일은 그 자체가 교육활동이다. 또 절에는 불경 외에 귀중한 서적이 수집되어 보관되는 일도 드물지 않다. 특히 전란이 심하고 사회가 혼란할수록 산사와 같은 세속과 격절된 장소는 그 어느 곳보다 귀중한 전적을 보관하기에 적합한 곳이다.

통일신라는 대표적으로 불교국가였다. 국가가 불교를 공인하고 왕실이 솔선하여 불교에 심취하였다. 각지에 좋은 시설을 갖춘 사찰이 다수 건립되었다. 이들 사찰이 일반적으로 교육적 기능을 했을 것이라는 것은 새삼 논할 필요가 없을 것이다. 유학의 교양을 지닌 지식인들도 절을 찾아 수양도 하고 학문 도야도 했을 것이다. 또 일반 민중도 각종 기회에 사찰을 찾아 승려로부터 설법을 듣는 것이 하나의 일상적인 생활양식에 속하는 일이었을 것이다. 이러한 사정은 고려시대 역시 같았다. 태조 왕건이 불교를 국가적으로 장려하라는 훈요10조를 남길 정도였으니까. 고려시대에도 저명한 승려가 다수 배출되었으며 중국에 건너가 이름을 떨치며 활약한 고승도 있다. 유학자들도 여름철이면 무더위를 피해 경관 좋은 사찰을 찾아 여름공부(夏課)를 하는 것이 하나의 습관이었다. 그런데 문제는 우리나라의 경우 사찰에서 어떠한 교육적 활동이 이루어졌는지 그 구체적 모습을 알 길이 없다는 것이다. 일본의 경우를 보면 중세 때 사원이 승려교육과 아울러 세속교육도 같이 담당했다. 승려를 지망하지 않는 아이들이 절에 와서 한문을 배우고 또 불경 외의 서적(외전)을 공부하였다. 또 무사계급은 늘 죽음을 준비해야 하는 전사들로서 자신들의 세계관을 선종과 같은 불교에서 찾았던 것이다. 한국은 고려도 그런 경향이 강했지만 특히 조선왕조 국가가 전형적인 '유교세계'이며 그 교육도 유교중심 교육이었던 까닭에 한국교육사에서는 '유교적 교육'의 '외부'에 관한 관심이 적었던 것 같다.

제6장

중세 유럽의 교육

제 6 장

중세 유럽의 교육

1. 서양의 '중세'

서양사에서는 대략 5세기 말경부터 15세기 말경까지를 중세로 분류한다. 일반적으로 476년의 서로마제국 멸망을 기준으로 고대와 중세를 구분한다. 중세 1,000년은 다시 세 시기로 나뉜다. 5세기 말에서 10세기까지의 '중세 초기'는 대체로 혼란과 쇠퇴의 어두운 시기인 '암흑기(the dark ages)'로 특징지어진다. 그다음 11세기 중엽부터 약 2세기 동안은 이른바 '중세 전성기(the high middle ages)'가 현출된다. 농업혁명과 그로 인한 상업의 부활 및 자치도시의 발흥이 일어난 시기다. 그러다가 13세기 말경부터 15세기 말까지는 '중세의 조락(凋落, the waning of the middle ages)'이 온다(McNeil, 1986). 서양 중세는 이와 같이 중간의 '전성기'를 전후로 고전고대 문명과의 단절로 특징지어지는 '암흑기'와 새로운 시대로의 전환을 준비하는 '쇠락기'가 위치하는 구조를 하고 있다. 500년의 암흑기 → 200여 년의 전성기 → 200여 년의 쇠퇴기라는 역사적 전개를 보이는 것이 서양 중세다.

서양 중세는 1,000년간의 역사적 골짜기다. 그것은 '고전고대(=고대 그리스 · 로마 문명)'와 '재생된 고전고대(=르네상스문명)'의 중간에 자리한 역사적인 '대협곡(大峽谷, a grand canyon)'이다. 오늘날 세계의 헤게모니를 쥐고 있는 '유럽문명'은 중세에 처음 모습을 드러내어 독자적인 문명으로 자립하였다. 그리스와 로마의 고대문명은 중세를 거치면서 유럽문명으로서 재탄생하였다고 할 수 있다.

크게 보면 서양문명은 고대로부터 근대에 이르기까지 '통일성'을 특징으로 한다. 그러면서 동시에 '다양성'을 내적으로 포함하는 문명이다. 일견 이율배반적으로 생각되는 이 통일성과 다양성의 공존이야말로 유럽문명의 특징이라고 생각한다. 실제로 유럽사회에는 매우 다양한 인종, 언어, 국가, 종교들이 공존하고 있다. 그러면서도 유럽 사람들은 자신들이 기본적인 가치관과 보편적 문화를 공유한다는 신념, 즉 '유럽인의식(European identity)'을 소유하고 있다. 기독교라는 유일신 종교, 그리고 무엇보다도 고전고대 이래의 전통인 휴머니즘은 그러한 유럽인의식을 가능하게 하는 보편적 가치관이다.

이와 같이 고대로부터 현대에 이르기까지 문화적 연속성을 유지하는 문명은 서양문명 외에는 그 사례를 찾아보기가 어렵다. 초창기 성립 이래 오랫동안 문화적으로 강한 결속력을 유지해 오고 있는 이슬람문명도 어떤 의미에서는 그런 유형의 문명이라고 볼 수도 있다. 그러나 이슬람문명은 마호메드에 의한 이슬람교 창시가 7세기 초이므로 그 이전의 오랜 고대문명을 포괄하지는 못한다.

동아시아 문명은 어떤가? 근대 이전 중화문명이 동아시아 지역에서 강력한 헤게모니를 유지하면서 모델로서의 역할은 한 것은 사실이다. 그러나 중국이 19세기 서양 열강의 침략을 당하면서 자주적인 근대로의 역사적 이행에 실패하고 말았던 사실이 단적으로 나타내듯이, 동아시아에는 전근대와 근대 사이에 '단절'이 존재한다. 한때 동아시아에 그 위용을 뽐냈던 '중화문명'은 오늘날 역사적 유물로 전락하고 말았다. 오늘날 동아시아에는 유럽의 초국가적인 '유럽인' 의식에 비견될 만한 보편적인 '동아시아인'의 관념이 존재하지 않는다.

고전고대의 문화를 파괴하면서 동시에 서양문명에 대하여 새로운 생명력과 활동력을 부여한 것이 중세라면, 그러한 중세에서 가장 중요한 역할을 한 것이 게르만족과 기독교였다. 양자는 서양 중세라는 수레의 두 바퀴에 해당한다.

미개 상태에 있던 게르만 민족의 대규모 침입과 함께 지중해 서북쪽의 유럽 지역에서는 고전고대 문명이 흔적을 감추었다. 그러나 한편 이들 게르만 민족의 대이동과 함께 유럽의 역사가 태동하였다. 게르만족의 대이동과 함께 유럽은 오랫동안 분열과 무질서 상태에 빠지게 되었다. 기독교는 그러한 분열과 무질서의 유럽에 새로운 통합과 질서를 가져다주었다. 장기적으로 보면 유럽문명은 게르만 문화, 기독교 문화, 그리고 고전고대 문화의 세 요소가 하나로 통합되어 성립한 것이다.

1) 중세 유럽의 정치

서양 중세의 특징을 정치, 경제, 문화로 나누어 간략하게 정리해 보자. 먼저 정치적인 면에서 보면 집권적 국가권력이 부재한 것이 특징이다. 조금 과장해서 말하면, 서양 중세는 '국가'가 없었던 시대다. 5세기경 서로마제국의 정치적 헤게모니가 해체된 이래 유럽에는 오랫동안 정치적인 구심체가 없었다. 유럽 지역에 오늘날의 프랑스, 영국, 독일과 같은 집권적 형태의 국가권력이 형성되기 시작한 것은 13세기의 십자군전쟁을 거치면서

다. 그전까지 유럽의 정치질서는 분권적인 봉건제도에 의해 유지되었다.

12세기에 이르기까지 중세 유럽의 실질적인 권력자는 성채(城砦)를 거점으로 하는 지방 권력자인 봉건영주였다. "말을 타면 하루에 충분히 왕복할 수 있는 범위를 확실히 장악했다. 지배 영역은 작지만 지배내용은 충실했다. 그러한 배타적이고 독점적인 지배 영역의 소유자가 곧 봉건영주였다." (鯖田, 1989: 104) 봉건영주들 상호 간 그리고 영주와 국왕의 주종관계는 계약적 관계였다. 그 결과 한 명의 영주가 복수의 유력 영주 혹은 국왕과 가신관계를 맺는 것이 가능했으며, 국왕 상호 간에도 주종관계가 맺어지기도 했다. 이와 같이 중세 유럽의 봉건영주들은 완전히 독립적인 권력주체였다.

예컨대, 독일의 경우 대공위시대(1256~1273) 이후에는 약 300개의 영방국가(領邦國家, Territorialstaat)들이 분립하고 있었으며, 당시 신성로마제국의 황제를 겸하고 있던 독일 국왕은 그 자신이 유력한 봉건영주의 하나에 불과했다. "국왕의 봉건영주에 대한 통제력은 제로에 가까운 상태였다."(鯖田, 1989: 306) 프랑스와 영국의 경우도 대동소이했다.

중세에 거대 권력으로 대두한 교황권도, 세속적인 국가권력(왕권)의 성장을 저지하는 요인으로 작용하였다. 교황은 지상에서의 신의 대리자로서 초세속적 권위의 상징이었다. 즉, 중세 유럽에서는 왕권이라는 세속적 권력과 교황권의 초세속적 권위가 원칙적으로 분리되어 있었다. 그러나 양자의 관계는 실제로는 훨씬 복잡한 것이었다. 예를 들어, 751년의 소(小)피핀의 무혈 쿠데타 이래 유럽의 국왕은 원칙적으로 교황의 도유(塗油)를 받아야만 정식 국왕으로 즉위할 수 있었다. 또 교황은 황제나 국왕을 파문에 처할 수 있는 권한을 가졌다. 반대로 황제나 국왕은 교황을 비롯한 가톨릭의 고위 성직자를 마음대로 임명 혹은 파면하기도 했다.

그로 말미암아 중세 유럽의 역사는 국왕 혹은 황제의 세속권력과 교황의 초월권위 간의 날카로운 대립의 역사로 점철되어 있다. 양자의 대립은

11세기 이후로부터 14세기 말에 이르는 기간 동안 첨예하게 나타났다. 유명한 '카놋사의 굴욕'(1077)은 그 단적인 사건이었다.

이와 같이 서양 중세에는 동아시아의 황제에 비견될 만한 절대적 권력이 없었던 것이 특징이다. 교황의 권위는 종교뿐만 아니라 각국의 성직자 조직을 통해 여러 나라의 내정에도 영향을 미치고 있었다. 독일의 경우는 황제의 임명도 교황의 동의 없이는 불가능하였다. 그러나 서유럽에서도 점차 왕권의 신장이 진행되어 교황권력으로부터 자립을 이루게 된다. 유럽에서 세속적 권력을 중심으로 중앙집권적인 군주정이 모습을 드러내기 시작한 것은 13세기 이후의 일이었다. 잉글랜드와 프랑스에서는 이 무렵 지방분권적인 영주 세력들을 왕권의 통제하에 두면서 왕권이 미치는 영토의 범위를 확장시켜 나갔고, 또 자국 내에서의 교황권력도 형식적인 것에 그치도록 만들었다. 잉글랜드에서는 마그나카르타(1215) 이후 왕권 집중화가 급속히 진전되어 헨리3세(1216~1277) 치세 중 관료제 국가로 발전하였다. 프랑스의 필립4세(1285~1314)에 이르러서는 아비뇽 유수(1309~1377)가 단적으로 나타내듯이 교황권이 프랑스 왕권의 통제하에 놓이게 되었다. 그리하여 1300년경 유럽에는 '도시국가'와 '제국'이라는 두 가지 모형에 이어 세 번째의 기본적인 정부모형으로서 '국민적 군주국가(national monarchy)'가 성립하였다(Burns et al., 1994: 392). 그렇지만 잉글랜드의 튜더왕조(1485~1603)와 같이 명실상부한 전제권력에 입각한 중앙집권적 군주국가 체제가 유럽세계에 확립되는 것은 15세기 말 이후의 일이며 '국민적 군주국가'의 시대는 중세가 끝난 후에 본격적으로 전개된다고 보아야 할 것이다.

2) 중세 유럽의 경제

한편 경제 면에서 중세 유럽은 당시 다른 문명권(비잔틴, 이슬람, 중국)에 비하면 상대적으로 후진적인 문명권이었다. 11세기의 농업혁명으로 농업생산력이 비약적으로 증대하기 전까지, 유럽은 토지생산력이 매우 낮았다. 칼 대제 시대(742~814)의 맥류의 수확량은 평균적으로 파종량의 2배 정도에 불과했다(鯖田, 1989: 93). 게다가 8세기 초 이래 이슬람의 지중해 지역 진출의 결과 유럽 지역은 지중해 상업으로부터도 차단되었다.

이렇게 중세 유럽은 후진적인 농업사회였다. 11세기에 이르기까지 유럽의 경제는 거의 전적으로 농업과 극히 제한된 지방 교역에 의존하고 있었다. 도로는 파손되었고 물물교환이 화폐경제를 대신했다. 북유럽의 토지는 비교적 비옥했지만 대부분의 지역에서는 농기구가 너무나 원시적이었던 까닭에 막대한 노동력의 투입에도 불구하고 만족할 만한 대가가 돌아오지 않았다. 가장 비옥했던 카롤링 왕조의 중심부를 제외하고는 농업생산성이 극히 낮았기 때문에 대다수의 유럽인들은 생사의 기로에서 허덕였다고 한다(Burns et al., 1994: 340). 폴라니(Polanyi)에 따르면 물질적 조건에 관한 한 서유럽은 1,000년 전의 로마세계에도 거의 미치지 못했다. "훨씬 나중이 되어서도 변화의 흐름은 산업의 경로보다 오히려 정치, 문학, 예술, 특히 종교와 학문의 경로 쪽에서 더 용이하게 일어났다. 중세 유럽은 경제에 관한 한 거의 고대 페르시아나 인도, 중국의 수준이었으며, 부와 문화에 관해서는 2,000년 전의 이집트 신왕국에도 미치지 못한 것이 확실하였다." (Polanyi, 1975: 60)

서유럽의 경제, 특히 농업은 10세기 말경부터 극적으로 변화하였다. 철제농구(심경쟁기) 및 삼포제 농법의 보급, 개간지 개발 등으로 인해 경지 면적이 확대되고 토지생산성이 상승함에 따라 농업생산력이 급속히 증가하였다. 10세기 말 이후는 현저한 인구 급증기이기도 했는데, 이러한 인구 증가분은 농업 노동력으로 기능하여 농업생산력의 향상에 반영되었다. 11세기 중엽에서부터 약 200년간 유럽인들은 역사상 처음으로 규칙적이고 안정된 식량공급을 받을 수 있었다. 이러한 '농업혁명'은 중세 유럽의 사회적 · 문화적 생활에 극적인 변화를 초래하였다.

농업혁명으로 인한 인구 증가는 비농업인구의 증가를 가능하게 했다. 이들 농업생산에서 유리된 사람들이 상업활동에 종사하게 됨으로써 상인계층이 성장하게 되었다. 이들 신흥 상인층을 중심으로 하여 11세기 이후 유럽 각지에서 출현한 것이 도시공동체였다. 이들 도시들을 기반으로 하여 11세기 이후 약 2세기 동안에 창조적인 중세문화가 개화하였다.

중세의 마지막 200년은 경제적으로 다시 불황과 위기의 시대였다. 1300년경에 중세 전성기의 농업 팽창은 한계에 달했고 수확량과 경작지 면적이 감소하기 시작했다. 이러한 경제적 쇠퇴에 더하여 흑사병과 같은 전염병의 창궐이 경제에 파멸적인 영향을 끼쳤다. 설상가상으로 민중반란과 여러 전쟁(백년전쟁, 장미전쟁 등)이 두 세기 내내 서유럽을 휩쓸었다. 그리하여 중세 전성기가 '축제의 시대'였다면 중세 말기는 '기근의 시대'였다(Burns et al., 1994: 446).

3) 중세 유럽의 문화

마지막으로 문화적인 면에서 중세 유럽은 무엇보다도 기독교문명의 세계였다. 기독교는 고대 말 이래 유럽세계의 질서 교란자인 게르만 민족을 교화하는 중요한 공헌을 하였다. 기독교는 본래 오리엔트에서 발생한 유일신 종교이었으므로 고대 그리스에서 일어난 '고전고대'의 세속적 문화와 휴머니즘의 세계관(헬레니즘)과는 쉽게 조화할 수 없는 것이었다. 그러나 역설적으로 고전고대 문명의 명맥이 유럽에서 그나마 유지된 것은 기독교 덕분이었다. 중세 초기 게르만 민족의 침입과 함께 일체의 문화적 토대가 해체된 가운데 유일하게 문화적 세력으로 존재하였던 것이 기독교 세력이었기 때문이다.

중세 서유럽의 지적, 정신적 문화의 발달에는 비잔틴과 이슬람과 같은 비기독교적 주변 문명들이 중요한 역할을 하였다. 비잔틴제국은 동로마제국으로 출발한 이래 1,000년을 넘게 존속한 대제국이었다. 고전고대의 문화적 유산이 서로마제국의 멸망과 함께 서유럽에서는 사실상 소멸해 버린 가운데, 그리스의 정신적 유산은 비잔틴문명에 의해 보존되고 또 후세에 전달되어 왔다. 고대 그리스의 철학과 과학의 보존은 이슬람에 의해서도 체계적으로 이루어졌으며 또 이슬람에 독자적으로 개척한 과학과 문학은 중세 전성기 서유럽 문화의 개화에 중요한 공헌을 하였다. 12세기 이전 이슬람의 과학과 철학은 비잔틴이나 서유럽 기독교 세계의 그것들보다 훨씬 더 앞서고 세련된 것이었다. 그리고 "서양이 아직 원자재밖에는 거의 수출할 것이 없는 12세기에 귀하고 값진 물건들은 전부 동방으로부터, 비잔틴제국과 다마스쿠스 · 바그다드 · 코르도바로부터 온다. 향료들이며 비단과 함께 필사본들은 그리스도교 서양에 그리스-아랍 문화를 가져온다."(Le Goff, 1998)

기독교의 문화적 영향력은 교황권력의 부침과 12세기 세속적 문화의 발전에도 불구하고 중세 전 시기를 통해 지배적인 위치를 고수하였다. 13세기 이후의 영국과 프랑스에서의 국민적 군주정의 발전도 기독교의 문화적 영향력을 감소시키지는 못했다. 중세 말기 교황권과 성직자의 권위 실추로 인해 초래된 '교회의 위기'와 함께 위클리프(1330?~1384)와 후스(1373?~1415)와 같은 '이단' 운동은 기성 교회의 부패에 대한 급진적 개혁운동으로서 한 세기 후의 종교개혁의 선구적 형태였다. 그러나 그것은 기독교를 정화하고 개혁하려는 시도로서 결과적으로는 기독교문명의 내적 분화와 발전에 공헌하였다.

2. 중세 초기의 교육

1) 기독교와 교육

유럽 지역에서 기독교가 문화적으로 가장 중요한 세력이 됨에 따라 교육도 기독교의 독점적인 지배하에 놓이게 되었다. 본래 초월적이고 비교적인 성격을 지닌 기독교는 세속적 학교교육과는 조화되기가 어렵다. 기독교적 교육은 세속적 학교제도가 아니라 교회 안에서, 교회에 의해 이루어져야 하는 것이다. 그러나 대부분의 세계종교가 그러하듯이 기독교 역시 일정한 수준의 문학적 교양을 필요로 하는 지적 종교였으며 또한 '문헌의 종교'였다. 그래서 초기 형성기의 기독교는 헬레니즘과 로마의 학교교육을 통하여 문학적 교양을 섭취하였다.

그러나 기독교적 교육과 고전고대적 교육의 사이에는 근본적인 대립이 있었다. 그것은 "고전고대의 문예가 고대의 다신교와 장기간에 걸쳐 공생하고 융합하였다는 사실도 있지만, 그것 이상으로 이 인간 중심적 교육이 기본적으로 신흥 기독교의 라이벌이었다는 사실에 기인하는 것이었다. 즉, 이 교육 역시 인간과 인생의 문제에 관하여 그 나름의 해결을 주장하였던 것이다. 그것은 특히 철학적 교육에서 현저하였는데, 각 학파는 '궁극 목적(telos)', 즉 행복의 비결을 발견했다고 나름대로 확신했다. 한편 웅변가의 교육, 심미적 교육도 마찬가지였다. 교양인에게는 …… '뮤즈의 여신의 숭배'가 형식적으로는 진정한 종교와 등가물이었던 것이다."(Marrou, 1985: 382)

그리하여 초기의 기독교도들은 '아테네와 예루살렘, 아카데메이아와 교회 사이에 도대체 무슨 관계가 있는가?'라며 고전고대의 교양에 대하여 적대적이고 반발적인 태도를 취했다. 3세기경의 '사도의 계율(Didascalia

Apostolorum)'은 "이교의 책은 결코 손에 들어서는 안 된다."고 명언하면서 다음과 같이 그 이유를 들었다. "신의 말씀을 소유하고 있는 자에게 달리 무엇이 또 필요할 것인가, 성서는 초자연적 생명은 물론 교양을 위해서도 충분하다. 역사서가 필요하면 열왕기가 있고, 변론이나 시라면 예언서가 있으며, 서정시라면 시편이 있다. 우주론이라면 창세기가 있고, 법률·도덕이라면 빛나는 율법이 있다." 5세기 말에 편찬된 것으로 추정되고 있는 '고대 교회 규정(Statutes of the Early Church)'은 사교(司敎)는 이교(異敎)의 서책을 일절 읽어서는 안 되며 또 이단자와의 관계도 일시적인 것에 그쳐야 한다고 규정했다. 이 금령은 12세기에도 재확인되었고 현재에도 교회법 속에 포함되어 있다(Marrou, 1985: 383).

기독교가 세력을 확장함에 따라, 그리고 고전고대적 교육이 현실적인 기반을 점차 상실해 감에 따라 기독교적 교육을 위한 새로운 유형의 교육시설이 새로 모습을 드러냈다. 그것은 수도원학교, 사교(司敎)학교, 그리고 사제(司祭)학교였다. 이들은 모두 교회학교, 즉 비세속적 학교라는 점에서 같았다.

2) 수도원과 수도원학교

수도원(monastery)은 암흑기 동안에 문화의 빛을 지킨 파수대와 같은 존재였으며, 나중에 살펴보게 될 대학과 함께 중세 유럽의 문화사에서 독특한 위치를 차지한다. 수도원은 수도사들의 공동체를 뜻한다. 수도사(修道士, monk)는 어원상 '홀로 살아가는 사람'을 의미한다. 그들은 신과의 직접적 교통을 위해 인적이 드문 사막이나 삼림에 은거하면서 기도와 노동의 엄격한 수행의 신앙생활을 영위했다. 최초의 은수자(隱修者, 고독하게 수행하는 수도사)는 기원전 3세기 말경 이집트의 사막에서 출현했다. 4세기 초에는 이러한 형태의 수도생활이 대규모의 운동으로 발전하여 공주(共住)

수도사들의 공동체로서 수도원이 형성되었다(Brooke, 2005: 27).

그 후 수도원은 이탈리아반도를 거쳐 서유럽 각지로 전파되었다. 유럽에서 수도원은 11세기 이후 폭발적으로 증가하기 시작하여 1300년경까지 지속적으로 늘어났다. 특히 영국에 그 수가 많았는데, 1154년에는 수도원이 약 500개 존재하였다고 한다(Brooke, 2005: 140). 당시 유럽 전역에 설립되어 있었던 수도원의 수가 얼마나 되는지 그 수를 정확히 알 수는 없다. 그러나 12세기에 '클뤼니 조합'에 가입한 수도원이 2,000을 넘었다(鯖田, 1989: 170)고 하니 대략 그 규모를 짐작할 수 있다. 수도원의 보급과 발전에서는 11세기와 12세기가 중요한 시기였다. 당시 경제력의 급격한 향상과 함께 많은 기부금이 수도원과 교회로 몰렸으며 또 수많은 인재가 수도원으로 향했다. 그리하여 '12세기 르네상스'의 초기 단계는 수도사들이 주도했다고 일컬어진다(Brooke, 2005: 169).

수도원에서의 수행생활의 기본 양식은 6세기 성 베네딕투스가 몬테카시노 수도원을 위해 만든 회칙을 통해서 확립되었다. 수도사들은 높은 산이나 숲이 울창한 삼림과 같은 고요와 적막의 환경에 자리한 수도원에서 청빈, 정결, 순종의 기본 규율을 지키면서 일과의 대부분을 기도, 묵상, 그리고 노동으로 보냈다. 고립적이고 엄격한 수행생활이 자유로운 학문과 교육을 위해서 유리한 환경이 될 수는 없지만, 수도원에는 귀중한 고문헌이 상당수 소장되어 있었으며 그러한 고문헌의 필사가 수도사의 임무 중 일부였다. 그러므로 중세 유럽의 낙후한 문화적 조건 아래서는 수도원이 문화적 시설로서의 의의를 충분히 지닌다고 할 수 있다.

수도사의 공동체로서 수도원은 아동과 청소년의 교육보다는 기독교인의 종교적인 자기 수양을 목적으로 한다. 그러나 수도사 양성이라는 관점에서 청년에 대한 기독교적 교육이 시행될 필요가 있으며, 또 예외적이기는 하나 초창기부터 아동도 수도원에 수용되었다. 수도원학교는 이러한 예비수도사와 아동을 위해서 수도원이 행한 교육 프로그램을 가리킨다.

수도원의 교육적 역할과 관련해서는 동방수도원 계통과 서방수도원 계통의 두 흐름을 구분할 수 있다. 전자는 '사막의 수도원'의 전통을 따르는 것으로, 성서를 배우고 그를 명상하기 위한 최소한의 문자교육과 철저한 금욕생활의 실천을 특징으로 한다. 세속적 문학과 예술은 철저하게 배제되었다. 수도사 지망생 외에도 세속의 아이들을 받아들인 예도 없지는 않으나, 대체로 동방수도원에서는 '평화와 명상'을 방해하는 외부인의 침입에 경계심을 품었고 세속 아이들의 교육에 소극적이었다. "동방의 수도원은 대체로 늘 고도의 교양을 유지한 사회 안에서 교육적 역할을 떠맡을 필요가 없었으며, 또 그 때문에 고안된 것도 아니었다. 학문의 장소이기보다는 오히려 금욕의 장소로서 머무는 것을 원하여, 세속을 개발하는 대신 그로부터 도피하려고 하였다."(Marrou, 1985: 396) 실제로 동방에서는 무학(無學)의 은둔자(隱遁者)나 성인(聖人) 수도사가 없지 않았다.

라틴어 문화권의 서방은 (그리스어 문화권의 동방이 상대적으로 높은 문화적 교양 수준을 유지한 것과는 달리) 수차례의 게르만족 침입과 그로 인한 문화의 전반적인 몰락이라는 조건 아래에 놓여 있었다. 따라서 서방수도원은 동방수도원과는 다른 교육적 역할을 담당하게 되었다. 본래 서방의 수도원 제도는 동방에 비해 뒤늦게 출발하였으며 출발 당시부터 비교적 발달된 조직을 지니고 있었다.

그러한 조건의 차이가 서방의 수도원으로 하여금 상대적으로 학문과 교육 활동을 더 중시하도록 만들었다. 따라서 동방과 같은 '무학의 수도사'는 생각할 수 없는 존재이며, 성서와 성무일과의 낭독〔lectio divina〕은 완전한 수도생활의 실천에 불가결한 것이었다. 즉, 읽기 · 쓰기의 중시가 처음부터 (서방수도원에서는) 두드러졌다(Marrou, 1985: 396). 이에 자연히 아이들의 입회와 교육에도 더 개방적이었으며 서적, 서판, 첨필 등의 교육적 자원의 비치도 일반적이었다. 암흑시대 서방의 수도원은 '문화의 센터'로서 기능했다.

서방수도원 중에서도 아일랜드의 수도원은 대륙의 수도원들에 비해 교육활동에 더 적극적이었다. 6~8세기에 아일랜드에서 수도원은 학문과 교육의 센터였다. 당시 아일랜드의 큰 수도원학교에는 3,000명의 학생들이 다니고 있었으며 대륙이나 영국에서 유학 온 학생들도 많았다. 이들 수도원에는 수도사 지망생을 위한 학교가 '내실'에 있었고, 수도원 규칙상 내실에 들어올 수 없는 외부인을 위한 학교가 수도원 외부에 별도로 있었다(Boyd, 1994: 166).

중세 유럽문화의 형성이라는 관점에서 보면, 수도원은 기독교라는 종교를 매개로 하여 유럽을 문화적으로 통합시키는 중요한 매체였다는 평가가 가능하다. 이탈리아 중부의 몬테카시노 수도원을 기점으로 하는 베네딕트파 수도회의 수도원이 유럽 각지에 보급된 것, 프랑스 남부의 클뤼니 수도원이 프랑스와 독일 등 여러 지역에 산재한 많은 수도원에 영향을 미친 점, 아일랜드와 영국의 수도사들이 유럽대륙에 건너와 각지에 수도원을 창건한 사실 등은 유럽문명의 초기 형성에 수도원이 얼마나 큰 역할을 했는지 짐작하게 한다.

3) 교회학교

수도원은 본래 기독교 교회가 관료제화하면서 초기 기독교의 순수한 정신이 훼손되었다고 생각한 교인들에 의해 창도된 것이다. 교회는 높은 산이나 숲 속에 세워진 수도원과는 달리 세속 도시 안에 있으면서 속인들의 신앙생활을 담당하였다. 수도원이 대개 폐쇄적인 신앙공동체로서 일반 사회와는 일정한 거리를 유지한 데 비해, 교회는 사회 안에 설치되어 일반 속인들의 신앙생활에 직접 관여하였다. 교회학교는 소교구교회(parish church)마다 부속시설로 설치되는 사제학교와 사교(bishop)가 있는 성당(聖堂, cathedral, 사교의 좌석 'cathedra'가 설치된 교회)에 설치된 사교학교 또는 성당학교로 구분되지만, 초기에는 사실상 양자가 거의 구분되지 않았다 (Bowen, 1972: 31).

사제학교는 사교의 하위직인 사제(priest)가 관장하는 학교를 말한다. 6세기 들어 농촌 지역의 소교구 망이 조직됨에 따라 수요가 급증한 농촌 성직자를 위한 교육이 중요한 과제가 되었다. 사제학교는 그러한 지역 성직자의 양성을 목적으로 추진되었다.

511년 오를레앙 그리고 529년의 뵈종에서 각가 열린 가톨릭 종교회의(콘클레이브, conclave)는 모든 교구의 사제들이 자신의 교회에 학교를 설치하여 성서와 독서산을 가르칠 것을 요구했다. 콘클레이브의 의도는 각 교구교회가 장래의 사제를 양성하라는 것이었다(Bowen, 1972: 29). 뵈종의 종교회의는 "소교구를 담당하는 모든 사제는 젊은이들을 독사(讀師)로서 자신의 집에 모아야 한다. 그것은 그들에게 그리스도교적 교육을 베풀고, 시편, 성서의 낭독, 주의 모든 계율을 가르쳐 그들 가운데서 적합한 후계자를 준비하기 위함이다."라고 규정하였다. 마루(marrou)에 따르면 그와 같이 일정한 형태를 갖추고 농촌 지역에 이르기까지 조직적으로 보급된 학교는 고대에는 없는 것이었다. 따라서 이것은 대중을 상대로 하는 근대적인 형태의 농촌학교의 탄생을 말하는 것으로 주목할 만한 것이다. 비록 사제직 준비를 위한 교육으로 고안된 것이지만, 아이들을 대상으로 읽기와 쓰기의 초보부터 가르치기 시작했다는 점에서 대중적 학교교육이라고 볼 수 있다. 그리하여 "마을의 사제와 교사라는 두 직업은 이후 밀접히 결합하게 되었다." (Marrou, 1985: 400)

한편 본격적인 사교학교가 처음 등장한 것은 잉글랜드였던 것 같다. 잉글랜드의 교회에는 문법학교가 부설되어 있었는데, 이 학교에서는 예비 성직자(interni)만이 아니라 부유한 영국인들의 자녀들(externi)도 함께 교육을 받았다(내교[內校]와 외교[外校]). 또한 큰 교회에는 문법학교와 함께 성가대원 양성을 위한 성가학교도 같이 설치되었다. 교회는 점차 교육에 더 많은 관심을 보이게 되었고, 그 결과 8세기 말경에는 교회학교의 시스템이 그 원형을 갖추게 된다. "8세기 말엽에 와서는 모든 성당과 그 산하의 연합 교회에 성가학교와 문법학교가 부설되어 있었고, 성가학교는 종래와 같이 순전히 성가대원을 훈련하는 전문적인 학교가 아니라 초등학교 교육도 겸하여 하고 있었으며, 문법학교 또한 종래와 같이 신학공부를 위한 예비학교가 아니라 장차 성직에 들어갈 사람들과 모든 다른 전문직에 들어갈 사람들이 함께 일반교육을 받는 학교였다. …… 조그만 교구교회 중에도 때로는 사제가 선생이 되어 대중교육을 위한 성가학교를 운영하는 곳도 많이 있었다." (Boyd, 1994: 176-177)

성당학교의 교육과정은 7자유학과에 법률과 신학을 포함하는 것이었다. 7자유학과는 4세기경에 확립된 로마식 학교교육의 커리큘럼으로서 문법, 수사학, 논리학(변증법), 기하, 산술, 천문학, 음악을 가리킨다. 이 자유학과 교육 곧 자유교육의 기초 위에 법률과 신학의 전문적 교육이 오는 것이다.

교구교회와 시설이나 규모에서 그다지 차이가 나지 않았던 성당이 외형상 뚜렷하게 구분되기 시작한 것은 10세기 후반의 일이며 이 시기에 접어들어 주요 도시, 예컨대 리에주, 랑스, 랑, 파리, 오를레앙, 사르트르와 같은 도시의 성당들은 수십 미터 높이의 대형 석조 건축물로 변신하였다. 이러한 대성당들에 부속된 학교들은 높은 학문적 수준으로 평판이 높았으며, 1050년 이후 한 세기 이상에 걸쳐 유럽의 새로운 학문과 교육의 중심적 기관들이 되었다(Bowen, 1975: 32).

4) 카롤링거 왕조의 교육

751년 피핀의 국왕 취임과 함께 시작된 카롤링거 왕조(751~987)는 서유럽문명의 기초를 놓은 새로운 제국이었다. 프랑크왕국은 게르만족의 족장인 클로비스가 500년경 갈리아 지방에 건설한 나라로서, 751년 피핀이 로마 교황권의 강한 후원 아래 카롤링거 왕조를 창시하였다. 피핀의 아들인 샤를(칼)이 800년 로마에서 교황에 의해 황제로 대관함으로써 절정기를 맞이했다. 샤를마뉴(샤를 대제)의 출현에 의해 비로소 서유럽에 게르만, 로마, 기독교의 3요소를 통합하는 통일제국이 성립하게 되었다. 샤를마뉴의 제국은 그의 사후 급속히 와해되어 아들 루이 경건왕(814~840)의 사후에는 제국이 세 지역으로 분할되었다. 그와 함께 왕권은 점차 유명무실해지고 지방에 여러 실력자들이 할거하는 봉건체제가 자리를 잡게 된다. 마르크 블로크(Marc Bloch)가 말하는 '봉건사회'가 유럽에 성립하게 된 것이다. "카롤링거제국이 무너졌을 때 대륙 전체에 걸쳐 지방적 권력의 수립이 이루어졌다." (Bloch, 2001b: 254)

샤를마뉴의 치세기(768~814)는 '카롤링거 르네상스'로 불릴 정도로 중세 초기에 예외적으로 학문의 부흥과 교육의 발전이 현저하게 진전된 때였다. 샤를마뉴는 호학의 군주였으며 주변 여러 나라에서 뛰어난 학자들을 초빙하여 왕국의 문예부흥을 꾀했다. 앨퀸(Alcuin, 730?~804)은 대표적인 학자이자 교육자였다.

앨퀸은 영국 요크 지방 출신으로 요크의 성당학교에서 라틴 문법, 교리 및 교회사, 변증교학, 4과(quadrivium) 기초 등 당시 최고 수준의 교육을 받았다. 그는 보에티우스의 신플라톤주의에 영향을 받았으며 요크의 성당학교 교사로 시작하여 동교 및 성당 도서관의 관리책임자로 승진하였다. 앨퀸은 782년 샤를마뉴의 요청에 응해 궁정학교(schola palatina)의 책임자가 되었으며 이후 프랑크왕국의 문교 진흥에 관해 샤를마뉴의 고문으로 활약하였다. 궁정학교는 프랑크왕국의 귀족들을 위한 학교였으며 고전 라틴어, 수사학, 변증법을 주로 가르쳤다. 앨퀸은 궁정학교의 교육뿐만 아니라 왕국 전체의 교육의 개선에도 관여하였다. 전반적인 학문과 교육의 침체와 수준 저하를 개선하려는 샤를마뉴는 앨퀸의 조력을 얻어서 수도사와 성직자의 학문적 훈련의 강화를 촉구하고 교회의 지적 개혁을 위하여 학교를 설립할 것을 명하는 여러 칙령을 공포했다(Bowen, 1975: 9).

앨퀸이 활약한 시기의 이른바 '카롤링거 르네상스'는 오래 지속되지 못하였지만, 초보적인 읽기라도 성직자에게 가르칠 학교를 설립하였고 고대 로마의 주요 문학작품들을 베껴쓰고 보존할 수도원 필사자들을 훈련시켰다는 점에서 의의를 가진다(Burns et al., 1994: 446).

5) 중세 초기 교육의 특징

이상과 같이 4세기부터 7세기경까지의 시기에 서양 중세교육의 윤곽이 대체로 형성되었다. 이후의 서양 중세교육은 그 기반 위에서 발전되고 전개되었다. 중기에 이르러 적지 않은 변화가 이루어졌지만 기본적 성격은 크게 달라지지 않았다. 이 시기에 모습을 드러낸 중세 초기 서유럽 교육의 특징은 다음과 같다.

첫째, 수도원학교든 사교 혹은 사제학교든, 기본적으로 수도사 혹은 성직자의 양성을 목적으로 하는 일종의 전문학교였다는 점이다. 세속인을 위한 교육은 그에 부수하는 것이었으며 결코 그 중심이 되지는 못했다. 이런 점에서 이 교육은 범위가 좁고 한정된 것이다.

둘째, 교수법에 있어서 철저한 텍스트 중심주의였다. 즉, 텍스트(성서의 일부)를 소리 내어 중얼거리며 암기하는 교수법이 기본이었다. 이것은 텍스트를 읽는다기보다는, 그 읽는 방법을 기계적인 방법으로 기억화하는 것이었다. 그리고 텍스트는 물론 성서에 한정되었다.

셋째, 교사와 성직자의 결합, 그로 인한 교사에 대한 존경과 종교적 경의라는 특징을 들 수 있다. 당시 교사는 불가해한 문서의 진의(眞義)를 전해주는 사람이자 동시에 성서라는 신의 계시를 설명해 주는 비범한 존재였다. 이러한 교사와 고대 그리스와 라틴 세계의 교사의 차이는 하늘과 땅만큼 다르다. 사제학교의 예에서 보듯이, "초보적 단계에서조차 확인되는,

읽기 · 쓰기 교육과 종교교육의 밀접한 결합, 그리고 한 인간이 초등학교 교사인 동시에 종교생활상의 지도자를 종합한다는 사실에 고대의 학교교육과는 대조적인 그리스도교 학교 및 중세교육의 진수(眞髓)가 있다." (Marrou, 1985: 404)

3. 중세 중기의 교육

1) 도시공동체의 발전과 교육

중세 초기 유럽은 "500년간의 야영생활" (Burns et al., 1994)로 불릴 정도로 경제적으로 낙후되었으며 문명과는 거리가 멀었다. 그 안에서 '문명의 외딴 섬'인 도시와 궁정과 수도원이 넓은 지역에 산재하고 있었다. "중세의 공간 구성에서 약동하는 현실은 크고 작은 개간지들의 집합체였으며 이것이 경제적, 사회적, 문화적 폐쇄 공간을 이루고 있었다. 오랫동안 중세 서양은 전인미답의 황량한 평지 한가운데 솟아오른 장원과 성채와 도시가 병렬된 집합체였다(Le Goff, 1992: 213). 고대 로마인들이 건설한 유럽의 오래된 도시들은 게르만족의 대대적인 침략과 더불어 몰락해 갔으며 소수의 도시만이 게르만 왕들의 거처나 교구 본부로서 명맥을 유지할 수 있었다. 전반적으로 이 시기의 서유럽은 도시적 성격이 희박한 농촌적 문명으로 전락하였다. 어원에 충실하자면 중세 초기 유럽은 사실상 '문명(civilization) 부재'의 시기였다.

그와 같은 서유럽의 양상이 11세기 중반 이후 급변하게 된다. 즉, 수많은 도시가 도처에서 발흥하고 그 주인공인 상인과 수공업자 계층이 당시 지배세력인 봉건영주층에 대항하는 새로운 세력으로 등장하게 된 것이다. 도시공동체의 발흥과 함께 유럽문명은 그 고유한 성격을 형성하게 되었고 중세 중기 3세기 동안 서유럽의 문화는 매우 다채롭고 풍요로워졌다.

이 무렵 도시의 발흥은 농업혁명의 결과였다. 농업생산량의 증대에 따라 인구가 급증하였으며 또 풍부한 잉여생산물은 상업활동의 발달을 촉진하였다. 농업생산력의 상승은 농업생산에 종사하지 않는 비농업인구의 증가를 가져왔다. 이들 팽창하기 시작한 비농업인구 중에 특히 주목할 것은 영구히 농업을 포기하면서도 전통적인 지배자층에도 속하지 않는 상인의 무리였다. 자신의 본래 주거지를 벗어나 일확천금의 기회를 좇아 위험을 무릅쓰면서 넓은 범위를 이동하는 '상품 교환자'인 '모험상인'의 무리가 출현한 것이다(鯖田, 1989). 중세 유럽의 전형적인 도시는 이들 '모험상인'들의 작품이었다.

로마, 쾰른, 그리고 마인츠를 별도로 한다면 대부분의 로마시대의 도시들은 중세 중에 소멸했거나 그 비중이 저하했다. 베네치아, 피렌체, 제노바, 피사, 밀라노, 볼로냐와 같은 이탈리아의 도시들과 프라이부르크, 뤼벡, 뮌헨, 베를린과 같은 동부 독일의 새로운 도시들은 물론, 멀리 로마시대로 그 기원이 소급되는 파리, 런던, 그리고 쾰른도 본질적으로는 중세 중기에 성립한 도시들이다(Le Goff, 1992). 이와 같은 도시들의 활기찬 발전은 750년과 1050년 사이에 유럽 대부분의 지역에서 도시생활이 거의 사라지다시피 했던 사실에 비추어 보면 가히 '도시혁명'이라고 부를 만하다(Burns et al., 1994: 364).

모험에 찬 원거리 교역에 종사하는 상인들이 주축이 되어 새롭게 만든 자치적 도시공동체는 주로 알프스 이북 지역에서 나타났다. 이들 도시공동체의 형성기는 봉건영주가 각지에서 지배체제를 굳히고 있던 시기이기도 하다. 봉건영주와 기사들은 자신들의 성채를 건설하여 그 안에서 거주하면서 성 바깥에서 영주의 토지를 경작하며 살아가는 농노들을 지배하였다. 그러한 사회관계 안에서 새롭게 계층을 형성하게 된 모험상인들은 처음에 봉건영주의 성채와 농노들의 촌락공동체의 중간 지대에 자신들만의 주거지를 만들었다. 이와 같은 모험상인들의 집단 거주지가 시일이 경과하면서 독립적인 도시공동체로 발전하게 된 것이다.

상인 그리고 수공업자를 주요 구성원으로 하는 도시공동체는 당시의 지배자인 봉건영주들과의 오랜 투쟁을 통해서 자치권을 획득했다. 이들 상업과 수공업에 종사하는 도시의 주인공들은 11세기경부터 부르주아라는 명칭으로 통용되기 시작했는데, 이 사실은 기사, 성직자, 농노와 뚜렷이 구분되는 새로운 계층이 중세 유럽세계에 등장한 것을 나타낸다. 새롭게 나타난 부르주아는 기본적으로 교환에 의해 살아가는 인간들이다. 따라서 상품의 교환에서 발생하는 이윤을 추구하는 부르주아의 행동규범은 기존의 지배적인 윤리체계와 정면으로 배치되는 것이었다. 또한 새로운 도시공동체의 구성원인 시민들은 원칙적으로 자유민들로서 상호 평등한 질서에 속했다.

이와 같이 부르주아의 도시공동체는 주종관계의 수직적 위계를 본성으로 봉건적 사회 구조와는 조화하기 어려운 조직이었다. 적대적이고 이질적인 여러 요소들 가운데서 새로운 사회적 조직체가 자연발생적으로 모습을 갖추게 된 것이다. 부르주아가 꿈꾸는 도시, 즉 "폭력으로 쟁취하거나 현금으로 사들인 특별면제권을 가지고 있으며, 경제적 팽창을 위해 그리고 필연적으로 발생하게 마련인 보복에 대비하기 위해 견고하게 무장한 사람들의 집단으로 편성되어 있는 도시"는 봉건사회에서 이질적인 단체였다 (Bloch, 2001b: 179).

도시공동체의 정치적 자유와 경제적 번영은 많은 사람들을 유혹하였다. 도망 농노가 도시에 들어와 1년 1일을 거주하면 자유를 얻을 수 있었다. ('도시의 공기는 자유를 준다.') 번창하는 도시의 풍요는 재능 있는 학자와 예술가들을 도시로 끌어들였고 그로 말미암아 창의적이고 자유로운 도시문화의 발달을 촉진했다.

중세 유럽의 문화와 교육은 11세기 중엽 이후의 도시공동체의 발흥을 배경으로 종전에 볼 수 없었던 비약적인 발전상을 보이게 된다. 이른바 '12세기 르네상스'가 그것인데, 특히 주목할 것은 대학제도의 성립이다.

2) 대학제도의 성립

발생 배경

중세 전성기에 성립한 대학제도는 '중세 서구문명의 가장 독창적인 발명품의 하나'로 일컬어질 정도로 역사적 의의가 크다. 대학사가 베르제(Verger)에 따르면 12세기 초 대학제도 성립의 사회적인 조건은 번역가와 번역, 도시의 발전, 그리고 학교생활의 새로운 변화의 세 가지로 요약된다(이하 Verger, 1979: 10-22 참조).

첫째, 12세기에 접어들어 고대 그리스의 문헌들이 활발히 번역되었다. 고대 그리스의 학문과 사상은 라틴어로 번역되지 않으면 전혀 알 수 없는 것이었다. 왜냐하면 로마제국 말기 이래 그리스어 교육의 전통이 단절되었기 때문이다. 게다가 그리스의 문헌 자체가 서로마제국 멸망 이후에는 비잔틴제국과 이슬람세계에 보존된 반면 서유럽에는 전해지지 않았다. 따라서 이 시기 번역의 중심지도 이탈리아와 에스파니아의 여러 도시들로서 비잔틴과 이슬람 세계와의 교류가 활발했던 지역이었다. 실제 번역에서는 시리아어나 아라비아어로부터의 중역도 적지 않았다.

12세기에 주로 번역된 것은 그리스의 철학과 과학 문헌들이었다. 철학에서는 아리스토텔레스의 저작이 거의 전부 이 시기에 라틴어로 번역되었다. 과학에서는 히포크라테스와 갈레노스의 저작이 번역되었다. 그리스 원전들과 함께 수많은 아라비아어의 주해서들 역시 번역되었다. 상대적으로 그리스 문학작품들의 번역은 경시되었으며 특히 플라톤의 저작들은 15세기에 이르기까지 발견되지 못하고 있었다.

법률학의 문헌들이 활발히 유통되기 시작한 것도 이 무렵의 일이다. 법률학의 경우는 번역의 문제가 아니라 오랫동안 망각되었던 것이 다시 발견되어 활용되기 시작한 것이 중요했다. 예컨대, 유스티니아누스 대제의 『로마법대전(*Corpus juris civilis*)』은 6세기에 편찬된 이래 수세기에 걸쳐 사용되지 않고 있었다. 또 11세기 말에 발생한 성직자 서임권 투쟁이 교회법의 발달을 촉진하여 1140년경 교회법을 집대성한 『법령집(*Decretum*)』이 볼로냐의 수도사 그라티아누스(Gratianus)에 의해 출판되기도 하였다.

이러한 다양한 그리스어 문헌들의 번역과 법학서의 출판에 의해 여러 전문학교와 대학의 교과서들이 준비되었다.

둘째, 이 무렵에 유럽 각지에 성립한 자치도시들은 대학의 성립과 발전에 물질적인 기초를 제공했다. 대학은 기본적으로 도시문화의 산물이다. 도시는 상인과 수공업자의 세계였다. 그들은 직업적 이해관계를 위해 직종별로 길드(guild, 동업조합)라는 단체를 조직하여 자신들의 이해관계를 보호하고 또 단결했다. 도시의 거주자들은 직종별로 다양하게 조직된 길드 중의 어느 하나에 속했다. 어떠한 직업에 종사하며 또 어느 길드에 속하느냐가 개인의 정체성의 핵심이었다. 또한 도시 자체가 종종 우니베르시타스(universitas)라고 불리는 '단체'이기도 했다.

도시는 또한 '자유'를 의미했다. 도시의 시민들은 단결하여, 때로는 무력으로 때로는 교섭이나 계약을 통해서 영주로부터 법률, 세금, 그리고 군사에 관한 일정한 권리와 일정한 자치권을 보장받았다. 이러한 도시민들의 '공동체적 행동'이 그들의 정신에 미친 영향은 심대하였다. "그들은 자유인으로서 스스로를 확립하고 생활양식의 독자성을 의식하였다. 단결하는 것, 서로 토론에 의해 계획을 세우는 것, 나아가 외부 권력에 저항하는 것, 자신들의 요구를 실현하고 공동체의 자치권을 위해 외부 권력과 교섭하는 것을 배웠다."(Verger, 1979: 18) 도시민들은 도시의 정부를 수립하는 것까지도 학습했다. 그 정부는 상인과 수공업자들의 동업조합과 유사했다. 이러한 도시공동체 안에서 교사와 학생들은 상인과 수공업자의 길드를 모델로 삼아 자신들의 길드를 조직하였는데 이것이 대학의 제도적 토대가 되었다.

셋째, 이 무렵부터 도시를 중심으로 학교의 수가 급격히 증가하였으며 자연히 교사와 학생의 수도 급증하였다. 일부 도시에서는 학생과 교사가 인구의 대다수를 점할 정도로 되었다. 파리의 경우는 노트르담 성당과 몇몇 수도원 소재지는 지역 전체가 학교가로 바뀔 정도였다. 이러한 변화는 교육에 대한 수요가 이 시기에 들어서 급격히 증대하였음을 의미한다. 기독교 당국도 학교교육의 보급에 한층 더 적극적인 태도를 취했다. 일례로 1179년의 제3회 라테라노 공회의는 각 사교좌 성당이 학교를 설립 · 운영할 것을 의무화하였다. 그리고 성당 예산으로 교사를 채용하여 무상의 교육을 시행할 것을 요구했다. 또한 자격을 갖춘 학생에게는 성당부속 학교장이 '교수면허(licentia docendi)'를 수여할 수 있다고 선언했다. 이러한 조치는 당시 교육의 수요가 증대하고 있었다는 것을 반증함과 동시에 지역의 학교에 대한 교회의 교육 독점권을 유지 · 강화하려는 시도로도 해석된다.

이 시기 학교생활의 변화의 또 다른 측면은 교사와 학생들의 지식과 교양 수준이 이전에 비해 훨씬 풍부해지고 높아졌다는 사실이다. 번역활동에 의해 많은 새로운 저작물이 유통되었고 또 학교의 교과목으로 채용된 결과 교육방법과 교육내용 또한 12세기 동안 크게 달라졌다. 특히 아리스토텔레스의 『오르가논』의 완전한 번역에 의해 변증법의 비결이 알려지게 되면서 교육의 방법과 목표도 달라졌다. 면학은 더 이상 성서의 정확한 독해를 위한 예비교육에 머물지 않게 되었다. 변증법에 의해 이제는 방대한 저작물에서 일정한 철학적, 과학적 문제를 이끌어 내는 것이 가능해졌고, 그 가운데서 인간은 자신과 세계와 신에 관해 자문할 수 있게 되었다. "변증법에 의한 논증에서는 정당한 추론의 논리적 원칙이 존중되는 한 모든 대담함이 허용되었다. 12세기의 학교에서는 지식이 재차 학문의 비공리적 목적이 되고 천계의 서(=성서)에 대립하는 것으로서가 아니라 그와 병존하는 것으로서 세계의 일관하는 체계를 제시를 하는 것을 지향하게 되었다."(Verger,

1979: 21)

이상의 세 조건 외에도 12세기 도시의 발흥과 함께 "글을 쓰거나 가르치는 것(대개는 이 두 가지를 겸했지만)을 직업으로 삼는 인간, 직업적으로 교수와 학자의 활동을 하는 인간, 한마디로 지식인이라는 인간"(Le Goff, 1998: 36) 유형이 출현하게 된 것을 주목하지 않을 수 없다. 중세 유럽에서 12세기 이전에는 학자나 교육자는 곧 성직자와 동의어였으나, 이제 지식인은 더 이상 성직자와 동의어가 아니었다. 그들은 학교를 중심으로 활동하였지만 특정한 장소에 매이지 않은 '편력'의 인간들이었다. 그들은 스스로 학교를 열어 자신의 학설을 전파하기도 하였으며 도시와 성당의 전문학교의 교사로 일하기도 하였다. 그들은 '편력의 인간'이라는 점에서 이윤을 좇아 넓은 범위를 이동하는 상인과 유사하다. 또 그들은 지식과 사상이라는 상품을 만들어 판다는 점에서 장인의 성격도 지녔다. 도시공동체를 기반으로 하여 지식을 상품처럼 팔았다는 점에서는 고대 소피스트의 중세판이라고도 할 수 있다. 유명한 아벨라르(Pierre Abélard, 1079~1142)는 이러한 중세 유럽의 지식인을 대표하는 인물이었다.

파리 대학

파리에는 11세기 중엽부터 노트르담 대성당 주변에 성당 참사회원의 집에 개설된 여러 학교가 있었다. 선생 자신도 참사회원이었다. 이들 학교가 12세기 초두에 들어와 크게 발전하였다. 교사는 법률상으로는 성직자 신분이었으며 학생이나 교사나 출신 국적은 다양했다. 대부분 정해진 학교 건물이나 강의실이 없었으며 교회 건물 혹은 교사의 하숙방에서 강의가 이루어졌고 심지어 노천에서도 강의가 행해졌다. 당시 명성이 높았던 아벨라르는 교회 당국의 박해를 피해 가면서 여러 장소를 전전하며 강의를 했는데 그가 어디로 가든 학생들이 구름처럼 모여들었다. 노트르담 대성당 와의 다른 수도원에 부속된 학교들도 이 무렵 크게 번창하였다.

1150년 이후에는 파리에 법률과 의학의 학교도 생겨났다. 이들 학교의 교사들은 대부분 이탈리아에서 교육을 받은 사람들이었다. 교회는 법률학과 의학을 불경한 학문으로 간주하고 불신의 눈길로 바라보았지만 이들 새로운 학과는 사회적인 수요가 높았으며 또 이익이 많은 직업으로 연결되었기 때문에 급속한 발달을 이루었다.

이러한 학교들의 발달과 양적인 팽창에 대하여 파리의 교회 당국은 전통적인 교육의 독점권을 행사하기를 원했고, 반대로 학교의 교사들은 그러한 통제를 반기지 않았다. 파리의 여러 학교의 교사들은 교회 당국의 간섭과 통제에 대항하기 위하여 자신들의 단체를 조직하기 시작했다. 교사들의 결사가 최초로 모습을 드러낸 것은 1170년대로 추정되며, 그러한 결사가 보다 명확한 조직체로 성립하게 된 것은 1200년부터 1210년 사이의 일이었다(Verger, 1979: 28-29). 파리 대학은 이러한 교사들 단체의 조직화 과정을 통하여 12세기 말에서 13세기 초에 이르는 시기에 성립하게 된 것이다. 이처럼 이 최초의 대학은 누군가에 의해 일거에 인위적으로 창설된 것이 아니라 자연발생적으로 형성된 것이었으므로 그 정확한 설립 시점을 확정하는 것이 어렵다. "파리의 대학은 결코 공식적으로 설립된 것이 아니다. 그것은 성당학교를 모태로 하여 자연스럽게 거의 부지불식간에 자라났다." (Bowen, 1975: 110) 파리 대학은 전용의 교육적 공간과 시설물이 없는 상태에서 교사와 학생이라는 인적 결합체로서의 성격이 강했으며, 따라서 기본적으로 유동적인 존재였다.

파리 대학은 때로는 교회당국의 보호를 받으면서, 때로는 그에 저항하면서 자율성을 확보해 나갔다. 그 과정에서는 교사들의 역할이 컸으며 교사들은 도시민의 동업조합을 본따서 교사들의 동업조합인 '길드'를 결성했다(길드를 뜻하는 라틴어가 '우니베르시타스'[universitas]다. 이후 이는 대학을 뜻하는 말이 되었다. 또한 스투디움 게네랄레[studium generale]라는 말도 우니베르시타스와 동의어로 사용되었는데, 이는 '모든 지역들으로부터 학생을 받아들이는 학교'라는 의미를 가진다.). 교사들의 조합은 학교교육에 대하여 독점적 권리를 행사하려고 하는 교회와의 오랜 대립과 항쟁을 거치면서 주로 교황의 권위를 방패 삼아 점차 자율적인 형태의 학교로 진화하였다. 대학이 외부 간섭에 대항하기 위하여 주로 사용한 전술은 스트라이크(강의 중단)과 학교 해산(파리로부터의 교사와 학생의 철수)이었다. 국왕이나 파리 시의 입장에서 볼 때 파리로부터 실력 있는 교사들의 집단 철수는 대외적인 위신 실추와 동시에 중요한 소비집단의 상실을 의미했다. 따라서 대학 측의 그러한 전략은 매우 효과가 있었다.

파리 대학이 독립적인 단체로서의 자율성과 특권을 제도화하고 또 외부로부터 인정받는 과정은 점진적인 것이었다. 먼저 12세기 말부터 1215년 사이에 대학은 제도의 기본 틀을 만들었고 그것들은 1215년에서 1231년 사이에 교황으로부터 인정을 받았다. 파리 시 당국과 대학의 불화를 계기로 하여 1229년에 교사들이 대학을 '해산'하고 다수가 영국의 옥스퍼드로 이주하는 분쟁이 발생하게 되자, 그를 해결하기 위해 교황이 대학의 보호자를 자처하여 개입하였다. 1231년 그레고리우스 9세는 칙서 '학문들의 보호자(Parens scientiarum)'를 공포함으로써 대학에 대한 세속권력(국왕, 파리 시)과 지역 교회권력의 부당한 간섭을 배제하고 대학의 특권을 상세하게 명문화하여 그를 공적으로 인정하였다.

이러한 과정을 통해서 확립된 대학의 '단체'로서의 특권은 다음과 같다. 첫째는 대학의 신참자를 채용할 권리다. 1210년대 이후 대학은 외부의 개입이 없이 '교수면허'를 수여할 수 있게 되었다. 둘째는 교육과정을 포함하여 대학 내부의 활동을 규제하는 규약을 스스로 정할 권리다. 구성원에 대하여 규약에 복종하는 선서를 요구하고 반대하는 자는 대학이 제명할 수 있다. 셋째는 규약의 실시를 보증하기 위해 그리고 외부 권력에 대하여 대학단체를 대표하기 위해 대표자를 선출할 권리다. 아울러 대학 성원의 범죄에 대한 재판권에 관해서도 대학에 대한 교황특권과 관련되는 사건을 심리하기 위한 특별재판소가 설치되었다.

요약하면, 파리 대학은 처음부터 전 유럽으로부터 학생과 교사를 받아들이는 국제성을 지녔고 또 교사들의 동업조합을 모태로 하여 출발하였다. 또 단체의 자율성을 확립하는 과정에서는 지역 교회권력과 대립하고 투쟁함으로써 자치권을 확립하였으면서도 기본적으로 기독교적인 속성을 유지하였다. 그리고 대학의 자치권과 특권을 확립하기 위하여 교황의 지원과 비호에 의존한 바가 컸다. 13세기 이후 파리 대학은 알프스 이북의 유럽 각국의 대학제도에 큰 영향을 주게 된다.

볼로냐 대학

볼로냐 대학도 자연발생적인 대학이지만 여러 가지 면에서 파리 대학과 대조적이다. 파리 대학이 교회 세력과의 길항을 통해 성장한 데 비해 볼로냐의 대학은 세속적인 시민문화를 배경으로 한다. 11세기 이래 북부 이탈리아의 여러 도시에는 다수의 세속학교가 있었으며 볼로냐 대학의 모체가 된 것은 그중 몇 개의 공증인 양성학교(법률학교)들이었다. 이 학교들에서는 자유학과와 법학이 교수되었다.

12세기 초 볼로냐에는 교황권으로부터 독립한 자유도시가 성립하였는데, 이는 원래 상호 보호를 목적으로 하는 시민의 사적 결사로부터 시작되었다. 볼로냐의 직업단체나 학교들도 자유도시를 모델로 하여 조직되었으며 여러 학교의 교사들은 학생과 결사(소시에타, società)를 결성했다.

볼로냐의 법학교사와 학생들의 단체는 교황청과 자유도시의 간섭에 대항하기 위하여 신성로마제국 황제의 권위를 활용하면서 자치권의 확립을 추구했다. 1158년의 헌장에 의해서 학생은 여행 시 황제의 비호하에 놓이게 되었으며 재판에서도 도시가 아닌 자신의 교사의 재판권 아래에 놓이게 되었다. 볼로냐 대학에서는 상대적으로 학생의 권한이 더 컸다. 교사들은 파리 대학의 동료들과는 달리 해산권을 포기하도록 강요당했다. 도시로부터의 대학의 철수라는 전략적 수단을 빼앗긴 것이다. 반대로 학생들, 특히 외국 출신의 학생들은 자위를 위해 단결했다. 자유도시의 구성원이 아닌 이들 학생은 도시와의 교섭을 통해 일정한 특권을 획득하기 위해 단결할 필요가 있었다. 여러 번의 시행착오를 거쳐 이들 학생의 결사(소시에타) 혹은 단체(우니베르시타스)는 알프스 이남단(universitas citramontanorum, 볼로냐 외의 이탈리아 학생단)과 알프스 이북단(universitas ultramontanorum, 외국인 학생단)으로 정착했다. 또 각각은 여러 개의 동향회(나치오)로 나뉘어졌다. 양 단체의 단장으로서 12세기 말에는 선거에서 뽑힌 2명의 학장(rector)이 출현했다. 즉, 학생 대표가 대학의 관리책임자가 된 것이다. 13세기의 볼로냐 대학은 '학생의 대학'이었던 것이다(Verger, 1979: 36-37).

학생에 의한 대학 장악에 대하여 도시와 교사들은 저항했지만 성공하지 못했다. 대부분의 교사들은 성직자가 아니었으므로 성직록을 받지 못하는 대신 학생의 수업료로 생계를 꾸려 나갔다. 따라서 학생들의 보이콧은 교사들의 저항에 대한 유력한 무기였다. 볼로냐에서는 학생 대부분이 나이가 많았으며 부유한 귀족가정 출신도 적지 않았다. 이들 학생들은 자유도시와의 교섭에도 능숙하여 몇 번이고 '철수'를 감행하여 1222년에는 볼로냐에서 철수한 학생들이 파도바 대학을 창설하기도 했다. 이때는 몇 명의 교사도 동행하였다.

1230년에 학생, 자유도시, 그리고 교사들 간의 투쟁은 진정되었다. 학생들은 볼로냐를 철수하지 않을 것을 서약하는 대신 자유도시는 외국인 학생에 대하여 시민의 특권을 전부 인정하고 외국인 학생의 신체와 재산은 도시정부의 보호하에 놓이게 되었다. 그 결과, 1230년경 볼로냐 대학은 황제, 교황, 자유도시가 인정하는 여러 특권들에 의해 자치권이 공인된 강력한 단체가 되었다. 볼로냐 대학 역시 파리 대학과 마찬가지로 오랜 기간 동안 여러 세력들과의 상호작용을 통해 자연스럽게 성립하였기에 정확한 설립 시점을 정하는 것이 어렵다.

이상 파리 대학과 볼로냐 대학의 성립과정을 검토하였다. 13세기 이후 유럽 각지에서는 이들 두 대학을 모델로 하여 많은 대학이 설립되었다. 대략 알프스 이북 지역에서는 파리 대학이 모델이 되었고, 알프스 이남에서는 볼로냐 대학이 신생 대학들의 모델이 되었다. 그리하여 1500년경에는 유럽 각지에 도합 79개나 되는 대학이 생겨나게 되었다(Boyd, 1994: 197).

중세 대학은 설립 유형에 따라 (1) 자연발생적 대학, (2) 이주에 의해 탄생한 대학, (3) 창설된 대학의 세 가지가 있다. 먼저 (1)에 속하는 대학으로는 파리 대학과 볼로냐 대학 외에 옥스퍼드 대학, 몽펠리에 (의과)대학이 있다. 그리고 (2)에는 옥스퍼드 대학생들의 '퇴거'로부터 탄생한 케임브리지 대학, 파리 대학생의 '퇴거'를 계기로 성립한 앙제 대학과 오를레앙 대학, 볼로냐 대학의 교수와 학생의 대이주에 의해 탄생한 파도바 대학이 있다. (3)의 '창설된 대학'은 완전히 교황 또는 황제에 의해 만들어진 대학을 말한다. 이들 대학은 규약과 특권을 미리 규정한 설립교서 또는 설립특허장에 의해 설립되었다. 프리드리히 2세에 의해 창설된 나폴리 대학, 교황에 의해 창설된 툴루즈 대학, 이스파니아의 국왕에 의해 창설된 살라망카 대학 등이 이 유형의 대학으로서 13세기에 창설되었다. 14, 15세기에는 이 유형의 대학이 유럽 각국에서 다수 설립되었다(Verger, 1979: 39-46).

대학의 운영체제

중세 라틴어에서는 대학은 '스투디움 게네랄레' 또는 '우니베르시타스'로 불렸다. 전자는 고등교육의 '학사(學舍)'를 가리키며 후자는 스투디움을 운영하고 그 자율성을 보증하는 '단체조직'을 가리켰다. 파리 대학에서는 교원이 대학의 운영 관리권을 쥐고 있었는 데 비해 볼로냐 대학에서는 학생이 우니베르시타스를 형성하고 있었다. 즉, 볼로냐에서는 학생단체가 교원을 채용할 뿐만 아니라 교원의 교육활동과 심지어 사생활까지도 통제하였다(이하 Verger, 1979: 47 이하 참조).

대학의 내부 조직에 관해서 13세기를 기준으로 살펴보기로 한다. 대학의 하부 조직으로 학부와 동향회가 있다. 학부는 대학의 행정적 하위 구분이며 동시에 교육조직이다. 학부에는 신학, 법학, 의학의 세 상급학부와 자유학과를 가르치는 예비학부의 4학부가 있었다. 각 학부에는 학부장이 주재하는 교수회의가 조직되어 강의, 토론, 시험 등의 교육활동과 그 외의 사무를 관장하였다. 동향회는 출신지를 같이하는 교사와 학생의 상호부조와 공동방위를 위한 조직이었다. 그런 점에서 동향회는 학부 이상으로 대학의 '단체적 성격'을 나타내는 조직이었다. 동향회의 회장은 대학 학장의 중요한 파트너로서 대학 행정에도 참여하였다.

대학의 행정적 관리는 시민의 직업적 길드나 도시공동체가 구성원의 평등에 기초한 민주주의에 입각하여 운영되었던 것과 마찬가지로 민주주의의 원칙에 따라 이루어졌다. 즉, 투표에 의해 선출된 대학학장과 대학총회가 대학 관리권을 나누어 행사했다.

대학단체의 수장인 학장은 구성원들의 투표에 의해 선출되었으며 대학의 내부 및 외부에 있어서 대학의 대표자로 활동하였다. 그는 대학재정의 관리, 규약의 준수, 대학 구성원의 민사재판권 등의 권한을 행사했다. 또 대학총회를 소집하고 주재하기도 하였다. 그러나 학장의 임기는 단기(파리에서는 3개월, 볼로냐에서는 1년)였고, 늘 대학총회의 감독을 받았다. 대학총회는 학생과 (전임 및 비전임의) 교원에 의해 구성되었으며 빈번하게 소집되어 대학의 관리에서 중심적인 역할을 하였고, 학장은 거기서 결정된 것을 시행하는 역할에 그치는 일이 자주 있었다. 필요할 경우 대학총회는 특별위원을 임명하여 각종 대학사무를 맡기기도 했다.

13세기의 대학에는 고유의 건물이 없었고 강의는 교사가 빌린 큰 방에서 이루어졌다. 또 대학의 총회, 중요한 토론, 시험, 의식 등은 교회나 수도원의 일부를 빌려 시행되었다. 그만큼 물리적이고 재정적인 측면의 관리업무가 경감되었던 것이다.

대학의 교육 방법

중세 대학에서의 교육이 어떻게 행해졌던가에 관해 수업내용과 교육방식을 중심으로 살펴보자. 개별 과목의 수업은 각 분야의 권위 있는 저작물의 강독(講讀)으로 이루어졌다. 분야별 교과서에 해당하는 기본 문헌과 그 이해를 돕기 위한 권위 있는 주해서가 강독의 대상이었다. 예컨대, 법학부의 경우 『교회법대전』과 『시민법대전』의 발췌집이 교과서였고 그에 관한 주해서가 교수들에 의해 편찬되어 수업에 활용되었다. 의학부에서는 히포크라테스, 갈레노스, 아비켄나 등의 저작들이 교과서였다. 의학 수업에서 해부가 행해진 것은 몽펠리에 대학의 경우 14세기의 일로서 13세기 동안에는 의학부에서도 고대 의학자의 저작의 강독이 교육방식이었다.

어느 학부든 교육 방법은 두 가지가 기본이었다. 하나는 강의(lectio)이고 다른 하나는 토론(disputatio)이었다. 강의의 방법은 해석할 부분을 교수가 읽고 주요한 대목마다 주해를 하며 해석한다. 학생은 각자 교과서를 참고하면서 노트를 한다. 토론은 먼저 교수가 토론할 '문제(quaestio)'를 선정하고 의장이 되며, 조교 한 명에게 문제를 제시하도록 하고 청강생의 반대 의견에 답변하도록 한다. 필요하면 교수가 조교와 청강생 간의 토론에 개입할 수도 있다. 토론의 다음 날 교수가 토론의 결론을 제시하고 자신의 개인적인 주장을 말한다. 또 모든 교수는 해마다 1, 2회 '자유토론'을 주재해야 한다. 이것은 학부의 구성원 전원이 출석한 가운데 행해지는 상당히 수준 높은 토론이었다. '자유토론'의 주제는 제한이 없으며 자유롭게 선정된 '문제'를 놓고 교수와 조교가 함께 청중의 질문에 답변을 하고 또 반대 의견에 대하여 자신들의 명제를 변호하는 방식으로 토론이 진행된다. 다음 날 교수가 전일의 매우 자유로운 '토론'에 관해서 논리정연한 '결론'을 청중들 앞에서 제시하게 된다. 이상의 교육방법은 대학의 모든 학부에서 실행된 일반적인 방식이었다.

3) 일반 학교의 상황

대학 외의 일반 학교는 이 시기 어떠한 상태에 있었는가? 10세기 이후로부터 12세기에 이르기까지 성당학교와 그 밖의 교회부속 학교는 성장을 지속하였다. 앞서 본 대학의 출현도 이들 성당학교를 기반으로 하는 것이었다. 성당과 교회의 학교들은 양적 성장을 거치면서 점차 성당과 교회의 감독으로부터 조금씩 벗어나 보다 자율적이고 세속적인 양상을 띠게 되었다. 이러한 변화는 자치도시의 발달과 그 주역인 상인 및 수공업자 등 시민계층의 득세와 관련된다.

도시에서의 학교교육의 세속화는 13세기 초를 전후하여 프랑스, 스위스, 독일, 네덜란드에서 활발히 이루어졌다. 그 과정은 대학의 성립과정과 마찬가지로 기득권을 가진 성당 세력과의 투쟁의 과정이었다. 즉, 독일어로 '학교분쟁(Schulstreit)'이라고 부르는 사태다. 종래 성당의 감독을 받던 학교의 교사나 학생이 성당의 간섭에 저항하는 일, 일반인이나 편력 학생(중세 전성기 때 고등학문을 구하며 유럽 각지를 전전하던 유랑 학생으로서 상당한 지식을 획득한 자가 많았다)이 개설한 사적 학교에 대하여 교회 당국이 박해하는 일, 시민이나 시정부에 의한 학교 설립을 교회가 제한하는 일 등이 빈발하였다.

13세기 이후 유럽에서의 '학교분쟁'의 사례는 다양한데, 이는 종전의 교회의 교육독점에 대한 시민계층의 도전으로 평가된다. 그렇지만 이 변화가 곧 성당과 교회의 학교교육 독점을 근본적으로 해체하는 것은 아니었으며 대부분 양자 간의 타협과 절충으로 결말지어졌다. 즉, 기독교 교회의 교육적 헤게모니가 근본적으로 도전받은 것은 아니었다고 할 수 있다. 자유정신으로 충만한 대학마저도 자신의 특권을 지키기 위해 교황청의 비호를 필요로 했던 것처럼, 당시 유럽의 교육은 어디까지나 기독교의 기본적인 테두리를 벗어나는 것은 아니었다. 그러한 근본적인 변화가 일어나기까지는 몇 세기가 더 흘러야 했다.

중세 동아시아와 중세 유럽의 교육문화를 비교하면 어떠한 그림을 얻게 될까? 우선 종교의 역할이다. 서양의 경우는 기독교가 유럽인들의 교육생활에 있어 거의 절대적인 영향력을 행사했다. 동아시아에서는 불교가 그에 상응하는 역할을 했다. 그러나 동양의 불교는 서양의 기독교와 같은 강력한 정치적 권위를 가지지는 못했으며 대체로 국왕의 보호 아래서 세력을 키우고 유지했다. 서양의 경우 부침은 있었지만 교황은 지상에서의 신의 대리자로서 황제를 넘어서거나 최소한 대등한 입장에 있었다. 학문과 교육 등 문화에서는 기독교가 실질적으로 독점적인 위치에 있었다. 즉, 중세 서양에서 기독교는 동양에서 불교가 발휘한 것보다 더 큰 영향력과 권력을 가졌다. 동양에서 불교가 국가권력에 종속되거나 최소한 그에 도전하려는 의지를 가지지 않았던 것에 비해, 서양에서 기독교는 원칙적으로 세속의 국가권력보다 우위에 서는 것을 당연한 것으로 여겼으며 도전하는 쪽은 국가권력 쪽이었다. 이러한 관계는 동서양 교육문화의 차이로 연결된다.

두 번째는 학교교육에 대한 강력한 통제권의 유무다. 동아시아에서 학교교육에 대한 통제권은 고대와 마찬가지로 중세에서도 국가권력에 속했다. 일본에서는 이 시기에 불교 사원이 일반인이나 무사계층의 교육에 상당한 공헌을 했으나 서양에 비하면 그 정도는 미미했다. 중국과 고려에서는 국가의 교육 독점권이 도전받는 일이 없었다. 그에 비해 서양 중세에서는 기복은 있으나 학문과 교육에 있어서 수도원, 성당, 그리고 교회들의 영향력이 압도적이었다.

세 번째는 학문과 교육을 통한 보편적 문화의 형성이다. 동아시아에서도 불교, 그리고 유교의 확산을 통해 국경을 초월한 보편적 문화가 형성되었다. 학생, 지식인이나 승려가 국제적 교류를 하면서 세 나라 사이에 문화적 동질성이 생겨났다. 서양의 경우는 문화적 동질성의 정도가 더 강했다고 할 수 있다. 역시 그 바탕에는 기독교가 자리 잡고 있다. 수도원과 교회가 유럽 전역에 골고루 분포하면서 이들 기관을 거점으로 여러 나라 사람들이 활발히 상호교류를 하였다. 종교, 언어(라틴어), 고대문명의 공유 등에 있어 서양이 통일적 문명의 형성에 더 유리한 조건에 있었다.

네 번째는 시민적 자유의 유무다. 중세 서양의 경우는 종교 세력(기독교 교회), 세속권력(황제와 국왕), 그리고 시민 세력(자유도시)의 삼자가 길항하면서 역사가 전개되었음에 비해, 동아시아에서는 황제 · 국왕의 국가적 권력과 대등한 다른 세력이 실질적으로 없었다. 불교는 본래 기독교에서 보는 것과 같은 강렬한 초월성(초현세성)이 약하므로 지상의 권력에 정면 도전하는 일은 그 본성에 맞지 않는다. 불교는 본래 투쟁과 싸움을 악으로 본다. 불교의 이름으로 벌어진 종교전쟁이 역사상 존재했는지 생각해 보라. 불교는 근본적으로 평화의 종교다. 기독교는 그에 비해 유일신을 위해서라면 전쟁도 불사한다. 십자군전쟁을 보라. 불교는 국왕이 가까이 하면 다가가고, 멀리하면 산속으로 숨는 지극히 유연한 행동을 취했다. 또 동아시아에서는 서양의 자유도시와 같은 제삼의 세력이 없었다. 상인과 수공업자들이 공동의 이익을 위해 단결하여 결사(길드, 동업조합, 우니베르시타스)를 만들고 그에 기초하여 자유도시가 형성되어 황제와 교황의 권력과 타협하거나 투쟁하면서 자신들의 나라(도시국가)를 유지해 갔다. 이른바 시민계층의 형성이며 시민사회의 성립이다. 한편 동양에서 도시는 대개 황제나 제후의 도시였다.

제7장

근세 동아시아의 교육

1. 명 · 청대의 중국교육
2. 조선왕조 국가와 교육
3. 에도시대의 일본교육

제7장

근세 동아시아의 교육

근세 동아시아는 중국의 명(明)과 청(淸), 한국의 조선, 일본의 에도바쿠후(江戶幕府)라는 권력체를 중심으로 전개되었다. 시기적으로는 중국의 명(1368~1644)과 청(1616~1912)의 두 왕조가 14세기 후반에서부터 20세기 초에 이르는 540여 년간 존속하였고, 한국의 조선(1392~1910)왕조는 14세기 말에서 20세기 초에 이르기까지 약 520년간 존속했다. 그리고 일본의 에도바쿠후는 1603년부터 1867년까지의 265년간 존속했다.

이 시기에 이들 세 나라의 관계를 보면 중국과 한국은 이전에 비해 더 사이가 긴밀해졌음에 비해 일본은 대체로 이 양국과 적대적인 관계에 있었다. 즉, 조선은 명에 대하여 천명을 받은 천자가 통치하는 대국으로서 그를 섬기는 이른바 사대(事大)의 태도를 일관하여 견지했다. 한편 일본은 한 · 중 양국에 있어 늘 성가신 존재였고 경계의 대상이었다. 고려 말기에 일본의 해상 도적집단인 왜구는 한 · 중 양국에 큰 피해를 주었고 양국은 그 대비책에 부심했다. 결정적으로는 도요토미 히데요시(豊臣秀吉)의 조선침략(1592~1593, 1597~1598)은 조선에 대하여 막대한 인명 및 국력 손실을 초래하였을 뿐만 아니라 명에 대해서도 치명적인 타격을 주었다. 북방의 만주족이 흥기하여 한족의 명제국을 멸망시키고 청제국을 수립한 것은 임진왜란 후 반세기만의 일이었다.

국가 형태로는 중국과 한국에서는 이전과 마찬가지로 중앙집권적인 왕조국가가 계속되었음에 비해, 일본에서는 중세의 봉건적인 바쿠후 체제로부터 쇼군(將軍) 중심의 강력한 중앙집권적인 에도바쿠후 체제로 변모하였다. 각지의 군사 권력자인 다이묘(大名)들의 자립성은 현저히 약화되었고 대신 쇼군은 실질적인 주권자로 권력이 강화되었다. 그럼에도 불구하고 당시의 중국과 한국에 비하면 일본사회는 종전과 마찬가지로 여전히 무가(武家)가 지배층을 형성하였고, 각지에 군사적 실력자가 할거하면서 경쟁적으로 부국강병을 추구하였던 점에서 매우 이질적인 사회였다.

그 결과, 중국과 한국에서는 황제 혹은 국왕이라는 최고 권력자를 정점으로 하고 그를 보좌하여 천하 인민을 다스리는 국가기구로서 사대부라는 독서인 집단으로 구성되는 관료체제가 발달하였음에 비해, 일본에서는 쇼군을 정점으로 하고 각지의 다이묘가 영지를 직접 지배하는 대신 쇼군을 위해 군역을 부담하는 봉건적인 바쿠한(幕藩) 체제가 들어섰다. 교육문화 면에서는 한국과 중국이 문인 중심의 성리학적 · 문자적 교육문화가, 일본은 무인 중심의 군사적 · 실용적 교육문화가 지배적이었다.

1. 명 · 청대의 중국교육

명(明)과 청(淸) 왕조 시대의 중국 역사를 개관해 보면 새삼스럽게 헤겔의 "동일한 것이 재현한다."(Hegel, 2003a: 195)라는 명제를 상기하게 된다.

원의 지배가 느슨해지자 이민족 왕조에 대한 반란이 일어났다. 그 와중에서 일어나 명을 건국한 주원장(태조, 홍무제, 1328~1398)은 빈농 집안에서 태어나 탁발승으로 떠돌아다니며 걸식하다가 원 말 백련교도의 반란군인 홍건군의 일파에 투신했다. 그 우두머리가 죽은 후 그 휘하 부대를 장악한 주원장은 이후 세력을 키워 1368년에 남경에서 황제 자리에 오르고 국호를 명으로 정했다. 그리고 1391년 원의 마지막 황제를 몰아내고 마침내 천하통일을 달성했다.

이러한 왕조의 교체는 고대 이래 중국 역사에서 반복되어 오던 패턴이다. 왕조의 교체는 매우 빈번하지만 그러한 교체로 인한 사회적 변화는 질적인 차이를 보이지 않는다. 새 왕조가 천하를 통일하여 일정 기간 존속하다가 쇠망하게 되면 반란 세력이 일어나 구왕조를 타도하고 새로운 왕조를 연다. 새 왕조는 이전 왕조의 제도를 복원하여 그를 답습하면서 권력을 유지해 나가다가 다시 쇠망을 맞이한다. 왕조의 흥기 → 쇠망 → 새 왕조의 흥기 → 쇠망 → 새 왕조의 흥기…… 동일한 것의 무한 반복인 것이다.

명은 원이라는 이민족 통치를 통해 손상된 중화문명의 유구한 전통을 거의 완벽하게 복원하였다. 그리고 명태조는 황제권력을 절대적 차원으로 완성시켰다. 진나라 이후 중국의 역대 황제들이 꿈꾸던 절대적 황제권력 체제(絶對帝制)는 명대에 이르러 실현되었다(신성곤, 윤혜영, 2004; 三田, 2000).

명에 이르러 완성되는 황제권력 체제의 본질을 단적으로 드러내는 일화가 있다. 6대 황제인 영종(英宗) 때의 일이다. 12세에 즉위한 소년 황제인 영종은 예부상서 호영(胡)을 감옥에 가두었다. 그리고 2, 3주가 지나면 석방하여 원래 직위로 복귀시켰다. 호영은 제2대 혜제 이래 5명의 황제를 모신 덕망 높은 원로였다. 그러나 영종은 호영만이 아니라 마음에 들지 않으면 누구라도 투옥하고 곧 석방하였다(三田, 2000: 112). 황제권력의 자의성(恣意性)을 여실히 드러내는 사례다. 이와 같이 군주권이 절대적인 것으로 제도화된 것이 명대의 일이다.

황제의 절대권력을 구축하기 위하여 명태조 주원장은 먼저 유교를 전면에 내세웠다. 유교의 정치이념은 곧 천명사상과 중화사상을 골간으로 한다. 천명을 받은 존재가 천자이므로 모든 권력과 권위는 황제라는 일원적 실체로 귀속된다. 모든 것은 황제로부터 나오고 또 황제로 되돌아간다. 또 그러한 천명을 받은 천자가 다스리는 중국이야말로 세계의 중심이다. 이와 같이 유교는 황제의 절대권을 지지하는 사상이므로 주원장은 명 건국 이전부터 성리학자들의 자문을 구하면서 통치이념을 찾았다.

태조는 명의 국가기구를 민정(중앙 6부 및 지방 13성), 군정(5군 도독부), 감찰(도찰원)의 세 계통으로 구분하여 상호 감시하게 하고 각각 황제에 직속하게 함으로써 중앙집권적 체제를 확립했다.

황제의 절대권을 확립하는 과정은 피의 숙청의 과정이었다. 홍무 13년, 홍무 23년, 홍무 26년의 숙청은 대표적이며 그 후로도 황제권을 위협하는 유력 정치가를 표적으로 피의 숙청이 산발적으로 이어졌다. 숙청의 대상은 대부분이 원로급의 개국 공신으로 황제에 가까운 자들이었다. 숙청의 동기는 잠재적 위협 세력의 제거 및 공포 분위기 조성을 통하여 황제 독재체제을 확립하려는 것, 군권을 박탈하여 그를 황제 가족의 것으로 하는 것, 그리고 국가재정의 절약이었다(三田, 2000: 169).

명 말의 학자 황종희(黃宗羲)는 중국의 황제들이 "천하를 막대한 재산으로 보고 그것을 영구히 자손에게 넘겨 주려고 한 것은 한의 고조로부터 시작한다"라고 말했다. 그처럼 명태조도 대숙청의 와중인 홍무 24년에 자신의 아들 10명을 신왕(新王)에 봉하여 전략적 요충지에 이들 황족들의 영지로 삼았다(帝室의 封建). 중국 천하의 사유화인 것이다.

유교는 이러한 명태조 주원장의 황제권 절대화를 위한 절호의 사상체계를 제공했다. 주원장을 보좌한 유학자 그룹(金華學派)이 신봉하는 정통 주자학은 명 조정의 정신적 지주였다. 주원장은 무엇보다도 민중의 교화를 중시했다. 실제로 명대에 이르러 민중을 대상으로 하는 교육이 이전에 비해 두드러지는데, 이는 빈농 출신의 걸식승(乞食僧)이었던 주원장의 인생관에 기인하는 바가 크다.

주원장은 홍무 30년에 '육유(六諭)'를 공포했는데, 그 내용은 "부모에 효순하라, 장상을 존경하라, 향리에 화목하라, 자손을 교훈하라, 각자 생업에 충실하라, 비위를 행치 말라(父母孝順, 長上尊敬, 鄕里和睦, 子孫敎訓, 各生理安, 非違勿作)."의 6조로, 유교정신을 간명하게 표현한 것이었다. 명태조는 이 '육유'를 천하 인민이 매월 6회 낭송하도록 명했다(三田, 2000: 111). 육유는 이후 조선과 일본에까지 전해져 널리 보급된다.

황제의 절대권력과 그를 이념적으로 뒷받침하는 정통 주자학체계의 양자는 현실적으로는 사대부계층을 중심으로 하는 관료체제를 통해서 결합되었다. 그리고 그 과정에서 중심 연결고리 역할을 한 것이 관학과 과거의 제도였다.

명태조 주원장의 '교육철학'은 "치국(治國)의 근본은 교화(敎化)이며 교화(敎化)의 근본 수단은 학교다."라는 명제로 요약된다. 즉, 학교교육은 황제에 의한 전제적인 국가통치의 근본적인 도구라는 관념이다.

이러한 교화적 교육관에서는 다양성이 무시되며 개인의 내면적 자유가 부정된다. 사상과 의견의 차이는 곧 황제의 권력에 대한 부정이요 도전으로 간주되어 억압당한다. 학교란 개인들의 자유로운 성장과 다양한 사상의 창의적인 발전을 촉진하는 기관이 아니라 하나의 단일한 국가적 사상으로 획일화하는 억압의 도구가 된다.

명의 학교제도를 보면 중앙의 관학으로 국자감, 종학, 무학이 있고 지방의 관학으로는 부학, 주학, 현학 등 행정구역의 단위에 따라 각기 관학이 설치되었다. 관학의 학생에게는 상당한 경제적 혜택이 주어지는 대신 엄격한 관리와 감독이 행해졌다. 국자감의 경우를 보면 1422년에는 학생 수가 9,972명(곽제가, 2004: 176)에 달할 정도로 규모가 컸는데 조선과 일본 등 인근 외국에서 온 유학생도 다수였다. 이들 감생에게는 의복과 음식 등 생활 필수품을 포함한 생활비와 여비가 지급되었다. 한편 국자감 내부 규칙은 매우 엄격하여 석전, 수업, 기거, 음식, 의복, 목욕, 휴가, 출입 등에 관해 모두 상세한 규정이 있었고, 조금만 잘못해도 체벌이 따랐다. 홍무 15년(1385)에 태조 주원장은 그와 같은 학규를 기록한 돌비석(와비)을 중앙과 지방의 각 관학에 세우도록 하였다(곽제가, 2004: 177).

국자감은 제도상으로나 실제적으로 정부의 관료기구와 밀접히 연결되어 있었다. 국자감의 교사인 좨주, 사업, 박사, 조교는 관리 신분이었으며 감생들은 수개월에서 수년간 인턴의 신분으로 정부의 여러 관직에 배치되어 실무를 익히기도 했다. 교육내용은 사서와 오경, 그리고 조정의 율령이 중심을 이루었다.

지방의 관학에 대해서도 명 조정은 적극적인 정책을 폈다. 1369년에 홍학령을 내려 전국 각지에 모두 학교를 설립하도록 했다. 그에 따라 전국의 부, 주, 현 지역에 많은 학교가 설립되었다. 지방 관학인 부학, 주학, 현학의 경우 역시 정규 학생에 대해서는 후한 대우가 따랐으며 엄격한 학규가 적용된 것은 국자감과 마찬가지였다.

또 1375년에는 사학(社學)을 전국에 세우도록 하는 황제의 명령이 내려졌는데, 사학은 대체로 8세 이상, 15세 이하의 아동을 대상으로 하는 초등수준의 학교였다(곽제가, 2004: 182). 이로써 중앙의 국자학으로부터 부학, 주학, 현학, 그리고 말단의 향촌 지역의 사학에 이르는 학교교육의 체계가 수립되었다. 이는 중국의 이전 왕조에서는 볼 수 없었던 중요한 발전으로 평가된다.

앞에서 언급한 것처럼, 태조 주원장은 각별히 민중교육에 관심이 많았다. 그 자신이 빈농 출신이라는 사실과도 무관하지 않겠지만, 주원장은 귀족이나 사대부와 같은 특권계층보다는 농민 등 서민에 보다 동정적이었다. 경제에서도 상업과 대외무역과 같은 중상주의를 배격하고 농업을 장려하는 농본주의로 일관한 것도 그러한 주원장의 세계관과 관련된다.

역대 중국의 왕조 중에서 민중교육에 가장 관심이 많았던 것은 명이었다. 고래로 중국에서 '치민(治民)'의 기본은 '가르치지 말고 의존하게 하라.'는 우민정책(愚民政策)이었다. 치세의 기본은 민중을 위정자의 지시에 무조건 귀복(歸服)시키는 것이었다. 따라서 교육과 학문은 오로지 위정자의 일로서 민중을 위한 것이 아니었다. 그래서 관학은 물론 사학(私學)도 마찬가지로 관리의 양성을 목적으로 하였다.

명태조에 의해 창설된 사학(社學)은 주 · 부 · 현학이 기본적으로 관리 양성을 목적으로 하는 것과는 달리, 유교이념에 기초한 지방민중 자제의 교화를 목적으로 하였다(五十嵐, 1979: 10). 민중교육 기관으로서의 사학의 성격은 홍무 20년에 태조 주원장이 발포한 명령을 통해 짐작할 수 있다. 즉, 그는 사학에서는 어제대고(御製大誥)를 독송(讀誦)하고 대명률(大明律)과 대명령(大明令)을 겸독(兼讀)할 것을 명했다. 또 사학 생도 중에서 대고(大誥)의 독송이 우수한 자를 상경시켜 예부에서 시험을 보게 해 순위를 매겨 상을 준다고 했다.

문제의 '어제대고'는 "풍속의 교정, 충군, 효친, 치인, 수기 등의 도를 설명한 전문 74조에 이르는 방대한 교육칙어로, 유교에 기초한 도덕의 기준이 제시됨과 동시에 황제의 위정에 대한 기본적 정신이 담겨 있었다."(五十嵐, 1979: 11) 홍무 18년의 어제대고의 발포와 함께 명 조정에서는 다음 해 그 사본을 전국에 송포하고, 민중 자제로 하여금 농사짓는 여가에 그를 독송하도록 지시하기도 하였다.

이와 같이 명 조정은 민중교육 기관인 사학을 설립하여 황제의 조칙(詔勅)과 법령(율령)을 그 주된 교재로 삼았고, 그를 통해서 위정자의 정치적 의도를 말단에까지 철저히 침투시켜서 '위정자의 통치에 대한 민의 절대 귀복을 유도'하고자 했다(五十嵐, 1979).

명왕조의 초기에는 한때 천거(薦擧)를 통하여 관원을 선발하기도 했으나 차츰 과거(科擧)가 지배적인 인재 선발방식이 되었다. 명태조 주원장은 과거제도의 효용을 잘 이해하고 있었다. 그는 과거제도를 통하여 유교이념을 신봉하는 엘리트 집단을 관료기구 내로 포섭하는 것이 황제권력의 유지를 위해 매우 유용하다는 사실에 일찍 눈떴다(Lee, 2000: 158). 명나라때 과거가 처음 시행된 것은 1370년의 일이며, 이후 차츰 정비되어 1384년부터 시행 시기가 3년마다 한 번씩으로 정해졌다. 절차상으로는 향시-회시-전시의 3단계 시험으로 최종 합격자를 가리는 과거제도의 기본 패턴이 확립되었다. 과거에 최종 합격한 자에게는 진사라는 신분 호칭이 부여되어 높은 사회적 위신이 인정됨과 동시에 관직에 발탁될 수 있는 기회가 주어졌다. 과거에 낙방한 자는 관학에 재학하면서 다음 과거를 준비하게 된다. 이러한 패턴은 1904년에 과거가 폐지될 때까지 이어졌다.

제도상 과거는 관학과 직접 연결되었다. 지방과 중앙의 관학을 수료한 자에게 과거 응시자격이 주어졌으며, 관학의 교육내용은 곧 과거의 시험내용과 일치하였다. 현실적으로 관학의 교육은 과거응시 준비교육으로서의 성격이 강했다. 과거에서의 성공은 황제를 정점으로 하는 전제적인 국가체제에서 특권적인 사회계층으로의 신분상승과 고위 관직에의 채용기회를 보장한다는 점에서 강력한 유인력을 가진다. 이러한 강력한 힘을 가진 과거제도와 학교교육이 직접적으로 연계됨으로써 현실적으로 학교교육이 과거에 종속되는 결과를 초래하였고, 학문과 교육이 과거 급제의 수단으로 인식됨으로써 학문과 교육의 독자성과 자율성이 현저히 약화되는 결과를 낳았다.

이와 같은 과거와 교육의 특별한 관계는 사적 교육활동의 발전 양상을 통해서도 확인된다. 송나라 이래 중국에서는 서원(書院)이라는 독특한 사적 학술기관이 발달하였다. 서원은 명대에 들어와서 황제권력에 의해 견제당하고 통제를 받았다. 비교적 자유로운 학풍의 서원은 조정의 직접 통제하에 놓인 관학에 비해 황제의 전제정치에 이롭지 않은 것이었다. 그러나 16세기 중엽에 이르러 서원이 크게 일어나게 되었는데, 이것은 이 시기에 들어와 황제권력이 현저하게 이완되었으며 과거 및 관학이 쇠락하게 된 것, 그리고 신유학이 발흥한 사실과 관련된다. 그러나 16세기 중엽의 일시적인 발흥기를 제외하면 서원은 늘 명 조정으로부터 견제당하고 탄압을 받았다. 명의 황제들은 태조 주원장 이래 완전한 관학체계의 확립에 적극적이었으며 그와 대립적인 관계에 서는 서원의 발전에는 부정적이었다. 황제권력은 기회가 있을 때마다 서원을 지방 관학으로 재편하려고 시도하였다.

"관학과 과거가 제도적으로 통합된 결과 서원이 과거 준비교육을 할 수 있는 여지가 없어졌다. …… 중국사 전체를 통틀어 그랬듯이, 명나라 시기 중국에서는 정부의 허가나 장려를 받지 못하는 단체는 잠재적으로 사회의 안녕과 복지에 유해한 것으로 간주되었다. 서원이 (일시적으로) 융성한 것은 이러한 의심과 압력 아래서였다." (Lee, 2000: 100)

관학과 과거로 구성되는 교육체제에 의존하는 황제권력은 체제 외적 사상에 대해서는 통제와 억압을 가했다. 명태조는 학문적으로 정주이학(程朱理學), 즉 주자학을 명왕조의 정통사상으로 삼아서 오경대전과 성리대전 등을 편찬하여 전국의 학교에서 교과서로 활용하도록 했다. 그 외의 사상에 대해서는 배척하였으며 심지어 유학사상 중에서 중요한 텍스트인 맹자조차도 내용 일부를 삭제하도록 조치하였다. 또 국자감을 비롯한 관학 학생의 언론과 행동에 대하여 엄격한 감독과 통제를 가하고 상호 간의 토론을 금지시켰으며 이를 위반했을 때는 엄벌에 처했다. 또한 문인학자들의 문장에 대하여 엄중한 검열을 시행하여 잔혹하게 박해받는 문사들이 적지 않았으며, 특히 관학의 교사들에 대한 문장 검열이 심했다(구자억, 1999: 149-150).

명에 이어 청이 새로운 통일왕조로 들어선 후부터 1911년 중화민국이 수립될 때까지의 267년간 청왕조가 지속되었다. 청은 중국대륙을 완전히 정복한 두 번째의 이민족 왕조다.

만주족의 청 조정은 제국의 통치를 위해서 중화문명을 적극적으로 활용하는 정책을 기본으로 했다. 즉, 중화문명에 자발적으로 동화되어 들어갔다. 청의 조정은 천명을 받은 명제국의 정통 계승자로 자처했다(宮崎, 2000: 131). 이러한 자세는 청왕조를 약 300년간 존속하게 만든 원인의 하나였다. 원제국이 불과 100년간 존속한데 비하면 오랜 통치기간이다.

청은 유학을 정통사상으로 삼고 관학과 과거의 제도를 적극적으로 활용하였다. 또한 명과 마찬가지로 강력한 황제 전제권력 체제를 구축했다. 명제국의 경우와 마찬가지로 청대에도 강력한 황제 독재권력의 확립과정에서는 가혹한 사상과 언론 탄압이 줄을 이었다.

청의 교육제도는 명의 그것과 대동소이하다. 만주족을 위한 특별한 학교를 추가한 것을 제외하면 제도상으로나 교육내용 면으로나 명의 그것과 구별되는 점이 거의 없다. 명과 청의 학제도는 나란히 놓고 보면 정말 닮았다. 또 이들 학제의 유사성은 멀리 당, 한, 그리고 주나라에까지 거슬러 올라간다. 황제 조정의 통제하에 중앙의 관학과 지방의 관학이 질서정연하게 늘어서는 학제도다.

"중국사회의 일반 원리는 공동체의 정신과 개인이 직접 일체화하고 있는 점에서 찾아진다. 인구밀도가 높은 곳에 널리 퍼져 있는 가족정신이 그 실체다. 중국에는 주체성이라는 요소가 아직 존재하지 않고, 개인의 의사를 집어삼키는 공동체권력에 대항하여 개인이 자신의 의사를 자각하는 일도 없을 뿐더러 자신의 자유 의사에 기초하여 공동체권력의 정당성을 인정하는 일도 없다. 개인은 공동의 의사가 명하는 대로 소박하게 행동하고, 공동체권력이 자신에 대립하는 것으로 존재한다는 것을 알지 못한다. …… 중국에서는 공동의 의사가 개인이 해야 할 일을 직접적으로 지시하며 개인은 무반성, 무자각으로 그에 추종한다." (Hegel, 2003a: 201-202)

헤겔이 말하는 '공동체권력'이란 곧 황제를 정점으로 하는 전제국가 권력을 의미하며, '공동의 의사'란 그러한 국가의 의사를 뜻한다. 그에 따르면 중국에서는 전제적인 황제권력이 절대적인 권위를 가지며 그에 대하여 개인성은 본래 인정되지 않는다. 국가 내에 단 하나의 절대적인 권력만이 있으며 그에 대립하는 다른 권력은 존재하지 않는 것이다.

국가에 단일한 권력만이 존재할 때 개체의 권리도 인정받지 못한다. 개체는 단일의 절대권력에 충성을 바치는 한도에서, 최소한 그에 저항하거나 대립하지 않는 범위 안에서만 존재를 인정받을 뿐이다. 그렇지 않을 경우 개체의 존재는 여지없이 부정당하고 만다.

2. 조선왕조 국가와 교육

조선왕조(1392~1910)는 약 520년간 존속한 장수 왕조였다. 고려 말의 무신 이성계는 군사 쿠데타를 감행하여 신흥 조선왕조를 열었다. 국왕을 정점으로 하고 문무 양반으로 이루어지는 관료기구를 통해 백성을 통치하며 성리학을 국가사상으로 삼았다.

조선의 국가체제는 양반관료제도에 기초한 중앙집권적 왕조권력이었다. 즉, 당시 명의 국가체제와 기본적으로 동일하다. 양반인 사대부라는 독서인 계층은 과거를 통해 관직으로 진출하여 국왕을 정점으로 하는 중앙집권적 관료체제를 작동시키는 관인집단을 형성한다. 이념적으로도 조선은 명과 마찬가지로 성리학을 정통사상으로 숭배하였다.

당시 동아시아의 정치질서에서 조선과 명의 관계는 특수했다. 조선은 스스로를 '중화의 분신(小中華)'으로 인식했으며 동화(東華), 소화(小華), 혹은 동방예의지국(東方禮義之國)으로 자처했다. 이러한 자기 인식에 기반하여 조선왕조는 동아시아 여러 나라에 대하여 사대교린(事大交隣)을 외교의 기본 방침으로 삼았다. 사대, 즉 대(大)에 사(事)한다는 것은 군신부자의 예로서 종주국의 명에 봉사한다는 것이다. 교린은 조선 주변의 야만국들과의 교제의 원칙으로, 이들 짐승 같은 무리들과는 인간으로서의 교제가 불가능하므로 불상사만 생기지 않도록 적당히 거리를 유지한다는 것이다.

이와 같이 조선은 원칙적으로 명을 천명을 구현하는 정통 중화제국으로 존경하면서 그 문물제도를 모델로 하였다. 외형적인 문물제도만이 아니라 정신적인 차원에서도 명의 사상인 성리학을 절대시하고 또 숭배하였다. 관학과 과거 등 교육제도에 있어 명이 전범이었던 것은 물론이다.

조선의 교육문화에서는 제도상으로는 관학과 과거를 중심으로 하는 시스템이라는 점에서 이전 시대와 근본적으로 다른 점이 없다. 다만 제도적으로 보다 완비되고 안정적으로 운영되었다는 점이 고려시대와 다를 뿐이다. 그에 비해 학문 내지는 사상적인 면에서 성리학이 국가 정통이념으로 격상되어 독점적인 위치에 있었다는 사실이 중요하다.

성리학 혹은 주자학이 국가사상 혹은 국가학문의 위치에 있었던 것은 중국의 명·청왕조의 경우는 물론 일본의 에도바쿠후에서도 마찬가지였다. 그러나 동아시아 삼국 중에서 성리학의 영향력이 가장 컸던 것은 조선이었다.

조선왕조 500년은 사상적으로는 '성리학 일변도'였다고 해도 과언이 아니다. 그것은 성리학의 '본국'인 중국을 넘어서는 것이었다. 예컨대, 청왕조의 경우 그 제국 내의 여러 민족의 종교나 문화에 대하여 성리학뿐만 아니라 고증학이나 서학(천주교, 서양학문)도 수용하는 합리주의적 태도를 취했다. 일본의 에도바쿠후도 공식적으로는 주자학을 바쿠후 공인학문으로 선언했지만 실제로는 그 밖에도 고학(古學), 국학(國學), 의학, 난학(蘭學) 등의 다양한 사상과 학문이 허용되었고, 무엇보다도 무학(武學)은 무사계층의 기본교양으로 일관되게 중시되었다.

조선왕조의 '주자학 독존주의'가 단적으로 드러난 것은 바로 명·청 교체기의 숭명배청(崇明排淸) 및 북벌론(北伐論)의 대의명분론이었다. 종래의 성리학적 대의명분론에 더하여 임진왜란 당시 원군을 파견하여 조선왕조를 존망의 위기에서 구해 준 명 황제의 '은혜'에 보답해야 한다는 관념이 대두하였다.

예컨대, 송시열(宋時烈, 1607~1689)은 효종에 대하여 북벌론을 주장하는 글에서 왜란 당시 원군을 파견해 준 명의 신종 만력제에 대하여, "신종황제의 은(恩)에 의지하여 임진의 변에서는 폐허가 된 종사(宗社)가 복존(復存)하고 다 죽어 가던 생민(生民)이 소생하였습니다. 우리나라의 풀 한 포기, 생민의 일모일발(一毛一髮)이 모두 황은(皇恩)이 미치지 않는 바가 없습니다."라고 칭송했다. 송시열은 명의 신종황제의 '재조(再造)의 은(恩)'에 보답하기 위해서는 명을 멸망시킨 청을 벌하기 위하여 북벌을 준비해야 하고, 그를 위해서는 설령 나라가 망하는 한이 있더라도 일의 성패와 결과를 생각하지 말아야 한다며, "전하는 이 호로(胡虜, 청)는 군부(君父)의 대수(大)이며, 함께 같은 하늘을 받들 수 없다는 점을 굳게 마음에 새겨야 합니다."라고 주장했다(姜, 2001: 348).

명이 조선에 군대를 파견한 것은 따지고 보면 조선에 대하여 무조건적 은혜를 베풀기 위한 것이 아니라, 실은 자국방위가 근본 목적이었다. 토요토미 히데요시의 당초의 목적이 명을 무력 침공하는 것이었고, 이 사실은 이미 일본으로부터 명 조정에 일찍이 알려졌다. 만약 조선이 일본군에 의해 점령당하면 북경은 일본군의 공격 범위에 들어가는 것이다. 따라서 명으로서는 자국방위를 위해 일본군의 조선 침공을 수수방관할 수 없는 것이다.

이렇게 나라가 망하는 한이 있더라도 '춘추의 대의명분'에 충실해야 한다는 관념이 조선 주자학의 기본 입장이었다. 1876년 4월, 일본과의 강화도조약이 체결됨에 따라 일본에 파견된 김기수는 조선의 학문에 대하여 질문하는 일본정부의 문부대신에게 다음과 같이 답하였다. "우리나라는 500년 동안 오로지 주자학만을 알 뿐이다. 주자에 등지는 자는 즉시 난적으로서 그를 처형(誅)하고, 과거에 응하는 문자에 이르기까지 불씨나 노자의

어를 사용하는 자는 원지에 추방하여 용서하지 않았다. 국법이 매우 엄하므로 상하귀천을 막론하고 오직 주자만이 있을 뿐이다."(姜, 2001: 359)

성리학은 우주를 존재로서의 기(氣)와 존재 근거 및 법칙으로서의 이(理)로 이원적으로 파악한다. 인간에 있어서는 전자가 기질의 성, 후자가 본연의 성이 되며, 본연의 성에 이가 내재하고 있다고 하는 성즉리(性卽理)를 주장한다. 그리고 최고 원리로서의 이의 실현을 인간으로서의 기본 과제로 하였으며 그 방법으로 격물치지(格物致知), 거경궁리(居敬窮理), 주경정좌(主敬靜坐) 등을 주창하였다. 이처럼 성리학은 훈고학과 고증학 중심의 한당유학에 비해 철학성이 강화된 유학이었다.

주자는 성리학에 기초하여 새로운 교육과정과 교육방법을 제창하였다. 주자가 제창한 새로운 교육과정에 따르면 먼저 소학을 배우고 나서 사서(대학, 중용, 논어, 맹자)를 배우고, 그다음에 오경(역경, 서경, 시경, 예기, 춘추좌씨전)의 학습으로 진행한다. 주자는 소학 → 사서 → 오경의 교육과정에 맞추어 제자들과 함께 소학, 사서 등의 교과서도 새로 편찬하였다. 성리학의 교육이념은 대학팔조목으로 요약된다. 즉, 격물 · 치지 · 성의 · 정심 · 수신 · 제가 · 치국 · 평천하가 그것이다. 평천하는 성인(聖人)의 일이다. 따라서 누구나 교육을 통하여 자기 수양을 지속하면 성인의 경지에까지 도달할 수 있다는 것이 주자의 교육관이다. 성인이라는 이상(ideal)이 교육을 통해 실현 가능한 현실적인 목표이므로, 인간으로서 가장 중요한 일은 곧 교육이다. 이 교육관은 소크라테스의 지덕합일설과 일맥상통하며, 근대 서양의 계몽주의적 교육관과도 통한다. 교육을 통한 인간의 완성 가능성(perfectibility)을 믿는 것이 계몽주의적 교육관인데, 자기 수양을 통해 성인의 경지에까지 도달할 수 있다고 믿는 성리학의 교육관도 그 점에서는 유사하다.

본래 유학이 교육을 중시하는 사상이지만 주자학에 이르러 유학적 교육관은 보다 정교한 근거를 확보하게 된 것이다. 성즉리(性卽理), 즉 인간의 본성(본연의 성)은 이로서 우주적인 보편성을 지니고 있기 때문에 기질의 성인 기가 그것의 실현을 방해하지 않도록 성심성의껏 수양을 하면 누구나 성현(거룩하고 현명한 사람)이 될 수 있다는 것이다. 유학적 교육관은 흔히 수기치인(修己治人)으로 요약되는데, 성리학에서는 특히 수기를 중시한다. 과거에 급제하여 관인으로 임용되어 백성을 다스리는 일인 치인보다 인격적 자기 수양인 수기가 학문과 교육의 근본이라는 입장이다.

1) 조선시대의 교육제도와 학교

조선시대의 교육제도는 분야별로 (1) 유학교육, (2) 무학교육, (3) 실용기술 교육, (4) 교화교육의 네 가지로 나누어 볼 수 있다. 이 중에서 (1)에서 (3)까지가 관학의 대상이었다. 그 교육의 내용과 방법은 법전에 정해져 있었다. 그에 비하여 (4)의 교화교육은 특정하게 정해진 형식이 없었기 때문에 '제도'라고 보기 어려운 점도 있다. 그러나 조선왕조는 일반 민중을 대상으로 하는 '교화'에 대하여 명확한 관념을 가졌고, 비록 제도화된 방식은 취하지 않았지만 교화서의 간행과 배포라는 방식으로 지속적으로 그를 실행했다.

흔히 조선시대의 교육제도는 '관학'과 '사학'으로 나누어 설명하는 것이 보통이다. 예를 들면, 성균관, 학당, 향교는 관학이고 서당과 서원은 사학이다라는 식으로 설명하기도 한다. 이러한 구분법은 고려시대나 삼국시대의 교육을 설명할 때도 사용된다. 대표적인 것이 고려의 '사학12도'와 같은 예다. 그런데 전근대기의 교육을 설명할 때 교육기관의 설립 또는 운영의 주체에 따라 관학과 사학으로 나누는 것은 후세인들이 발명한 것이며, 당시의 용법은 아니다. 예를 들면, 고려시대에 문헌공도 등의 12개 사숙을 '사학12도'로 표기하는 것은 20세기 이후의 일이며 당시는 '12도'라는 용어가 사용되었을 뿐이다. '관학'이나 '사학'이라는 용어 역시 근대 이후의 용법이며, 조선시대에 이러한 용어가 사용된 것은 아니다. '관'과 '사'의 관념적 구분은 근대 이후에 성립한 것이다.

교육제도 중에서도 교육기관과 관련하여 조선시대에 통용된 일반적인 용어는 '학(學)' 또는 '학교(學校)'였다. 전자와 관련해서 주목할 것은 조선 초기에는 '십학(十學)' '육학(六學)' 그리고 '칠학(七學)'이라는 용례가 있다는 점이다. 실록에 따르면 태조는 1393년에 육학(병학, 율학, 자학, 역학, 의학, 산학)을 설치하고 양가 자제로 하여금 배우도록 했다(設六學, 令良家子弟肄習). 이 육학이 유학을 제외한 이른바 '잡학'들이라는 점이 주목되는데, 왜 유학을 제외했는지 분명하지 않지만 아마도 이미 성균관과 학당 등의 유학교육 시설이 있으므로 빼지 않았나 추정된다. '육학'이라는 용례는 그 후로는 보이지 않지만 실제로는 관련되는 각 관아에서 가르쳐졌다.

다음으로 '십학'은 태종 때 설치되었다. 태종 6년(1406)에 좌정승 하륜의 건의에 따라 유학(儒學), 무학(武學), 이학(吏學), 역학(譯學), 음양풍수학(陰陽風水學), 의학(醫學), 자학(字學), 율학(律學), 산학(算學), 악학(樂學)을 두고 각기 책임자로 제조관(提調官)을 임명하였다. 태조 때의 육학에 비하면 십학에는 유학, 이학, 음양풍수학, 악학이 추가되었다.

마지막으로 '칠학'은 세조 때(1463)의 일이다. 세조는 문신들로 하여금 유학 외에도 천문(天文), 지리(地理), 음양(陰陽), 율려(律呂), 의약(醫藥), 복서(卜筮), 시사(詩史)의 칠학(七學)을 나누어 배우도록 하였다. 이미 '잡학'을 업으로 하는 자들이 있음에도 불구하고 문신들로 하여금 이들 학문을 배우도록 한 국왕의 조치에 대하여 김종직 등이 강하게 반발하였는데, 이에 대하여 세조가 김종직을 파직시키는 일이 발생했다. 이 '칠학'은 세조 때만 등장하는 것으로 보아 문신들의 반발 등으로 인해 얼마 지나지 않아 폐지된 것으로 보인다. 그렇지만 과거에 급제하여 고급관료가 된 문신들로 하여금 실용적인 여러 학문('잡학')을 같이 배우도록 한 세조의 조치는 비록 단명으로 그쳤지만 실용적인 학문의 학습을 문신에게 요구한 군주가 있었다는 사실은 기억해 둘 만하다.

다음으로 '학교'라는 용어는 널리 사용되었으며 중화문명권에서 고대부터 사용된 보통명사였다. 한 예로 태조 1년 배극렴, 조준 등이 새로운 왕조의 통치 방침과 관련하여 22개조의 '상언(上言)'을 올렸는데 그 첫 조목이 학교 진흥에 관한 것이었다. "학교는 풍화의 근원이고 농상은 의식의 근본이니 학교를 일으켜서 인재(人才)를 양성하고, 농상을 권장하여 백성을 잘 살게 할 것이다(學校 風化之源, 農桑 衣食之本. 興學校以養人才, 課農桑以厚民生). 이 사료에서 알 수 있듯이, '학교'는 '풍화'를 목적으로 한다. 그런데 '풍화'란 삼강오륜(=인륜)의 유교 도덕을 백성들에게 가르치고 '인륜'을 실행하도록 하는 일이다. 삼강오륜의 '인륜'을 밝히는 것, 즉 '명인륜(明人倫)'이야말로 '학교'의 기본 목적이다. 향교와 성균관의 기본 교육시설이 '명륜당(明倫堂)'인 것은 그 때문이다. 따라서 '학교'는 원칙적으로 유학교육의 장이어야 하며 실용적 학문과 기예의 교육과는 거리가 멀다. 자연히 인륜을 밝히는 '명륜의 학'이야말로 '정학'이며, 그 밖의 여러 학문은 생활에 필요하기는 하나 어디까지나 '잡학'인 것이다.

따라서 '학'과 '학교'는 동의어가 아니며 여러 '학' 중에서 유학만이 학교와 관련된다고 해야 할 것이다. 조선시대의 학교는 오늘날의 그것과는 달리 유학교육을 목적으로 하는 것이며 그 밖의 여러 학문과 기예들, 예컨대 무학, 율학, 의학, 악학 등은 '학교'에서 가르치는 것이 아니었다. 조선시대의 학교는 '풍화지원(風化之源)'을 사명으로 하는 '유학교'이며 '인륜학교'였다. 이는 말할 것도 없이 학교를 지나치게 좁게 정의하는 것이다. 그 결과 조선시대에 실용적인 학문과 기예를 가르치는 곳은 학교라는 명칭을 공식적으로 사용하지 못하였다. 예컨대, 사역원(司譯院)은 엄연히 중국학의 전문 교육기관임에도 불구하고 학교라는 명칭이 부여되지 않았다.

(1) 유학교육

유학교육을 목적으로 하는 교육기관인 '학교'에는 중앙의 국학(성균관)과 지방의 향교, 그리고 서울에 설치된 학당의 세 형태가 있었다. 서울에 있었던 학당은 교육 정도로는 향교와 유사하지만 중앙 국학의 부속기관으로서의 성격이 강하다. 서울에 성균관과 사학, 그리고 전국 각 군 · 현마다 하나씩의 향교가 설치되었다. 이 중에서 성균관이야말로 조선시대 '학교' 중의 '학교'였다.

교육제도 중에는 '학교'와 같은 가시적인 시설물 외에도 법규나 관행의 형태를 취하는 것도 있다. 조선시대에는 그러한 학교교육 관련의 국가적인 법규나 규칙에 해당하는 것으로 학령이 대표적이며 그 밖에 여러 규칙('사목' '절목' 등의 명칭을 사용함)이 있다. 따라서 조선시대의 교육제도를 이해하기 위해서는 이들 교육 관련 법규를 알아보는 것이 중요하다.

① 교육 법규

성균관을 비롯한 조선시대 '학교'의 교육에 관한 기본 법규에 해당하는 것이 학령(學令)이다. 이 학령이 언제 제정되었는지는 명확하지 않으나 『증보문헌비고』에 따르면 '국초'에 제정되었다고 한다.

조선 초 이래 '학교'의 운영과 교육에 관해서는 학령이 가장 중요한 규범이었으며, 이 학령의 내용을 통해 조선시대 학교교육의 내적 측면을 파악하는 것이 가능하다. 학령은 다음의 12개 문단으로 되어 있다. 번호는 편의상 붙인 것이다(원문 및 번역은 세종대왕기념사업회, 1995 참조).

> ① 매월 초하룻날 제생이 관대를 갖추고 문묘 뜰에 나아가 알성하여 사배례를 행한다(每月朔 諸生具冠帶 詣廟廷謁聖 行四拜禮).
>
> ② 학관이 명륜당에 가지런히 앉으면 유생이 읍례를 행하기를 청하는데, 북이 한 번 울리면 제생이 차례로 뜰에 들어와서 읍례를 행하고,

마치면 각각 재의 앞으로 나아가서 서로 마주 보고 읍하며 마침내 재로 들어간다(每日學官齊座明倫堂 儒生請行揖禮 鼓一聲 諸生 以次入廷行揖禮 訖各就齋前 相對揖 遂就齋). 다음에는 유생이 학관 앞에 나아가서 일강을 행하기를 청하고, 상재 · 하재에서 각각 1인씩을 뽑아 읽은 바의 글을 강한다. 통한 자는 세초(歲抄)에 획수를 통틀어 고찰하고 과거를 보는 식년에 강서한 획수를 합계하며, 통하지 못한 자는 벌을 주어 초달한다(次儒生詣學官前 請行日講 上下齋各抽一人 讀所讀書 通者歲抄 通考劃數 合計於科擧式年 講書劃數 不通者 罰楚). 북이 두 번 울리면 제생은 읽은 책을 가지고 각각 사장(師長)에게 가서 먼저 배운 것을 가지고 어렵고 의심스러운 것을 물어 토론하여 분변한 뒤에 새로운 수업을 받는다(鼓二聲 諸生執所讀書 各詣師長 先將前授 論難辨疑 後承新授). 많이 배우기만을 힘쓰지 말고 모름지기 정밀하게 연구함이 중요하며, 만일 혹시라도 책을 대함에 있어 흐리멍텅하고 졸든가 하여 가르침을 받는 데 유의하지 아니하는 자는 벌한다(不務多 要須硏精 如或對卷昏睡 不留意承教者罰).

③ 제생의 독서는 먼저 의리를 밝히고 만변에 통달할 것이요, 모름지기 장구에 빠져들어 문의에만 견제당하여서는 안 된다. 항상 사서, 오경 및 제사(諸史) 등의 글을 읽으며, 장자, 노자, 불경의 잡류와 백가자집 등의 책을 끼고 다니지 못하며 어기는 자는 벌한다(諸生讀書先明義理 通達萬變 不須徒事章句 牽制文意 常讀四書五經及諸史等書 不挾莊老佛經雜流百家子集等書 違者罰).

④ 매월 제술은 초순에는 의의 혹은 논으로 하고 중순에는 부, 표, 혹은 송, 명, 잠으로 하며 하순에는 대책 혹은 기로 한다. 그 체제는 모름지기 간결하고 엄격하며 정밀하고 절실하게 말을 전달하는 것을 요할 뿐이요, 험벽하고 기괴함을 일삼지 말아야 한다. 만일 혹시 당

시의 문제를 변경하고 부미한 것을 주창하여 인도한 자는 퇴출하고 글씨를 쓴 것이 해정하지 못하면 또한 벌한다(每月製述 初旬疑義或論 中旬賦表或頌銘箴 終旬對策或記 其體制要須簡嚴精切 辭達而已 勿事險僻奇怪 如或變更時體倡率浮靡者黜 書字不楷者亦罰).

⑤ 제생이 강경(講經), 구두(句讀)가 자세하고 분명하며 의론이 정통하고 활달하여 한 책의 강령과 지취를 모두 포괄하여 종횡으로 여러 책을 넘나들면서 융회관통(融會貫通)하여 완전히 다하는 경지에 이르면 '대통(大通)'이라 하고, 비록 완전히 다하는 경지에 이르지 못하였어도 구두가 자세하고 밝으며 의논이 정통하고 활달하여 한 책의 강령과 의미를 모두 포괄하여 융회관통한 것을 '통(通)'이라 한다. 비록 융회관통함에 이르지는 못하였더라도 구두가 자세하고 밝으며 해석한 뜻이 정통하고 활달하여 위와 연결되고 아래와 접하여 능히 한 장(章)의 큰 뜻을 얻는 것은 '약통(略通)'이라 하고, 구두가 자세하고 명백하며 해석한 뜻을 분명히 깨달아서 한 장의 큰 뜻을 얻었지만 의논이 다하지 못함이 있으면 '조통(粗通)'이라고 한다. 이것의 이하는 벌한다(諸生講經句讀詳明 議論通豁 該括一書綱領旨趣 縱橫出入諸書 融會貫通 到十分盡處爲大通 雖不至十分盡處 句讀詳明 議論通豁 該括一書綱領旨趣 融會貫通者爲通 雖不至融會貫通 句讀詳明釋義通豁連上接下能得一章大旨者爲畧通 句讀詳白 釋意分曉 雖得一章大旨而議論有未盡者爲粗通 下此者罰).

⑥ 제생이 성현을 논하는 것을 숭상하지 아니하고 혹은 고담 이론을 좋아하여 전현(前賢)을 헐뜯고 조정의 정사를 비방하며, 혹은 재리와 뇌물을 상의하고 주색을 이야기하며 혹은 때에 따르고 세에 아부하여 벼슬에 나아가기를 꾀하는 자는 벌한다(諸生不尙論聖賢 或好爲高談異論誹毁前脩 謗訕朝政或商論財賂 談說酒色 或趍時赴勢 以媒仕進者罰).

⑦ 제생이 죄를 지어서 오륜을 범하거나 혹은 실절하여 행실이 어그러져서 몸과 명예를 더럽힌 자가 있으면 제생이 통지하고 의논하여 북을 울리며 성토하고, 심한 자는 해조(該曹)에 신보(申報)하여 종신토록 태학에 함께 참여하지 못하게 한다(諸生有罪犯五倫或虧失節行 玷身汚名者 諸生通議 鳴鼓攻之 甚者或申報該曹 終身不齒於學).

⑧ 제생이 혹 재주를 믿고 스스로 교만하거나 권세를 믿고 스스로 귀하다고 하거나 부를 믿고 스스로 자랑하면서 젊은이로 늙은이를 능멸하고 아랫사람으로 윗사람을 능멸한 자와, 혹은 호사를 숭상하여 복식이 남들과 어긋나거나 혹은 교묘한 말과 어여쁜 얼굴색으로 사람들을 기쁘게 하려고 힘쓰는 자는 내치되, 힘써 배우고 행실을 고치면 바로 중지한다(諸生或 恃才自驕 恃勢自貴 恃富自矜 以少凌長 以下凌上者 或豪侈相尙 服飾違衆者 或巧言令色務悅於人者黜 力學改行乃止).

⑨ 제생 가운데 여진여퇴(旅進旅退)하여 국고만 허비하면서 수업(受業)도 아니하고 제술도 아니하며 글 읽기를 좋아하지 아니하는 자와 길을 가면서 말을 타고 다닌 자는 아울러 엄금하여 위반한 자는 벌한다(諸生旅進旅退 徒費國廩 不受業不製述 不喜讀書者 行路騎馬者 並痛禁違者罰).

⑩ 매월 초 8일과 23일은 제생이 의복을 세탁할 것을 청하여 알리면 허락한다. 그날은 모름지기 예전에 배운 것을 익히고 활쏘기와 바둑, 장기, 사냥, 낚시 등 여러 가지 놀이는 하지 못하며 어기는 자는 벌한다(每月初八日二十三日 許諸生請告 澣濯衣服 其日要須溫故 毋事射侯博奕觀獵釣魚 凡諸游戲等事 違者罰).

⑪ 제생은 길에서 사장(師長)을 만나면 몸을 보이고 길의 왼쪽에 서서 공수(拱手)한다. 사장이 말을 타고 지나가는데 제생이 혹 몸을 숨기거나 얼굴을 가리고 예를 행하기 꺼리는 자는 벌한다(諸生道遇 師

長呈身拱手 立道左師長騎馬過行 諸生如或藏身掩面 憚於行禮者罰).

⑫ 매일 날이 밝기 전에 북이 한 번 울리면 유생이 자리에서 일어나고, 평명에 북이 두 번 울리면 의관을 정제하고 단정히 앉아서 글을 읽는다. 북을 세 번 울리면 차례로 식당에 나아가서 동쪽, 서쪽으로 마주 향하여 앉아서 먹기를 마치면 차례로 나온다. 차례를 지키지 않거나 혹 떠드는 자는 벌한다(每日 未明鼓一聲 儒生起寢 平明鼓二聲 整衣冠 端坐讀書 鼓三聲 以次詣食堂 東西相向坐 食畢以次出 失序或諠譁者罰).

⑬ 제생으로 조행이 탁이하고 재예가 출중하며 시무에 통달한 자가 있으면 한두 사람을 매년 세초에 제생과 같이 의논하여 천거해서 학관에게 알리고 해조(該曹)에 보고하여 거용하게 한다(諸生有操行卓異 才藝出衆 通達時務者 一二人 每歲抄 諸生同議薦擧告學官申報該曹擧用).

위의 학령 각 항목 중 ①은 학교 의례, ②는 학교 일과, ③과 ④는 교육과정과 교과, ⑤는 교육 방법 및 평가, 그리고 ⑥ 이하는 생도의 일상 행동 준칙에 관해 각각 설명한 것으로 볼 수 있다. 매달 한 차례 문묘 참배를 하도록 의무화한 것에서는 일종의 종교적인 색채를 느낄 수 있고, ②와 ⑫를 통해 알 수 있듯이 일과가 매우 규격화되어 있으며 사제 간이나 생도 상호 간에 예절을 중시했다는 것을 알 수 있다. 그리고 교육과정에서는 신유학의 정통 텍스트인 사서오경이 중심을 이루고 있으며, 교과는 강경과 제술로서 이는 과거의 시험내용에 대응하고 있다. 학령이 성균관 등 학교에서 실제로 어느 정도 준수되었는지는 잘 알 수 없으나 우리는 위의 학령을 통하여 '풍화지원(風化之源)'으로서의 조선시대 학교의 실상을 어느 정도 파악할 수 있다.

학령 외에 학교교육의 법규에 해당하는 것으로 유명한 것이 학교모범(學

校模範), 학교사목(學校事目), 권학사목(勸學事目)이다. 앞의 둘은 선조 때 이이를 중심으로 제정된 것이고, 마지막은 조선 초 권근의 상소에 의해 학규로 정해진 것이다. 그 밖에도 여러 학교규칙이 있으나 대략 앞의 셋이 학령을 보완하면서 조선시대 교육 법규의 근간을 이룬다고 할 수 있다.

『증보문헌비고』에 따르면 선조 15년에 임금의 명에 의해서 대제학 이이가 삼공과 더불어 회의를 하여 학교사목과 학교모범을 만들어 학령의 미비한 것을 보완하였다고 한다. 학교사목은 주로 학교의 행정에 관한 사항을 규정하고 있다. 훈도 등 교관의 임용과 예우, 사학과 향교의 생도 정원 및 입학 절차, 교생의 학업 관리 및 과거 응시 등이 학교사목의 주된 내용이다. 이러한 내용들이 학령에는 빠져 있었던 것이다.

한편 학교모범은 학생에게 초점을 맞추어 개인적인 수신, 인륜의 실행, 그리고 학교에서의 공부 내용과 방법을 다음 16조목으로 구분하여 정하고 있다. (1) 입지(立志), (2) 검신(檢身), (3) 독서(讀書), (4) 신언(愼言), (5) 존심(存心), (6) 사친(事親), (7) 사사(事師), (8) 택우(擇友), (9) 거가(居家), (10) 접인(接人), (11) 응과(應科), (12) 수의(守義), (13) 상충(尙忠), (14) 독경(篤敬), (15) 거학(居學), (16) 독법(讀法). 이 중에서 입지, 검신, 신언, 존심, 수의, 상충, 독경의 6조목은 개인적 수양에 관한 것이고, 독서, 거학, 독법, 응과는 학업에 관한 것이다. 나머지 사친, 사사, 택우, 거가, 접인은 인륜 실천에 관한 것이다. 즉, 학교모범은 학교교육에 관한 공적 법규이지만, 그 내용 중 학교교육에 직접 관련되는 것은 전체 16조목 중 4조목에 불과하며 12조목이 개인적 수양과 인륜 실천에 관한 사항이다. 이 사실로부터도 우리는 조선시대 학교교육이 제도적으로 '명인륜'을 기본 이념으로 하였다는 사실을 재확인하게 된다.

조선시대 학교교육의 성격에 대한 이해를 돕기 위해 학교모범의 12조목 중 첫 세 조목을 살펴보기로 한다.

첫째는 입지(立志)다. 학자(學者, 배우는 자)는 모름지기 도(道)를 목표로 한다. 만선(萬善)이 내 안에 들어 있으니 남에게서 도를 찾을 것이 아니다. 천지를 위해 마음을 세우고 생민을 위해 극을 세우며 옛 성인을 위해 절학(絶學)을 잇고 만세를 위해 태평을 여는 것(爲天地立心 爲生民立極 爲往聖繼絶學 爲萬世開太平)을 공부의 목표로 삼아야 한다. 스스로 못하다는 생각이나 당장 편한 것을 취하여 자신을 용서하는 습관은 추호도 있어서는 안 된다. 훼예, 영욕, 이해, 화복 때문에 마음이 흔들려서는 안 된다. 분발 책려하여 반드시 성인 되기를 추구해야만 한다(奮發策勵 必要作聖人而後已).

제1조목인 입지는 공부의 근본 목적을 밝힌 것이다. 그것은 한마디로 성인되는 일이며 그 요체는 내 마음의 수양에 있다. 학자가 지향할 것은 도인데, 그것은 수신제가(修身齊家)하여 치국평천하(治國平天下)하는 일로서 '내성외왕(內聖外王)'의 이상이기도 하다. 내성외왕, 즉 완전한 인간이 되는 길은 다름 아닌 내 마음의 수양으로부터 출발한다는 것이다. 내적 수양을 통해 궁극적으로 성인이 되는 것은 조선시대 교육의 최고 이상이었다.

둘째는 검신(檢身)이다. 학자가 성인 되기를 목표로 세웠다면 반드시 스스로의 몸과 행동(身行)을 올바르게 다스려야 한다. 평소 일찍 일어나고 밤늦게 자며(夙興夜寐) 의관을 반드시 가지런히 하고(衣冠必整) 용모는 반드시 엄숙하며(容貌必莊), 보고 들음은 반드시 단정하고(視聽必端), 거처함은 반드시 공손히 하며(居處必恭), 걸음걸이는 반듯해야 하고(步立必正), 음식은 절제해야 하고(飮食必節), 글은 정성스레 베껴 써야 하고(寫字必敬), 책상은 가지런히 해야 하고(几案必齊), 집과 방은 깨끗해야 한다(堂室必淨).

몸가짐(持身)에 있어서는 언제나 구용(九容)으로 해야 한다. 발 모양은 무겁게 하고(足容重), 손 모양은 공손하게 하고(手容恭), 눈 모양은 단정하게 하고(目容端), 입은 늘 다물고(口容止), 목소리는 조용하게 하고(聲容靜), 머리는 곧게 하고(頭容直), 숨소리는 엄숙하게 하고(氣容肅), 선 모양은 덕스럽게 하고(立容德), 얼굴빛은 씩씩해야 한다(色容莊). 아울러 예가 아니면 보지 말고(非禮勿視), 예가 아니면 듣지 말고(非禮勿聽), 예가 아니면 말하지 아니하며(非禮勿言), 예가 아니면 행동하지 말라(非禮勿動).

이것은 참으로 엄숙하고도 청정한 도덕적 계율의 요구다. 생활인으로서는 좀처럼 실행하기 어려운 규범들이 아닌가? 위와 같은 '검신'의 규범들을 일일이 일상생활에서 실천하며 사는 자는 곧 종교적 수행자라고 해야 할 것이다. 실제로 조선시대 '학교'의 학생들은 종교적 수행자가 되기를 요구받았다. 그렇지 않고서 어떻게 성인(聖人)이 될 수 있을 것인가?

셋째는 독서(讀書)다. 유교적 행동규범(儒行)으로 몸가짐을 바로 했으면(檢身) 다음으로는 반드시 독서를 해야 한다. 독서 강학은 의리를 밝히는 것(明義理)을 목적으로 한다. 스승에게서 배울 때의 공부 자세는 널리 묻고(博問), 깊이 생각하고(審思), 신중하게 분별하고(愼辨), 환해지도록 책에 깊이 들어가(明沉潛涵泳), 마음으로 이해하기를 기해야(期心得)한다. 독서를 할 때는 용모를 엄숙히(肅容)하고 정좌(危坐)하며 전심치지(專心致志)하고서 한 권을 다 읽고 나서 그다음 책을 읽어야 한다. 범람(汎覽)과 강기(强記)를 피해야 한다. 여기까지는 글공부의 일반적인 원리와 자세에 관한 것이다. 이어서 글공부의 순서를 밝히고 있다.

독서의 순서는 먼저 소학(小學)을 읽어서 근본을 배양한다. 다음으로 대학(大學)과 근사록(近思錄)을 읽어 그 규모(規模)를 정한다. 그다음으로 논어(論語), 맹자(孟子), 중용(中庸), 오경(五經)을 읽는다. 그 사이에 사기와 선현의 성리서를 읽어서 의취(意趣)를 넓히고 식견(識見)을 정밀하게 한다. 성인의 글이 아니면 읽지 말 것이고 무익한 글은 읽지 않는다. 독서의 여가에 혹 재예를 익히되, 탄금(彈琴), 습사(習射), 투호(投壺)와 같은 것은 각각 법식과 법도(儀矩)가 있으니 때가 아니면 하지 말아야 한다. 바둑, 장기 등 잡희(雜戲)는 쳐다보지도 말아야 하니(不可寓目), 실공(實功)을 방해하기 때문이다.

이 독서 조목은 여러모로 중요하다. 우선 '학교'의 교육과정(커리큘럼)이 제시되어 있다. 알기 쉽게 정리하면 초급과정은 소학, 중급과정은 대학과 근사록, 그리고 상급과정은 논어, 맹자, 중용, 오경이라는 교육과정 구성이다. 사기와 성리서는 상급과정의 보충적인 교재라고 할 수 있다. 그리고 공부의 기본 자세와 함께 경전의 독서 외에 '재예'의 습득을 한정적으로만 인정하고 있으며 오락활동은 엄금하고 있는 점도 특징적이다. 이 독서조목은 조선시대 신유학적인 교육의 기본적인 양태와 그 지향점을 명확히 보여 주고 있다. 그런 점에서 귀중한 사료라고 해야 할 것이다. 위에서 소개한 세 조목 외에 나머지도 하나하나 분석해 보면 조선시대 교육의 성격과 실상이 보다 명료하게 드러날 것이다.

조선시대 교육 법규와 관련하여 빼놓을 수 없는 것은 권근의 '권학사목(勸學事目)'이다. 권학사목은 태종 때 유학제조였던 권근이 상소하여 나라의 법식으로 정해졌다. 실록의 기사에 따르면 태종이 국가의 교육 방침에 관해 의견을 올리라고 명한 것에 권근이 글을 올린 것이다. 권학사목은 모두 8개 조목으로 되어 있는데 주로 과거와 관리 임용에 관한 내용이다. 학교교육과 직접 관련되는 조목은 다음의 여섯 번째와 일곱 번째 조목이다.

> ① 소학(小學)의 글은 인륜(人倫)·세도(世道)에 매우 긴절(緊切)한 것이온데, 지금의 학자(學者)는 모두 익히지 않으니 심히 불가(不可)합니다. 지금부터 경중(京中)과 외방(外方)의 교수관(教授官)이 모름지기 생도(生徒)들로 하여금 먼저 이 글을 강(講)한 연후에 다른 글을 배우도록 허락하게 하고, 생원시(生員試)에 응시하여 태학(太學)에 들어가고자 하는 자는 성균 정록소(成均正錄所)로 하여금 먼저 이 글의 통부(通否)를 상고하게 하여 응시하도록 허락하고 길이 항식(恒式)을 삼으소서.
>
> ② 전조(前朝) 때에는 외방(外方)에 있는 한량 유신(閑良儒臣)이 사사(私私)로이 서재(書齋)를 두어서 후진(後進)을 교훈(教訓)하여 스승과 생도가 각기 편안함을 얻어서 그 학업을 이루었는데, 지금에는

> 사유(師儒)가 간혹 다른 고을[州]의 교수(敎授)가 되어 가족과 떨어지게 되고 생업(生業)을 폐(廢)하게 되므로 모두 구차히 면(免)하려 하고, 생도는 강제로 향교(鄕校)에 나오게 하여 편안히 공부를 하지 못하고, 수령(守令)이 혹은 서사(書寫)의 일로써 사역(使役)을 시키니 이름은 권학(勸學)이라 하나 실지는 폐이(廢弛)됨이 많습니다. 이제부터는 외방(外方)에 있는 유신(儒臣)이 사사(私私)로이 서재(書齋)를 두고 교훈(敎訓)하는 자는 감히 다른 고을[州]의 교수(敎授)로 정하지 말도록 하고, 생도(生徒)도 강제로 향학(鄕學)에 나오게 하지 말도록 하며, 감사(監司)와 수령(守令)이 권면(勸勉)을 가하여 각기 편안히 살면서 강학(講學)하여 풍화(風化)를 돕게 하소서.

처음은 이른바 '소학 선강의 원칙'이라고 이름할 수 있는데 앞의 학교모범에서도 같은 내용이 나왔다. 소학은 신유학 교육체계에서는 '근본 배양'의 교과이므로 중시해야 한다는 관점이다. 중종 때 이른바 '사림파'로 불리는 사대부집단에서는 평생 소학만을 공부해도 부족함이 없다고 하여, 김굉필(1454~1504) 같은 성리학자는 스스로 '소학 동자'를 자칭했을 정도로 소학의 중요성을 강조했다.

두 번째 조목은 지방 교육의 진흥에 관한 중요한 정책을 담고 있다. 즉, 지방의 한량유생들로 하여금 자유롭게 서재를 개설토록 하여(私置書齋) 지방 자제들의 교육(敎訓後進)을 담당하도록 하자는 것이다. 교관 임용이나 향교 취학의 강제 등 관의 간섭을 최소화하고 가급적 지방 유생의 자발적인 노력을 존중하고 지원함으로써 지방 교육을 진흥시키자는 것이다. 이는 실제로 서당의 발전과도 관련되는 방침으로 주목되는 내용이다.

② 성균관

성균관은 제도상으로는 고려시대의 국자감을 계승하는 것이다. 고려의 국자감은 충렬왕 원년(1275)에 국학, 충렬왕 24년(1298)에 성균감, 다시 충렬왕 34년(1308)에 성균관으로 개칭되었다. 그 후 공민왕 5년(1356)에 일시 국자감으로 복원되었다가 공민왕 11년(1362)에 재차 성균관으로 변경되었다. 박찬수(2001: 168)에 따르면 충렬왕 원년에 국자감을 국학으로 바꾼 것은 상국인 원의 국자감의 명칭을 쓰는 것을 피하기 위해서였다고 한다. 그런데 국학은 보통명사이므로 다시 성균관으로 바꾸었다고 한다.

조선왕조는 태조 3년(1394)에 한양을 도읍지로 정한 즉시 국학의 창건(廟學 營建)에 착수하여 1399년경 문묘(文廟)와 명륜당(明倫堂)을 완성하였다. 그 외의 시설로는 유생의 거실인 동재 · 서재(東齋 · 西齋), 도서관인 존경각(尊經閣), 과거장인 비천당(丕闡堂), 공자와 4성의 부친을 제사 지내는 계성사(啓聖祠), 유생의 식사를 위한 식당, 제관의 대기소인 향관청(享官廳), 성균관 관원의 사무소 겸 시정의 기록 관리소인 정록청(正錄廳), 제사와 유생 식사에 필요한 식량 공급을 담당하는 양현고(養賢庫) 등이 설치되었다. 국학의 시설을 줄여서 '묘학(廟學)'이라고 부르는 데서 알 수 있듯이,

〈표 7-1〉 성균관의 직제표(경국대전의 규정)

품 계	관 명	인 원
정2품	지사(知事)	1
종2품	동지사(同知事)	2
정3품	대사성(大司成)	1
종3품	사성(司成)	2
정4품	사예(司藝)	3
정5품	직강(直講)	4
정6품	전적(典籍)	13
종7품	박사(博士)	3
정8품	학정(學正)	3
정9품	학록(學錄)	3
종9품	학유(學諭)	3
합계		38

이들 시설 중 중심은 문묘와 명륜당이다.

성균관의 직제는 지사(知事, 정2품) 1명, 동지사(종2품) 2명는 겸임이고 대사성(大司成, 정3품) 1명 이하가 대개 전임이었고 일부는 겸임도 있었다. 대사성 이하의 관원으로는 사성 2명, 사예 3명, 직강 4명, 전적 13명, 박사 3명, 학정 3명, 학록 3명, 학유 3명으로 합계 38명이었다(『경국대전』의 규정). 가장 많은 수의 관원은 전적(典籍)인데, 명칭으로는 서적 관리가 주 임무이나 실제로는 교원으로서 유생들의 지도를 담당했다.

『경국대전』에 의하면 성균관의 생도 정원은 200명이며, 생원 · 진사를 입학시키는 것이 원칙이나 정원 미달일 경우는 다음의 기준으로 선발하였다.

① 사학 생도 중 15세 이상으로 소학 및 사서 중 1경에 통한 자
② 음직을 받을 수 있는 현관의 적자로서 소학에 통한 자
③ 생원 · 진사시의 향시 또는 한성시에 합격한 자

현직 관리 중에서도 원하는 자는 입학이 가능했다.

성균관에 대해서는 나라에서 학전과 노비를 지급하여 운영경비에 충당토록 하였다. 그리고 국왕이 성균관에 행차하여 문묘 참배의 의식(알성례)을 행하고 또 특별과거(알성시)를 시행하는 것이 관행으로 되었다.

문묘(文廟)는 명륜당과 함께 '학교'의 기본 시설이며 중요도로는 명륜당 이상의 권위를 가진다. 성균관과 지방의 향교는 모두 문묘를 갖추었는데 다만 향교의 문묘는 규모가 적었다. 서울의 사부학당에는 설치되지 않았다. 성균관의 문묘에 모셔진 향사자(享祀者)는 다음과 같다(渡部, 2010: 110 참조).

대성전	정위남면	대성지성문성왕(大成至聖文宣王)
	배위종향	공문사성 십철 및 송조육현

동서양무		
동무(東廡)	주대 선현	35인
	한대 선현	6인
	당대 선현	1인
	송대 선현	5인(이상 47인)
	신라(설총)	1인
	고려(안향)	1인
	조선(김굉필, 조광조, 이황, 이이, 김장생, 김집, 송준길	7인(이상 9인)
	합계	56인
서무(西廡)	주대 선현	34인
	진대 선현	1인
	송대 선현	5인
	한대 선현	6인
	원대 선현	1인
	신라(최치원)	1인
	고려(정몽주)	1인
	조선(정여창, 이언적, 김인후, 성혼, 조헌, 송시열, 박세채)	7인
	합 계	56인
동서양무	총 계	112인

대성전에 공자와 함께 배향된 '공문사성(孔門四聖)'은 안자, 증자, 자사자, 맹자를 가리키고 '송조육현(宋朝六賢)'은 주돈이(염계), 정호(명도), 정이(이천), 소옹(안락선생), 장재(횡거), 주희(회암)의 6명을 가리킨다. 송조육

현이란 바로 송학, 즉 신유학을 수립한 송대의 유학자들이다. 이들 여섯 명의 신유학자들이 공자와 함께 문묘의 대성전에 모셔져 있다는 사실이 바로 조선왕조가 성리학을 국가의 기본이념으로 삼았다는 단적인 징표이기도 하다.

③ 사학

사학(四學)은 사부학당(四部學堂)의 약칭이다. 서울의 다섯 행정구역 중 북부를 제외한 나머지 네 부에 하나씩의 학당이 있었다. 수도의 학당은 고려 원종 때의 동서학당을 시초로 하는데 공양왕 때 오부학당(五部學堂)으로 개편되었다. 당시는 절의 건물을 빌려 학당으로 삼았으며 조선 건국 이후에도 초기에는 서울의 오부학당이 독자적인 시설이 없이 사원에서 교육을 행했던 적이 있다. 고려와 조선의 오부는 모두 수도의 행정구역제(部坊制)의 오부(五部), 즉 동부, 서부, 남부, 북부, 중부를 뜻한다. 조선 건국 후 수도의 다섯 구역마다 학당을 하나씩 설립한다는 원칙하에 학당 건립을 추진하였는데, 다섯 학당 중 북부학당만은 독자적인 시설의 설립이 원활하게 진행되지 못하고 결국 성종 무렵에 북부학당 설립을 포기하고 말았다. 그 결과, 서울의 학당은 이후 사부학당인 사학(四學)으로 정착되고 말았다(신천득, 1999 참조).

보통 서울의 사학은 중등교육 기관으로 알려지고 있지만 조선 초기에는 원칙적으로 8~15세 아동을 대상으로 하는 교육기관이었다. 즉, 태종 때 편찬된 『속대전』은 학당에 대하여 8세 이상이면 누구나 입학할 수 있고 소학(小學)을 주 교재로 삼아 교육하며 15세 이상으로 경서 중 3서에 통한 자는 성균관에 입학할 수 있다고 규정했다. 태조 때의 『조선경국전』도 학당을 '동유(童幼)'를 가르치는 곳으로 정의하고 있다. 따라서 사학은 지금의 초등학교와 중등학교를 합한 것으로 보는 것이 옳을 것이다. 이것은 나중에 보게 될 향교의 경우도 마찬가지다. 한편 입학의 신분 제한에 관해서는 양인 이상이면 가능했던 것으로 보인다. 학당 입학자격을 특별히 사족 자제에 한정한다는 기록이나 규정은 없다.

사학은 성격상 성균관의 부속기관으로 볼 수 있다. 생도로서 일정한 학력을 갖추면 성균관에 입학할 수 있는 점, 성균관이나 향교와는 달리 문묘가 설치되지 않은 점, 성균관 소속의 교관이 학당 교관을 겸임한 사실, 그리고 학당의 관리원으로 역시 성균관 소속의 서리(書吏)를 파견한 점 등으로 볼 때, 사학은 독립적인 기관이라기보다는 성균관의 부속기관으로 보는 것이 타당할 것이다.

그 밖에 『경국대전』에 정해진 사학 관련 규정으로는 다음과 같은 것들이 있다.

사학의 생도 정원은 각 100명씩 모두 400명이었다. 그리고 앞서 본 것처럼 성균관의 입학자격인 생원·진사가 부족할 경우 사학 생도 중에서 나이가 15세 이상이 되고 소학(小學)과 사서일경(四書一經)에 통한 자는 입학시킬 수 있도록 하였다. 또 학당마다 20인씩을 택하여 매 6월에 남학(南學)에 모아 강론(講論) 또는 제술(製述)로 시험 보여 우등자 10인을 생원시 혹은 진사시의 복시(覆試)에 바로 응시하게 하였다. 즉, 사학 생도 80명을 선발하여 시험하고 그중에서 최종 10명을 선발하여 소과 2차 시험 응시자격을 준 것이다. 이것을 '학당도회지법(學堂都會之法)'이라고 하는데, 도회(都會)는 조정 문신과 학교 유생의 면학을 장려하기 위한 제도로서 고려 때부터 행해져 왔다. 조정 문신을 대상으로 한 것을 문신도회라 하고, 유생들의 경우는 성균관도회, 학당도회, 향교도회 등으로 불렀다(신천득, 1999: 222). 그리고 사학 생도는 재학 중에는 정해진 관복을 사용하도록 되어 있었는데, 대개 하급관리용의 그것과 유사하였다. 즉, 갓[冠]은 치포건, 의복[服]은 청금단령, 허리띠[帶]는 조아를 쓰도록 하였다.

사부학당의 교육과정에 대하여 알아보자. 권학사목에 정해진 것처럼 학당의 교육에서는 소학이 기본 교재였다. 학당의 생도는 지방의 향교 교생과 마찬가지로 과거 소과(생원 · 진사시)의 합격이 최대의 목표였다. 소과에 합격하면 대과에 응시할 자격이 주어지는 동시에 성균관의 정식 입학자격도 생기기 때문이다. 그런데 소과 그리고 성균관 입학시험의 응시자격으로 '소학 독서'를 부과한 것이 바로 권학사목이었다. 이렇게 한 이유는 소학이 성리학의 요체를 밝힌 것이기 때문이다. 그리하여 조정과 예조에서는 선초 이래 학당교육에서는 소학이 기본임을 거듭 강조하고 확인하였다.

학당의 교육과정에 관해서 태종 때 사간원이 효경, 소학, 사서, 문공가례를 구체적으로 제시한 일이 있다. 이들 교과에 능통한 것을 소과 응시자격으로 해야 한다는 의견이었다. 이를 통해 학당의 교육과정이 위 네 교과를 중심으로 구성되어 있었다고 추론할 수 있다. 이 중에서 사서는 과거의 과목에 속했으므로 말할 것도 없지만, 나머지 교과는 과거의 정식 과목이 아니었다. 그러나 소학과 문공가례의 독서는 과거 소과의 응시 요건에 해당하는 것으로 되어 있었으므로 무시할 수도 없는 것이었다. 생도들이 '동치지학(童稚之學)'으로 경시하는 소학을 소과 응시 요건으로 정해 놓음으로써 조선왕조의 조정은 이른바 '소학선강(小學先講)'의 방침을 구현하려고 했던 것이다.

④ 향교

각 지방에 설치된 향교(향학)는 서울의 성균관(국학)과 더불어 '풍화지원'을 본령으로 하는 조선왕조의 공식적인 '학교'였다. 향교는 성균관과 마찬가지로 모두 예외 없이 문묘와 명륜당을 기본 시설로 갖추고 있었던 것에서 알 수 있듯이, 오로지 유학교육만을 행하는 유학학교였다. 향교는 고려시대에도 있었으며 제도상 조선왕조는 전 왕조의 향교제도를 계승하였다고 할 수 있다.

유교입국을 지향하는 조선왕조로서는 중앙의 국학과 함께 지방의 향학 정비가 국가적인 과제였다. 국학에 대해서는 예조가 직접 관할하게 하고 향학에 대해서는 지방 수령에게 그 설립과 운영의 책임을 지웠다. 조선왕조는 지방관의 기본 책무를 '수령칠사(守令七事)'로 정하고 매년 그 실적을 국왕에게 보고하도록 하였는데, 이 '수령칠사' 중의 하나가 학교를 흥하게 하는 일(學校興)이었다. 수령칠사라 함은 농상(農桑)을 성(盛)하게 하고, 호구(戶口)를 늘리고, 학교(學校)를 일으키고, 군정(軍政)을 닦이게 하고, 부역(賦役)을 고르게 하고, 사송(詞訟)을 간명하게 하고, 간활(姦猾)을 그치게 함을 말한다. 향학을 진흥시키는 일이 지방 수령의 고유한 업무에 속했다는 사실은 지방의 학교교육이 지방 관아의 기본 임무였다는 것을 뜻한다.

향교는 『경국대전』의 성립과 함께 제도적으로 완비되기에 이르렀다. 『경국대전』의 예전(禮典) 생도(生徒) 조에는 각 학교의 생도의 정원이 상세히 정해져 있다. 이미 본 것처럼, 성균관의 생도 정원은 200명이고 사학은 각 100명(합계 400명)이었다. 지방의 향교는 부(府)로부터 현(縣)에 이르기까지 도합 329의 지방행정 구역마다 1교씩 설치하였다. 또한 부 · 대도호부 · 목, 도호부, 군, 현의 네 등급으로 나누어 향교마다 각기 90명, 70명, 50명, 30명의 생도를 배정하였다. 예컨대, 부 · 대도호부 · 목에 설치하는 향교는 생도 수 90명을 현의 향교는 30명을 배정하는 식이다. 지방 향교의 수와 정원은 〈표 7-2〉와 같다. 그런데 『경국대전』은 각 향교의 정원을 표와 같이 정하고서 16세 이하는 정원 외로 한다고 규정하였다. 이것은 향교에는 16세 이하의 생도가 있었다는 것을 뜻하며, 다만 그들은 법정 정원 외로 한다는 의미로 풀이된다. 즉, 16세 이하도 향교 생도로서 수학할 수 있으나 다만 법정 정원에는 포함되지 않는다는 것이다. 이것은 아마도 법정 정원의 생도에 대해서는 물적 지원이 따랐기 때문에 그를 감안하여 연령 제한을 둔 것이 아닌가 생각된다. 표에는 유학 외에도 의학과 율학의 지방 생도 정원을 같이 수록했는데, 이는 실용기술학 중에서 유독 의학과 율학에 대해서만은 향교와 유사하게 각급 지방행정 구역별로 일정 수의 생도를 배정하고 있기 때문에 유학과의 비교의 편의를 위해 그렇게 한 것이다.

〈표 7-2〉 조선시대 지방의 유학 · 의학 · 율학 생도 정원

행정구역(수)	유학			의학		율학	
	학교 수	생도 정원	생도 총정원	생도 정원	생도 총정원	생도 정원	생도 총정원
부 · 대도호부 · 목(28)	28	90	2,520	*14	400	*14	400
도호부(44)	44	70	3,080	12	528	12	528
군(82)	82	50	4,100	10	820	10	820
현(175)	175	30	5,250	8	1,400	8	1,400
계(329)	329		14,950		3,140		3,140

* 의학과 율학의 경우 부(府)에는 정원 14명에 2명을 추가하였음. 당시 전국에 부가 넷이 있었으므로 부 · 대도호부 · 목의 의학 및 율학 생도 총 정원은 400명이 됨.

〈표 7-2〉를 보면 전국에 329개의 향교(규모의 차이는 있으나)가 지역별로 안배되어 설치되었고 그 생도 정원이 총 1만 4,950명이었다는 것을 알 수 있다. 한편 의학과 율학의 경우는 독립된 학교는 설치되지 않았으나 역시 각 지방 관아에 골고루 교육기관이 설치되어 최소 8명으로부터 최대 14명까지의 생도가 배정되어 총 6,280명의 의학 및 율학 생도 교육이 이루어졌다.

향교의 교원으로는 부 · 대도호부 · 목, 그리고 도호부까지의 향교에는 종6품의 교수관(敎授官)을 1명씩 임명하였고 군과 현의 향교에는 종9품의 훈도관(訓導官)을 1명씩 임명하였다. 지방의 향교에 교수 또는 훈도를 1인씩 파견한 것은 서울의 사학에 1교당 교수 1인과 훈도 1인을 임명하였던 것과 비교된다. 또 초기에는 향교의 교수관에는 문과 합격자인 '삼관권지(三館權智)'가 임명되었는데, 이후 교수관 파견을 기피하는 풍조가 있자 생원 · 진사도 임명하게 되었다. 초기에는 향교의 규모에 따라 교관의 직급이 구분되어 임명된 예도 있다. 일례로 태종 때 대도호부 이상의 향교에는 6품 이상의 조관(朝官, 현직 관리)이, 부의 교관으로는 삼관권지의 참외(參外)가, 군 · 현의 향교에는 생원 · 진사가 각각 파견되었다.

향교의 수학 대상은 학당의 그것과 같다고 할 수 있다. 입학 연령이나 신분 등에 관해 공식적인 규정은 없는데, 대략 8세 이상의 양인 이상 자제로

서 향교에 입학하여 15세 무렵에 생진과에 합격하면 성균관으로 진학하거나 혹은 향리에 머물면서 대과 준비를 하거나 적절한 실직(實職)에 나아갈 수 있다. 향교의 교육과정은 사부학당의 그것과 같다고 할 수 있다. 즉, 소학을 기본 교재로 하고 효경, 사서, 문공가례를 기본 교과로 하고 오경 등 경전을 읽는 것이 원칙이었다. 본래 향교는 경학교육을 기본 임무로 하였다. 그러나 과거 급제를 위해서는 '경학' 이상으로 시, 부, 책문 등의 '제술'의 공부가 중요하였기 때문에 실제로는 향교교육에서 '제술'이 '경학'을 압도하는 경향이 있기도 하였다. 이는 조정이 바라는 바가 아니었지만 과거 급제라는 현실적 필요 때문에 제술학습은 향교교육의 일부로 지속하였다. 이와 같은 '학교' 교육에서의 경학과 제술의 대립관계는 성균관이나 학당에서도 마찬가지였으며, 과거제의 운용에서도 주요한 쟁점이 되었다.

전국에 300개 이상 설치된 향교는 기본 시설 면에서 동일한 형태를 하고 있었다. 즉, 문묘(文廟)와 명륜당(明倫堂)이 그것이다. 전자는 향사(享祀)기구이고, 후자는 강학(講學) 시설이다. 문묘는 대성전과 동서양무로 이루어지는데, 문묘 향사자에 관해서는 앞의 성균관에서 소개했으므로 생략한다. 다만 지방 향교의 문묘에서는 동서양무의 중국 및 조선 유현들의 향사가 생략되었다고 한다. 문묘 제사와 함께 지방 교화사업으로 향교에서 거행된 것은 향음주례와 향사례 등의 행사였다.

향교교육은 15세기 중엽부터 쇠퇴하기 시작했다. 예조가 직접 관리하는 서울의 '관학(館學)'과는 달리 향교는 지방 수령의 관할이었으므로 수령의 의지와 능력 여하에 따라 향교교육의 실태는 천태만상이며 또 국력의 소장에 먼저 영향을 받는 것은 향교 쪽이었다. 조정에서 향교의 교육을 진흥하기 위해 각별한 관심으로 시행한 제도가 바로 '향교도회지법(鄕校都會之法)'이었다. 앞서 학당에서도 도회지법이 시행되었다고 설명했는데 향교도 그에 준하는 방식으로 행해졌다. 『경국대전』에 따르면 향교의 도회는 다음과 같은 방식으로 행해졌다. 각 도의 관찰사가 도내 교생(校生)들을 대상으로 매년 6월에 도회소(都會所)를 설치하고 문관(文官) 3인이 강론 혹은 제술로 시험 보여 우등자는 경상도 · 전라도 · 충청도는 각 5인, 그 나머지 도는 각 3인을 왕에게 보고하여 생원시(生員試) 혹은 진사시(進士試)의 복시(覆試)에 바로 응시하게 한다.

향교에 대해서는 재정 및 관리를 돕기 위하여 중앙에서 학전과 노비가 지급되었다. 먼저 학전을 보면 성종 때 완성된 『대전속록』의 규정에 의하면 성균관은 학전 400결(結), 주와 부의 향교는 10결, 군 향교는 7결, 현 향교는 5결이 각각 지급되었다. 한편 노비는 『경국대전』 규정에 의하면 부의 향교에는 30인, 대도호부와 목의 향교에는 25인, 도호부는 20인, 군과 현의 향교에는 10인의 노비가 각각 지급되었다.

⑤ 군주교육 기관

철인왕(哲人王)과 성왕(聖王) 종래 한국교육사에서 군주교육기관은 조선시대 교육제도의 일부로서 다루어지지 않은 것이 보통이다. 그러나 조선왕조시대의 교육에서는 군주교육이 이념상으로는 가장 중요한 것이었다고 해도 과언이 아니다. 플라톤의 교육론에서 '철인왕(philosopher king)'이 이상적 교육과정의 최종 산물이듯이, 신유학의 교육체제에서는 '성왕(聖王)'이 교육적 이상(an educational ideal)이었다. 플라톤의 이상국가에서 군주가 가장 잘 교육된 존재인 것처럼, 이론상 조선왕조 사회에서 '가장 잘 교육받은(best-educated)' 사람은 국왕이다.

신유학에서 특히 중시하는 경전은 '사서(四書)'다. 사서 중에서 필두에 오는 것이 대학(大學)인데 그 내용은 이른바 '대학팔조목(大學八條目)'으로 요약된다. 대학팔조목이란 격물(格物), 치지(致知), 성의(誠意), 정심(正心), 수신(修身), 제가(齊家), 치국(治國), 평천하(平天下)의 여덟 조목을 말한다. 그런데 격물에서 정심까지는 수신으로 포괄될 수 있다. 그래서 대학팔조목은 보통 '수신제가 치국평천하'로 표현되기도 한다. 그런데 엄밀한 의미에서 '치국평천하'는 국가를 통치한다는 뜻이므로 군주만이 할 수 있는 일이다. 일반인은 원칙적으로 '수신제가'까지가 가능한 범위인데, 다만 사대부가 되어서 군주를 도와서 군주의 통치 행위에 동참할 수는 있다. 이 경우는 넓은 의미에서 치국평천하에 관여하게 되는 것이다. 그런 점에서 '수신제가 치국평천하'의 명제는 군주뿐만 아니라 사대부계층에게도 해당하는 것이다.

이와 같은 이유에서 신유학의 교육체제에서는 장차 군주가 될 사람이야말로 최고의 교육을 받아야 할 인간이다. 또 군주가 된 다음에도 교육의 과정은 종료되지 않고 지속되어야 한다. 성인이 되는 것은 평생 지향해야 할 목표이며 무한한 과정이기 때문이다. 왕조체제에서 군주는 주권자다. 모든 권력이 군주에게 집중되며 군주의 권력은 원칙적으로 무한하다. 그리고 세습제의 왕조체제에서 군주는 정해진 임기가 있는 것이 아니라 죽을 때까지 옥좌에 앉아 있게 된다. 가히 무소불위(無所不爲)의 제왕적 절대권력이라고 할 수 있다. 이러한 존재인 국왕이므로 그가 어떠한 인격과 지성을 가졌는가는 나라의 흥망과 백성의 안녕을 좌우하는 최대 요인이다. 국왕의 교육이 결정적인 의미를 지니는 것은 당연지사다.

왕세자의 교육기관 실제로 조선시대 군주는 세자 시절부터 집중적으로 '내성외왕(內聖外王)'을 지향하는 교육을 받았다. 왕세자가 된 다음의 교육은 정해진 법식에 따라 진행되었다. 그전의 왕자 시절부터 교육이 시작되는데, 이는 '왕실교육'으로 정의될 수 있다. 이는 곧 왕위계승자인 왕세자를 포함하여 왕의 아들들을 대상으로 하는 교육을 말하며, 그 내용은 일반 사대부계층의 그것과 기본적으로 같다. 왕자의 교육은 유학교육, 활쏘기와 말타기 등의 무예교육, 그리고 시서화(詩書畵)와 음악 등의 교양교육으로 구성된다(규장각한국학연구원, 2009). 이 중에서 유학교육이 중핵이라고 할 수 있는데 그 교재로는 초학과정으로 소학, 효경, 동몽선습, 삼강행실 등이 사용되었다. 그다음의 과정에서는 중국 사서인 자치통감강목, 사략, 송감과 한국 사서로서 조감, 자성편, 국조보감 등이 사용되었다. 그리고 성리서로서 심경, 근사록, 대학혹문, 역학계몽, 대학연의, 성학집요, 주자서절요, 주서백선 등이 쓰였다.

왕세자의 교육을 담당하는 관청은 세자시강원(世子侍講院)이다. 세자시강원은 정1품의 사(師)로부터 정7품의 설서(說書)에 이르기까지 모두 12명의 최고위 문관들로 구성된다(전임은 5명). 세자사(世子師)는 영의정이 맡고 세자부(世子傅)는 우의정 또는 좌의정이 맡는다. 그들은 모두 겸임이며 종3품의 보덕(輔德)부터 전임이다. 『경국대전』에 의하면 세자시강원은 세자를 모시고 경서(經書)와 사서(史書)를 강(講)하고, 도의(道義)를 올바로 계도[規諷]하는 일을 맡는다. 세자시강원은 종3품아문으로 성균관 등과 함께 예조의 속아문이었다.

왕세자는 시강원에서의 일상적인 교육과정과는 별도로 성균관에 입학하는 절차를 밟았다. 왕세자의 성균관 입학 의식(입학례)는 출궁(出宮), 작헌(爵獻), 왕복(往復), 수폐(受幣), 입학(入學), 수하(受賀)의 여섯 절차로 이루어졌다. "성균관에서 입학례가 진행되는 동안 왕세자는 다른 유생들과 같은 학생복을 착용했고, 스승의 허락을 받고 나서야 명륜당 안으로 입장했으며, 스승보다 지위가 낮은 서쪽 계단에 서서 스승을 먼저 모신 후 뒤따라 들어갔다. 또 수업하면서 스승은 책을 책상 위에 놓고 봤지만, 왕세자는 바닥에 놓고 꿇어 앉은 자세로 엎드려 있어야 했다."(규장각한국학연구원, 2009: 35) 이와 같은 의식에 따라 진행되는 왕세자의 성균관 입학은 상징적인 행위인 듯하며 실제로 왕세자가 성균관에 통학하면서 교육을 받은 것은 아닌 것 같다. 별도의 특별 교육기관이 존재하므로 성균관에서 일반 유생들과 함께 공부할 이유가 없었을 것이다.

왕세자가 세자시강원의 관원들 앞에서 경서를 강론하는 자리를 '서연(書筵)'이라고 한다. 그리고 서연을 주관하는 관원은 서연관이라고 불렀다.

국왕의 '특별학교'가 경연(經筵)이듯이, 서연은 왕세자를 위한 특별학교라고 할 수 있다. 왕세자에서 국왕으로 됨에 따라 군주의 교육기관이 서연에서 경연으로 바뀌는 것이다. 이렇게 조선시대에는 왕세자의 교육과 국왕의 교육이 연속되어 있었다. 이러한 군주교육의 과정에서 왕세자의 서연은 국왕 준비교육이라는 막중한 의미를 지녔다. 역대 왕들이 왕세자의 교육에 지대한 관심을 기울였음은 물론이다. 한 예로 태종이 세자의 서연에 대하여 얼마나 깊은 관심을 기울였는지를 조선왕조실록은 생생히 전해 준다.

국왕의 교육기관 조선시대 국왕에 대해서는 일반인들보다 더 엄격한 교육과정이 요구되었다. 국왕 자신이 스스로 왕도(王道)와 덕치(德治)를 구현해야 할 직접적인 책임을 지고 있었기 때문이다. 우선 왕도와 덕치가 무엇을 뜻하는지를 정확히 알아야만 했기 때문에 유교의 경전(經典)과 사서(史書)에 대한 체계적인 공부가 필요했다. 그에 기초하여 삼강오륜을 몸소 실천해 보여야 할 도덕적 책무 그리고 국왕으로서의 정치적 행위(政事)가 성리학적인 도에 합치되어야만 했다. 경사(經史)의 공부와 왕도(王道)의 실천은 일상적으로 순환하는 관계에 있다. 경사의 학습 안에서 왕도의 실행 여부가 검증되어야 하고, 반대로 왕도의 실천을 위해서 경사를 공부하는 것이다. 양자는 불가분으로 연결되고 통합되어 있다. 실제로 경연은 국왕이 경사를 공부하는 자리이면서 동시에 신하가 국왕의 정사에 대하여 논란하는 자리이기도 했다. 경연에서 (군주의) 교육과 정치가 통합되며 '수기치인'의 신유학적 교육이념이 동시적으로 구체화하였다고 할 수 있다.

경연의 기원은 중국 한대로 거슬러 올라가며 당대에는 시강학사 등의 관직도 있었다. 경연이 제도적으로 확립된 것은 송대의 일인데, 당시는 전담 관청이 설치되었고 정기적으로 경연이 시행되었다(송영일, 2001). 송대는 신유학인 성리학이 발달한 시기다. 성리학의 사상체계에서는 장횡거의 유명한 "위천지입심(爲天地立心)하고 위생민입극(爲生民立極)하며 …… 위만

세개태평(爲萬世開太平)"이라는 말이 표현하듯이, 사대부층이 전제군주에 종속된 존재가 아니라 이상적인 통치(왕도)의 주체로 표상되었다. 동시에 군주는 성리학적인 수양을 통해 스스로 성인이 될 것을 요구받았다. 이러한 내성외왕의 성리학적 수양론에 따라 군주는 더 이상 인간과는 차원을 달리하는 절대적 존재(천자)가 아니라 일반 사람들과 마찬가지로 끊임없이 수양하여 성인이 되기를 노력하는 인간적인 존재로 '격하'되었다(규장각한국학연구원, 2009: 128 참조). 우리나라에서는 고려 때부터 경연이라는 제도가 있었다. 고려 예종 11년(1116)에 서연을 설치하였다가 공양왕 2년(1390)에 경연으로 개칭하였다.

성리학을 국가이념으로 채택한 조선왕조에 들어서 경연이 중시된 것은 당연한 일이다. 『경국대전』에 따르면 경연은 왕에게 경사(經史)를 강독(講讀)하고 논평(論評)·사려(思慮)하는 임무를 맡는다(掌講讀論思之任). 경연은 성균관과 마찬가지로 정3품아문이었는데, 관원은 전원 문관을 겸임하였다. 정1품의 영사(領事) 3인은 삼정승이 맡았으며 경사의 강론에 이어 국정 전반에 대한 논의가 이루어지는 자리이므로 조정의 주요 고관들이 모두 참여하는 것이 보통이었다. 한편 홍문관의 관원이 전원 경연관을 겸직하였으므로 경연의 실무는 홍문관의 소관이었다고 할 수 있다. 이와 같이 경연은 영의정, 좌의정, 우의정의 삼정승을 비롯한 국가 최고위급 관료들을 비롯하여 성리학에 뛰어난 기예의 젊은 학자들까지를 망라하는 정기 회합이었으며 이곳에서 군주교육과 국정 논의가 동시에 행해졌던 것이다. 이것은 세계교육사에서 희귀한 사례가 아닌가 싶다. 군주를 위한 학문적 교육과 최고위급의 국정 논의가 동시에, 그것도 매일 행해진 사례가 또 있는지 궁금하다.

경연은 시행시간별로 조강(朝講), 주강(晝講), 석강(夕講), 그리고 야대(夜對)와 불시(不時)가 있었다. 이러한 여러 형태별의 경연이 행해진 것은 성종 때에 가장 활발했으며, 성종 이전에는 조강이 대부분이었다. 석강과 야대는 왕에 따라 실시 여부에 차이가 많다. 경연에 적극적이었던 왕은 세종, 성종, 명종, 인조, 숙종, 영조, 정조 등인데, 특히 성종이 매우 적극적이었다. 성종 때도 즉위로부터 6년 동안에 매우 활발해서, 성종 5년(1474)의 경우 조강이 228회, 주강이 207회, 석강이 242회, 그리고 야대가 96회 개최되었다(송영일, 2001: 37). 조강에서는 경연관으로부터 경서의 강독과 해석을 듣는 것이 주를 이루었으며, 주강은 조강에서 배운 것의 복습, 그리고 석강은 전일 학습한 것의 복습이 행해지는 것이 보통이었다. 교재로는 대학 등의 사서오경과 자치통감 등의 사서(史書) 그리고 정관정요나 대학연의(大學衍義)와 같은 제왕학 교재가 많이 사용되었다. 소학과 같은 초학용 교재도 사용된 일이 있으며 고려사나 국조보감과 같은 우리나라의 역사서도 경연의 교재로 사용되었다.

제왕학의 교재로서는 정관정요(貞觀政要)가 고려 때의 경연에서 중시되었고, 조선조에 들어서는 성리학적인 군주의 모범을 제시한 대학연의(大學衍義)가 태조 이래 제왕학 교과서로서 확고한 위치를 점하게 되었다. 대학연의는 주자 문하의 진덕수(1170~1235)에 의해 편찬되었는데, 이 책에서 군주는 성리학적 심학을 부단히 수련하여 성왕(聖王)이 되는 것을 늘 노력하는 존재로 설정되었다. 그런데 조선 중기에 이르러 새로운 '성학(聖學)'의 관점이 제기되었다. 그것은 이황의 『성학십도(聖學十圖)』와 이이의 『성학집요(聖學輯要)』에 의해서 이루어졌다. 특히 이이의 성학집요에서는 대학연의의 군주 중심의 관점이 일소되고 "철저하게 사대부가 제시한 제왕상이 표현되었다. …… 성학집요는 존군 논리의 고취가 아니라 군주를 사대부의 일원으로 위치 지어 사대부 논리의 실현자로 설정하고, 그 안에서 사대부의 논리를 따라야 하는 존재로 만들었던 것이다."(규장각한국학연구원, 2009: 133-134)

성학집요에 따르면 국왕은 성인이 되고자 입지하여 열심히 수양하여 성인의 인격을 갖추어야 한다. 그리하여 성인의 눈으로 현명한 신하를 구하고 그들에게 정치를 일임하여 통치의 동반자로 삼아야 한다는 것이다. 이러한 '성학'의 새로운 요구와 더불어 조선전기에 국왕 의례로 행해졌던 '강무(講武)'가 사라지고 심지어 수양에 방해된다고 하여 국왕이 서예나 회화와 같은 예술에 대하여 관심을 가지는 것조차 제한을 받게 되었다(규장각한국학연구원, 2009: 134). 이것은 사실상 군주권력(君權)이 신료권력(臣權)에 종속되는 것을 뜻한다. 이에 대하여 탕평책을 주창한 정조는 군사론(君師論)으로 대항하게 된다. 정조는 『대학연의』를 새롭게 보완한 『대학류의(大學類義)』를 편찬하였는데, 이를 통해 정조는 왕통을 맡은 국왕이 성리학의 도통까지 겸함으로써 삼대의 이상군주의 실현을 자임했다고 알려지고 있다(규장각한국학연구원, 2009: 135).

이상으로 조선시대 유학교육의 제도와 관련하여 서연과 경연을 중심으로 군주교육제도를 살펴보았다. 이 제도는 비록 그 연원이 중국으로부터 온 것이기는 하나 세계교육사에서 보면 유례를 찾아보기 힘든 것이다. 중국의 경우도 원과 명 대에는 조선만큼 제왕학이 실행되지 않았다고 한다. 따라서 조선시대의 군주교육제도는 세계교육사에서 독보적인 위치를 점하는 것이라고 해도 과언이 아닐 것이다. 조선왕조 시대의 교육문화를 이해함에 있어서 군주교육제도를 도외시해서는 안 되는 까닭이다.

⑥ 종친교육 기관(종학)

종학(宗學)은 종실에 대한 교육을 담당하는 학교였다. 종실(혹은 종친)이란 왕의 적자들 중에서 왕위계승자(세자)를 제외한 나머지 사람들과 그 후손을 의미한다. 그들에 대한 교육은 넓은 의미에서 왕실교육이라고 할 수 있는데, 이 중 세자와 국왕에 대한 교육이 특별한 제도 아래서 중요하게 시행되었음에 비해 나머지 왕의 적자들은 별도의 제도 아래서 교육을 받았다.

『경국대전』 이전(吏典) 종학조에는 '종학'에 대하여 "종실(宗室)교육의 임무를 맡는다(掌宗室教誨之任). 성균관(成均館)의 사성(司成) 이하 전적(典

籍) 이상으로 겸임케 한다."라고 규정되어 있다. '종실교회(宗室教誨)', 즉 종실에 대한 교육을 위해 설치된 기관이 바로 종학이었다. 또 『경국대전』의 장권(奬勸)에는 종학의 교육에 관해 다음과 같이 규정하여 놓았는데 이를 통하여 종학교육의 성격을 알 수 있다(번호는 편의상 인용자가 붙인 것임).

① 종친(宗親)은 15세가 되면 종학(宗學)에 들어가 공부를 하게 하되, 매일 이미 읽은 책 중에서 추첨(抽籤)하여 강(講)을 받게 하여 통(通)과 불통(不通)을 기록하며 송(誦)도 같다. 매월 말에 왕에게 보고한다. 또 매월 일찍이 읽은 책 중에서 추첨(抽籤)하여 다섯 차례 강을 시켜 세 번 불통한 자는 논벌(論罰)한다.
② 이유 없이 종학(宗學)에 나가지 아니하는 자나 예절을 어기고 영(令)을 범한 자는 종부시(宗簿寺)에서 부과(附過)하였다가 매 계절 끝 달에 왕에게 보고하여 논벌한다.
③ 나이가 40이 차고 소학(小學)과 사서일경(四書一經)에 통한 자나, 비록 40이 차지 아니하였더라도 소학(小學)과 사서이경(四書二經) 이상에 통한 자나, 종부시(宗簿寺) 제조(提調)가 종학(宗學)의 관원(官員)과 함께 매서(每書)에 세 곳을 강하게 하여 2조(粗) 1략(略) 이상을 뽑는다. 나이가 50이 된 자는 모두 취학(就學)을 면제한다.
④ 경서(經書) 중 전강(殿講)에서 약(略) 이상의 성적으로 합격한 자는 장부에 기록하여 두고 연말에 왕에게 보고하여 장권(奬勸)한다.
⑤ 해마다 6 · 7 · 11 · 12월은 방학(放學)한다. 매월 초 1일, 초 8일, 15일, 23일은 휴가를 준다.

이 사료에 따르면 종친에 대해서는 15세부터 50세까지 취학이 의무화되었다. 종학교육에 관해서는 종부시가 관리하는 체제였다. 이는 전임 교관이 없고 원칙적으로 성균관의 사성 이하 전적 이상이 종학 교관을 겸하도록 한 것과 관련이 있을 것이다. 교육과정은 소학과 사서오경이었고 종학의 학업에 관해서는 국왕이 직접 보고를 받는 체제를 취하고 있는 점으로 보아 종친교육은 국왕의 주요 관심사였던 것 같다.

종학은 세종 10년 7월에 처음으로 개설되었고 기본적인 운영방식도 세종 때 상세하게 정해졌다. 조선왕조실록 기사에 의하면 세종 10년 7월에 처음으로 종학을 세워 대군 이하 종실 자제들로 하여금 취학하도록 하였다(始建宗學, 令大君以下宗室子弟就學). 이어서 세종은 종학의 입학 의식과 수학방식에 대하여 상세한 법규를 정비하도록 하는 등 종학교육에 대하여 비상한 관심을 보였다. 이후 성종 때 종학은 제도적으로 완전히 정착되었고, 그 후로는 역대 왕의 관심도나 당시의 국정에 따라 종학의 운영방식과 내실화에는 변동이 있었다. 성종 때는 종친을 대상으로 하는 특별 과거(종친시)가 도입되어 종학이 폐지될 때까지 시행되었다(신천득, 1999: 390). 세종을 비롯한 여러 국왕들은 종친교육에 깊은 관심을 보이고 상세한 규정을 정했으나, 종친들은 대개 엄격한 학규를 가진 종학교육을 기피하였다고 한다.

(2) 무학교육

교육제도 내에서 무(武)의 교육은 적어도 고대교육사에서는 중요한 부분이었다. 고구려의 경당이나 화랑도류의 교육에서는 무의 교육이 문의 교육에 뒤지지 않는 중요성을 지녔다. 중국 고대교육에서도 '육예(六藝)'의 교육과정에서는 상대적으로 문보다는 무의 교육이 더 중요했다고 볼 수 있다. 동양에서 무의 교육에 대하여 문의 교육이 학교교육에서 우위를 점하게 되는 것은 중국의 경우는 대개 진, 한 대 이후의 일로 생각된다. 특히 한 대에 들어서 유학이 국가적인 후원을 받으며 오경박사나 태학과 같은 제도가 만들어지게 되면서, 학교교육은 문 중심으로 전환되었다고 할 수 있다. 물론 단번이 문중심 교육이 확립된 것은 아니고 오랜 시간에 걸쳐 무중심

교육에서 문중심 교육으로의 전환이 이루어졌을 것이다.

우리나라의 경우 고려 광종과 성종 때 과거제도와 국학(국자감)제도가 왕권에 의해 세워지면서 그러한 변화가 가속화한 것이라고 생각된다. 결정적으로 우리나라의 학교교육이 철저하게 문 중심으로 바뀐 것에는 역시 신유학의 영향이 클 것이다. 신유학은 '심학'이라는 그 별칭이 시사하듯이 기본적으로 인간의 내면적 심성의 수양과 도야를 가장 중시한다. 이러한 관념에서는 신체적 활동보다는 명상이나 관조와 같은 정적인 형태의 정신도야가 교육에서 중시될 수밖에 없다. 주희가 일상적인 수양과 공부의 방법으로 제시한 '거경궁리'는 곧 '정좌(靜坐) 독서법'을 의미하였다. 그 결과 고대 사대부의 기본교양으로 간주되었던 사어(射御), 즉 말이나 수레를 타거나 활쏘기를 익히는 것 등의 무예는 뒷전으로 물러나게 되고 대신 종교적 수행법과 유사한 '거경궁리' '정좌독서'가 공부의 주된 형식으로 정착하게 되었다. 앞에서 검토한 조선시대 학령이나 학교모범 등의 교육 관련 법규에서도 이러한 점은 확인할 수 있었다.

조선시대 무학의 교육은 지금까지 교육사에서 정당한 조명을 받지 못했다고 생각한다. '무의 교육'은 오늘날에는 '군사교육'으로 분류되어 일반적으로 학교교육학의 범주에 들지 않고, 또 교육학에서도 정식으로 다루어지고 있지 않다. 그런데 관점을 조금 바꾸어서 보면 군대교육도 엄연한 교육이며 학교교육 내에도 군사적 교육이 다양한 형태로 들어와 있는 것을 알게 된다. '무의 교육'을 부정적으로 바라보고 교육학의 학문적 연구의 대상 외로 배제하는 태도가 오히려 그러한 활동들의 '비교육화'를 조장하는 것은 아닌지 생각해 볼 문제다.

무학교육을 기준으로 할 때, 조선왕조는 고려왕조보다 더 진보적이었다고 할 수 있다. 그 단적인 예가 바로 과거에 무과가 문과와 나란히 포함되어 있었다는 사실이다. 조선시대를 흔히 양반사회라고 하는데 '양반'이란 곧 문인과 무인을 함께 칭하는 것이었다. 과거에 급제하면 무인도 문인과 같은 '양반' 신분을 얻어 통치 엘리트로서 행세할 수 있었다. 이 점은 조선 시대 교육을 볼 때 간과할 수 없는 부분이다. 다만 문인과는 달리 무인의 경우 독자적인 '학교'가 없었던 것이 문인의 경우와 다른 점이다. 기본적으로 무비(武備)를 목적으로 하는 무학에 대하여 '풍화지원'을 사명으로 하는 '학교'라는 명칭의 교육기관을 세워 줄 수 없었던 것이다. 그러나 실제로는 엄연히 무학의 교육기관이 존재하였다. 훈련원(訓練院)이 바로 그것이다.

무학교육의 내용에 대하여 보기 전에 하나의 흥미로운 점을 지적하고 싶다. 그것은 조선시대 무학과 관련하여 국왕과 사대부 간에 미묘한 입장 차이가 발견된다는 점이다. 신유학을 신봉하는 사대부의 입장에서는 원칙적으로 무(武)는 '성인지도(聖人之道)'와는 거리가 먼 것이었다. 성인의 길이란 곧 강상(綱常)의 실천에 다름 아니다. '강상'이란 요순 시절 성인이 제시한 '삼강오륜'을 뜻한다. 따라서 성인이 되기 위해서는 마음을 깨끗이 하여 성인의 글을 읽으며 부단히 강상을 실행해야 한다. 이러한 신유학의 도학과 심학에서는 무예단련은 오히려 방해가 될 뿐 별 도움이 되지 못한다. 반면 국가의 안위를 책임지는 군주의 입장에서는 개인적인 수양과 윤리의 실천도 필요하지만 그에 못지않게 무비(武備)와 무학이 중요하다. 일국의 군주로서는 내란과 외침이야말로 최대 관심거리일 것이다. 따라서 내우외환에 대한 대비야말로 군주의 최대 임무가 아닐 수 없다. 내란이 발발하고 외적이 침입하게 되면 군사력을 동원하여 반군과 외적을 격퇴해야 한다. 군주는 사대부들보다는 더 현실정치(realpolitik)의 입장에 설 수밖에 없다.

조선 건국 초에 왜 과거에 문과만 있어야 하느냐, 무과도 반드시 과거에 있어야 한다고 강조한 인물이 바로 태조였다는 사실은 의미심장하다. 태조는 즉위교서에서 새로운 왕조의 통치 방침을 밝히는 가운데 문무 양과를 어느 하나라도 차별하거나 없애서는 안 된다고 확언하였다. 조선왕조실록은 태조의 의지를 다음과 같이 전해 준다(이하의 조선왕조실록 기사는 국사편찬위원회 한국사 데이터베이스 조선왕조실록 http://sillok.history.go.kr을 참조함).

> 문무(文武) 두 과거(科擧)는 한 가지만 취하고 한 가지는 버릴 수 없으니, 중앙에는 국학(國學)과 지방에는 향교(鄕校)에 생도(生徒)를 더 두고 강학을 힘쓰게 하여 인재를 양육하게 할 것이다. …… 그 강무(講武)하는 법은 주장(主掌)한 훈련관(訓鍊觀)에서 때때로 '무경칠서(武經七書)'와 사어(射御)의 기술을 강습시켜, 그 통달한 경서의 많고 적은 것과 기술의 정하고 거친 것으로써 그 높고 낮은 등급을 정하여 입격(入格)한 사람 33명을 문과의 법식에 의거하여 출신패(出身牌)를 주고, 명단은 병조(兵曹)로 보내어 탁용(擢用)에 대비하게 할 것이다(文武兩科, 不可偏廢. 內而國學, 外而鄕校, 增置生徒, 敦加講勸, 養育人才. …… 其講武之法, 主掌訓鍊觀, 以時講習武經七書及射御之藝, 以其通經多少藝能精粗, 第其高下, 入格者三十三人, 依文科例, 給出身牌, 以名送于兵曹, 以備擢用).

이 사료를 통하여 과거와 (학교)교육이 정책적으로 상호 연계되어 있는 사실, 새 왕조로서는 문무 양과를 모두 중시한다는 것, 그리고 문관과 무관의 양성 및 선발 방법이 별도의 계통으로 되어 있다는 사실을 확인하게 된다. 조선시대 무학교육과 관련하여 중요한 것은 세 번째 사실이다. 즉, 문관은 국학-향교의 학교를 통해 인재를 양성하여 문과를 통해 선발하며, 무관은 훈련관에서 무학을 가르쳐 무과를 통해 선발한다는 것이 조선왕조의 기본 방침이었다는 점이다. 유학의 국학-향교에 상응하는 것이 무학의 경우는 훈련관(후에 훈련원으로 개칭함)이라는 사실이 중요하다. 그리고 훈련관의 교육과정으로 '무경칠서(武經七書)'의 이론교과와 '사어지예(射御之藝)'의 실기교과로 나누어 명시되어 있는 점도 주목되는 부분이다.

무학교육 기관(훈련원) 태조의 즉위교서에 등장하는 훈련관은 세조 때 훈련원으로 개칭되면서 제도적 틀을 완전히 갖추었다고 한다. 훈련원에 관한 『경국대전』의 규정은 다음과 같다.

> 군사(軍士)의 무재(武才)를 시험하고, 무예(武藝)를 연마시키며, 무경(武經)을 습독시키는 일을 관장한다(掌軍士試才鍊藝武經習讀之事). 습독관(習讀官)은 30원(員)으로서 녹관(祿官), 권지(權知)와 더불어 병요(兵要), 무경칠서(武經七書), 통감(通鑑), 장감박의(將鑑博議), 진법(陣法), 병장설(兵將說)을 습독시키고, 간혹 활쏘기와 말타기[射御]도 연습시킨다. 본원(本院)의 당상관(堂上官)은 병조(兵曹)·도총부(都府)의 당상관 각 1원과 함께 매달 고강(考講)하여 분수(分數)를 주고, 연말에 통산하여 우등자(3인을 넘지 못한다)를 왕에게 보고하고[啓聞] 임용한다. 모두 무관(武官)으로 임용하되, 정(正)은 당상관으로 승진되며, 부정(副正) 이하 주부(主簿) 이상의 1원은 문신(文臣)으로 임용한다. ……

이 규정에 의하면 훈련원의 주 임무는 군사를 대상으로 하는 '시재(試才)'와 '연예무경습독(鍊藝武經習讀)'이다. '시재'는 곧 무과를 비롯한 무관의 선발에 관한 일이다. 그리고 '연예무경습독'은 무예훈련과 무경독서를 뜻한다. 즉, '연예무경습독'이 무학과정이라면 무과 등의 '시재'는 무인의 선발시험이다. 그런데 위 규정에서는 '시재'가 먼저 오고 '연예무경습독'이 나중에 온다. 이것은 후자의 '연예무경습독'의 대상이 '시재'의 합격자이기 때문이 그렇게 된 것 같다. 이렇게 보면 훈련원은 교육기관으로서는 성균관과 유사하다고 생각한다. 성균관의 입학자격이 과거 소과 합격자(생원 진사)라는 점을 상기하면 될 것이다.

훈련원에 관해서는 위의 기록 외에는 알려진 것이 거의 없다. 그래서 훈련원의 교육에 관한 상세한 내용은 현재로선 불명확하다. 예컨대, 입학의 조건이나 생도의 정원 등도 알 수 없다. 다만 위의 사료에 등장하는 '습독관'이 훈련원의 교육과 관련하여 중요한데, 이들 30명이 훈련원의 정규 훈련생인 생도로 볼 수 있을 것이다. 그들은 무과에 급제한 자들로서 관직 수여 전의 실습생들이었다. 습독관은 훈련원 외에 사역원, 관상감, 전의감에도 두었던 관원으로 각기 전문 서책을 습독하는 것을 소임으로 하는 수습 관리였다.

이들 습독관 교육의 교과로는 병요(兵要), 무경칠서(武經七書), 통감(通鑑), 장감박의(將鑑博議), 진법(陣法), 병장설(兵將說)이 있고 또 무예실습으로 활쏘기와 말타기(射御)가 있다. 이론교과로서 태조 때의 무경칠서 외에 여러 서책이 추가되어 있다. 우선 '무경칠서'는 7종의 중국 고대 병서로서 육도(六韜), 손자(孫子), 오자(吳子), 사마법(司馬法), 황석공삼략(黃石公三略), 울요자(尉繚子), 이위공문대(李衛公文對)를 가리킨다. 무경칠서는 무과의 시험과목이었다. 병요, 진법, 병장설은 조선의 병서로서 주로 세조 때를 전후하여 편찬된 것들이다. 장감박의는 중국 전국시대의 명장에 관한 것으로 송대에 만들어졌다고 한다. 통감은 자치통감을 말하는데, 이는 중국 사서로서 유일하게 병서가 아닌 서책이다.

조선시대의 무학교육의 실상에 관해서는 더 이상 자세히 알기 어렵다. 단, 무학교육의 내용을 어느 정도 가늠할 수 있는 자료가 무과의 시험과목이다. 당시 법식에 따르면 무과의 시험은 이론과목으로는 무경칠서, 병요, 장감박의 등의 병서와 소학, 사서오경, 통감의 경서, 그리고 경국대전이 있었다. 그리고 실기과목으로는 보사(步射), 기사(騎射), 기창(騎槍), 격구(擊毬)가 있었다.

(3) 실용기술 교육

유학 외의 여러 실용기술 계통 학문은 별도의 학교를 설립하지 않고 해당 관청에서 교육을 하였다. 위에서 본 무학은 훈련원이었고 그 밖의 '잡학' 교육 담당기관 및 생도 정원 등에 관해서는 『경국대전』에 〈표 7-3〉과 같이 규정되어 있다. 이 중에는 조선 초에 10학에 들어 있던 악학(樂學)이 빠져 있는 것이 주목된다. 악학은 장악원(掌樂院)이라는 별도의 관아(정3품 아문)가 설치되어 있어 악사(樂師), 악생(樂生), 악공(樂工)의 관원이 있었는데 이 중 악사는 악학의 지도자격의 인물이었고 악생은 악학 생도를 의미

〈표 7-3〉 조선시대 실용기술 교육의 종류 · 생도 정원 · 기관 등

교육기관(관아)	학문 종류	생도 정원	과거 종류(복시 선발 정원)	과거 과목
사역원(司譯院)	한학(漢學)	35	역과 한학(13)	① 강서: 사서, 노걸대, 박통사, 직해소학, 오경, 소미통감, 송원절요 ② 사자: (생략) ③ 역어: 경국대전 번역
	몽학(蒙學)	10	역과 몽학(2)	
	여진학(女眞學)	20	역과 여진학(2)	
	왜학(倭學)	15	역과 왜학(2)	
전의감(典醫監)	의학(醫學)	50	의과(9)	찬도맥, 동이경, 직지방, 득효방, 부인대전, 창진집, 태산집요, 구급방, 화제방, 지남, 본초, 경국대전
혜민서(惠民署)	의학(醫學)	30		
관상감(觀象監)	천문학(天文學)	20	음양과 천문학(5)	보천가, 경국대전, 칠정산내편, 칠정산외편, 교식퇴보가령
	지리학(地理學)	15	음양과 지리학(2)	청오경, 금낭경, 호순신 …… 경국대전
	명과학(命課學)	10	음양과 명과학(2)	원천강, 서자평, 응천가 …… 경국대전
호조(戶曹)	산학(算學)	15		
형조(刑曹)	율학(律學)	40	율과(9)	대명률, 당률소의, 무원록, 율학해이, 율학변의, 경국대전
도화서(圖畫署)	화학(畫學)	15		
소격서(昭格署)	도학(道學)	10		
생도 정원 합계		285		

『경국대전』 예전 생도조 및 과거조 참조.

하였다고 한다. 그런데 『경국대전』에는 이에 관한 명문 규정이 없어서 자세한 내용은 알 수 없다.

이 표에 정리한 것은 지역적으로 서울에 한정된 것이었다. 표의 여러 학문 중에서 의학과 율학은 지방행정 구역별로 생도 정원이 별도로 정해졌고

〈표 7-4〉 조선시대 지방의 의학 · 율학 생도 정원

행정구역(수)	의학		율학	
	생도 정원	생도 총정원	생도 정원	생도 총정원
부 · 대도호부 · 목(28)	*14	400	*14	400
도호부(44)	12	528	12	528
군(82)	10	820	10	820
현(175)	8	1,400	8	1,400
계(329)		3,140		3,140

* 부(府)에는 정원 14명에 2명을 추가하였음. 당시 전국에 부가 넷이 있었으므로 부 · 대도호부 · 목의 의학 및 율학 생도 총정원은 400명이 됨.

해당 지방 관아에서 교육이 행해졌다. '잡학' 중에서도 의학과 율학의 중요성이 각별했기 때문일 것이다. 한편 역학에 대해서도 의학과 율학 정도는 아니지만 지방에서 별도로 생도교육을 행했다. 나머지의 실용기술학(산학, 화학, 도학)은 중앙 관아에만 생도를 두었으며 지방에는 배치하지 않았다. 『경국대전』에서 각 지방에 배정한 의학과 율학의 생도 정원은 〈표 7-4〉와 같다. 한편 역학의 지방 생도 정원은 〈표 7-5〉와 같다.

이상의 여러 실용학을 법정 생도 수를 기준으로 정리하면 의학이 생도 수가 3,240명으로 최대이고 율학이 3,180명, 역학이 236명, 음양학이 45명, 산학과 화학이 각 15명, 도학이 10명으로 합계 6,721명이 된다. 이 중 의학과 율학 생도 정원이 전체의 93%를 차지한다. 이를 유학학교의 생도 정원과 비교해 보면, 성균관 200명, 사학 400명, 향교 1만 4,950명이므로 유학

〈표 7-5〉 조선시대 지방의 역학 생도 정원

	설치 지역(생도 정원)	소계
한학	평양(30), 의주(30), 황주(30)	90
여진학	의주(5), 창성(5), 북청(10), 이산(5), 벽동(5), 위원(5), 만포(5)	40
왜학	제포(10), 부산포(10), 염포(6)	26
생도 정원 합계		156

생도 정원은 도합 1만 5,550명이다. 이 유학 생도 정원과 '잡학' 생도 정원을 합하면 2만 2,271명이다. 이 숫자가 대략적으로 조선시대 학교교육의 생도 정원 규모라고 볼 수 있다(여기에 그 숫자를 정확히 알 수 없는 무학의 훈련원 생도와 장악원의 그것을 합하면 보다 정확한 생도 규모가 나올 것이다.). 이것은 당시 학교 생도 정원의 70%를 유학학교의 생도가 차지한다는 계산이다. 법정 생도 정원으로 보더라도 조선시대의 교육은 유학교육이 압도적인 우위를 점하고 있다. 유학에 비하여 상대적으로 실용기술학의 교육은 그만큼 경시되고 있었던 것이다.

위와 같이 『경국대전』을 기준으로 하여 정리하면 조선시대의 관학('관이 주관하는 교육'이라는 의미)은 위에서 본 『경국대전』 예전 생도조가 명시하고 있는 유학, 역학, 의학, 음양학, 산학, 율학, 화학, 도학의 8학과 훈련원이 주관한 무학 그리고 장악원이 관장한 악학을 더하면 모두 10학이 된다.

이 중에서 유학과 무학을 제외한 여러 실용기술 학문을 조선시대에 '잡학'이라고 불렀다. 그러나 이 명칭은 공식적 용어는 아닌 듯하며 유학자 사대부들이 유학을 높이고 나머지 실용학문은 낮추는 의미에서 그렇게 부른 것이 점차 정착된 것으로 생각된다. 앞서 본 것처럼 조선 초에는 유학을 포함하여 십학(十學) 또는 제학(諸學)으로 칭하는 것이 일반적이었다. 분명히 비하하는 의미가 든 '잡학'이라는 용어가 조선시대에 공식적 용어였다고는 생각되지 않는다. 사대부들의 유학 숭상의 관념이 반영된 비공식적 용어가 어느새 일반적인 용어로 정착한 것으로 생각된다.

조선시대 주요한 학문 10개 중에서 유학 하나가 법정 생도 수에 있어서 70%를 차지하였다는 사실, 그리고 유학(그리고 무학)을 제외한 나머지 실용기술학이 '잡학'으로 폄하되었다는 사실, 이러한 것들이 우리에게 시사하는 바는 적지 않다. 이러한 사실들은 우리가 조선왕조 시대의 교육을 이해하는 데 있어서, 그리고 그것을 역사적으로 평가하는 데 있어서 중요한 자료가 될 것이다.

2) 조선시대의 교육과 과거

(1) 교육과 과거의 관계

조선시대의 교육과 과거의 관계는 어떠한 것일까? 과거란 국가가 주관하는 고급 문무관리 선발시험이다. 과거에서 시험하는 것은 평소 학교에서 공부하는 것이므로 양자는 내용상 연결되어 있다. 그러나 학교에서의 공부가 반드시 과거 응시로 연결될 필요는 없다. 학교교육은 그 자체로서 완결되는 의미를 가질 수 있다. 과거가 만약 조선시대 학교교육의 수료 증명 절차에 해당한다면 그것은 분명히 학교교육의 일부가 되겠지만, 조선시대의 과거는 그렇지 않았다. 내용상의 연결은 비교적 명확했지만 제도상의 연결은 느슨했던 것이다.

그러나 현실적으로 일반인의 입장에서는 과거 합격의 '실리'가 막대하였기 때문에 자연히 학교교육에 대한 과거의 영향력이 거의 절대적인 것이 되었다. 그 결과 과거제도의 운영방식 여하가 학교교육의 성격을 크게 좌우하는 일이 생기게 되었다. 또 역으로 학교교육의 '정상화'—이 경우는 '성리학적인 교육이념의 올바른 구현'이 곧 '정상화'를 뜻하겠지만—라는 관점에서 과거의 '개혁'을 요구하는 목소리도 그치지 않았다.

성리학을 깊이 신봉하고 성리학적 규범의 실행을 중시하는 사람들이 볼 때 과거라는 제도가 반드시 그들이 추구하는 '성인지학(聖人之學)'에 도움이 되는 것은 아니었다. '성인지학'은 본질적으로 '위기지학(爲己之學)'이다. 그런데 입신출세를 지향하는 과거공부는 '위기지학'이 아닌 '위인지학'으로 전락할 가능성이 매우 크다. 그래서 율곡 이이도 '학교모범'에서 과거에 대하여 경계하는 입장을 보였다. 학교모범 제11조의 응과(應科)에서는 "과거는 지사(志士)가 급급할 바(所汲汲)가 아니다. 만약 도학에 오로지 마음을 두고 예의로서 진퇴를 삼는 자(專志道學 進退以禮義者)라면 과거를 숭상해서는 안 된다(不可尙已)."라고 과거에 대하여 명확한 입장을 표명하고 있다.

그렇지만 군주의 입장에서 보면 과거는 매우 편리한 제도다. 동양의 제왕적 통치체제의 발달사에서 과거는 탁월한 혁신이었다고 할 수 있다. 왕권을 위협하는 지방의 호족이나 귀족 세력을 제압하고 통제하는 효과적인 제도가 과거였다. 과거는 송대에 일층 발전하였고, 그 결과 고위 관료들은 기본적으로 '천자의 문하생'이 되었다. 그리하여 송대에 이르러 유교적 교양을 갖춘 과거 합격자들인 '사대부'들이 국가 지배층을 구성하게 되었으며 그들의 세계관이자 사상체계로서 '송학'인 '신유학'이 형성되었다.

(2) 태조의 과거 시행 방침

천하의 호걸과 인재를 군주의 발 밑에 놓을 수 있는 제도가 과거이므로, 군주로서는 과거를 천하 통치를 위해 중시하지 않을 수 없다. 조선 태조 이성계는 즉위교서에서 과거의 새로운 운영 방침에 대해 언급하였다. 그 전문은 다음과 같다(조선왕조실록 태조 1년 7월 28일. 번호는 내용의 이해를 돕기 위해 인용자가 편의상 붙인 것임).

① 문무 두 과거는 한 가지만 취하고 한 가지는 버릴 수 없다.
② 중앙에는 국학, 지방에는 향교에 생도를 증원하여 강학을 힘쓰게 하여 인재를 양육하게 할 것이다.
③ 과거의 법은 본디 나라를 위하여 인재를 뽑았던 것인데, 그들이 좌주니 문생이니 일컬으면서 공적인 천거로써 사적인 은혜로 삼으니 이는 법을 제정한 뜻이 아니다.
④ 지금부터는 중앙에는 성균정록소와 지방에는 각도 안렴사가 학교 재학자 중에서 경의에 밝고 덕행을 닦은 사람을 뽑아(擇其在學 經明行修者), 연령 · 본관 · 삼대(三代)와 경서에 통하는 바를 잘 갖추어 기록하여 성균관장이소(成均館長貳所)에 올린다.

⑤ 경에서 통하는 바를 시강(試講)하되 사서로부터 오경과 통감 이상을 통달한 사람을, 그 통달한 경서의 많고 적은 것과 알아낸 사리의 정밀하고 소략한 것으로써 그 높고 낮은 등급을 정하여 제일장(第一場)으로 한다.

⑥ 입격(入格)한 사람은 예조로 보내면 예조에서 표문(表文)·장주(章奏)·고부(古賦)를 시험하여 중장(中場)으로 하고, 책문(策問)을 시험하여 종장(終場)으로 할 것이며, 삼장(三場)을 통하여 입격한 사람 33명을 상고하여 이조로 보내면 이조에서 재주를 헤아려 탁용(擢用)하게 하고, 감시(監試)는 폐지할 것이다.

⑦ 강무(講武)하는 법은 훈련관(訓鍊觀)에서 맡으며 때때로 무경칠서(武經七書)와 사어(射御)를 강습시켜, 그 통달한 경서의 많고 적은 것과 기술의 정하고 거친 것으로써 그 높고 낮은 등급을 정한다.

⑧ 입격한 사람 33명을 문과의 법식에 의거하여 출신패(出身牌)를 주고, 명단을 병조로 보내어 탁용(擢用)에 대비하게 한다.

이 사료에서 ①은 과거 시행을 문무 양과로 한다는 기본 원칙을 밝힌 것이다. ②에서 ⑥까지는 문과에 관한 내용이고 ⑦과 ⑧은 무과에 대한 설명이다.

먼저 문무 양과의 시행은 고려의 과거제와 크게 다른 점이다. 과거 문과를 통해 배출된 문관(동반)과 무과 급제자의 무관(서반)이 곧 조선시대의 지배계층인 '양반'을 구성했다. 고려조에서는 무과가 매우 짧은 기간 동안만 시행되었고 사실상 시행되지 않았던 것이나 다를 바가 없다.

②와 ④를 통하여 '국학-향교'의 관학체제와 과거제를 유기적으로 연계시킨다는 방침을 밝힌 것도 주목할 부분이다. 태조의 즉위교서에는 학교교육이 과거제와 연동하여 언급되고 있을 뿐 독립적으로 학교교육이 강조되고 있지는 않다. 여기서 학교는 과거라는 '탁사(擢士)'를 위한 '양사(養士)'

의 기구로 상정되고 있다. 개념상 '양사'가 '탁사'를 전제로 하듯이, 학교 교육은 기본적으로 과거제를 전제로 하고 있는 셈이다.

또 ④와 ⑤에서는 경학을 과거 응시자격 및 초장의 주요 과목으로 한다는 방침을 밝히고 있어서 국초의 조선 조정의 경학 중시의 입장을 나타내고 있다. 이는 '감시' 폐지 방침과 일관하고 있다. 즉, ⑥에서 중장을 사장(辭章) 중심으로 하는 대신 고려조의 '감시'를 없앴다. 감시는 '국자감시'를 말하는데 고려 때 국자감의 입학시험에 해당하는 것으로 조선시대의 소과 중 '진사시'에 해당한다. 이것은 부(賦)와 시(詩)를 시험과목으로 하던 국자감시를 폐지함으로써 경학 위주의 생원과만을 존치하겠다는 의지의 표명이다. 이때 폐지된 진사시는 단종 이후에 부활하게 된다. 또 고려 때의 전통인 좌주문생(座主門生)의 관행을 없애겠다는 의지도 눈여겨 볼 부분이다. 조선시대에는 고려조와 같은 좌주문생제는 자취를 감추었다.

무과에 관해서는 이미 앞에서 살펴본 바('무학교육') 있으므로 생략한다. 태조의 즉위교서에 나타난 과거제의 내용은 그 후의 실제 시행과정에서 변동이 있었으나 조선시대의 과거의 기본 성격을 담고 있으므로 매우 중요한 자료다.

(3) 과거의 종류

조선시대 과거의 종류는 문과, 무과, 잡과(역과, 의과, 음양과, 율과)의 세 종류로 대별된다. 그런데 문과의 예비시험에 해당하는 것이 생원과 및 진사과(생진과)인데 생원 · 진사는 성균관 입학자격이며 성균관에 일정 기간 재학한 자가 문과 본시험(대과)에 응시하는 것이 정식이었다. 그런 의미에서는 생진과는 문과의 예비시험으로서 독립된 과거는 아니다. 그러나 조선 후기에는 생원 혹은 진사만으로 독립적인 신분 호칭이 되었고 또 관직 진출의 기회도 제공되었기 때문에 독립적인 과거로서의 성격을 부분적으로 지니게 되었다.

이들 모든 과거의 응시자격은 제도상 '학교 재학'이 최소한의 기준이었다. 이는 태조가 즉위교서에서 밝힌 것으로 '재학자' 중 '경명행수자'에게 서울은 성균관이, 지방은 관찰사가 각각 응시자격을 부여하는 것이다. 따라서 문과의 경우 소과(생진과)든 대과든 이 조건을 충족시켜야 한다. 즉, 향교나 학당의 학생 명부(향교안[鄕校案], 청금록[靑衿錄], 유안[儒案] 등의 명칭으로 불림)에 이름이 올라 있어야 하는 것이 최소 조건이다. 이 중에서

〈표 7-6〉 조선시대 과거의 종류 · 시험단계 · 선발인원 등

<table>
<tr><th colspan="3">과거 종류</th><th colspan="2">시험 단계</th><th>선발 인원</th><th>주관청</th></tr>
<tr><td rowspan="11">문과</td><td colspan="2" rowspan="5">대과</td><td rowspan="3">초시</td><td>관시</td><td>50</td><td>성균관</td></tr>
<tr><td>한성시</td><td>40</td><td>한성부</td></tr>
<tr><td>향시</td><td>150</td><td>각 도 관찰사</td></tr>
<tr><td colspan="2">복시</td><td>33</td><td>예조</td></tr>
<tr><td colspan="2">전시</td><td>33</td><td>예조</td></tr>
<tr><td rowspan="6">소과</td><td rowspan="3">생원과</td><td rowspan="2">초시</td><td>한성시</td><td>200</td><td>성균관</td></tr>
<tr><td>향시</td><td>500</td><td>각 도 관찰사</td></tr>
<tr><td colspan="2">복시</td><td>100</td><td>예조</td></tr>
<tr><td rowspan="3">진사과</td><td rowspan="2">초시</td><td>한성시</td><td>200</td><td>성균관</td></tr>
<tr><td>향시</td><td>500</td><td>각 도 관찰사</td></tr>
<tr><td colspan="2">복시</td><td>100</td><td>예조</td></tr>
<tr><td colspan="3" rowspan="4">무과</td><td rowspan="2">초시</td><td>원시</td><td>70</td><td>훈련원</td></tr>
<tr><td>향시</td><td>120</td><td>각 도 병마절도사</td></tr>
<tr><td colspan="2">복시</td><td>28</td><td>병조, 훈련원</td></tr>
<tr><td colspan="2">전시</td><td>28</td><td>병조, 훈련원</td></tr>
<tr><td rowspan="8">잡과</td><td colspan="2" rowspan="2">역과</td><td colspan="2">초시</td><td>35(한학 23)</td><td>사역원, 관찰사</td></tr>
<tr><td colspan="2">복시</td><td>19(한학 13)</td><td>예조, 사역원</td></tr>
<tr><td colspan="2" rowspan="2">의과</td><td colspan="2">초시</td><td>18</td><td>전의감</td></tr>
<tr><td colspan="2">복시</td><td>9</td><td>예조, 전의감</td></tr>
<tr><td colspan="2" rowspan="2">음양과</td><td colspan="2">초시</td><td>18(천문학 10)</td><td>관상감</td></tr>
<tr><td colspan="2">복시</td><td>9(천문학 5)</td><td>예조, 관상감</td></tr>
<tr><td colspan="2" rowspan="2">율과</td><td colspan="2">초시</td><td>18</td><td>형조</td></tr>
<tr><td colspan="2">복시</td><td>9</td><td>예조, 형조</td></tr>
</table>

수령이나 관에서 인정하는 '경명행수'한 자가 과거에 응시할 수 있는 것이다.

한편 '학교'가 없는 무과나 잡과의 경우에는 실제로 교육을 맡아 보는 해당 관아가 소속 생도에게 응시자격을 부여한다. 예를 들면, 무과의 경우는 훈련원이, 역과의 경우는 사역원이 소속 생도에게 응과의 기회를 주는 것이다. 이것이 원칙이다.

과거의 종류, 과거별의 시험단계, 선발 인원 그리고 주관청은 〈표 7-6〉과 같다(경국대전에 의거하여 작성함).

문과(대과)와 무과에 한해서는 초시, 복시(회시), 전시의 세 단계 시험이 행해졌고, 나머지는 모두 초시와 복시의 두 단계 시험이었다. 또 초시 중의 향시에 있어서는 도별 정원이 정해져 있었다. 그 내역은 〈표 7-7〉과 같다. 전국의 지역별로 일정한 기준에 의거하여 선발 인원을 안배했음을 알 수 있다. 한성부에 할당된 선발 인원이 전체의 29%를 점하고 있다.

또 여러 과거시험은 3년에 한 번 시험을 보는 것(식년시, 式年試)이 원칙

〈표 7-7〉 조선시대 과거의 지역별 선발인원

	문과(대과) 초시	생진과(소과) 초시		무과 초시	합계
		생원과	진사과		
한성부	40	200	200	70	510
경기도	20	60	60	0	140
강원도	15	45	45	10	115
황해도	10	35	35	10	90
충청도	25	90	90	25	230
경상도	30	100	100	30	260
전라도	25	90	90	25	230
평안도	15	45	45	10	115
함경도	10	35	35	10	90
합계	190	700	700	190	1,780
		1400			

이었다. 전년도 가을에 초시를 행하고 당해 연도의 초봄에 복시와 전시를 시행하는 것이 관례였다. 앞서 검토한 바 있는 과거의 응시자격은 응시를 제한하는 규정이 있었다. 즉, 문과와 무과의 경우 통훈대부(정3품) 이하만이, 그리고 생원 · 진사시는 통덕랑(정5품) 이하만이 응시할 수 있었고, 수령은 생원 · 진사시에 응시할 수 없다고 『경국대전』에 규정되어 있다. 또한 죄를 범하여 영구히 임용될 수 없게 된 자(罪犯永不敍用者), 장리(贓吏)의 아들, 재가실행(再嫁失行)한 부녀의 아들 및 손자, 그리고 서얼자손(庶孼子孫)에 대해서는 문과와 생진과에 응시할 자격이 주어지지 않았다.

과거는 매 3년 시행의 식년시(式年試)를 원칙으로 했으나 국왕의 즉위와 같은 특별한 국가적 경사가 있을 때는 특별시험으로 증광시(增廣試)가 시행되었다. 그 시험방법은 식년시와 기본적으로 같았다. 따라서 과거는 정기시험인 식년시와 특별시험인 증광시의 두 종류가 있었다. 문과(대과)와 무과의 경우에는 그 밖에도 많은 종류의 특별시험들이 있었다. 그 주요한 시험으로는 별시(別試), 알성시(謁聖試), 정시(廷試), 춘당대시(春塘臺試), 친시(親試), 중시(重試) 등이 있다. 이성무(2004)에 의하면 조선시대 문과의 시험 종류는 식년시를 포함하여 무려 22종이 있었고 이 중에서 100명 이상의 급제자를 배출한 것이 식년시, 증광시, 그리고 위 6종의 특별시험들이었다. 특별시험 중 상당수가 성균관 유생들을 대상으로 하거나 혹은 그들에게 각별히 유리한 시험들이었다. 예를 들면, 알성시, 정시, 절일제, 황감제, 전강, 도기과, 통독 등은 주로 성균관과 학당의 유생들의 사기 진작을 위한 특별시험이었다. 무과의 경우도 문과처럼 그 종류가 많지는 않았지만 각종 특별시험이 있었다. 증광시 외에 별시, 알성시, 정시, 관무재(춘당대시), 외방별시, 중시 등이 있었다.

문 · 무과와 생진과는 주로 양반들이, 잡과는 주로 중인들이 응시하는 시험으로 구별되었다. 과거 합격은 특히 문과의 경우 권세 있는 고위 관직으로의 진출로가 확보되는 것이므로 양반계층에서는 과거 급제가 일생일대의 숙원으로 여겨져 매회의 과거에는 수많은 응시자가 몰렸다. 한 예로 정조 18년(1794)에 서울에서 시행된 특별시험(절일제)에는 무려 2만 3,900여 명의 응시자가 몰렸고 이 중 1만 568명이 답안지를 제출하였다(이성무, 2004: 133). 대개 한 번의 과거에서 30명 이하가 선발되었다는 것을 생각하면 얼마나 경쟁이 치열했으며 또 과거 합격에 대한 열망이 강했는가를 알 수 있다. 조선 초부터 과거가 폐지되는 1894년까지 과거는 502년 동안 꾸준히 시행되었다. 과거 시행의 총 실적을 보면 식년시와 각종 특별시험을 통틀어 848회 시행되어 1만 5,137명이 선발되었다(이성무, 2004: 141). 이를 통산하면 조선시대 과거는 매년 1.7회 시행되어 매회 18명이 채 안 되는 인원이 선발되었다는 계산이 나온다. 매우 빈번하게 시행되었음에 비해 선발 인원은 매우 적었다.

한편 생진과는 모두 230회가 시행되어 4만 7,997명의 생원 및 진사가 배출되었다. 이들 '소과' 합격자 중에서 문과 급제자는 7,438명이었으며 이는 생진과 전체 합격자의 15.5%에 해당한다. 나머지 84.5%에 해당하는 4만여 명은 평생 생원 또는 진사로 머물렀다는 계산이다(이성무, 2004: 155). 무과와 잡과의 경우는 사료 부족으로 관련 자료를 얻을 수 없다.

(4) 과거의 절차 및 내용

문과의 경우 시험 절차는 다음과 같다. 먼저 초시는 초장(初場), 중장(中場), 종장(終場)의 세 단계로 나뉜다. 초장은 오경과 사서의 의의(疑義) 혹은 논(論) 중에서 2편을 시험 본다. 중장은 부(賦)·송(頌)·명(銘)·잠(箴)·기(記) 중에서 1편(篇)과, 표(表)와 전(箋) 중에서 1편을 짓는다. 종장은 대책(對策) 1편을 시험 보인다. 다음 복시를 보면 초장은 사서와 삼경의 강서(講書)로 시험을 본다. 중장과 종장은 초시와 동일하다. 마지막의 전시는 대책(對策)·표(表)·전(箋)·잠(箴)·송(頌)·제(制)·조(詔) 중 1편을 제술한다.

소과(생진과)의 경우, 먼저 생원 초시는 오경과 사서의 의의(疑義) 2편을 제술하는 것으로 한다. 생원 복시는 초시와 동일하다. 다음 진사 초시는 부(賦) 1편, 고시(古詩)・명(銘)・잠(箴) 중 1편을 제술한다. 진사 복사는 초시와 같다. 대개 첫날에 진사시, 둘째 날에 생원시를 보았다.

이상의 문과, 대과 및 소과를 보면 소과에서는 경학시험(생원과)과 사장시험(진사과)이 구분되어 있으나 대과에서는 양자가 시험단계별로 초장(경학)과 중장(사장)으로 나누어져 있을 뿐 동일한 시험 내에 통합되어 있는 것을 알 수 있다.

무과에서는 초시가 목전, 철전, 편전, 기사, 기창, 격구의 무예(武藝) 시험으로만 치러지며, 복시에서는 무예는 초시와 동일하고, 강서(講書)로서 사서오경 중 1서(書), 무경칠서 중 1서, 통감・병요・장감박의・무경・소학 중의 1서, 그리고 경국대전을 강하도록 한다. 마지막의 전시에서는 기격구와 보격구로 시험을 본다.

문과의 응시 절차는 소과에 급제하여 생원・진사 자격을 취득한 후 성균관에 입학하여 300일 이상을 재학(원점 300일)한 자에게 대과 응시자격을 주는 것이 원칙이었다. 그러나 실제로는 이러한 원칙이 지켜지지 않는 경우가 많았으며 성균관 원점 300점을 채우지 못한 자도 각종 예외 조항의 적용을 받아 과거 응시가 가능했고, 조선후기에는 생진과를 통과하지 않은 자('유학', 幼學)가 대과에 응시하는 일이 흔해졌다. 예를 들면, 영조조 이전에는 문과 급제자의 70% 이상이 생원 또는 진사였으나 그 후에는 '유학'이 2/3를 점하게 되었다. 조선시대 전체로는 생원・진사 출신과 유학 출신이 전체 과거 급제자를 반분하는 양상이었다(이성무, 2004: 154).

3) 조선시대의 아동교육

(1) 아동교육제도

조선시대 아동의 교육에 대하여 국가가 무관심한 것은 아니었으며 향교나 학당과 같은 '관학'이 아동교육과 무관한 것도 아니다. 본래 향교와 학당의 교육은 '동몽교육'의 요소를 포함하고 있었다. 특히 학당의 경우 입학 연령이 8세 이상이며 소학을 교육과정의 기본으로 삼았던 사실을 볼 때 아동교육의 성격을 분명히 지니고 있었다고 할 수 있다. 한편 향교의 경우는 입학 연령에 관한 규정이 없는 등 학당이 비해 그러한 성격이 명확하지 않지만 대체로 학당과 유사하였다고 추정된다. 『경국대전』의 생도 규정에서 각급 향교의 생도 수를 정하면서 "16세 이하는 정원 외로 한다(十六歲以下不在額內)."라고 명시한 까닭은 바로 '16세 이하'의 생도들이 지방의 향교들에 재학하기 때문이라고 해석하는 것이 타당하다. 그러므로 학당과 향교는 중등교육에만 국한되지 않고 초등교육의 성격도 아울러 지니고 있다고 보는 것이 옳을 것이다. 다만 후기로 오면서 학당이나 향교가 본래의 교육기능을 많이 상실하고 주로 향사기구로서만 명맥을 유지하게 됨에 따라 초등교육의 요소가 탈락되었고 상대적으로 서당 등의 시설이 동몽교육을 떠맡게 되었다고 볼 수 있다.

조선 초기에는 조정에서 동몽교육에 관심을 기울였으며 교관의 임명 등 제도적인 면에서도 그 진흥을 위한 노력이 있었다. 앞서 소개한 태종 때의 '권학사목'에 등장하는 '사치서재, 교훈후진(私置書齋, 教訓後進)'이 그 첫째 사례다.

> [사료 1]
>
> 전조(前朝) 때에는 외방(外方)에 있는 한량 유신(閑良儒臣)이 사사(私私)로이 서재(書齋)를 두어서 후진(後進)을 교훈(教訓)하여 스승과 생도

가 각기 편안함을 얻어서 그 학업을 이루었는데, 지금에는 사유(師儒)가 간혹 다른 고을의 교수가 되어 가족과 떨어지게 되고 생업을 폐하게 되므로 모두 구차히 면하려 합니다. 생도는 강제로 향교에 나오게 하니 편안히 공부를 하지 못하고, 수령이 혹은 서사(書寫)의 일로써 사역을 시키니, 이름은 권학이라 하나 실제는 폐이됨이 많습니다(前朝之時, 在外閑良儒臣, 私置書齋, 敎訓後進, 師生各得所安, 以成其學. 今者師儒, 或爲他州敎授, 違離家屬, 廢棄生業, 皆欲苟免. 生徒逼令赴其鄕校, 不得自便受業, 守令或役以書寫之務, 名爲勸學, 實多廢弛).

이제부터는 외방에 있는 유신이 사사로이 서재를 두고 교훈하는 자는 감히 다른 고을의 교수로 정하지 말도록 하고, 생도도 강제로 향학(鄕學)에 나오게 하지 말도록 하며, 감사와 수령이 권면을 가하여 각기 편안히 살면서 강학하여 풍화를 돕게 하소서(自今在外儒臣, 私置書齋敎訓者, 毋敢定爲他州敎授, 生徒毋令强赴鄕學, 監司守令乃加勸勉, 使各安居講學, 以裨風化).

이러한 '사치서재 교훈후진'의 방침과 관련되는 것이 세종의 즉위교서에 등장하는 다음의 내용이다.

[사료 2]

학교는 풍속과 교화의 근원이니, 서울에는 성균관과 오부학당을 설치하고 지방에는 향교를 설치하여 권면하고 훈회한 것이 지극하지 않음이 없었는데도 성균관에서 수학하는 자가 오히려 정원에 차지 않으니, 생각건대 교양하는 방법이 그 방법을 다하지 못한 때문인가. 사람들의 추향(趨向)이 다른 데 좋아하는 점이 있는 때문인가. 그 진작(振作)하는 방법을 정부와 육조에서 검토·연구하여 아뢸 것이다(學校, 風化之源, 內設成均五部學堂, 外設鄕校, 勸勉訓誨, 無所不至, 而成均受學者, 尙未滿額.

意者敎養之方, 未盡其術歟 人之趨向, 他有所好歟 其振起作成之術, 政府六曹講求以聞).

더구나 향교의 생도는 비록 학문에 뜻을 둔 사람이 있더라도 있는 곳의 수령이 서역(書役)을 나누어 맡기고 빈객을 응대하는 등 일에 일정한 때가 없이 사역하여 학업을 폐하게 하니, 지금부터는 일절 이를 금지시키고 그 유사(儒士)들이 사사로이 서원(書院)을 설치하여 생도를 가르친 자가 있으면 위에 아뢰어 포상하게 할 것이다(且鄕校生徒, 雖有志學者, 所在守令, 如損分書役, 應對賓客等事, 無時使喚, 以致廢業, 自今一禁, 其有儒士私置書院, 敎誨生徒者, 啓聞褒賞).

위의 '사치서재'(사료 1) 혹은 '사치서원'(사료 2)은 향교에 상응하는 것이다. 양자는 설립과 운영의 주체가 관이냐 지방 유신(유사)이냐라는 점에서 다르지만, 교육의 내용과 정도에서는 동일한 것으로 상정되어 있다. 실제로 조선 중기 이후에 지방교육은 '서재'(서당) 및 '서원'이 주도하게 되고, 향교는 상대적으로 교육기능을 점차 상실하게 된다.

그리고 향교가 중등교육만이 아니라 초등교육의 성격도 지니고 있었던 것처럼 '서재'나 '서원' 역시 마찬가지였다고 생각된다. 조선시대에는 중등교육과 고등교육 간에 비교적 명확한 제도적 '접합(articulation)'이 존재했지만 초등교육과 중등교육 사이에는 그에 상응하는 것을 찾아보기가 어렵다. 조선후기에 이르러 서당이 광범위하게 보급됨에 따라 자연스럽게 서당은 초등교육, 향교와 학당은 중등교육의 기관이라는 인식이 형성되었지만 제도적인 구분이 존재했던 것은 아니다. 조선 초기에는 학당이나 향교에서도 아동교육이 행해졌을 가능성이 크다. 반대로 조선후기에 널리 보급된 서당에서는 초등교육을 벗어나는 범위의 교육도 실제로 행해졌다.

분명한 것은 지방의 교육(향학)에 대해서는 향교 외에도 혹은 '향교 이상'으로 향리 거주의 '유신(儒臣)' 또는 '유사(儒士)'의 사적인 노력에 크게 의존하겠다는 조정의 방침이다. 이러한 조선왕조의 교육 방침이 실제로 조선 중기 이후에 각지에서 서당과 서원이 크게 발흥하는 배경이었다고 생각한다. 그리고 여기서 주목해야 할 것은 그러한 지방교육의 주체로서 '유신' 혹은 '유사'가 상정된 사실이다. 그들은 순수한 민간인이 아니라 기본적으로 '사족(士族)', 즉 양반층에 속하는 사람들이었으며 조선왕조를 이념상으로나 현실적으로 떠받치는 핵심 계층이었다. 그러한 사족 중에서도 일정한 유학 교양을 갖춘 자가 '유사(儒士)'다.

이러한 방침에 따라서 실제로 사적으로 동몽을 가르친 사람에게는 관품이나 관직을 주거나 포상을 하기도 하였다. 또한 향교 소속의 교관(훈도)이 향교의 외부에서 사사로이 동몽을 가르치는 것을 권장했으며 그 실적이 인정되면 승진 등의 보상이 주어졌다. 즉, 『경국대전』(권장조)에는 "사사로이 동몽(童蒙)을 가르친 훈도(訓導)는 그 부지런하고 게으른 것을 상고하여 성과(成果)를 올린 자는 매 도목(都目)마다 왕에게 아뢰어 임용한다."라고 규정하였다. 따라서 '사치서재'의 주체는 향교의 훈도일 수도 있고 관직이 없는 '한량유신'일 수도 있는 것이다.

이상과 같이 조선왕조는 아동교육(동몽교육)에 관해서 별도의 교육기관을 설치하지 않고 향교 소속의 '동몽훈도'나 혹은 무직의 '한량유신'의 사적인 활동에 맡기는 것을 방침으로 하였다. 또한 학당이나 향교에서 동몽교육을 하는 것을 제도상 배제하지도 않았다고 할 수 있다. 요컨대, 조선왕조는 아동의 교육에 대하여 결코 무관심하지는 않았지만 그다지 열성적이지 않았다고 해야 할 것이다. 성균관과 향교의 교육마저 만족스럽게 실행되지 못하는 상황에서 아동교육은 상대적으로 주변화되지 않을 수 없었을 것이다.

조선시대 아동교육의 주된 장은 역시 서당이라고 해야 할 것이다. 서당은 서재, 가숙, 사숙, 사횡(私黌), 서숙, 서옥, 학당, 학방 등 다양한 명칭으로 불렸다. 서당이나 학당이라면 독립된 건물을 연상하지만, 실은 독립된 서당이 출현하는 것은 조선후기의 일이며 그것도 그렇게 보편적인 양상은 아니었다. 대부부의 서당은 규모상으로는 가옥 내의 방 한 칸이었다. 그리고 서당은 형태상 양반 집안에서 자손을 가르치기 위해 운영하는 개인적인 '서재서당'과 마을 아이들을 한데 모아서 가르치는 공동체적인 '향촌서당'으로 대별된다.

조선시대의 학교 관련 법규 중에서 거의 유일하게 '동몽교육'에 관해 규정하고 있는 것은 '경외학교절목(京外學校節目)'이다. 이것은 명종 원년(1546)에 송포한 것으로 서울과 지방의 학교에 적용한 것이다. 이는 교원 채용, 학과목, 입학, 성적고사 및 상벌 등으로 나누어 규정한 것으로, 이만규(1949: 177-182)에 따르면 학령이나 『경국대전』보다 더 세밀하며 특히 동몽교육에 관한 규정이 들어 있는 것이 특색이다. '절목'은 성균관과 사부학당, 향학(향교), 동몽교육의 세 부로 되어 있는데, 이 중 '동몽교육'에 관해서는 서울과 지방으로 나누어 교원과 아동에 관해 다음과 같이 정했다.

> ① 교원: 서울의 (학당) 훈도(訓導)의 임명에는 신분은 사족이나 서얼을 분별하지 않으며 기존의 6명 외에 4명을 증원한다. 예조는 훈도의 관등으로 정종9품에 각각 하나를 가설하여 그 근태에 따라 위아래로 이동시킨다.
>
> 지방(외방)에는 향(鄕)마다 학장(學長)을 두고 옛 법에 따라 가르쳐 향교로 진학시키며 감사가 순행할 때 학장의 성적을 조사하여 가장 근면한 자는 적의하게 상을 주며 근무한 성적의 고과평정을 자세히 매긴다.
>
> ② 아동: 입학자격은 '사족(士族)' 및 '범민(凡民)' 자제로 하며 8, 9세부터 15, 16세까지를 대상으로 한다. 먼저 소학을 가르쳐서 구두(句讀)에 밝고 문리를 약간 깨친 뒤에 대학, 논어, 맹자, 중용을 가르쳐 학(學)에 올린다. 예조가 매년 생도의 성적을 고사하여 훈도의

근태를 조사한다.

이와 같이 '경외학교절목'의 동몽교육 규정은 대부분 서울의 학당에서 이루어진 것을 대상으로 하고 있다. 지방의 동몽교육에 관해서는 교관을 '학장'으로 한다는 것, 교육법이 옛 관례에 따라 행해지고 감사가 학장의 근무 상태를 감독하여 그 승진 여부를 정하는 등 서울의 훈도와 마찬가지로 관리 신분이었다는 점 등을 알 수 있다. 지방의 동몽교육에 관해서는 입학자격이나 교과과정을 따로 설명하고 있지 않으나 서울의 그것을 지방에서도 준용했을 것으로 생각된다.

이 경외학교절목에서는 비교적 명확하게 동몽교육과 학당 또는 향교와의 연결관계가 나타나 있다. 이 사료를 통하여 16세기 중엽에 이르면 동몽교육이 학당 · 향교 교육과 구분되었다는 것을 알 수 있다.

서당 등 아동교육 시설에 관해서는 향교나 성균관과는 달리 공적인 기록이 전혀 남아 있지 않으므로 당시 아동교육의 실상을 파악하기가 쉽지 않다. 예컨대, 서당이 전국적으로 어느 정도 분포되어 있었는지, 어느 지역에 가장 많았는지, 시기적으로 어떻게 양적인 변화가 있었는지 등 기본적인 통계 자료가 전무하다. 다만 조선후기로 갈수록 서당이 많아지고 또 '향촌서당'이 점점 많아진다는 정도는 알려졌다. 예컨대, 정약용(1762~1836)에 따르면 마을마다 수많은 서당이 있어서 아이들이 훈장에게서 글을 배웠다는 것을 알 수 있다. 구한말에 우리나라를 탐험한 서양 지리학자들 중에는 곳곳에 마을 서당이 있는 것을 보고 놀라면서 서양의 자기네 나라보다 교육이 더 널리 보급되어 있다고 적고 있다.

유형원의 초등교육제도론 조선 중기를 살았던 유형원(1622~1673)은 '반계수록'에서 교육개혁론을 전개하였는데 그 안에서 초등교육과 관련하여 흥미 있는 주장을 폈다. 그는 수도에는 각 방(坊)마다 방상(坊庠)을, 지방에는 각 향마다 향상(鄕庠)을 공립으로 설치할 것을 주장했다. 그리고 이들 초등학교 위에 사학(四學)과 읍학(邑學)을 두어 초등학교 수료자 중 일정 수를 가르친다. 그 위에 다시 중학(中學)과 영학(營學)을 설치하여 그 수료자 중에 일정 수를 태학(太學)으로 나아가도록 한다. 그리고 과거제는 폐지하고 새로운 학교체계의 최종 수료자인 태학 졸업생들을 관리로 임용하는 공거제(貢擧制)를 제창하였다.

유형원의 교육제도 개혁안을 정리하면, 학제에서는 지방과 중앙의 이원적인 학교체계가 구상되었다. 즉, 지방은 향상 → 읍학 → 영학을 거쳐 태학으로, 중앙은 방상 → 사학 → 중학을 거쳐 태학으로 각각 연결되었다. 그리고 태학에서는 매년 35명을 조정에 천거하여 관직에 임명된다는 구상이었다. 향상(그리고 방상)부터 태학까지의 진학에서는 학력고사가 아니라 해당 학교의 교원과 지방관의 추천(천거)을 조건으로 하였다. 태학에서 조정으로의 관직 후보자 천거 역시 같은 원리에 기초를 두었다. 유형원의 교육개혁안은 당시의 과거제도를 전면 부정하고 단계별 학교교육의 결과에 기초한 추천제를 제안한 점, 그리고 초등학교부터 대학까지의 단계적인 학제를 제안한 점에서 매우 중요하다.

유형원은 초등교육과 관련하여 비록 점진주의적인 입장을 취하기는 했으나 원칙적으로 모든 사람에게 교육의 기회가 개방되어야 한다고 생각했다. 그리고 민과 관의 협력에 의해 설립되는 향상(방상)은 공통적으로 8~9칸 정도의 규모에 강의실(중당, 中堂), 기숙사(동서재), 주방과 창고(주고, 廚庫)를 갖추고 학전 지급과 면세 등의 재정 지원을 받도록 해야 한다고 보았다.

이와 같은 혁신적인 유형원의 초등교육제도 구상은 조선시대에는 실현되지 못하고 말았다. 국가적인 초등교육의 학제가 도입되는 것은 1895년의 갑오교육개혁 때까지 기다려야 했다.

(2) 아동교육의 내용

소학서 선강 원칙 조선시대의 아동교육인 동몽교육은 내용상 소학(小學)을 기본 교재로 한다는 사실은 이미 언급하였다. 조선 초기에 조정에서는 학당과 향교가 '소학'을 필수적으로 가르쳐야 한다는 방침을 밝히고 실행에 옮겼다. 태종 때의 '권학사목'에서 밝힌 '소학서 선강 원칙'이 바로 그것이다. 소학은 주자가 제자인 유자징과 함께 예기, 논어 등 여러 경전과 사서를 참조하여 만든 초학자용 교재다. 소학은 구성상 내편(內篇)과 외편(外篇)으로 되어 있는데, 전자는 입교(立敎), 명륜(明倫), 경신(敬身), 계고(稽古)이고 후자는 가언(嘉言)과 선행(善行)이다. 독실한 주자학자들은 특히 소학의 중요성을 인식하여 이른바 사림파의 거두인 김굉필은 평생 '소학동자'로 자처할 정도였다. 조광조, 김안국, 이황, 이이 등 많은 유학자들은 소학을 학문의 기본서로 중시하였다. 이이는 『격몽요결』의 독서 장에서 소학을 대학, 논어, 맹자, 중용과 함께 놓아서 오서(五書)로 칭하고 공부하는 사람이 가장 먼저 읽어야 할 책으로 정했다.

그러나 소학은 여러 경전과 사서들에서 글귀를 모아 편집한 책이므로 어린아이가 읽어서 이해할 수 있는 수준을 넘어선다. 소학을 소화하기 위해서는 한문 능력은 물론 상당한 수준의 독서 경험이 필요하다. 김굉필과 같은 쟁쟁한 유학자가 소학 한 권이면 족하다고 하여 평생 '소학 동자'를 자처할 정도로 소학은 그 수준이 만만하지 않았다. 그 결과, 아동은 소학 독서 이전에 그야말로 기초적인 학습이 필요하였다. 그러한 기초적 학습을 위한 교재가 천자문, 동몽선습, 격몽요결 등의 책이었다.

조선시대 기나긴 공부의 길을 앞에 둔 아동의 입장에서는 처음으로 접하는 책이 천자문(千字文)이었다. 서당(서재)에서 '동몽'에게 최초로 가르치는 교재가 천자문이었던 것이다. 따라서 조선시대 아동교육의 내용에 대한 고찰은 천자문에 대한 분석으로부터 시작되어야 한다.

천자문의 성립과 내용 천자문은 최초 성립 이래 중국을 비롯하여 한국과 일본에서 무려 14세기라는 장구한 세월에 걸쳐 동아시아 문화권 아동교육의 대표적인 텍스트로 군림하였다. 천자문은 중국 남조의 양(梁)의 무제(武帝, 502~549)가 문장가로 유명한 문인 주홍사(周興嗣, 470~521)에게 명하여 편찬하도록 했는데 황제의 명을 받은 주홍사는 단 하룻밤 만에 천자문을 완성하여 다음 날 황제에게 진상했을 때는 백발이 되어 있었다고 한다. 천자문은 당초 아동용의 한문 학습서로보다는 서도용의 교본으로 기획되고 사용되었다고 한다. 무제는 왕자들의 서도교육용으로 왕희지의 글씨 중에서 서로 중복되지 않는 천자를 한 자, 한 자 따로 적어서 글씨 교본용으로 사용하던 것을 주홍사에게 운문으로 만들어 달라고 요청했다고 한다.

천자문이 언제 우리나라에 전해졌는지는 확실하지 않지만 불교가 전래될 당시 함께 들어온 것으로 추정된다. 조선 초의 관련 기록으로는 세종 7년(1425)에 경상도 감사 하연이 입학도설, 주역, 시전, 춘추, 중용, 대학 등과 함께 '전서 천자문'과 '대자 천자문'을 조정에 진상하자 그것을 성균관과 사부학당에 하사한 일이 있다. 이 경우 천자문은 서도용으로 제작된 것 같다. 현재 국내에서 발견된 가장 오래된 천자문은 고려 말의 것인데, 고려 때까지는 천자문이 동몽 학습용이 아니라 성인용 서예학습이나 한문학습을 위한 것이었다(김근, 2003). 조선시대에 접어들어 천자문이 왕실로부터 민간에 이르기까지 초학자용 한자학습 교본 겸 서예 교본으로 널리 사용된다. 일례로 세조 1년(1455) 10월 21일에 주자소에 명하여 조맹부의 '진초천자' 등 여러 서본(서예 교본)을 인쇄하여 성균관에 보내 학생들의 교육에 사용하도록 하고 있다.

조선시대 천자문이 동몽교육용 텍스트로 정착한 것이 언제부터인지는 정확히 알 수 없다. 조선의 국가체제가 갖추어지고 교육 또한 널리 보급되기 시작하면서 천자문의 가치가 인정되어 아동용 한문 및 서예의 교본으로 자리 잡은 것으로 보인다. 천자문이 아동 학습서로 정착하게 되는 것은 천자문에 원문 외에 주해가 추가된 판본이 출현하는 것과 관련되어 있다. 제해성 교수의 설명에 따르면 훈민정음이 반포된 이후 주해가 달린 천자문이 나타나기 시작했으므로 이 무렵부터가 아닌가 추정된다. 조선시대에 가장 많이 사용된 것이 선조 16년(1583)에 초간된 한호의 『석봉 천자문』이며 이후 영조 28년(1752)에 홍성원이 편찬한 『주해 천자문』은 종래의 주석에 더해 문장 전체에 해석을 붙인 판본으로 유명하다.

천자문은 사언일구로 전부 250구 일천자로서 전체가 한 편의 운문이다. 즉, 천자문이 한편의 '한시(漢詩)'인 셈이다. 대구의 형식을 취하면서 정확하게 각운을 지켜 배열한 것은 대단한 기량이라고 전문가가 평하고 있다. 천자문은 성립 당시 아동용의 한자학습 교재로 의도된 것이 아니라 서도용 습자 교재로 의도된 결과 기초 한자가 몇몇 결락되는 등의 결함을 가지고 있다. 천자문의 천자는 한 자도 중복되지 않는데 그중에는 숫자 중 1, 3, 6, 7이, 방위에서는 북(北)이, 계절에서는 춘(春)이, 지리에서는 산(山)이 각각 빠져 있다고 한다. 즉, 천자문은 본래 아동용의 한자 입문서로 기획된 것이 아니었다는 말이다. 그런데 만들어 놓고 보니 한자 입문서로서 적합하고 또 서도용 교본으로 적당하므로 아동용 한자 학습서로 정착된 것이다. 내용상 천자문은 천문, 지리, 정치, 경제, 사회, 역사, 윤리 등의 여러 영역에 걸쳐있다. 구성을 보면 맨 처음에 나오는 ① '천지현황 우주홍황'에서부터 ⑱ '화피초목 뢰급만방'까지는 천 · 지 · 인의 원리와 도리를 설명하는 천자문의 '서문'에 해당한다(김근, 2003).

천 자 문

① 天地玄黃(천지현황) 宇宙洪荒(우주홍황)

② 日月盈昃(일월영측) 辰宿列張(진숙렬장)

③ 寒來暑往(한래서왕) 秋收冬藏(추수동장)

④ 閏餘成歲(윤여성세) 律呂調陽(율려조양)

⑤ 雲騰致雨(운등치우) 露結爲霜(노결위상)
⑥ 金生麗水(금생려수) 玉出崑岡(옥출곤강)
⑦ 劍號巨闕(검호거궐) 珠稱夜光(주칭야광)
⑧ 果珍李柰(과진리내) 菜重芥薑(채중개강)
⑨ 海鹹河淡(해함하담) 鱗潛羽翔(인잠우상)
⑩ 龍師火帝(용사화제) 鳥官人皇(조관인황)
⑪ 始制文字(시제문자) 乃服衣裳(내복의상)
⑫ 推位讓國(추위양국) 有虞陶唐(유우도당)
⑬ 弔民伐罪(조민벌죄) 周發殷湯(주발은탕)
⑭ 坐朝問道(좌조문도) 垂拱平章(수공평장)
⑮ 愛育黎首(애육려수) 臣伏戎羌(신복융강)
⑯ 遐邇壹體(하이일체) 率濱歸王(솔빈귀왕)
⑰ 鳴鳳在樹(명봉재수) 白駒食場(백구식장)
⑱ 化被草木(화피초목) 賴及萬方(뢰급만방)
(이하 생략. 번호는 편의상 붙인 것임)

'하늘 천 따 지 검을 현 누를 황 ……' 으로 우리에게 익숙한 것이 천자문 모두의 '천지현황' 이다. 이 구를 직역하면 '하늘은 검고 땅은 노랗다.' 이다. 얼른 이해가 되지 않는다. 어떻게 하늘이 검은가? 왜 땅은 또 노랗다는 말인가? 하늘은 낮에 보면 파랗고 밤에는 깜깜한 가운데 별이 빛나고 달이 비치고 그렇다. 하늘이 검다는 것은 암흑을 뜻하는데, 혹시 우주 공간을 뜻한다면 몰라도 그렇지 않다면 하늘이 검다는 것은 이치에 맞지 않는다. 아이들의 경험세계에서 보면 하늘은 파랗다고 해야 한다. 또 땅은 노랗다기보다는 암갈색이다.

'천지현황 우주홍황' 에 이어서 ② '일월영측 진숙렬장' 과 ③ '한래서왕 추수동장' 이 나온다. 각각 '해와 달은 차고 기울며 별과 별은 벌려 있다.'

'추위가 오면 더위는 가고 가을에는 거두어들이고 겨울에는 감추어 둔다.'는 뜻이다. 어른이 보면 별것 아니고 또 그다지 이상할 것이 없지만 코흘리개 어린애가 처음 이런 글을 접했을 때 과연 어떤 생각이 마음속에 떠오를까?

그다음 ④ '윤여성세 율려조양'은 '윤달이 남아 해를 이루고 율과 여로 음양을 조리한다.'는 뜻이다. 음력으로는 일 년이 360일이므로 4년마다 한 번 그를 메우기 위해 윤달을 둔다는 정도는 알지만 '윤여성세'가 과연 그렇게 풀이되는지는 잘 납득이 안 간다. 그리고 '율려조양'은 '율과 여로 음양을 조리한다.'라는 뜻인데, 율려란 중국 고대의 악률을 조정하는 기구다. 그 율려로서 악기의 악기의 음률을 조정한다는 뜻 같은데, 4년마다 한 번씩 윤달이 필요하다는 것과 율려로 악률을 조정한다는 것은 어떤 관계일까? 이 두 구를 나란히 붙여 놓은데는 뭔가 까닭이 있을 텐데 도무지 알 수 없다.

⑤ '운등치우 노결위상'은 '구름이 날아 비를 이루고 이슬이 맺혀 서리가 된다.'는 의미로, 이는 비교적 알기 쉽다. 그러나 이를 두고 자연현상을 과학적으로 설명한 것이라고는 말하기 어렵고 자주 보는 자연현상을 간단히 기술한 정도로 보아야 할 것이다.

그리고 ⑥ '금생려수 옥출곤강', ⑦ '검호거궐 주칭야광'인데, 이는 각각 '금은 여수에서 나오고 구슬은 곤강에서 나온다.' '검은 거궐이 이름났고 구슬은 야광이 일컬어진다.'라는 의미다. 여기서 '여수'와 '곤강'은 모두 중국의 지명이고 '거궐'과 '야광'은 중국의 고사에 등장하는 보검이며 보물을 가리킨다. 이런 용어들은 중국 사람이라면 친숙한 것이지만 조선 사람으로서는 따로 설명이 따르지 않으면 의미를 알 수 없다. 요컨대, 천자문이라는 텍스트는 새삼스럽지만 말할 것도 없이 중국의 역사와 문물 그리고 지리가 표준이 된다. 그러한 것을 모르면 천자문을 이해할 수 없다. 역으로 천자문을 잘 배우면 배울수록 중국문화를 잘 알고 그에 친밀감을 느끼게 되는 것이다.

천자문의 비교육성 조선의 아이들은 어린 나이에 글공부를 처음 시작할 무렵부터 세상의 표준은 중국 문물이라는 것을 마음속에 새기게 된다. 이렇게 해서 조선의 아이들은 알게 모르게 점점 중화주의, 중국문명 중심주의로 빨려 들어가게 되고, 반면 자국문화는 이류 · 삼류로 보는 태도가 생겨나지 않았을까? 천자문이라는 텍스트는 원래 저자의 의도와는 무관하게 중국 주변의 여러 이민족들을 중국문명으로 동화시키고 문화적으로 예속시키는 '정치적 효과'를 분명히 가졌던 것이다. 중국문명 중심으로 동아시아 세계를 질서 지우려는 '욕망'이 천자문의 텍스트 밑바닥에 숨쉬고 있었다(김근, 2003).

천자문의 내용은 그러한 방식으로 자연현상, 역사, 제도, 정치, 인륜, 인성, 충효, 가정, 역사적 인물, 지리, 농사제도, 가축, 처세, 예악, 제사, 학문 등 여러 주제를 다루고 있다. 단순한 기술도 있는가 하면, 고전의 내용을 토대로 한 것도 있고, 역사적 사건이나 일화를 표현한 것도 있다. 그런데 위에서 그 내용을 일부 검토했지만, 이러한 책이 7, 8세 되는 아동이 처음 글을 배울 때 교본으로 삼을 만한 책이라고 보기는 어렵다. 내용이 너무 난해하고 또 아동의 경험세계와 동떨어져 있다.

실제로 조선시대에는 천자문이 아동교육 입문서로 부적합하다는 비판이 여러 번 나왔다. 『훈몽자회(訓蒙字會)』를 쓴 최세진(1468~1542)은 천자문의 내용이 너무 어려워서 학동들이 내용을 깊이 알려 하기보다는 단순히 글자만 익히려 하므로 초학자용 교재로 부적합하다고 지적했다. 『훈몽자회』는 어린아이들이 주변에서 쉽게 접할 수 있는 사물들을 33항목으로 분류하여 그에 관한 한자어 3,360자를 배치하고 각각 한글로 음과 뜻을 달았다.

박지원(1737~1805) 역시 천자문의 비교육성을 깨닫고 그를 비판하였다.

그는 '천자문불가독설(千字文不可讀說)'이라는 글을 지어 아동에게 천자문을 읽게 해서는 안 된다고 하고, 그 대신 『유합(類合)』을 읽혀야 한다고 했다. 박지원은 천자문의 내용을 논리적으로 분석하면서 도저히 아동용 기초 교재로서 부적합함을 명쾌하게 밝혔다. 박지원은 또 '사략불가독설'과 '통감절요불가독설'도 지어 천자문의 경우와 마찬가지로 사략과 통감절요를 아동에게 읽히는 것이 불합리함을 역설했다.

또 조선 말기의 정약용(1762~1863) 역시 천자문을 맹렬히 비판하면서 그에 대신한 교재로 『아학편(兒學編)』을 펴내기도 했다. 천자문의 교육학적 결함을 잘 알고 있었던 것이다. 훈몽자회, 유합, 그리고 아학편의 장단점은 천자문과 나란히 놓고 비교를 하면서 자세히 살펴봐야 하겠지만 여러모로 천자문에 비하면 아동교육의 관점에서는 보다 합리적인 교재였을 것으로 생각된다. 그럼에도 불구하고 천자문은 여전히 그 권위가 흔들리지 않았다. 새로운 초학자용 입문서가 크게 힘을 발휘하지 못하고 천자문의 자리를 빼앗지 못했다. 이와 같이 천자문이 한·중·일 세 나라에서 초학자용 교재로 최고의 권위를 지니면서 20세기 초에 이르기까지 널리 사용된 것은 무엇 때문일까?

천자문의 '가치' 교육학적인 결함에도 불구하고 천자문이 그토록 오랫동안 동아시아 여러 나라에서 널리 사용된 것에는 그 나름의 이유가 있다고 생각한다. 나는 그것을 천자문이라는 텍스트가 가지는 '문화의 힘'이라고 생각한다. 천자문은 단순한 어학 입문서가 아니다. 그것은 중화문명이라는 전근대 동아시아의 '거대문명'의 문을 처음 두드리는 사람을 위한 책이다. 천 개의 글자, 250개의 사자성어로 이루어진 천자문 안에는 수천 년 중국문명의 요체가 담겨 있다. 이해하기 어렵고 난해하면 할수록 중화문명의 신비감과 권위는 높아진다.

당시 중국 고전의 격언, 고사, 역사적 인물, 도덕규범, 생활예절 등 천자문의 컨텐츠는 '고급문화' 그 자체였다. 이러한 '문화적 교양'을 갖춘 자는 '교양인'인 엘리트가 될 수 있는 것이다. 엘리트는 대중과 구별되는 '특별한 소수'다. 나를 대중들과 다른 '특별한 소수'로 만들어 주는 문화적 교양의 첫걸음이 바로 천자문인 것이다. 그래서 천자문은 어려울 수밖에 없고 또 어려워야만 가치가 있다. 천자문이 교육학적인 결함에도 불구하고 1,400년 동안이나 초학자용 교본으로 최고의 자리에 있을 수 있었던 비밀이 여기에 있다.

중화문명은 한마디로 한자로 이루어진 '텍스트의 문명'이요 '문자의 제국'이다. 오랜 역사 속에 어마어마한 '문화'가 한자라는 문자 매체로 축적되어 있다. 또 세상은 한자라는 문자 매체를 자유자재로 다루는 문인 사대부들이 지배층으로 천하를 좌지우지하는 세상이다. 그런 파워엘리트 집단에 참가할 수 있는 길이 이른바 '등룡문'이라는 이름의 과거다. 그런데 과거에 합격하기 위해서는 한학과 경학의 교양이 필수적이다. 천자문은 바로 그러한 한학과 경학의 세계로 입문하는 과정에서 거쳐야 할 첫 '관문'이자 '증서'이기도 하다. 천자문을 완전히 암송해야만 비로소 '한학과 경학의 세계'로 들어가는 첫 문을 통과하는 것이 되며, 또 천자문의 '정복'(뗌)은 '거룩한 학문'의 세계로 입문했다는 증서가 된다.

이렇게 천자문은 매우 큰 상징성을 지녔던 텍스트다. 단순한 한자 학습용 교본에 그치지 않는다. 아동용 한자 교본으로는 천자문은 사실 문제가 적지 않았고 교육학적으로도 결함을 가졌다. 그래서 보다 합리적이고 아동교육의 원리에 충실한 아동용 한자 교본들이 우리나라 학자들에 의해 개발되었던 것이다. 그러나 그러한 결함과 대안들에도 불구하고 천자문이 장구한 세월 동안 아동용 한문 입문서로서의 절대적인 권위를 누릴 수 있었던 것은 결국 천자문이 함의하는 '문화성' 때문이었다. 천자문의 '문화성'이란 일종의 후광효과다. 황제가 왕자들의 습자공부를 위해 특별히 신하에게 명해서 만든 천자문, 학식이 깊은 고명한 관리가 고전과 고사를 적절히 활용하면서 심혈을 기울여 만든 천자문, 이것이 천자문의 후광효과다. 그런 의미에서 천자문은 일종의 경전이기도 하다. 아우라가 은은히 감도는 '거룩한 텍스트'다.

천자문의 교육효과는 아이가 좀 더 자라서 사서오경이나 한학을 본격적으로 공부하게 될 때 발현된다. 뜻도 모르고 암송했던 천자문의 여러 글귀나 단어가 서서오경 안 도처에서 발견된다. 그토록 어렵게 여겨졌던 경전과 한적이 술술 읽히는 것이다. 물론 정확한 의미야 따로 궁구해야 하겠지만 일단 텍스트가 친숙하게 다가오는 것이다. 본래 천자문의 자구들은 경전과 중국 고사에 기초하고 있기 때문에 그런 것은 하등 이상한 것이 아니다. 츠지모토(辻本)라는 일본 학자가 말한 '지(知)의 신체화(身體化)'(辻本, 2009)가 효과를 발하는 장면이다. 사서오경이라는 공인된 '지'(텍스트군)가 있다. 그것은 신유학의 이념을 글로 설명하는 텍스트들이고 또 과거에서 테스트하는 주된 내용이다. 사서오경이야말로 교육받은 인간과 입신양명을 위해 반드시 배워야 하는 보편적이고 문화적인 '지'다. 천자문의 학습은 그러한 사서오경의 세계로 들어가는 통행증(패스포트)인 것이다.

'국민 교과서' 동몽선습 천자문에 이어서 서당에서 배우는 기본 교재가 동몽선습이다. 동몽선습은 박세무(1487~1564)가 1541년에 편찬한 책으로 16세기 말엽 이후 전국적으로 보급되어 아동용 교재로 널리 사용되었다. 현종 때는 왕세자의 교육용으로 이 책이 사용되었다는 기록이 있다. 조선왕조실록의 현종 8년(1667) 2월 22일자 기록에는 왕세자가 처음 서연을 열어 동몽선습을 강(講)하였다고 나온다. 현종 13년(1672) 6월 23일자 기사에 따르면 당시 왕세자가 12세였는데 이미 동몽선습과 소학을 다 떼고 전년부터 통감을 배우고 있었다고 한다. 이 경우 현종의 왕세자는 10세 무렵에 동몽선습을 배운 셈인데, 필경 그전에 천자문을 비롯한 한문 입문서를 배웠을 것이다. 그 후 영조 때도 왕세자 교육용으로 동몽선습을 배우도록 한 예가 있다. 이로 미루어 당시 왕세자 교육의 기초 교재로 동몽선습이 서연(書筵)에서 관행적으로 사용되지 않았나 싶다. 즉, 일반 민간에 아동용 교재로 사용되기 전에 왕실에서 먼저 왕세자 교육용으로 사용되었고 그로부터 차차 민간으로 보급된 것으로 보인다.

이러한 동몽선습의 전파 경로는 앞에서 본 천자문의 그것과 유사하다. 천자문도 처음에 양무제가 왕자들의 서예교육용으로 편찬토록 한 것이다. 이는 아동교육용 텍스트가 먼저 왕실교육용으로 편찬되어 사용되다가 차차 민간으로 보급되었다는 것을 나타낸다. 그런데 동몽선습의 경우는 최초 박세무 일가의 자제교육을 위해 세운 가숙에서 사용하기 위해 만들어진 책이었는데 이후에 박세무의 문인인 노수신이 경연 중에 임금에게 건의한 것이 계기가 되어 서연에서 사용하기 시작했다고 한다(조선왕조실록, 영조 17년 7월 14일).

영조는 조선후기의 명군으로 유명하다. 그의 손자인 정조 역시 그러하다. 영조는 세손인 정조의 교육에 각별히 관심을 기울였던 것으로 유명하다. 영조는 동몽선습을 높이 평가하여 많은 부수를 인쇄하여 전국에 배포하였으며 그때는 직접 서문('어제동몽선습서문')을 지어 책에 포함시켰다. 영조 18년, 서기로는 1742년 정월의 일이다. 영조는 자신이 지은 서문을 당시 세손인 정조로 하여금 붓으로 직접 쓰도록 했다(영조 18년 9월 15일). 정조는 어린 시절 제대로 교육을 받아서 그런지 글씨가 좋았던 것 같다. 또 그 70여 년 전인 1670년에는 송시열이 발문을 쓰기도 했다. 이로써 동몽선습이 조선 중기 이후 조선의 동몽교육에서 차지하는 위치는 짐작할 수 있을 것이다. 참고로 실록(순조 15년 1월 18일)에 따르면 정조 때 왕세자 서연의 학습 교재는 처음 '효경'과 '소학초략'을 읽고 그다음에 '동몽선습'을 강독하고 이어서 '소학 전편'을 강독하는 것이 관행이었다 한다. 이로 미루어 볼 때 천자문 → 효경(그리고 소학 간략본) → 동몽선습 → 소학이 당시 왕세자 교육의 커리큘럼이었던 것 같다. 그리고 이러한 순서는 양반 사대부층의 교육에서도 마찬가지였을 것이다.

이와 같이 역대 국왕이 적극 후원하고 또 실제로 왕세자 교육의 중요한 텍스트로 사용됨으로써 동몽선습은 조선 중, 후기 아동교육에서 제일 중요한 텍스트의 하나로 자리 잡게 된다. 조정에서는 많은 부수의 동몽선습을 인쇄하여 전국에 배포하는 등 앞장서서 그 보급에 나섰고 또 민간에서는 필사의 방법으로 수많은 책자로 동몽선습이 보급·사용됨으로써 가히 동몽선습은 '국민교과서'로 칭해도 될 정도로 널리 사용되었다.

동몽선습의 내용은 크게 오륜 편과 역사 편의 두 부분으로 나뉘는데, 전자는 오륜을 해설하였고 후자는 중국의 역사와 우리나라의 역사를 다루었다. "천지지간만물지중(天地之間萬物之中)에 유인(唯人)이 최귀(最貴)하니 소귀호인자(所貴乎人者)는 이기유오륜야(以其有五倫也)라."로 시작되는 오륜편은 소학의 축약판이라고도 할 수 있다. 그리고 역사편에서 당시로서는 보기 드물게 우리나라의 역사가 역대 왕조별로 설명되어 있는 것이 특색이다. 단군조선부터 시작하여 기자조선을 거쳐 위만 때 기준이 왕위를 뺏기고 남하하여 마한을 건국한 일, 한사군의 설치 등의 고대사를 기술하고 삼국과 고려를 거쳐 조선이 건국되기까지를 서술하였다. 마지막으로 우리나라는 비록 바다 귀퉁이에 있어 땅이 좁고 작으나 예악법도와 의관문물이 모두 중화의 제도(華制)를 따라 인륜이 위로 밝고 교화가 아래에 행해져 풍속의 아름다움이 중화에 비견될 만하다. 그래서 중국인들이 소중화라 이르니 이 모두 기자(箕子)의 남긴 교화 덕분이 아니겠는가라고 맺고 있다. 조정에서는 특히 우리나라의 역사를 간결하게나마 수록한 점을 높이 샀다고 한다.

격몽요결의 '아동성' 격몽요결(擊蒙要訣)은 율곡 이이가 1577년에 초학자들을 위해 편찬한 책이다. 인조 때는 임금이 소학, 오륜가와 함께 격몽요결을 간행하여 전국에 송포하도록 하였다. 율곡은 격몽요결을 성학집요에 대응하는 책으로 구상한 것 같다. 즉, 주자의 소학–대학에 상응하는 것이 율곡의 격몽요결–성학집요인 셈이다.

격몽요결은 '서'와 본문 10장으로 구성되었다. '서'에서는 인간이 이 세상에 나서 학문을 하지 않으면 인간이라 할 수 없으니 학문이란 별 것이 아니고 곧 오륜의 실천이라는 것을 역설하였다. 그리고 본문은 1. 입지~10. 처세의 열 개 장인데, 내용상 학교모범과 상당 부분 중복된다. 예컨대, 입지(立志) 장에서는 공부하는 자는 모름지기 성인 되기를 스스로 기약해야 한다는 것을 강조하고 있고 지신(持身) 장은 학교모범의 '검신'과 거의 일치하는 내용이다. 또 독서(讀書) 장도 학교모범의 '독서'와 대동소이하다. 그 밖에 혁구습(革舊習), 사친(事親), 상제(喪制), 제례(祭禮), 거가(居家), 접인(接人), 처세(處世)의 장들이 있다.

이러한 내용의 격몽요결이 당시 '동몽'을 위한 교재로 편찬되어 또 실제로 보급되어 읽혔다는 사실은 당시의 아동교육의 성격을 알려 주는 좋은 자료가 된다. 현대의 기준에서 볼 때 격몽요결은 아동교육용 교재가 아니라 성인교육용 교재다. 입지, 지신, 독서 정도는 아동용 텍스트라고 주장할 수 있을지 모르나, 상제, 제례, 거가, 접인, 처세의 장은 그 내용이 도저히 아동으로서는 이해하기 어렵다. 이들 장은 기본적으로 제가(齊家)의 일, 즉 가부장의 사대부가 가내 식솔들을 잘 통솔하고 관혼상제의 의례를 올바르게 집행하며 또 과거에 급제하여 벼슬살이를 바르게 하는 데 필요한 법도와 예절을 가르치고 있다. 이러한 것들은 아동의 생활세계와는 너무나 동떨어진 내용들이다.

격몽요결은 타이틀에 '몽(蒙)'이라는 글자가 들어 있다고 해서 단지 아동(동몽)만을 위한 책이라고 생각해서는 오산이다. 당시 실제로 아동들에게 격몽요결이 읽힌 것은 사실이다. 그러나 내용으로 볼 때 격몽요결은 사대부가 평생 몸에 지니고 틈틈이 읽어야 할 책이다. 그것은 소학을 주자가 처음 편찬할 때 초학자용의 교재로 만들었지만 조선시대 신유학자들이 '평생 교본'('소학동자' 김굉필)으로 삼았던 것과 같은 이치다. 실제로 격몽요결은 성리학 공부를 착실히 한 어른도 제대로 실천하기 어려운 내용들로 차 있다. 내용이 난해하여 아동으로서는 도저히 이해하기 어려운 내용들이 많은 것은 천자문의 경우도 마찬가지다. 천자문 역시 어른이 읽어도 전혀 손색이 없는 고급 텍스트인 것이다.

이와 같은 사실이 바로 조선왕조 시대의 아동교육의 성격을 잘 드러내 주고 있다고 생각한다. 대표적인 아동용 교재인 천자문이나 율곡의 격몽요결이 성인용 교재로서도 전혀 손색이 없을 정도로 내용이 난해하고 또 수준이 높다는 사실은 우리에게 당시의 아동교육에서 아동은 '성인의 축소판'으로 간주되었다는 것을 확인할 수 있다. 또 그것은 당시의 교육 관념에서는 아동교육과 성인교육이 명확하게 구분되어 있지 않았다는 사실을 알려 준다. 따라서 교육과정 역시 아동용과 성인용이 판연히 구분되어 사용되지 않고 성인용을 간략화하여 아동용으로 사용하였다. 따라서 아동용 교재가 성인들에게는 핵심 사항만을 수록한 요약본으로서 충분히 사용 가치가 있는 것이다. 현대의 학교교육에서는 좀처럼 생각하기 어려운 점이다. 이 점이 조선시대 아동교육이 현대 초등교육과 본질적으로 다른 점이다.

3. 에도시대의 일본교육

1) 에도시대의 사회와 문화

도요토미 히데요시(豊臣秀吉)의 사후 새로운 실력자로 도쿠가와 이에야스(徳川家康)가 등장하여 에도(江戸)에 새로운 바쿠후(徳川幕府)를 수립한 1603년을 일본 근세의 시점으로 친다(1568년의 오다[織田] 정권 수립을 근세의 시점으로 보는 입장도 있음). 에도바쿠후는 1867년에 메이지 왕정복고에 의해 붕괴할 때까지 265년 지속했다. 한국사에서 보면 조선후기에 해당하는 시기다. 조선은 도요토미 히데요시의 조선 침략(1592~1598)으로 나라가 황폐해지는 막대한 피해를 입었고, 명은 조선 출병의 여파로 여진족의 청(1616~1912)에 멸망당하는 대격변이 있었다.

새로운 정치체제로서 에도바쿠후의 특성은 우선 강대한 권력집중에 기반한 '집권적 봉건제'를 들 수 있다. 중세 후기 전국시대의 지방권력(센고쿠 다이묘) 할거의 분열적 정치 시스템으로부터 쇼군이 실질적인 국왕으로서 쿠게, 지샤(寺社, 사원과 신사), 그리고 부케에 대하여 통일적인 권력을 행사하는 체제로 변화하였다. 이 새로운 봉건제도는 바쿠한(幕藩) 체제라고도 불린다. 무력 정복으로 일본의 모든 토지를 장악한 바쿠후의 쇼군은 자신의 직할지(전국 가경지 면적의 약 15%)를 제외한 나머지 토지를 자신에게 충성을 맹세한 직속 가신(다이묘, 大名)들에게 분배하고, 그들은 다시 자신의 가신에게 일정한 토지를 분배하는, 쇼군-다이묘, 다이묘-가신으로 구성되는 이중적이고 세습적인 봉토관계의 계층제가 성립하였다. 전국의 한(藩, 그 총수는 240~280에 달함)을 지배하는 다이묘는 쇼군에 대하여 충성을 맹세하고 군사적 봉사의 의무를 지면서 동시에 독립적인 지방권력으로 존립하였다.

바쿠한 체제는 중앙집권제와 지방분권제의 병존적 균형 위에 서 있는 독특한 정치 시스템이었다. 이는 당시 명(그리고 청)과 조선이 고대 이래의 국왕-관료제를 핵심으로 하는 중앙집권적 정치 시스템을 취하고 있던 것과는 매우 대조적이다. 일본은 1868년의 메이지유신으로 바쿠후와 한이 철폐됨에 따라 중앙집권적 국가로 변모하게 된다. 중세에 이어 근세에도 일본은 조선과 명, 청과는 이질적인 정치적 시스템 위에 서 있었다.

경제적인 면에서는 농업생산이 경제적 토대를 이루면서 농민층은 영주에 대하여 연공(年貢)과 각종 역(役)을 부담하는 '천하지대본'으로 중시되었다. 한편 바쿠한 체제하의 농업경제는 그 전제로서 상품 화폐경제를 불가결의 전제로 하였고 특히 도쿠가와 바쿠후의 다이묘 통제책인 산킨(參勤)제도는 에도 중심의 대규모 상품 유통망을 발달시켰다. 또한 병농 분리에 의해 조카마치(城下町)에 집주하게 된 무사계급의 '불로 소비'의 생활양식은 상업활동에 종사하는 상인층의 발달을 촉진했다. 그리하여 점차 도시 상인의 세력이 증대하게 되었고 상품경제는 자급자족적인 자연경제의 전통적인 기반을 흔들게 되었다.

사회적으로는 중세 이상의 엄격한 신분제도가 성립했다. 이른바 사농공상(士農工商)은 세습적인 생업의 구별인 동시에 상하 차별의 위계질서이기도 했다. "무사는 '심로(心勞)'의 지배자로서 위에 서고 '역로(力勞)'의 농공상 삼민은 피지배자로서 아래에 위치한다."는 아메노모리(雨森芳洲, 1668~1775)의 말처럼, "위에 있는 무사는 귀하고 도덕적으로 뛰어난 존재이므로 도덕적으로 떨어지는 비천한 삼민을 지배하고 교화하여 사회의 질서를 유지하는 것이 그 직분으로 여겨졌다. 삼민 중에서도 특히 서민계급의 대부분을 차지하는 농민은 바쿠한 경제의 기초적인 담당자이기도 했기 때문에 생활의 세부에 이르기까지 엄격한 통제와 간섭을 받았다."(依田, 山中, 2002: 40) 유동적인 중세에 비해 근세는 고정적인 신분질서의 사회였고 그 중심에 무사가 있었다.

2) 에도시대의 교육

근세의 무사는 중세와 마찬가지로 여전히 국가의 지배자였지만 그 성격이 달라졌다. 에도바쿠후 성립 이후 3세기에 걸쳐 유지된 평화는 전투요원으로서의 무사의 성격에 변화를 가져왔다. 즉, 근세의 무사는 바쿠후와 한의 행정을 담당하는 자로서 농공상 삼민의 위에 서는 문화적이고 관료적인 지도자로 변모하였던 것이다. 행정적이고 사회적인 지도자로서 무사에게는 그에 걸맞은 학식, 교양, 규범의 습득이 불가결한 것으로 인식되었다. 바쿠후는 무사층에 대하여 문무겸비(文武兼備)의 수양을 요구하면서 그 내용으로서 육예(六藝)와 오상(五常)을 제시했다. 중세와는 달리 무사계급을 위한 조직적 교육이 필요해지게 된 것이다(이하의 서술은 주로 關山, 1987 참조).

민중의 입장에서도 교육의 필요성은 증대했다. 병농분리의 바쿠후와 한의 여러 법령이나 지령은 문서에 의존함에 따라 민중일지라도 문자를 해독하고 쓸 수 있는 기초 식자 능력이 필요해졌다. 또 상품화폐 경제의 발달은 상거래를 일상적인 것으로 만들고, 그에 따라 계약서 교환, 장부 기입, 편지 작성 등의 문서기록 행위가 보편적이 되었다. 자연히 서민을 위한 기초적이고 초보적인 독·서·산의 교육에 대한 요구가 생기고 증대하였다.

그리하여 근세에는 무사와 서민을 위한 여러 교육 기관과 시설이 만들어졌다. 이들 교육기관(시설)을 대별하면 바쿠후 직할학교인 쇼헤이자카가쿠몬조(昌平坂學問所 이하 '가쿠몬조'), 한의 학교인 한코(藩校, 한가쿠[藩學]), 그리고 사립의 시주쿠(私塾)와 테라코야(寺子屋)의 세 종류다.

교육의 수준으로는 초보적인 독·서·산의 습득을 목적으로 하는 것부터 전문적인 고등교육을 목적으로 하는 것까지 걸쳐 있으며 교육의 내용으로는 유학, 고쿠가쿠(國學), 양학, 의학, 병학, 무예 등의 다방면에 걸치는 것들이었다.

3) 무사계층의 교육

무사계층을 위한 교육이 제도화되어 학교의 형태를 취하게 된 것은 18세기 이후의 일이며, 그전까지는 주로 가정을 중심으로 하는 개인적인 교육이 행해졌다. 에도시대 전기 동안 부케의 아이로서 필수적인 한적의 소독(素讀), 습자, 무예연습 등의 기초교양은 기본적으로 각 가정의 책임으로 여겨졌고 가정이 곧 교육의 장이었다고 해도 과언이 아니다. 그러한 교육적 자원을 가정 내에 소유하지 못하는 중하급 무사는 유자(儒者)가 개설한 가숙(家塾)이나 사숙(私塾, 시주쿠)을 이용하기도 하였다.

국가와 사회의 통치자가 된 무사가 갖추어야 할 기본 자질로서 문무겸비(文武兼備), 문무양도(文武兩道)의 사상이 출현한 것은 중세이지만, 근세에 이르러 보다 자각적으로 주창되었으며 바쿠후와 한의 교육정책으로 구체화하기 시작한 것은 18세기부터였다. 그리고 그러한 무사계급의 문무양도를 위한 학교가 바쿠후의 가쿠몬조이며 한의 한코였다.

바쿠후 직할의 가쿠몬조(昌平坂學問所)는 조선의 성균관에 상응하는 관학이었다. 그러나 그 설립에서부터 양자는 매우 달랐다. 즉, 가쿠몬조는 쇼군의 시강(侍講, 개인교사 겸 문서기록관)인 하야시 라잔(林羅山, 1583~1657)이 1630년에 자택 내에 세운 가숙(林家塾)을 모태로 한다. 1690년 5대 쇼군 츠나요시가 하야시의 가숙을 이전하여 유시마 성당(湯島聖堂)으로 개칭하고 관리를 임명하는 등 관학으로서의 형태를 구비하기 시작했고, 정식으로 바쿠후 직할학교로 된 것은 1790년경이었다. 가쿠몬조는 쇼군을 위시한 바쿠후의 직속 가신들 외에 일반인도 청강이 가능했으며 '이학의 금(異學の禁)' 정책(1790년)이 상징하듯이 교육내용은 유학, 그중에서도 주자학이 주를 이루었다. 이후 가쿠몬조는 바쿠후의 최고학부이자 주자학의 총본산으로서 일본 유학계에 큰 영향을 미쳤다.

한코의 교육 일반 무사를 유학교육이 제도화되는 과정도 위와 같은 경과와 유사했다. 가장 전형적인 것은 지방 유관(儒官)이 성내(城內, 영주=다이묘의 본거지)에서의 유학 강석 외에 여가에 자택 내에서 시행한 유학 강석이 점차 정례화하고 조직화되어 가숙의 형태를 가지게 되고, 또 한의 지원을 받게 되면서 공적인 성격을 지니게 되면서 한코[藩校]로 승격하는 패턴이다. 그 밖에 공자묘와 석전에 기원하는 것, 처음부터 유학자의 명확한 교육이념에 따라 설립된 것, 바쿠후 가쿠몬조나 다른 한의 선구적인 한코를 모델로 한 것 등 여러 설립 패턴이 있었다. 이러한 양상은 조선의 경우처럼 왕조 창건 초기에 상의하달 방식으로 동질동형의 관학시설인 향교의 전국적인 네트워크가 일제히 구축되는 것과는 매우 대조적이다.

한코의 설립이 다양한 형태로 이루어진 것처럼 그 조직, 형태, 교육내용, 교육방법은 일률적이지 않고 다양하였다. 학교의 명칭도 조선처럼 청주향교, 전주향교, 남해향교와 같은 식이 아니라 일신관(日新館), 홍도관(弘道館), 화전교장(花畠教場), 문무(文武)학교, 명륜당(明倫堂), 학습관(學習館), 시습관(時習館) 등 유교경전에서 따온 명칭 등이 자유롭게 사용된 예가 많다.

한코의 입학 연령은 대략 7, 8세에서 13, 14세 무렵까지이며 몇 년간 수학한 후 늦어도 20세까지는 수료하는 것이 보통이었다. 만학의 경우는 독·서·무술의 초보를 가정이나 가숙, 도장 등에서 마치고 오는 것이 보통이었다. 교육과정은 사서오경의 소독에서 시작하여 점차 내용의 강석으로 이어진다. 그리고 회독이나 윤강에도 출석했다. 학교 내에 무도장(武道場)을 설치한 한에서는 유학공부와 겸하여 창, 검, 궁, 마, 유술(柔術) 등 무예의 훈련도 행해졌다(교내에 무도장이 없는 경우는 교외의 도장을 이용했다.).

입학 형태에 있어서는 한의 무사 자제 전원을 의무적으로 취학시키는 경우, 장남 혹은 상급무사의 자제만으로 한정하는 경우, 각자의 자유의사에 맡기는 경우, 기숙사제를 원칙으로 하는 경우, 통학생만을 받는 경우 등 다종다양했다.

한코는 18세기 초까지는 그 수가 미미했는데, 그 세기의 말에 이르면 설립 붐이 일어났다. 그 무렵에 바쿠후는 주자학(正學) 외의 학문을 가르치는 것을 금하는 '이학(異學)의 금(禁)' 정책을 펴고 1797년에는 하야시케주쿠[林家塾]을 관학으로 승격시켜 직할학교(가쿠몬조)로 삼았다. 그리고 가쿠몬조에 서생료(書生寮)를 설치하여 바쿠후의 가신들만이 아니라 전국 여러 한의 무사들도 입학할 수 있도록 했다. 이로서 바쿠후의 가쿠몬조는 무사교육의 최고학부가 되었으며 가쿠몬조에서 수학한 유자(儒者)를 교관으로 채용하는 한코가 점차 늘어났다. 18세기 말경 바쿠후는 무사의 교육뿐만 아니라 민중에 대한 교육의 중요성을 자각하고 정책적으로 그를 추진하기 시작했다. 환언하면, 그 이전에는 "적어도 정책으로서의 교육은 희박했다." 고 할 수 있다(辻本, 2002: 245-263).

한코는 1703년에 20교로서 전체 한(藩)의 9%에만 설치되어 있었으나 한 세기 후인 1814년에는 그 수가 133교로 늘어 51%의 한이 학교를 설립하고 있다. 그리고 1868에는 241교로 증가하여 거의 모든 한에 한코가 설치되기에 이르렀다(Dore, 1970: 65; 辻本, 2002: 263). 이것은 바쿠후나 한이 무사교육에 본격적으로 나선 결과이며 이제 무사에게 학문적 교육은 필수적인 것으로 간주되는 시대가 된 것이다. 그리하여 에도시대 초기에는 대부분 가정이나 사적인 형태에 머물렀던 교육이 "시대의 말기에는 아시가루(足輕) 이상의 무사의 자제는 그 과반수가 여러 한 당국이 설치한 200여의 학교에서 정규교육을 받고 있었다."(Dore, 1970: 63)

에도시대 말기로 갈수록 여러 한이 한코 설치에 열을 올리게 된 것은 바쿠한 체제의 내부 모순의 격화와 함께 서양 자본주의 열강의 일본에 대한 외압이라는 외부로부터의 위협에 대한 하나의 대응양식이기도 했다. 말기에 이르러 하급무사인 아시가루 그리고 서민에게까지 한코의 문호가 개방되기도 했고, 입학 연령의 저하와 수학 연한의 연장의 경향이 나타났으며 취학 강제의 사례도 증가했다. 또한 한코의 내부 규율이 강화되었으며 시험이 보다 체계적으로 활용되는 변화도 나타났다. 즉, 근대적인 학교제도로서의 성격이 농후해진 것이다.

한코의 교육과정도 종래의 유학 중심에서 벗어나 "한의 부국강병, 식산흥업 노선에 따라 다양화하여 네덜란드학과 양학뿐만 아니라 의학, 산술, 병학, 포학, 천문학, 본초학 등의 과학기술계의 여러 과목이 도입되었고,

그에 맞추어 의학교, 양학교, 국학교, 병학교 등의 전문학교를 병설하기도 했다."(多田, 1987: 82) 이와 같은 한코의 변모는 조선의 향교가 유학의 교육 및 향사 시설로 시종일관한 것과는 사뭇 다른 양상이다. 일본이 19세기 말에 제국주의적 '외압'을 극복하고 근대화를 자주적으로 성취한 반면 조선왕조가 그 정반대의 길을 걸을 수밖에 없었던 사실을 새삼 상기하지 않을 수 없다.

4) 서민의 교육

에도시대 일본의 서민교육 시설로는 전문적 직업교육의 장인 도제봉공(徒弟奉公)과 읽기, 쓰기, 주판의 기초교육의 장인 테라코야[寺子屋]가 주된 것이었다.

도제봉공은 근대 이후에도 존속하는 일본 독특의 직업훈련 관행이다. 도제봉공에는 상인사회의 뎃치[丁稚]봉공과 직인사회의 넨키[年季]봉공의 두 종류가 있다. 전자의 경우 10세 무렵부터 상가에서 숙식을 하면서 주인집의 잡일부터 시작하여 장사 일을 초보에서부터 배워 나가면서 뎃치[丁稚], 테다이[手代], 반토[番頭] 순으로 진급하여 자립 능력을 주인으로부터 인정을 받게 되면 노렌와케[暖簾分け]하여 독립하게 된다. 직인봉공의 경우 역시 오야카타[親方] 집에 들어가서 먹고 자면서 가사일에서부터 도구 운반과 손질 등의 잡심부름을 해 가면서 기술을 익혀 간다. 연한은 대개 10년 정도가 보통이며 미나라이[見習い], 쇼쿠닌[職人], 오야카타[親方]의 단계를 거쳐서 직인으로서 독립하게 된다(多田, 1987: 84-85). 그런데 그와 같은 도제봉공의 세계로 입문하기 전에 그 준비로서 테라코야에서 독·서·산의 기초교육을 거치는 것이 일반적이었다.

테라코야의 교육 조선의 서당과는 달리 테라코야[寺子屋]는 기초적인 직업교육 학교라는 성격이 강했다. 테라코야라는 명칭은 중세 그리고 근세 초기까지도 사찰이 거의 유일한 정규 교육기관이었던 사실을 반영하는 것으로 테라코[寺子]란 단지 생도를 의미하는 것이었으며 '테라코야'란 "생도를 모아 가르치는 것을 직업으로 하는 집"을 뜻하게 되었다(Dore 1970: 234). 근세의 테라코야는 불교의 사원과는 무관한 학교였다. 또 테라코야는 지역에 따라 테나라이주쿠[手習塾]라는 명칭으로 불리기도 했다.

테라코야는 공권력에 의해 설립된 교육기관이 아니며 서민의 생활과 결부되어 사인(私人)이 임의로 개설할 수 있는 자연발생적인 것이므로 그 출현 시기와 과정은 명확하지 않다. 이미 중세 말기에 초보적인 문자학습의 장이 촌락에 있었다는 사료도 있다. 테나라이의 제자들이 선생의 사후 그 명복을 기리기 위해 세운 후데즈카[筆塚]라는 묘석은 에도시대 초기에 테라코야가 상당수 존재했음을 알려 주는 증거다. 그리고 후기가 되면 테라코야는 일상적인 것이 되었다(八鍬, 2002).

중엽 이후에 널리 보급되기 시작한 테라코야는 한코의 경우와 마찬가지로 18세기 말경부터 급속히 증가하였다. 이 시기에는 서민 가정의 경우 테라코야에 아이를 보내서 초보적 교육을 받게 하는 관습이 일반화하였다. 테라코야의 교육에 관해 그 경영, 교육방법, 교육내용을 간략히 살펴본다(이하 주로 多田, 1987 참조).

테라코야는 하급무사나 로닌[浪人], 승려, 신관(神官) 등 어느 정도 학력을 갖춘 자라면 일상생활이나 생산활동을 영위하는 데 필요한 읽기, 쓰기, 주산 등의 초보적 교양을 아이들에게 가르치기 위하여 임의로 개설할 수 있는 자연발생적인 '아래로부터의 교육의 장'이었다. 거기서는 정해진 입학 연령이나 수학기간도 정해져 있지 않았으며 졸업증서가 발행되지도 않았다. 부모가 아이의 교육이 필요하다고 생각하면 입학을 시켰고, 아이는 선생이 주는 교재를 습자 위주로 익히면서 실제 생활에 밀착한 여러 지식을 배워 가면서 직업생활의 준비를 했다.

학교의 형태는 보통 한 명의 교사가 전용 시설이 아닌 자택의 일부를 이용하는 방식이었고 따라서 한 명의 교사가 학교의 설립자이자 경영자 그리고 직원의 역할을 두루 겸했다. "백 명 이상의 생도가 있는 아주 큰 학교만이 정규 직원을 고용했다. 학교는 동시에 교사의 주거이기도 했다. 생도 수 30, 40명의 평균적 규모의 학교에서는 잇닿아 있는 두세 칸의 방을 가운데 미닫이문을 떼어내고서 교실로 사용했다. …… 남녀 아이들은 보통 같은 방 안이지만 따로 모여 앉아서 공부하는 것이 통례였다. 각자에게는 책상이 할당되었는데 그것을 밤이 되면 방구석에 쌓아두고 다음 날 아침이면 다시 배열하는 것이 매일의 당번의 일이었다. 교실을 밤중에는 그 본래의 기능인 교사의 주거용으로 바꾸기 위해서다." (Dore, 1970: 243)

교사의 신분은 에도의 무사계층 집주지에서는 무사가 많았던 반면에 서민 거주지나 향촌 지역에서는 평민이 압도적으로 많았다. 무사의 아이와 평민의 아이가 같이 공부하는 예도 없지 않았지만, 대개 무사가 교사인 테라코야에서는 무사의 아이들이, 서민의 교사가 경영하는 학교에서는 서민의 아이들이 많았다. 서민의 교사 중에는 여성(미망인이나 '고학력'의 미혼 여성 등)도 있었는데 그 수는 메이지 초기로 갈수록 많아져서 1880년대에는 교사의 1/3이 여성이었다(Dore, 1970: 237).

교사의 교육활동에 대한 사례나 보수는 대개 학부형의 자발적인 기부(謝禮)에 의존하였다. 교사 자신이 향촌의 관리(村役人), 승려, 신관, 의사 등 본업을 따로 가지고 있는 경우나 지역 유력자가 재정원조를 하는 경우를 제외하고는 보호자의 사례가 일반적인 형태였다. 그것은 입문 시의 속수(束脩)와 정기적인 사례(謝儀)의 두 종류였지만 그 내용과 정도는 매우 다양했다. "교육을 신성한 행위로 여기는 유교사상이 깊이 침투한 에도시대에는 수익자 부담이라는 통념은 존재하지 않았고, 빈부에 관계없이 부모가 수시로 각 계절의 자연산물이나 일용품을 희사한다거나 또는 학교 증축이나 교사의 집안 관혼상제 등의 기회에 노동력을 제공함으로써 선생의 은공

에 보답하였다." (多田, 1987: 87)

테라코야의 입학에서부터 일상의 교육방법의 양상은 대략 다음과 같다. 7, 8세 무렵에 입문하여 수년간 학습이 이어진다. 테라코야의 입문(入門)은 단지 교육의 시작만이 아니라 생애에 걸친 '사제(師弟)'라는 특별한 인간관계를 맺는다는 의미를 지녔다. 그래서 부모는 팥찰밥(赤飯)을 지어서 고사를 지내고 난 다음 정식 예복을 차려입고서 선생을 방문하여 속수를 바치면서 입문을 청하는 것이 관행이었다.

매일의 학습은 오전, 오후 몇 시간에 걸쳐 이루어졌으며 향불이 한 자루 다 타는 것으로 수업시간을 구분하였다. 계절별로 그리고 농한기와 농번기에 따라서 학습시간은 조정되었다. 아이들은 하루 공부를 마친 후에는 공부방 청소와 뜰의 소제를 하고 나서 귀가했다. 습자[手習い]를 중심으로 하는 매일의 공부는 단조로운 반복학습이었고 연말연시와 매월 5, 15, 25일이 정기휴일이었다. 학습의 대부분은 아이 자신의 습자연습이었고, 선생은 한 명 한 명 개별지도를 했다. 한편 읽기와 주산의 학습은 종업 전에 일제교수로 행해졌다.

테라코야의 교재를 총칭하여 오라이모노[往來物]이라고 한다. 본래 오라이모노란 왕복 서한의 모범 문례들을 수록한 교재로서 그 기원은 고대까지 거슬러 올라간다. 그러나 에도시대에는 테라코야에서 사용되는 모든 교재를 지칭하게 되었다. 에도시대에는 수천 종이 있었고 그 형식과 종류가 다양했다.

테라코야의 교재 중 가장 대표적인 오라이모노는 고대 헤이안시대 귀족이 서로 주고받는 왕복서한문집을 모델로 하였다. 그러한 오라이모노는 중세 사원학교에서 사용된 속인 아동용 교재이기도 하다. 일례로 『테이킨 오라이(庭訓往來)』는 에도시대 가장 많이 사용된 교재의 하나로 무로마치 시대에 처음 만들어졌다.[1]

테라코야의 교재는 초기의 귀족적 서한문 형식의 오라이모노가 점차 줄어들고 점차 특정 직업이나 지방의 이해에 도움이 되는 실용 용어집, 도덕적 교화 · 교훈서, 그리고 실용적 서한문례집이 다수를 차지하게 되었다.

5) 사적 교육시설: 시주쿠

한코와 테라코야가 신분적인 교육기관(시설)이었다면, 시주쿠(私塾)는 계층과 신분을 뛰어넘는 것이었다. 그것은 바쿠후나 한의 허가를 받지 않고 자유롭게 개설된 교육기관이었다. 그리고 테라코야의 초보교육을 마친 자 중 도제봉공의 길이 아니라 상급의 학문적 교육과 기능을 배우고자 하는 자를 교육 대상으로 하였다. 시주쿠는 조선의 서원에 대체로 상응하는 교육기관이지만 기본 성격과 교육내용에서는 둘 사이에 큰 차이가 있다.

시주쿠는 19세기에 크게 발전하였는데, 특히 에도 말기에는 폭발적으로 증가하여 전국적으로 약 1,500개가 설치되어 있었으며 한 시주쿠당 20~70명의 생도가 있었다(이하 주로 關山, 1987 참조). 대부분의 시주쿠는 교사의 자택에 개설되었으며 교사는 민간 학자인 경우가 많았다. 생도는 자신의 교육목적에 적합한 교사를 스스로 선택하여 자발적으로 시주쿠에 입문했다. 따라서 시주쿠의 학생은 신분, 연령, 능력, 출신지 등이 다양한 사람들이었다.

시주쿠의 종류로는 한학을 가르치는 한학숙(漢學塾)이 가장 일반적이었고, 에도시대 말기로 갈수록 점차 고쿠가쿠(國學), 란가쿠(蘭學), 의학, 병학 등 다양한 시쥬쿠가 출현했다. 한학에서는 토주쇼인(藤樹書院), 코기도

1) 그 내용은 1년의 매달별로 왕복서한 각1통씩으로서, 의식, 경기, 오락에 관한 것(4통), 농공상의 하층 직업에 관한 것(4통), 건물, 가정비품, 요리, 의복에 관한 것(4통), 불교, 승려, 사원에 관한 것(4통), 전쟁, 무기, 군사훈련에 관한 것(2통), 지방 행정에 관한 것(2통), 사법과 소송에 관한 것(2통), 질병과 약에 관한 것(2통)으로 구성되었으며 무로마치시대의 한문조의 일문으로 되어 있다. 이것은 "중세의 지주 무사의 자제에게는 절호의 초등교과서" 였던 것이 분명하지만 에도시대의 특히 서민 아이들의 일상생활이나 경험과는 매우 이질적인 것이었다(Dore 1970: 254).

(古義堂), 칸기엔(咸宜園), 쇼카손주쿠(松下村塾), 란가쿠(蘭學)에서는 테키주쿠(適塾), 나루타키주쿠(鳴瀧塾), 시란도(芝蘭堂) 등이 유명하다.

이들 시쥬쿠 중에서도 칸기엔과 테키주쿠는 그 규모나 사회적 영향력에 있어 특히 주목할 만하다. 칸기엔은 유학자 히로세 탄소(廣瀨淡窓, 1782~1856)가 1805년에 큐슈 북동부 지역에 개설하였는데, 히로세 당대 50년 동안 입문자가 60개 국(藩) 출신의 약 3,000명에 달했으며 그 신분은 무사, 승려, 의사, 도시 평민, 농민 등 다양했다. 1897년 폐쇄될 때까지 문인의 총수는 4,600여 명으로 최대 규모의 시쥬쿠였다. 연령과 신분에 구애되지 않고 개인의 능력과 업적을 중시하는 실력주의를 기본으로 하는 등 특색 있는 교육을 행했다.

제8장

근세 서양의 교육

1. 서양의 '근세'
2. 르네상스와 휴머니즘 교육
3. 종교개혁과 교육
4. 과학혁명과 학교개혁의 세기
5. 절대왕정과 교육
6. 계몽사상과 교육

제8장

근세 서양의 교육

계몽이란 사람이 자신의 미성년 상태로부터 벗어나는 일이다. 그런데 이 상태는 사람이 스스로 초래한 것이므로 자신에게 그 책임이 있다. 미성년이란 타인의 지도가 없으면 자신의 오성(悟性)을 사용할 수 없는 상태다. 이러한 미성년 상태에 머물러 있는 것은 그 자신에게 책임이 있다. 왜냐하면 이 상태에 있는 원인은 오성이 없는 것이 아니라, 타인의 지도가 없이도 자신의 오성을 적극적으로 사용하려고 하는 결의와 용기가 결여된 것에 있기 때문이다.

–칸트, 『계몽이란 무엇인가?(*Was ist Aufklärung?*)』

1. 서양의 '근세'

서유럽의 경우 15세기로부터 19세기에 이르는 시기는 '근대 초기'로 명명할 수 있다. 의미가 불명료한 '근세'라는 말에 비해 '근대 초기'는 '근대'가 본격적으로 시작되기 전의 '초창기의 근대'를 의미하므로 그 의미가 비교적 명확하다. 서양의 경우 '근대사회'가 본격적으로 그 모습을 드러내면서 전개되는 것은 19세기 후반이다. 본격적인 '근대'가 그 모습을 드러내기 이전 중세 말 이후 5세기에 걸치는 '준비기'가 있었던 것이다. 이 시기를 경유하면서 서양은 세계의 패자로 부상하였고, 19세기 후반 이후 동양은 서양 앞에 무릎을 꿇게 된다. 그리하여 20세기에는 서양 사회 안에서 발전되어 나온 '근대사회' 모델이 세계화되었다. 오늘날 학교교육은 개인의 성장과 인간적인 생활을 위한 본질적인 권리며 또 사회를 위해서는 영속적인 발전을 위해 반드시 필요한 공공재로 인식되고 있다. 이러한 학교교육의 관념은 처음 서양에서 성립한 '근대교육'의 관념이다. 인권이자 공공재로서의 학교교육의 관념은 근대사회 모델의 핵심적인 내용요소이기도 하다. 이 장에서는 그러한 '근대교육'이 완전한 모습을 드러내기 이전 시기의 서양교육에 대해 살펴보기로 한다.

지방분권을 특징으로 하는 중세 유럽의 봉건적 정치질서는 13, 14세기를 전후하여 붕괴하고 점차 왕권이 강화되어 가면서 15, 16세기에 절대왕정의 성립을 보게 된다. 즉, 군주는 약체화한 봉건영주의 지배권을 통합하여 관료제와 상비군에 의한 집권적 지배를 확립하고, 또한 신흥 부르주아를 중상주의를 통해 보호하고 통제하면서 부국강병을 추구한다. 중세의 원심적 분열 상태에서 탈피하여 일정한 영토를 확보하는 통일적인 국가가 나타나게 된 것이다.

봉건영주 중심의 정치체제로부터 절대주의 국가는 영국의 장미전쟁

(1455~1485), 프랑스의 위그노전쟁(1562~1598)의 사례에서 보듯이, 봉건적 귀족 세력을 양분하는 내전을 거치면서 출현하였다. 그리고 이들 내전은 왕위계승이나 종파대립을 직접적인 계기로 하면서도, 그 심층부에는 유럽 전체를 휩쓴 커다란 경제적 변동이 자리하고 있었다. 즉, '봉건제의 위기' 혹은 '영주제의 위기'라고 부르는 경제변동으로서 화폐경제의 진전, 농민층의 지위 향상이라는 요인에 의해 봉건영주가 직면하게 된 위기가 그것인데, 그로 인해 봉건제 사회는 그 기초가 와해되기에 이른다.

근대 초기(앙시엥 레짐기)에 성립한 유럽의 절대왕정은 그 존속기간이 약 300년 정도이지만, 동양적인 왕정과 유사하다는 점에서 우리의 주의를 끈다. 고대 이래로 서양은 동양과는 상당히 다른 정치문화를 형성해 왔는데 이 시기에 이르러 양자가 접근한 것처럼 보인다. 사실 서양의 정치문화에서는 고대 그리스문명 이래로, 동양적 전제주의는 전제군주를 제외한 나머지 대다수의 인간들을 노예 상태로 놓는 야만적인 것으로 인식되었다. 로마의 제정도 동양의 그것과는 동일하지 않았다. 그리고 중세는 기본적으로 집권적 왕권이 사실상 없었던 시대였다. 이런 역사의 흐름에서 보면 16세기 이후 유럽에서 절대왕정이 성립한 것은 흥미로운 역사 전개다.

절대왕정(absolute monarchy)은 18세기 말의 프랑스대혁명 이후의 국민국가(nation-state)의 등장과 함께 모습을 감추게 된다. 그리고 절대왕정과 국민국가는 주권의 소재를 제외하면 기본적으로 동형의 국가 형태였다. 영토나 국민과 같은 관념 그리고 관료제도와 상비군 등의 국가기구 등 오늘날 국민국가의 여러 기본적 요소가 이미 절대왕정에 구현되었던 것이다. 따라서 절대왕정은 중세의 봉건적이고 교권적인 정치체제로부터 근대의 집권적인 국민국가 체제로 이행하는 과정에서의 과도적 정치체제라고 할 수 있다.

오늘날의 국민국가 체제는 동양과 서양이 공통적이다. 동양의 국민국가 형성과정은 당연히 서양의 역사과정과는 다르다. 서양이 봉건체제 → 절대왕정 → 시민혁명 → 국민국가라는 절차를 밟은 데 비해, 동양(한국과 중국)

은 고대적 전제왕정 → 제국주의적 · 식민지적 지배 → 국민국가라는 절차를 밟았다. 즉, 동양권은 서양에서 19세기 후반에 이르러 성립하게 되는 국민국가 모델을 20세기 이후 여러 가지 경로를 통해 받아들여서 현재와 같은 근대적 국가체제를 소유하게 된 것이다. 이 과정에서 15세기 이후 성립한 유럽의 절대왕정 체제는 국민국가 모델의 역사적 전단계에 해당한다.

다음으로 경제 면에서 이 시기는 봉건적 생산양식에서 자본주의적 생산양식으로의 이행기에 해당한다. 근대 자본주의적 생산양식은 19세기 산업혁명과 함께 본격적으로 성립하게 되지만 그를 위한 준비로서 이른바 자본의 '원초적 축적'과정이 16세기부터 진행되었다. 원초적 자본축적은 마르크스의 표현을 빌리면 신학에서의 '원죄'와 거의 같은 역할을 하는 것으로 자본제적 생산양식의 결과가 아니라 그 시점에 위치하는 축적이다. 이 원초적 축적의 과정을 통하여 한편에는 화폐와 생산 수단의 소유자가, 그 반대편에는 생산 수단으로부터 해방된 자유 신분의 임금노동자가 출현하게 된다. 영국의 경우 이것은 생산자인 농민으로부터 토지를 탈취하는 인클로저(농지의 목양지로의 전환) 운동을 통하여 진행되었다. 이렇게 하여 봉건적인 생산관계와 사회관계로부터 풀려난 농민들이 대도시의 산업지역으로 이주하여 근대적인 임금노동자의 계층이 만들어지게 된다.

한편 16세기부터 시작된 서유럽의 대외 팽창과 그 결과 확립된 식민지 지배는 막대한 부가 서유럽의 본국으로 무진장 흘러 들어가도록 했다. 식민지로부터의 거대한 부의 이전은 강력한 자본집중을 가능하게 했다. "네덜란드는 17세기에 모범적인 자본주의 국가였는데, 그 역사는 배신, 매수, 모살과 같은 비열하기 짝이 없는 행위들의 그림책이었다." 자바섬에서는 네덜란드인들에 의해 노예를 획득하기 위해 인간을 납치하는 효율적인 시스템이 개발되었다. 훈련을 받은 납치 전문관이 있어 현지 소년들을 납치하여 비밀 수용소에 가두었다가 때가 되면 노예선에 태워 서유럽으로 이송하였다. "유럽의 바깥에서 약탈, 노예제, 그리고 강도살인에 의해 획득된

부는 본국으로 환류되어 자본으로 변신하였다. 식민지제도를 최초로 완전하게 발전시킨 네덜란드는 이미 1648년에 무역대국으로서 최고 정점에 서 있었다." (Marx, 2005b: 558-560)

폭력적인 식민지 수탈에는 서유럽 모든 나라가 거의 예외 없이 손을 댔으며 또 식민지로부터의 부의 탈취를 위해서 서유럽 여러 나라는 자기들끼리도 살인이나 전투 등의 폭력 행위를 주저 없이 감행했다. 주지하는 바처럼, 이 시기 서유럽의 식민지 지배는 15세기 말의 서양의 대외 팽창(지리상의 발견)과 함께 시작되었다. 포르투갈과 스페인에 의해 시작된 서유럽의 해외 팽창은 그 가장 중요한 동기가 경제적인 것이었다. 아시아의 값비싼 향료와 그 밖의 사치품에 대한 욕구가 이 시기 서양인들로 하여금 목숨을 건 대항해에 나서도록 만든 근본 동기였다. 그리고 그것은 서양인들에 의한 전 세계의 지배라는 엄청난 역사적 귀결로 이어졌다. 처음 포르투갈과 스페인 사람들이 경제적인 이윤 추구의 동기에서 시작한 대항해운동의 결과로 서유럽의 정치, 경제, 종교, 문화가 전 세계로 구석구석 전파될 수 있었고, 그리하여 20세기에 들어서 통합적인 '근대세계'가 지구상에 출현하게 되었다. 순수한 물질적 욕망이 세계의 역사를 바꾼 것이다.

사회적이고 문화적인 대사건들 역시 이 시기 서유럽의 역사를 움직이는 중요한 역할을 하였다. 르네상스, 종교개혁, 과학혁명, 그리고 계몽운동은 당시 서유럽의 정치와 경제 질서의 변동과 연동하면서 19세기 후반 서유럽에서 '근대사회'의 모델이 확립되는 데 결정적인 기여를 하였다. 다음에서는 이러한 역사적 변동과 대사건들이 교육에 미친 영향을 살펴보기로 한다.

2. 르네상스와 휴머니즘 교육

재생(再生)이라는 의미를 가지는 르네상스(renaissance)는 14세기에서부터 15세기 말에 이르는 시기 이탈리아에서 시작되어 점차 전 유럽으로 파급된 예술과 사상의 혁신운동이다. 이것은 그리스 · 로마의 고전의 부흥을 계기로 하며 처음에는 미술과 문학 분야에서의 혁신운동으로 출발했으나, 그러한 수준을 넘어서 중세와는 다른 새로운 세계관인 인문주의(humanism) 사상이 전 유럽에 전파되는 계기를 제공했다. 종교상의 대변혁인 종교개혁도 종교적 르네상스 운동 혹은 기독교적 인문주의 운동으로 이해된다.

르네상스 운동의 기본 철학은 인문주의(휴머니즘)다. 중세 서양이 신과 내세를 사유의 중심에 놓았음에 비해 르네상스는 인간과 현세를 사고의 중심에 놓는다. 이는 또한 자연에 대한 관심을 의미하며 자연과학적 탐구와 사고를 긍정한다. 또한 르네상스는 신과 교회 중심의 중세적 관념에 대항하여 인간의 개성을 중시하는 개인주의의 관념을 지지한다. 이와 같이 르네상스의 사상은 인간과 현세의 긍정, 자연과학적 탐구의 중시, 개성과 개인주의의 강조 등에서 현대의 일반적인 관념 및 가치관과 상통하는 사상이다.

르네상스 이래 서양의 휴머니즘은 연속하고 있다. 오늘날 세계에서 서양인들만큼 휴머니즘에 철저한 인종도 없다. 현세와 물질문화의 긍정, 자연과 육체의 긍정, 그리고 무엇보다도 개개인의 자유와 권리를 중시하는 개인주의(individualism)라는 점에서 서양인들은 우월하다. 휴머니즘과 개인주의만큼 동양과 서양의 문화를 구별 짓는 것도 없다.

휴머니즘 → 가톨리시즘 → 휴머니즘. 근대의 휴머니즘은 물론 고전고대의 그것과 동일하지 않다. 그것은 기독교적인 중세를 자각적으로 극복하면서 새로운 세계관으로 등장한 것이기는 하지만, 1,000년 동안의 중세를 유산으로 하여 성립한 것인 이상 기독교를 바탕에 깔고 있는 것이다. 이념적으로는 대립적인 양자가 현실에서는 공존하는 것이다. 비록 그 공존의 비율과 형태는 각양각색이지만 말이다. 양자의 이념적 대립은 치열한 갈등을 낳기도 하고 때로는 조화를 이루면서 유럽 근대를 이끌어 갔다. 적어도 이념적인 차원에서는 근대 초기 이후 유럽의 역사는 휴머니즘과 기독교정신이라는 두 축을 중심으로 전개되었다. 19세기 후반에 접어들어 기독교의 입지는 더 좁아지고 휴머니즘의 위세는 더 강해졌다. 그럼에도 불구하고 서양문명에서 기독교는 불가결의 요소로서 일관되게 자기주장을 펼쳐오고 있다.

동양교육과 대를 이루는 서양교육의 근대를 이해함에 있어서는 무엇보다도 이 둘이 교육에 미친 영향을 파악하는 것이 중요하다. 르네상스기 고전고대의 학문과 사상이 재조명을 받으며 새로운 생명을 얻었던 것처럼, 교육에서도 고대 교육자의 저작이 재발견되었다. 그러한 고전고대의 저작을 중심으로 하는 새로운 형태의 교육을 지칭하는 '인문주의 교육(학문)(studia humanitatis)'이라는 말이 15세기 초에 널리 사용되었다. 이 말은 중세적인 스콜라주의적 교육(학문)에 대비되는 말이었다.

인문주의 교육의 프로그램을 최초로 체계화한 것은 베르제리오(Vergerio, 1349~1420)였다. 1404년경 베르제리오가 파두아의 군주를 위해 라틴어로 저술한 소책자인 『신사 교육론(*The Education of the Gentleman*)』은 출판되자마자 큰 성공을 거두었으며, 이후 전 유럽에 보급되어 16세기 말까지 40판 이상이 출판될 정도로 큰 영향력을 발휘했다.

베르제리오 교육론의 핵심은 자유교육(liberal education)이었는데, 이는 한 사람을 자유의 인간인 동시에 사회적 지도자로 육성하는 것을 목적으로 하였다. 자유교육의 기초를 이루는 교과는 역사(history), 도덕철학(moral philosophy), 그리고 웅변술(eloquence)이었다. 기초교육에 이어 문학, 체조, 음악, 그리고 미술의 네 교과로 이루어지는 교육단계가 오게 되는데, 이들 교과 중에서 베르제리오는 특히 문학과 음악을 중시하였다(Bowen, 1975: 212-218).

베르제리오는 교육의 방법에 관해서도 진지한 관심을 기울였다. 이는 로마의 퀸틸리아누스 이래 1300년 동안 사람들의 관심을 받지 못했던 영역이었다. 전체적으로 그는 1500년 전의 그리스와 로마 시대의 교육 이론과 방법들의 부활에 주력했다. 고대 철학자들과 마찬가지로, 베르제리오는 문명사회란 좋은 교육과 함께 시작한다고 보았으며 학교교육의 중요성을 역설했다. 또 아동과 지식 사이의 매개자로서 교사의 역할의 중요성을 강조했다. 학급에서의 지도와 관련되는 구체적인 방법들도 제안하였다. 교재를 순차적으로 배열함과 동시에 학습하기에 적당한 양으로 잘게 분할할 것, 체계화된 교과를 중심으로 전 학습과정을 조직화할 것, 하루의 교수–학습 활동을 적당한 시간 간격에 맞추어 분할 · 배치할 것 등이다. 아울러 학습을 촉진하기 위한 다양하고 실제적인 교수학적 방략들도 제안하였다. 주기적인 복습, 빈번한 학급 토론, 학생들 사이의 상호학습의 조직 등이다. 이러한 매우 실제적인 제안들은 대부분 퀸틸리아누스의 교육론을 기초로 하는 것이었다(당시 이탈리아 교육자들에게 많은 영감을 준 퀸틸리아누스의 『웅변가의 교육(*The Education of Orator*)』의 완전한 텍스트가 발견된 것은 1415년의 일이었다.).

비토리노(Vittorino da Feltre, 1378~1446) 역시 베르제리오와 마찬가지로 이탈리아 도시국가의 군주나 귀족층을 위한 교육에 종사하면서 새로운 교육의 모범을 제시한 휴머니스트 교육자였다. 만토바의 영주가 자신의 자식들을 위해 자신의 궁정 안에 세운 학교(La Gioiosa, The House of Pleasure, 기쁨의 집)에서 비토리노는 1423년부터 1446년 사망할 때까지 22년 동안 휴머니즘에 기초한 교육을 실천하였다. 그가 가르친 학생들은 영주와 귀족들의 자녀들이었으며 장래가 촉망되는 가난한 학생들도 일부 포함하여 약 60~70명 정도에 달했다. 그들은 모두 숙식을 같이 하며 비토리노와 그의 조수들의 가르침을 받았다(Boyd, 1994: 250).

당시 여러 학교 중에서 르네상스 교육의 이상을 완전히 구현한 학교는 비토리노의 학교였다. 비토리노의 교육은 베르제리오와 브루니(Bruni)의 교육론을 충실히 따르는 것이었다. 교육의 중점은 고대 그리스와 로마의 문학에 놓였다. 그리고 운동과 게임을 중심으로 하는 신체활동이 날씨를 가리지 않고 사계절에 걸쳐 실행되었다. "이 후자의 교육은 궁중에서의 귀족생활에 필요불가결한 요소로서, 비토리노의 경우에는 그것에 신체적 완성이라는 그리스적 이상에 대한 존경이 가미되어 한층 격조가 고양되어 있었다."(Boyd, 1994: 251).

비토리노는 그 자신이 금욕주의적 성향이 강하여 일 년 내내 가벼운 옷차림에 샌들만으로 지냈다고 한다. 그는 소박하고 절제된 식사와 함께 신체적 엄격함을 학생들에게 요구했다. 학교의 프로그램 전체는 도덕적이고 종교적인 성실성을 함양하는 것을 목표로 설계되었다. 그리고 학교 건물 자체가 물리적으로 매력적이고 위생적인 것이 되도록 배려되었다. 비토리노의 교육에서 가장 중시된 것은 역시 인문교육(studia humanitatis)이었다. 그리스와 라틴의 언어와 문학작품, 그리고 논리학과 수사학이 가르쳐졌으며, 그 밖에도 산술, 기하, 대수, 자연철학, 음악이 교수되었다(Bowen, 1975: 227). 교과과정에는 자국어의 교육을 위한 것이 전혀 포함되어 있지 않은 것이 주목된다.

베르제리오와 비토리노의 예를 통하여 15세기 전반기 이탈리아에서 이루어진 인문주의 교육의 양상을 어느 정도 알 수 있다. 그것은 부분적으로 변형되기는 했으나 고대 그리스와 로마의 세속적이며 인간주의적인 교육의 부활이라고 할 수 있다. 그리스와 로마의 문학작품이 지향하는 휴머니즘의 사상과 함께 신체적 도야가 교육활동의 중요한 부분으로 포함되어 있는 것도 주목된다.

이탈리아 르네상스의 인문주의 교육은 비토리노의 시대에 이미 라틴어 고전의 교육이 그 자체로서 목적이 되는 형식주의화의 경향을 보이기 시작했다. 비토리노 자신이 자국어 교육을 도외시하고 교육내용으로서 라틴어 연설과 작문을 각별히 중시했고 특히 키케로의 저작들을 절대적인 표준으로 강조했다. 이러한 경향은 비토리노 이후 점차 심해졌고, 15세기 말경에는 키케로의 문체와 형식의 학습을 학문의 유일한 관심사로 삼는 키케로주의가 팽배하게 된다.

키케로주의는 스타일과 형식의 학습에 치중하여 그러한 스타일과 형식을 통해 전달되는 교육적 내용을 부차적인 것으로 격하시키는 폐단을 초래했다. 그 결과 언어와 문학의 교육에서 자유나 자발성이 존중되지 않게 되고 교육이 실제의 삶과 멀어지게 되었다. 그리고 라틴어를 키케로식으로 작문하는 능력이 곧 교육받은 사람의 필수불가결한 조건으로 간주됨에 따라 라틴어 학습이 타 교과를 압도하여 학교교육의 주된 특성을 이루게 되었다. 이러한 경향은 르네상스의 인문주의 교육에 내재하고 있던 본질적인 취약점이라고도 할 수 있다.

그리하여 "고대문학에 대한 사랑을 통하여 중세의 질곡으로부터 인간의 마음을 해방시키려고 했던 약속의 시대는 지나가고 그 영향하에서 새롭게 창조되었던 학교가 이제는 문학적 규칙과 형식이라는 무미건조한 부담을 안게" 되었다(Boyd, 1994: 255). 인간성의 해방과 개성의 존중, 그리고 신체의 긍정이라는 이탈리아 르네상스 운동의 긍정적인 측면이 점차 퇴색하는 대신 고전문화를 자체로서 추구하는 경향의 대두는 인문주의적 교육의 형식화를 초래했다. 그러한 형식화한 인문주의적 학교교육은 후일 라블레나 몽테뉴와 같은 사상가들에 의해 통렬한 비판을 당하게 된다.

3. 종교개혁과 교육

이탈리아에서 시작된 휴머니즘 운동은 16세기 이후 북유럽으로 전파되었다. 전자가 시민적 휴머니즘이었다면, 후자는 기독교적 휴머니즘이었다. 그리고 전자가 고대 그리스 · 로마 문화의 재발견이라면, 후자는 초기 기독교의 순수한 신앙으로의 회귀를 뜻한다.

비텐베르크 대학 신학교수인 마르틴 루터(Martin Luther, 1483~1546)가

'95개조 논제(Ninety-Five Theses)'(1517. 10. 31)를 통하여 로마 교회의 면죄부 판매를 공개적으로 비판한 것에서 발단한 종교개혁은 고대 이래 형성되어 온 유럽의 기독교 세계의 통일성을 근본적으로 동요시켰다. 이후 유럽에서는 수세기에 걸쳐 신교와 구교 간의 격렬한 대립으로 인해 막대한 인적 및 물적 파괴가 행해졌으며 교육도 후퇴를 강요당했다. 그러나 한편으로 유럽은 종교혁명을 거치면서 새로운 역사단계로 이행하게 되었다. 교육에서도 보다 근대적인 형태로의 진전이 이루어졌다.

종교혁명이 교육에 미친 영향은 복합적이지만 대체로 교육의 대중화에 기여한 점만은 분명하다. 특히 종교혁명의 봉화를 처음 올린 루터가 대중적 교육의 필요성을 열성적으로 주장했다는 사실은 잘 알려져 있다. 루터는 누구나 성서를 읽을 수 있어야 한다는 관점에서 성서의 독일어 번역을 실행하였고, 학교교육에 대한 교회의 독점이라는 중세적 관념에서 벗어나 시정부 등 세속 공권력에 대하여 학교를 설립하여 대중적 교육을 시행할 것을 촉구하였다.

기독교는 본래 학교교육과 학문에 대해 조심스러운 태도를 취해 왔으며 학교교육을 진흥할 경우에도 그것이 기독교 신앙에 방해가 되지 않도록 경계심을 늦추지 않았다. 그리고 신학 외의 인문학적 학문에 대해서도 전반적으로 소극적이었다. 그에 비해 루터는 진정한 신학의 발전을 위해서 인문학 교육이 반드시 필요하다는 입장이었다(Bowen, 1975: 361). 그는 시정부와 제후들에 대하여 세속적인 교과와 성서를 동시에 가르치는 학교를 적극적으로 설립할 것을 주장하였다.

그는 1530년에 발표한 '아동의 취학의무에 관한 강론(On Keeping Children in School)'에서 "국가는 학교를 제공해야 하며 필요하다면 강제수단을 써서라도 아동을 취학시켜야 한다."고 말했다. 그는 학교가 시당국에 의해 설립되어 공공의 비용으로 유지되어야 한다고 믿었다. 그리고 시당국의 권위를 이용하여 아동의 취학을 보장해야 한다고 주장했다. "만약 통치자가 그들의 신체 강건한 신민에게 창과 칼을 짊어지도록 강요할 수 있다면 그것보다 더 당당한 근거로 그들에게 자녀를 학교에 보낼 것을 강요할 수 있어야 한다." (Boyd, 1994: 288) 이와 같이 루터의 교육관은 기본적으로 근대 국민국가에서 보편화된 공교육의 사상과 일맥상통하는 것이었다.

루터가 원한 학교는 매우 실제적이었으며 동시에 성서공부가 주를 이루는 학교였다. 그는 아동이 하루에 한두 시간을 학교에서 공부하고 나머지 시간은 집으로 돌아가서 가사일을 돕거나 그 밖의 다른 일을 하는 것이 좋다고 보았다. 그리고 학교에서 가르치는 것으로는 라틴어, 그리스어, 독일어 등의 여러 언어에 의한 성서 학습, 성서를 읽기 위한 준비로서의 문법과 문학 공부, 예술 및 과학, 법률과 의학의 네 분야를 제안했다. 그리고 교수 용어는 자국어만을 사용할 것을 주장했다(Bowen, 1975: 363).

루터의 종교관과 교육관이 독일과 그 북부 지역에서 세력을 얻고 있는 동안, 장 칼뱅의 새로운 기독교 이념과 그에 따른 교육관은 스위스와 프랑스, 영국 등지에서 세력을 얻었다. 칼뱅주의 교육의 특징은 (1) 교회가 학교교육에 대해 직접적인 책임을 담당해야 한다는 것, (2) 성과 계층에 관계없이 모든 아동을 동일하게 교육해야 한다는 것, (3) 교육이 최종적으로 교회와 국가의 봉사에 연결되도록 함으로써 교육을 사회적 목적에 기여하도록 하는 것 등이었다(Boyd, 1994: 304). 루터파에서는 공교육의 책무를 국가가 맡도록 한 것에 비해 칼뱅파에서는 교회가 맡도록 한 것을 제외하면 대체로 동일한 교육관이다.

개신교(protestant)가 종파의 차이를 넘어서 교육에 매우 적극적인 태도를 취하는 것에 대항하여 구교(catholic)도 교육에 대하여 새로운 입장을 가지게 되었다. 로욜라의 이그나티우스(Saint Ignatius of Loyola, 1491~1556)가 1534년에 결성한 교단 예수회(Society of Jesus)는 이단에 맞서고 개신교의 교세 확장에 대항하기 위하여 독자적인 고등학교와 대학의 체제를 발전시켰다. 예수회는 1540년 로마 교황의 인정을 받으면서 급속히 성장하여

16세기 말경에는 가톨릭 국가의 고등학교와 대학 교육의 대부분이 예수회의 통제하에 들어가게 되었다.

개신교가 대중의 교육에 많은 관심을 기울인 것에 반해, 예수회는 중·고등교육 분야에 치중하였다. 그리고 예수회의 학교는 교단의 헌신성과 효율적인 교육방법 덕분에 가톨릭 국가에서는 18세기 후반에 이르기까지 높은 인기를 누렸다.

북유럽의 르네상스는 15세기 중엽 이후 네덜란드에서 시작되었다. 이탈리아에 비하면 기독교적 색채가 강했으나 네덜란드에서도 이탈리아와 마찬가지로 상업과 무역이 발달하여 세속적인 도시문화가 우세하였다. 이 시기의 네덜란드에서 인문주의 교육은 공동생활 형제단이라고 불리는 자선을 목적으로 하는 자발적인 종교단체에 의해 주도되었다. 15세기 말경에는 네덜란드와 서부 독일의 상당수의 문법학교가 이 교단의 통제하에 들어오게 되었다.

이러한 새로운 학교에서는 인문학 교과의 도입과 교육활동의 체계적인 조직화가 성공적으로 이루어졌다. 특히 1465년에서 1498년까지 교장을 지낸 알렉산더 헤기우스(Alexander Hegius)는 열성적으로 인문주의적 교육을 실행하여 명성을 얻었다. 그는 그리스의 언어와 문학에 높은 가치를 부여했으며 능률적인 학교조직을 고안하여 수많은 학생들을 효율적으로 가르쳤다. 학생들을 8개 반(학년)으로 조직하여 제1학년의 초보문법으로부터 시작하여 제8학년의 신학과 논변으로 끝나는 체계화된 교육과정을 운영하였다. 각 반은 10명씩 조를 편성하고 각 조의 나이 많은 학생이 다른 학생들을 돌보게 함으로써 학생 내의 상호 학습을 가능하게 했다(Boyd, 1994: 261).

에라스무스(Erasmus, 1466~1536)는 북유럽 인문주의를 대표하는 사상가이자 교육이론가였다. 로테르담에서 태어나 프랑스, 영국, 스위스, 이탈리아 등 서유럽 여러 나라에서 생활한 에라스무스는 라틴어 문법서 등의 교과서를 비롯하여 교육론을 출판했다. 그는 철저한 사해동포주의자로서

유럽문화의 건설을 주창했으며 그 기초는 고대 그리스-로마 문화였다. 민족문화와 국경을 초월한 유럽인의 표본이 에라스무스인 것이다.

에라스무스의 이상은 지식의 내용에 있어서나 표현 매체인 언어에 있어서나 그리스와 로마의 위대한 문학에 기초를 둔 유럽 전역의 공동문화의 건설에 있었다. 그는 가장 훌륭한 라틴 작가들의 언어가 인간이 품을 수 있는 모든 생각을 전달하는 매체로서 지구상의 어떤 언어보다도 탁월하다고 생각했을 뿐만 아니라, 고대인들의 사회적 · 정치적 제도가 현대세계의 표본이 된다고 생각하였고, 법률이건 의학이건 과학이건 간에 삶의 주요 관심사에 관한 모든 지식이 고대인의 저작에 들어 있다고 생각했다(Boyd, 1994: 264).

당시 유럽 지식인들의 고전고대의 문화에 대한 통념의 일단을 알 수 있으며 또 고전고대가 보편적인 유럽문화의 굳건한 토대를 형성하고 있음을 확인하게 된다. 에라스무스의 보편적 유럽문화의 꿈은 그 후 유럽 각지에서 국민국가가 출현하고 또 상호 대립하게 됨으로써 실현되지 못하였다. 20세기 말에 이르러서야 유럽연합(EU)이 결성됨으로써 에라스무스의 오랜 꿈이 어느 정도 실현되었다고 할 수 있다. 오늘날 에라스무스는 유럽연합으로 대표되는 보편적인 유럽문화 건설의 상징으로 되어 있다.

4. 과학혁명과 학교개혁의 세기

1) 과학혁명과 교육

서양사에서 17세기는 과학혁명의 시대다. 현대의 세계문명에서 과학과 그에 기반한 테크놀로지가 가지는 결정적인 중요성에 대해서는 이론의 여지가 없을 것이다. 오늘날 숨차도록 빠르게 발전하는 첨단 테크놀로지들이 단적으로 나타내듯이, 현대세계는 과학과 기술의 토대 위에 서 있다. 과학은 인간의 물질적 생활뿐만 아니라 사고방식과 세계관에도 깊은 영향을 미쳤다. 17세기에 본격화하는 과학혁명은 르네상스 시대의 과학적 업적들에 의해 그 시초가 마련되었다. 그 상징적인 사건이 바로 태양중심 체계의 등장이었다.

1543년 폴란드인 성직자인 코페르니쿠스(Nicolaus Copernicus, 1473~1543)에 의해 제창된 지동설은 서양인들의 우주관을 근본적으로 전복시켰다. 기원후 2세기에 프톨레마이오스에 의해 확립된 지구중심설(천동설)은 무려 14세기 동안이나 유럽인들에게 자명한 진리로 통용되었다. 독일인 케플러(Johannes Kepler, 1571~1630)는 코페르니쿠스의 가설을 수학적 관점에서 수정하였는데, 당대에는 마술적이라고 폄하되었던 그의 새로운 가설은 17세기 말 뉴턴의 만유인력 법칙이 확립되는 데 기여하게 된다. 또 이탈리아인 갈릴레이(Galileo Galilei, 1564~1642)는 자신이 직접 만든 망원경으로 천체 관측을 하면서 여러 경험적 발견에 기초하여 지동설의 정당성을 확인하였다. 이것이 바로 '코페르니쿠스적 전환'이다. "전 세계의 지성사에서 이보다 더 중요한 사건은 거의 없을 것이다. 왜냐하면 그것은 중세의 세계관을 뒤집어 놓음과 동시에 기계론, 회의주의, 시간과 공간의 무한성이라고 하는 근대적 개념의 길을 열었기 때문이다."(Burns et al., 1994: 546)

1633년 가톨릭 교회의 종교재판은 지구가 아닌 태양이 우주의 중심이며 지구가 움직인다는 성서에 반하는 신념을 가졌다는 이유로 갈릴레오에 대하여 유죄 판결을 내리고 자택연금 처분을 내림과 동시에 그의 전 저작을 금서로 지정했다. 갈릴레오는 죽을 때까지 10년 간 자택연금에서 풀려나지 못했다. 갈릴레이 재판에 앞서 1600년에는 브루노(Giordano Bruno, 1548~1600)가 코페르니쿠스의 학설을 신봉하고 '무한우주설'을 전파하였다는 죄목으로 종교재판에서 이단 심판을 받고 화형에 처해졌다. 과학적 진실의 주장에 대하여 정치적이고 교조주의적인 폭력이 행사된 역사적 사례들이다. 2000년 3월 로마 교황은 갈릴레오 재판을 포함하여 과거 2천 년 동안 가톨릭 교회에 의해 저질러진 과오를 인정하는 입장을 공표하였다.

코페르니쿠스의 『천구의 회전에 대하여(*De revolutionibus orbium coelestium*)』가 출판된 1543년에는 네덜란드인 베살리우스(Andreas Vesalius, 1514~1564)가 실제의 인체 해부 결과를 기초로 『인체해부학(*De humani corporis fabrica*)』을 출판하여 고대의학의 권위인 갈레노스의 학설을 대폭 수정함으로써 근대의학의 토대를 놓았다. 1620년 베이컨(Francis Bacon, 1561~1626)은 『노붐 오르가눔(*Novum Organum*)』을 발표하여 아리스토텔레스의 철학적 삼단논법에 대신하여 학문의 방법으로서 귀납법을 주장하였고, 실험과 관찰의 중요성을 역설하면서 영국 경험론의 기초를 확립하였다.

데카르트(René Descartes, 1596~1650)는 해석기하학 등 근대수학의 발전에도 크게 기여했지만 모든 지식의 절대적으로 확실한 기초를 찾아서 방법적 회의를 행하여 최종적으로 '사고하는 나(Cogito ergo sum)'를 찾아내었다. 그로부터 그는 신과 외계의 존재를 증명하고 '사고하는 정신'과 '연장(延長)을 가진 물체'를 상호 독립하는 실체로 하는 이원론 철학을 수립했다. 그는 인간을 정신과 신체의 두 요소로 구성되는 이원적 존재로 파악하고 신체는 기계와 같은 것으로서 물리학의 지배를 받는다고 보았다. 인간만이 정신을 가지며 정신은 두뇌의 송과체에서 신체와 상호작용한다고 주장했다. 그에 의하면 인간 외의 모든 생물은 정신 또는 영혼을 갖지 않으므로 물리학적이고 기계적인 법칙에 지배된다. 데카르트의 이러한 기계론적 세계관은 '코기토(Cogito)'의 회의주의와 함께 근대적 자연과학의 발전을 뒷받침하고 그 성과를 정당화하였다. 데카르트의 합리주의는 베이컨의 경험주의와 함께 17세기 유럽인들의 새로운 사고체계를 양분하였다.

17세기 베이컨의 경험주의(empiricism)와 데카르트의 합리주의(rationalism)는 17세기 후반 뉴턴(Isaac Newton, 1642~1727)에 의해 종합되었다.

그는 수학, 물리학, 천문학, 광학 등의 여러 분야에 걸쳐 획기적인 발견과 성과를 이루었다. 빛의 스펙트럼, 만유인력, 미적분은 그의 3대 발견으로 일컬어진다. 1687년에 출판된 뉴턴의『자연철학의 수학적 원리(*Philosophiae Naturalis Principia Mathematica*)』는 과학사상 최대의 고전으로 평가받는다. 이 책에서 뉴턴은 힘과 물체의 운동에 관한 '운동의 3법칙'을 제시하였고 또 만유인력 법칙에 기초하여 천체의 현상을 과학적으로 설명함으로써 코페르니쿠스 이래의 천문학적 발견들을 집대성하였다.

이상과 같이 17세기 과학혁명은 천문학, 수학, 물리학, 의학, 생물학 등 자연과학상의 발견과 진보만이 아니라 경험주의와 합리주의와 같은 인류의 기본적인 사고체계의 혁신도 포함한다. 그런 의미에서 과학혁명은 사고혁명이기도 하다.

과학혁명은 르네상스 이후의 유럽 교육체제에 직접적인 영향을 미치지는 않았다. 학교교육은 르네상스의 인문주의 운동에 의해 새로운 기풍을 가지게 되었는데, 자연과학은 인문주의가 지배하는 학교교육 안에서 자신들의 자리를 확보하기가 어려웠다. 또한 대학은 갈릴레오나 베살리우스의 예에서 보는 것처럼 일부 대학교수가 과학혁명의 중심 인물로 활약한 사례도 있으나, 대체로 과학혁명에 대하여 냉담하거나 파리 대학의 경우처럼 적대적인 태도를 취했다. 과학혁명으로 인한 교육상의 변화는 먼저 고등교육 분야에서 새로운 형태의 교육 · 학술기관이 출현한 사실이다. 이들은 아카데미 또는 소사이어티로 불렸는데 종래의 대학과는 판이하게 달랐으며 주로 아마추어의 유식자들을 회원으로 하는 협회의 형식을 취했다. 영국의 왕립협회(Royal Society, 1660년 창설)나 프랑스의 과학아카데미(Academié des Sciences, 1666년 창설)가 그 대표적인 예다.

영국 왕립협회는 유사한 유럽의 여러 자연과학 협회의 선구이자 지도적 존재인데, 그 성립에는 베이컨의 '솔로몬의 집'의 구상, 하틀리브(Samuel Hartlieb, 1600?~1662)와 보일(Robert Boyle, 1627~1691)의 '보이지 않는

칼리지(Invisible College)', 코메니우스의 '범지 학원(Pansophic College)' 구상 등이 영향을 미쳤다. 당시 영국에는 옥스퍼드와 케임브리지와 같은 유서 깊은 대학이 있었지만 새로 일어나는 자연과학과 실용적 기술의 지식들은 그러한 대학제도의 외부에서 자연발생적으로 형성된 지적 네트워크를 통해서 형성되고 공유되며 또 사회적으로 전파되었던 것이다. 보웬에 따르면 "왕립협회는 인류의 지적 노력에서의 새로운 시대를 개척했으며 인류의 지식관 그리고 교육관에 큰 영향을 미쳤다." (Bowen, 1981: 70)

2) 과학혁명과 학교개혁

과학적인 방법과 과학의 성과를 교육의 과정에 적용시키려는 노력은 학교개혁 운동으로 나타났다. 17세기에 전개된 학교개혁 운동을 대표하는 인물은 하틀리브와 코메니우스다. 두 사람은 16세기 중반 이후 약 한 세기 동안 전개된 유럽의 교육개혁 운동을 결산하는 인물들이라고 할 수 있는데, 그들에 앞서 교육개혁의 필요성을 역설한 사상가로는 프랑스의 라블레와 몽테뉴가 있다.

라블레(François Rabelais, 1494~1553경)는 그의 풍자소설인 『가르강튀아(*Gargantua*)』와 『팡타그뤼엘(*Pantagruel*)』에서 자국어를 중시하는 교육, 인문주의적 고전교육의 배격, 그리고 실제 생활과 밀접히 관계하는 교육 등의 신념을 명확하게 표현했다. 이는 르네상스적인 교육 풍조와는 분명히 선을 긋는 새로운 교육 관념이다. 라틴어는 히브리어 그리고 그리스어와 함께 서양 고대문명의 기본 언어이며 특히 유럽에서 라틴어는 중세 1천년 동안 보편적인 의사소통 도구였다. 교육에서 라틴어 독점을 무너뜨리고 자국어를 학교의 교육과정에 도입하려는 시도는 오래된 것이었지만 이 시기에 들어와 그 대립이 첨예해졌다. 코메니우스의 예에서도 보듯이, 자국어 문제는 17세기에 들어서도 여전히 중요한 교육개혁의 과제였다.

라블레에 의해 제기된 자국어 중심의 교육사상은 이탈리아의 작가들에 의해 계승되었고, 고전어 중심의 당대 이탈리아 학교교육에 대한 냉소적 비판과 함께 인문주의적 교육의 배격을 주장하는 교육론서들이 많이 출판되었다. 이탈리아인들의 교육적 냉소주의와 인문주의 교육의 배격은 프랑스의 몽테뉴에 의해 계승되었다.

몽테뉴(Michel de Montaigne, 1533~1592)는 그 자신이 라틴어 중심의 인문주의적 교육을 받으며 성장한 인간이면서 그러한 교육을 통렬히 비판했다는 점에서 특이한 인물이다. 만 38세 되던 1571년 일체의 공직에서 물러나 자신의 성에 은둔하면서 그는 성찰적인 에세이의 저술에 전념하여 세계문학사에 그 이름을 영원히 남기게 되는 『에세이(*Essais*)』를 완성하였다.

그의 철학은 '내가 무엇을 아는가?(Que sais-je?)'라는 말로 집약되는 회의주의를 특징으로 한다. 그는 자신의 판단이라는 '렌즈'를 통해서 세계를 성찰하였다. 몽테뉴는 일체의 기성 권위도, 세상의 지배적인 통념도, 그 '렌즈'를 통한 검증 없이 그냥 받아들이려고 하지 않았다. 오로지 자신의 주체적인 성찰과 판단에 기초하여 세계를 바라보았으며 심지어 사고하는 자신조차 상대화하고 비판적인 성찰의 대상으로 삼았다. 그런 점에서 그는 그보다 60년 후에 태어나는 데카르트의 사상적인 선배였다. 그리고 당대의 여러 사상가들 중에서 가장 자유로운 사고의 소유자라는 점에서는, 가장 현대적인 인물이기도 하다.

『에세이』에서 전개된 몽테뉴의 교육론은 먼저 실제의 생활과 행동에서 유리된 채 형식화한 불모의 지식을 맹목적으로 좇는 현학자를 신랄하게 비판하는 것으로 시작한다(25장 '현학에 대하여'). 그는 행위에서는 무기력한 채 말만 번드레한 학자연하는 인간을 미워했다. 오로지 기억을 지식으로 메우는 데 급급하고 판단과 양심을 텅빈 채로 두는 것을 용인하지 않았다. 아울러 판단력의 함양을 수반하지 않는 학문을 무용한 것으로 보았다. 그는 당시의 학교교육이 불모의 언어주의적인 현학, 판단력과는 무관한 학문, 그리고 서책의 지식으로 기억을 채우는 일에 전념하고 있다고 보았다. 그래서 만약 사람들이 진정으로 아이들을 위한다면 학교교육으로부터 아이들을 지켜야 한다고 생각했다. 아이들을 학교에 보내는 대신 차라리 테니스를 배우게 하는 것이 더 낫다고 보았다. 후일 루소가 학교교육에 절망과 반감을 드러냈던 것처럼, 몽테뉴는 당시의 학교교육에 대하여 불신을 표했다.

몽테뉴는 '아이의 교육에 대하여'(26장)에서는 반대로 긍정적으로 교육을 논했다. 여기서 제시된 그의 교육관은 다음과 같다. 교육의 할 일은 판단과 덕성의 함양이라는 목적을 위하여 참된 지식을 가르쳐 주는 것이다. 이 목적을 위해서는 실생활의 경험이야말로 좋은 교사다. 우리는 교육의 기초단계에 해당하는 몇 년 동안에는 건강한 신체활동의 체계적인 프로그램-달리기, 레슬링, 음악, 무용, 사냥, 그리고 무기와 말 다루기-과 예의 바른 행실과 품행의 훈련 프로그램을 제공해야 한다. 아이의 교육에서 문학적 교육은 불가결하지만, 라틴어와 그리스어에 대한 과도한 강조는 피해야 한다. 그보다 자국어교육이 대부분의 학문과 일상생활을 위해 더 필요하다. 프랑스어를 잘 말하는 법을 배우고 나서 아이는 자기 나라가 가장 교류를 많이 하고 있는 이웃 나라의 언어를 배워야 한다(Bowen, 1981: 79).

몽테뉴는 25장 '아이의 교육에 대하여'를 다음과 같은 문학적 문장으로 마무리한다. "아이가 공부에 대하여 의욕과 애정을 갖도록 하는 것이 무엇보다도 중요하다. 그렇지 않으면 잔뜩 책을 짊어진 당나귀를 만들 뿐이다. 그러한 것은 채찍을 맞아가면서 주머니에 학문을 가득 채워 넣고 있는 것에 불과하지 않는가? 참으로 학문을 하기 위해서는 단지 자기 집에 머물러 있어서는 안 되며 학문과 결혼해야 한다."

코메니우스(John Amos Comenius, 1592~1670)는 모라비아에서 태어나서 프로테스탄트 소수파인 형제단의 신앙 속에서 성장했다. 모라비아의 형제단(Unitas Fratrum)은 보헤미아 종교개혁자 얀 후스(Jan Hus, 1369~1415)

의 영향을 받은 재침례파 교단이었다. 그는 성직자가 되기 위한 공부를 하고 나서 형제단의 학교에서 교사로 일하다가 30년전쟁이 발발한 1618년에 목사가 되었다. 종교전쟁의 결과 가톨릭이 득세함에 따라 오스트리아, 보헤미아, 모라비아에서 프로테스탄트는 무자비한 탄압을 받게 되었고, 1627년 코메니우스는 폴란드로 망명했다. 코메니우스는 폴란드에 정착한 형제단의 공동체 안에서 14년간 라틴어문법학교의 교장으로 일했다. 이곳에서 그는 여러 교육서를 저술하여 전 유럽에서 명성을 얻었다. 1641년 코메니우스는 자신의 새로운 교육이론을 펼치기 위해 영국으로 건너갔다. 그 후 스웨덴, 헝가리, 루마니아 등에서 자신의 교육계획을 실현하기 위한 노력을 하다가 마지막에는 암스테르담에서 78세로 운명했다.

그의 많은 저술들은 언어교육용 교재와 교육이론서로 대별된다. 전자에 속하는 것으로는 『언어를 향해 열린 문』과 『세계도회』가 대표적이다. 라틴어 학습용 교재인 『언어를 향해 열린 문(*Janua Linguarum Reserta*)』(1631)은 출판되자마자 큰 인기를 얻어 전 유럽에서 가장 많이 사용되는 언어교육용 교재가 되었다. 이 책은 많이 사용되는 기초적인 8,000개의 라틴어 단어를 선정하고 이 단어들로 1,000개의 문장을 구성했다. 그리고 이 문장들은 다양한 토픽들을 개별적으로 다루는 100개의 절로 분류되었는데, 내용상으로는 간략한 백과사전이 되도록 구성되었다. 이 책을 개선하고 새로 삽화를 추가하여 어린 아동을 위한 라틴어 초급 교재로 만들어진 것이 바로 『세계도회(*Orbis Sensualium Pictus*)』(1658)다. 이 책은 서양에서는 최초의 아동교육용 그림 교재로 알려지고 있는데, "괴테도 어렸을 때 이 책을 가지고 공부했을 정도로 독일에서는 100여 년간 교과서로 사용되었다." (Reble, 2002: 147) 언어교육에 있어 개인적으로 경험할 수 있는 실제 사물을 중시한 그의 관점은 지식은 감각적 현실세계에 대한 경험으로부터 나온다는 베이컨의 경험주의와 일치한다.

코메니우스의 『대교수학(*Didactica Magna*)』(1657)은 그의 교육이론을 집대성한 위대한 저작이다. 이 책은 정식으로 출판되기 전 약 20년 동안 원고 형태로 널리 읽혔는데 17세기의 가장 중요한 교육이론서로 평가받는다.

코메니우스 교육사상의 중심에 있는 것은 모든 인간 경험의 기본적인 통일성이라는 관념이다(이하 Bowen, 1981: 84-91 참조). 그는 경험적 세계를 자명한 것으로 인정했다. 그리고 그러한 지각 가능한 세계는 단일한 통일적 세계이며 신의 창조물이라고 믿었다. 현실에 존재하는 분열과 그로 인해 생겨나는 사회적이고 정치적인 부조화는 인간의 불완전한 지성에 기인한다. 따라서 학습자로 하여금 세계의 내적 질서를 순차적으로 깨닫도록 해 주는 교육의 방법을 찾아내는 것이 본질적인 과제가 된다.

그는 자연 안에는 본래 어떠한 구분도 분류도 없으며 이러한 것들은 인간이 인위적으로 만든 것으로서 참된 세계의 유기적인 연속성을 파괴한다고 보았다. 세계는 전체로서 하나다. 따라서 지식도 그러해야 한다. 지(知)를 성취하는 것은 신에 이르는 일이다. 인간은 모든 존재에 대한 완전히 통일된 지를 얻음으로써 자신의 본질적인 목적을 실현하게 된다. 그는 그러한 단일하고 보편적인 학문이라는 아이디어를 범지학(pansophism)이라고 명명했는데, 범지학은 당시 유럽의 많은 개혁가와 정치가들에게 적지 않은 영향을 미쳤다.

코메니우스는 아이 안에 발달을 위한 잠재 능력이 존재한다고 믿었다. 그에 따르면 인간의 성장은 유아, 아동, 청소년, 성인이라는 네 단계를 따르며 각각의 단계에 상응하는 행동 패턴이 존재한다. 유아기 이후 전 생애에 걸쳐서 지식의 총체성이 그 정교성의 정도를 점차 높여가면서 끊임없이 추구되어야 한다. 지적으로 성장해 가면서 인간은 점점 더 신을 향하여 성장하게 된다. 이와 같이 코메니우스에게는 끊임없는 지적 성장이 바로 인간의 보편적인 소명이었다.

코메니우스는 교육은 인간이라면 누구나 누리는 권리며 일부 계층의 특권이 아니라고 생각했다. 모든 계층, 남성과 여성을 막론하고 모든 사람이 똑같이 학교에 가도록 해야 한다고 믿었다. 또 교육이 성공하기 위해서는 학습자의 천성을 고려해야 한다고 생각했다.

범지를 향한 부단한 지적 성장, 곧 교육은 인간의 소명이므로 그를 위한 제도화가 반드시 있어야 한다. 코메니우스는 교육기간을 6년씩 4단계로 구분하고 그에 적합한 학교들의 유형을 다음과 같이 제시했다. (1) 어머니의 품(gremium maternum), (2) 공립모국어학교(schola vernacula publica), (3) 라틴어문법학교(schola latina), (4) 대학 및 외국여행(academia et peregrinationes). 처음의 어머니학교로부터 시작하여 순차적으로 그다음 단계의 학교로 진학하는 단계화된 학교체계를 구상한 것이다.『대교수학』에서는 이 중 라틴어문법학교가 큰 비중으로 설명되고 있지만 기초교육과정으로서 특히 공립모국어학교가 보편적인 교육시설로서 제시된 것이 특색이다.

코메니우스는 6년제의 남녀공학 편성의 모국어학교를 모든 마을마다 설립해야 하며 이 학교에서는 주로 아동의 내적 감각과 상상력 그리고 기억력을 향상시켜야 한다고 생각했다. 학생들은 아직 라틴어를 배울 필요가 없으며 일반적인 독일어 학습을 통해서 삶의 참된 의미를 배워야 한다고 믿었다. 이 학교에서는 종교, 도덕, 언어 표현, 읽기, 쓰기, 셈하기, 음악 외에도 가정, 사회, 지리, 수공업까지 가르치도록 구상되었다는 점에서 그의 교육론의 실제적인 성격이 잘 나타나있다(Reble, 2002: 155).

코메니우스는 신앙의 우위를 확고하게 믿은 점에서는 보수적이었다. 그는 교육은 본질적으로 반드시 기독교적인 것이어야 한다고 믿었다. 기독교적인 지도가 없이 행해지는 세속적 학문은 무용하며 심지어 해롭기조차 하다고 생각했다(Bowen, 1981: 84). 그러나 그는 감각적 경험과 실제적 지식을 강조한 점에서는 당시 점차 우세해지고 있던 합리주의의 시대정신에 부합하였다. 그리고 교육을 모든 인간이 누려야 할 보편적인 것으로 간주하고 모국어에 기초한 초등 공교육의 계획을 제시했다는 점에서, 그리고 어머니학교를 초등교육의 전단계로 제시하여 유아교육의 중요성을 강조했다는 점에서, 코메니우스는 근대교육의 제도화를 촉진한 선구적 사상가라고 할 수 있다.

5. 절대왕정과 교육

종교혁명에 뒤이은 17세기 그리고 18세기의 유럽은 거듭되는 전쟁과 경제적 침체로 인해 전반적인 생활 수준이 낮았다. 교육에서도 유명한 교육 이론가와 실천가의 출현에도 불구하고 대학을 포함하여 학교교육은 부진의 늪에 빠져 있었다. 여러 사상가들이 학교교육의 중요성을 역설했음에도 불구하고 실제로 학교교육의 기회는 소수의 특권적인 계층에 국한되어 있었으며, 대중적 학교교육 체제는 이상론에 그쳤다. 당시 유럽의 여러 나라에서는 소수의 예외, 즉 프로이센과 스코틀랜드를 제외하고는 국가적인 학교교육 체제가 정비되지 못한 채 교육이 사실상 개인들의 의사에 맡겨져 있었다. 학교에 다니는 아동은 전 계층을 통틀어 소수였다. 상류계층의 아들은 대개 가정교사에게 라틴어를 배우고 난 후에 중등학교(리세, 그래머스쿨)와 대학에 진학하였다. 더 운이 좋은 젊은이들은 '대여행(grand tour)'을 떠나곤 했다. 자국을 떠나서 유럽 여러 나라들을 순회 여행하는 것은 상류계층 자제의 교육의 최종 단계를 의미했다. 한편 귀한 집의 딸들은 현모양처가 되기 위한 교육을 가정 안에서 받았다. 바느질과 가사의 교육은 어머니가 맡고 음악과 춤은 별도의 교사가 맡는 방식이 보통이었다.

> 스코틀랜드와 독일의 일부 지역을 제외한 유럽 전역에서 대부분의 일반 시민은 전연 교육을 받지 못했으며, 비교적 운이 좋은 사람들도 대다수는 최악의 조건에서 교육을 받았다. 그 사람들을 가르친 교사들은 남자

> 건 여자건 할 것 없이 거의 대부분 무식하였으며, 교사로서 그들이 내세울 만한 자격이라고는 교직 이외의 어떤 다른 직업도 가질 수 없다는 것 정도였다. 학교를 운영하는 일은 대부분의 경우 다른 장사에서 벌어들이는 빠듯한 생활비를 보충하는 수단으로 여겨졌으며, 학과공부는 교사의 살림집이나 가게에서 일상적인 집안일이나 장사 일과 함께 그 틈을 타서 이루어졌다(Boyd, 1994: 419).

유럽의 교육 실상을 알기 위해서는 개별 국가의 교육사를 살펴보아야 한다. 대부분의 나라가 침체에 빠져 있을 때라도 일부 나라에서는 주목할 만한 발전이 이루어지고 있는 경우가 있다. 또 부진과 침체라고 하더라도 나라에 따라 그 양상과 진행 과정은 제각기 다르다. 이 시기 유럽 교육의 실태를 파악하기 위해서 프로이센의 사례를 검토하기로 한다.

18세기 유럽 교육에서 중요한 진보는 먼저 프로이센에서 이루어졌다. 프로이센 이전에도 17세기 초부터 루터파 종교개혁의 직접적인 영향을 받게 된 독일의 여러 영방국가(領邦國家, Territorialstaat, 독일에서 13세기 이후 1871년의 통일에 이르기까지 존재한 지방 소국가)들에서는 근대 공교육의 선구격인 대중적 학교교육의 제도화가 시작되었다. 바이마르, 고타, 프로이센과 같은 영방국가가 그 대표적인 예에 속한다. 이 중에서 고타의 교육개혁은 세계교육사에서 유명하다. 고타의 영주인 에른스트공은 독실한 루터파의 기독교도로서 당시의 유명한 교육개혁자인 볼프강 라트케(Wolfgang Ratke, 1571~1635)를 열렬히 지지하였다. 그의 교육개혁 의지를 담아 1642년 3월에 공포된 통칭 '고타교육령'은 당시로서는 유례를 찾아볼 수 없는, 근대적인 성격의 초등교육에 관한 획기적인 법령이었다. 같은 해 미국의 매사추세츠 식민지에서도 유사한 교육령이 제정되었으나 고타교육령에 비하면 매우 간소한 것이었다.

이 법령은 장별로 교사의 임무, 아동, 수업시간, 학급편성, 교과서, 교과별 교과서의 편집, 부모의 임무, 학교에 대한 교구사원장의 감독, 세속관리에 의한 학교의 관리, 시학관 · 시학관보 · 시학의 감독 등 모두 16장 435조문으로 이루어졌다. 그 내용은 매우 상세하여 예컨대, '노래'(9장)에서는 학교에서 실제로 불릴 수 있는 가곡의 악보들이 예시되어 있을 정도다(世界教育史研究會, 1977: 32). 의무교육과 관련된 내용으로는, "아동은 어느 지방에서든지 모든 남녀가 일 년 중 계속하여 학교에 취학하지 않으면 안 된다." "아동은 5세가 되었을 때 취학시키지 않으면 안 된다." "부모는 5세 이상 12세 이하의 아이로서 아직 문자를 읽을 수 없는 자를 모두 취학시키지 않으면 안 된다. 이 의무를 완전히 무시하거나 충실히 이행하지 않는 자는 누구를 막론하고 처벌한다." 등이다.

고타교육령에 의하면 모든 아동은 5세에 입학하여 12세에 달하는 해까지 학교(초등학교)에 재학해야만 하며, 만약 12세 전에 퇴학을 원하는 자는 엄격한 졸업시험에 합격해야만 한다. 조기 퇴학을 원하는 자는 교구사원장, 재판장 및 재판관, 촌장, 촌의 장로, 그리고 양친이 입회하고 학교의 전 생도가 방청하는 가운데 교장의 시험을 통과해야만 했다. 시험과목은 독일어(읽기와 쓰기), 성서(루터의 교리문답서와 성서 일부), 산술, 그리고 음악이었다.

졸업시험의 주요한 내용으로 "교과서에 실린 성서의 잠언을 술술 암송할 수 있을 것"이라고 한 것에서 알 수 있듯이, 고타교육령은 기본적으로 기독교의 신앙에 필요한 기초적인 교양을 모든 아이들에게 함양하려는 것을 동기로 한다. 고타의 영주 에른스트공은 교육에서의 루터의 가장 충실한 후계자였다(世界教育史研究會, 1977: 37). 말하자면 종교적 교화가 고타의 학교정책의 기본 동기였던 것이다. 그러나 한편 모든 아동에 대한 의무취학의 강제, 국어에 의한 교육, 수업시간 · 학급편성 · 교과서 등 학교교육의 조직화라는 점에서는 근대 공교육의 주요한 내용을 갖추고 있다.

고타의 에른스트공은 법령 공포에만 그치지 않고 실제로 국비로서 학교를 세우고 교사 및 아동용의 교과서, 교과별 교사용 학습지도서 등을 차례로 간행했으며 법령 자체도 그 후 30년 동안 여러 차례 개정하였다. 교육과정도 수정되어 자연, 실용 지식, 행정, 가정 등의 실용적인 교과가 추가되었다.

프로이센도 초기부터 종교개혁의 영향 아래 교육개혁을 추진하였는데, 특히 프리드리히 2세(대왕)대에 이르러서 세계교육사에서 이름이 높은 의무교육 관련의 법령인 '일반지방학교통칙(General-Land-Schul-Regelment)'이(1763. 8. 12) 공포되었다. 이 법은 모든 아이들이 5세부터 13세까지 매일 오전 8시부터 11시까지 그리고 오후 1시부터 4시까지 학교를 다닐 것을 의무화했다. 일요일, 그리고 수요일과 토요일 오후는 등교가 면제되었으며 종교, 읽기, 쓰기, 그리고 초등 산술의 분야에서 정해진 수준에 도달할 때까지 재학해야 했으며, 미취학에 대한 벌금 규정, 지방 성직자 혹은 장학사에 의한 학교 감독 등이 규정되었다(Bowen, 1981: 161-162).

프로이센의 프리드리히 대왕이 특히 민중의 자녀를 대상으로 하는 의무공교육의 제도를 수립한 데는 군사적인 동기가 들어 있었다고 한다. 프리드리히 대왕은 7년전쟁(1756~1763)에서 탁월한 지도력을 발휘하여 승리를 거두었다. 그런데 전쟁 중 프로이센의 군대는 귀족 출신의 장교와 농촌 출신으로 문맹의 병졸들 간에 교육 정도의 차이에 따른 소통 부족과 불화로 인해 군사력의 심각한 저하가 초래되었다. 이러한 쓰라린 경험에서 프리드리히 대왕은 전장에서 농촌학교의 개혁을 위한 지령을 발했고, 이것이 일반지방학교통칙으로 구체화하였던 것이다(世界教育史研究會, 1977: 56). 이러한 점에서 프로이센의 일반지방학교통칙은 절대주의 국가의 부국강병 수단으로서 민중을 위한 초등교육의 의무화가 추진된 사례라고 할 수 있다. 18세기 이후 유럽에서는 독일의 강력한 군대가 우수한 학교교육의 결과라고 일반적으로 인식되었던 것이다. 국민적인 기초교육이 보편화된 결과 애국적이고 유능한 병사집단이 확보될 수 있었다는 것이다. 이러한 국민교육과 국민군대 간의 관련성은 이후 국민국가의 지배층에 의해 항상 중시되는 측면이 되었다. 교육제도의 개혁과 군사적 고려 간에는 의외로 깊은 관련성이 존재한다.

6. 계몽사상과 교육

18세기의 유럽을 지배한 사상은 계몽사상이었다. 그리고 계몽사상은 기본적으로 과학혁명의 성과 위에서 형성되었다고 할 수 있다. 계몽사상의 기본적인 전제는 다음의 셋으로 요약된다. 첫째, 우주는 인간의 이성에 의해 완전히 이해될 수 있는 자연적인 질서다. 둘째, 과학적 방법은 자연현상뿐만 아니라 인간과 사회를 연구하는 데도 가장 좋은 방법이며 이를 통해 모든 분야의 의문에 답할 수 있다. 셋째, 인류는 교육을 통해 무한히 진보할 수 있으며 인간성은 불변이 아니라 궁극적으로는 완성 가능한 것이다(Burns et al., 2007: 769).

과학혁명의 성과, 특히 뉴턴에 의해 초자연적 세계관은 거부되고 이제 세계는 시계와 같은 하나의 정교한 기계와 같은 것이라는 인식으로 세계관이 변화하였다. 계몽사상가의 대다수가 신봉한 이신론(deism)에 따르면 신은 '신성한 시계공'으로 태초에 완벽한 시계로서의 우주를 창조하고 나서는 더 이상 개입하지 않는다. 시계로서의 우주는 그 자체의 예측 가능한 규칙성에 따라 영원히 작동하는 것이다. 우주는 인간의 보편적인 능력인 이성의 힘으로 설명 가능한 초정밀의 거대기계로 간주된다. 그들은 기독교 교회의 교리와 종교의식를 회의적으로 바라보았으며 종교적 관용을 지지했다.

과학혁명의 경이로운 발견과 성과들은 개별 현상에 관한 객관적이고 경험적인 관찰에 기초하는 '과학적 방법'이야말로 인간의 탐구방법으로서 가장 타당한 것이라는 확신을 불러일으켰다. 물질적 자연계가 완전히 이해될 수 있듯이 인간계 역시 과학적 방법으로 완전히 이해될 수 있을 것이라는 생각이 상식이 되었다.

계몽주의 시대는 '교육의 시대'이기도 하였다. 인간은 누구나 자신의 이성을 사용하려는 결의와 용기만 있으면 정신적 성숙에 이를 수 있다. 인간이 스스로 초래한 정신적 미성숙으로부터 탈각하여 이성에 의해 정신적 성숙에 도달하는 것이 바로 '계몽'이라고 칸트는 정의했다. 계몽사상가들은 사람들을 교육을 통해서 개선해 나가고 정신적으로 성숙한 존재로 만들 수 있다는 사상을 열렬히 신봉했다. 즉, 인간의 완성 가능성(perfectibility)에 대한 신념이 확산되어 갔다. 이러한 사상은 로크의 인식론에 의해 이론적으로 뒷받침되었다.

존 로크(John Locke, 1632~1704)는 『인간오성론(*Essay Concerning Human Understanding*)』(1690)에서 데카르트의 생득관념(innate ideas)을 부정하고 모든 지식은 감각 작용의 결과로 생겨난다고 주장했다. 로크에 의하면 인간의 정신은 백지와도 같으며, 어린아이가 사물을 경험하기 시작할 때 비로소 어떤 것이 오성 속에 남게 된다. 따라서 어떠한 경험을 하느냐가 한 인간의 본성을 결정하는 근본 요인이 되기 때문에 교육이 결정적인 의미를 가지게 되며, 우리는 적절한 교육적 경험을 조직화함으로써 우리가 원하는 모든 종류의 인간을 만들어 낼 수 있다. 교육은 인간을 형성하는 근본적인 힘이며 사회의 성격을 결정하는 근본 동인이다.

계몽사상가들은 왕권신수설에 대하여 사회계약설을, 종교적 권위에 대항하여 종교적 자유와 관용을, 교조적 신학에 대항하여 과학을, 그리고 차별적 신분제도에 대항하여 개인의 자유와 천부인권을 주창하였다. 계몽사상은 미국독립혁명과 프랑스대혁명에 지대한 영향을 미쳤으며 그러한 시민혁명 이후의 교육개혁에 깊은 흔적을 남겼다.

계몽사상의 기초에 있는 것은 르네상스 이래의 역사적 과정을 관통하는 관념인 휴머니즘, 개인주의, 그리고 합리주의다. 그런 의미에서 계몽사상은 15세기 이래 근대 서양의 사상적 진화과정의 정점이라고도 할 수 있다. 계몽사상의 출현과 함께 새로운 주체로서 근대적 인간이 확립되었다. 종전 신을 중심으로 회전하던 세계는 이제 인간을 중심으로 돌게 되었다.

존 로크는 18세기 유럽의 정치철학, 인식론, 교육이론 등에 지대한 영향을 미쳤으며 계몽주의 시대 가장 유력한 사상가 중의 한 사람이다. 그의 저작은 프랑스의 볼테르와 루소, 데이비드 흄이나 애덤 스미스와 같은 스코틀랜드 계몽사상가들, 그리고 미국 독립운동의 혁명가들에게 깊은 영향을 미쳤다.

로크는 『인간오성론』(1690)에서 베이컨의 학설을 바탕으로 인간의 인식의 근원은 오로지 경험이라는 경험론을 제시했다. 그에 따르면 아무런 경험을 하기 이전의 상태에서 인간의 정신은 텅빈 어두운 방 혹은 아무것도 쓰여 있지 않은 칠판(tabula rasa)과도 같다. 인간 인식의 근원인 경험은 감각과 반성의 두 측면으로 이루어진다. 감각(sensation)은 인간이 외부의 물질적인 사물들을 감각의 기관들을 사용하여 지각하는 것이며, 반성(reflection)은 그러한 감각이 이루어지는 동안 인간의 내부에서 작동하는 정신 작용을 뜻한다. 그는 이 감각과 반성으로 이루어지는 경험이야말로 모든 관념이 생기기 시작하는 원천이라고 믿었다.

교육적인 관점에서 로크의 경험주의적 인식론이 함의하는 바는 의도적인 교육에 의해 얼마든지 우리가 원하는 인간을 얻을 수 있다는 적극적인 교육만능주의, 그리고 생득 관념의 거부하고 인간 정신의 백지 상태인 순진무구함을 주장함으로써 결과적으로 인간의 원죄설을 부인한 것이다.

로크의 교육론은 『교육에 대한 단상(*Some Thoughts Concerning Education*)』에서 펼쳐졌다. 교육문제에 관한 입장에서 그는 몽테뉴와 루소의 중간에 있다고 볼 수 있다(Reble, 2002: 185-188). 그는 몽테뉴와 마찬가지로 지식 습득보다는 습관과 의지의 형성을 더 중시했으며 신체적인 훈육과 단련의 중요함을 역설했다. 로크는 교사에 의한 계획적인 지도뿐만 아니라 자연스럽고 소박한 의복과 식사에도 큰 교육적 가치를 부여했다. 더불어 유년기의 과잉보호나 방임에 대하여 주의를 환기했고 올바른 품행의 형성을 중시했다.

로크는 처벌뿐만 아니라 포상도 좋지 않을 수 있으며, 중요한 것은 교육자와 피교육자 사이의 믿음이라고 보았다. 교육에서 가장 중요한 관심사는 아이가 활발하고 즐겁게 생활하는 것이 되어야 한다. 또한 그는 "단 두 명의 아이도 같은 방법으로 다룰 수 없다."라고 하여 교육의 개인성을 강조했다. 그는 학습은 아이들에게 적합한 방식으로 자연스럽게 이루어져야 하며, 힘들고 고통스러운 과제가 아니라 놀이나 휴식과 같이 쉽고 즐거우며 자발적으로 이루어져야 한다고 믿었다. 그는 수업을 통해서 아이들이 스스로 행동하는 즐거움을 느낄 수 있고 공부에 대한 애정을 형성하는 것이 무엇보다도 중요하다고 보았다.

이와 같이 로크는 교육에서 놀이의 중요성을 매우 강조했다. "삶의 즐거움을 추구하는 계몽주의는 놀이를 교수와 성격 형성의 방법으로 높이 평가한다. 계몽주의 입장에서 참다운 학습이란 즐겁게 놀면서 하는 학습이며 …… 이러한 놀이에 대한 계몽주의 교육의 사상은 근본적으로 로크로부터 유래된 것이다."(Reble, 2002: 188)

수업의 방법뿐만 아니라 그 내용도 아이들의 조건에 맞게 자연스러워야 한다. 로크는 아이들의 읽기교육을 위해서 성경이 아닌 동화나 민담을 사용할 것을 주장했고, 그 밖에도 수업내용으로는 실제 생활과 관련된 것들 중에서 선정해야 한다고 했다. 그는 상류층 자제에게도 현대어와 수공과 같은 실용적인 지식을 가르쳐야 한다고 했다.

교육을 통하여 가장 이상적인 인간을 만들어 낼 수 있으며 또 그를 통하여 이상적인 사회도 창조할 수 있다는 계몽주의적 교육관은 루소(Jean-

Jacques Rousseau 1712~1778)에 의해 매우 설득력 있게 표현되었다. 그의 교육론서 『에밀(*Émile*)』(1762)은 출생과 동시에 한 아이를 사회로부터 완전히 격리하여 순수한 교육적 환경 속에서 전지전능한 교사의 지도 아래 선량한 인간으로 키워 나간다는 이야기인데, 그 바탕에 깔린 관념은 로크식의 경험주의다. 즉, 완전한 교육적 환경을 통해서 선량하고 지적인 경험만을 쌓도록 함으로써 이상적인 인간을 길러낼 수 있다는 생각이다. 그런 의미에서 『에밀』은 로크식의 경험주의적 교육관의 사고실험(mental experiment)이라고 할 수 있다.

『에밀』은 또한 교육을 철저하게 아동의 입장에서 생각하고 실행해야 한다는 관념을 널리 확산시켰다는 점에서 획기적인 사상서다. 아동을 미완성의 성인이 아닌 하나의 독립적인 인격체로 보아야 한다는 주장, 올바른 교육을 위해서는 무엇을 가르칠 것인가를 생각하기 전에 아동이 어떠한 존재인가를 먼저 연구해야 한다는 주장 등, 이러한 '아동의 발견'은 전적으로 루소의 공적만은 아니지만 그것이 『에밀』을 통해서 힘차게 제시되었고 그 결과 사회적으로 대단한 반향을 불러일으켰던 것은 그의 중요한 공헌이다.

인류의 교사로 불리는 페스탈로치(Johann Heinrich Pestalozzi, 1746~1827)는 루소의 『에밀』을 읽고서 크게 깨달아 민중교육자의 길을 걷게 된다. 계몽사상의 완성자로 불리는 칸트(Immanuel Kant, 1724~1804)는 『에밀』을 읽고서 인간성(humanity)이 무엇인지를 알게 되었노라고 말했다고 전해진다. 교육사상의 역사에서 『에밀』은 큰 분수령이며 세계교육의 역사에서 적어도 사상의 차원에서는 『에밀』 이전과 이후로 그 양상이 크게 달라진다.

루소는 『에밀』과 『사회계약론(*Du contrat social*)』을 동시에 출판하였다. 전자를 통해 이상적인 인간 형성의 길을, 후자를 통해 이상적인 사회 건설의 방도를, 각각 제시한 것인데, 이 중요한 두 저작이 동시에 세상에 나왔다는 것은 양자가 내적으로 연결되어 있다는 것을 의미한다. 즉, 루소는 두 저서를 통해서 이상적인 근대인과 근대사회의 형성원리를 제시한 것이다. 프랑스대혁명 이후 신생 공화국이 가장 먼저 국가적 위인으로서 루소를 팡테옹에 안장한 것은 바로 그 때문이었다.

18세기 후반 유럽에서는 한편에서 교육에 대한 국가의 개입이 점차 증대하는 가운데 인간과 사회에 관한 새로운 관념이 대두하여 새로운 교육사상이 형성되어 갔다. 19세기에 접어들어 양자는 결합하여 드디어 근대적 국민교육체제가 수립되기에 이른다. 교육은 인간의 자유와 행복을 위한 기본적 권리라는 관념이 지배적이 되면서 공권력이 그러한 인권으로서의 교육을 책임지는 관계 속에서 근대적 공교육이 제도화되어 간다. 한편 서양은 16세기 이래 세계 시스템의 주역으로 성장하여 19세기에 접어들어 동양을 제국주의적으로 지배하게 된다. 동양의 국가들은 서양이 지배하는 세계체제 안에서 타율적으로 '근대로의 전환'을 경험하게 된다.

제9장

근대 국민국가와 교육

제9장

근대 국민국가와 교육

1. 근대세계는 어떤 점에서 새로운가

19세기 접어들면서 인류의 생활은 질적으로 새로운 국면을 맞이하게 된다. 이른바 '근대'가 시작되는 시기인 것이다. 서양의 경우도 르네상스 시대부터 시작되는 근대와는 구분되는 새로운 형태의 근대가 19세기부터 전개된다. 이 시기에 시작된 여러 가지 변화들이 현재의 세계를 만들었다고 할 수 있다. 즉, 인류는 19세기 이후 질적으로 다른 생활을 영위하고 있는 것이다. 하나를 근대(近代)라 하면 다른 하나는 전근대(前近代)다. 그렇다면 근대와 전근대는 어떻게 다른가? 무엇을 근거로 우리는 19세기 이전의 인류와 질적으로 다른 세계에 살고 있다고 말할 수 있는가?

19세기 이후 오늘날까지 이어지는 '근대세계'를 구성하는 기본 원리는 무엇일까? 근대의 인류가 생을 영위하는 방식에 있어서 가장 중요한 영향력을 미치는 것은 무엇일까? 그 첫째는 자본주의(capitalism)다. 자본주의란 임금노동자 집단에 의해 기계화된 대규모 공장에서 대량 생산된 상품이 시장에서 소비되고, 그 과정에서 창출된 이윤이 새로운 생산과정에 재투입되어 가면서 생산과 소비의 프로세스가 무한 반복되는 경제원리다. 이는 인류가 일찍이 경험하지 못한 새로운 경제생활의 원리며 그것이 펼쳐 보인 생산력은 실로 경이로운 것이었다.

그러나 자본주의는 물질적 생산력의 경이로운 해방과 동시에 (자연과 생산활동으로부터의 그리고 인간성으로터의) 인간 소외를 초래했고, 계층 간의 대립과 반목, 무분별한 물질 중시의 소비주의, 그리고 환경 파괴와 같은 중대 문제를 발생시켰다. 자본주의의 비인간적이고 불합리한 속성을 간파한 사상가들은 자본주의를 넘어서는 유토피아의 실현을 꿈꾸면서 진정한 자유와 만민평등의 사회주의로 향하는 혁명에 정열을 불태웠다. 그러나 1980년대 말의 대격동과 함께 사회주의 국가들은 일거에 붕괴하였고, 강력한 라이벌이 패퇴한 가운데 자본주의는 마치 개선장군이라도 되는 양 기세를 올리고 있다.

이 자본주의만큼 전근대와 근대를 구분 짓는 것이 달리 또 있을까? 또 오늘날 개개인의 삶에 있어서 자본주의만큼 큰 힘을 발휘하는 것이 있을까? 자본주의가 확립된 사회와 그렇지 않은 사회에서의 인간 생의 영위는 근본적인 차이를 가진다. 이러한 자본주의가 확립된 것이 바로 19세기의 일이다. 영국을 시발로 하는 산업혁명과 시장경제는 전 세계로 파급되었고 그에 뒤처진 나라들은 쓰라린 종속(경제적 종속, 군사적 종속, 정치적 종속)의 멍에를 뒤집어쓰지 않으면 안 되었다.

근대세계를 구성하는 또 다른 원리는 민주주의(democracy)다. 민주주의는 자유와 평등에 바탕하여 모든 사람이 동등한 자격으로 주권자로서의 '국민'을 구성한다는 정치원리다. 전근대기 인류는 전제군주를 주권자로 인정하고 그 지배에 종속하였다. 어느 나라건 왕권은 본래 군사적 강자로 출발했으나 왕조권력이 확립됨에 따라 그를 미화하고 신성화하였다. 이른바 왕권신수(王權神授)의 설이며 천명(天命)을 받은 천자(天子)라는 사상이다.

미국독립혁명(1776)과 프랑스혁명(1789)은 그러한 전통적인 정치질서를 전복하는 역사적 사건이었다. 이들 시민혁명은 모두 주권자로서의 왕을 애초부터 부인하거나 혹은 국왕을 처형하면서 국민주권의 새로운 정치원리를 확립했다. 미국독립혁명도 그렇지만 특히 프랑스대혁명은 실로 잔혹한 학살들로 얼룩진 유혈의 대사건이었다.

근대의 수많은 열혈 혁명가들이 프랑스를 정신적 조국으로 숭앙한 것도 무리는 아니다. 자유(liberté), 평등(égalité), 우애(fraternité)와 같은 근대적 가치를 프랑스인들만큼 철저하게 신봉하고 지켜온 국민도 없을 것이다.

민주주의는 오늘날 어떤 나라도 그 가치를 부인하지 못한다. 전체주의적인 독재국가도 즐겨 민주주의를 내세운다. 개인적인 입장에서는 민주주의를 좋아하지 않는 사람도 적지 않지만, 사회적인 흐름에서 민주주의는 거역할 수 없는 대세가 되어 있다. 전통적 사회에서는 신분과 성의 구분이 기본적인 질서를 구성하였으나, 민주주의가 지배적인 근대세계에서는 그러한 구분은 법적으로 금지되었다. 예외적인 경우를 제외하고 근대세계에서는 모든 개인이 출생과 성의 차이에도 불구하고 법적으로 동등한 권리를 가지는 존재다.

근대세계의 기본 원리인 자본주의와 민주주의는 기본적으로 사람들을 서로 분리시키는 방향으로 작동한다. 소비자로서 혹은 법적 주체로서 인간을 원자화한다. 자본주의든 민주주의든 원심력으로 작용하며 구심력이 되지는 못한다. 양자만으로 사회의 통합은 달성되기 어렵다. 따라서 사람들을 서로 묶어 주면서 사회적인 통합을 이루기 위해서는 또다른 힘이 필요하다. 근대사회에서는 전통적 사회에서 기독교와 같은 종교나 유교와 같은 정치적 이데올로기가 했던 역할을 맡아 줄 새로운 요인이 요구된다. 기독교와 유교가 서양과 동양의 전근대에서 한 역할은 실로 중요한 것이었다.

근대의 성립과정에서 그러한 전통적인 사회통합 세력의 권위는 땅에 떨어지고 말았다. 전통적인 구심력을 대신할 무언가 새로운 근대적 구심력이 발명되지 않으면 안 된다. 그렇게 하여 출현한 것이 바로 내셔널리즘이다.

전근대세계는 개체성(individuality)이 전체성으로부터 분화되지 않았던 세계다. 종교와 관습의 힘은 개인을 압도했으며 전근대세계에서 사람들은 여러 가지 형태의 집단적 생의 일부로서 존재하였다. 개인은 교회, 전통적 습속, 직업세계 등에 결박되어 있었다. 근대적 주체는 이러한 전통적 속박으로부터 해방됨으로써 비로소 출현하였다. 개체로서의 근대적 주체의 출현을 가능하게 했던 여러 요인들 중 가장 근본적인 힘은 역시 자본주의적 생산관계였다. 기계화된 대규모 공장을 움직일 근대적 노동력은 농업적 생산관계에서 해방된 자유로운 개체(즉, 임금노동자)들에 의해 확보될 수 있기 때문이다. 또한 자본주의적 생산관계는 소비의 주체로서 익명의 평등한 소비자 대중을 전제로 한다. 자본주의적 생산관계는 생산과 소비의 주체로서 개인을 상정한다. 근대적 주체는 우선 노동자이며 소비자로서의 개인으로 나타나는 것이다. 그런데 자본주의적 생산관계는 본질적으로 이윤 확대를 기본 목적으로 하며 그를 위한 물질적 생산활동의 무한적 확장을 지향한다. 그를 위하여 사람들은 하나의 개체로서 생산자 혹은 소비자로 존재해야 한다.

자본주의적 생산관계에서는 사람들이 끝없이 원자화될 수밖에 없다. 그에 따라 자본주의적 생산관계가 독주할 때 사회는 무정부화될 수밖에 없다. 그러한 상태에서 사람들을 서로 연결시켜 주는 유일한 힘은 화폐 혹은 시장인데, 화폐나 시장을 통해서는 항구적인 사회적 결속을 가능하게 하는 정신적 유대가 얻어질 수 없다. 그것은 자본주의적 생산관계의 바깥에서 구해져야만 한다. 민주주의가 일정 부분 그러한 역할을 할 수도 있다. 그러나 민주주의 역시 기본적으로 개인성과 개인들 간의 동등성을 전제로 하는 이상 그러한 개체성을 초월하는 사회적 통합력으로 작동하기에는 한계가 있다. 데모크라시가 정상적으로 작동하기 위해서는 행운이 따라야만 하며, 그렇지 않을 경우 그것은 중우정치로 타락하여 사회적 와해로 이어지고 만다. 그런 점에서 고전고대의 아테네 민주정이 페리클레스 사후 타락하여 소크라테스와 같은 현자를 사형시킨 사실은 시사적이다.

자본주의의 파괴적인 무정부성에 대하여 민주주의가 할 수 있는 해독제 역할이 제한적일 수밖에 없는 이상 제삼의 원리가 요청된다. 전근대세계에서 기독교나 유교가 수행했던 사회적 시멘트의 역할을 맡아 줄 것이 필요하다. 생산관계 안에서의 생산자와 소비자로서의 인간, 그리고 법적으로 권리가 보장된 평등한 주체로서의 인간, 이러한 인간들을 서로 결합시켜서 통일적인 사회 구성체를 만들어 내기 위해서는 어떤 강력한 힘이 없어서는 안 된다. 개체성을 넘어서는 전체성을 확립하는 힘이 바로 내셔널리즘의 이념적 기원이며 현실적 기능인 것이다.

내셔널리즘은 자본주의나 민주주의와 마찬가지로 매우 근대적인 것이다. 내셔널리즘의 원형은 고대로부터 찾을 수 있지만 그 전형적인 형태는 프랑스혁명을 통해서 출현했다. 이전에는 지역적으로, 문화적으로, 그리고 정치적으로 반드시 단일한 형태로 통합되어 있지 않았던 이질적인 대중들이 이제는 기본적인 가치와 문화를 공유하는 동질적인 집단으로 인식되기에 이르렀다. "내셔널리즘의 도래와 함께 대중들은 더 이상 네이션(민족, 국민, 국가) 안에 있는 것이 아니라 네이션(민족, 국민, 국가) 그 자체가 되었다. 그들은 스스로를 민족과, 문명을 민족적 문명과, 그들의 삶과 생존은 민족성의 삶과 생존과 동일시하였다. 내셔널리즘은 따라서 대중들의 충동과 태도를 지배했으며 동시에 국가의 권위, 그리고 국가가 그 무력을 자신의 국민에 대해서나 외국에 대해서 사용하는 것을 정당화하는 근거로 봉사하였다." (Kohn, 2000: 65)

프랑스혁명 과정에서 분출한 내셔널리즘의 예에서 보듯이, 내셔널리즘은 국민국가(nation-state)의 성립과 불가분이다. 내셔널리즘은 궁극적인 목표로서 국민국가의 확립을 추구한다. 반대로 국민국가의 수립에는 내셔널리즘이 결정적인 공헌을 하게 된다.[1)]

2. 국민국가 형성과 교육

19세기에 접어들어 유럽에서는 교육의 국가화(nationalization)가 진행되기 시작한다. 종래 교회의 지배하에 놓여 있던 학교교육이 점차 세속국가의 지배로 이행하기 시작했으며, 또한 거의 방치되어 온 민중의 교육이 제도화되기 시작했다. 그 결과, 교육은 하나의 체제(system)로서의 형태를 갖추게 되었으며 동시에 국가적인 것으로 변해 갔다. 즉, 국민교육 체제(a national education system)가 형성되어 간 것이다.

교육이 이와 같이 국민적 교육체제로 변해 가는 과정은 곧 종래의 절대주의적 왕정국가가 국민국가로 전환하는 과정과 때를 같이했으며 자본주의의 발전과도 궤를 같이했다. 국민교육 체제의 도래와 함께, "교육은 보편적이고 국민적인 관심사가 되어 모든 개인을 포괄하며 사회 안의 모든 계층을 망라하는 것으로 변했다. 교육은 이제 제도적이고 체계화된 학교교육과 동일시되지 않을 수 없게 되었으며, 학교교육은 그 자체로서 국가의 기본적 속성의 하나가 되었다." (Green, 1990: 1)

새로운 국민교육 체제는 어떤 점에서 새로운가? 학교들의 정교한 상호연결(articulation)과 위계적인 구조화, 기본적으로 무상이며 의무적인 교

1) 근대 국민국가의 성립과정은 지역에 따라 매우 다양하였다. 프랑스, 영국, 독일과 같은, 이른바 '자연발생적인 근대화'의 과정을 거친, 서유럽 국가들의 경우도 동일하지 않다. 동아시아의 경우를 보면, 일본에서는 중세적인 바쿠후 체제가 내발적으로 타도되고 국민국가적인 성격과 군주국가적인 성격을 동시에 가지는 독특한 천황제국가 일본이 수립되었다. 그에 비해 중국(청)과 조선에서는 제국주의적 외세 개입을 겪으면서 왕조국가체제가 붕괴되었으며 반식민지화(semi-colonization) 혹은 식민지화(colonization)의 과정을 거치면서 국민국가로 이행하였다.

육, 전임 관리에 의한 행정적 관리, 전문적으로 훈련된 교원집단, 국가보조금 지급을 통한 교육의 국가통제, 학교의 설립인가와 감독, 교사의 양성과 자격 부여 및 임용, 그리고 국가적인 시험제도와 표준화된 교육과정. 국민교육 체제는 이러한 여러 요소들의 복합으로서 성립하게 된다. 그리고 이와 같은 새로운 교육체제를 통하여 아이들은 미래의 국민으로 길러지게 된다.

전근대적 교육에서 근대적 교육으로의 이행은 18세기 말부터 시작되었다. 프랑스에서는 혁명 이전의 1760년대에 이미 국민교육의 필요성이 제기되어 여론의 지지를 받았다. 1762년에 출판된 루소의 『에밀』은 전환기의 교육사상을 웅변적으로 표현하여 사회적으로 커다란 반향을 불러일으켰다. 국민교육에 관한 보다 직접적인 주장은 1763년에 출판된 라 샬로테(La Chalotais, 1701~1785)의 『국민교육론(*Essai d'éucation nationale*)』이었다. 그는 예수회가 지배하던 당시의 프랑스 학교교육이 비실제적인 교육내용과 권위주의적 교육방법에 치중하여 사회에 필요한 지식과 인재를 배출하지 못한다고 비판하였다. 그리고 성직자 외에 일반인도 교직을 맡을 수 있도록 해야 한다고 하면서 다음과 같이 썼다. "나는 감히 프랑스를 위하여, 오직 국가에만 의존하는 교육체제를 확립할 것을 주장한다. 그 이유는 교육은 본질상 국가의 일이라는 데 있으며, 모든 국가는 각각 그 구성원을 가르칠 신성불가침의 권리를 가지고 있다는 데에 있다. 한마디로 말하여, 국가의 어린이는 국가의 구성원에 의하여 양육되어야 한다는 데에 있다." (Boyd, 1994: 453)

국민교육의 사상은 프랑스혁명의 발발 이후 구체화되기 시작했다. 혁명 이후 수립된 공화제의 혁명정부는 새로운 정치사상들을 구체화하고 또 공화정을 보다 항구적인 토대 위에 올려놓기 위한 도구로서의 국민교육 체제를 창출하는 일에 주력하였다. 이러한 사정은 미국독립혁명 후의 미국에서도 유사했다. 프랑스와 미국의 경우 공화주의적 민주주의를 지향하는 시민혁명이 국민교육 체제의 확립을 요구했음에 비해, 프로이센에서는 국민교육 체제의 발전의 주된 추동력이 민족주의적 동기였다. 영국을 비롯한 다른 나라에서는 사정이 약간 달랐다. 한편 비서양권에서는 일본의 사례가 중요하다. 일본은 19세기 말 근대 서양을 모델로 하는 근대화에 착수하여 그 일환으로 근대적 학교교육체제를 짧은 기간 내에 확립하였다. 당시 일본이 근대적 교육체제의 모델로 가장 많이 참조한 나라는 프로이센과 프랑스였다. 특히 독일제국 성립 당시의 프로이센의 교육체제가 주요한 모델이었다.

국민교육 체제는 19세기 서양에서 처음 정착되었고 20세기에는 국민국가 모델과 함께 전 세계로 전파되었고 오늘날 세계 인류의 교육생활을 지배하는 제도로 확립되었다. 성립기 국민교육 체제의 역사적 특징의 하나는 일반적인 통념과는 달리 정치와 경제 발전이 상대적으로 뒤진 나라들에서 먼저 제도화되었다는 사실이다. 즉, 영국이나 프랑스와 같은 서유럽의 대국이 아닌 프로이센, 오스트리아, 덴마크, 스웨덴과 같은 나라가 먼저 국가와 교육의 결합을 제도화하여 국민교육 체제를 확립하였다. 이 중에서 프로이센과 프랑스의 사례가 전형적이며 근대교육을 이해하는 데 중요하다.

프로이센에서 의무취학의 초등교육을 중심으로 하는 대중교육은 18세기에 제도화되었다. 1716년과 1717년 프로이센에서는 프리드리히 윌리엄 1세에 의해 5세에서 12세까지의 아동의 취학이 의무제로 된 것이 국민교육 체제로의 출발을 알리는 것이었으며, 1763년에는 그의 아들인 프리드리히 2세의 유명한 '일반지방학교통칙'에 의해 의무제 교육이 재확인되었다. 이에 관해서는 8장에서 이미 상론하였다.

프로이센에서 국가와 교육의 결합, 즉 국민교육의 이념이 새롭게 재강조된 것은 예나전투(1806)에서 패배하고 나서 프로이센이 나폴레옹 군대에게 점령을 당한 시기였다. 굴욕적인 틸지트조약(1807)의 체결 직후 피히테(Johann Gottlieb Fichte, 1762~1824)는 독일 민족의 재생을 위해서 근대적인 교육체제를 재구축할 것을 열렬히 주창했다. 1807년과 그다음 해에 걸쳐 베를린에서 행해진 일련의 연설('독일 국민에게 고함')들에서 피히테는 교육이 지금까지 단지 극소수의 계급에게만 주어졌고 대다수 민중은 교육의 기회를 갖지 못한 채 방치되어 왔다고 비판하고, 새로운 교육의 힘으로 독일을 하나의 법인체(a corporate body)로 새롭게 만들어 내어야 한다고 역설했다. 피히테가 새로운 교육의 모델로 주목한 것은 이베르돈에서 혁신적인 학교교육을 행하고 있던 페스탈로치의 교육방법이었다.

피히테의 강연 후 얼마 지나지 않아 프로이센 정부의 내무성 안에 교육국이 설치되었고 10년 후에는 종교교육보건성 안에 독립적인 교육부가 설치되었다. 그리고 1817년에서 25년 사이에 교육의 국가관리 체제가 정비되었다. 세금은 학교교육제도의 재원으로 충당되었고 모든 장소에 초등민중학교를 세울 것이 요구되었으며 국립 사범학교에서 소학교 교사가 양성되기에 이르렀다(清川, 2007: 63). 빌헬름 폰 훔볼트(Friedrich Wilhelm von Humboldt, 1767~1835)는 프로이센의 문부대신으로서 교육개혁을 실제 지휘하였다. 그 역시 페스탈로치의 새로운 교수학에 깊은 관심을 기울였다. 1810년 베를린 대학의 설립을 주도한 것은 그의 최대의 업적의 하나다. 베를린 대학은 '교수와 연구의 자유'를 기본 이념을 내세움으로써 근대 대학의 전형이라는 역사적 평가를 받는다.

이와 같이 프로이센에서는 전쟁(7년전쟁, 나폴레옹전쟁) 직후의 위기 상황에서 국민통합을 위하여 주요한 교육개혁이 이루어졌다. 서로 경쟁하는 유럽의 여러 나라들 안에서 상대적으로 우위에 서기 위하여 국력을 강화하려는 노력의 일환으로 교육개혁이 추진되었고 그 과정에서 국민교육 체제가 성립한 것이다.

프랑스는 프로이센과는 달리 정치적 · 경제적으로 선진적인 나라임에도 불구하고 국민교육 체제의 성립은 상대적으로 뒤졌다. 그러나 프랑스는 교육을 통한 국민 형성(nation building)을 추구한 전형적인 사례이며 19세기에 근대 공교육의 원리가 제도화되는 절차가 상당히 교훈적이므로 자세히 살펴보기로 한다.

3. 프랑스의 국민국가 형성과 교육

프랑스는 근대국가의 전형으로 간주되고 있다. 또 프랑스의 교육은 근대교육의 기본 원칙(무상, 의무, 비종교성)을 가장 잘 구현한 것으로 알려지고 있다. 국가로서의 프랑스가 근대 국민국가의 전형적인 사례인 사실, 그리고 프랑스의 교육제도가 근대 공교육의 본질에 가장 충실한 제도라는 사실은 동전의 양면과도 같은 관계다.

혁명 이래 프랑스의 국가 형태는 혁명 초기(1789~1792), 제1공화정기(1792~1804), 제1제정기(1804~1814), 왕정복고기(1814~1830), 7월 왕정기(1830~1848), 제2공화정기(1848~1852), 제2제정기(1852~1870), 제3공화정기(1870~1940)로 여러 차례 변화했다. 혁명정신을 충실히 구현하는 근대적 국민국가가 제3공화정에 이르러 정착된 것처럼, 근대적 공교육제도도 제3공화정기에 들어서 비로소 실현되었다.

혁명과 함께 구체화한 프랑스의 근대 공교육사상은 탈레이랑, 콩도르세 그리고 르펠르티에의 세 사람에 의해 명확히 제시되었다. 이 세 사람의 공교육 계획은 모두 법제화되지 못하고 말았다. 탈레이랑(Charles Maurice de Talleyrand-Périgord, 1754~1838)의 공교육계획은 초등교육의 무상제, 교육의 자유(의무교육의 배제), 헌법의 교육을 특징으로 한다. 탈레이랑은 교육을 국가가 완전히 독점하는 것에는 반대하면서도 인권선언과 헌법(1791년 제정)의 원리들은 "왕국의 가장 작은 학교에서 교육받는 어린아이들을 위한 새로운 교리문답이 되어야만 한다."고 주장했다. 즉, 공교육이 혁명에 의해 새로 수립된 정치체제와 헌법질서의 양호한 작동을 보장하는 정치적 기능을 맡을 것을 기대한 것이다(今野, 2006: 37-38).

콩도르세(Nicolas de Condorcet, 1743~1794)는 입법의회의 요청에 따라 공교육위원회의 위원장 자격으로 1792년 4월에 교육개혁안을 작성하여 제출했다. 당시 제출된 보고서의 내용은 다음과 같이 요약된다(江藤 외, 1979: 134-135).

첫째는 교육의 자유의 원칙으로 교육의 자유에는 배우는 자유와 가르치는 자유의 양자가 포함된다. 이들 권리는 모두 자연권이다. 따라서 의무교육의 관념은 배제된다. 둘째는 만인에 대하여 교육의 기회를 평등하게 제공하기 위하여 공설, 공개, 공익의 원칙에 따라 교육의 공적 조직의 설치·운영을 사회가 책임져야 한다는 것이다. 셋째는 공교육 조직 원리로서 교육의 기회균등의 원칙이 중시되어야 한다는 것이다. 이를 위하여 단선형의 학교체계, 모든 공립학교의 무상제, 남녀 양성에 대한 동일 교육, 교육기관의 지역적 균등 배치, 생애교육 등이 필요하다. 넷째는 공교육이 지육(instruction)에 한정되어야 한다는 것이다. 공교육이 지육 이상으로 확대되면 부모의 권리를 침해하게 되며 사상의 독립성에 저촉된다. 다섯째는 교육이 정치와 종교로부터 독립되어야 한다는 것이다. 진리의 교수만을 담당하는 교육은 의견에 지나지 않는 정치 이데올로기나 종교의 도그마의 영향을 극력 피해야 하고, 이를 위해 정부나 교회의 영향을 받지 않는 학자들로 구성된 국립학사원을 최고 교육행정 기관으로 삼아야 한다.

콩도르세의 공교육사상은 의무교육을 부인하는 대신 교육의 자유를 강조한 점, 공교육은 지육에 한정해야 한다는 점 등에 있어서 자유주의적 지육주의의 교육사상으로 통하고 있다. 그러나 교육의 기회가 만인에게 평등하게 제공되어야 하며 공공사회는 공교육시설을 설치·운영할 책임이 있다고 본 점, 교육이 인간의 기본적 권리에 속하며 생애에 걸쳐 진행되는 것이라고 본 점 등에 있어서 매우 진보적인 사상임에 틀림없다.

르펠르티에(Louis-Michel Lepeletier, 1760~1793)의 공교육안은 보다 급진적이었다. 1793년 7월 로베스피에르에 의해 국민공회에 제안된 공교육

법안은 르펠르티에의 '국민교육계획'을 그대로 답습한 것이었다. 그 내용은 다음의 네 가지로 요약된다(江藤, 1979: 135-136).

첫째, 교육 통제의 원칙이 중시되었다. 5세가 되면 모든 어린이는 '국민교육의 집(maison d'éducation nationale)'에 수용되어 남자는 12세, 여자는 11세까지 동일한 의복과 식사를 제공받으며 공비로 교육된다. 둘째, 훈육(éducation)의 강조다. '국민교육의 집'의 교육은 체육과 덕육을 중시하며, 조국에 봉사하는 인간의 형성이 추구된다. 소수의 지적 능력이 뛰어난 자만이 국민교육의 집을 수료한 후 중·고등교육에 진학하게 된다. 셋째, 평등원칙에 대한 깊은 배려다. 국민교육의 집을 위한 비용의 재원으로서 교육세가 부과되는데, 이는 철저한 누진세 방식에 의해 소수의 부자가 대부분을 부담하도록 하였다. 부자의 희생에 의해 빈자를 교육한다는 빈자 중심의 교육사상이다. 넷째, 교육의 민중관리 방식의 제창이다. 국민교육의 집의 관리는 군(canton)별로 호선되는 아버지들의 대표로 조직되는 위원회가 맡으며, 이 위원회가 국민교육의 집에 대하여 필요한 권고를 행하도록 하였다.

르펠르티에의 공교육사상은 철저한 무상 및 의무 교육, 그리고 주민 직접관리에 의한 공립학교 교육을 통하여 평등한 사회를 실현한다는 사회주의적 교육사상이라고 할 수 있다. 이는 콩도르세의 자유주의적 지육주의에 대하여 통제주의적 훈육주의로도 불린다(世界教育史研究會, 1975a).

이와 같이 프랑스혁명 초기에 이미 콩도르세와 르펠르티에의 공교육안에서 볼 수 있듯이, 근대적 공교육의 기본 원리와 제도적인 청사진이 명확히 제시되었다. 그러나 실제로 이러한 근대 공교육의 기본 원리가 법제화되고 실현되기까지는 많은 시간이 필요했다. 즉, 프랑스에서 근대 공교육 제도가 실현된 것은 제3공화정기의 1880년대 말의 일로서 약 100년이 경과한 후였다. 그것은 프랑스의 국가 형태가 공화정, 제정, 왕정, 공화정, 제정, 그리고 다시 공화정으로 7전 8기하면서 근대 국민국가를 형성하게 된 사실과 일치한다.

프랑스혁명 발발로부터 약 90년 동안 수많은 공교육 법안이 만들어지고 또 제정되었는데 그 어느 것도 근대 공교육의 법제로서는 불완전했거나 단명에 그쳤다. 근대 공교육의 기본 원리로 간주되는 무상, 의무, 세속 교육의 원리는 정파와 계층 간의 이해대립 속에서 충분히 실현될 수 없었다. 자연히 근대 국민국가의 성립에 불가결한 요소인 국민통합도 불충분한 상태로 남아 있을 수밖에 없었으며, 프랑스혁명 정신을 계승하는 공화정의 정치질서도 불안정할 수밖에 없었다.

프랑스공화정을 위협하는 최대 세력은 교회였다. 교회는 앙시엥 레짐기 왕정질서의 최대 동맹자였으며, 혁명 후에도 상존하는 반혁명 세력이었다. 민중의 대다수가 가톨릭 신자인 프랑스에서는 혁명 후에도 다수의 민중은 여전히 가톨릭 교회를 지지했으며 공화정의 새로운 가치와 정책에 동조하지 않았다. 공화주의적인 정치질서 확립을 위해서는 여전히 구체제의 관념에서 벗어나지 못하고 있는 다수의 민중들을 근대적 공화주의의 지지자로 변환시키는 것이 최대의 관건이었다. 이 점은 교회나 왕당파와 같은 구세력에도 그대로 적용한다. 민중들이 계속하여 지지해 주어야만 자신들의 사회적인 존재와 이해관계가 유지되는 것이다. 학교는 바로 이 두 세력이 민중들의 정신세계를 지배하기 위하여 치열하게 투쟁하는 전장(battle field)이었다.

제3공화국에서 교육개혁의 주인공은 줄 페리(Jules Franais Ferry, 1831~1893)였다. 당시 교육부장관이던 페리에 의해 근대 초등교육의 3원칙(무상, 의무, 세속)이 확립되었다. 3원칙 중 먼저 초등교육의 무상의 원칙이 법제화되었다. 1881년 6월 16일에 제정된 법률에 따라 공립유치원과 공립초등학교의 수업료가 무료가 되었다. 무상교육은 점차 확대되어 사범학교에도 적용되었다. 이 법률의 제정과 같은 날에 '초등교육의 자격증서에 관한 법률'이 성립하여, 이후 초등교육 자격증을 소지하지 않는 자는 공립 및 사립의 학교에서 교사로 일할 수 없게 되었다.

초등교육 무상 법안에 대한 의회 심의에서는 우파, 특히 가톨릭 측으로부터 반대 의견이 제기되었다. 그에 대하여 페리는 "무상교육은 사회적 통일을 위해 바람직하다. 때가 되면 조국의 깃발 아래 신속히 집결해야 할 아이들을 학교의 책걸상에 앉히는 것은 우리 사회를 위해, 오늘날의 프랑스를 위해 중요하다. 교육은 모든 아이들의 권리며 권리는 돈으로 살 수 없다."라고 반론했다(世界教育史硏究會, 1975b: 128-129).

1882년 3월 28일에는 취학의무를 주요 내용으로 하는 법률이 성립하였다. 의회의 법률안 심의에서는 역시 가톨릭 등 우파 진영이 "이러한 도덕적 의무에 관해서는 부친이 유일한 심판자로서 양심과 신앙에 따르면 되는 것이며, 국가가 가족의 일에 개입하는 것은 허용될 수 없다."라고 취학의무에 반대하였다. 이에 대하여 법안 지지자는 아이의 인권보호를 위해서는 법률을 통해 국가가 가족의 일에 개입하는 것이 불합리하지 않다, 아이에 대하여 무지의 자유를, 부친에 대하여 착취의 자유를 부인한다고 하여 그것이 아이와 부친의 자유의 침해라고 볼 수는 없다고 반론하였다.

1882년 3월의 법률에 의해서 만 6세부터 13세까지의 남녀 아동에게 초등교육이 의무화되었다. 단, 의무 초등교육의 기관으로는 공립초등학교 외에도 사립학교, 그리고 부친이 주도하는 가정교육도 인정되었다. 그리고 취학의무의 감독과 장려를 목적으로 시 · 군 · 면에 교육위원회가 설치되며, 아동의 퇴학과 결석에 대하여 엄격한 규정이 마련되었다. 예를 들어, 정당한 사유 없는 결석이 1년 중에 2번 있을 경우 시 · 군 · 면의 교육위원회는 적어도 15일 내지 한 달간 시 · 군 · 면의 사무소 문 앞에 위반 사실과 함께 보호자의 성명과 직업을 게시할 수 있으며, 그 후에도 결석을 계속할 경우에는 재판소에 고소할 수 있도록 하였다. 이러한 의무교육제도의 실현에는 광범위한 사회 여러 계층의 지지가 있었다. 부르주아 계층, 노동자계층, 그리고 자유주의자들이 의무교육법의 성립을 열렬히 환영했다(世界教

育史硏究會, 1975b: 134).

마지막으로 초등교육의 세속화의 법제화는 수년의 기간을 필요로 했다. 초등교육의 세속화에 관한 법률의 법제화는 가톨릭 세력의 강력한 저항과 우파의 맹렬한 공격을 받아서 무상이나 의무 교육의 경우처럼 단번에 수행될 수 없었던 것이다. 왕당파를 물리치고 정권을 장악한 공화파는 왕당파와 연결된 가톨릭 세력을 억압하기 위하여 성직자가 국민대중에게 미치는 영향을 약화시키며 정교분리를 신속히 실현하려는 반교권주의 정책을 추진하고 있었다. 초등교육의 세속화는 그러한 반교권주의 정책의 핵심 과제였다. 당연히 가톨릭 세력으로서도 명운을 건다는 결의로 저항하지 않을 수 없는 것이다.

가톨릭 측은 프랑스 국민의 대다수가 가톨릭 교도이며 현재 다수의 공립학교 교원이 가톨릭의 교단원이라는 점을 들어 공교육의 세속화에 반대하였다. 이에 대하여 아이들에게 프랑스 국민이라고 가르치는 대신 특정 종파의 신도라고 가르치는 것은 불합리하다, 1789년 이래 사회의 여러 제도는 이미 세속화되고 있기 때문에 학교가 세속화되는 것은 당연하다, 그리고 교원도 양심의 자유를 권리로서 가지고 있으므로 특정 종교를 가르치도록 해서는 안 된다는 반론이 세속화 지지론자들로부터 제기되었다. 격렬한 찬반양론의 결과로 초등교육의 세속화에 관한 조항이 1882년 3월 28일의 법률에 포함될 수 있었다. 그에 따라 초등학교의 교육과정에서 종교교육이 배제되는 대신 공민교육이 도입되었으며 또 성직자에 의한 공립초등학교의 지도와 감독권이 배제되었다.

초등교육의 세속화에 관한 조항은 법률의 첫 세 조항이었다. 그중 제1조는 아래와 같이 초등교육의 교육과정을 규정했다.

제1조 초등교육은 다음의 여러 교과를 포함하는 것으로 한다.

• 도덕 · 공민교육

- 읽기 및 쓰기
- 언어 및 프랑스 문학의 기초
- 지리, 특히 프랑스 지리
- 역사, 특히 프랑스 역사
- 법률상의 상식 및 경제
- 자연과학, 물리학 및 수학의 기초와 그 응용
- 도화와 모형 제작의 기초 및 음악
- 체조
- 군사교련(남자)
- 재봉(여자)

또 일요일 외에 주 하루를 휴업일로 하고 부모가 원하면 학교 건물 밖에서 아이에게 종교교육을 할 수 있도록 하였다(제2조). 그리고 공 · 사립초등학교와 유치원에 대한 시찰권, 감독권 및 지도권을 성직자에게 부여한 1850년 3월 15일 법의 관련 조항이 폐지되었다(제3조).

그로부터 4년 뒤에 교원의 세속화가 법제화되었다. 종래 국가 공인의 종파에 속하는 성직자에게는 교원의 자격이 예외적으로 인정되었다. 1886년 10월 30일의 법률은 모든 공립학교의 교육은 오로지 세속 교원만이 맡도록 하였다. 신규의 교원으로는 교단 소속의 교원은 채용되지 않게 되었으며 남자학교의 경우 법률 공포 후 5년 이내에 교단 소속 교원 모두를 세속 교원으로 교체하도록 하였다.

'초등교육에 관한 1886년 10월 30일의 조직법'은 제3공화국이 추진해온 근대 공교육 법제화의 정점에 해당한다. 이 법은 초등교육의 범위(어머니학교, 초등학교, 고등초등학교, 도제수공학교), 초등학교의 종류, 교원의 직무와 자격 및 종류, 공립초등학교의 설치와 유지 등에 관해 상세히 규정하였다. 또 각 지역의 초등교육에 대하여 포괄적인 감독의 권한을 가지는 초등교육평의회를 각 현마다 설치하도록 하였다. 이 평의회는 중앙정부에 의해 임명되는 현의 지사와 대학구시학관을 각각 의장과 부의장으로 하고, 현 의회 의원, 사범학교장, 공립학교 교원 대표, 교육부장관이 임명하는 초등시학관으로 구성되었다(世界教育史研究會, 1975b: 142).

이상과 같은 초등교육조직법에 의하여 프랑스의 초등교육에 대한 지도와 감독권은 급속히 교회에서 국가로 이관되었다. 그것은 동시에 지방에 대한 중앙정부의 우위성을 명확히 한 것이기도 했다. 즉, 초등교육에 대한 중앙통제의 강화가 조직법의 동기의 하나였다(世界教育史研究會, 1975b: 143). 초등교육에 대한 중앙통제를 결정적으로 확립한 것은 1889년 7월 19일의 법률이었다. 이 법에 의해 초등교육의 여러 공립학교의 교원은 국가공무원이 되고 그 급여는 모두 국가 부담이 되었다. 동시에 사범학교 교수와 교육행정 관계자의 급여, 시학관계 비용 및 사범학교의 생도비 등도 모두 국고부담의 대상으로 되었다. 그에 따라 시 · 군 · 면은 초등학교의 유지비만을 부담하는 것으로 되었다.

이 법률의 발표와 함께 초등교육의 연간 경비는 대부분 국고 부담이 되었고, 이에 자연히 초등교육 관계의 국가예산은 급격히 증대했다. 1890년의 초등교육 국가예산은 10년 전에 비해 약 5배 증가한 1억 2,939만 프랑이었다(世界教育史研究會, 1975b: 144). 이와 함께 프랑스의 초등교육도 급속히 발전하게 된다.

이상 프랑스에서 근대 공교육제도가 확립되는 과정을 추적해 보았다. 그것은 1789년의 혁명 발발과 함께 시작되어 1889년에 이르러 비로소 정점에 도달하는 약 100년간의 대립과 항쟁의 역사적 과정이었다. 그것은 동시에 프랑스혁명과 함께 태동한 근대 국민국가의 자기 확립과정이기도 하다. 혁명과 함께 근대의 국민국가는 탄생했지만 민중의 지지 없이는 존립할 수 없는 것이 근대국가의 속성이다. 보통선거의 도입은 근대 국민국가의 불가결의 정치도구이지만 그것이 항상 공화정에 유리한 방향으로만 기능하지는 않았다. 민중의 대다수가 가톨릭 신자인 상황에서는 민중의 정신을 공화주의로 물들여 놓지 않는 이상 보통선거가 오히려 반공화주의의 도구로 변모하는 것이다. 제1공화정 이래 수차례의 제정과 왕정의 성립은 바로 이런 사정 때문이었다. 따라서 신생 프랑스공화국의 지도자들로서는 민중의 정신 속에 신생 공화국을 마음으로부터 신봉하고 지지하는 심성을 형성하지 않으면 안 되었다. 학교 시스템은 그러한 기능을 맡을 국가장치였다. 학교는 국민적인 정신의 창출을 통해 국가의 정신적 통합을 달성하는 것을 임무로 하는 '국가의 이데올로기 장치'(Louis Althusser)였던 것이다.

1880년대 근대 공교육제도의 확립에 절대적인 기여를 한 인물은 공화주의 정치가 줄 페리였다. 그에 따르면 당시 공화파는 세 가지를 바랐다. "먼저 군대를 재생하는 일과 다음으로 보통선거를 기반으로 하는 정부, 즉 공화제를 재생하는 일이었다. 공화파는 또한 국민학교에 의해 국민적 정신을 재생하는 것도 원했다."(今野, 2006: 276)

공교육의 학교 시스템을 통해 지역과 계층 그리고 종파의 차이를 초월하는 국민적 통합을 이루지 못하면 보통선거를 통한 공화제의 재생은 기약할 수 없다. 또 공교육 시스템이 애국심을 갖춘 젊은이들을 길러내지 못하면 무기를 들고 조국의 깃발 아래 일사불란하게 집결하여 외적과 맞서는 일도 불가능하다. 무상제, 의무제, 그리고 세속성의 원칙은 교육 시스템이 공화주의적 국가질서의 항구적 재생을 위해 반드시 필요한 것이었다. "학교는 콩도르세가 생각한 것처럼 개인의 인간적 향상과 행복의 수단이기보다, 오히려 앙시엥 레짐의 붕괴와 혁명적인 프롤레타리아의 증대에 의해 이중으로 파쇄(破碎)된 프랑스 국민을 통합하는 도구가 되지 않으면 안 되었다."(今野, 2006: 275)

국가의 건설을 위해서는 행정부, 입법부, 사법부, 그리고 군대와 경찰과 같은 장치만으로는 부족하다. 국민 대다수가 그 국가를 지지하고 충성을 바치지 않으면 안 된다. 그런 의미에서 국가는 늘 국민들의 의식 속에서 재생되지 않으면 안 되는 것이다. 그람시(Antonio Gramsci, 1891~1937)는 국민 대중의 능동적 동의(active consent)가 국가권력 형성을 위해서 불가결하다는 점을 명확하게 강조한 최초의 정치사상가이다. 그람시의 헤게모니(hegemony) 개념에서 교육은 중심적인 것이다.

> 민중의 동의를 획득하고 또 근대적인 생산 조건에 합치하도록 민중의 의식을 변환시키는 것은 분명히 교육의 과정이다. 학교는 따라서 국가 형성과정에서 결정적인 도구가 된다. 만약 국가의 가장 중요한 기능 중의 하나가 대중을 특정한 문화적 및 도덕적 수준으로 끌어올리는 일이라면 두 개의 가장 중요한 (국가)기관은 법정과 학교라고 그람시는 썼다. 학교는 긍정적인 교육기능을, 법정은 억압적이고 부정적인 교육기능을 각각 담당한다(Green, 1990: 96).

4. 일본의 국민국가 형성과 교육

비서양 국가 중에서 일본은 유일하게 식민지화(colonization)를 겪지 않고 자력으로 서구적 근대화에 성공한 나라다. 일본은 서구 열강에 의한 식민지화의 위험을 벗어나자마자 그 자신도 제국주의 국가로 탈바꿈하여 조선 등 인근 국가 및 지역을 식민지화하였고 중국 동북 지역의 지배에도 손을 뻗쳤다(괴뢰국 만주국의 건국, 1932). 곧이어 전면적인 중국 침략전쟁에 돌입하였고(1937) 또 미국에 대해서도 선전포고를 하여(1941) 비록 짧은 기간이기는 하나 한때는 세계에서 가장 넓은 영역을 지배하는 거대 제국을 건설했다. 결과적으로 일본은 미국으로부터 인류 역사상 최초로 원자폭탄 공격을 받아 무조건 항복을 하였고, 6년간의 연합군 군사점령을 거친 다음 1951년에 다시 주권을 회복할 수 있었다. 1853년의 페리 제독의 '쿠로후

네(黑船)' 출현 이래 불과 한 세기 동안 일본이 겪은 역사적 경험은 실로 경이로울 정도로 드라마틱하다.

1869년의 왕정복고(유신)에 의해 성립한 메이지 정부는 여러 한(藩)들이 할거하는 봉건적인 체제를 혁파하고 중앙집권적 국가체제의 구축을 강력히 추진하였다. 정치, 경제, 군사 면에서의 부국강병은 심리적인 차원에서의 '국민의식' 형성과 불가분이었다. 서양과 마찬가지로 메이지 일본에서도 국민교육 체제의 수립은 국민국가 형성의 과정에서 중핵적인 부분에 해당하였다.

일본의 국민국가와 국민교육 체제는 메이지유신 이후 약 30여 년이라는 비교적 짧은 기간 내에 그 골조(骨組)가 완성되었다. 그 '효용'은 1904년의 러일전쟁의 승리와 그 '전리품'으로써 조선의 보호국화를 국제적으로 승인받은 일에서 단적으로 검증되었다. 일본은 서구 열강과 어깨를 나란히 한 엄연한 제국주의 국가로 발돋움하였다.

1) '학제' 공포와 국가교육 체제의 도입

이 기간 동안 메이지 정부의 강한 리더십에 의해 일본의 교육은 근대적 대중교육 체제로 전환되었다. 그 과정에서는 문부성 설치(1871), 학제 공포(1872), 교육령 공포(1879), 교육령개정(1880), 제학교령 공포(1886), '교육칙어' 공포(1890), 소학교령 재개정(1900) 등이 직접적인 영향을 미쳤다. 이들 사건을 중심으로 일본의 국민교육 체제의 확립과정 및 기본 성격을 살펴보기로 한다(이하 주로 石川 외, 1987; 寄田, 山中, 2002를 참조함).

1871년 메이지 정부는 중앙 교육행정기관으로서 문부성을 설치하고 다음 해인 1872년에는 일본 최초의 근대적 교육법규인 '학제(學制)'를 제정·공포했다. '학제'는 주로 중앙집권적인 프랑스의 나폴레옹 학제를 모델로 하였는데 그 기본 구상은 일반 행정구획제도와는 별도로 학구제를 채용하여 전국을 8대학구로 나누고, 각 대학구는 다시 32의 중학구로 구분하고, 각 중학구는 210의 소학구로 세분하여 각각의 학구에 대학, 중학, 소학을 1교씩 설치한다는 것이었다. 이 계획은 일본 전국에 5만 3,760교의 소학교, 256교의 중학교, 8교의 대학교를 설치한다는 실로 장대한 규모의 계획이었다.

이들 전국의 모든 학교를 통할하는 것이 중앙의 문부성이며 그 지휘 아래에 각 대학구마다 독학국(督學局)을 설치하여 관내의 모든 학교를 감독하며, 또 각 중학구에는 학구감독(學區取締)을 10명 내지 12, 13명 두어 1명이 소학구 20 또는 30을 분담하여 취학과 학교재정 그리고 학사를 책임지도록 하는 철저한 중앙집권제의 교육행정 기구가 이때 조직되었다. 국가 내의 모든 학교가 문부성을 정점으로 하여 그 의지에 따라 일사불란하게 작동하는 국민교육의 기계가 출현한 것이다.

5만 3,760교로 이루어진 공립초등학교 시스템은 이론상 전 국민을 수용할 수 있는 크기의 '교육 용기'라고 할 수 있다. 이러한 보통의 소학교(심상소학) 외에도 '여아소학' '촌락소학' '빈민소학' '소학사숙' '유치소학'도 인정하여 취학을 촉진하고자 했으며, 중학교 중에는 '외국인을 교사로 하는 학교'를 설치하여 엘리트 양성을 꾀했다. 그 밖에 해외 유학생과 신관승려학교에 관한 규정도 포함하는 등 '학제'는 모두 213장에 달하는 대규모의 근대적 교육 법규였다.

문부성은 '학제'를 실행에 옮기는 데 있어서 다음 네 가지를 우선순위로 정하였다.

- 소학교 설립에 주력할 것
- 신속히 사표학교(師表學校)를 일으킬 것
- 일반 남녀에게 균등하게 교육을 베풀 것
- 학교의 설립 시는 신축 영선을 완전하게 하는 것에 힘쓸 것

일반 국민의 지적 수준 향상을 위하여 최우선적으로 초등학교의 보급과 확충에 가장 중점을 두고 그를 위하여 초등학교 교원 양성학교(사표학교)의 설립을 두 번째 우선순위에 둔 것이다. 이와 같이 '학제' 단계의 교육개혁에서는 초등학교 체제의 정비가 최우선 목표였다. 자연히 초등학교 교원의 양성 역시 중요한 정책 과제가 되었다. 이를 위하여 메이지 정부는 '학제' 공포에 두 달 앞선 1872년 5월에 일본 최초의 사범학교를 동경에 설립하였다.

동경의 사범학교는 미국으로부터 스콧이라는 교사를 특별 초빙하여 그를 중심으로 운영되었는데, 그는 미국으로부터 교재와 교구를 들여오고 미국 초등학교의 교수법을 기초로 하여 수업을 행하였다. 사범학교는 초등학교의 학습지도법(교칙)의 제정과 교과서의 편집도 맡았으며 졸업생은 전국에 파견되어 현지의 초등학교 교원의 양성을 담당했다. 이와 같이 사범학교의 교수법과 교육내용은 전국으로 전파되었고, 단기간에 초등교원의 양성도 이루어지게 되었다. 문부성은 점차 사범학교를 확대하여 동경의 사범학교 외에 1874년까지 오사카, 미야기, 아이치, 히로시마, 나가사키, 니가타에 관립사범학교를 설립하였고, 1875년에는 동경에 여자사범학교를 설치하였다. 그동안 미국의 사범학교에 유학한 일본인 교육자들을 통해 페스탈로치 교수법이 수입되어 동경사범학교에서 가르쳐졌다.

'학제'에 의해 계획된 학교는 그 설치 · 운영의 재원이 대부분 지역주민의 부담이었음에도 불구하고 1876년까지 일본 전국에 약 2만 5,000의 소학교가 설립되는 성과를 거두었다. 그러나 위압적인 상명하달식의 학교설립 행정과 획일적인 학교운영 등이 민중의 반발을 불러일으켜 '학제' 하의 교육개혁은 메이지 정부가 의도하는 정도까지는 진전되지 못했다. 특히 문부성이 신설의 소학교에 대해서는 처음부터 그 '신축 및 영선'을 완전하게 하라는 방침으로 임했기 때문에 그 재정 부담을 고스란히 지게 된 지역주민들의 반발이 예상 외로 거셌다. 소학교의 수학 연한도 8년으로 길었고 교육내용 역시 당시 일본 민중계층의 생활 조건과 유리된 것이었다. 결국

'학제'는 1879년의 교육령 공포에 의해 초등교육의 내용이 완화되었다. 그러나 '학제'에서 제시된 소학교제도는 일본의 새로운 국민국가 체제가 필요로 하는 초등교육의 기본 형태라는 점에서 의의가 크다. 그 내용을 개략적으로 소개하고자 한다.

'학제'는 학교의 종류를 대학, 중학, 소학의 삼종으로 하고 이 중에서 소학교에 대해 "교육의 초급으로서 인민 일반이 반드시 취학해야 한다."라고 규정하였다. 그리고 '소학'에는 심상소학, 여아소학, 촌락소학, 빈인소학, 소학사숙, 유치소학의 여러 종류가 있지만 이를 모두 '소학'으로 칭한다고 정했다. 이 중에서 심상소학교는 다시 상·하의 두 등(等)으로 나누고 남녀 모두 상하 양등을 졸업하도록 하였다. 각 등은 다시 여덟 급(級)으로 세분화되었으며 취학 연한은 하등소학이 6세에서 9세까지, 상등소학은 10세에서 13세까지였다. 따라서 심상소학교의 수학 연한은 8년이었다. 심상소학교의 교과 구성은 다음과 같다.

- 하등소학: 철자, 습자, 단어, 회화, 독본, 수신, 서독(書牘), 문법, 산술, 양생법, 지학대의, 이학(理學)대의, 체술(體術), 창가(당분간 미개설)
- 상등소학: 하등소학의 전 교과, 사학(史學)대의, 기하학괘화(罫畫)대의, 박물학대의, 화학대의. 기타 외국어, 기부법(記簿法), 화학(畵學), 천구학(天球學) 중 일부 선택

교과 종류에서 자연과학 계통이 다수를 차지하고 있는 점이 특색이며 매주 수업 시수에서도 자연과학의 교과들에 큰 비중이 주어졌다.

중학교도 상등과 하등의 두 등으로 구분되었으며 취학 연한은 하등중학이 14세에서 16세까지, 상등중학은 17세에서 19세까지로 하였다. 중학교에 대해서는 상하 양등을 모두 이수해야 한다는 규정이 없었으므로 양자는 오늘날의 중학교와 고등학교에 각각 상응하는 것으로 볼 수 있다. 중학교

의 교과 구성은 다음과 같다.

- 하등중학: 국어학, 수학, 습자, 지학, 사학, 외국어학, 이학, 화학(畵學), 고언학, 기부법(記簿法), 박물학, 화학, 수신학, 측량학, 주악(당분간 미개설)
- 상등중학: 국어학, 수학, 습자, 외국어학, 이학, 괘화(罫畵), 고언학, 기하대수학, 기부법(記簿法), 화학, 수신학, 측량학, 경제학, 중학(重學), 동식(動植)지질광산학

소학교와 마찬가지로 중학교 역시 자연과학 및 실용기술 관련 교과가 대다수다. 대학교는 "고상(高尙)의 제학(諸學)을 가르치는 전문과(專門科)의 학교"로 정의되었고, 설치 학과는 이학, 화학, 법학, 의학, 수리학의 다섯으로 정해졌다. 대학교 역시 교육내용은 자연과학 위주인 사실이 확인된다.

1872년에 공포된 '학제'는 입안과정에서 당시 프랑스의 학교교육 관련 법전의 번역서인 『불국학제(佛國學制)』에 거의 전적으로 의존했다고 알려지고 있다. 『불국학제』는 1789년의 혁명으로부터 1840년대까지의 프랑스의 학교제도에 관한 법전이며 초등교육에서부터 고등교육에 이르기까지의 여러 제도를 규정하는 기본적인 법규를 거의 완전하게 수록하였다(神山, 1984). 한편 사범학교 교육의 제도화에서는 앞서 본 것처럼 미국의 영향이 매우 컸다. 이와 같이 1870년대 초의 단계에서는 일본의 국민교육 체제의 제도화에 있어서는 서양의 영향이 컸으며 그중에서도 프랑스와 미국의 영향이 상대적으로 컸던 것을 알 수 있다.

'학제'는 비록 이후에 내용이 적지 않게 변경되고 수정되기는 했으나 일본 최초의 국가적 교육을 제도화하였다는 점에서 그 제정 · 공포는 역사적으로 획기적인 사건이었다. 이 지점에서 일본의 국가와 교육의 결합이 달성되었고 이후 그 결합관계에 본질적인 변동은 없다.

2) 천황제 국가체제와 국가주의 교육의 제도화

1879년의 교육령은 '학제'가 프랑스류의 중앙집권적 교육행정제도를 모델로 한 것에 대하여 미국식의 지방분권제도를 참고로 한 것이었다. 종전의 학구감독에 대신하여 주민이 선출한 학무위원이 지방 학사를 맡도록 한 것, 사립학교의 설립과 운영을 비교적 자유롭게 한 것, 소학교의 의무출석 일수를 경감한 것, 학교 외부의 교육을 취학으로 인정한 것 등은 '학제'의 국가통제주의를 배제하고 자유주의를 기조로 하는 것이었다.

그러나 교육령의 자유주의는 취학자 수의 감소와 폐교 증가 등의 폐단을 야기하였고, 국가 수뇌부에서도 가령 천황이 '지식재예(智識才藝)'에 편중한 문명개화의 폐라고 비판하면서 '인의충효'의 유교적 도덕교육의 강화를 요구하는 등 교육령에 대한 반대가 국가권력 핵심부와 민간의 양측으로부터 나왔다. 정부는 그러한 요구를 수용하면서 1880년 교육령을 개정하여 통제주의적 교육행정으로 방향 전환을 하였다. 소학교의 교육에서는 수신(修身)을 필두과목으로 정하여 유교적 도덕교육을 강화하였고, 소학교 교원에 대한 통제를 강화하고 교육과정 편성권을 전부 문부대신이 장악하게 되었으며, 교과서 발행에 대해서도 국가의 간섭과 통제를 강화했다. 이와 같은 일본의 교육정책 전환은 당시 광범한 민중의 지지를 받으며 확산되고 있던 자유민권운동의 기세를 누르고 중앙집권적인 국가체제를 확립하려는 의지를 반영하는 것이었다.

일본 정부의 국가 중심적 교육정책은 1889년의 '대일본제국헌법'의 공포를 전후하여 최고조에 달했다. 1886년 문부대신 모리 아리노리의 주도하에 제국대학령, 사범학교령, 중학교령, 소학교령 등 이른바 '제학교령(諸學校令)'이 공포되었다. 이를 통해 소학교, 중학교, 제국대학이라는 '정계(正系)'의 학교와 교원 양성을 목적으로 하는 사범학교라는 '방계(傍系)'의 학교의 두 계통으로 학교의 종류가 정리되었다. 이러한 학교 계통의 구분은 1945년까지 변하지 않았다.

이들 법령에 의해 일본의 여러 학교는 명확하게 국가주의적 성격을 부여받았다. 예컨대, 제국대학은 "국가의 수요(須要)에 부응하는 학술기예를 교수하고 그 온오(蘊奧)를 궁구하는 것"을 목적으로 한다고 규정되었다. 즉, 대학은 보편적인 진리를 자유롭게 연구하고 교수하는 고등학문의 기관이 아니라, 천황을 정점으로 하는 일본을 위해 고등학술을 연구하고 교수하는 곳이라는 국가주의적인 정의를 부여받은 것이다. 초등교육에 관해서는 보호자가 학령아동의 취학에 대하여 의무를 진다는 것이 법률 조문에 명기된 점이 획기적이었다.

사범학교의 교육에서는 특히 생도가 '순량(順良)·신애(信愛)·위중(威重)'의 '기질'을 체득하는 것이 강조되었다. 이 사범생도의 '3기질'은 군사체조와 기숙사제를 통하여 구체적으로 길러지게 되었다. '3기질'은 현실적으로는 국가에 대한 순종, 동료 간의 우정, 아동에 대한 위엄을 뜻한다. 이것은 당시 일본 교육제도의 전형적인 교사상이며 또한 일본이 원하는 교사상이기도 하다. 그것은 자유롭고 개인주의적이며 비판적인 사고를 지닌 인간과는 정반대의 인물상이다.

'대일본제국헌법'이 공포된 다음 해인 1890년에 '교육에 관한 칙어'가 반포된 것 역시 일본 근대교육의 역사에서 획기적인 사건이다. '제국헌법'의 제정·공포와 함께 천황을 정점으로 하는 새로운 국가체제의 기반이 마련된 것에 맞추어 국민통합을 위한 '국민도덕의 통일'이 강하게 요구되었다. 교육칙어는 일본 정부의 수뇌부가 협의하여 작성한 것을 천황이 문부대신에게 하사하는 형식으로 공포되었다. 교육칙어는 내용상 일본의 교육은 덕치자로서의 천황과 천황에게 충성스러운 신민으로 이루어진 국체(國體)에 그 근본이 있다는 것, 신민은 유교적 덕목을 모두 체현하고서 나라에 위급한 일이 있을 때는 모두 떨쳐 일어나서 황실이 영원하도록 그를 지켜야 한다는 것, 이상과 같은 도(道)는 동서고금에 통용하는 것이므로 천황은 신민과 함께 이 유훈(遺訓)을 지켜 나가겠다는 것의 선언이었다(寄田, 山中, 2002: 75).

다음 해 6월에 '소학교 축일 대제일 의식 규정'이 제정된 이래 교육칙어는 '어진영(御眞影, 천황 부부의 초상 사진)'과 함께 일본의 국가주의 교육체제 안에서 천황 숭배와 국가지상주의 교육의 핵심적인 장치로서 기능하게 되었다.

1890년에는 새로운 소학교령이 공포되었으며 이를 통해 교육은 군사 및 경찰과 함께 '국가 전체의 공익에서 유래하는 것'인 까닭에 지방자치체의 고유사무가 아닌 국가의 위임사무라는 점이 명확하게 되었다. 한편 제1조의 목적 규정은 소학교의 목적을 "아동 신체의 발달에 유의하여 도덕교육 및 국민교육의 기초 그리고 생활에 필수적인 보통의 지식과 기능을 가르치는 것"으로 명시하였다. 이 소학교 목적 규정은 1941년의 국민학교령 공포까지 변경되지 않았는데, 당시 독일의 학교 규정을 참고로 했다고 한다(寄田, 山中, 2002: 76).

일본에서 공교육의 원리가 완전하게 제도화된 것은 1900년경이다. 그전의 교육법령에서는 무상제와 세속제의 원리는 물론 의무취학의 원리조차 제도적으로 불완전한 상태로 남아 있었다. 1895년 청일전쟁에서의 승리 이후 일본에서는 중화학공업을 중심으로 하는 산업혁명이 급진전하였다. 그에 따라 우수한 산업노동력이 요구되었고 자연히 초등교육의 충실이 사회적으로 요청되었다. 그에 따라 의무교육제도의 구현이 주요한 국가적 과제가 되었으며, 이는 1900년 소학교령 개정(제3차 소학교령)으로 실현되었다.

소학교령에서는 심상소학교의 수업 연한을 4년으로 하고 학령아동의 보호자는 이 기간 동안 아동을 취학시킬 의무를 진다고 규정하였다(제32조). 학령은 만 6세에서 만 14세까지의 8개년으로 정했다. 그리고 공립 심상소학교의 수업료는 징수할 수 없다고 규정하여 무상제 원칙을 명시했다(제57조).

이 법령을 통해 4년 무상제의 의무교육이 제도화된 것이다.

학령아동의 취학률은 1890년 48.9%(남 65.1%, 여 31.1%)였던 것이 10년 후의 1900년에는 81.5%(남 90.6%, 여 71.7%)로 급증하였고 1905년에는 95.6%(남 97.7%, 여 93.3%)까지 높아졌다(文部省, 1972: 321). 이 기간 동안 남녀간의 취학률 격차도 현저하게 줄어들었다. 학제 시행 직후인 1873년의 학령아동 취학률은 28.1%(남 39.9%, 여 15.1%)였다. 그리고 1908년 4월부터는 의무교육 6년제가 시행되었다. 이 해의 학령아동 취학률은 9 7.8%였으므로 이때 일본에서는 대중교육의 제도화가 완성되었다고 할 수 있다. 이 시점은 러일전쟁에서의 승리로 인해 일본이 서구열강과 어깨를 견주는 제국주의 국가로 발돋움한 때였고, 조선을 '보호국'화하여 서울에 설치한 통감부를 통해 조선에 대한 식민지적 교육에 착수한 때이기도 하다.

제10장

근대 동아시아의 국민교육 체제 형성
-한국의 교육근대화와 식민주의-

제10장

근대 동아시아의 국민교육 체제 형성

-한국의 교육근대화와 식민주의-

1. 한국 근대교육의 형성과 식민지주의

인류의 교육 역사는 국가교육 체제(national education system)의 출현과 함께 질적으로 전혀 다른 차원으로 접어들었다. 국가교육 체제는 19세기에 서양 여러 나라에서 성립하여 이후 여러 역사적 경로를 통하여 전 지구적 규모로 확대 발전해 갔으며, 그 주요한 특성으로는 의무적 교육, 대중적 교육, 세속적 교육, 그리고 국민적 교육을 들 수 있다. 이러한 새로운 교육체제는 사람들의 인생에 대하여 심대한 영향을 미치게 되었으며, 또 사람들이 가장 많은 관심을 가지는 생활 영역의 하나가 되었다. 보다 근본적인 점은 무엇보다도 국가가 사람들의 교육에 대하여 부여한 중요성이었다.

19세기 국가교육 체제의 성립은 새로운 형태의 국가인 국민국가(nation-state)의 출현과 때를 같이한다. 보다 정확히 말하자면, 국민국가는 새로운 전국적 공립학교 체제를 필요로 했고, 이 새 공립학교 체제를 통해서 '국민(nation)'이라는 집단적 인간 유형을 창출해야만 했다. '상상의 공동체'(Anderson, 2002)로서의 국민국가는 이질적인 인간들이 동일한 신념과 문화를 공유한다고 믿는 집단을 전제로 하는데, 그러한 '신념'과 또 그에 기초하여 형성되는 '집단'은 다양한 문화적 장치들에 의해 꾸며지고 만들어진다. 그 문화적 장치 중에서도 중핵적인 역할을 하는 것이 바로 공립학교들이다.

이들 공립학교에서는 국가에 의해 양성된 교사들이 아이들에게 국가(민)의 역사(국사), 국가(민)의의 언어(국어), 그리고 국가(민)의 문학(국문학)을 가르쳐서 국민적 정체성(national identity)을 형성함으로써 '국민'을 '창출'한다. 이러한 국민교육을 통해서 서로 다른 개체들이 '한국인' 혹은 '미국인'으로 만들어져 간다. 이러한 국민적 교육은 '국민'에게는 의무적인 것이며, 계층과 성별, 지역을 막론하고 동일한 교육이 베풀어진다. 그리고 교육은 무엇보다도 국가라는 세속적인 정치권력의 일이 된다.

인류교육의 역사는 장구하지만, 이상과 같은 성격의 교육은 그 역사가 오래되지 않는다. 우리는 그러한 새로운 성격의 교육을 근대적 학교교육(modern schooling)이라고 부르는 것이다. 이 교육은 많은 사람들에게는 이미 생활의 일부가 되어 버렸기 때문에 얼른 지각되지 않지만 역사의 관점에서 볼 때 매우 이색적인 제도다. 오늘날의 초등교육으로부터 고등교육에 이르는 각급의 학교교육이 사다리꼴로 상하 연결되고 또 완결된 형태의 학교교육의 시스템은 전통사회에는 없었다. 당시 존재했던 교육적 시설들도 그 존재 양태가 오늘날의 교육제도와는 달랐다. 교육자를 길러내는 방식에도 질적인 차이가 있었으며, 국가권력이 교육시설에 대하여 베푸는 행정적이고 물질적인 지원도 상이했다. 교육의 내용과 방법은 물론, 교육의 목적과 기능도 같지 않았다. 오늘날의 학교제도와 전통사회의 그것 사이에는 질적인 '차이'가 존재한다. 이러한 차이를 가진 양자를 우리는 '근대교육'과 '전통교육'으로 구분하여 부를 수 있을 것이다.

서양 여러 나라의 경우 전통적인 교육에서 근대적인 교육으로의 전환은 대략 19세기 후반에 이루어졌다. 프로이센을 위시한 독일 지역 여러 나라가 선도적이었고 프랑스, 그리고 미국이 비교적 이른 시기에 근대적 학교 교육제도를 정착시켰다. 이에 비해 영국은 상대적으로 늦었다. 서유럽 외의 지역에서는 예외적으로 일본이 19세기 말에서 20세기 초에 걸치는 시기에 교육의 근대화를 달성했다. 이들 나라는 정치, 경제, 그리고 교육의 근대화가 '자력'으로 이루어진 경우이며, 다수의 비서구 여러 나라가 피식민지화를 경유하면서 근대화를 달성한 것과 대조를 이룬다.

한국사회의 경우 전통교육에서 근대교육으로의 전환은 시기적으로 20세기 전반기에 이루어졌다. 이 시기는 다름 아닌 식민지기에 해당한다. 그로 인해 한국에서의 교육 근대화의 과정은 매우 복잡하며 그 산물인 근대적 학교교육 체제의 성격 역시 단순하지 않다. 종래 한국교육의 역사 서술(historiography)에서는 식민지기 교육의 역사적 발전을 '수탈' 내지는 '공백'의 역사로 서술하는 것이 주류였으며, 식민지기 교육을 근대적 교육으로 파악하는 것은 간접적으로 일본의 식민지 지배를 정당화하는 것으로서 일종의 터부였다. 그러나 최근 서구 중심적인 단일한 '근대'가 아닌 다양한 경로의 '근대'를 인정하는 새로운 역사 접근법이 제기되면서, 식민지기 교육에 대해서도 종전과는 다른 시각에서 바라볼 것이 요청되고 있다(김진균, 정근식, 1998; Barlow, 1997; Shin & Robinson, 1999).

한국에 근대교육이 언제부터 시작되어 언제 그것이 하나의 체제로서 정착하게 되었는가? 그리고 그 후의 발전의 경과는 어떠하며 또 그 의미는 무엇인가? 이러한 문제는 한국교육의 역사적 발전과정의 해명을 위해 필요불가결하다.

2. 근대교육의 도입 시도: 갑오교육개혁

한국에서 근대적 교육이 개시된 것은 1880년대의 일이다. 개화사상의 보급과 서양 열강과의 외교관계 수립을 계기로 서양문물이 급속히 도입되는 가운데 민간인들과 정부에 의해 근대적인 교육시설들이 하나둘씩 생겨났다. 민간인에 의해 설립된 근대적 학교로서 역사적 의의가 큰 원산학사(1883년; 신용하, 1974), 서양 여러 나라와의 외교에 필요한 어학교육을 위한 관립 영어학교인 동문학(1883년)을 위시하여, 미국 선교회에 의한 배재학당과 이화학당, 그리고 관립의 육영공원(이상 1886년 개교) 등을 통해 구미에 유래하는 근대적 학교교육이 한국에 모습을 드러내기 시작했다(김기석, 류방란, 1999).

그러나 이들 학교는 특정한 목적에 따라서 개별적으로 설립되어 각기 고립적으로 존재하였으며, 상호 연결되어 하나의 제도적인 네트워크를 구성한 것은 아니었다. 근대적인 형태를 한 새로운 종류의 학교들이 산발적으로 설립되어 각자 추구하는 교육을 실행하였을 뿐, 이들 학교가 하나의 교육체제를 형성한 것은 아니었다. 근대교육 체제란 초등–중등–고등의 위계적 관계로 상호 접속된 학교의 네트워크, 학교와 그 교육을 중앙 관리하는 교육행정의 국가기구, 합리화된 학교조직과 교육방법, 국가적이고 체계적인 교원의 양성과 감독, 국민 형성(nation building)을 위한 전국적 교육과정 등의 기본적 요소를 구비할 때 비로소 성립하는 것이다. 한마디로 근대적 교육체제란 그린(Green, 1990)이 지적하듯이 '국민교육 체제(national education system)' 에 다름 아니다.

그러한 의미에서의 근대적인 교육 시스템이 출현한 것은 1894년의 갑오교육개혁을 통해서다. 갑오교육개혁을 통해 출현한 것은 획기적인 근대적 체제, 즉 국가교육의 체제였다. 전문적인 하위 부국을 거느리는 중앙 교육행정기관('학무아문')이 신설되었으며 교원양성학교를 비롯하여 소학교, 중학교, 외국어학교, 의학교, 상공학교 등 실업학교가 차례로 설립되었다. 초등·중등교육의 발전을 기다려 대학교의 설립도 공언되었고, 관비 외국 유학생 파견의 방침도 천명되었다. 11세기 이래 시행되어 오던 관리 임용 시험인 과거가 폐지되고 대신 근대적 학교교육과 관직 임용이 연계되었다.

〈갑오교육개혁 관련 학교 법령〉

한성사범학교관제	1895. 5.10
외국어학교관제	1895. 6. 2
성균관관제	1895. 8.21
소학교령	1895. 9. 7
한성사범학교규칙	1895. 9.11
성균관경학과규칙	1895. 9.27
소학교규칙대강	1895. 9.30
보조공립소학교규칙	1896. 2.20
의학교관제	1899. 3.24
중학교관제	1899. 4. 4
상공학교관제	1899. 6.24
외국어학교규칙	1900. 6.27
농상공학교관제	1904. 6. 8

그러나 이러한 획기적인 근대적 교육제도는 그 외견과는 달리 내실에 있어서는 불완전하였다. 당시의 새 학제에서 중심은 초등교육과 실업교육에 있었으며 그중에서 비교적 성과가 있었던 것은 소학교 교육이었다. 그런데 1895년에 최초의 관립소학교가 서울에 설치된 이래 1905년까지 설립된 전국의 관·공립소학교는 50~60교 정도였다. 서울에 소재한 몇 개의 관립

소학교 외에 이들 신식 학교에 대하여 중앙 정부의 재정 지원은 거의 없었으며, 대부분 종래의 교육시설(향교나 서당 등)이나 민간 가옥을 활용한 것들로서 신설 학교는 거의 없었다(류방란, 1998).

이러한 사실로 볼 때, 당시 조선 정부 내에 명확한 근대교육의 관념이 있었다고 보기 어렵다. 개화기에 조선 정부에 초빙되어 활동하고 있던 독일인 묄렌도르프는 1883년에 천만 명의 조선 인구를 위해서는 800교의 소학교와 84교의 중학교, 그리고 수도에 자연과학 · 외국어 · 공업의 전문학교를 1교씩을 설치해야 한다는 근대적 국민교육 개혁을 구상한 바 있다(尹, 1982: 61-62). 또 이미 조선시대에는 관학시설인 향교가 전국의 행정구역별로 모두 329교 설치되어 국가적인 네트워크를 형성하고 있었다. 갑오교육개혁이 전통교육과 단절하고 진정으로 새로운 근대 국민교육을 지향하였다면 그에 상응하는 규모의 비전과 계획 그리고 교육론이 응당 있어야 할 것이나, 그러한 것들이 과연 있었는지 의심스럽다.

당시 교육개혁의 실상을 소학교와 사범학교를 중심으로 확인하기로 한다. 당시 서울에 관립소학교 10교, 지방에 공립소학교 50여 교가 있었는데, 학부 발행의 『한국교육의 과거와 현재(韓國教育の既往及現在)』(學部, 1909b: 2-3)[1]에 따르면, 지방 공립학교의 설치가 지방민의 청원에 따라 설립을 인가하는 방식으로 이루어졌는데, 국가적 계획이 아닌 순전히 지방의 임의에 의존하는 형태였기 때문에 그 지역별 배치가 매우 불균형하여 대부분이 경기도에 집중되어 있었고, 공립소학교가 전혀 없는 도도 없지 않았다. 성문법령의 규정과는 상관없이, "소학교에서는 한문만을 가르치고 있었고, 향교 서당은 의연히 존재하였다". 당시 지방의 공립소학교에서 근무한 한국인 교원의 증언도 유사하다.

1) 동서는 당시 학부차관으로서 한국교육에 깊이 관여하고 있던 일본인 타와라(俵孫一)가 한성부 및 각 도의 교육주무주사(일본인)를 소집하여 행한 업무연수 시의 원고를 책자로 간행한 것이다. 따라서 동서의 서술에는 식민지주의적 편견이 들어 있다는 점에 주의할 필요가 있다.

> 내가 사범학교를 졸업한 후 광무 8년(1904)에 경성(鏡城)공립소학교로 부임하여 본 즉, 교사도 헐어진 옛 관아 집이었고 칠판도 없이 서당식 같고 한문만 전공하고 있었고 학도는 10여 명밖에 없었다. 내가 가서 칠판을 달고 산술을 가르치고 지냈는데, 일인 교감을 둔 뒤에 곧 나는 교장으로 올리고 책상, 학생 의자, 기타 교구를 새로 경성서 실어다가 학교 모양을 만들었다(이만규, 1949: 62).

소학교 교원의 양성을 위해 설립된 한성사범학교의 상황도 유사했다. 학부(學部, 1909a: 3)에서는 한성사범학교에 대하여 다음과 같이 기술하였다.

> 형체 있고 가옥 있으나 미미한 소설비(小設備)에 그치며 겨우 24, 25인의 생도를 수용할 수 있는 교실 한 칸만 있다. …… 그러나 그 양성하는 생도는 3년의 수업 연한을 수료하지 않으면 새로 모집할 수 없고, 그 학과과정은 주로 한학(漢學)에 그치며 다른 보통 학과에 관해서는 대부분 그를 한각(閑却)한다.

이 사범학교는 제도상으로는 분명히 획기적인 한국 최초의 근대적 교원 양성기관이었으나, 실제로는 내실 있는 교육이 이루어지지 못했다(임후남, 2003; 정규영, 2003). 입학자들의 기초 학력의 부족, 근대적 학교교육의 경험이 있는 교사의 부족, 시설의 열악 등으로 인해 최초의 사범학교는 당초의 정책 의도를 구현하지 못하였다. 그로 인해 개교 이래 1906년까지 매년도 입학전형에서는 본과의 경우 한 번도 정원을 채우지 못했고 12년간에 배출된 자는 195명에 불과했다(김영우, 1987: 55).

당시 국가 주도의 근대적 교육개혁이 실질적인 내실을 수반하지 못했던 것과는 달리, 민간인 주도의 학교교육은 급팽창하였다. 개화사상의 영향과 점차 노골화하는 일본의 국권 침탈로 인해 일반 국민들은 '교육구국운동'

을 펼치면서 사립학교의 설립에 나섰으며, 1880년대 이후 한일합방 직전까지 전국적으로 3,000~5,000을 헤아리는 방대한 수의 학교가 만들어졌다. 이러한 현저한 '대조', 즉 국가가 추진하는 근대적 교육이 극히 부진한 반면 민간인에 의한 새로운 교육의 시도는 폭발적으로 전개되는 이 극명한 양상은 무엇을 의미하는가? 그것은 근대적 교육을 필요로 하는 국민적인 열망과 에너지는 충분하였지만, 그러한 아래로부터의 근대화의 에너지를 국민교육제도의 형성으로 이끌어 나갈 국가의 리더십이 부재했다는 것을 의미한다.

갑오개혁 직후의 1897년부터 1904년의 러일전쟁 발발에 이르는 시기는 열강 세력 간의 균형이 유지되고 있던 때로서, 교육에 의한 민중의 계몽을 기초로 하여 조선의 자주적 발전을 꾀하고, 국가독립의 기초를 구축할 절호의 기회였다(尹, 1982: 246). 이러한 시기에 모처럼 근대적 교육으로의 전환이 국가에 의해 개시되었음에도 불구하고 의미 있는 결과를 낳지 못하고 말았던 것에는 여러 가지의 요인이 작용했지만, 종국적으로는 그러한 근대적 개혁을 추진하는 중심 세력이어야 할 국가의 성격이 가장 크게 작용했다고 보아야 할 것이다. 요컨대, 당시 조선은 여전히 구세력 집단들에 의해 움직여 가고 있었으며, 국가권력의 내부에는 전통적인 구교육과는 확연히 다른 근대적 국민교육 체제를 절실히 필요로 하는 개혁 그룹이 부재했던 것이다.

이러한 상황에서 전통적 교육에서 근대적 교육으로의 전환이라는 역사적 과정에 '외부 세력'인 일본 식민지주의가 중요한 행위자로 등장하게 된다.

3. 식민지주의적 근대교육의 이식: 통감부시대의 교육개혁

한국에 대한 일본의 식민지교육정책은 1906년부터 시작되었다고 할 수 있다. 통감부[2] 체제하에서 개혁된 한국의 교육제도는 한일합방 이후 1910년대 말에 이르기까지 커다란 변동 없이 그 골격이 유지되었다. 즉, 식민지교육 체제의 기초는 이 시기에 구축되었다. 당시 조선에서 활동한 어느 일본인 교육관료의 말을 빌리면, 통감부 시대의 학제개혁은 "일본인이 반도교육에 진정으로 손을 대기 시작한 시초이며 병합 후의 반도교육에 대하여 실로 근본적인 기초를 놓았다."(高橋, 1927: 124) '병합 후 반도교육'이란 일본 식민지주의에 의한 민족동화 교육으로서, 한국민들의 자주적인 역사 발전을 막고 그들을 일본제국의 종속적인 하부 민족으로 재편하려는 의도를 가지는 교육이었다. 그런 의미에서 식민지주의 교육은 침략적이며 차별적이고 또 반교육적이기도 하다. 그러한 식민지주의적 교육의 본격적 출발이 통감부시대의 학제개혁인 것이다.

그러나 통감부시대의 교육상의 변화는 그것을 한국교육의 역사적 발전과정에 대입시켜 볼 때 한국의 전통적 교육이 근대적 교육으로 전환하는 과정에 있어서 중요한 국면에 해당한다는 것을 알게 된다. 서당과 향교, 서원, 그리고 성균관과 같은 교육시설을 중심으로 유교와 한학을 전통적인 방식으로 가르치는 구교육에 대신하여 오늘날 우리가 익히 보는 근대적인 형태의 학교교육이 과연 언제부터 본격적으로 시작되었는가를 검토할 때, 우리는 이 시기의 교육변화를 주목하지 않을 수 없는 것이다.

통감부시대의 교육변화는 이와 같이 중요한 의미를 가지므로 그 내용을 자세히 볼 필요가 있다. 먼저 통감부 설치(1906. 2. 1) 이후에 공포된 중요한 교육 관련 법령은 〈표 10-1〉과 같다.

이러한 여러 법령에 의해 1895년의 갑오교육개혁 당시의 교육법제는 대부분 폐지되었으며 새 법령체계와 더불어 새로운 학제가 등장하게 되었다.

2) 한국통감부는 1905년의 제2차 한일협약('보호조약')에 의해 1906년 2월 설치되어 1910년 9월 30일 조선총독부가 설치될 때까지 존속했다. 1907년 7월의 제3차 한일협약 이후에는 내정권까지도 완전히 장악(차관정치)하여 통감은 한국을 사실상 직접 통치하는 권한을 가지게 되었다.

〈표 10-1〉 통감부체제하의 교육 관련 법령

법령명	공포 일자	
농림학교관제	1906. 8. 27	칙령 제39호
사범학교령	1906. 8. 27	칙령 제41호
고등학교령	1906. 8. 27	칙령 제42호
외국어학교령	1906. 8. 27	칙령 제43호
보통학교령	1906. 8. 27	칙령 제44호
학부관제개정	1907. 12. 13	칙령 제54호
학부직할학교급공립학교관제개정	1907. 12.13	칙령 제55호
학부직할학교직원정원령	1907. 12. 13	칙령 제56호
고등여학교령	1908. 4. 2	칙령 제22호
사립학교령	1908. 8. 26	칙령 제62호
학회령	1908. 8. 26	칙령 제63호
사립학교보조규정	1908. 8. 28	학부령 제14호
공립사립학교인정에 관한 규정	1908. 8. 28	학부령 제15호
교과용도서검정규정	1908. 9. 15	학부령 제16호
학부편찬교과용도서발매규정	1908. 9. 15	학부령 제18호
성균관관제	1908. 10. 29	칙령 제76호
실업학교령	1909. 4. 26	칙령 제56호
실업학교령시행규칙	1909. 7. 5	학부령 제1호
고등여학교령시행규칙	1909. 7. 5	학부령 제2호
사범학교령시행규칙	1909. 7. 5	학부령 제3호
고등학교령시행규칙	1909. 7. 5	학부령 제4호
외국어학교령시행규칙	1909. 7. 5	학부령 제6호
보통학교령시행규칙	1909. 7. 5	학부령 제5호

새로운 교육법제와 함께 구축된 새로운 학교제도의 주요한 특징들을 살펴보기로 한다.

1) 공립학교의 전국 네트워크 구축

통감부의 교육정책에서 중심을 이룬 것은 초등교육(보통학교 교육)이었다. 종래 정부의 재정 빈약으로 인해 시설이 열악했던 소학교에 대신하여 충분한 시설을 갖춘 보통학교를 설립하기 위해서는 막대한 재원이 필요했다. 통감부는 그 재원을 초대 통감 이토오가 일본은행으로부터 기채한 500만 원(起業資金債) 중의 50만 원으로 충당했다(임시학사확장비). 당시 학부의 학정참여관을 지낸 어느 일본인 관료에 의하면, 당시 한국 정부의 일년 수입은 1,000만 원이고 학부의 예산은 60만 원이었다. 이 '임시학사확장비' 중 80%를 넘는 41만 773원을 보통학교 확장비로 사용하여, 1906년과 1907년에 걸쳐 서울에 관립보통학교 9교와 각 도 및 주요 지역에 공립보통학교 41교를 세웠다(幣原, 1919: 131). 이들 학교는 종래의 소학교를 변경한 것이 대부분이었지만, 교사의 개·증축을 포함하여 교육용 기구, 표본류 등을 새로 구비하는 등 사실상 신축과 다를 바 없었다고 한다(高橋, 1927: 151). 당시는 지방의 재원이 거의 전무하다시피 한 실정이었으므로, 지방의 공립보통학교의 경우는 학교 신설의 비용 외에도 교직원의 봉급 역시 국고보조금에 의존하는 등 사실상 관립이나 마찬가지였다.

학부는 1906년 이후 "주도한 주의와 조사를 거쳐서"(學部, 1909b: 19) 관·공립보통학교를 각지에 배치하였다. 먼저 1906년도에는 관립보통학교 9교(교동, 재동, 양현동, 양사동, 인현, 수하동, 정동, 매동, 안동)를 서울에 설립하고, 공립보통학교는 각 '관찰도 소재지'와 '교통 빈번하고 주요한 지점'에 13교를 배치했다(수원, 공주, 충주, 광주, 전주, 진주, 대구, 춘천, 평양, 영변, 해주, 함흥, 경성[鏡城]). 1907년도에는 다시 28교의 공립보통학교를 진남포, 안주, 의주, 정주, 마산, 동래, 울산, 성주, 상주, 경주, 원산, 북청, 황주, 홍주, 강경, 목포, 제주, 나주, 군산, 남원, 청주, 원주, 강릉, 성진, 회령, 인천, 안성, 개성의 각 지점에 개교하였다. 이상 관공립 50개교가 임시학사확장비 예산으로 신설된 학교들이며, 1908년에는 다시 9교가 영암, 고부, 용남, 밀양, 온양, 선천, 간도, 여주, 강화에 각각 설치되었다(이 중 간도의 보통학교는 사립이나 공립과 동일한 취급을 받음; 學部, 1909b: 20). 그 외 1909년 4월에 공립부산보통학교가 설치됨으로써 1909년 9월 현재 관립9(1교는 사범부속교), 공립 51의 보통학교로 합계 60의 관 · 공립 보통학교가 세워졌다.[3)]

관 · 공립보통학교 외에 '보조지정보통학교'가 1909년과 1910년에 걸쳐 41교 인가되었다. 이는 교사 봉급을 포함하여 실질적으로 전액 국고보조에 의해 운영되는 공립보통학교의 증설이 재원 확보의 어려움으로 인해 곤란한 상황에서 사립학교와 공립을종보통학교 중 비교적 시설이 양호한 학교를 택하여 일종의 반관반민의 형태로 운영하면서 보통학교령에 따르는 교육을 하도록 한 것이다. 이들 보조지정보통학교에 대해서는 학부가 임명하고 또 봉급을 지급하는 일본인 교원 및 한인 부훈도 각 1명을 배치하고, 그 외 교수용 비품과 교과서를 교부하는 지원을 하는 한편, 그 외의 비용은 당해 학교의 부담으로 하였다.

이상과 같이 통감부시대 공립학교 체제는 관 · 공립보통학교와 보조지정보통학교의 도합 102교(1910년)로 구성되었는데, 그 지역별 분포는 〈표 10-2〉와 같다.

학부는 이러한 보통학교의 배치에 있어서 몇 가지 원칙을 가지고 있었다. 즉, 지역적 균등 배치, 기설의 보통학교와의 거리, 교통의 편리 여부, 인구 호수의 규모, 부근 사립학교의 수 등의 조사에 기초하여 이와 같은 배

3) 이 중 51의 공립보통학교는 갑종공립보통학교라고 칭하여 학부관리에 속하였다. 그 외에 을종공립보통학교 39교가 있었는데, 이 학교들은 통감부의 학제개혁 이전에 설치되어 있던 구 소학교령에 의한 공립학교들로 보통학교령 공포 이후에도 계속 존치되었다. 학부는 보통학교령에 의해 설치되고 법규대로의 교과과정을 시행하는 갑종보통학교를 '진실의 신교육' 기관으로 인정하여 교원의 파견, 국고보조 등 각종 지원을 제공하는 반면, 을종보통학교에 대해서는 근소한 보조만을 하고 사실상 방치하였다.

〈표 10-2〉 통감부체제하의 보통학교 지역별 배치

도별	관 · 공립보통학교	보조지정보통학교	계
서울	교동, 재동, 양현동, 양사동, 인현, 수하동, 정동, 매동, 안동, 미동		10
경기	수원, 개성, 인천, 안성, 여주, 강화	남양, 양주, 파주	9
충남	공주, 강경, 홍주, 온양	직산, 남포	6
충북	충주, 청주	영동, 옥천, 제천	5
경남	진주, 동래, 부산, 마산, 울산, 용남, 밀양	하동, 거제, 부산진	10
경북	대구, 성주, 경주, 상주	안동, 연일, 청도, 대구	8
전남	광주, 목포, 나주, 제주, 영암	진도, 담양, 장흥, 순천	9
전북	전주, 남원, 군산, 고부	김제, 위열	6
강원	춘천, 원주, 강릉	철원, 금성	5
황해	해주, 황주	서흥, 장연, 사리원, 재령	6
평남	평양, 진남포, 안주	숙천, 영유, 성천	6
평북	영변, 정주, 의주, 선천	곽산, 철산, 용천, 강계	8
함남	함흥, 원산, 북청	정평, 고원, 단천	6
함북	경성, 회령, 성진, 간도	명천, 경흥, 청진, 경성	8
계	61교	41교	102

출처: 學部(1910).

치를 결정하였다. 그리고 이들 학교에는 반드시, 일본인 교원 1명과 사범학교를 졸업한 한인 교원 몇 명을 배치하였는데, 이 중 일본인 교원은 교감(敎監)이라는 직위를 주고 사실상 학교 경영과 관리의 '수뇌'로 삼았다. 이 일본인 교감을 매개로 하여 '모범교육', 즉 일본인이 주도하는 친일적인 근대교육의 전파자로 앞서 제시된 보통학교들이 설립된 것이다. 61교의 관·공립보통학교를 '모범교육'의 중핵으로 하고 보조지정학교를 그 보조자로 하는 전국적 초등교육 네트워크가 구축되었던 것이다. 그리고 이 국가적 교육의 네트워크는 학부라는 국가교육행정 기구의 철저한 통제와 감시에 의해 작동하는 것이었다.

2) 중앙집권적 교육행정의 확립

통감부시대의 학교교육은 여러 가지 면에서 종전의 것과는 구별되었는데, 그중에서 교육에 대한 국가의 철저한 통제와 감독이 확립된 사실은 중요하다. 근대 학교교육 체제의 기본적 요소가 중앙 교육행정 기구의 확립이라면, 그런 면에서 통감부시대의 교육행정은 전형적인 것이었다.

중앙 교육행정의 조직 및 각급 학교에 대한 중앙 행정기구의 권한은 〈표 10-1〉과 같은 각종 교육 관련 법령들에 의해 명확히 규정되었다. 여러 학교 중에서 관립학교(사범학교, 고등학교, 외국어학교, 관립보통학교)는 당연히 학부직할이었고, 공립학교들도 관련 법규의 규정에 의거하여 학부 대신의 감독 아래에 놓이게 되었다. 제도상 공립학교 체제의 외부에 위치하는 '사립각종학교'와 서당과 같은 사적 교육기관들도 사립학교령과 같은 법령에 의해 학부의 감독 범위 안으로 포괄되었다. 한국에서 전개되는 일체의 교육활동이 국가 교육행정의 통제를 받게 된 것이다.

먼저 전국의 교육활동을 주도면밀히 통제하는 학부의 조직을 살펴보자. 1905년에 제정된 학부관제는 통감부 설치 후인 1907년 12월에 개정되었는데, 이전에 비해 업무 범위가 확장되고 전임직원의 수도 대폭 증가하였다. 총무업무를 맡는 대신관방 외에 학무국과 편집국의 2국이 설치된 것은 종전과 같으나 그 업무 범위에 변화가 있었다. 학무국의 경우 사범교육, 보통교육 및 유치원, 실업교육 및 전문교육, 각종학교, 교원검정과 면허장, 통속교육과 교육회, 학교위생과 학교건축, 외국 유학생, 교육비 보조의 각 업무를 관할하였다. 편집국은 (교과용) 도서의 편집, 번역 및 출판, 도서의 급여 및 발매, 교과용 도서 검정, 그리고 역서(曆書)에 관한 업무를 관할했다. 특히 학무국의 업무 범위가 종전 소학교, 사범학교, 중학교, 외국어학교 · 전문학교 · 기예학교, 외국파견 유학생으로 한정되어 있던 것에 비해 대폭 확대됨과 동시에 일층 세분화된 것을 알 수 있다. 관리로는 학부대신의 아래에 차관(勅任), 각국의 국장(勅任 및 奏任), 비서관(奏任)의 각 1인, 학부서기관(7명), 학부사무관(4명), 편집관(2명), 기사(2명), 학부번역관(2명)(이상 奏任), 그리고 학부주사(判任) 36명 등 총원 66명이었다. 이 무렵 종전의 '고문정치'에 대신하여 '차관정치'가 시작되면서 학부에는 일본인 차관을 비롯하여 일본인 관리가 대거 등용되었고, 이들 일본인 관료들에 의해 한국의 교육행정이 좌우되었다.

지방의 학교에 대한 감독권은 관련 학교법령에 의해 일차적으로 지방관이 가지게 되었다. 공립보통학교의 경우를 보면, "관찰사와 부윤과 군수는 학부대신의 명을 받아 관내 보통학교를 감독한다(觀察使와 府尹과 郡守는 學部大臣의 命을 受야 管內의 普通學校 監督)."(보통학교령 제22조)고 하였고, 사립학교에 관해서는 "지방관은 학부대신의 지휘를 받아 소관내의 사립학교를 감독한다(地方官은 學部大臣의 指揮를 承ᄒᆞ야 其 所管內의 私立學校를 監督)."(사립학교령 제13조)고 하였다. 그리고 법령에 정한 각종 보고문서는 지방관을 경유하여 학부에 제출하도록 하였다. 그러나 실제로는 이들 지방의 공립 및 사립 학교들에 대해서도 법령이 정한 지방장관의 권한을 무시하고 학부가 직접적인 학교 통제권을 행사하였다. 왜 이와 같이 지방의 학교교육에 관하여 법령에 정해진 군수나 관찰사의 권한을 무시하는 일이 발생했던 것일까? 당시 학부는 그 이유를 명확히 적시하지 않은 채 다만 '이원 부족(吏員不足)', 즉 교육행정을 담당할 관리의 부족과 군수 등 지방관의 전문성 부족을 주된 이유로 들었다. 하지만 그보다는 당시 군수와 관찰사가 전원 한국인이었다는 사실이 더 정확한 배경일 것이다. 학부는 지방교육의 행정에 관하여 한국인 지방관들을 불신하였다.[4] 통감부는 지방의 교육행

4) "학교의 감독기관은 규칙상에 있어서 제일차는 군수, 제이차는 관찰사, 학부는 최고의 감독기관으로, 사립학교령, 보통학교령 시행규칙 등 그 규정이 존재하지만 실제에 있어서는 군수 관찰사에게 감독을 위임할 수 없고 거의 학부 직접의 감독이다. (중략) 사실에 있어서 군수의 감독권은 학부에 있어서 그를 존중할 수 없다."(타와라 학부차관이 1909년에 새로 임명을 받은 한성부 및 각 도 일본인 교육주무주사들을 학부에 소집하여 행한 업무 연수 시에 한 말; 學部, 1909a: 21)

정에 대한 '중앙', 즉 일본의 통제권을 확립하기 위하여 1909년 4월에 한성부와 각 도에 일본인 교육주무주사를 1명씩 신규 배치하고 이어서 주요한 군에도 일본인 주사 50명을 파견하였다.

지방의 보통학교에 대한 중앙통제권의 확립에 있어서는 학부가 각 학교에 파견한 일본인 교원(敎監)이 중핵적인 역할을 하였다. 일본인 교감은 중앙 행정기관의 의사를 현장의 학교에 전달하고 실행하는 한편, 현장의 학교교육의 실제 상황을 중앙에 보고하였다. 자신이 근무하는 보통학교의 교육 외에도 당해 지역에 소재하는 사립학교와 서당 등 일반 학사 상황의 관찰과 보고도 그의 임무에 속했다(學部, 1909a: 22).

학부는 '한인 교원'에게는 '모범교육'의 경험이 부족하기 때문에 그들에게 보통학교의 경영을 맡길 수 없다고 보고, 법규상 교장을 보좌할 지위의 일본인 교감에게 사실상의 '학교의 수뇌' 역할을 하도록 만들었다. "사실상 학교의 주뇌(主腦)가 되어 직원을 지도하여 경영의 임무에 당하고 교수 관리의 실제에 임하는 것은 보통학교에 있어서는 교감이라고 하고 중등 정도의 학교에서는 학감이라 칭하는 일본인 교원이다." (學部, 1909a: 19)

학부는 관련 법령에 의해 학교교육에 대한 실로 광범위하고 세부적인 통제권을 부여받았다. 개별 학교의 존폐로부터 시작하여 그 일상적인 내부 활동들의 전반에 걸쳐 중앙 교육행정은 규제와 감독권을 행사하게 됨으로써 전국의 학교를 마치 자신의 수족처럼 움직일 수 있게 된 것이다. 특히 초등교육에 대한 통제가 전형적인데, 보통학교령 및 동시행규칙을 중심으로 그 내실을 확인하기로 한다.

먼저 학교의 설립에 관하여 공 · 사립학교를 설립하려는 자(공립은 지방장관, 사립은 설립자)가 학교의 명칭과 위치, 학생 정원, 교지 및 교사의 평면도, 일 년 수지예산, 학교 유지방법, 설립자 이력서의 각 사항을 구비하여 학부대신에게 신청해야 한다(시행규칙 제2조). 또 학교의 일상적 교육 활동과 관리를 위하여 일과표, 교수 세목, 직원 명부 · 이력서 · 출근부, 학생학적부 · 출석부 · 출석독촉부 · 성적고사부, 회계장부, 교구 목록, 기타 교수관리 훈련상 필요한 표부(表簿)와 같은 문서를 구비할 것이 규정되었다(시행규칙 제4조).

학교 교육활동의 중심을 이루는 교육과정에 관해서는 보통학교에서 가르쳐야 할 교과목의 종류, 교과별 교수 요지, 주당 수업 시수가 상세히 규정되었다(시행규칙 제7조~제10조). 수업에 사용할 교과서는 학부가 편찬한 것이나 학부가 인정한 도서로 한정되었다(보통학교령 제8조). 보통학교의 교원이 되기 위해서는 사범학교를 졸업하거나 교원검정시험에 합격한 자에게 학부대신이 수여한 면허장을 소지해야만 하며(보통학교령 제15조~제16조), 관 · 공립보통학교의 교원의 신분은 판임관(判任官)으로 관리다(보통학교령 제14조).

학교장은 매월 소속 교원의 복무 상황과 학생의 출석 상황을 기록한 보고서 '월말조사보고서'를 학부대신에게 제출해야 한다(시행규칙 제49조). 그 외 학년은 4월 1일에 시작하여 다음 해 3월 31일까지로 하며, 한 학년은 3학기로 나누었다. 공휴일을 포함한 국가적 축일을 휴업일로 정하고, 봄, 여름, 겨울의 세 방학의 일자도 확정하였다(제16조~제18조).

이상의 복잡한 규정들은 현재의 학교교육에서는 낯익은 것들로서 자명한 것으로 생각되기도 하지만, 그것이 학교교육의 일부가 된 것은 바로 이 무렵부터라는 사실을 확인할 필요가 있다. 왜 국가가 사람들의 교육활동에 깊이 관여하여 그를 감독하고 감시하는 권력을 행사하는가? 전국의 학교에 대하여 중앙의 교육행정 기구가 전체적인 지배권을 행사하는 근거는 어디에 있는가? 학교 중에서 국가가 설립하여 운영하는 학교인 관립학교의 경우 그에 대하여 국가권력이 그 활동에 깊이 개입하여 통제권을 행사하는 것은 특별한 설명이 필요 없을지 모른다. 그러나 공립학교는 설립 주체가 국가가 아닌 지방의 공공사회이므로 그에 국가가 직접 통제권을 행사하는 것에는 특별한 설명이 필요하다. 더욱이 민간인이 설립 · 운영하는 사립학교의 경우는 그것이 결코 자명하지 않다.

후술하지만, 당시 학부의 직접 통제 아래에 있는 관·공립보통학교에 대하여 한국민의 인식이 부정적이었던 사실과 함께, 특히 사립학교에 대한 국가통제와 그로 인한 첨예한 대립은 이 시기의 교육의 특징을 단적으로 드러내 주는 현상으로서 매우 흥미롭다. 사립학교령(1098. 8. 26)은 을사보호조약 체결을 계기로 전국적으로 맹렬한 기세로 설립되었던 사립학교가 국권 회복과 반일 민족주의의 교육을 하는 것에 위기감을 느낀 학부가 그 감독을 위하여 제정한 것이었다. 학부가 추진하던 '모범교육'의 성패는 이들 민족주의적 사립학교의 통제 여하에 달렸다고 해도 과언이 아닐 정도였다.

학부는 이들 사립학교에 대하여 공립보통학교와 대동소이한 내용의 감독권을 행사하고자 했다. 즉, 사립학교의 설립자는 학교의 목적·명칭·위치, 학칙, 교지 및 교사의 평면도, 일 년간 수지예산, 학교 유지방법, 설립자·교장 및 교원의 이력서, 교과용 도서명의 여러 사항을 구비하여 학부대신의 인가를 받아야 했다(사립학교령 제2조). 교과용 도서는 학부 편찬이나 학부 검정을 거친 도서만을 사용토록 하고 그 외의 도서를 사용할 때는 특별히 학부대신의 인가를 받도록 했다(제6조). 그리고 학부대신은 사립학교의 설비, 수업, 기타 부적당하다고 인정할 때는 그 변경을 명령할 수 있으며, 이러한 지시에 불응할 때는 학교의 폐쇄를 명할 수 있다(제9조, 제10조). 사립학교의 교장은 매년 직원 성명, 담당 학과목, 학년별 학생 정수, 재적자 수, 출석자 수, 교과용 도서명, 회계 상황을 기재한 보고서를 작성하여 학부대신에게 보고해야 했다(제12조). 그리고 지방관은 학부대신의 지휘를 받아 소관 내의 사립학교를 감독하도록 하였다(제13조). 학부의 통제권을 받아들이지 않으면 학교로서의 존재 자체가 부정당하는 것이다. 본래 이들 사립학교는 국가로부터 어떠한 지원도 받음이 없이 민간인들의 힘으로 운영되는 독립적 학교인데, 그에 대하여 국가는 '일방적'으로 자신의 지배를 수용하도록 강제한 것이다. 이에 대하여 학부는 논리적인 근거를 제시하지 않고, 다만 "학부가 존재하는 이상 학사행정은 모두 학부에 있어서 통일되어야 한다."라거나 혹은 "사립학교의 설립에 관해서는 학부의 인가를 받지 않으면 안 된다. 그렇지 않으면 학부는 그 존재를 금지하고 한국 내에서 학부의 인가를 받지 않는 학교의 존재를 인정하지 않는다."(學部, 1909a: 46-47)라는 단락적인 언명에 그쳤다.

학부는 사립학교령에 의해 인가를 받지 못한 '불인가학교'에 대해서는 각종 제재를 가하는 반면, 외국인 선교사가 설립한 종교계 사립학교에 대해서는 사립학교령의 적용 범위 바깥이라고 하여 인가를 얻지 않아도 아무런 제재를 가하지 않았다(學部, 1909a: 53). 이것은 종교계 사립학교가 대부분 미국의 기독교 선교회가 설립한 것이기 때문에 미국 등 서양 여러 나라

〈표 10-3〉 학부 인가 도별 사립학교 수(1910년 5월 현재)

	보통학교	고등학교	실업학교	각종학교	종교학교	계
한성부	1	1	2	66	24	94
경기도	–	–	–	136	64	200
충청남도	2	–	–	73	16	91
충청북도	–	–	–	41	7	48
경상남도	3	–	1	82	18	104
경상북도	3	–	–	72	75	150
전라남도	1	–	–	31	4	36
전라북도	4	–	–	42	31	77
강원도	–	–	–	37	6	43
황해도	–	–	–	104	182	286
평안남도	–	–	–	189	254	442
평안북도	–	–	1	279	121	401
함경남도	2	1	–	194	21	218
함경북도	–	–	3	56	–	59
계	16	2	7	1,402	823	2,250

출처: 學部(1910: 49-50).

와의 외교적 마찰을 염려한 정치적 판단의 결과라고 해야 할 것이다.

학부의 사립학교 정책의 근본에 반일 민족주의 교육의 근절이라는 정치적 고려가 깔려 있다는 사실은 사립학교의 인가 시 학부가 인정하는 교과서의 사용 여부를 가장 중시했다는 점에도 잘 나타난다. 사립학교의 설립 인가 시에는 '학교의 내용, 정도, 상황 등을 안중에 두지 않는' 대신, 사립학교에서 사용되고 있는 '한국의 현상에 비추어 심히 위험하고 한국의 국시 국정 혹은 진운에 걸맞지 않는' 교과서는 엄격히 단속하고, 학부 편찬 혹은 검정 이외의 도서에 대해서는 사용 인가를 주지 않는 것이 방침이었다(學部, 1909a: 47).

이와 같이 '불인가 사립학교'에 대해서는 관헌을 동원한 철저한 '검속'[5]을 하는 등 제재를 가하는 한편 '불온 교과서'의 사용만 피하면 인가를 내주는 방법으로, 학부는 수많은 사립학교를 사립학교령 체제 안으로 끌어들이고자 했다. 사립학교령 공포 이래 1910년 5월 현재 인가를 얻은 사립학교는 모두 2,250교에 달했다.

3) 교육과정의 표준화와 교육내용의 통제

한때 프랑스의 교육부장관이 외국인 방문자와 담화하는 중 자신의 시계를 가리키면서, "지금 이 순간에 프랑스 전국에서는 초등학생들이 라블레를 읽고 있습니다."라고 자랑스럽게 말했다는 일화가 있다. 국가에 의해 표준화된 교육과정의 획일적인 시행은 근대교육의 주요한 특징의 하나다.

5) 학부는 수천에 달하는 사립학교의 감독에 어려움을 겪었다. 교통이 비교적 편리한 곳의 사립학교에 대해서는 연 1, 2회 직접 학부관리의 시찰이 이루어졌지만, 교통이 불편한 벽지의 사립학교들에 대해서는 연 1회 사립학교가 제출하는 보고서에 의해서 학교의 상태를 짐작할 수 있을 뿐이었다. 부득이 학부는 '극히 불건전한 사상'으로 학교를 경영하는 다수의 사립학교에 대해서는 '지방 주재의 헌병, 경찰 관리'의 힘을 빌어 감독하였다. '불량 교과서'의 '검속'을 위하여 지방 헌병과 경찰 등의 관헌의 원조를 받고 그들과 '연락'하였다(學部, 1910: 62-63).

학부는 법령을 제정하여 전국의 보통학교에서 공통적으로 반드시 가르쳐야 할 교과목을 명시하고, 또 그 구체적인 편성방법을 제시하였다. 보통학교의 교과목으로는 수신, 국어, 한문, 일어, 산술, 지리역사, 이과, 도화, 체조, 수예(여)가 기본이며, 필요에 따라 창가, 수공, 농업, 상업 중 일부 과목을 가르칠 수 있도록 하였다(보통학교령 제6조). 단지 교과목만을 명시한 데 그치지 않고, 각 교과목의 교수 요지를 구체적으로 제시하고 매주 수업시수까지 확정하여 준수하도록 하였다. 보통학교령 시행규칙은 '교칙(教則)'이라고 하여 각 교과목의 교수 목표와 요지를 명시하였다. 그 예로 산술의 경우를 보면 다음과 같다.

> 산술은 일상 계산에 숙습케 하며 생활상 필요한 지식을 여ᄒᆞ고 겸ᄒᆞ야 사고를 정밀케 홈으로써 요지로 홈. 산술은 초차ᄂᆞᆫ 간단ᄒᆞᆫ 수의 계수법 서법 급 가감승제를 교수ᄒᆞ고 진ᄒᆞ야ᄂᆞᆫ 통상의 가감승제와 병히 소수 제등수 급 간이 분수 보합산을 교수홈이 가홈. 산술은 필산을 용이 가홈. 토지 상황에 의ᄒᆞ야 주산을 병용홈을 득홈. 산술을 교수홈에는 리회(理會) 정확히 ᄒᆞ며 운산에 숙습ᄒᆞ야 응용자재케 홈을 무ᄒᆞ고 우 운산의 방법 급 이유 정확히 설명케 ᄒᆞ며 차 암산 급 속산에 숙습케 을 요홈 …… (보통학교령 시행규칙 제8조의 4)

그리고 보통학교의 교과목의 편제와 매주 수업 시수는 〈표 10-4〉에 따르도록 하였다(시행규칙 제10조 및 제1별표). 교과목 중 창가, 수공, 농업, 상업은 학교의 실정에 따라 개설할 수 있도록 했다(지리역사의 경우는 법규상 필수과목이나, 시행규칙의 제1별표에 매주 수업 시수가 명시되어 있지 않음. 이 교과는 실제로는 별도로 교수되지 않고 그 내용이 국어급한문에 포함되어 교수되었던 것으로 추정됨; 高橋, 1927: 168 이하 참조).

교육과정의 표준화와 함께 학부가 역점을 둔 것이 바로 각 교과목의 교

〈표 10-4〉 보통학교 교과과정 및 매주 수업 시수

	제1학년	제2학년	제3학년	제4학년
수신	1	1	1	1
국어급한문	남10 여9	남10 여9	남10 여9	남10 여9
일어	6	6	6	6
산술	6	6	6	6
지리역사				
이과			2	2
도화	2	2	남2 여1	남2 여1
체조	3	3	3	3
수예	2	2	3	3
창가				
수공				
농업				
상업				
계	남28 여29	남28 여29	남30 여31	남30 여31

출처: 송병기 외(1972), p. 350.

과서였다. 학부는 보통학교에서 사용할 교과용 도서를 직접 편찬하는 한편, 교과용도서검정규정(1908년 9월)을 공포하여 보통학교의 교육내용에 관한 직접적인 통제권을 확립하고자 했다. 앞서 언급한 것처럼, 학부에는 편집국이 설치되어 각급 학교용 교과서의 편찬, 번역, 출판, 검정, 그리고 배포에 이르는 전 과정을 관장하였다. 학부에 의한 교과용 도서 편찬의 실적을 보면, 1905년에 일본인 학정참여관의 감독 아래 교과용 도서의 편찬에 착수한 이래 1909년까지 수신서 4권, 국어독본 8권, 일어독본 8권, 한문독본 4권, 이과서 2권, 습자첩 44권, 산술서(교사용) 4권 등이 발행되었다(高橋, 1927: 165-166).

교과용 도서의 검정과 인가는 사립학교령의 공포와 함께 그 필요성이 커졌다. 사립학교령 공포 직후인 1908년 9월, 학부는 교과용도서검정규정을 공포하였다. 그 후 1910년 5월까지의 교과용 도서의 검정 및 인가의 결과

〈표 10-5〉 교과용도서 검정 심사 결과(1910년 5월 현재)

종별 \ 부수	검정출원	인가	불인가	조사중
수신	12	3	5	4
국어	16	4	2	10
한문	13	3	2	8
역사	16	6	3	7
지지지문(地誌地文)	20	6	5	8
이화(理化)	8	7	0	1
수학	6	4	1	1
박물생리	14	12	0	1
체조	1	1	0	0
농공상	2	1	0	1
교육	1	1	0	0
일어기타	5	3	0	0
법제경제	2	2	0	0
사서(辭書)	1	1	0	0
계	117	55	18	44

는 〈표 10-5〉 및 〈표 10-6〉과 같다. 이 통계를 통하여 당시의 상황을 짐작할 수 있을 것이다.

학부의 검인정 심사를 통과하지 못한 교과용 도서로는 수신, 국어, 한문, 역사, 지리가 대표적이다. 학부는 교과용 도서의 검정 및 인가의 심사에 있어서는 정치, 사회, 교육의 세 방면에 걸쳐 상세한 기준을 적용했다. (1) '정치적 방면'으로는 한일 양국관계의 저해 혹은 비난, '잘못된 애국심'의 고취, 배일사상의 고취, 일본인에 대한 적개심의 조장, (2) '사회적 방면'으로는 음잡, 기타 풍속의 문란 조장, 사회주의(선전), 기타 사회 평화의 저해, 미신, (3) '교육적 방면'으로는 기재내용의 오류, 정도 · 분량 · 재료 선택의 적합 여부, 편술의 방법 등이었다(高橋, 1927: 178-179).

학부(편집국)는 당대의 한국 지식인들의 정치사상을 정확히 파악할 수

〈표 10-6〉 교과용 도서 인가 심사 결과(1910년 5월 현재)

종별 \ 부수	인가 출원	인가	불인가
수신	12	4	8
불서	4	4	0
기독교서	15	15	0
국어	22	9	13
한문	32	22	10
일어	28	18	10
영어기타	49	48	1
역사	19	7	12
지리	32	24	8
이화(理化)	42	42	0
수학	60	60	0
박물생리	32	32	0
체조	4	4	0
창가	3	2	1
농상공	43	42	1
법경	18	17	1
교육	9	6	3
부기	7	7	0
도화	11	11	0
습자	3	3	0
수공	1	1	0
가정	2	2	0
계	448	380	68

출처: 學部(1910: 58-60).

있는 자료로 이와 같은 교과용 도서의 검정 및 인가 심사의 결과를 평가하였다. 학부 편집국의 분석에 따르면, 그 '불온한' 사상은 한국의 현상을 파괴하려고 하는 정신을 선동하는 자, 배일사상을 고취하여 한국과 일본과의 친교를 저해하려고 하는 자, 편협한 오류의 애국심을 도발하여 자제를 그르칠 우려가 있는 자의 셋으로 정리된다. 또한 '교육적 관점'에서 보면 검인정 불합격 도서의 문제점은 내용에 오류와 부정확함이 있는 것, 재료 선택 또는 서술의 방법이 부적당한 것, 분량과 정도에 관한 주의가 부족한 것, 편술의 조직이 부적당한 것, 표현이 부적당한 것의 다섯으로 요약된다(高橋, 1927: 180-182).

학부는 교과용 도서의 검인정 결과에 기초하여, 특히 '불온 불량'한 도서를 '절대사용금지'의 블랙리스트에 올렸는데, 예를 들면 역사가 현채(玄采)의 『유년필독』, 『중등교과 동국사략』이 대표적이다. 현채의 역사서들은 출판법에 의해서 내부대신이 '발매송포금지'의 처분을 내린 대표적인 '불온 도서', 다시 말해 국권회복과 반일사상을 고취하는 애국적 도서였다. 학부는 교과용 도서의 검정 및 인가를 통해 '부적당'한 도서가 학교에서 가르쳐지는 것을 막는 한편, 실제로 각 학교에서 특히 사상적으로 반일사상과 국권회복을 고취하는 도서가 사용되는 것을 막기 위하여, 전술한 것처럼 지방 관헌(헌병과 경찰)의 힘을 빌어 엄격히 '검속'했다(주 5 참조).

이와 같은 학부의 교과용 도서 정책은 학교교육의 내용에 대한 국가적 통제의 확립과 동시에 반일적 민족주의 교육내용 배제를 목적으로 하는 것으로, 교육의 근대성과 식민지성이 교차하는 전형적인 영역이다.

4) 학교관리와 교육방법의 합리화

통감부시대의 학제개혁을 통해 학교가 체계적으로 관리되기 시작하고 또 기능적으로 조직되기 시작한 점을 간과할 수 없다. 보통학교령 시행세칙은 앞에서 언급한 것처럼 모든 보통학교에 대하여 일과표, 교수 세목, 직원명부, 출근부, 학적부, 출석부, 성적기록, 회계장부, 교구 목록 등 학생교육과 학교관리에 필요한 모든 문서를 비치하고 활용할 것을 의무화하였다(제4조). 엄격한 학사일정의 준수 역시 법정화하였고, 보통학교의 한 학급당 학생 수는 약 60명으로 한다는 학급 편제와 각 학급마다 '본과훈도 일인'이라는 교원 배치의 기준도 법규에 의해 일률적으로 정해졌다.

국고의 지원을 받는 관 · 공립보통학교에는 기본 시설로서 교실 4실, 사무실, 그리고 부속실이 갖추어졌고, 학생용 책걸상, 흑판, 교수용 기자재, 표본, 도서 등이 구비되었다(學部, 1909b: 21).

교육방법에 있어서는 한 명의 교사가 수십 명의 아동을 동시에 지도하는 '집단교수'가 본격적으로 행해지기 시작했고, 수업을 위한 교안(教案)의 이용도 일상화되었다. 교수법의 향상을 위하여 교내에서 강연회나 시범수업을 행하고 수업연구회를 개최하는 등 교내연수의 관행이 도입되었다. 농포(學圃), 학교원(學校園), 혹은 학교림(學校林)을 이용하는 실제적인 교육의 방법도 취해졌으며, 가정 및 지역사회와의 연락을 위한 통신부, 가정방문, 학부형회, 학예회, 전람회 등의 방법이 이용되기도 했다(學部, 1910: 23-25). 교내미화, 학교신문 발행, 당번근무, 교훈 제정 등 현재의 한국인들에게도 친숙한 '미시적'인 교육방법들도 이 무렵 일본인 교원들에 의해 보급되었다(高橋, 1927: 213).

5) 근대적 교원양성제도의 정착

국가에 의한 교원 양성은 근대교육 체제의 불가결한 요소다. 통감부의 일본인 관료들은 관 · 공립보통학교에 일본에서 양성교육을 받은 일본인 교원을 한 명씩 배치하여 학교관리의 책임자로 삼는 한편, 종전의 한성사범학교를 폐지하고 새로 관립한성사범학교를 세워 일본식의 교원 양성에 착수하였다.

관립한성사범학교는 1906년 8월 27일자의 사범학교령 및 동 시행규칙에 의해 새로 설립되었다. 통감부에 의한 임시학사확장비를 재원으로 하여 교지의 신축 및 각종 설비의 시설이 이루어졌는데, 신설된 관립한성사범학교는 본교사, 기숙사, 부속보통학교 등의 건평 690여 평과 그 외 도서, 기기, 기구, 표본 등을 구비한 '한국 제일류의 학교'(學部, 1909: 26; 高橋, 1927: 247)였다. 관립한성사범학교는 근대적인 시설과 설비를 갖춘 본격적인 교원 양성학교였다.[6)]

종전과는 달리 입학 조건도 명확히 규정되어 '보통학교 졸업'을 조건으로 했으며, 재학생에게는 수업료 면제와 함께 생활비가 지급되었다. 교육과정은 보통학교의 전 과목에 대응하도록 편성되어 일본어, 도화, 음악, 농업 · 상업 · 공업(택일)의 과목이 새로 추가되었다.

개교 이래 입학 지원자도 급증하여 1910년의 경우 입학 지원자 2,289명 중 입학자는 194명이었다. 1906년부터 1911년까지의 6년간 353명의 졸업자가 배출되어 공립보통학교 교원으로 채용되었으며, 그 외 교원검정시험과 중등학교 졸업자를 대상으로 하는 무시험전형으로 교원이 되는 자도 많았다(정규영, 2003: 40).

6) 간이 · 실용의 친일교육

통감부시대에 구축된 새로운 교육체제의 특성으로서, 그것이 기본적으로 '간이 · 실용'의 교육임과 동시에 '친일'의 교육이라는 점을 지적하지 않으면 안 된다. 보통학교령 등 법령에 의해 각급 학교의 수업 연한이 종전보다 단축되었고, 그 결과 학교교육의 제도적 수준이 낮아졌다. 당시 학부는 학교제도를 '단순'하게 하고 교육과정을 '간이'하게 하여 오로지 '실

---

6) 1936년에 발간된 『경성부사(京城府史)』에 따르면, 종전의 한성사범학교가 불완전한 교사에 200평의 교지를 가졌음에 비해, 1907년에 학부가 신축한 관립사범학교는 대지 4,400여 평, 교지 2,000여 평이었고, 교사로는 보통 교실과 강당(2층 목조 150평), 특별교실(목조 83평), 체조실(목조 48평)을 구비하고, 기숙사는 온돌식으로 본과생 120명을 전원 수용할 수 있었다. 건물의 총 면적이 614평, 부속보통학교 교사가 80여 평으로 총 건평이 690여 평에 달했다(김영우, 1987: 109 재인용).

용'에 적합하게 하는 것에 중점을 두었다(學部, 1909b: 3). 그리고 새로운 교육제도 개혁의 중심을 보통교육에 두어 고등교육과 외국 유학은 억제하는 방침을 취했다(尹, 1982: 322-324).

한국민을 위한 학교교육을 '간이 · 실용'의 교육으로 재정의하면서 학부는 또한 일본어교육의 보급에 주력하였다. 수업 연한이 종전에 비해 2년이나 단축되어 기본적 교과목의 교육을 위한 시간이 절대적으로 부족한 가운데 새로 일본어 과목을 도입하여 보통학교 1학년부터 4학년에 걸쳐 매주 6시간씩 가르치도록 했다. 보통학교를 국가적 교육체제의 중핵으로 위치시키면서 그 보통학교의 교육에서 일본어를 가장 중요한 필수교과의 하나로 편제시켰다는 것은 분명히 식민지주의적인 행위다. 이는 일본어 보급을 통하여 '친일의식'을 함양하고, 장기적으로는 한국민들을 일본제국의 신민으로 동화시키려는 목적에서 추진된 것이었다. 당시 국권박탈에 격분하여 수많은 한국민들이 의병운동에 분기하고, 교육구국운동에 나서고 있던 것을 감안하면 보통학교에서의 일본어교육의 의무화를 통한 '친일의식 함양'의 침략적 성격이 판연히 드러난다. 1908년에 출판된 맥켄지(F. A. McKenzie)의 『한국의 비극(*The Tragedy of Korea*)』에는, 당시 한국에 있던 '가장 유력한 일본인' 중의 한 사람이 맥켄지에게 한 말이 실려 있다.

> 미리 밝혀 두지만, 이것은 결코 나의 공식 견해가 아닙니다. 그렇지만 만약 당신이 우리 일본의 정책이 어떠한 결과를 가져올 것인가를 나에게 개인적으로 묻는다면, 나는 단지 하나의 결과만을 상상하고 있을 뿐이다라고 말하고 싶습니다. 그것을 위해서는 몇 대(代)가 걸리겠지요. 그러나 반드시 그렇게 될 것입니다. 한국은 일본에 병합될 것입니다. 그들 한국인은 우리의 언어를 말하고, 우리와 같은 방식으로 생활하고, 우리의 완전한 일부분이 될 것입니다. …… 우리는 그들에게 일본어를 가르치고 일본의 제도를 수립하여 그들을 우리와 하나가 되도록 하고 있는 것입니다

(McKenzie, 1972: 143-144).

당시 일본어를 보통학교 교육과정에 중요 교과로 편입시킨 일본인들의 본심이 잘 나타나 있다. 이러한 일본어교육의 침략적 본질을 당시 한국민들은 정확히 이해하고 있었다. 즉, "일본은 일본어를 가르쳐 한국의 국민성을 멸각시키려 한다."(學部, 1910: 21) "일본인이 보호정치를 하는 것은 한국을 그 영토로 삼기 위해서이고, 영토로 하기 위해서는 먼저 국어를 일어로 변경하려는 생각을 가졌다." "일어를 가르쳐서 일본에 보내 일본의 병대로 만들고 일본의 노동자로 만들기 위해서다."(學部, 1909a: 28) 그 후의 역사 전개를 보면 이러한 생각들이 놀라울 정도로 정확한 선견지명이었다는 것을 알게 된다. 그런데 당시 학부의 일본인 차관인 타와라(俵孫一)는 이러한 한국인들의 정당한 우려를 '사려 없는 하류 인민'의 '부언유설(浮言流說)'이며 '오해'라고 설명하였다(學部, 1909a: 28).

당시 학부의 '모범교육'의 식민지주의적 성격은 비단 저급 학교교육의 '간이 · 실용'과 일본어를 통한 '친일교육'에서만 확인되는 것은 아니며, 전국적 보통학교 체제의 수립과정과 학교교육에 대한 학부의 직접적 통제권 확립과정 등을 통해서도 침략적인 식민지주의는 관철되고 있다. 통감부시대에 이루어진 새로운 교육체제의 도입은 근대적인 공교육 체제의 도입을 의미하면서, 동시에 일본의 한국에 대한 식민지 지배의 기초를 놓는 일이기도 했다.

참 · 고 · 문 · 헌

곽제가(2004). 중국의 고대학교(이경자 역). 원미사.

구자억(1999). 중국교육사. 책사랑.

규장각한국학연구원 편(2009). 조선 국왕의 일생. 글항아리.

김경식(2006). 중국교육전개사. 문음사.

김경용(1998). 조선시대 과거제도의 교육적 성격. 연세대학교 대학원 박사학위논문.

김광수(1972). 나말여초의 지방학교 문제. 한국사연구회, 한국사연구, 7, 483-498.

김근(2003). 욕망하는 천자문. 삼인

김기석, 류방란(1999). 한국근대교육의 태동. 교육과학사.

김부식(1997). 삼국사기(이재호 정리). 솔.

김영우(1987). 한국근대교원교육사(1): 초등학교 교원양성교육사. 정민사.

_____(1999). 한국초등교육사. 하우.

김진균, 정근식 편(1998). 근대주체와 식민지규율권력. 문화과학사.

류방란(1998). 소학교의 설립과 운영, 1894-1905. 우용제 외, 근대한국초등교육연구. 교육과학사.

박연호 편(2006). 논문으로 읽는 교육사. 문음사.

박종배(2006). 4서 중심 유학 교육과정의 성립과 그 의의. 박연호 편, 논문으로 읽는 교육사 (pp. 261-290). 문음사.

박찬수(2001). 고려시대 교육제도사 연구. 경인문화사.

변태섭(1996). 한국사통론. 삼영사.

서울대학교교육연구소(1997). 한국교육사. 교육과학사.

성기산(1993). 서양교육사연구. 문음사.

성백효 역주(1992). 童蒙先習 · 擊蒙要訣. 전통문화연구회.

세종대왕기념사업회 역주(1995). 국역 증보문헌비고 학교고. 세종대왕기념사업회.

송병기 외 편(1972). 한말근대법령 자료집 Ⅷ. 국회도서관.

송영일(2001). 조선시대 경연과 제왕교육. 문음사.

신성곤, 윤혜영(1998). 한국인을 위한 중국사. 서해문집.

신용하(1974). 우리나라 최초의 근대학교 설립에 관하여. 한국사연구, 제10집.

신천득(1999). 조선전기 교육제도사 연구. 경인문화사.

이기백(1999). 한국사신론. 일조각.

이만규(1949). 조선교육사下. 을유문화사.

이성무(2004). 한국의 과거제도. 한국학술정보.

임후남(2003). 한국 근대초등교원의 양성. 한국교원교육학회, 한국교원교육연구, 20(1), 269-291.

정규영(2003). 일제시대 사범학교의 역사. 청주교육대학교, 청주교육대학교논문집, 제41집, 29-56.

조연순(1995). 한국초등교육의 기원. 학지사.

한국교육사연구회(1972). 한국교육사. 교육출판사.

한영우(2004). 다시 찾는 우리역사Ⅱ. 경세원.

한우희(1998). 식민지 전기의 보통학교. 우용제 외, 근대한국초등교육연구. 교육과학사.

Anderson, B. (2002). 상상의 공동체(윤형숙 역). 나남출판.

Appolodoros (1953). ギリシャ神話(高津春繁 역). 岩波文庫.

Barlow, T. (Ed.). (1997). *Formations of Colonial Modernity in East Asia*. Duke University Press.

Bloch, M. (2001a). 봉건사회 I(한정숙 역). 한길사.

________ (2001b). 봉건사회 II(한정숙 역). 한길사.

Bowen, J. (1972). *A History of Western Education, Vol. 1*. Methuen & Co. Ltd.

________ (1975). *A History of Western Education, Vol. 2*. Methuen & Co. Ltd.

________ (1981). *A History of Western Education, Vol. 3*. Methuen & Co. Ltd.

Boyd, W. (1994). 서양교육사(이홍우, 박재문, 유한구 역). 교육과학사.

Brooke, C. (2005). 수도원의 탄생. 청년사.

Burns, E. M., Lerner, R. E., & Meacham, S. (1994). 서양문명의 역사(박상익 역). 소나무.

Clarke, J. J. (1997). *Oriental Enlightenment, The encounter between Asian and Western thought*. Routledge.

Clastres, P. (1987). 國家に抗する社會(渡辺公三 역). 水聲社.

_________ (2003). 暴力の考古學(毬藻充 역). 現代企畵室.

Deleuze, G., & Guattari, F. (1994). 千のプラトー(宇野邦一 역). 河出書房新社.

Delouche, F. (1992). 새유럽의 역사(윤승준 역). 까치.

Diogenes Laertius (1984). ギリシャ哲學者列伝 上. 岩波文庫.

_______________ (1989). ギリシャ哲學者列伝 中. 岩波文庫.

Dore, R. P. (1970). 江戸時代の教育(松居弘道 역). 岩波書店.

Fischer, S. R. (2005). 文字の歴史(鈴木晶 역), 研究社.

Gombrich, E. H. (1997). 서양미술사(백승길, 이종승 역). 예경.

Green, A. (1990). *Education and State Formation, The Rise of Education Systems in England, France and the USA*. MacMillan.

Gutek, G. L. (1997). *Historical and Philosophical Foundations of Education: A Biographical Introduction*. Prentice Hall.

Hegel, F. (2003a). 歴史哲學講義上(長谷川宏 역). 岩波書店.

________ (2003b). 歴史哲學講義下(長谷川宏 역). 岩波書店.

Kohn, H. (2000). The Idea of Nationalism. Hutchinson & Smith (Ed.), *Nationalism* Vol. I. Routledge.

Lee, H. C. (2000). *Education in Traditional China, a History*. Brill.

Le Goff, J. (1998). 중세의 지식인들(최애리 역). 동문선.

Lévi-Strauss, C. (1976). 野生の思考(大橋保夫 역). みすず書房.

_____________ (2001a). 悲しき熱帶I(川田順造 역). 中央公論社.

_____________ (2001b). 悲しき熱帶II(川田順造 역). 中央公論社.

Marrou, H. I. (1985). 古代教育文化史(横尾壯英 외 역). 岩波書店.

Marx, K. (2005a). 經濟學批判要綱 マルクス・コレクションIII(横張誠, 木前利秋, 今村仁司 역). 筑摩書房.

________ (2005b). 資本論 第一卷下, マルクス・コレクションV(今村仁司, 三島憲一, 鈴木直 역). 筑摩書房.

McKenzie, F. A. (1972). 朝鮮の悲劇(渡部學 역). 東洋文庫 222, 平凡社.

McNeill, W. H. (1986). *History of Western Civilization* (6th ed.). The University of Chicago Press.

Montaigne, M. (1991). エセー1(原二郎 역). 岩波書店.

Mostafa El-Abbadi (1991). 古代アレクサンドリア図書館(松本愼二 역). 中公新書.

Mumford, L. (1966). *Technics and Human Development-The Myth of the Machine, Vol. 1.* A Harvest/HBJ Book.

Nietzsche, F. W. (1993). 善惡の彼岸 道德の系譜 ニ-チェ全集11(信太正三 역). ちくま學芸文庫.

_______________ (2005). 즐거운 학문 니체전집 12(안성찬, 홍사현 역). 책세상.

Polanyi, K. (1975). 大轉換(吉澤英成 외 역). 東洋經濟新報社.

Reble, A. (2002). 서양교육사(정영근 외 역). 문음사.

Rowe, C., & Schofield, M. (Eds.) (2000). *The Cambridge History of Greek and Roman Political Thought.* Cambridge University Press.

Sahlins, M. (2005). The original affluent society, www.eco-action.org/dt/affluent. html.

Shin, G. W., & Robinson, M. (Ed.). (1999). *Colonial Modernity in Korea.* Harvard University Press.

Verger, J. (1979). 中世の大學(大高順雄 역). みすず書房.

Wallerstein, E. (1981). 近代世界システム I(川北稔 역). 岩波書店.

Wittfogel, K. A. (1995). オリエンタル・デスポティズム(湯淺趙男 역). 新評論社.

江藤恭二 외(1979). 西洋近代教育史. 學文社.

姜在彦(2003). 선비의 나라 한국유학 2천년(하우봉 역). 한길사.

講座日本教育史編輯委員會(1984). 講座 日本教育史 제1권. 第一法規.

高橋濱吉(1927). 朝鮮教育史考. 帝國地方行政學會朝鮮本部.

關山邦宏(1987). 近世社會の教育. 石川松太郎 외, 日本教育史. 玉川大學出版部.

廣川洋一(1990). ギリシア人の教育. 岩波新書.

橋場弦(1997). 丘のうえの民主政-古代アテネの實驗. 東京大學出版會.

久木幸男(1984). 中世　第一章 概說. 講座日本教育史 제1권. 第一法規.

宮崎市定(1988). 大唐帝國 中國の中世. 中公文庫.

________(1993). 科學史. 岩波書店.

________(1995). 中國文明論集. 岩波文庫.

________(1999). 東洋的近世. 中公文庫.

________(2000a). 東洋的古代. 中公文庫.

________(2000b). 中國文明の歷史9 淸帝國の繁榮. 中公文庫.

今西錦司 외(1989). **世界の歴史1 人類の誕生**. 河出書房新社.

今野健一(2006). **教育における自由と國家**. 信山社.

金諍(2002). **중국과거문화사**(김효민 역). 동아시아

寄田啓夫, 山中芳和(2002). **日本の教育の歴史と思想**. ミネルヴァ書房.

多田健次(1987). 近世社會の教育—庶民階層の教育. 石川松太郎 외, **日本教育史**. 玉川大學出版部.

多賀秋五郎 편(1977). **古代アジア教育史研究**.

大戶安弘(2002). 中世社會における教育の多面性. 辻本雅史, 沖田行司 편, **教育社會史**. 山川出版社.

渡部學(2010). **와타나베의 한국교육사**(교육사학회 역). 문음사.

島田虔次(2001). **朱子學과 陽明學**(김석근, 이근우 역). 까치.

鈴木理惠(2002). 大陸文化の受容から日本文化の形成へ. 辻本雅史, 沖田行司 편, **教育社會史**. 山川出版社.

李成市(2005). 古代朝鮮の文字文化. 國立歷史民俗博物館, 平川南 편. **古代日本文字の來た道**. 大修書店.

梅根悟(1990). **세계교육사**(김정환, 심성보 역). 풀빛.

武田幸男(2000). **朝鮮史**. 山川出版社.

文部省(1972). **學制百年史**. 帝國地方行政學會.

尾上寬仲(1984). 中世 第三章 慈鎭の勸學講. **講座 日本教育史 제1권**. 第一法規.

尾形勇, 岸本美緒 편(1998). **中國史**. 山川出版社.

森鹿三 편(2000). **中國文明の歷史4 分裂の時代**. 中公文庫.

三田村泰助 편(2000). **中國文明の歷史8 明帝國と倭寇**. 中公文庫.

石川松太郎 외(1987). **日本教育史**. 玉川大學出版部.

世界教育史硏究會 편(1975a). **フランス教育史1-世界教育史大系9**(梅根悟 감수). 講談社.

____________(1975b). **フランス教育史2-世界教育史大系10**(梅根悟 감수). 講談社.

____________(1975c). **朝鮮教育史-世界教育史大系5**(梅根悟 감수). 講談社.

____________(1977). **義務教育史-世界教育史大系28**(梅根悟 감수). 講談社.

小島毅(2004). **송학의 형성과 전개**(신현승 역). 논형.

壽福隆人(1987). 古代社會の教育. 石川松太郎 외, **日本教育史**. 玉川大學出版部.

水野清一 편(2001). **中國文明の歷史1 中國文化の成立**. 中公文庫.

神山榮治(1984). ナポレオン學制と明治五年 '學制'. **講座 日本教育史 제2권**. 第一法規.

辻本雅史(2002). 幕府の教育政策と民衆. 辻本雅史, 沖田行司 편, **教育社會史**. 山川出版社.

辻本雅史(2009). **일본인은 어떻게 공부했을까?**(이기원 역). 지와사랑.

辻本雅史, 沖田行司 편(2002). **教育社會史**. 山川出版社.

櫻井万里子, 橋場弦 편(2004). **古代オリンピック**. 岩波書店.

五十嵐正一(1979). **中國近世教育史の研究**. 國書刊行會.

外山軍治 편(2000). **中國文明の歷史5 隋唐世界帝國**. 中公文庫.

尹健次(1982). **朝鮮近代教育の思想と運動**. 東京大學出版會.

日比野丈夫 편(2000). **中國文明の歷史3 秦漢帝國**. 中公文庫.

長尾十三二(1991). **西洋教育史**. 東京大學出版會.

井上光貞(2005) **神話から歷史へ 日本の歷史1**, 中央公論社.

井上秀雄(2004). **古代朝鮮**. 講談社.

佐藤信(2006). 律令國家. 宮地正人 외 편, **國家史**. 山川出版社.

佐伯富 편(2000). **中國文明の歷史6 宋の新文化**. 中公文庫.

竹內理三(2004). **日本の歷史6 武士の登場**. 中公文庫.

中澤新一(2002). **人類最古の哲學**. 講談社.

_______ (2003). **神の發明**. 講談社.

淸川郁子(2007). **近代公教育の成立と社會構造**. 世織書房

鯖田豊之(1989). **世界の歷史9 ヨーロッパ中世**. 河出書房新社.

村上四男(1978). **朝鮮古代史研究**. 開明書院.

太田秀通(1970). **スパルタとアテネ**. 岩波書店.

八鍬友廣(2002). 近世民衆の人間形成と文化. 辻本雅史, 沖田行司 편, **教育社會史**. 山川出版社.

貝塚茂樹 편(2000). **中國文明の歷史2 春秋戰國**. 中公文庫.

幣原坦(1919). **朝鮮教育論**. 六盟館.

馮友蘭(1999). **중국철학사 하**(박성규 역). 까치.

學部(1909a). 韓國教育の旣往及現在. 阿部洋 편저(1991). **日本植民地教育改第史料集成(朝鮮篇) 別集**. 龍溪書舍.

____(1909b). 韓國教育. 阿部洋 편저(1991). **日本植民地教育改第史料集成(朝鮮篇) 別集**. 龍溪書舍.

____(1910). 韓國教育の現狀. 阿部洋 편저(1991). **日本植民地教育改第史料集成(朝鮮篇) 別集**. 龍溪書舍.

찾 • 아 • 보 • 기

◐ 인명 ◑

◐ 내 용 ◑

저자 소개

정규영

경남 남해 출생
서울대학교 교육학과 학사
일본 도쿄대학 대학원 석사 및 박사
(현) 청주교육대학교 교수

동서양
교육의 역사

2011년 7월 15일 1판 1쇄 인쇄
2011년 7월 20일 1판 1쇄 발행

지은이 • 정규영
펴낸이 • 김진환
펴낸곳 • (주) 학지사
121-837 서울시 마포구 서교동 352-29 마인드월드빌딩 5층
대표전화 • 02-330-5114　　팩스 • 02-324-2345
등록번호 • 제313-2006-000265호

홈페이지 • http://www.hakjisa.co.kr
커뮤니티 • http://cafe.naver.com/hakjisa

ISBN 978-89-6330-711-4 93370
정가 19,000원